SV

PHILIPP SARASIN

Eine kurze Geschichte der Gegenwart

Suhrkamp

Bibliografische Information der Deutschen Nationalbibliothek
Die Deutsche Nationalbibliothek verzeichnet diese Publikation
in der Deutschen Nationalbibliografie;
detaillierte bibliografische Daten sind im Internet
über http://dnb.d-nb.de abrufbar.

4. Auflage 2021

Erste Auflage 2021
© Suhrkamp Verlag Berlin 2021
Alle Rechte vorbehalten, insbesondere das der Übersetzung,
des öffentlichen Vortrags sowie der Übertragung
durch Rundfunk und Fernsehen, auch einzelner Teile.
Kein Teil des Werkes darf in irgendeiner Form
(durch Fotografie, Mikrofilm oder andere Verfahren)
ohne schriftliche Genehmigung des Verlages
reproduziert oder unter Verwendung elektronischer Systeme
verarbeitet, vervielfältigt oder verbreitet werden.
Satz: Satz-Offizin Hümmer GmbH, Waldbüttelbrunn
Druck: GGP Media GmbH, Pößneck
ISBN 978-3-518-58763-8
www.suhrkamp.de

Inhalt

Vorwort 7

1. Einleitung: Im Zwischenraum der Zeit 9

   Ein Jahrzehnt der Verunsicherung 12
   Fünf Nekrologe. Zu Methode und Aufbau des Buches 32

2. Herbst der Revolution 39

   Ernst Bloch († 4.8.) und der »Weltprozess« 41
   Die RAF, die *scene* und die Intellektuellen 52
   Zu Besuch bei Michel Foucault 80
   Der Rote Oktober verblasst 91

3. Menschenrechte, Minderheiten und die Politik der Differenz . . 105

   Fannie Lou Hamer († 14.3.) und das Recht 107
   Der »Durchbruch« der Menschenrechte 117
   »Infame Menschen« 133
   Die feministische Wende 150

4. Die Reise zu sich selbst 169

   Anaïs Nin († 14.1.), Sexualität und Wahrheit 171
   Vexierbilder des Ich 181
   Esoterik, spirituelle Globalisierung und der Psychoboom 189
   Identitätspolitik 222

5. Kulturmaschinen 251

   Jacques Prévert († 11.4.), Kino, Poesie und Zigaretten 253
   Der Computer als Medium 263
   Tanzmusik und bewegte Bilder 287
   Die Stadt, die Zeichen und die Architektur der Postmoderne . 305

6. Im Schatten der Natur 333

   Ludwig Erhard († 5.5.) und der Wettbewerb 335
   Die Kunstnatur des Marktes und die Politik der »Freiheit« . . . 345
   Egoistische Gene: Die Soziobiologie-Debatte 374
   Pop-Körper und die Praktiken der Selbstformung 395

7. Schluss: Eine Geschichte der Gegenwart 407

Anmerkungen 427

Namenregister 495

Ausführliches Inhaltsverzeichnis 497

Vorwort

Im April 1977 war ich ein paar Tage in London und brachte das Kunststück fertig, nichts von der Punk-Explosion mitzubekommen. Im Sommer reiste ich mit einem Freund sechs Wochen lang durch die Türkei, weitgehend abgeschnitten von allen Nachrichten und praktisch ohne Zugang zu Medien in einer Sprache, die ich verstanden hätte. Was dann im »Deutschen Herbst« geschah, verwirrte mich (wenn auch aus Schweizer Distanz). Gelesen habe ich in diesem Jahr Louis Althusser, Ernst Bloch, Michael Bakunin und die Bibel. Dass es in Paris noch andere interessante Philosophen gab, war mir nicht aufgefallen, und Computer interessierten mich nicht. Nur dass die allgemeine »Stimmung« gedrückt war, passte ganz gut zu meiner immer noch jugendlichen Orientierungslosigkeit.

Kurzum, obwohl dieses Buch von jenem kurzen Moment handelt, als ich zwanzig Jahre alt war, ist es kein Buch der »Erinnerung«. Ich habe es als Historiker geschrieben, nicht als Zeitzeuge. Das heißt nicht, dass ich nicht nachträglich von einigen der Veränderungen bewegt worden wäre, die in diesem Buch zur Sprache kommen: dem Zerfasern der revolutionären Hoffnungen, der feministischen Kritik, der spirituellen Suche, dem ersten Personal Computer, von Foucault und der intellektuellen Kritik an der Moderne, der postmodernen Architektur… Zu meiner anhaltenden Verwunderung beim Schreiben wurde all dies und noch einiges mehr nicht nur im Jahr 1977 fassbar – zum Teil als sich gerade intensivierende Entwicklung, zum Teil als einschneidendes Ereignis oder als überraschende Wendung –, sondern geschah vor allem in erstaunlicher Gleichzeitigkeit. Und zudem in irritierender Gegenwärtigkeit.

Die Frage, was es damit auf sich hat, ist Gegenstand dieses Buches. Auch wenn es von (fast) nur einem Jahr handelt, dauerte die Arbeit daran sehr viel länger. In dieser Zeit durfte ich neben mildem Spott über meine Obsession mit »1977« sehr viel Unterstützung und Hilfe erfahren. Patrick Gut, Jakob Odenwald, Maja Skrkic, Mats Inauen und Leila Girschweiler haben mich auf schmal bemessenen und zeitlich befristeten Hilfsassistenz- und Tutoratsstellen mit großem Engagement und Spürsinn bei der Recherche unterstützt. Lukas Held und Patrick Gut haben das ganze Manuskript gelesen, klug kommentiert und auf Fehler überprüft; Svenja

Goltermann, Gesine Krüger, Ingrid Tomkowiak, Gleb Albert, Patrick Kilian, Melanie Wyrsch, Erich Keller, Manuel Kaiser, Nadine Zberg, Jakob Odenwald, Lukas Nyffenegger, Janosch Steuwer, Peter Fritz und Stefan Sandmeier haben einzelne Kapitel gelesen und mit wertvollen Hinweisen, aber auch mit notwendiger Kritik nicht hinter dem Berg gehalten. Alfred Messerli hat mich vor einem Irrtum bewahrt, und Daniel Mettler war als Künstler und Architekt der erste und sehr motivierende Leser außerhalb meines eigenen Fachs. Eva Gilmer hat als Leiterin des wissenschaftlichen Programms bei Suhrkamp dieses Buchprojekt von Anfang an mit Nachdruck unterstützt und begleitet; ihr umsichtiges Lektorat verbesserte den Text entscheidend. Für beides bin ich ihr sehr dankbar. Großen Dank schulde ich schließlich Svenja Goltermann nicht nur für die Geduld, mit der sie meine vielen Geschichten zu »1977« anhörte, sondern vor allem für das Wissen, das sie mit mir teilte. Ich habe davon mehr profitiert, als ich in Anmerkungen ausweisen könnte – außer dort, wo ich sie und ihre Arbeiten zitiere.

Die Universität Zürich hat mir im Herbst 2020 ein außerplanmäßiges Forschungsfreisemester gewährt und mir damit eine Konzentration auf das Manuskript ermöglicht, an die im universitären Alltag nicht zu denken gewesen wäre. Auch für diese Großzügigkeit bin ich sehr dankbar.

Zürich, im März 2021

1.
Einleitung: Im Zwischenraum der Zeit

27. März, Teneriffa. Auf dem Flughafen Aeropuerto Internacional de los Rodeos sind um 17.06 Uhr zwei Flugzeuge vom Typ Boeing 747 »Jumbo« zusammengestoßen; 583 Menschen kamen bei der Katastrophe ums Leben.

21. Juni, Paris. Unter strengen Sicherheitsvorkehrungen begann der dreitägige Staatsbesuch des sowjetischen Staatschefs und Generalsekretärs der KPdSU, Leonid Breschnew, beim französischen Präsidenten Valéry Giscard d'Estaing. Bei seiner Ankunft am Flughafen Paris-Orly sagte Breschnew Journalisten, er werde mit Giscard d'Estaing über »das zentrale Problem unserer Zeit, die Entspannung und die Sicherheit der Völker«, reden.

25. Dezember, Corsier-sur-Vevey (Schweiz). Der britische Komiker, Schauspieler, Regisseur, Komponist und Filmproduzent Charles »Charlie« Chaplin ist tot. Mit Filmen wie *The Kid* (1921), *Modern Times* (1936) oder *The Great Dictator* (1940) wurde Chaplin weltberühmt.

*

Jeder erste, oberflächliche und kursorische Blick auf ein Jahr lässt ein rätselhaftes Bild erscheinen: ein Bild von Gleichzeitigkeiten ohne Zusammenhang, ein Bild der schieren Kontingenz. 1977 wurden die Raumsonden Voyager 1 und 2 ins All geschossen (die als bisher einzige menschliche Artefakte 2012 und 2018 den interstellaren Raum erreicht haben), wurde in Paris das Centre Pompidou eröffnet und in Kalifornien der »Personal Computer« Apple II lanciert – doch weder Zeitgenossen noch in der Regel Historikerinnen und Historiker stellen sich die Frage, warum das alles gleichzeitig geschah. Warum sprach Jimmy Carter in seiner Inaugurationsrede am 20. Januar von den Menschenrechten, rief die UNO den 8. März zum »Internationalen Tag der Frau« aus und machten in Paris die *nouveaux philosophes* von sich reden? Und warum das fast gleichzeitige Aufkommen von Hip-Hop, Disco und Punk, während in der Bundesrepublik die linksextreme Terrororganisation Rote Armee Fraktion (RAF) ihre »Offensive 77« startete?

Jede Gegenwart ist ein Geflecht solcher Gleichzeitigkeiten und unzähliger, disparater Ereignisse. Dieses Buch widmet sich der Frage, welche Verbindungen es zwischen ihnen gab, welche Muster und Ähnlichkeiten in diesen disparaten Ereignissen sichtbar werden, wenn man den Blick auf (fast) ein Jahr konzentriert. Dabei wird sich zeigen: Im Fall des Jahres 1977 und mit Blick auf jene westlichen Gesellschaften, über die ich im Folgenden vor allem sprechen werde, entsteht ein Bild von tiefgreifenden Verschiebungen, Veränderungen und Brüchen im Gefüge der Gegenwart. Die Gewissheiten der Moderne und der Glaube an die fortgesetzte »Modernisierung« durch sozialstaatliche Steuerung waren ebenso in eine tiefe Krise geraten wie der Glaube an die Revolution. Zeitgleich aber entstand eine neue technische Kultur, die *personal* und »vernetzt« sein sollte, während unruhige Geister begannen, jenseits der traditionellen Deutungsangebote von Massenmedien, Wissenschaft und konfessionalisierter Religion nach »Sinn« zu suchen.

Die Geschichte solcher Diskontinuitäten, die unsere Gegenwart geformt haben, am Beispiel eines einzigen Jahres zu analysieren, mag allerdings paradox erscheinen. Wie sollen sich denn mit einem so engen Fokus längerfristige Veränderungen erfassen lassen? Ich werde darauf ebenso zurückkommen wie natürlich darauf, warum es das Jahr 1977 ist, um das sich hier alles dreht. Doch zuerst stellt sich die Frage, wieso überhaupt ein Jahr aus dem achten Jahrzehnt des 20. Jahrhunderts unsere Aufmerksamkeit verdient. Was war an diesem Jahrzehnt so besonders?

Ein Jahrzehnt der Verunsicherung

Mit dem Jahr 1969 verebbte jene ausgelassene und erregte Stimmung, die das letzte Jahrzehnt des Nachkriegsbooms, die Entstehung von »Konsumgesellschaften« und die Verlockungen der »Sexuellen Revolution« begleitet hatte. Ein konjunktureller Abschwung ließ erste Ahnungen aufkommen, dass es bald vorbei sein könnte mit dem langen, fast ununterbrochenen volkswirtschaftlichen Wachstum, das den westlichen Gesellschaften seit dem Ende des Zweiten Weltkrieges einen phänomenalen Aufschwung beschert hatte. Schon 1968 waren der Mord an Martin Luther King Jr., der Anschlag auf Rudi Dutschke in Westberlin, die Wiederwahl Charles de Gaulles, der Einmarsch der Warschauer-Pakt-Truppen zur Niederschlagung des Prager Frühlings, das Massaker unter protestierenden Studierenden in Mexiko-Stadt und die Wahl Richard Nixons zum amerikanischen Präsidenten als Zeichen dafür erschienen, dass die weltweiten Protest-, Jugend- und Studentenbewegungen der 1960er Jahre an ihre Grenzen gestoßen und die alten Mächte nicht zu weichen bereit waren. Wohl sprachen – und sangen, wie Jefferson Airplane auf dem Woodstock-Festival im August 1969 – noch viele von der »Revo-revolution«. Die Hippies in Woodstock meinten damit vor allem »Love and Peace«. Doch die Morde an der schwangeren Schauspielerin Sharon Tate Polanski und vier weiteren Personen durch eine satanistische Hippie-»Familie« um Charles Manson in Los Angeles nur wenige Tage vor »Woodstock« und die Messerstecherei vor der Bühne beim Rolling-Stones-Konzert im kalifornischen Altamont im Dezember desselben Jahres, bei der Rocker der Hells Angels einen Afroamerikaner töteten, raubte dem ganzen Hippie-Movement den Ruf friedfertiger Unschuld. »Flowerpower« verblasste ebenso wie die revolutionären Hoffnungen der Studentenbewegung. Kühlere Winde zogen auf. Schließlich erreichte das beklemmende Gefühl, seit längerem schon in einer von den Nachrichten und TV-Bildern aus Vietnam verdüsterten Welt zu leben, mit den grauenhaften Fotos vom Massaker in My Lai, die im November 1969 weltweit durch die Medien gingen, einen weiteren Tiefpunkt. Als am 5. Dezember in Großbritannien das neue Album der Rolling Stones erschien, klangen die ersten Worte Mick Jaggers, gesungen zu einem dunkel auftrumpfenden Bass, in den Ohren Vieler wie ein Fanal:

Oh, a storm is threat'ning
My very life today
If I don't get some shelter
Oh yeah, I'm gonna fade away
[...]
The floods is threat'ning
My very life today
Gimme, gimme shelter
Or I'm gonna fade away[1]

Für den Musikkritiker Greil Marcus, der das Album am 27. Dezember 1969 in der amerikanischen Musikzeitschrift *Rolling Stone* tief beeindruckt rezensierte, war dies ein Song, der wie nichts anderes das Ende der Sechzigerjahre auf den Punkt brachte: »›Gimme Shelter‹ ist ein Song über die Angst; er dient wahrscheinlich besser als irgendetwas anderes, was dieses Jahr geschrieben wurde, als direkter Durchgang (*passageway*) in die nächsten paar Jahre.«[2]

Pop und Apokalypse

Doch nicht nur die *lyrics* von »Gimme Shelter« wiesen ins nächste Jahrzehnt. Auch die Basslinie des Songs war symptomatisch für eine Klangveränderung der Rockmusik, wie sie sich seit dem Ende der Sechzigerjahre mit den dröhnenden Riffs des neuartigen Hardrock unüberhörbar ankündigte. Bands wie Black Sabbath oder Alice Cooper inszenierten zudem ab 1970 auf der Bühne ein für die Hardrock- und Heavy-Metal-Szene der späten Siebziger- und der Achtzigerjahre stilbildendes Spektakel mit pseudo-okkulten Ritualen und fingierten Hinrichtungsszenen. Der Grundton der Rockmusik wurde härter, zuweilen apokalyptisch, während ein sich zur gleichen Zeit entwickelnder Folk- und Softrock für Ausgleich sorgte und Trost spendete. Doch auch die noch ganz der *counter culture* der kalifornischen Sechzigerjahre zugehörige Band The Doors stimmte nun düstere Töne an. Als sie am 17. Januar 1970 im Felt Forum in New York auftrat, begann ihr Doppelkonzert mit dem neuen, ebenso schnoddrigen wie illusionslosen »Road House Blues«:

Well, I woke up this morning
And I got myself a beer.
The future's uncertain
And the end is always near[3]

– und es endete, wie jedes Konzert der Band, mit dem epischen Song »The End« (1967), der sich, ausgehend vom Scheitern einer Liebesgeschichte und wüsten ödipalen Fantasien, zu einer vieldeutigen Endzeitstimmung steigert (und der, kein Zufall, am Ende der Dekade sowohl das Intro als auch das blutige Finale von Francis Ford Coppolas Vietnamkriegsfilm *Apocalypse Now* begleitete): *This is the end, my only friend, the end …*

Man konnte mit dieser Musik und mit diesen Zeilen Jim Morrisons im Ohr Zeitung lesen und glauben, die Zeichen der Zeit zu verstehen. Am 5. Januar 1970 hatte das Nachrichtenmagazin *Der Spiegel* seine Leserinnen und Leser mit der Titelgeschichte »Die Siebziger. Planlos in die Zukunft?« begrüßt, die in zwar nüchternem Ton ebenfalls die Apokalypse beschwor. Der *Spiegel* sah im »vage[n], aber wachsende[n] Gefühl des Unbehagens« das Anzeichen dafür, »daß nun Entwicklungen und Entscheidungen in einem einzigen Jahrzehnt die Geschicke der Menschen stärker wandeln können als früher in Jahrhunderten«. Denn angesichts des sich rasant beschleunigenden und in seinen Auswirkungen nur noch zerstörerischen Fortschritts gewinne »die Zeitspanne eines Jahrzehnts eine neue, bedrohliche Dimension«. Zu viel Schrecken in zu kurzer Zeit erwarte die Menschheit, als dass man die nächsten zehn Jahre guten Mutes auf sich zukommen lassen könne: »gigantische Hungerkatastrophen«, dazu eine »in Kürze unumkehrbar[e] [...] Umweltzerstörung«, »soziale Explosionen und das Ausdörren menschlicher Kommunikation« in den unkontrolliert wachsenden »Metropolen« und schließlich die Weiterentwicklung der atomaren Rüstung. All dies bedrohe nichts weniger als das menschliche Leben auf dem Planeten, und es erschien den vom *Spiegel* zitierten Experten und Futurologen so, als ob die Entscheidungen über die weitere Existenz der Gattung in den Siebzigerjahren fallen würden.[4]

Auch US-Nachrichtenmagazine warfen besorgte Blicke in die Zukunft. »Ecology Becomes Everybody's Issue«, titelte *Life* am 30. Januar 1970 und prognostizierte, dass am Ende des Jahrzehnts Städter Gasmasken tragen müssen, um die Luftverschmutzung zu überleben, oder dass der Anstieg von Kohlendioxid in der Atmosphäre zu einer Veränderung der Temperatur des Globus und infolgedessen zu »massiven Überflutungen oder einer neuen Eiszeit führen« werde; 1975 sah *Newsweek* mit der »cooling world« gar eine Klimakatastrophe auf die Menschheit zukommen.[5] Die amerikanische Essayistin Susan Sontag, die auf solche Untergangsängste mit dem verächtlichen Neologismus »Ökofaschismus« reagierte (weil das Streben nach der reinen Natur das Streben nach der reinen Rasse ablösen würde), notierte am 23. Mai 1978 in Paris in ihrem Tagebuch: »Enzensberger schreibt ein zweihundertseitiges Gedicht über den Untergang der Titanic – ein episches Thema – wie Menschen dem Tod ins Auge blicken.«[6] Hans Magnus Enzensbergers Versepos *Der Untergang der Titanic*, 1977 geschrieben und im Januar 1978 erschienen, verknüpft Reflexionen über den Untergang der revolutionären Hoffnungen seiner

Generation mit der Geschichte der mit allen technischen Raffinessen versehenen Titanic, auf der eine ganze Gesellschaft, das nahe Ende leugnend, in den dunklen Fluten des Atlantiks versank. Hinter den Verheißungen der Technik lauert der Tod, unmerklich und ganz nah, der Menschheit auf ihrem Fortschrittsschiff zugefügt durch eine von ihr missachtete Natur.[7]

Neben der schon älteren Angst vor einem Atomkrieg – die Friedrich Dürrenmatt 1977 in die resignierten Worte fasste, »für uns die schlimmste Wendung, aber für das Leben und den Planeten vielleicht die beste«[8] – waren ökologische Untergangsszenarien die geläufigste Form, sich vor der Zukunft zu fürchten. Im Jahrzehnt der Hochkonjunktur, der Neuen Linken und der *counter culture* war die Umwelt politisch noch kaum ein Thema gewesen. Das änderte sich jedoch vergleichsweise rasch zu Beginn der Siebzigerjahre. Am 22. April 1970 wurde in den USA zum ersten Mal der »Earth Day« ausgerufen, und im deutschen Sprachraum war der Begriff »Umwelt«, der bis dahin ein eher selten gebrauchter biologischer Fachterminus gewesen war, plötzlich in aller Munde. Das für die ökologische Krisenwahrnehmung wohl folgenreichste Ereignis war jedoch die Publikation des Club of Rome mit dem ikonischen Titel *The Limits to Growth* im Mai 1972. Mit eingängigen Grafiken und drastischen Worten zuhanden eines millionenfachen Lesepublikums populärwissenschaftlich aufbereitet, zeigte das Buch von Donnella und Denis Meadows verschiedene Varianten und Entwicklungsmöglichkeiten des »Weltsystems« bis zum Jahr 2100 auf.[9] Es war zwar nicht das erste Mal in der Geschichte der Menschheit, dass ihr die Apokalypse vorhergesagt wurde. Aber es war das erste Mal, dass mittels eines computerisierten »Weltmodells« in verschiedenen Szenarien der »Zusammenbruch« des globalen »Systems« spätestens innerhalb der nächsten einhundert Jahre prognostiziert wurde.[10] Die Erde war keine unbegrenzte Ressource mehr. Der Planet wurde endlich.

Diese veränderte Stimmungslage und Weltsicht wurde nicht nur von großen Publikumsmedien, sondern schnell auch von Bürgerinnen und Bürgern aufgegriffen, die sich für den »Schutz der Umwelt« engagierten; die Formel »Grenzen des Wachstums« motivierte stadtflüchtige Aussteiger und gehörte zum argumentativen Gerüst der Anti-AKW-Bewegung. Selbst der alles andere als düstere Ironiker David Bowie, der im Juli 1972 als »Ziggy Stardust« wie ein androgyner Alien, stark geschminkt und mit orangeroten Haaren in einem legendären Auftritt auf der Studiobühne der BBC-Musikshow *Top of the Pops* gelandet war, wurde von dieser

Stimmung erfasst. Aufgeschreckt von einem Dokumentarfilm, sah er das Ende, ja das »Sterben« der Erde vor sich; in »Five Years«, dem Eröffnungssong seines neuen Albums,[11] verkündete er, begleitet von Geigenklängen und »apocalyptic drums«, dass diese Zukunft nicht fern sei: *We've got five years*, sang Bowie, *my brain hurts a lot / five years, that's all we've got.*[12] In fünf Jahren war 1977.

Furchterregend bis apokalyptisch war schließlich auch der Stoff, aus dem das Kino jener Jahre viele seiner Geschichten spann. Hollywood, aber auch die europäische Filmindustrie produzierten mit Erfolg eine Reihe von neuartigen Weltuntergangsfilmen wie *The Andromeda Strain* (1971), *Earthquake* (1974) oder *Inferno 2000* (1977) sowie unzählige Katastrophenfilme von brennenden Hochhäusern, berstenden Staudämmen, AKW-Störfällen, Flugzeugkatastrophen (*Airport 77*), Mörderspinnen, gefährlichen Ameisen, Killerwalen, Mutanten und tödlichen Viren. Doch es war schließlich ein weißer Hai, der in *Jaws* (1975) den flottierenden Ängsten des Publikums ihren gültigen Ausdruck verlieh. Hollywood spielte geradezu mit dem Gefühl der Verunsicherung und der Angstlust am Weltuntergang. In *Star Wars* (1977) mussten die Kinogänger gar zusehen, wie ein Planet, der auffallend der Erde glich, in einem großen Feuerball explodierte.

Globale Erschütterungen

Es war naheliegend, solche Bilder und Geschichten zeitdiagnostisch zu verstehen, vor allem in den USA. Als westliche Führungsmacht im Kalten Krieg, als selbsterklärtes demokratisches Vorbild wie auch als weltweit dominierende Wirtschaftsmacht erlitten die Vereinigten Staaten in diesen Jahren gleich drei massive Dämpfer, Demütigungen und Niederlagen: Zum Ersten stürzte mit dem Ölembargo der in der OPEC zusammengeschlossenen erdölproduzierenden Länder vom Oktober 1973 ihre (und die gesamte westliche) Volkswirtschaft in eine tiefe Krise, zum Zweiten wurde ihr politisches System durch den Watergate-Skandal und den Rücktritt von Präsident Richard Nixon am 8. August 1974 erschüttert, und zum Dritten mussten sie am 1. Mai 1975 ihren Verbündeten Südvietnam endgültig verloren geben. In einer doch nicht so fernen Galaxie war das Imperium von einer kleinen Rebellenarmee in die Knie gezwungen worden. Der Sieg Nordvietnams und der südvietnamesischen

Guerilla hatte zwar am Kräftegleichgewicht im Kalten Krieg – der sich gerade in einer Phase der politisch-diplomatischen »Entspannung« zwischen den beiden Supermächten befand – nicht viel geändert.[13] Die Niederlage der stärksten Militärmacht der Erde gegen ein agrarisches Land der »Dritten Welt« war jedoch der spektakuläre Schlusspunkt eines historischen Umbruchs, der tiefgreifender war, als es die Konfliktlinien des Kalten Krieges je sein konnten.[14] Denn klarer als alle anderen Erfolge von Befreiungsbewegungen und alle kolonialen Rückzüge europäischer Mächte in den drei Jahrzehnten zuvor symbolisierte der Fall von Saigon den Abschluss der globalen Dekolonisierungsbewegung. Mit ihm endete bis auf wenige Ausnahmen die territoriale Beherrschung weiter Teile Asiens und Afrikas, des Nahen Ostens und der Karibik durch eine Handvoll westlicher Staaten – und damit die Geschichte des europäischen Kolonialismus überhaupt und wohl für immer.

Auch wenn damit post- und neokoloniale Formen von namentlich wirtschaftlicher Ausbeutung nicht aufhörten oder auch erst neu errichtet wurden und auch wenn militärische Interventionen wie der Einmarsch der Sowjetunion in Afghanistan, Frankreichs unzählige Militäroperationen in Afrika oder später die Kriege der USA und ihrer Verbündeten im Irak und in Afghanistan trotz all ihrer Unterschiede an ein altes Muster erinnerten, war das Ende des territorialen Kolonialismus gleichwohl eine tiefe historische Zäsur. Für den amerikanischen Zukunftsforscher Alvin Toffler und seine als Koautorin nicht genannte Frau Heidi waren die Kämpfe von nationalen Befreiungsbewegungen in der »Dritten Welt« Teil von geradezu seismischen Erschütterungen und epochalen Veränderungen. »Wir erleben«, notierten die Tofflers in ihrem weltweit millionenfach verkauften Sachbuch *Future Shock* (1970), »eine Revolution der Jugend, eine sexuelle Revolution, eine Rassenrevolution, eine Revolution der ehemaligen Kolonialgebiete, eine Wirtschaftsrevolution und die rascheste und tiefgreifendste technologische Revolution der Geschichte.« Das Thema von *Future Shock* waren mithin die technologischen, kulturellen und sozialen Neuerungen, welche »von der Zukunft her« auf die Menschen einstürzen würden – Neuerungen, die die Tofflers gar nicht nur negativ einschätzten, deren Wirkung aber für die Meisten so umstürzend sein würden, dass daraus »eine Massendesorientierung« resultieren müsse. Die Zukunft werde »eine ganze Generation [...] plötzlich in eine neue Welt versetzen«; unter einer »Sturzflut von Veränderungen« drohe daher der »Zukunftsschock« als neue Krankheit.[15]

Alvin und Heidi Toffler meinten das todernst. Sie zitierten hochrangige Wissenschaftler, die trockenen Auges davon sprachen, die gegenwärtigen Entwicklungen seien »weit umfassender, tiefgreifender und bedeutsamer als eine industrielle Revolution« – ja, dass »die heutige Zeit nichts weniger als die zweite große Trennungslinie der Menschheitsgeschichte« sei, die »an Bedeutung [...] nur dem ersten großen Bruch in der historischen Kontinuität, dem Übergang der Menschheit vom Natur- zum Kulturzustand« verglichen werden könne. Oder genauer noch: dass die computergestützte »Automation« der Industrie, die sich seit den Sechzigerjahren abzuzeichnen begann, »den bedeutsamsten Wandel in der ganzen Menschheitsgeschichte« darstelle, darin nur jenem ähnlich, »der von der Alt- zur Jungsteinzeit geführt hat«.[16] Die Siebzigerjahre, die die Tofflers vor sich sahen, versprachen jedenfalls ziemlich *disruptive* zu werden, wie man damals im Englischen zunehmend häufiger sagte.

Nicht alle sahen die Veränderungen in der Zukunft so dramatisch. Noch ganz dem Geist der *counter culture* verpflichtet und dabei überaus optimistisch, prophezeite Charles Reich, Professor an der Yale Law School, den »Sturz der etablierten Selbstmord-Gesellschaft« durch den »gewaltlosen Aufstand der neuen Generation«. In seinem Manifest *The Greening of America*, welches sich wie das Buch der Tofflers millionenfach verkaufte und die Spitze der Bestsellerliste der *New York Times* erklomm, sah er eine Revolution des »Bewußtseins« kommen, die die alte Welt der starren Bürokratien und der alles beherrschenden Maschinen überwinden werde. Diese Revolution werde einen »neuen Menschen« hervorbringen, einen künstlerischen Menschen, der »sich dem Rhythmus der Natur und der Musik unterwerfen, sich vom Irrationalismus, von der Phantasie leiten lassen« werde.[17] Sieben Jahre später schien der Politologe Ronald Inglehart diese Hoffnungen ein Stück weit bestätigen zu können. Er beobachtete in den westlichen Gesellschaften eine *Silent Revolution* (1977), eine »stille Revolution« in Gestalt eines »Wertewandels« hin zu »postmateriellen« Zielen wie Selbstverwirklichung und kultureller Teilhabe. Denn die überkommenen »materiellen« Werte der industriegesellschaftlichen Moderne und vor allem der Konsumgesellschaft der Nachkriegszeit würden gegenwärtig von den Werten der neuen »postindustriellen Gesellschaft« verdrängt.[18] Inglehart bezog sich auf den Soziologen Daniel Bell, der in *The Coming of Post-Industrial Society* (1973) und ausgehend von der statistisch grundierten Beobachtung, dass die USA seit den späten Sechzigerjahren als erstes Land weltweit den Übergang von der Industrie- zu einer Dienstleistungsgesellschaft vollzogen hatten, die Entstehung einer ganz neuen sozialen Formation voraussagte, die er »Wissensgesellschaft« nannte. Bell vermutete, dass die Computertechnologie »gegen Ende des Jahrhunderts möglicherweise eine ebenso hervorragende Rolle spielen werde wie die Maschinentechnik in den vergangenen hundertfünfzig Jahren« – was die Frage entstehen ließ, wer in dieser neuen Form von Gesellschaft und unter diesen neuen technologischen Bedingungen die Macht haben werde, zu »herrschen«.[19]

Andere hingegen blickten nicht in die Zukunft, sondern auf die Gegenwart und tief in die Vergangenheit. Denn die Rede von der Krise und den Machtverhältnissen, von denen feministische Theoretikerinnen und Aktivistinnen seit dem Ende der Sechzigerjahre und mit zunehmendem Gewicht im darauffolgenden Jahrzehnt sprachen, bezog sich auf eine, wie sie sagten, seit der neolithischen Revolution in ihren Grundzügen unveränderte Gegenwart, die jetzt zu enden habe: das Patriarchat als eine weltweit in vielfältigen Formen fassbare Unterdrückung von Frauen durch Männer. Die Journalistin Marielouise Janssen-Jurreit zum Beispiel argumentierte unter dem Buchtitel *Sexismus* (1976), dass diese Unterdrückung älter sei und tiefer reiche als die von der Linken skandalisierte kapitalistische Ausbeutung – und dass ihre Bekämpfung daher auch weiter reichende Veränderungen verlange und größere Folgen haben werde als jede sozialistische Revolution. Auch wenn die feministische Kritik von Janssen-Jurreit in prähistorische Zeiten zurück- und in unzählige ethnographische Beispiele hineinreichte, zielte sie doch unübersehbar auf die in der Gegenwart des Kalten Krieges so präsenten männlichen »Selbstvernichtungsstrategien und Allmachtsräusche«. Daher ginge es nun darum, in Zukunft für die »als weiblich geltenden humanen Werte« einzustehen, nämlich »Empfindsamkeit und Einfühlungsvermögen, Mitmenschlichkeit und Zärtlichkeit«.[20]

Die Reihe höchst unterschiedlicher Gegenwartsdeutungen und Zukunftserwartungen ließe sich mühelos fortsetzen, und die folgenden Kapitel werden diesen hier nur schlaglichtartig angedeuteten Beispielen noch weitere hinzufügen und diese genauer analysieren. Doch schon jetzt lässt sich im Sinne einer ersten Orientierung die Frage stellen, zu welcher Zeiterfahrung sich Mick Jaggers »Gimme Shelter«, die Kassandrarufe der ökologischen Apokalypse, der angekündigte »Future Shock«, die Hoffnung auf ein Ende des Patriarchats und die Wahrnehmung der atomaren Bedrohung verdichtet haben? Für den *Spiegel* waren es im schon zitierten

Artikel vom Januar 1970 exakt die beiden über Japan abgeworfenen Atombomben, die sich nachträglich als *der* Wendepunkt hin zu einer ganz neuen Gegenwartsdeutung erwiesen hätten: »Der utopische Impuls, alles machen zu können, war – spätestens seit Hiroshima und Nagasaki – zum Trauma der modernen Welt geworden.«[21] Tatsächlich war zu beobachten, dass die geläufigen »modernen« Gewissheiten und Ordnungsmuster und der noch in den Sechzigerjahren so optimistische Glaube an die »Modernisierung« für unruhige Geister keine Lösungen für aktuelle Probleme mehr zu bieten schienen. Sei es, dass diese Gewissheiten gleichsam von selbst verblassten, sei es, dass sie aktiv zurückgewiesen und bewusst aufgegeben wurden: Die Moderne selbst erschien jedenfalls Vielen zunehmend als ein überaus problematisches, ja gescheitertes Projekt.

Es war daher kein Zufall, dass sich nicht nur Fortschrittsskepsis und Wachstumskritik breitmachten, sondern auch Kritik am sozialliberalen Gesellschaftsmodell. In den USA zerbrach unter Nixon der Nachkriegskonsens des New Deal, und in allen westlichen Ländern begann eine prononciert »neoliberale« Kritik am Sozialstaat als der jüngsten Etappe der gesellschaftlichen »Modernisierung« damit, dessen weiteren Ausbau zu bremsen und seine Legitimation zu untergraben. In Großbritannien und in den USA, als Signal aber auch darüber hinaus, markierten dementsprechend die Wahlsiege von Margaret Thatcher und Ronald Reagan am Ende der Dekade die Abkehr von einer keynesianischen Wirtschaftspolitik und das Wiederaufflammen eines vergessen geglaubten Sozialdarwinismus, zumindest jedoch das Aufkommen einer neuen sozialen Kälte. Mit ironischer Abgeklärtheit sang in diesem Sinne die junge New Yorker Band Talking Heads 1977 unter dem unmissverständlichen Titel »No Compassion« (»kein Mitleid«):

So many people... have their problems
I'm not interested... in their problems
[...]
What are you, in love with your problems?
I think you take it... a little too far
It's... not so cool to have so many problems

– was im Ratschlag mündete:

Be a little more selfish, it might do you some good[22]

Kein Zufall war daher auch, dass das linke Projekt einer revolutionär zu vervollständigenden Moderne in eine tiefe Krise geriet. Als Jürgen Habermas 1978 eine Gruppe von rund fünfzig prominenten linken Intellektuellen bat, »Stichworte zur ›Geistigen Situation der Zeit‹« zu liefern, die dann 1979 hoch symbolisch als Band 1000 der edition suhrkamp vorgelegt wurden, beklagte er, dass die Linke die intellektuelle Hegemonie an die »Neue Rechte« verloren habe, die für ihn schon bei Michel Foucault und den *nouveaux philosophes* um Bernard-Henry Lévy und André Glucksmann begann, während auf der Gegenseite nur noch die »limonadenblaß verfärbte Utopie« von »Bloch, dem Meisterdenker«, vorherrsche. Aufklärung, notierte Habermas, werde auf »instrumentelle Vernunft reduziert«, und Literatur »als der Sachwalter individueller Mythologien gleichzeitig Wissenschaft *und* dem Utopischen gegenübergestellt«, während das »manichäische Weltbild« französischer Philosophen »sogar in die *edition suhrkamp* eingedrungen« sei. Dazu passe, neben vielem anderem, dass der »Punk-Anarchismus so tief unter die Gürtellinie« schlage, »daß Funken sprühen aus einer aggressiven Entsublimierung, die man gar nicht mehr für möglich gehalten hätte«.[23]

Noch fehlte in dieser Suada der Begriff für das, wogegen sie sich richtete: die Postmoderne. Dieser Neologismus war vereinzelt schon seit den späten Sechzigerjahren in amerikanischen soziologischen, literaturwissenschaftlichen und architekturtheoretischen Texten aufgetaucht,[24] wurde nun aber von Jean-François Lyotard in seine einflussreichste Form gebracht. Lyotard diagnostizierte, ebenfalls 1979, in seinem »Bericht« an den Universitätsrat von Québec über »die Lage des Wissens in den höchstentwickelten Gesellschaften« ein neues, »postindustrielles und postmodernes Zeitalter«, in dem die Informationstechnologien den Status des Wissens als wichtigster gesellschaftlicher Produktivkraft fundamental veränderten, in dem zudem der seit dem Ende des 19. Jahrhunderts an der Positivität der Wissenschaften nagende Skeptizismus die Einheitlichkeit und Legitimationskraft der »großen Erzählungen« wie namentlich jene von Aufklärung und Emanzipation durch Vernunft endgültig aufgelöst habe und in dem schließlich die Rolle des Staates und des von ihm repräsentierten Allgemeinen unter dem korrosiven Druck sich vervielfältigender Sprachspiele in eine tiefe Krise gerate.

Diese »kulturellen« Prozesse innerhalb der westlichen Staaten fänden, so Lyotard mit kühlem Blick, über die westliche Welt hinaus ihre Entsprechung in epochalen geopolitischen Verschiebungen: »Die Wiedereröffnung des Weltmarktes, die Wiederaufnahme der sehr lebhaften ökonomischen Konkurrenz, das Schwinden der ausschließlichen Hegemonie des amerikanischen Kapitalismus, der Niedergang der sozialistischen Alternative, die wahrscheinliche Öffnung des chinesischen Marktes für den Handel [...].«[25] Zumindest in diesen Andeutungen hatte sich der französische Philosoph nicht getäuscht. Waren also die Verschiebungen, die hier angesprochen wurden, zusammen mit dem Verschwinden der »großen Erzählungen« und dem Aufkommen einer ganz neuen Technologie tatsächlich Symptome einer Epochenschwelle? Zeichnete sich, mit anderen Worten, im grünlich flackernden Licht kleiner Computer-Bildschirme schon die Postmoderne ab – eine Welt »nach« der Moderne?

Die Siebzigerjahre im Blick der Geschichtswissenschaft (und der Soziologie)

Was ein so weitreichendes Urteil angeht, gibt sich die Geschichtswissenschaft bis heute bedeckt.[26] Die Autorinnen und Autoren großer Gesamtdarstellungen zur Geschichte des 20. Jahrhunderts oder zu der Zeit nach 1945 – weit überwiegend Männer – sind sich immerhin darin einig, die Dekade in ähnlicher Weise wie die Zeitgenossinnen und Zeitgenossen selbst als eine Periode der Krise zu verstehen, mit Charles S. Maier genauer noch als eine Krise, die nicht nur den »Westen«, sondern ebenso die Staaten des »Ostens« erfasst hatte.[27] Doch schon allein mit Blick auf die USA spricht Philip Jenkins von einer »Dekade der Alpträume«[28] und Daniel T. Rodgers von einem »Zeitalter des Bruchs«,[29] während Tony Judt in seiner *Geschichte Europas* die Siebzigerjahre als »das deprimierendste Jahrzehnt des 20. Jahrhunderts« (!) bezeichnet.[30] Es sei, so auch Mark Mazower, eine Zeit gewesen, in der der Westen »von einem Gefühl [...] des Unbehagens ergriffen«[31] wurde; Eric Hobsbawm erklärt in diesem Sinne geradewegs: »Die Geschichte des 20. Jahrhunderts war seit 1973 die Geschichte einer Welt, die ihre Orientierung verloren hat und in Instabilität und Krise geschlittert ist.«[32]

Doch was war das für eine Krise? Und wie tief wirkte sie? Die mit dem sogenannten Ölpreisschock vom Oktober 1973 und den leeren Straßen wegen vorübergehendem Benzinmangel oder Sonntagsfahrverboten verbundene Wirtschaftskrise der Jahre 1973 und 1974 war zweifellos ihre augenfälligste Manifestation. Mit Produktionsausfällen, Kurzarbeit oder gar

Massenentlassungen war die weltweit spürbare Wirtschaftskrise – mit allerdings bedeutenden Unterschieden zwischen einzelnen Ländern – zweifellos gravierend. Aber sie legte sich einerseits über schon längerfristige Trends eines sich nun beschleunigenden industriellen Wandels, und sie war andererseits in ihren quantitativen Auswirkungen trotz allem vorerst noch verhältnismäßig moderat. In Westdeutschland stieg die Arbeitslosigkeit bis im Januar 1974 zwar sprunghaft auf 2,7 Prozent der Erwerbstätigen, in Frankreich bis März 1974 auf 2,1 Prozent – aber diese Werte waren noch vergleichsweise harmlos und in erster Linie ungewohnt vor dem Hintergrund der Vollbeschäftigung im Jahrzehnt zuvor. Jean-François Sirinelli bemerkt daher mit Blick auf Frankreich zu Recht, dass in der Phase von 1973 bis 1983 trotz aller wirtschaftlichen Schwierigkeiten die Ausstattung der Privathaushalte mit Konsumgütern, vor allem mit Fernsehern, Telefonen und Hi-Fi-Geräten, stetig zugenommen hat.[33]

Das ändert allerdings nichts an der Tatsache eines tiefen konjunkturellen Einbruchs mit langfristigen ökonomischen und gesellschaftlichen Folgen. Denn auch wenn die Krise von 1973/74 mit dem »Ölpreisschock« verknüpft war, wäre es verkürzt, die wirtschaftlichen Probleme der Siebzigerjahre in Gestalt des doppelköpfigen Gespenstes einer »Stagflation« – die Verbindung von wirtschaftlicher Stagnation und monetärer Inflation – auf die preispolitischen Entscheidungen der OPEC-Staaten zu reduzieren. Neben der schon seit 1970 von der neu aufkommenden Ökonomen-Schule der »Monetaristen« kritisierten Belastung der Staatshaushalte durch sozialstaatliche Leistungen hatte auch der gleichzeitig einsetzende technologische Wandel deutlich negative Wirkungen auf den Arbeitsmarkt. Jill Lepore, in deren Darstellung der Geschichte der USA die Siebzigerjahre in mehreren Hinsichten als Schwelle zur Gegenwart erscheinen, macht überdies darauf aufmerksam, »dass das Jahrhundert des Wachstums, das 1870 begann, von Erfindungen angetrieben wurde, von der Elektrizität bis zum Automobil«, und dass dies »nicht unbegrenzt aufrechtzuerhalten war«. Genauer noch: »Nach 1970 ließ das Tempo der Erneuerung nach, und deren Auswirkungen schwächten sich ab. [...] Mobiltelefone waren nützlich, aber Telefone hatte es schon seit 1876 gegeben.« Die Internet-Ökonomie seit den Neunzigerjahren habe zwar einiges verändert, »aber eine Rückkehr zum früheren Niveau des Wirtschaftswachstums brachte [sie] nicht. Stattdessen trug [sie] zu einer zunehmenden Ungleichheit der Einkommen und wachsender Instabilität bei.«[34]

Beides ist kaum zu bestreiten, auch wenn man einwenden möchte, dass Lepore die Auswirkungen der digitalen Revolution wohl unterschätzt. Konrad Jarausch hielt zumindest für die Bundesrepublik fest, dass die technologischen Veränderungen – er nannte unter anderem die Computersteuerung von Werkzeugmaschinen oder die Einführung der Automatisierung in der Automobilindustrie, aber auch »Gentechnologie, Kommunikationselektronik und Solartechnik« – »vielversprechende Neuanfänge« waren, und sprach daher von einem eher »verkannten Strukturwandel«.[35] Dass die Krise der Jahre nach 1973/74 nicht so verheerende Auswirkungen hatte wie die Weltwirtschaftskrise der Dreißigerjahre, lag schließlich auch daran, wie Jarausch, Ian Kershaw und in ähnlicher Weise auch Mark Mazower betonen, dass es trotz aller »Umbrüche« in diesem »Schlüsseljahrzehnt« (Kershaw) auch Kontinuitäten der europäischen Nachkriegsgeschichte gegeben hat, die über das Ende des wirtschaftlichen Nachkriegsbooms hinausreichten – so der wohlfahrtsstaatliche Schutz gegen die Folgen der Arbeitslosigkeit oder das weiterhin stabile demokratische Funktionieren der staatlichen Institutionen.[36] Mit Blick auf die politische Gewalt, die gleichzeitig das Jahrzehnt erschütterte, urteilt in ähnlicher Weise auch Tony Judt: »Unter Druck gesetzt, bewiesen die Institutionen Westeuropas viel größere Widerstandskraft, als viele Beobachter befürchtet hatten« – um allerdings anzufügen: »Aber zu dem Optimismus – oder den Illusionen – der ersten Nachkriegsjahrzehnte führte kein Weg zurück.«[37]

Dieses von Teilen der Forschung gezeichnete, etwas gemischte und dabei wenig aufregende Bild eines scharfen Konjunktureinbruchs bei gleichzeitiger institutioneller und politischer Stabilität ist nur eine Seite der Medaille. Die andere ist, dass in diesem Jahrzehnt tiefgreifende gesellschaftliche, kulturelle, technologische und geostrategische Umbrüche stattgefunden haben. Eine Gruppe von Historikerinnen und Historikern um Niall Ferguson und Charles Maier diagnostiziert entsprechend einen »Schock des Globalen«, der die westliche Welt in den Siebzigerjahren erfasst und erschüttert habe, und zwar mit Blick auf die Niederlage der USA in Vietnam, die einsetzende Globalisierung, die Transformation Chinas nach Mao, den politischen Islam und den Auftritt der vielen jungen Nationen auf der Weltbühne der UNO. Es sei dies insgesamt, so Mitautor Matthew Connelly, für die Zeitgenossen ein »Zukunftsschock« gewesen, nämlich »das Ende der Welt, wie diese sie kannten«.[38] Auch Frank Bösch richtet in seiner Geschichte des Jahres 1979 den Blick auf »große« Ereignisse, vom Besuch des Papstes Johannes Paul II. in dessen Heimatland Polen über die iranische Revolution bis hin zur Katastrophe im Atomkraftwerk Three Miles Island in Harrisburg, um zu argumentieren, dass diese und eine Reihe anderer »globale[r] Ereignisse die Türen zu unserer Gegenwart aufstießen«.[39] Man mag zwar bezweifeln, dass beispielsweise der Papstbesuch in Polen 1979 ursächlich mit dem Zusammenbruch des »Ostblocks« und der Sowjetunion zwischen 1989 und 1991 zusammenhängt. Doch Böschs Belege für tiefgreifende Verschiebungen in einem globalen Ausmaß am Ende der Siebzigerjahre sind überzeugend, und der chronologische Bogen zwischen 1979 und 1989 beziehungsweise 1991 passt sehr gut zum Argument von Charles S. Maier, dass das schnelle Ende der Sowjetunion die um nur wenige sklerotische Jahre verzögerte Folge der Krise der Siebzigerjahre gewesen sei.[40]

Auch Eric Hobsbawm, der sein Buch über das *Zeitalter der Extreme* in den Neunzigerjahren schrieb, sah das grundsätzlich nicht anders. Ja, er stand am Ende des Jahrhunderts gar unter dem Eindruck eines »Erdrutsches«, der die Errungenschaften des reformierten Kapitalismus in den »goldenen Jahren« von 1945 bis 1973 als der eigentlichen »revolutionären« Phase des 20. Jahrhunderts zu begraben drohte. *Diese* Revolution – er nannte sie die »tiefgreifendste gesellschaftliche Revolution seit der Steinzeit«[41] – war für ihn nach 1973 schon vorbei; die jüngste Vergangenheit erschien ihm damals nur noch als »eine neue Ära des Verfalls, der Unsicherheit und Krise«.[42] Und er ging so weit, dies tatsächlich auch für das Ende der Moderne überhaupt zu halten. Seit den Siebzigerjahren entfaltete sich, so Hobsbawm, »die Krise der verschiedenen Glaubensrichtungen und Postulate, auf die sich die moderne Gesellschaft gründete, seit die Moderne im frühen 18. Jahrhundert ihre berühmte Schlacht gegen die Alten gewonnen hatte, bei der es um jene rationalen und humanistischen Grundsätze ging, die der liberale Kapitalismus und der Kommunismus miteinander teilten.« Damit aber sei »nicht eine bestimmte Möglichkeit der Organisation von Gesellschaften in die Krise geraten« – »sondern alle Möglichkeiten«! Was übrig bleibe, seien verzweifelte Rufe nach »›Gemeinschaft‹ [...], nach Gruppenidentität, die sich nur durch eine einzige Möglichkeit definierte, nämlich durch den Ausschluss von Außenseitern«; es seien dies die »Stimmen von verlorenen und umhergeisternden Generationen«.[43]

Hobsbawm hatte für das Neue, das sich in den Siebzigerjahren vorbereitete und in den Neunzigern, als er sein Buch schrieb, schon deutliche Konturen zeigte, nur das Schreckbild der Krise, des Zerfalls, ja des Endes zur Verfügung – gemessen eben an dem zur nachträglichen Idealisierung verleitenden Bild der Zeit von circa 1947 bis 1974. Das kann man allerdings auch ganz anders sehen. Jean-François Sirinelli hält diesem schon 1979 von Jean Fourastié entwickelten und von Hobsbawm übernommenen Konzept der *trente glorieuses*, also der glorreichen dreißig Jahre nach dem Zweiten Weltkrieg, die Formel der *vingt décisives* entgegen, das heißt der für die »Modernisierung« Frankreichs entscheidenden zwanzig Jahre zwischen 1965 und 1985; diese beiden Jahrzehnte hatte der Soziologe Henri Mendras sogar als eine »Seconde Révolution Française«, eine zweite Französische Revolution, bezeichnet.[44] In einer damit chronologisch zwar nicht deckungsgleichen, aber ebenfalls auf die Neuerungen vor allem ab 1974 fokussierten Weise sprechen Anselm Doering-Manteuffel und Lutz Raphael von der »Transformation« der westlichen Gesellschaften »nach dem Boom«, der in ihren Augen noch zur industriegesellschaftlichen Moderne gehört hatte, nun aber einer ganz neuen Welt Platz gemacht habe. Vor allem in der zweiten Hälfte der Siebzigerjahre diagnostizieren sie eine »revolutionäre Dynamik des Wandels« beziehungsweise einen »Strukturbruch« von »revolutionärer Qualität«, der »die etablierten Parameter politischen und gesellschaftlichen Handelns weitgehend beseitigt« habe.[45]

In einer nur sehr knappen Skizze, die die Aufgaben künftiger Forschung umreißen soll, verstehen die beiden Autoren darunter in erster Linie den Wandel der Industriegesellschaft hin zur IT-basierten Wissensgesellschaft, das heißt den »Abschied vom Malocher«;[46] im Weiteren das Versiegen der Planungs- und Steuerungskapazitäten des Staates sowie die Pluralisierung der Lebensstile, die Formulierung und popkulturelle Aneignung neuer Körperbilder und Geschlechternormen und das Aufkommen neureligiöser Sinndeutungen in der New-Age-Bewegung.[47] Mit anderen Worten: Die »Revolution«, von der Hobsbawm spricht, hatte nicht schon stattgefunden, sondern vollzog sich gemäß solchen Deutungen gerade erst – wenn auch erkennbar ohne den *radical chic* der revolutionären Bewegungen der Sechzigerjahre, sondern unter dem Zeichen wirtschaftlicher Krise, gesellschaftlicher Depression und intellektueller Orientierungslosigkeit.

Die Rede von einem »Strukturbruch« beziehungsweise von der »revolutionären Dynamik des Wandels«, gar von »einer versinkenden Epoche«[48] legt daher tatsächlich den Gedanken einer Epochenschwelle nahe. Mit dem Soziologen Ulrich Beck sprechen Doering-Manteuffel und

Raphael daher von der in der Zeit nach dem »Boom« einsetzenden »reflexiven Modernisierung«. Beck hatte 1986 ein »Reflexivwerden« der im mittleren Drittel des 20. Jahrhunderts als positiver Leitbegriff firmierenden »Modernisierung« behauptet und vor allem an der Umweltproblematik und den mit ihr einhergehenden und nun sichtbar werdenden Risiken der industriegesellschaftlichen Lebens- und Produktionsweise festgemacht.[49] Auch wenn man einwenden möchte, dass die Moderne schon mit Friedrich Nietzsche und Sigmund Freud in paradigmatischer Weise »reflexiv« wurde, eröffne, so Doering-Manteuffel und Raphael, das Konzept einer »zweiten«, »anderen« oder eben »reflexiven« Moderne die Möglichkeit, »den industriewirtschaftlichen Fortschritt samt seinen gesamtgesellschaftlichen Kosten zu historisieren«, ohne dabei die Moderne als solche im »kulturpessimistischen« Strudel von »nur ›post‹« versinken zu lassen.[50] Für Beck seinerseits war die Rede von der Postmoderne, mit der »gleich das ganze Projekt der Moderne den Bach der Geschichte hinab[ge]lassen« werden sollte, lediglich der »Irrationalität des Zeitgeistes« geschuldet. Aber auch er sprach von der »schwierigen Balance zwischen den Widersprüchen von Kontinuität und Zäsur in der Moderne«, die er insgesamt auf die Formel eines Gegensatzes zwischen alter »Industriegesellschaft und [neuer] Risikogesellschaft« münzte.[51]

Dreißig Jahre nach dem Erscheinen von Becks Klassiker *Risikogesellschaft* – und einer breiten Debatte über »die Moderne«, welche vor allem in der Soziologie und der Philosophie geführt wurde – postulierte 2016 Andreas Reckwitz in seiner Studie mit dem programmatischen Titel *Gesellschaft der Singularitäten* ebenfalls einen »strukturellen Bruch«, der die Zeit ab den Siebzigerjahren von der industriegesellschaftlichen, am fordistischen Produktionsmodell ausgerichteten Moderne unterscheide: »Seit den 1970er Jahren«, so Reckwitz, »findet in den bisherigen Industriegesellschaften ein fundamentaler soziostruktureller Wandel statt, der zugleich ein Kultur- und Wertewandel ist« und Hand in Hand gehe mit der »technologische[n] Revolution der Digitalisierung«. Alle diese untereinander verbundenen Prozesse zusammengenommen markieren für Reckwitz zwar auch einen fundamentalen »Umbruch«, der es allerdings in seiner Darstellung semantisch nicht weiter bringt, als von der »industriellen Moderne« zur »Spätmoderne« zu führen, wie Reckwitz, einer Begriffsprägung von Anthony Giddens folgend, diese neue Phase nennt.[52]

Ich übernehme diese Begrifflichkeit – »Spätmoderne« – nicht, da man bekanntlich vom Spätnachmittag nur reden kann, weil man mit Bestimmtheit weiß, dass es Abend werden und ein neuer Tag anbrechen wird. Doch abgesehen davon führt Reckwitz überzeugende Gründe dafür an, von einer tiefgreifenden Zäsur in und seit den Siebzigerjahren zu sprechen. Er betont, dass sich die Moderne grundsätzlich dadurch auszeichnet, dass in ihr die Behauptung, Förderung oder Durchsetzung eines Allgemeinen gegenüber allem Partikularen dominieren – angefangen bei der Idee der Allgemeinheit des »Volkes« und seiner in der Nation verwirklichten »Einheit« über die Allgemeinheit des Rechts und die »universellen« Grundsätze menschlicher »Gleichheit« über die Durchsetzung von Nationalsprachen und nationalen Konfessionsgemeinschaften, die Ausbildung nationaler Kulturen, nationaler Organisationen, Vereine und Verbände sowie nationaler Massenmedien bis hin zur Vereinheitlichung von nationalen Wirtschaftsräumen, Maßen, Gewichten und Währungen, Schul-, Steuer- und Militärdienstpflichten. Im 20. Jahrhundert erzeugten politische Massenbewegungen und Massenparteien das subjektive Erlebnis und Gefühl, Teil eines »Größeren«, einer »Allgemeinheit« zu sein, während Massenproduktion, Standardisierung und Massenkonsum für Verlässlichkeit, Normalität und die Teilhabe am gesellschaftlichen Wohlstand standen.[53]

Hinzuzufügen ist, dass das Allgemeine in politischer Hinsicht nur dann modern war, wenn und weil es mit der »Gemeinheit«, das heißt der Gleichheit, korreliert und damit idealtypisch auf die Freiheit und Gleichheit der Individuen bezogen war. Denn die strikte Unterordnung unter eine die Individuen überwölbende, meist auch hierarchisch gegliederte, als »Gemeinschaft« fantasierte Ordnung, in deren »Dienst« die Individuen sich zu stellen hätten und die zuweilen auch als »Allgemeinheit« adressiert wurde, war im Gegenzug das distinkte Merkmal aller Antimodernen, aller Reaktionäre und jeder rechtskonservativen Kritik an der Moderne seit 1789.[54] Genau das hat schließlich auch dem Faschismus beziehungsweise dem Nationalsozialismus bei all seinen modernen Merkmalen wie dem Glauben an Wissenschaft und Technik, der bürokratischen Herrschaft oder der propagandistischen Organisation der »Massen« in der »Volksgemeinschaft« sein zutiefst widersprüchliches Gepräge einer antimodernen Moderne gegeben.[55] Doch auch diesseits einer rechtskonservativen (oder gar faschistischen) »Allgemeinheit« war das Allgemeine selbstredend nie so »allgemein«, wie es inszeniert wurde: Die Allgemeinheit der Nation war durch die Grenzen der Staatsbürgerschaft limitiert, die Allgemeinheit der menschlichen Gleichheit wurde durch die scharfe

Unterscheidung von »Zivilisation« und »Barbarei« in den modernen Rassismen und selbst noch im Völkerrecht bis weit ins 20. Jahrhundert hinein eingegrenzt, und der Allgemeinheit gesellschaftlicher Teilhabe waren durch die Klassengrenzen und Klassengegensätze moderner Marktgesellschaften sehr deutliche Schranken gesetzt.

»Allgemeinheit« in einem modernen Sinne heißt aber dennoch, dass in einem gegenüber allem Partikularen und Ständischen jeweils als groß und umfassend vorgestellten sowie politisch (und militärisch) hergestellten Raum eine bestimmte Gemeinsamkeit geschaffen werden sollte – idealtypischerweise jeweils für *ein* »Volk« (ein Begriff, der seit Herder allerdings immer schon den Umschlagpunkt in ethnische Besonderheit in sich trug). Dazu gehört schließlich auch, dass die Moderne einen Begriff des »Individuums« als eines letzten Unteilbaren entwickelte, das gleichwohl auf das als Verbindendes vorgestellte Allgemeine bezogen blieb – idealtypisch verkörpert im (männlichen) Staatsbürger mit individuellen Rechten und Pflichten dem Allgemeinen gegenüber. Dieses letzte Unteilbare erscheint mithin als das Basiselement, aus dessen Kommunikationen, Tauschhandlungen und Legitimationsstiftungen sich das moderne Allgemeine in sozialer, wirtschaftlicher und politischer Weise herstellte. Zugleich fungiert das Individuum in der Moderne aber auch als Grenze gegen jene Zumutungen des Allgemeinen, die ein bestimmtes, historisch und situativ allerdings sehr variables Maß überschritten haben. Die Phase der *Grande Terreur* während der Französischen Revolution, die »Volksgemeinschaft« im Faschismus beziehungsweise Nationalsozialismus und die Exzesse des sowjetischen Kollektivismus, in denen jeweils das Allgemeine »im Namen des Volkes« hypertrophierte, sind die modernen Grenz- und Extremfälle, die diesen Grundsatz bestätigten.

Aus sehr unterschiedlichen Gründen, aber in einer fast synchronen Bewegung seit den Siebzigerjahren schwächte sich die Geltung und Anerkennung des »Allgemeinen« merklich ab, während sich die »Individualität« beziehungsweise das Einzelne und Besondere in Gestalt von sogenannten »Kulturen« und »Identitäten«, aber auch von hochgradig individualisierten Lebensstilen, von *unique selling points* der »Ich-AGs« und der Inszenierung von Unverwechselbarkeit und Einzigartigkeit in den Vordergrund schoben. Dies geschah, um nochmals auf die Argumentation von Andreas Reckwitz zu verweisen, in einem Maß, in einer Häufigkeit und in einer Persistenz, dass es sich nicht mehr, wie in den beiden Jahrhunderten davor, in den Begriffen eines gleichsam lediglich konjunkturellen Zyklen unterworfenen Wechselspiels von Allgemeinheit und Individualität bestimmen lässt, wie es seit der Romantik beobachtet werden kann. Vielmehr seien, so Reckwitz, die Individuen und ihre je spezifischen Verhältnisse und Lebenslagen zu »Singularitäten« geworden – und habe sich die »spätmoderne« Gesellschaft daher neu und in disruptiver Weise als »Gesellschaft der Singularitäten« konstituiert.[56]

»Singularität« ist ein im 18. Jahrhundert vor allem im Französischen und Englischen auf die Aristokratie und aristokratische Einzigartigkeit bezogener Begriff, der seit dem 19. Jahrhundert dann vermehrt in mathematischen, statistischen und technischen sowie – im Deutschen – in philosophischen Kontexten zur Anwendung kam. Jean-François Lyotard und der Soziologe Jean Baudrillard haben 1976 und 1977 unabhängig voneinander den Begriff der *singularité* – wenn ich mich nicht täusche, zum ersten Mal – zur Beschreibung von Gesellschaft eingesetzt und damit genau diese Rückbildung des »Allgemeinen« oder »Universellen« zugunsten des Einzelnen, Besonderen oder eben Singulären auf den Begriff gebracht. Baudrillard hat 1977 in einem Text über die Eröffnung des Centre Pompidou mit Blick auf die »Stadtindianer« und »Radiopiraten« in Italien davon gesprochen, dass diese in ihrem Selbstverständnis und Handeln »nicht mehr zur Ordnung des Universalen« gehören, sondern »ihre Singularität« gerade aus der »Subversion des Universalen« schöpfen würden. Dabei handle es sich, so Baudrillard, um einen »absolut neuartigen Prozess« und eine – im Gegensatz zur »expansiven« Kraft des Allgemeinen – neuartige »Gewalt«, von der »wir nicht mehr wissen, wie wir sie analysieren sollen«.[57]

Genau an diesem Punkt setzt das vorliegende Buch ein: Bei dieser in jeder Hinsicht symptomatischen Feststellung eines aufmerksamen Zeitgenossen des Jahres 1977, nicht mehr zu wissen, wie er seine Gegenwart verstehen soll. War das noch die Moderne? Baudrillard hielt am Begriff fest, obwohl er in einer metaphorisch überaus starken Weise von der Umkehrung der »expandierenden«, »ausstrahlenden« Energie des Zeitalters des »Kapitals und der Revolution« hin zur »Implosion« in ein neues »Innen«, in neue »Verdichtungen« und in singuläre Zustände wie in einem »schwarzen Loch« sprach. Auch Lyotard verwendete den Begriff der Postmoderne 1976 noch nicht. Was also war der Fall in jener Gegenwart, jenem für die Zeitgenossen so unbestimmbaren Zwischenraum der Zeit des Jahres 1977?

Fünf Nekrologe. Zu Methode und Aufbau des Buches

Die Schwächung des modernen Allgemeinen und der Aufstieg der »postmodernen« beziehungsweise »spätmodernen« Singularitäten sind nicht das einzige Thema der nachfolgenden Kapitel, aber sie sind in der Art, wie ich diese Verschiebung beschreiben werde, zentral für die Frage danach, ob der »Strukturbruch«, von dem die historische und soziologische Forschung spricht, auch das Ende einer Epoche bedeutete – vielleicht gar: das Ende der Moderne, wie Eric Hobsbawm glaubte. Eine solche Spekulation, die ebenso unsere Gegenwart berührt, wie sie die Analyse der Geschichte der Siebzigerjahre betrifft, bezeichnet die Unruhe, die schon die Zeitgenossinnen und Zeitgenossen vor mehr als 40 Jahren erfasste, und die von ihr ausgehende Irritation durchzieht auch die folgenden Kapitel. Ich werde daher das Attribut »postmodern« zumindest als konventionellen Platzhalter für einige jener offensichtlichen Veränderungen und Neuerungen verwenden, die sich damals vor dem Erfahrungshintergrund einer alt gewordenen Moderne abzuzeichnen begannen – ohne damit schon sagen zu wollen, dass »Postmoderne« auch tatsächlich der Name sei, der unsere Gegenwart letztgültig bezeichnen kann.

Um aber die Differenz zwischen zumindest der »klassischen« Moderne und den irritierenden Erfahrungen der Gegenwart der zweiten Hälfte der Siebzigerjahre besser fassen zu können, ist es nötig, das Bild dieser verblassenden Moderne etwas deutlicher werden zu lassen. Das soll jedoch weder in Form einer theoretischen Debatte geschehen, wie sie am Rand auch in der Geschichtswissenschaft geführt wird,[58] noch in der Form einer überblicksartigen historischen Skizze. Vielmehr werde ich jedes der folgenden fünf Kapitel mit einem Nekrolog einer mehr oder weniger bekannten Person beginnen, die ein »modernes« Leben gelebt hat und 1977 gestorben ist. Diese Biografien stehen also exemplarisch für bestimmte Erfahrungen, Diskursmuster, Subjektentwürfe und Zukunftshoffnungen, die man üblicherweise als »modern« bezeichnet; und sie machen es möglich, in einem Buch, das nur von einem Jahr handelt, in Form von erzählerischen Rückblicken die Gegenwart der Vergangenheit zu evozieren und die Frage zu stellen, wie aktuell oder wie überholt diese »modernen« Themen, Entwürfe und Muster 1977 waren. Denn bei den Lebensthemen der fünf Toten handelt es sich allesamt um große Themen der Moderne: Ernst Bloch (*1885) war der marxistische Philosoph der Revolution und der Hoffnung auf ein besseres Leben im Sozialismus; Fannie Lou Hamer (*1917) erfuhr als schwarze Bürgerrechtsaktivistin aus Mississippi endemischen Rassismus und sexistische Unterdrückung und glaubte zugleich an die Allgemeinheit der Bürger- und vor allem der Menschenrechte; Anaïs Nin (*1903) suchte in einer schier unendlichen Reihe sexueller Erlebnisse, die sie in ihrem Tagebuch festhielt, ihre »Wahrheit« als Frau; Jacques Prévert (*1900) bewegte sich, umhüllt vom Rauch seiner Zigaretten, in den Zeichenwelten des Surrealismus, des Kinos und der Poesie; und Ludwig Erhard (*1897) glaubte als langjähriger Wirtschaftsminister der jungen Bundesrepublik an die Effizienz »freier« Marktkräfte.

Die Revolution, das Recht, der Sex, die Medien und der Markt: das sind fünf der Motive, über die sich das fassen lässt, was zumindest die »klassische« oder »Hoch«-Moderne zwischen 1890 und 1970 war.[59] Diese Motive verschränken sich in diesen verflossenen Leben vielfältig mit Fragen nach dem Politischen, dem Subjekt beziehungsweise der Individualität und dem Geschlechterverhältnis, zudem mit der Stadt, dem Körper und der Natur. Die fünf Nekrologe geben die Themen vor und legen die Fährten aus, die dann in den einzelnen Kapiteln verfolgt werden. Gewiss kann aus ihnen, als die Bruchstücke, die sie sind, keine vollständige Geschichte der Moderne zusammengefügt werden, aber erzählt werden können immerhin kleine Geschichten der Moderne, von denen ausgehend sich das Rätsel des »Strukturbruchs«, der »Postmoderne« oder des »Endes der Moderne« hinreichend kompliziert, das heißt interessant, entfalten und zumindest partiell lösen lässt.

Aber warum ausgerechnet das Jahr 1977? Aufmerksam wurde ich auf dieses Jahr durch die beiläufige Beobachtung, dass Michel Foucault, mit dem ich mich in zwei früheren Büchern beschäftigt habe, damals als Professor am Collège de France ein Sabbatical hatte – und danach in auffallender Weise anders zu denken begann. Als er im Januar 1978 mit einer Vorlesungsreihe zur Geschichte der Gouvernementalität in den Hörsaal zurückkehrte, war er offensichtlich von seiner in *Überwachen und Strafen* (1975) entworfenen dunklen Machttheorie ein Stück weit abgerückt und stellte jetzt den Liberalismus, die dominante politische Theorie der Moderne, als eine Theorie der Freiheit dar. Kurz danach sprach er von den »Selbsttechniken« – ebenfalls verstanden als eine Theorie der Freiheit, ja der Autonomie des Subjekts. Ich fragte mich: Was ist passiert?[60]

Doch dies ist kein Buch über Foucault – und wenn er darin doch ab und zu auftaucht und ihm sogar ein ganzes Unterkapitel gewidmet ist, dann weniger als methodisch-theoretischer Stichwortgeber, sondern als interessanter und durchaus symptomatischer Zeitgenosse, der selbst historisiert werden kann. Unübersehbar allerdings stammt die Formulierung des Untertitels (»Eine Geschichte der Gegenwart«) aus einem seiner Bücher; sie bedeutet, dass die Betrachtung eines Ausschnittes der Vergangenheit aus der Perspektive der Gegenwart erfolgt und der Erhellung unserer heutigen, gegenwärtigen Fragen und Probleme dient. Das ist auch meine Perspektive in diesem Buch, dem es nicht darum zu tun ist, Wege und Entwicklungen, die aus den späten Siebzigerjahren in die Zwanzigerjahre des 21. Jahrhunderts führen, umfassend nachzuzeichnen. Vielmehr geht es darum, einige Phänomene und Probleme zu identifizieren, die uns heute ganz offenkundig beschäftigen – in der schlichten Absicht, sie kenntlich und verständlich zu machen. Es sind Fragen und Probleme, die wir vom ominösen »Strukturbruch« der Siebzigerjahre geerbt haben und seither mit uns tragen.

Doch wie gesagt, warum aus diesem bewegten Jahrzehnt ausgerechnet das Jahr 1977 herausgreifen? Wenn man sich schon zur besseren Fokussierung auf ein Jahr konzentriert, hat *dieses* Jahr zumindest zwei offensichtliche Konkurrenten: 1973 und 1979. Das erste war das Jahr der »Ölkrise« und des Endes des »Booms«, das zweite, 1979, war zum Beispiel mit der Islamischen Revolution im Iran oder dem Einmarsch der Sowjetunion in Afghanistan weltpolitisch bedeutsam. Dem Jahr 1973 hat Andreas Killen unter dem sprechenden Titel *Nervous Breakdown. Watergate, Warhol, and the Birth of the Post-Sixties America* schon eine allerdings stark auf die nationale Psyche der USA fokussierte Darstellung gewidmet.[61] Das Jahr 1979 hingegen hebt Frank Bösch in seinem schon erwähnten Buch *Zeitenwende* mit dem Argument hervor, dass in diesen so überaus ereignisreichen zwölf Monaten die globalen politischen Strukturen und Spannungen unserer Gegenwart angelegt worden seien. Meine Analyse zielt, im Gegensatz dazu, weniger auf große, gar weltpolitische Ereignisse als vielmehr auf die tiefen gesellschaftlichen, politischen, kulturellen, wissenschaftlichen und technologischen Verschiebungen und Brüche in Westeuropa und den USA, die sich, wie ich zeigen werde, auf eine erstaunliche Weise im Jahr 1977 bündeln lassen. Ihre genaue Darstellung im Fokus eines Jahres kann nicht nur besser als andere, eher großräumige Gesamtdarstellungen der Siebzigerjahre oder der Nachkriegsjahrzehnte die Rede vom »Strukturbruch« anschaulich und verständlich machen, sondern sie kann vor allem jene Veränderungen hin zur Gegenwart hervorheben, die nicht im Konzept des politischen Großereignisses aufgehen, aber mindestens ebenso tiefwirkende Folgen hatten.

Mit Blick auf die Bundesrepublik ist allerdings *ein* offenkundiges Großereignis des Jahres 1977 nicht zu umgehen: der schon 1978 rückblickend so genannte »Deutsche Herbst«. Mich interessiert dabei allerdings nicht das Ereignis als solches, sondern die mit ihm verbundenen Verschiebungen des Politischen, die in der Forschung als das Ende des »Roten Jahrzehnts« (Gerd Koenen) markiert wurde. Aus meiner in diesem Buch entwickelten Sicht war es aber mehr als das, nämlich überhaupt das faktische Ende der modernen, das heißt zuerst bürgerlichen, dann sozialistischen Hoffnung auf die Revolution. Und es ist kein Zufall, dass mit dem »Durchbruch« der Menschenrechte gleichzeitig ein ganz anderes Konzept des Politischen in den Vordergrund trat – und in einer ähnlich grundsätzlichen Weise auch die feministische Kritik an von Männern geprägten Macht- und Gewaltverhältnissen gerade in den Jahren 1976/77 die Idee der Revolution verdrängte. Ich werde argumentieren, dass es genau vor dem Hintergrund dieser und weiterer, im Folgenden zu analysierenden Veränderungen ebenfalls kein Zufall war, dass 1977 die schon erwähnte Rede von den »Singularitäten« aufkam und die verletzten, bedrängten und missachteten, ja »infamen« Einzelnen auf verschiedenen philosophischen und politischen Bühnen erschienen – als reale Menschen wie auch als Denkfiguren, die das moderne Verhältnis und Verständnis von Individuum und Gesellschaft unterminierten. Dazu gehört besonders auch jenes Phänomen, das schon in den Siebzigerjahren selbst und in der Forschungsliteratur bis heute unter dem Stichwort »Individualisierung« verhandelt wird und das ich als »Reise zu sich selbst« beschreiben werde, die über gewundene esoterische Wege zu einem »New Age« führen sollte. Kein Zufall war schließlich auch, dass das neue Konzept der *identity politics* ebenfalls als eine »Reise zu sich selbst« entworfen wurde – und zwar ebenso wie der und gleichzeitig mit dem sonst ganz anders gearteten »Ethnopluralismus« der »Neuen Rechten«.

Zu dieser Wende hin zum eigenen »Selbst« passte durchaus, dass 1977 in den USA der Personal Computer in Gestalt vor allem des Apple II auf dem Markt erschien, konzipiert als Selbstermächtigungsinstrument und eingebettet in eine ganz neue *Personal-computing*-Bewegung. 1977 war aber zum Beispiel auch das Jahr, in dem die VHS-Videokassette und der Videorekorder den privaten Medienkonsum revolutionierten – und eine

Handvoll Ingenieure das Internet erfanden. Gleichzeitig verkündete der Architekturtheoretiker Charles Jencks den »Tod« der modernen Architektur und den Beginn der architektonischen Postmoderne mit ihrer *Bricolage*-Ästhetik, während in der buchstäblich brennenden New Yorker South Bronx der Hip-Hop entstand. Das sagt mehr über die Stadt, die Kultur und die Postmoderne aus, als es auf den ersten Blick scheinen mag. 1977 war das Jahr, in dem die Sex Pistols verkündeten, es gäbe keine Zukunft mehr, und Margaret Thatcher ihre programmatischen *Selected Speeches* publizierte. Es war, mit einem Wort, das Jahr, in dem sich die westlichen Gesellschaften von der Moderne zumindest in ihrer »klassischen« Form zu verabschieden begannen, ohne schon zu wissen, was als Neues auf sie zukam. In diesem Zwischenraum der Zeit, im weißen Rauschen der Gegenwart von 1977, war nur die Unsicherheit gewiss und die Ahnung verbreitet, dass die alten Koordinaten der industriegesellschaftlichen Moderne bald verblassen und von neuen Markierungen überschrieben sein würden.

Damit drängt sich allerdings die Frage auf, wie man über eine so tiefgreifende und umfassende Veränderung oder gar Epochenschwelle sprechen kann, wenn man ihre Betrachtung gleichsam mittendrin, nämlich am 31. Dezember 1977, abbricht. Ein solches Verfahren könnte als ausgesprochen kontraintuitiv erscheinen und dem üblichen diachronen Blick der Geschichtswissenschaft grundsätzlich widersprechen. Das mag sein. Doch als Schnitt durch den Strom der Zeit hat es den unmittelbaren Effekt, wie in einem Standbild Gleichzeitigkeiten sichtbar werden zu lassen. Die Frage nach dem Grund oder den Gründen für diese Gleichzeitigkeiten lässt sich eher beantworten, wenn man in diesem Querschnitt durch ein Jahr auf »Regelmäßigkeiten« achtet (um nun doch einen Begriff von Michel Foucault zu verwenden), das heißt auf verbindende Muster, vergleichbare Motive und parallele Problemlagen. Denn in solchen Regelmäßigkeiten – und bei allen Zufällen, die die Geschichte immer bereithält – erhellen und erklären sich Phänomene ein Stück weit gegenseitig; sie zeigen zwar nicht den tiefen, wohl aber ihren ganz und gar oberflächlichen Sinn, das heißt die Erscheinungsweise ihrer historischen Existenz. Vor allem aber werden beim eng fokussierten Blick auf dieses eine Jahr die vielen parallel verlaufenden Bruchlinien der tektonischen Verschiebung der zweiten Hälfte der Siebzigerjahre erkennbar – oder auch nur die ersten von diesen Verschiebungen verursachten Haarrisse, die sich erst viel später in aller Deutlichkeit manifestieren. Solche Verwerfungen der historischen Kontinuität, solche Brüche des Gewohnten jedenfalls, die über das übliche Schwanken der Moden und der wirtschaftlichen Konjunktur sowie die bloße Kontingenz der Ereignisse hinausreichen, werden erst dann sichtbar, wenn Phänomene aus unterschiedlichsten Feldern zusammen und als Serie analysiert werden, das heißt, wenn sie aus ihren konventionellen Einzelgeschichten herausgelöst und in einem anderen Erzählregister auf die Ähnlichkeiten der in ihnen stattfindenden Verschiebungen und Brüche hin untersucht werden.

Ganz streng durchhalten lässt sich das Verfahren, Serien »diskontinuierlicher« Veränderungen in einem einzigen Jahr zu bilden, allerdings nicht. Zwar ist der 31. Dezember 1977 die sakrosankte zeitliche Grenze meiner Darstellung, die auch helfen soll, die Geschichte der damaligen Gegenwart nicht allzu ostentativ mit dem nachträglichen Wissen des Historikers zu überlagern. Es ist das Prinzip meiner Untersuchungsanlage, dass mit dieser harten Datumsgrenze die Ungesichertheit der Gegenwart und die Offenheit der Zukunft zumindest ein Stück weit nachvollziehbar gemacht werden kann. Geschichte entfaltet sich nicht teleologisch auf jene Gegenwart hin, in der wir heute leben. Die Jahre nach dem 31. Dezember 1977 sind daher in diesem Buch tabu – bis auf das kurze Schlusskapitel, wo ich dann doch einen Blick in die Zeit nach 1977 und auf unsere Gegenwart riskieren werde. Für das Verständnis einzelner Ereignisse – politische Ereignisse genauso wie »Aussageereignisse« (noch einmal Foucault, der damit Bücher, Diskurse oder Texte bis hin zu buchstäblich einzelnen Aussagen meinte[62]) –, aber auch für das Verständnis langsamerer Entwicklungen und Veränderungen ist es jedoch unumgänglich, sich diverse Vorgeschichten anzuschauen. Dass man dabei oft nicht weiter als bis etwa ins Jahr 1970 zurückgreifen muss, wie sich zeigen wird, bestätigt nochmals auf andere Weise die These von den Siebzigerjahren als Schwellenjahrzehnt.

Doch abgesehen davon kann man die Geschichte eines Jahres auch noch aus einem ganz anderen, weit banaleren Grund nicht *wirklich* auf ein Jahr beschränken. Bücher, Filme oder Musikstücke, die in meiner Darstellung eine wichtige Rolle spielen, haben meist nicht nur ein einziges Geburtsdatum: Sie erscheinen vielleicht 1975 in den USA und dann 1977 in Deutschland, oder sie kommen 1976 auf den Markt und entfalten erst im Laufe des Folgejahres ihre Wirkung. »Ein Jahr« ist eine recht willkürliche Einteilung, die den realen Ereignissen und Entwicklungen meist nicht zu entsprechen vermag. Im Fall dieses Buches ist »1977« daher die Sammelbezeichnung für einen mehr oder weniger eng abgesteckten Abschnitt jener Zeit, die ich hier untersuchen möchte.

Eine letzte methodische Bemerkung noch. In meiner Darstellung gilt nicht nur die Regel, dass die Dinge, über die ich spreche, vor dem Jahresende 1977 geschehen sein müssen, sondern es gilt auch das »Öffentlichkeitsprinzip«. Ich verwende fast ausschließlich Material, das »öffentlich« bekannt sein konnte, das heißt in der einen oder anderen Form vor dem 31.12.77 publiziert worden ist (was nachträgliche Erinnerungen, Autobiografien und dergleichen ausschließt). Die Bücher und die Zeitungs- und Zeitschriftentexte, aber auch die Musikstücke und die Filme, auf die ich meine Darstellung stütze, unterliegen als Medien grundsätzlich dem Prinzip der Zirkulation. Das heißt, dass die in ihnen ausgesprochenen oder zum Ausdruck gebrachten Gedanken, Ideen oder Vorstellungen nicht am – meist nur fiktiven – »Ursprungsort« gesucht werden können, sondern immer schon in den Austauschbewegungen zwischen den Medienproduzenten, Urheberinnen und Urhebern, Rezipientinnen und Rezipienten.[63] Diese Zirkulationen weisen zudem meist über den »Container« des Nationalstaates hinaus und zeigen so in einer sehr konkreten Weise, wie durch sie und in ihnen eine Wirklichkeit jenseits des Nationalen entsteht. Daher spielt der Raum einer Nation in meiner Darstellung eine eher untergeordnete Rolle.

Was in diesem Sinne unter dem Öffentlichkeits- und Zirkulationsprinzip als Aussage auftaucht – ob marginal oder hegemonial –, ist immer schon Teil einer ebenso gemeinsamen wie stets umkämpften Wirklichkeitskonstruktion. Die unendliche Vielfalt und Komplexität der »Wirklichkeiten« des Jahres 1977 bleibt für uns im Ganzen unfassbar. Ihre mehr oder minder öffentlichen, von vielen geteilten Konstruktionen, das heißt die Medien, die Formen und die Deutungskonflikte, in denen Wissen über die Realitäten der damaligen Gegenwart hervorgebracht wurde, können wir jedoch rekonstruieren. Das ist es, was ich ausschnittweise in diesem Buch versuchen werde. Dass es nur Ausschnitte sind, ist unvermeidlich. Ihre Auswahl ist zum einen bedingt durch die Kontingenzen des Jahres 1977, zum andern aber auch durch meine Kenntnisse und Wissenslücken, meine Vorlieben und Interessen. Ich werde sie daher auch selbst zu verantworten haben.[64]

2.
Herbst der Revolution

Ein Philosoph wurde zu Grabe getragen. Die um ihn trauerten, priesen ihn als Denker der Revolution und der nie erloschenen Hoffnung auf ein besseres, menschengerechtes Leben in einem künftigen Sozialismus. Wenige Wochen später, im Herbst, scheiterte der Versuch einer selbsterklärten revolutionären Avantgarde, ihre inhaftierten Führungskader aus dem Gefängnis freizupressen. Es war mehr als nur das Scheitern einer kleinen Gruppe. Viele realisierten, dass der moderne Traum von der Revolution, wie auch der Verstorbene ihn nie aufgegeben hatte, ausgeträumt war.

Ernst Bloch († 4.8.) und der »Weltprozess«

Der jüdische Philosoph Ernst Bloch, geboren am 8. Juli 1885 in der Industriestadt Ludwigshafen, war ein lebenslanger Emigrant. 1917 ging er als Kriegsgegner ins Exil nach Bern; später, nach seiner Ausbürgerung durch die Nazis, suchte er zuerst erneut Zuflucht in der Schweiz, dann in Wien und Prag. 1938 emigrierte er über Polen in die USA, von wo aus er schließlich 1948 nach Leipzig in die sowjetische Besatzungszone übersiedelte, die im Jahr darauf zur DDR wurde. 1961, kurz nach dem Mauerbau, kehrten Bloch und seine Frau Karola von einer West-Reise nicht mehr in die DDR zurück, weil er dort als undogmatischer Marxist in Ungnade gefallen, zwangsemeritiert und mit Gefängnis bedroht worden war. Die Universität Tübingen hatte dem Flüchtigen eine Gastprofessur angeboten, die er im hohen Alter von 76 Jahren antrat.

Der Titel seines im amerikanischen Exil geschriebenen Hauptwerks *Das Prinzip Hoffnung* bezeichnet zugleich den Antrieb und das Ziel seines Denkens: Das utopische, ja revolutionäre Potential des »Noch-Nicht-Seins« freizulegen, und so handelte auch sein erster Vortrag in Tübingen 1961 von der »Ontologie des Noch-Nicht-Seins«. Der Nachruf des sozialdemokratischen *Vorwärts* bezeichnete Bloch deshalb als den deutschen »Philosoph[en] der Revolution«[1] schlechthin, Oskar Negt nannte ihn bei der Trauerfeier in Tübingen den »militanteste[n] der modernen Philosophen«.[2] Am Tag nach seinem Tod notierte Arno Münster in Paris zuhanden der »internationalen Presse«, Bloch habe bis zuletzt und »gleich einem Sokrates die von revolutionären Ideen erfüllte Jugend um sich versammel[t]«.[3] Am Abend seiner Beerdigung sollen es gar 3000 Studierende gewesen sein, die Bloch zu Ehren in einem Fackelzug durch Tübingen zogen. Adolf Theis, seit 1972 Präsident der Eberhard Karls Universität Tübingen, beschimpfte sie ungerührt als Blochs »Brut«, während die Studierenden den Verstorbenen als ihren »Genossen und Vorkämpfer gegen die Herrschenden« ehrten.[4]

Bloch war eine widersprüchliche, auch kontroverse Figur. Obwohl nominell Materialist und als solcher eigentlich der Nüchternheit verpflichtet, fasste er seine Gedanken zeitlebens in eine seit dem Erstlingswerk *Geist der Utopie* (1918) expressionistisch aufgeladene und aphoristisch verdichtete Sprache, die selbst lange nach der Blütezeit des Expressionismus noch seine Neigung zu mystischem Schwärmen verriet. Seine Sprache verdankte der entsprechenden jüdischen und christlichen Tradition weit mehr, als einem ehemaligen DDR-Ordinarius für Philosophie zuzutrauen war. Der Schriftsteller Martin Walser nannte sie in seinem Nachruf in der *konkret* die »Bloch-Frequenz«,[5] die wie ein mächtiger Orgelton klinge; dem Journalisten Wolfram Schütte kamen im Rückblick die frühen Texte »so somnambul wie enthusiastisch, so dunkel raunend wie pathetisch schneidend« vor, was nicht als Lob gemeint war.[6] Auch akademische Kollegen fanden zu keinem einheitlichen Urteil. Der Basler Bloch-Schüler Beat Dietschy behauptete, dass die »sinnliche Kraft von Blochs Sprache [...] Erfahrungen des Alltagslebens« anspreche, »die normalerweise durch das weitmaschige Netz wissenschaftlicher Sprache hindurchfallen«.[7] Jürgen Habermas, gleichsam am anderen Ende des Spektrums all jener, die Marxismus und Philosophie nicht für prinzipiell unvereinbar hielten, hatte dagegen schon 1960 in einem Aufsatz zu Blochs *Prinzip Hoffnung*, den er um die Zeit von Blochs Tod zum Wiederabdruck überarbeitete, seinen gelehrten Spott über den »quellenden Wildwuchs pleonastischer Wendungen, das bruststarke Atemholen dithyrambischer Klänge« und schlecht gealterte Metaphern kaum verbergen können.[8]

Als Philosoph jedenfalls blieb Ernst Bloch am Rand seines Fachs angesiedelt; als Theoretiker der »Hoffnung« wurde er von den Theologen mehr geschätzt als von den Vertretern seines eigenen Fachs. Habermas ordnete ihn als einen Wiedergänger des idealistischen Philosophen Schelling ein, und Alfred Schmidt, der Frankfurter Siegelbewahrer eines westlichen Marxismus, belegte Bloch mit dem Prädikat »Metaphysiker«.[9] Helmuth Fahrenbach, der am Grab seines Kollegen Abschiedsworte sprach, tat dies explizit nur »für einen Teil des Fachbereichs Philosophie der Universität Tübingen«.[10] Bloch, politisch fortwährend zwischen allen ost-westlichen Stühlen nach »Heimat«[11] suchend, hatte Zustimmung und Anhänger vor allem im Feld jener gefunden, die den Traum der Revolution träumten, ihn aber nicht mehr nach der Logik kommunistischer Kader ausbuchstabieren wollten. Aus der DDR kam neben einer dürren Notiz im SED-Parteiorgan *Neues Deutschland* daher nur ein eher bitterer Nachruf von Wolfgang Harich, abgedruckt ebenfalls in der *konkret*. Harich war wie Bloch Philosoph und mit ihm zusammen seit 1953 Herausgeber einer philosophischen »Zeitung« gewesen. Während des politischen Tauwetters nach Stalins Tod hatte er mit seinem »Kreis der Gleichgesinnten« – und zusammen mit dem »Bloch-Kreis« in Leipzig – Reformen gefordert, bis die Ereignisse in Ungarn 1956 in der DDR schon wieder die nächste Eiszeit einläuteten.[12] Harich und andere wurden im Jahr darauf in einem Schauprozess wegen »Bildung einer konspirativen staatsfeindlichen Gruppe« zu mehrjährigen Zuchthausstrafen verurteilt (Bloch, über den ein Politbüromitglied seine schützende Hand hielt, verlor nur die Professur). Harich, der seine »Schuld« vor Gericht wortreich eingestanden hatte, wurde 1964 amnestiert. Jahre später, als er die Nachricht von Blochs Tod vernahm, konnte er immer noch nicht verstehen, warum dieser seinerzeit die DDR verlassen hatte: »Nichts, kein Konflikt mit Ulbricht, keine Zwangsemeritierung, kein Mauerbau« könne, so Harich, »entschuldigen, daß Bloch 1961, kurzsichtig resignierend, der DDR fernblieb«. Dass Bloch nun nicht auf dem (Ostberliner) Dorotheenstädtischen Friedhof neben »Brecht und Becher, Eisler und Zweig« liege, sei »traurig und schlimm«.[13]

Wolfgang Harichs Nachruf bezeichnete genau die Bruchlinie, die Blochs Biografie als Linker spaltete. Ernst Bloch hatte während sehr langer Zeit Stalins Herrschaft, ja selbst die Schauprozesse der Dreißigerjahre als historische Notwendigkeit verteidigt; er hatte, wie der Marburger Staatsrechtler Wolfgang Abendroth in seinem Nachruf schrieb, »schlechthin alles idealisier[t], was in dem Land […] geschah, das gleichwohl in (und trotz) jeder Verzerrung das Land der Oktoberrevolution geblieben ist«.[14] Bloch stellte die Oktoberrevolution nie in Frage, aber mit der Flucht aus der DDR hatte er sich seine Enttäuschung über den diktatorisch verfestigten Sozialismus eingestanden und dafür 1964 in einem Gespräch auch ein etwas schräges Bild gefunden: »[E]s liegt auf der Hand, daß diejenigen, die jetzt über die Mauer springen von Ost- nach West-Berlin, tatsächlich einen Sprung aus dem Reich der Notwendigkeit in das Reich der Freiheit vollziehen.« Um anzufügen: »In etwas anderem Sinn ist das gekommen, als Marx sich das vorgestellt hat.«[15] Das Bild vom philosophischen Mauersprung von Ost nach West hatte in Blochs Denken allerdings keinen Bestand. Der Westen als das »Reich der Freiheit«...? Nicht zuletzt unter dem Eindruck der Studentenbewegung und des Kriegs in Vietnam sprach er bald weitaus kritischer vom Westen. In den Siebzigerjahren war Bloch gar ausgesprochen pessimistisch gestimmt. Er beobachtete ein »entsetzliche[s] Situationsdurcheinander« und fürchtete 1975 mit Blick auf die politische Rhetorik des CSU-Politikers Franz Josef Strauß gar einen neuen »Faschismus« – um dann allerdings anzufügen: »Ich glaube aber nicht, daß er [der Faschismus] sehr lange leben wird. Das gäbe nämlich ein neues Motiv zum Aufmarsch sowjetischer Truppen an der Grenze zur Bundesrepublik [...], weil durch ihn [den Faschismus] in historischer Rückbeziehung der Grundbestand der Sowjetunion aufs äußerste bedroht wäre. Hier gibt es eine große Empfindlichkeit, die in diesem Fall nur zu begrüßen ist.«[16]

Ein Aufmarsch sowjetische Panzer an der Grenze zur Bundesrepublik als eine Art Feuerwehreinsatz und die Sowjetunion trotz allem als das »einzig verläßlich[e] Bollwerk gegen den Faschismus«,[17] wie es zustimmend in einem Nachruf zu lesen war? Bloch war nicht frei von der binären Logik des Kalten Krieges und vor allem nicht frei von der Vorstellung, dass die Sowjetunion als der Staat, der aus der Oktoberrevolution hervorgegangen war, letztlich doch die historische Rolle einnehme, zumindest den »Faschismus« abzuwehren. Es war gerade erst 30 Jahre her, seit die Rote Armee Berlin befreit hatte; falls es wieder nötig sein sollte, erschien Ähnliches dem DDR-Flüchtling Bloch immer noch als eine Option. Aber das wäre nicht »revolutionär«, im Gegenteil: Die Schuld an der »Lethargie des Proletariats«, der Grund insbesondere für den »ziemlich rätselhafte[n] Schlaf des Proletariats in Deutschland«[18] sei letztlich der Enttäuschung geschuldet, die die »Enthüllungen nach den Stalinschen Prozessen« hervorgerufen habe. Bloch sprach dabei auch von sich selbst, wenn er dies mit den Worten kommentierte: »Man hat das sogenannte ›Vaterland der Werktätigen‹ [...] verloren.« Dazu kam die trübe Einschätzung seiner eigenen Lage, ebenfalls eingehüllt in ein allgemeines »man«: »[H]ier, im Westen, ist man umgeben von Feinden oder gleichgültigen Leuten.« Aber auch der Zustand der Linken sei deprimierend: »Die sozialistische Renaissance ist literarisch geworden und ganz und gar unpraktisch, mehr noch: die Anarchisten dringen vor« – man könnte übersetzen: die sozialistische Linke sei eingeklemmt zwischen Suhrkamp-Kultur, Theoriefetischismus und dem Terror der RAF, die Bloch als Anarchisten wahrnahm. Er fuhr fort: »Kurz und gut, alles dies ist verursacht worden durch die schrecklichen Ereignisse in der Sowjetunion. Heimatlos geworden, auf der Stelle tretend, ewige Wiederholung gleicher Phrasen [...].«[19]

Die Enttäuschung über den Gang der Geschichte war Bloch in diesem Gespräch von 1975 deutlich anzumerken. Den Funken einer erneuten Revolution erwartete er daher zuletzt von der Sowjetunion und auch nicht vom (west)deutschen Proletariat in seinem »Schlaf«, sondern, mit Marx, zuallererst von Frankreich, aber auch von Italien, sogar von den USA. Es war für ihn letztlich eben doch der Westen, der den Traum der Revolution zu träumen begonnen hatte. Der Westen bewahre mit der Französischen Revolution und ihrer Idee der Menschenrechte die Erinnerung an die Freiheit auf, und die bürgerliche Revolution blieb für Bloch daher der feste Bezugspunkt dessen, was er als Freiheit auch in einer sozialistischen Gesellschaft sich vorstellte: die politische Freiheit unter der Voraussetzung, dass das Verhältnis von Herr und Knecht überwunden sein würde. Unnötig zu sagen, dass es so weit noch nicht war, und besonders mit Blick auf Deutschland war er, wie erwähnt, tief pessimistisch. Aber »wenn es erst einmal zu diesen revolutionären Umbrüchen überall in der Welt kommt« – Bloch rechnete fest damit –, »dann wird die Akustik in der Atmosphäre, die revolutionäre Resonanz auch das deutsche Proletariat erfassen und entsprechend revolutionär verändern«.[20]

Wie kein anderer Philosoph erwartete Ernst Bloch die Revolution, hoffte auf sie, hielt sie für unabdingbar. Und als Philosoph der Hoffnung war er, wie Furio Cerutti in *il manifesto* (der Zeitung der »linkskommunistischen« Kritiker des PCI, der Kommunistischen Partei Italiens) notierte, »eine der wenigen von der gesamten neuen Linken anerkannten ›Autoritäten‹«.[21] Auch Rudi Dutschke sprach in einer hitzigen Rede am Grab des Philosophen davon, dass die »ganze Neue Linke von der großen Lebens- und Denkgeschichte von Ernst Bloch nicht zu trennen« sei.[22] Wie diese »Autorität« über die Revolution dachte, war mithin durchaus paradigmatisch – das heißt in der einen oder anderen Weise ähnlich anzutreffen bei Vielen im zerklüfteten politisch-ideologischen Feld zwischen Sozialdemokratie, »Moskau« und der RAF (die sich nicht zufällig als »Fraktion« der Roten Armee fantasierte), zwischen älter gewordenen 68ern und maoistischen Splittergruppen. Konkreter noch: Im Februar des Jahres 1966 hatte Bloch im »Audimax« der Freien Universität Berlin einen Vortrag gehalten, der die Zuhörer »aufgewühlt« habe, wie Dieter Kunzelmann, der spätere Mitbegründer der »Kommune 1« sowie der terroristischen »Tupamaros Westberlin«, sich erinnerte.[23] Im Anschluss an den Vortrag hatten er, Ulrich Enzensberger, Rudi Dutschke und andere im Kino den Film *Viva Maria!* von Louis Malle gesehen, in dem Jeanne Moreau eine Marxistin und Brigitte Bardot eine Anarchistin spielen, die eine Gruppe mexikanischer Guerilleros zum Sieg führen. Der Film habe bei den aufgekratzten Studenten Gedankenspiele um bewaffnete Guerilla-Aktionen auch in den »Metropolen« befeuert, und mit der Gruppe »Viva Maria« entstand bald darauf innerhalb des Sozialistischen Deutschen Studentenbundes eine »Fraktion«, die im SDS eine heftige Debatte über die Frage revolutionärer Gewalt auslöste. Mit Brigitte Bardot und Jeanne Moreau *cum* Ernst Bloch in den imaginären Landschaften der Mexikanischen Revolution...: Auch wenn man nicht behaupten sollte, am Ursprung des künftigen Terrorismus habe das Kino gestanden,[24] und sich auf diese Weise auch keine Kausalität für das sich damals entwickelnde Revolutionsverständnis der radikalen Linken in Westberlin konstruieren lässt, wirft diese Geschichte doch zweifellos ein Schlaglicht zumindest auf die Wirkung, die von Ernst Bloch ausging.

Doch was hieß für Bloch »Revolution«? In welcher Beziehung stand die verbreitete Vorstellung einer künftigen, ja einer nahen Revolution zu seiner dunklen, vieldeutigen Formel von der »Ontologie des Noch-Nicht-Seins«? Was besagte, mit einem Wort, Blochs Philosophie der Revolution? In den Nachrufen auf den Verstorbenen wurde zuweilen ein Satz von Marx in Erinnerung gerufen, auf den er sich häufig bezogen hatte. Am ausführlichsten zitierte ihn Alfred Schmidt in der *Frankfurter Allgemeinen Zeitung* vom 6. August 1977: »Unser Wahlspruch muß also sein«, so der junge Karl Marx, »Reform des Bewußtseins nicht durch Dogmen, sondern durch Analysierung des mystischen, sich selbst noch unklaren Bewußtseins. Es wird sich dann zeigen, daß die Welt« – und nun kommt die Passage, die Bloch so wichtig war – »längst den Traum von einer Sache besitzt, von der sie nur das Bewußtsein besitzen muß, um sie wirklich zu besitzen. Es wird sich zeigen, daß es sich nicht um einen großen Gedankenstrich zwischen Vergangenheit und Zukunft handelt, sondern um den Vollzug der Gedanken der Vergangenheit.«[25]

Der »Traum«, von dem Marx sprach, war der Traum von einer besseren Welt ohne Herrschaft von Menschen über Menschen. Ernst Bloch hatte sein langes Leben darauf verwendet, diesen »Traum« im Speicher der abendländischen Tradition aufzuspüren und als das noch »unabgegoltene«[26] utopische Potential aller bisherigen Geschichte zu entziffern. Religion und Mystik, Kunst, Literatur und Musik, Philosophie, aber auch Märchen und Sagen waren in seinem Verständnis nicht nur zeitbedingte, im Verlauf der Zeit ihre Kraft und Gültigkeit einbüßende Äußerungen menschlichen Denkens und Fühlens, sondern immer auch Manifestation von Wünschen, die noch nicht in »Erfüllung« gegangen waren: »Wunschlandschaften der Menschheit vom möglichen Glück«, wie ein Nachrufender treffend sagte.[27] Es war dieses auf Veränderung drängende Potential des noch nicht erfüllten Wünschens – angetrieben letztlich durch »Mangel und Bedürftigkeit«[28] –, das Bloch als jene revolutionäre Energie zu entziffern suchte, die die bisherige Weltgeschichte angetrieben habe. Er nannte sie den »subjektiven Faktor«.[29] Dieses Potential des Wünschens sei *als* revolutionär in der Französischen Revolution erstmals zu »Bewußtsein« gekommen und habe daher begonnen, »praktisch« zu werden. »Hoffnung«, so resümierte Alfred Schmidt, »gepaart mit dem Nein zum Schlechten, Abschaffbaren, geht ein in revolutionäres Interesse«.[30]

Blochs Begriff der Revolution war schillernd, als solcher aber mit dem modernen Begriff der Revolution überhaupt auf einer Linie. Folgt man in diesem Punkt dem Historiker Reinhart Koselleck, der seine kühlen begriffsgeschichtlichen Überlegungen schon 1968 in einem Vortrag entwickelt hatte, so sei für den »Ausdruck« Revolution nicht nur typisch, dass seine »begriffliche Unschärfe so groß ist«, dass er als »Schlagwort definiert werden« könne.[31] Zudem sei sein »Anwendungsbereich breit gefächert«, bedeute er doch sowohl Umsturz wie auch tiefgreifenden Wandel, aber auch politische ebenso wie wirtschaftliche oder technische Veränderungen. Entscheidend sei jedoch, dass er in diesem Verständnis erst seit 1789 auftrat. Koselleck erinnerte daran, dass der Revolutionsbegriff im Zuge der Französischen Revolution jene Zukunftsoffenheit angenommen hatte, die ihn seither prägte (während er zuvor die regelmäßige Rückkehr zu einem früheren Zustand meinte). Er bezeichnete nun und neuerdings einen »Erwartungshorizont«, der die Gestaltung der politischen und – damit verbunden, sozialen – Verhältnisse nicht mehr an alten, überkommenen Konzepten auszurichten erlaubte. Auf die Zukunft gerichtet, impliziere der Begriff zudem die Erfahrung steter Beschleunigung und notwendiger

Bewegung auf einer geschichtlichen Bahn, über deren Zielrichtung, so Koselleck, die neu entstandene Figur des »Revolutionärs« mit Bestimmtheit Bescheid zu wissen glaube. Weil schließlich Revolution – im signifikanten Kollektivsingular – nichts anderes als die Umwälzung »aller« Verhältnisse bedeuten könne, ziehe sie notwendig den Begriff der »Weltrevolution« nach sich.[32]

Mit anderen Worten: »Revolution« war *der* moderne Signifikant für die Offenheit der Zukunft und für die Gestaltbarkeit aller Verhältnisse durch menschliche Praxis schlechthin. Wohl wurde sie seit Napoleon, der die Revolution beenden wollte, nicht mehr nur vom Adel, sondern auch vom Bürgertum gefürchtet, meinte in der Folge aber, wie Koselleck 1968 noch sagen konnte, die unumkehrbare Richtung jeder künftigen Änderung der gesellschaftlichen Verhältnisse.[33] Blochs Bezug auf die Französische Revolution war dieser begriffsgeschichtlichen Rekonstruktion gemäß daher nichts anderes als modern. Seinem Selbstverständnis nach sah er sich zwar nicht als »Moderner« – er hat den Begriff der Moderne nicht benutzt –, sondern als nachholender Prophet der utopischen Potentiale längst vergangener Zeiten, als Künder von den »Wunschlandschaften« sehr viel älterer Vergangenheiten. Allein, die Idee von der Gestaltbarkeit der Zukunft durch den tätigen Menschen verliert ihre Modernität nicht, wenn man behauptet, dass der Wunsch nach einer besseren Welt schon sehr alt sei. Vielmehr war genau das genuin modern. Blochs Rede von den utopischen Potentialen längst vergangener Wünsche war *de facto* nichts anderes als die Erfindung einer Tradition der Revolution, die den »Sozialismus« und die Gestalten der »wirklichen Menschwerdung«[34] mit leichter Hand weit zurück in die Geschichte zu projizieren vermochte, auf Sokrates oder die Reformation, auf jüdische Prophetie oder das Neue Testament, auf Thomas Morus oder den deutschen Bauernkrieg.

Diese Erfindung einer Tradition musste einen marxistischen Philosophen allerdings vor Probleme stellen, auch wenn er sich dabei auf den (sehr) jungen Marx berief. Ging es denn bei den »Gedanken der Vergangenheit« wirklich nur um »Gedanken«, gar ums bloße Wünschen? War die Revolution einzig als Übergang vom »Traum« zum »Bewusstsein« zu verstehen? In den Nachrufen wäre so viel offener Idealismus kaum durch das *de mortuis nihil nisi bene* geschützt gewesen. Und Bloch wäre kein Marxist gewesen, wenn er nicht daran geglaubt hätte, dass es über das bloße Wünschen hinaus eine »objektive Tendenz« in der Geschichte gebe, die auf den Sozialismus hinführt – eine Tendenz, die in den Verhältnissen, ja der Materie selbst angelegt ist und mit der sich die menschliche Praxis verbünden, auf die sie sich zubewegen muss. Genau das meinte er mit der Formel »Ontologie des Noch-Nicht-Seins«: Es gehörte für ihn zum »Wesen« der Dinge in der Welt, dass sie ihr »wahres Wesen«[35] noch nicht entfaltet haben, dass dieses historisch noch nicht »herausprozessiert«[36] worden ist. Die Rede von der »objektiven Tendenz« lässt sich allerdings mit dem Glauben ans Wünschen nicht so leicht zur Deckung bringen. Wer allein die unerschöpfliche, ungebundene Kraft des Wunsches nach einem besseren Leben betont, hat keinen Anlass, das gegenwärtige schlechte Leben vor Kritik zu schützen, selbst wenn es sich »Sozialismus« nennt. Wer hingegen in der Geschichte eine »Tendenz« ausmacht und das »Ziel« aller Geschichte zu erahnen glaubt, meint zu wissen, dass diese »Tendenz« in den Dingen selbst und in der Gerichtetheit menschlicher Wünsche schon präfiguriert ist – und er kann dann »Verirrungen« wie nicht zuletzt den Stalinismus als bedauerlich, »in der Tendenz« aber vom Gang der Weltgeschichte selbst gerechtfertigt verstehen.

Wie also? Ernst Bloch bot dazu keine allzu klare Antwort, und entsprechend vielfältig waren die Deutungen der Nachrufenden – mal mehr die »Tendenz«, mal stärker das revolutionäre Potential des Wünschens und Hoffens betonend. Im Wesentlichen aber erschien Blochs Philosophie als ein Denken, das sich von der Einsicht in den Gang der Weltgeschichte getragen fühlte, ja diese Einsicht sogar noch durch die naturmystische Spekulation über die »Zukunftsoffenheit« der Materie unterfüttert hatte. Es herrsche, so Hans Heinz Holz, der Bloch-Schüler aus DDR-Zeiten, »eine Teleologie, eine Zielgerichtetheit in dieser Welt«; das sei das »große Credo des utopischen Bewußtseins«.[37] Dieses bleibe eben nur deshalb vor »leerem Spintisieren bewahrt«, schrieb auch Alfred Schmidt in der *FAZ*, weil es sich »mit den objektiv-geschichtlichen Gesetzmäßigkeiten vermittelt« – als »Subjektfaktor« stehe das utopische Bewusstsein »mit dem Weltprozeß im Bunde«.[38] Bloch selbst hatte diese Gewissheit gar auf eine Formel gebracht, die jede sozialistische Revolution von vornherein in Heilsgeschichte umschmolz: »Ubi Lenin, ibi Jerusalem.«[39] Zu so viel ebenso natur- wie menschheitsgeschichtlichem Objektivismus hatte Jürgen Habermas schon 1960 trocken bemerkt, Bloch orientiere »sein Denken […] an der Entwicklung einer generell vermuteten Trächtigkeit der Welt«.[40]

Die Rede vom »Weltprozess«, auch von Alfred Schmidt in positiver Diktion verwendet, fiel bei den Nachrufenden allerdings nicht unter

Metaphysikverdacht, ebenso wenig wie die Bloch'sche Bestimmung des »Ziels« aller Weltgeschichte. Er nannte es, wie schon erwähnt, »Heimat«, und er meinte damit jenen Zustand, in dem der Mensch aufhört, ein ausgebeutetes und verächtliches Wesen zu sein, und er sein Leben in »realer Demokratie« einrichten kann.[41] Es wäre dies, wie der Sozialphilosoph Oskar Negt am Grab des Philosophen sagte, die »neue klassenlose, sozialistische Gesellschaft [als] dem organisierenden Zentrum und dem Zielinhalt aller Tagträume, Utopien und Hoffnungen« bisher.[42] Dieser noch ganz weltliche politische »Traum« aber schien ohne Metaphysik nicht formulierbar: Der von aller Herrschaft entledigte Mensch wäre, so Bloch mit dem Marx der *Ökonomisch-Philosophischen Manuskripte* von 1844, nicht mehr »entfremdet«, sondern mit der »humanisierten Natur« versöhnt und selbst »naturalisiert«, wie die Nachrufenden den jungen Marx und dessen in den *Manuskripten* nur schlecht verhüllten Hegelianismus immer wieder zitierten – offenbar ohne allzu große Unsicherheit darüber zu empfinden, was das alles bedeuten könnte. Sie schienen zu wissen, was »der befreite, der unentfremdete Mensch« wäre, der »zu sich selbst« gekommen ist, oder was eine Gesellschaft wäre, »in der sich Subjekt und Objekt nicht mehr als Fremde gegenübertreten«.[43] Es werde dies, so Bloch in einem Gespräch von 1975, eine Zeit sein, in der auch die Materie als »Tendierendes, Latentes« ihr ganzes Potential endlich »herausgebracht« habe.[44] »Die wirkliche Genesis«, so zitierte ihn ein Nachrufender, »steht nicht am Anfang, sondern am Ende«.[45]

Diese und ähnliche teleologischen Formeln der großen Autoritäten der Linken, Karl Marx und Ernst Bloch in diesem Fall, erschienen selbsterklärend. Als Chiffren für das sozialistische Fernziel waren sie der Angelpunkt des utopisch-revolutionären Diskurses, wie Bloch ihn verkörpert und gelehrt hatte. An ihnen konnte nicht gerüttelt werden, als Drehpunkt einer ganzen Weltwahrnehmung standen sie im Raum dieses Diskurses nicht zur Disposition. Am Rand des Grabes beschwor Rudi Dutschke vielmehr noch einmal das nun leere Zentrum all dieser Formeln: »Analytischer Kältestrom der Schärfe und dazugehöriger Wärmestrom der Menschlichkeit des sozialistischen Standpunktes, Nahziel und Fernziel, Reform und Revolution, Konkretes und Utopisches, Demokratie und Sozialismus [...]: Ernst Bloch.«[46]

*

Dutschkes Grabrede war kaum verklungen, da überfiel am 5. September 1977 in Köln ein Kommando der Roten Armee Fraktion den Konvoi des deutschen Arbeitgeberpräsidenten Hanns Martin Schleyer, tötete vier seiner Begleiter und entführte den höchsten Repräsentanten der bundesdeutschen Wirtschaft mit dem Ziel, ihre in verschiedenen Justizvollzugsanstalten gefangenen Genossinnen und Genossen freizupressen. Die Entführung im sogenannten »Deutschen Herbst« endete dramatisch. Dieses Kapitel wird zeigen, wie die sich überstürzenden Ereignisse die außerparlamentarische Linke der Bundesrepublik zwangen, ihr Verhältnis zur Gewalt und zur Revolution zu überdenken – ja, wie sie der linksradikalen Szene klarmachten, dass es mit Hoffnung auf die Revolution vorbei war.

Das galt jedoch nicht nur für die Linke in der Bundesrepublik. In Paris verglich der »militante« Philosoph und Professor am Collège de France, Michel Foucault, die Strategie des »bewaffneten Kampfes« im Oktober mit einer archaischen medizinischen Theorie – und das nicht einmal spöttisch, sondern eher abgeklärt, distanziert, auch der eigenen ehemaligen Radikalität gegenüber. Foucault gehörte zu den Autoren, die von der »undogmatischen«, der »Nicht-RAF«-Linken jetzt gelesen wurden, während sie »den Bloch« auf die Seite legte. Dazu passte aber auch, dass kommunistische Theoretiker wie Louis Althusser von einer »Krise des Marxismus« sprachen oder ein bis dato unbekannter DDR-Kader von Marx zu Hegel zurückkehren wollte. Merkwürdig abgelebt erschienen vielen zunehmend aber auch die mehr praktischen Denk- und Verhaltensmuster der Linken. Radikale *streetfighter* sahen ihre Männlichkeit durch feministische Kritik in Frage gestellt, und prominente Repräsentanten westeuropäischer kommunistischer Parteien tauschten ihre revolutionären Überzeugungen gegen das Bekenntnis zu Rechtsstaat und parlamentarischer Demokratie. Kurzum, die Linke häutete sich, der moderne Traum von der Revolution, den Ernst Bloch bis zuletzt geträumt hatte, begann zu verblassen, und an den Rändern der etablierten Diskurse ertönte Gelächter.

Die RAF, die *scene* und die Intellektuellen

Am Abend des 19. Oktober 1977 wurde, auf einen Hinweis seiner Entführer hin, im französischen Mülhausen die Leiche des ermordeten deutschen Arbeitgeberpräsidenten Hanns Martin Schleyer gefunden; sie lag im Kofferraum eines grünen Audi 100. Das »Kommando Siegfried Hausner« der Roten Armee Fraktion (RAF) hatte Schleyer sechs Wochen zuvor, einen Monat nach Blochs Beerdigung, in Köln entführt und dabei seine vier Begleiter – Fahrer und Leibwächter – mit unzähligen Schüssen aus automatischen Waffen getötet. In mehreren Bekennerschreiben und Ultimaten konfrontierten die Entführer die Regierung der Bundesrepublik Deutschland mit der Forderung, die in Stuttgart-Stammheim in einem Hochsicherheitsgefängnis inhaftierten RAF-Kader Andreas Baader, Jan-Carl Raspe, Gudrun Ensslin und Irmgard Möller sowie sieben weitere RAF-Häftlinge im Austausch gegen den Arbeitgeberpräsidenten freizulassen.

Die Schleyer-Entführung war Teil der von der RAF im Frühjahr erklärten »Offensive 77« zur Befreiung ihrer Gefangenen, von denen Baader, Raspe und Ensslin am 25. April zu einer lebenslänglichen Zuchthausstrafe verurteilt worden waren. Schon am 7. April hatte ein Schütze – oder eine Schützin[47] – des »Kommandos Ulrike Meinhof« in Karlsruhe den Generalbundesanwalt Siegfried Buback vom Sozius eines Motorrads herab in seinem Dienstfahrzeug »hingerichtet«, wie die RAF verlauten ließ; auch der Fahrer Wolfgang Göbel und der Beifahrer Georg Wurster kamen bei dem Anschlag ums Leben. Am 30. Juli wurde Jürgen Ponto, der Vorstandssprecher der Dresdener Bank, in der Nähe von Frankfurt am Main beim Versuch, ihn als Geisel aus seinem Wohnhaus zu entführen, von tödlichen Schüssen getroffen. Am 25. August misslang ein Angriff der Gruppe auf das Gebäude der Bundesanwaltschaft in Karlsruhe mit einem selbstgebauten Raketenwerfer, und am 5. September schließlich entführte die RAF Hanns Martin Schleyer.

Es mangelte nicht an prominenten Stimmen, die nun sofort schärfste staatliche Reaktionen auf den Terror forderten. Zu ihnen gehörte der konservative Historiker Golo Mann, der zwei Tage nach der Schleyer-Entführung in der Tageszeitung *Die Welt* unter dem nur an Lateiner gerichteten Titel »Quo usque tandem?« (»Wie lange noch?«, aus einer Rede Ciceros) behauptete, Westdeutschland befinde sich »in einer grausamen und durchaus neuen Art von Bürgerkrieg«, an dem die Bundesrepublik »unschuldig wie ein Engel« sei.[48] Diese solle daher, so Manns kaum verhüllte Forderung, die Kriegserklärung der RAF annehmen und die Grundrechte von Terroristen außer Kraft setzen. Das war eine Botschaft, die nicht nur bei den sprichwörtlichen kleinen Leuten in TV-Straßenumfragen anzukommen schien, sondern auch bei Politikern wie namentlich Franz Josef Strauß und bei konservativen Intellektuellen auf Zustimmung stieß. Sie bescherte der RAF aber auch einen medialen Punktegewinn: Sollte denn der Staat nun tatsächlich beginnen, seine »faschistische Fratze« zu zeigen …? *Spiegel*-Chefredakteur Erich Böhme graute vor einem solchen Eskalationsszenario. »Schon dröhnen«, ätzte er am 12. September in einer scharfen Replik auf den rhetorischen Brandstifter Golo Mann, »aus dem Bürgerbräukeller der Bonner Bayernvertretung Rufe nach Standgerichten und Todesstrafe.«[49]

Weil die Bundesregierung beziehungsweise der aus Vertretern aller Parteien gebildete Große Krisenstab unter Kanzler Helmut Schmidt (SPD) nach spannungsvollen Wochen des hinhaltenden Verhandelns offensichtlich nicht dazu bereit schien, der erpresserischen Forderung nachzugeben, kaperte ein vierköpfiges Kommando der mit der RAF verbündeten »Volksfront zur Befreiung Palästinas« (PLFP) am 13. Oktober die Lufthansa-Maschine »Landshut« auf ihrem Flug von Palma de Mallorca nach Frankfurt und leitete sie über Rom, Larnaka, Aden und Dubai in die somalische Hauptstadt Mogadischu um. Die Entführer drohten damit, alle Passagiere umzubringen, wenn die Bundesregierung die Forderungen der RAF nicht erfülle. Zur Demonstration ihrer Entschlossenheit ermordeten die Palästinenser in Aden den Kapitän der Lufthansa-Maschine, Jürgen Schumann; in Mogadischu versicherten sie erneut glaubhaft, das Flugzeug zu sprengen und alle Geiseln zu töten. In den ersten Minuten des 18. Oktober schließlich wurden die Geiselnehmer durch die eingeflogene deutsche Grenzschutz-Sondereinheit GSG-9 überwältigt; die Elitetruppe tötete drei der vier Geiselnehmer und brachte die Geiseln weitgehend unverletzt in Sicherheit.

Die Nachricht von der gelungenen Befreiungsaktion erreichte als Eilmeldung des Deutschlandfunks von 00.38 Uhr über ein von Jan-Carl Raspe verborgenes Transistorradio auch die Gefangenen in Stammheim. Am Morgen des 18. Oktober wurden in ihren Zellen die Leichen von Baader und Ensslin entdeckt; Raspe starb auf dem Weg ins Krankenhaus, Möller überlebte schwer verletzt. Als Reaktion auf die Meldungen vom

Tod der Gefangenen in Stammheim ermordete das »Kommando Siegfried Hausner« seine Geisel Hanns Martin Schleyer und lud sie in das grüne Auto, das am nächsten Tag in Mülhausen gefunden wurde. Die unterdessen durchgeführte forensische Untersuchung der drei toten Häftlinge durch fünf Gerichtsmediziner, darunter auswärtige Experten aus Lüttich, Wien und Zürich, ergab in allen drei Fällen den Befund, dass die Gefangenen Suizid verübt hatten. Baader und Raspe hatten sich mit ins Gefängnis geschmuggelten Pistolen erschossen, Ensslin hatte sich erhängt, während Möller versucht hatte, sich mit einem Messer zu erstechen. Am Abend des 19. Oktober berichtete die »Tagesschau« des Deutschen Fernsehens (ARD) ab 22.15 Uhr in einer rund 40-minütigen Sondersendung über die sich überstürzenden Ereignisse der letzten beiden Tage, darin eingeschlossen auch detaillierte Fahndungsaufrufe zu einem Dutzend RAF-Mitgliedern der sogenannten »zweiten Generation«.[50]

Die RAF

Die Ereignisse der letzten Monate waren zweifellos dramatisch. Menschen starben mitten in deutschen Städten im Kugelhagel automatischer Waffen; höchste Vertreter des Staates und der Wirtschaft waren ermordet, ein Flugzeug entführt und über achtzig Urlauber über Tage mit dem Tod bedroht worden; deutsche Spezialtruppen – es handelte sich streng genommen um Polizisten – standen erstmals seit dem Zweiten Weltkrieg im Ausland in einem Kampfeinsatz, die Presse hatte sich freiwillig der wochenlangen Nachrichtensperre durch die Bundesregierung unterworfen, und Gefangene im bestbewachten Hochsicherheitsgefängnis Westeuropas begingen mit unentdeckten Feuerwaffen Suizid. Entsprechend heftig und gegensätzlich waren die Reaktionen auf die Ereignisse. Der Fahndungsaufruf in der »Tagesschau« verzichtete bei der Beschreibung der Gesuchten ganz auf jedes »mutmaßlich« und jeden Konjunktiv, während die Anwälte der Toten in Stammheim das Urteil der Gerichtsmediziner noch am selben Tag öffentlich in Zweifel zogen und die Möglichkeit nicht ausschließen wollten, die berühmten Gefangenen seien »ermordet« worden. Dass Golo Mann in der Fernsehsendung »Panorama« am 17. Oktober davon gesprochen hatte, es »könnte« notwendig sein, die Gefangenen gemäß den »Gesetzen des Kriegs« zu Geiseln zu erklären und auch vor äußersten Maßnahmen nicht zurückzuschrecken, ließ solche Spekulationen plausibel erscheinen.⁵¹ In Italien, Frankreich, Griechenland und den Niederlanden, aber auch vor dem UNO-Hauptgebäude in New York kam es zu teilweise militanten Protesten gegen den Selbstmord-Befund; in Mailand skandierten Demonstranten die Rache-Parole »10, 100, 1000 Schleyer«, auf dem Campus der Universität Rom fielen bei gewalttätigen Zusammenstößen Tausender Protestierender mit der Polizei gar Schüsse. Die *radikal*, »sozialistische Zeitung für West-Berlin«, platzierte auf dem Titel ihrer Ausgabe vom 21. Oktober die Porträts von Baader, Ensslin, Raspe und Möller über fetten, seitenfüllenden Großbuchstaben: »ENDLÖSUNG?«⁵² Und auf der Trauerfeier für Hanns Martin Schleyer am 25. Oktober in Stuttgart zielte Bundespräsident Walter Scheel mit besonderer rhetorischer Schärfe auf jene, »die sich jetzt wieder, nach den Ereignissen in Stammheim, im In- und Ausland betätigen, indem zum Beispiel sie die Terroristen unterstützende Parolen an die Wände schmieren«. Denn sie würden »helfen, den Boden bereiten, auf dem die böse Saat aufgehen kann. Auch sie sind deshalb mitschuldig.«⁵³

Die Auseinandersetzung darüber, wie die Taten und die Täter zu bezeichnen, wie Schuld und Unschuld zu verteilen wären, wer ein »Sympathisant« – mit oder ohne Anführungszeichen – sei und wer nicht, wie die RAF zu beurteilen und wie die Ereignisse einzuordnen seien, beherrschte im Herbst die Medien und die hitzigen öffentlichen Debatten. Diese Auseinandersetzungen waren nicht neu. Vielmehr hatten sie schon mit der ersten, in der linksradikalen Westberliner Zeitschrift *Agit 883* im Mai 1970 publizierten »Erklärung« der RAF eingesetzt. Die in den Untergrund abgetauchte Gruppe hatte in diesem wahrscheinlich von Ulrike Meinhof verfassten Text mit dem bei Lichte besehen doch sehr merkwürdigen Titel »Die Rote Armee aufbauen!« ihre erste bewaffnete Aktion als notwendigen Übergang von den theoretischen Diskussionen der Studentenbewegung zur revolutionären »Praxis« gerechtfertigt.⁵⁴ Die RAF hatte von Anfang an gezielt versucht, das politische Feld der radikalen Linken zu polarisieren und die Definitionsmacht darüber zu erringen, wie die Revolution »zu machen« sei – wie es das berühmte Transparent auf dem Westberliner »Vietnam-Kongreß« von 1967 gefordert hatte –, und zwar mit der dialektischen Gewandtheit debattenerprobter Intellektueller. In der zweiten öffentlichen Erklärung der RAF vom April 1971 (»Das Konzept Stadtguerilla«) reagierte die ehemalige *konkret*-Kolumnistin Meinhof besonders scharfzüngig auf den schon bald auch in einigen linken Zeitschriften erhobenen Vorwurf, die RAF gliche in ihrem Handeln den Nazis. Dagegen stützte sie sich im Stil studentischer Theoriedebatten auf die Autorität von »Horkheimer/Adornos ›Autoritäre Persönlichkeit‹« und von »Reichs ›Massenpsychologie des Faschismus‹«, um zu deklarieren, die Vorstellung eines »revolutionäre[n] Zwangscharakter[s]« (der jenem der von Horkheimer und Adorno beschriebenen Faschisten entspräche) sei »eine contradictio in adjecto« – für Nicht-Lateiner holprig übersetzt als »ein Widerspruch, der nicht geht«.[55] Das klang zwar recht gelehrt, aber die RAF wollte nicht intellektuell sein, sondern eine Organisation revolutionärer Kader, die nach dem Vorbild einer urbanen Guerilla-Gruppe in Uruguay eine »Offensiv-Position für revolutionäre Intervention« einnehme; entsprechend endete »Das Konzept Stadtguerilla« mit dem kursivierten Aufruf: »*Den bewaffneten Kampf unterstützen! Sieg im Volkskrieg!*«[56]

Das waren große Worte. In den Erklärungen zu mehreren Anschlägen vor allem gegen Einrichtungen und Angehörige der US-Truppen in Westdeutschland hatte sich die RAF zwar auf den durchaus populären Protest gegen den Vietnamkrieg bezogen, aber ihre »antiimperialistischen« Parolen blieben formelhaft und ebenso wirkungslos wie die Behauptung, einen »Volkskrieg« zu führen beziehungsweise Klassenkämpfe zu »entfalten«. Im Sommer 1972 konnte die Gruppe um die Führungsfiguren Baader, Meinhof und Ensslin dem massiven Fahndungsdruck der Polizei nicht mehr standhalten, diese wurden innerhalb eines Monats festgenommen. Jetzt beherrschten nicht mehr ferne politische Ziele, sondern im Grunde nur noch die Forderung nach Hafterleichterungen beziehungsweise letztlich das Ziel der Befreiung der eigenen Führungskader aus der Haft die Agenda der Stadtguerilla, die sich personell aus Teilen des linksradikalen Unterstützerumfelds erneuerte. Wohl bezeichneten sich ihre im Untergrund agierenden zwanzig Mitglieder der sogenannten zweiten Generation mit notorischem Anglizismus als »antiimperialistische Fighter«, im Fokus ihres »Kampfes« aber standen die »Gefangenen aus der RAF«. Diese verlangten, wenn auch erfolglos, als »Kriegsgefangene« anerkannt und unter den Schutz der Genfer Konvention gestellt zu werden, so zuletzt in der »Hungerstreikerklärung« vom 29. März 1977.[57] Die überaus zynische, an die französische Tageszeitung *Libération* und die Deutsche Presseagentur (dpa) gesandte Mitteilung des »Kommandos Siegfried Hausner« vom 19. Oktober schließlich – »wir haben nach 43 Tagen Hanns Martin Schleyers klägliche und korrupte Existenz beendet« – betonte zwar mit der Drohung »*der Kampf hat erst begonnen!*« und der Parole »*Freiheit durch bewaffneten antiimperialistischen Kampf!*« noch einmal das »Fighter«-Selbstbild.[58] Doch das waren Floskeln, die nur die Niederlage kaschierten. Die RAF hatte es weder geschafft, die Gefangenen zu befreien, noch den Repräsentanten des Staates, in erster Linie Helmut Schmidt, auch nur mit einem Wort die Einschätzung abzuringen, die Bundesrepublik befinde sich mit der RAF im »Krieg«.[59] Und indem schließlich die RAF, zwar vertreten durch die PLFP, aber in enger Koordination mit ihr, mit der Flugzeugentführung nicht mehr allein hohe Repräsentanten des Staates (und ihre Begleiter) angegriffen hatte, sondern auch harmlose deutsche Urlauber, zerstörte sie auch noch die letzten Reste ihres legitimatorischen Anspruchs, im Interesse des »Volkes« zu handeln.

Die scene

Es waren vor allem, wenn auch nicht ausschließlich, zwei gesellschaftliche Gruppen – oder, wie die linken Zeitgenossen gesagt hätten, »Zusammenhänge« –, in denen der Anspruch der RAF, *politisch* zu handeln (und nicht einfach nur Verbrecher oder bestenfalls »Desperados« zu sein), überhaupt eine Chance hatte, zumindest erwogen zu werden: die mehr oder minder linksradikale und alternative Szene einerseits und das ebenso heterogene Feld der linken Intellektuellen andererseits. Das waren die Gruppen, aus denen die RAF sich Unterstützung erhoffte – und zuweilen auch erhielt –, und diese waren im Herbst daher auch am intensivsten damit beschäftigt, ihr Verhältnis zur politischen Gewalt und zum Staat zu sortieren. Das waren nicht zuletzt Auseinandersetzungen darüber, was es hieß, »links« zu sein.

Die Subkultur der linksradikalen und alternativen Szene bezeichnete sich selbst mit einem umgangssprachlichen Anglizismus als die *scene*. Der Ausdruck war so häufig zu hören und zu lesen, dass ihn die Gesellschaft für deutsche Sprache in Wiesbaden Ende Dezember 1977 – natürlich in seiner deutschen Fassung – zum »Wort des Jahres« kürte, gefolgt von »Terrorist, Terrorismus« und »Sympathisant« auf den nächsten Plätzen.[60] Zur *scene* gehörten, grob gesagt, all jene »undogmatischen« und »antiautoritären« Linken, die sich nicht in Parteistrukturen organisiert hatten und sich in ihrem persönlichen Alltag möglichst deutlich von bürgerlichen Lebensformen abgrenzten. Das unterschied sie von den sektenartigen kommunistischen K-Gruppen wie auch von der, wie manche spotteten, »protestantischen Ethik« der akademisch geschulten Marxisten des »Sozialistischen Büros«, einer intellektuellen Sammelorganisation links von der SPD.[61] Hierbei handelte es sich um Differenzen und Milieuunterschiede, die sich schon seit den Tagen der Studentenbewegung abgezeichnet hatten. Damals hatte die Berliner Gruppe um Dieter Kunzelmann und Fritz Teufel mit ihrer Kommune 1 einen Politikstil vertreten, der den Demonstrationsmärschen und »Kongressen« der Neuen Linken mit subversivem Witz einen bunten Strauß von Happenings, theatralen Aktionen und betontem Unernst entgegenstellte (vereinzelt aber auch terroristische Gewalt, darunter der versuchte Anschlag auf das jüdische Gemeindehaus in Westberlin am symbolträchtigen 9. November 1969). Weil sie sich keiner Parteidisziplin und keiner politischen »Linie« fügten, wurden die den Kommunarden nachfolgenden Teile der linksradikalen Szene von den marxistisch geschulten Kadern ab etwa 1970 verächtlich als »Spontaneisten« oder »Spontis« bezeichnet – abgeleitet vom alten kommunistischen Schimpfwort »Spontaneismus« als dem Gegenteil einer wohlorganisierten Arbeiterbewegung. Der Vorwurf der »blinden Spontaneität«[62] beinhaltete zudem, dass das Politikverständnis der Spontis allein auf »Erleben« und »Gefühl« fokussierte, fernab von jeder ernsthaften Gesellschaftsanalyse.

Die Spontis kehrten diese Invektive etwa ab 1973 zu einer bewussten Selbstbezeichnung um.[63] Im Gegensatz zur ernsten, durch komplexe Theorien angeleiteten Arbeit für die Revolution wollten sie sich nicht von der Sisyphusarbeit leninistischer Parteiapparate ermüden und ihre Hoffnung auf ein besseres Leben auf eine ferne sozialistische Zukunft vertrösten lassen. Sie hatten sich als »antiautoritäre Linke« in den frühen Siebzigerjahren in Berlin, Hamburg und Frankfurt zu organisieren begonnen, oft im Rahmen von zum Teil militant geführten »Häuserkämpfen«. Ab Dezember 1976 wurde das von Daniel Cohn-Bendit presserechtlich verantwortete Magazin *Pflasterstrand* – mit von Nummer zu Nummer wechselnden Untertiteln – zum stilbildenden und wohl wichtigsten Kommunikationsmedium der »Stadtindianer«, wie sie sich nach italienischem Vorbild auch nannten.[64] Dort, in Italien, hatte sich nach der verheerenden Niederlage der gemeinsam auftretenden Kleinstparteien links vom PCI in den Parlamentswahlen von 1976 eine radikale Protestbewegung von marginalisierten Vorstadtjugendlichen, Arbeitslosen und Studierenden gebildet. Diese bezeichneten sich in Bologna als *maodadaisti* und in Rom als *indiani metropolitani* und warfen mit Lust alle bisher bekannten Politikformen der

Linken über den Haufen. Die linksradikale *scene* in der Bundesrepublik hatte diese ab Jahresbeginn anschwellende Protestbewegung genau und mit Interesse verfolgt, so auch in mehreren Artikeln im *Pflasterstrand*. Anders allerdings als in der Bundesrepublik hatte diese Bewegung zuweilen die Grenze zur Bewaffnung mit kleinen Schusswaffen überschritten, die bei Demonstrationen gegen die Polizei auch tatsächlich zum Einsatz kamen – oder nur durch zwei aneinandergelegte und in die Luft gereckte Finger symbolisiert wurden. Die jugendlichen Demonstranten machten aus der ehemaligen deutschen Wehrmachtspistole »Walther P38«, die in Italien noch häufig zu finden war, ein Zeichen für dieses »neue 68 mit anderen Waffen«.[65]

Die *Settantasette*-(»77er«)-Bewegung wurde maßgeblich von alternativen Radiostationen getragen, so etwa von *Radio Alice*, das am 12. März im kommunistisch regierten Bologna von der Polizei mit vorgehaltener Waffe gestürmt wurde. Aber sie war nicht so sehr wie die *scene* in Westdeutschland mit einer breiteren, ökologisch ausgerichteten Alternativbewegung verbunden. Für die Spontis in der Bundesrepublik hingegen war genau dieser »Zusammenhang« – ein Schlüsselwort der Szene – von »privatem« Leben in der Alternativbewegung und »politischer« Aktion prägend; die Attribute »privat« und »politisch« waren dabei allerdings kaum in ihrem konventionellen Sinn zu verstehen.[66] Die *scene* war zwar kleiner als die Alternativbewegung und daher nicht einfach deckungsgleich mit ihr, aber sie war in vielen Wohngemeinschaften, Kneipen, Buchläden, besetzten Häusern, Selbsthilfegruppen und Handwerkskollektiven mit den Alternativen eng vernetzt, deren engagierter, wenn nicht »harter« Kern einige hunderttausend Personen umfasste.[67] Eine Vielzahl von oft nur kurzlebigen Szene-Zeitungen, die – wie der *Pflasterstrand* – mit der erst seit kurzem auf dem Markt eingeführten billigen Fotosatz-Technik Schreibmaschinentexte, Handschriftliches, grobgerasterte Fotos und Karikaturen mischten, waren Plattformen der szeneinternen Kommunikation und Selbstorganisation. Zudem gehörten Rock- und Popmusik, eine mehr oder minder »freie« Sexualität, ein mit »Gammlern« oder »Hippies« assoziierter Kleidungsstil, lange Haare und der Konsum nicht nur weicher Drogen zu ihrem »alternativen«, den Traum von einem »anderen« Leben ausdrückenden Habitus. Die Betonung der eigenen »Innerlichkeit« und »Betroffenheit« konnte allerdings auch zu einer Abkehr von politischem Handeln, zum resignativen Rückzug ins Private führen.[68] Die Stadtindianer lebten jedenfalls, wie Ernst Bloch gesagt hätte, in jeder Hinsicht den »subjektiven Faktor«. »Hier. Jetzt. Sofort«[69] lautete ihr radikales Motto – beziehungsweise, nach der vielzitierten Zeile aus einem (allerdings kryptischen) Doors-Song von 1967 (»*We want the world and we want it... Now / Now? / Now!*«): »Wir wollen ALLES und wir wollen es JETZT!« Das war auch die Parole des im November 1977 aus Kreisen der Stadtindianer lancierten »Aufrufs zur Reise nach Tunix«, mit dem ein großes Treffen der alternativen Szene im nächsten Jahr in Berlin lanciert wurde: »Wir flaggen unsere Traumschiffe mit den buntesten Fahnen und segeln in den Süden davon – zum Strand von Tunix [...].«[70]

Vorerst allerdings lebte die *scene* noch im kühlen Norden, eingezwängt zwischen RAF-Terror, einem als unerträglich repressiv empfundenen Staat und den eigenen Ansprüchen auf ein selbstbestimmtes Leben. Wie schätzte diese bunte, vielgestaltige und politisch instabile *scene* die RAF ein? Die »Aktionen« und »Erklärungen« der klandestin abgeschotteten, in palästinensischen Lagern militärisch ausgebildeten Stadtguerilla hatte die Linke, wie schon angedeutet, seit den frühen Siebzigerjahren intensiv beschäftigt und polarisiert.[71] Nach der Verhaftung der ersten Generation beherrschte dann aber für einige Zeit die Kampagne gegen »Isolationshaft« die Debatten der *scene* sowie weiterer Kreise der Linken. Die anfänglich außerordentlich strengen, die Gefangenen über das normale Maß isolierenden Haftbedingungen bildeten den Ansatzpunkt für die aus den Zellen und mit Hilfe der Anwälte geschickt inszenierte internationale, mit vier Hungerstreiks verstärkte Kampagne gegen die »Vernichtungshaft«. Sie sollte die Forderung nach Bildung von »interaktionsfähigen Gruppen« von mindestens fünfzehn RAF-Gefangenen unterstützen. Diese Forderung wurde auch dann noch aufrechterhalten, als den Gefangenen in Stammheim schon privilegierte Bedingungen gewährt wurden, wie sie für gewöhnliche Häftlinge unerreichbar waren, wobei diese Privilegien nach dem Mord an Siegfried Buback und insbesondere mit dem am 29. September in größter Eile verabschiedeten »Kontaktsperregesetz« wieder deutlich zurückgenommen wurden.[72] Ein Schlüsselmoment dieser gesamten Kampagne war der von den Anstaltsärzten offensichtlich nicht verhinderte Hungertod von Holger Meins in der Justizvollzugsanstalt Wittlich am 9. November 1974. Das Bild des zum Skelett abgemagerten Toten, das auf Demonstrationen auf großen Transparenten wie eine Ikone vorangetragen wurde und ebenso an den gekreuzigten Christus wie an die in deutschen Vernichtungslagern ermordeten Juden erinnerte, war für einige jener jungen Linken, die unter der Anführung von

Brigitte Mohnhaupt die zweite Generation der RAF bildeten, der Auslöser für ihren Weg in den Untergrund gewesen.

Doch diesen Weg gingen die Wenigsten – sei es in der RAF, sei es in der kleineren, weniger straff organisierten »Bewegung 2. Juni« oder in den »Revolutionären Zellen«, die nicht im Untergrund, sondern nur anonym agierten. Dazu kam allerdings ein größerer, quantitativ auf rund 2000 Personen geschätzter Teil der *scene*, der zu den aktiven Sympathisanten, oft auch zu den wirklichen Unterstützern dieser Gruppen zählte.[73] Die überwiegende Mehrheit der radikalen Linken allerdings, die keinerlei Verbindungen zu den Bewaffneten hatte (oder haben wollte), sah sich von der RAF in eine politische Falle gedrängt: Sollte man ihren mit letzter Konsequenz geführten »bewaffneten Kampf« gegen das »System« und den »Staat« zumindest ideell unterstützen, auch wenn man die einzelnen Aktionen wie »Big Raushole« – so der RAF-interne Name der Schleyer-Entführung – nicht guthieß? Oder sollte man sich eben wegen dieser Kritik doch gegen die RAF entscheiden, damit aber den »Genossen im Vernichtungsknast« »in den Rücken fallen« und entweder politisch untätig werden oder sich *de facto* auf die Seite des »Systems« stellen? Letzteres war lange undenkbar: Die *scene* solidarisierte sich in aller Regel vorbehaltlos mit den »Gefangenen der RAF«, die in ihren Augen »politische Gefangene« und Opfer eines auf ihre »Vernichtung« zielenden Staates waren.[74] Allerdings gab es schon früh Auseinandersetzungen über die Wahl der Mittel. Als zum Beispiel im März 1977 die »Revolutionären Zellen« (RZ) im Büro eines Richters in Frankfurt am Main, das mit seiner eigenen Wohnung verbunden war, eine Bombe zündeten, die ihn und seine Frau hätte töten können, reagierte ein anonymer Autor im *Pflasterstrand* unter dem Titel »Trügerische Bombenstimmung« ausgesprochen scharf. Zwar herrsche »unmittelbar nach solchen Anschlägen« tatsächlich »bei vielen eitel Freude«, weil »da mal wieder eine ›Ratte‹ aufs Ohr gekriegt hat«. Das legitimiere aber tödliche Gewalt gegen Menschen in keiner Weise: »Wir wollen unsere Feinde nicht liquidieren; wir wollen den Archipel Gulag nicht in der Linken anfangen aufzubauen, der nach der Machtübernahme (genannt Revolution) dann offensteht allen Feinden der neuen Ordnung.«[75]

Der anonyme Autor – war es Daniel Cohn-Bendit? – folgte damit einer Argumentationslinie, die im Jahr zuvor von Joschka Fischer formuliert worden war, als auch dieser anonym, allein im Namen der Frankfurter Spontis und als militantes Mitglied der »Häuserkampf«-erprobten

Frankfurter »Putz-Truppe«, auf einem Kongress des Sozialistischen Büros versuchte, eine rote Linie zu ziehen, welche die Linke nicht überschreiten dürfe. Mit den schweren Straßenkämpfen in Frankfurt nach dem Tod von Ulrike Meinhof am 8. Mai 1976, bei denen ein Polizist beinahe ums Leben gekommen war – und Fischer unter dem Vorwurf des Mordversuchs verhaftet wurde –, seien die Spontis »drauf und dran« gewesen, »denselben Fehler wie die Stadtguerilla zu begehen«, nämlich »unsere militärische Stärke nicht mehr im Zusammenhang mit unserer politischen Isolierung zu sehen«. Zwar betonte Fischer: »Wir können uns nicht einfach von den Genossen der Stadtguerilla distanzieren, weil wir uns dann von uns selbst distanzieren müßten.« Aber ihm war klar, dass die Frankfurter Spontis durch die bewaffneten Gruppen in eine Falle gedrängt wurden, das heißt, so Fischer, in einen schmerzhaften »Widerspruch« der eigenen Position: Entweder politische »Hoffnungslosigkeit« als Folge der Distanzierung von der RAF – oder aber fortgesetzter »blinde[r] Aktionismus«.[76] Der einzig denkbare Ausweg aus diesem politischen Dilemma und auch das einzige Kriterium zur Beurteilung von Gewalt bestand für Fischer in der Forderung, dass »Widerstand« und »anderes Leben« nicht auseinandertreten dürften, wie das bei der RAF geschehen sei. Seine emphatische »Römerbergrede« von 1976, die in der *links*, der Zeitschrift des Sozialistischen Büros, dann im Februar 1977 publiziert wurde, schloss daher mit den denkwürdigen Worten: »Gerade weil unsere Solidarität den Genossen im Untergrund gehört, weil wir uns mit ihnen so eng verbunden fühlen, fordern wir sie von hier aus auf, Schluß zu machen mit diesem Todestrip, runterzukommen von ihrer ›bewaffneten Selbstisolation‹, die Bomben wegzulegen und die Steine und einen Widerstand, der ein anderes Leben meint, wieder aufzunehmen.«[77]

Viele in der *scene* waren tatsächlich abgestoßen von der offenen Gewalt der »Genossen im Untergrund«, doch nur eine Minderheit wie etwa das Göttinger Szeneblatt *Graswurzelrevolution* propagierte explizit »Gewaltlosigkeit«.[78] Die Mehrheit der Stadtindianer vor allem in Westberlin, Frankfurt und Hamburg, aber auch in Göttingen und Marburg beharrte auf der Möglichkeit einer eigenen »Militanz«, das heißt auf dem Gebrauch von Steinen, »Zwillen« (Gummischleudern) oder Molotowcocktails gegen die bei Anti-AKW-Demonstrationen oder den Räumungen besetzter Häuser ebenfalls massiv aufgerüstete Polizei.[79] Die sich ab 1976 langsam durchsetzende explizite Absage an die Gewalt bewaffneter Avantgarden blieb daher nicht nur wegen der anhaltenden Solidarität mit den inhaftierten »Genossen«, sondern auch wegen des Festhaltens an der »Militanz« durchaus mehrdeutig.

Das zeigte eine schnell berühmt gewordene und bundesweit skandalisierte Stellungnahme zur Frage der politischen Gewalt, die nach dem Mord an Siegfried Buback im April in einer Göttinger Studentenzeitung in Form eines sehr offenherzigen »Nachrufes« erschienen war. Unterzeichnet wurde der Text von einem anonymen »Mescalero«, benannt nach jener Stammesgruppe der Apachen, der nicht nur Karl Mays Winnetou angehörte, sondern die auch, wie ein Kommilitone wusste, »länger als andere der ›Befriedung‹ durch die Spanier Widerstand entgegensetzte«.[80] In diesem »Nachruf« gestand der Autor einleitend: »Ich konnte und wollte (und will) eine klammheimliche Freude nicht verhehlen« – die Freude nämlich über den »Abschuß von Buback«, wie sich der Mescalero in der Sprache der Jagd auf Tiere ausdrückte. Und er gestand auch: »[I]ch [habe] auch über eine Zeit hinweg (wie so viele von uns) die Aktionen der bewaffneten Kämpfer goutiert [...]; ich, der ich als Zivilist noch nie eine Knarre in der Hand hatte, eine Bombe habe hochgehen lassen.«[81] Der anonyme Autor vollzog dann aber, gleichsam performativ, im Text selbst eine Wende, zuerst hin zu der taktischen Überlegung, dass solche Taten der Linken schaden, um dann bei einer deutlichen Ablehnung von terroristischer Gewalt zu enden – allerdings nicht ohne am Anspruch auf »Militanz« und der scharfen Unterscheidung zwischen Freund und Feind festzuhalten: »Unser Weg zum Sozialismus (wegen mir: Anarchie) kann nicht mit Leichen gepflastert werden. [...] Damit die Linken, die so handeln, nicht die gleichen Killervisagen wie die Bubacks kriegen.«[82] Auch wenn die Absage an die terroristische Gewalt am Schluss eindeutig schien: In solchen und ähnliche Passagen des »Nachrufs« offenbarte die Sprache des Göttinger Mescalero jene dunkel schillernde Ambivalenz, jenes *double bind*, das auch das Verhältnis der *scene* zur Gewalt insgesamt durchzog.

Der kurze Text in einer marginalen Studentenzeitung erregte großes Aufsehen. Gegen die Herausgeber wurde Klage erhoben, die weitere Publikation des »Nachrufes« gerichtlich verboten, Hausdurchsuchungen und Beschlagnahmungen in linken Buchhandlungen, Druckereien, Parteibüros, Studentenvertretungen und Wohngemeinschaften durch Hundertschaften teilweise schwer bewaffneter Polizisten erfolgten auch noch Wochen später. Die streckenweise geradezu hysterische medienöffentliche Aufmerksamkeit für diesen »Rülpser« (so der Mescalero über seinen Text) blieb vollständig auf die »klammheimliche Freude« fixiert. Weimar- und Nazi-Vergleiche waren im Schwange, und der »Nachruf« erschien insgesamt als Beleg dafür, dass offenbar tatsächlich »viele von uns« mit der RAF sympathisierten; der Berliner Wissenschaftssenator Peter Glotz (SPD) vermutete gar, dass dies für jeden fünften Studierenden gelte.[83] Die im »Nachruf« vollzogene Distanzierung des Mescalero von terroristischer Gewalt fand in diesem medialen Klima entsprechend nur wenig Gehör.

Mit der Entführung von Hanns Martin Schleyer und der Lufthansa-Maschine wurde die Diskussion über die »Gewaltfrage« in der *scene* wieder intensiver – und bis an die Schmerzgrenze widersprüchlich. Das wird allein schon im *Pflasterstrand* deutlich, der die *scene* zwar nicht insgesamt repräsentierte, aber doch in vielen Splittern grell spiegelte. Kurz nach der Entführung Schleyers hielt die Redaktion unter dem Titel »Wenn der Schleier fällt...« fest: »Vier Bullen umzulegen ist alles andere als das, was wir uns unter Leben vorstellen. Andererseits haben diese ausgebildeten Killer auch geschossen und besser die gehn' drauf, als eine-r nach der-m anderen von uns im Knast.« Das war sehr nahe an der Logik der Verteidigerinnen und Verteidiger des »bewaffneten Kampfes«. Die Redaktion führte zudem die gewalttätigen Zusammenstöße bei der Anti-AKW-Demonstration in Creys-Malville Ende Juli an, als die Polizei massive Gewalt einsetzte: »Wer in Malville gewesen ist und gesehen hat, wie Genossen umgebracht wurden oder von Polizei-Granaten Hand und Fuß abgerissen wurde, wird nicht um die Kölner Bullen weinen, obgleich bestimmt jedem von uns beim Anblick der aus den Autos heraushängenden Leichen der Atem stockte.« Was also sollte aus diesen widersprüchlichen Bildern und Wahrnehmungen zu folgern sein? Die Redaktion des *Pflasterstrand* wusste es auch nicht: »Die Widersprüche sind nicht nur in der Scene, sie sind in uns!«[84]

Ähnlich konfus war auch die Argumentation in einem weiteren Artikel im selben Heft. Dort war zu lesen, dass einerseits »durch die Existenz der bewaffneten Linken das Geschäft der Unterdrückung unsicherer für die Herrschenden geworden« sei, »unsicher auch in persönlicher Hinsicht. Es gibt viele Bubacks und Pontos, es gibt viele, die die Unterdrückung besorgen.« Das klang wie eine Drohung. Doch weil andererseits, so der anonyme Autor weiter, der »bewaffnete Kampf« den »Herrschenden« einen Vorwand biete zur »politischen Vernichtung aller sozialen Bewegungen bis hin zu den Bürgerinitiativen, die ja ›terroristisch unterwandert‹ sein sollen«, gefährde dieser Kampf die gesamte Linke.[85] Das war nun nicht nur eine taktische Überlegung, sondern ein Hinweis auf grundsätzliche Zweifel an der Politik der Guerilla, die sich in der *scene* gleichsam im Takt der Ereignisse verbreiteten. Die nächste Nummer des *Pflasterstrand* erschien nicht zum gewohnten Zeitpunkt, weil die Redaktion in dieser sich zunehmend verschärfenden Krise »mal wieder derartig gelähmt« war, »daß nichts mehr drin war als *darüber* nachzudenken und zu reden«.[86] In der Ausgabe vom 20. Oktober dokumentierte sie dann ihre anhaltende Verwirrung unter dem Titel »Fragmente aus unseren Köpfen. Sonntag, 16. Oktober. Schnelle Artikel von außerhalb und innerhalb der Redaktion«. Trotz aller Konfusion aber konnte sie dem endgültigen Bruch mit der RAF nicht mehr ausweichen: »Die Grenze des nicht mehr Verstehen Könnens ist bei uns sehr fließend: bei dem einen war's [die Botschaftsbesetzung 1975 in] Stockholm, beim anderen Buback, Ponto oder Köln. Doch spätestens nach der Entführung der Lufthansa Passagiere sind wir alle an der Grenze angelangt.«[87]

Die *Pflasterstrand*-Redaktion und viele der im Heft publizierenden Autoren versuchten nun definitiv, Distanz zu gewinnen zum Geschehen und zu den Akteuren auf beiden Seiten, vor allem aber zu den »bewaffneten Heroen«.[88] Wohl hatte ein Mitglied der Redaktion sich geweigert, anlässlich einer Podiumsdiskussion »eine Distanzierung von der RAF à la SB, evangelische und katholische Kirche, Professorenclique usw. ex cathedra sponti zu verkünden«.[89] Wie ein »Frankfurter Genosse« in einem »offenen Brief« an das Sozialistische Büro schrieb: »Wenn man eine gemeinsame Vergangenheit hat, und die haben wir zumindest mit der älteren Generation der RAF«, dann sei es »billig, mit einer so lässigen Distanzierungsbewegung vergessen zu machen, daß dieser Rand der Legalität, an den dieser Staat uns alle gedrängt hat und den die RAF schließlich überschritt, keine simple Zweiteilung der Welt ermöglicht!«.[90] In einer solcherart komplizierten Welt hätte daher ein anderer Autor eine »offene Freude, wenn die RAF-Gefangenen gegen Schleyer ausgetauscht würden«. Doch das müsste Konsequenzen haben; in direkter Anrede an die Guerilla heißt es hier: »Dann schmeißt die Waffen weg, dann begreift die Situation in Deutschland, gewinnt Nähe zum konkreten Leben, nehmt Abstand von euren Theorien des bewaffneten Kampfes gegen Imperialismus in den Metropolen, euer Kampf ist abstrakt, hat nichts mit den kleinen Kämpfen der hier Lebenden zu tun, hat auch nichts mehr mit mir zu tun […].«[91]

Das war das Eine: Die Sponti-Frage, was dieser »Kampf« »mit mir« zu tun habe, mit den »kleinen Kämpfen der hier Lebenden«. Etwas Anderes war der ebenfalls nicht neue Vorwurf der Funktionsähnlichkeit von RAF-Terror und Polizeigewalt, wie ihn, insgesamt kühler und analytischer, besonders der Mescalero in einem im *Pflasterstrand* nachgedruckten zweiten Flugblatt erhob. Er betonte erst, er habe dem Buback-Nachruf nichts Neues hinzuzufügen, um dann in offensichtlich akademisch geschulter und theoretisch avancierter Diktion zu schreiben: Der Terrorist, »der sich außerhalb des Apparates dünkt und ihm ja einen unerbittlichen Krieg erklärt hat, ist doch in Wirklichkeit Funktion des Apparates, Anhängsel der Maschine, zugleich Bestandteil und Produkt«. Der Mescalero sah daher »als düstere Vision am Horizont 1984 auftauchen«: eine vollständig kontrollierte »Kasernenhofgesellschaft«, in der es »dann noch immer ein paar erratische Zuckungen« gebe, »die sich als bewaffneter Kampf deklarieren und die doch nur Teil des Spektakels sind, das zu bekämpfen sie vorgeben«.[92]

Man sollte sich davor hüten, die unterschiedlichsten Positionen und Stellungnahmen, wie sie allein schon im *Pflasterstrand* erschienen sind, allzu sehr zu systematisieren. Die *scene* war kunterbunt. Zwar schürte der weitverbreitete Zweifel am Selbstmord-Befund den Hass auf die »Herrschenden« und die Solidarität mit den »Gefangenen der RAF« noch einmal kräftig – und dies auch weit über die Grenzen der *scene* hinaus. Doch die Frage, was der »Kampf« der RAF »mit mir zu tun« habe, und die Einschätzung, dass die RAF und der polizeilich sich hochrüstende Staat zwei Seiten derselben Medaille, zwei spiegelverkehrte Agenten derselben Gewaltspirale seien, waren erste Ansatzpunkte einer grundlegenderen Umwertung und Neubenennung der politischen Situation. Im November unterzog ein wie stets anonymer Autor den von konservativen Medien und Politikern häufig verwendeten Ausdruck »Sympathisantensumpf« oder auch einfach »Sumpf« einer neuen Lektüre: »Spätestens 1973«, so konnte man hier lesen, »waren die Weichen gestellt, war die Sackgasse erkannt. Das klassische Politikverständnis, also die Herausforderung des Staates durch die Massen, die gemeinsame Zerschlagung des Herrschaftszusammenhangs, wurde über Bord geworfen.« Denn damals habe »die Zeit der Autonomie« angefangen, das heißt, man habe begonnen, »sich seinen Namen [zu] geben, auszugehen von seinen eigenen Bedürfnissen und Wünschen […], die Subjektivität an die erste Stelle [zu] setzen«.[93] Das war Programm und Praxis der Spontis – und für sie sei der Ausdruck »Sumpf«

die adäquate Bezeichnung. Denn »mit dem Begriff Sumpf wird direkt eine neue Philosophie angesprochen, die das revolutionäre Raster abzutasten versucht« – eine Philosophie, welche die um den modernen Begriff der Revolution herum aufgebauten Gegensätze und diskursiven Fixierungen in Frage stellt. Der Autor fuhr fort: »Deleuze hat es als Rhizom bezeichnet, also als ein Wurzelgeflecht mit zahlreichen Verzahnungen, Knollenbildungen, Kanülen, Querverbindungen, Verästelungen, Fluchtlinien. Das Rhizom ist botanisch in der Tat eine Sumpfpflanze, das seine verschiedenen Stränge und Gewebe durch den Morast schiebt. Wenn der Staat also von Sumpf redet, meint er alle diejenigen alternativen Ansätze, die sich durch sein Gemäuer schieben – ob das nun Frauen, Kinder, Alte, Schwule, Männergruppen, verstreute Linke, Filmer oder Regionalisten sind.«[94] Auf diese Auffächerung in unterschiedlichste Gruppen, die hier anklingt, werde ich im Verlauf dieses Buches noch zurückkommen; der »Sumpf« jedenfalls erschien dem Autor als ein undefinierbares Gelände ohne klare Grenzen und Strukturen; auch »die Begriffe Feld und Geflecht« seien ihm »lieb«, weil sie »gänzlich offen« sind. Mit solchen Begriffen komme, so das ironisch ernstgemeinte Fazit, eine »neue Präzision in das staatliche Denken, das in seiner Ungenauigkeit dem Phänomen, das sich selbst nicht eingrenzen läßt, sehr nahe kommt«. Die Linke hingegen, die auf den Staat fixiert sei und gegen den Staat kämpfe, trachte wie dieser danach, den Sumpf und die »Pluralität der Wünsche« trockenzulegen.[95]

In positiver Deutung vom »Sumpf« zu sprechen, untergrub zwar das traditionelle linke Verständnis von Massen, Staat und Revolution, musste aber nicht unbedingt heißen, sich von der Guerilla loszusagen. Eine anonyme »Viva Medusa« versandte während der Schleyer-Entführung an die internationale Presse und die Szene-Blätter, zudem an Philosophinnen und Schriftsteller von Heinrich Böll bis Simone de Beauvoir und Jean-Paul Sartre sowie schließlich auch an Bundeskanzler Helmut Schmidt eine wütende Verteidigung der RAF und insbesondere ihrer militanten weiblichen Mitglieder. Der *Pflasterstrand* hat diesen Text distanziert als »Leserbrief« publiziert: »Paßt auf wir erwischen euch, wenn ihr uns stört! Uns: [...] die Frauen, die Söhne, die Kinder, die Alten, die Irren, die Kriminellen, die Terroristen, die Anarchos, die Schwulen, die Linksradikalen – mit einem Wort: wir Ausgeschlossenen, *wir*, die Sympathisanten des Lebens, der Sumpf eurer Träume, den ihr umsonst versucht trockenzulegen.«[96] Doch die Gegenrede zu diesem Pamphlet erfolgte umgehend.

Eine Gruppe ebenfalls anonymer »Metropolitan Women« spottete: »›Ich will aber nicht denken‹, ruft eine Frau aus irgendeiner Nische heraus inmitten der Metropole [...]«. Mit Hinweisen auf »Ranke-Graves, Gr. Mythologie I und II« und »Vertreterinnen des französischen Strukturalismus« bezeichneten sie die Medusa kühl als »Synonym für die enthauptete Frau; eine Frau ohne Denken und Sinnlichkeit«. Sich selbst zur Medusa zu stilisieren, vollziehe männliche Aggressivität am eigenen Leib. Diese aber habe sich politisch längst delegitimiert: »Es ist möglich Ponto zu ermorden, Schleyer zu entführen, es ist vieles möglich, aber es ist es nicht wert. Die Utopie fehlt. Diese Taten dokumentieren«, so die »Metropolitan Women« wiederum mit Deleuze, »die Eindimensionalität männlicher Wunschmaschinen«.[97]

Die Gruppe war im August in der im Münchner Trikont-Verlag erscheinenden Zeitschrift *Autonomie* mit Fotos ihrer (?) grotesk geschminkten Gesichter an die Öffentlichkeit getreten, zudem mit einer Sprache, die sich in neuartiger Weise gegen die männliche Rationalität linker Diskurse auflehnte: »Wir haben uns zu lange der Geschichtsfälschung und der kalkulierenden Vernunft unterworfen, die bestrebt ist, uns zu spalten in Körper und Geist, Verstand und Gefühl, in Tag und in Nacht.« Als ihr Wappentier wählten sie die Sphinx, die Abgründe des Begehrens hatten für sie jeden Schrecken verloren. »Der Himmel ist auf die Erde gefallen«, wie der Titel ihres Manifests verkündete, und: »Die Revolution ist nicht mehr verborgen.«[98] Welche Revolution? Es war offensichtlich nicht jene, auf die die Linken so lange gehofft hatten.

Die Hoffnung auf die Revolution hatte auch der Frankfurter Sponti Joschka Fischer aufgegeben. In einem langen Grundsatzartikel in der *Autonomie* deklarierte er, und zwar in Großbuchstaben: »JE MEHR WIR INHALTLICH ALS REVOLUTIONÄRE BEWEGUNG KAPUTTGEGANGEN SIND, DESTO MEHR SIND WIR AUF DEN MILITANZ- UND GEWALTTRIP GEKOMMEN.«[99] Diese Gewalt aber kritisierte Fischer mit Worten, wie sie in der *scene* zuvor noch kaum je von einem Mann geäußert wurden. In einer Passage seines langen Textes, die symbolträchtig mit einer Fotografie nackter Männer in einer Duschanlage illustriert wurde, von denen einer seinen Penis wie eine Waffe auf den Photographen richtet, schrieb Fischer, dass alle Revolutionen, vom »Roten Oktober« bis zur Kubanischen Revolution, immer umgekippt seien in Gewaltexzesse, ohne jedoch ernsthaften Widerspruch der revolutionären Linken hervorzurufen: »[N]ie, nie ist uns aufgegangen, daß sich dies alles nicht maschinengleich vollzogen hat, nicht bloßes Resultat verkorkster Gesellschaftsstrukturen war, sondern daß da Menschen, Subjekte aus Fleisch und Blut gehandelt haben oder im Auftrag oder auf Befehl handelten – und zwar immer nur ›die schwarze Hälfte des Himmels‹, die Männer!« War denn, so Fischer, die Frauenbewegung nicht viel radikaler als die militanten Männer, weil die Frauen im Gegensatz zu diesen an der »Revolutionierung des Alltags« arbeiteten? Aus dieser Perspektive war für Fischer die Bilanz der militanten Spontis niederschmetternd: »Wir [...], in die Sackgasse gelaufene Revolutionspatriarchen, fühlen uns am Ende. Was bleibt dir also anderes, [...] als dich auf diese, UNSER MÄNNLICHES SELBST vernichtende radikale Kritik der Frauenbewegung und schweigenden Kinder einzulassen, sich mit ihren Inhalten und Erfahrungen auseinanderzusetzen?«[100]

Etwas schien tatsächlich zu Ende zu gehen – und auch neu zu beginnen, wie die beiden nächsten Kapitel zeigen werden. Eine neue Sprache wurde hörbar, neue Bücher wurden gelesen, von denen noch zu sprechen sein wird. Im »Editorial« der *Pflasterstrand*-Ausgabe unmittelbar nach dem Tod Schleyers und der Gefangenen in Stammheim hielt die Redaktion fest: »Wir sagen jetzt: Die Politik der Stadtguerilla ist am Ende, und das gilt es auch für die Genossen im Untergrund und in den Knästen zu begreifen.«[101] Die Vielgestaltigkeit, ja »Buntheit« der Szene, wie sie sich in unzähligen Kleinanzeigen und Berichten aus den verschiedenen Nischen und Projekten zeigte, sollte nun wieder in den Vordergrund treten. In der »Hausmitteilung« desselben Heftes forderte die Redaktion die *scene* auf, wieder vermehrt von ihren kleinen Projekten zu berichten – »nur Mut!«. Und sie vermeldete: »Übrigens: unsere Abokartei ist auf Computer umgestiegen, ein Abo lohnt sich mehr denn je.«[102] Der Untertitel des *Pflasterstrand* von Anfang Dezember 1977 lautete schließlich: »Zeitung für Träumer/innen«.

Die Intellektuellen

In der *scene* stellte man sich die Frage, wie Politik, »Widerstand« und das eigene Leben zu verbinden wären. Viele der anonymen Autorinnen und Autoren in den Szene-Blättern waren zwar erkennbar theoretisch geschult und intellektuell gewandt, aber sie traten nicht unter eigenem Namen und in ausschließlicher Konzentration auf ihre intellektuelle Tätigkeit auf. Intellektuelle hingegen beschäftigten sich von Berufs wegen und ihrem Selbstverständnis gemäß in öffentlichen Stellungnahmen und Auftritten nicht mit ihrem eigenen privaten Leben, sondern mit der Gesellschaft als ganzer. Intellektueller sein – die männliche Form ist kaum zu vermeiden – hieß seit dem Ende des 19. Jahrhunderts, sich als Schriftsteller, Philosoph oder Geistesarbeiter ähnlicher Art im Namen der Vernunft um die Belange der Öffentlichkeit zu kümmern und der Macht der Mächtigen den Einspruch allgemeiner Prinzipien und universeller Werte entgegenzuhalten. Das Hoheitsgebiet der Intellektuellen war die Verfasstheit der gesellschaftlich-politischen Verhältnisse, und ihre Aufgabe bestand darin, die Wirklichkeit an den Ansprüchen der Vernunft zu messen. Intellektuelle waren per se »kritisch«. Die als pleonastisch empfundene Formel »kritischer Intellektueller« und das Kompositum »Linksintellektueller« wurden in den Sechzigerjahren endemisch, und der in diesem Sinne prototypische und zugleich einflussreichste Intellektuelle der Epoche war der Philosoph und Schriftsteller Jean-Paul Sartre. Auf diesen zweifelsohne anspielend, bemerkte der jüngere Philosoph und Historiker Michel Foucault in einem im Frühjahr 1977 in Italien veröffentlichten Gespräch einigermaßen spöttisch: »Seit langem hat der so genannte ›Links‹intellektuelle das Wort ergriffen und wird er als jemand angesehen, dem das Recht zuzuerkennen ist, als Herr der Wahrheit und der Gerechtigkeit zu sprechen. Man hörte ihn an bzw. er maßte sich an, sich als Repräsentant des Universalen Gehör zu verschaffen. Intellektueller zu sein, war ein wenig das Gewissen aller zu sein.«[103]

Nicht zuletzt der an sich banale Umstand, dass es auch liberale und konservative Intellektuelle gab, wurde durch diese dominante Ausprägung des Begriffs beinahe verdeckt; die Vorstellung, ein Intellektueller könne in irgendeiner Weise den Status quo – und nicht nur »Wahrheit und Gerechtigkeit« – verteidigen, erschien vielen geradezu als Oxymoron. Die diskursiven Verhältnisse waren, mit anderen Worten, etwas verworren; dennoch ließe sich schematisch sagen: Linke Intellektuelle, die sich wie selbstverständlich auf die »universelle«, oder in der Diktion der Frankfurter Schule, die »substanzielle« und nicht »positivistisch halbierte« Vernunft bezogen, folgten darin noch der Tradition eines ursprünglich bürgerlich-revolutionären Denkens, das, marxistisch weiterentwickelt, zum Glauben an einen als notwendig verstandenen Gang der Geschichte führen konnte. Daraus ließen sich revolutionäre Konsequenzen ableiten und konnte gar der »Intellektuelle als Revolutionär« erscheinen.[104] Doch der

Bezug auf eine universelle Vernunft konnte auch gleichsam rechtsstaatlich moderiert auftreten, etwa in der Vorstellung, dass der »Übergang zum Sozialismus« auf demokratische Weise zu erfolgen habe. Vor allem im linksliberalen intellektuellen Mainstream manifestierte sich im Herbst 1977 eine als dringlich empfundene, entschiedene Verteidigung des Rechtsstaates, in dem gesetzlich regulierte Verfahren und politische Aushandlungsprozesse den Vorrang vor jeder Durchsetzung von staatlicher Macht oder revolutionärer Vernunft haben sollten.

Auf der anderen Seite des politischen Spektrums wiederum stellten primär konservative bis dezidiert rechte Intellektuelle und Literaten wie Martin Heidegger, Carl Schmitt und Ernst Jünger, aber auch Joachim Ritter und seine Schüler Hermann Lübbe und Odo Marquard entlang der Linien eines seit der Französischen Revolution virulenten modernitätskritischen Denkens gerade die Selbstverständlichkeit in Zweifel, mit der die Kritik am Bestehenden mit Bezug auf »die« Vernunft begründet wurde. Dieser Zweifel konnte in seiner reaktionären Ausprägung dazu führen, rechtsstaatliche Grundprinzipien zugunsten von Forderungen nach einem starken Staat aufzugeben, der sich gegen seine Feinde mit aller Macht wehrt; solche Forderungen waren im Herbst in der Bundesrepublik ebenfalls weit verbreitet. Schließlich konnte der Zweifel an der Universalität der Vernunft auch einer keineswegs reaktionären Skepsis gegenüber den alten aufklärerischen Versprechen entspringen, die sich nicht mehr so leicht ins überkommene Links-rechts-Schema einordnen ließ. Sie war, wie wir gesehen haben, unter den Spontis zu finden oder in der Frauenbewegung, und sie wurde inspiriert von der Vernunftkritik einiger französischer Philosophen, die wiederum von Nietzsche und Heidegger inspiriert waren. Das waren zunächst lediglich Stimmen am Rande, aber sie begannen, sich zunehmend Gehör zu verschaffen. Und sie provozierten schnell auch Kritik, etwa jene von Jean Améry, der schon 1976 den »Verrat« der »postmodernen« Intellektuellen wie Foucault, Deleuze oder Derrida gegeißelt hatte.[105]

Diese verwickelte Auseinandersetzung um universelle Vernunft, Gewalt und Rechtsstaat entzündete sich gleichermaßen an der RAF und an den staatlichen Reaktionen auf den Terror. Die für die RAF in ihrem »Kampf« um Hafterleichterung entscheidende Frage bestand darin, ob sie für ihre Forderungen nicht nur »Solidarität« aus der *scene*, sondern auch politische Unterstützung durch prominente Intellektuelle zu mobilisieren vermochte. Weil ihr das nicht selten gelang und weil viele Intellektuelle sich den »Herrschenden« gegenüber betont reserviert verhielten und die polizeiliche Aufrüstung kritisierten, wurden linke Intellektuelle schon in den späten Sechziger- und frühen Siebzigerjahren, in verstärkter Weise dann aber nach den Morden an Buback und Ponto als Stichwortgeber, »Sympathisanten« und Wegbereiter der bewaffneten Gruppen denunziert. Wie die Spontis bewegten sich also auch sie in einem ungewöhnlich spannungsvollen, widersprüchlichen politischen Feld, und zwar oft tatsächlich nicht fern vom *double bind* zwischen der Ablehnung des »bewaffneten Kampfes« und der »Solidarität« mit der RAF. Anlässlich des vierten Hungerstreiks der Gefangenen im April 1977 schafften es deren Anwälte und Unterstützer, unter einem »Offenen Aufruf an die Justizbehörden«[106] eine große Zahl von Unterschriften von Intellektuellen zu versammeln. Zu ihnen gehörten hinter Jean-Paul Sartre – der 1974 sogar Andreas Baader im Gefängnis besucht hatte – und Ernst Bloch als den prominentesten marxistischen Philosophen der Gegenwart unter anderen auch Rudi Dutschke, Ossip Flechtheim, Erich Fried, Félix Guattari, Herbert Marcuse und viele andere. Rudi Dutschke hatte schon im Jahr zuvor auf einem Kongress des Sozialistischen Büros in Frankfurt in einer Rede zur »Internationalisierung der ›Stammheime‹« – die Zeitschrift *links* dokumentierte sie im Februar 77 – in geschraubtem Theorie-Deutsch und doch unverblümt seine »Solidarität« mit der RAF bekräftigt: »Ich habe immer die RAF-Politik grundsätzlich abgelehnt, aber das hinderte mich nicht, jene Solidarität ihnen gegenüber auszudrücken, die unerläßlich ist, um überhaupt einen Begriff von kritischer Solidarität ernst nehmen zu können.«[107]

Dieses *double bind*, das beides forderte – »Solidarität« *und* »grundsätzliche Ablehnung« – und doch jeweils das eine durch das andere unterlief, konnte allerdings auch die diffuse Gestalt einer Doppelung von Verständnis und Kritik, von der Abscheu vor den konkreten Taten und der Rechtfertigung ihrer Motivation annehmen. So jedenfalls argumentierte der konservative Philosoph Hermann Lübbe im September im *Merkur* in einem Essay zur geistesgeschichtlichen Genealogie des Terrorismus,[108] und er hätte dafür als Beleg ein Gedicht von Erich Fried zitieren können. Fried, ein in England lebender Dichter und Shakespeare-Übersetzer, veröffentlichte wenige Tage nach dem Mord an Siegfried Buback auf dem Cover des *Pflasterstrand* seine »Ode an einen Abgang«, in der das Erschrecken über die Schüsse vom Verständnis für die Tat wie auch von kalter Verachtung für ihr Opfer verdrängt wurde:

Was soll ich sagen
von einem toten Menschen
der auf der Straße lag
zerfetzt von Schüssen
[...]
Dieses Stück Fleisch
glaubte Recht zu tun
und tat Unrecht
[...]
Was er getan hat
im Leben
Davon wurde mir kalt ums Herz
[...]
Es wäre besser gewesen
so ein Mensch
wäre nicht so gestorben

Es wäre besser gewesen
so ein Mensch
hätte nie gelebt[109]

Die Kritik an den Schüssen der RAF, die Fried durchaus auch andeutete, wurde überdeckt von der Insinuation, ihr taktischer Fehler habe darin bestanden, von dem »Unrecht« abzulenken, »von dem dieser Mensch / nur ein Teil war«. Denn »was er für Recht hielt«, habe »Menschen / schaudern gemacht«, ja, »was er für Recht hielt / hat dieses Recht in Verruf gebracht«. Die Kritik an der RAF trat zurück hinter der Kritik an dem, was der Generalbundesanwalt »für Recht hielt«; der Rechtsstaat schien hinter der Macht »diese[s] Menschen« zu verschwinden, der »besser [...] nie gelebt« hätte.

Dieselbe Art doppelbödiger Kritik, in der mehr als nur ein Hauch von Rechtfertigung für den terroristischen Anschlag mitschwang, zeigte sich auch in anderen prominenten Beispielen der Auseinandersetzung von Intellektuellen mit der RAF. Im Zuge der Aufregung um den »Nachruf« des Mescalero und des gerichtlichen Verbots seines Wiederabdrucks beschloss eine Gruppe von 43 Hochschullehrerinnen und -lehrern, vier Rechtsanwälten und einem Staatsbeamten, den integralen Text des Buback-»Nachrufs« Anfang Juli erneut zu veröffentlichen, um eine breite

»Diskussion« darüber zu ermöglichen.[110] Die »Dokumentation« enthielt neben dem »Nachruf« und einer Erklärung der Herausgeber sowie zusätzlichen Stellungnahmen von Universitätsangehörigen und Lehrerinnen und Lehrern ohne weiteren Kommentar einen dreiseitigen Artikel von Rosa Luxemburg aus dem Jahr 1905, Titel: »Terror«. In diesem Faksimile aus »Rosa Luxemburg, Ges. Werke Bd. 1, Berlin 1974«[111] bezog die Autorin sich auf die Ermordung des Moskauer Generalgouverneurs beziehungsweise »Moskauer Bluthundes« Sergei Romanow durch den Sozialrevolutionär Iwan Platonowitsch Kaljajew am 7. Februar 1905. Seit Romanow, so Rosa Luxemburg, »wie ein toller Hund auf dem Straßenpflaster verendet ist«, atme »es sich förmlich leichter«; die »befreiende Tat«, ein »sittlicher Racheakt«, erzeuge zu Recht die »ganz selbstverständliche Empfindung der moralischen Befriedigung«. Die unausgesprochene, mit dem Faksimile dieses Textes aber nahegelegte Parallelisierung des historischen mit dem aktuellen Mord setzte unter der Hand nicht nur die beiden hohen Staatsbeamten einander gleich, sondern schien auch vom zaristischen Polizeistaat auf die Verhältnisse in der Bundesrepublik schließen zu lassen. Ob die Herausgeberinnen und Herausgeber der »Dokumentation« dies tatsächlich sagen wollten, sei dahingestellt; Luxemburg jedenfalls distanzierte sich von der »individuellen Tat« Kaljajews zumindest insofern, als sie auf der »einzig entscheidende[n] Bedeutung der Volksbewegung, der *proletarischen Massenrevolution*«, insistierte. Der Terror könne daher nur »ein einzelner, wenn auch glänzend aufblitzender Schwertstreich auf dem großen Schlachtfelde des proletarischen Massenkampfes« sein; »einzelne Akte des Terrors« seien, so Luxemburg, »wie einzelne aufzischende Feuergarben im gewaltigen Flammenmeer eines Waldbrandes«.[112]

Im diskursiven Gerüst dieses Denkens, das die Legitimität des individuellen Terrors vor der Folie der »Massenrevolution« verhandelte und Gewalt primär nach Maßgabe und Möglichkeit einer Revolution einschätzte, bewegte sich auch Rudi Dutschke. In einem emphatischen Artikel in der *Zeit* vom 23. September mit dem Titel »Kritik am Terror muss klarer werden« forderte er, die Frage nach dem Einsatz politischer Gewalt jeweils in einen spezifischen Kontext zu stellen. Das bedeute, sich zu den »außerparlamentarischen und parlamentarischen Möglichkeiten«[113] zu bekennen und gegen den individuellen Terror auszusprechen. Allerdings schien das für Dutschke letztlich nur eine taktische Frage zu sein, denn er schloss den bewaffneten revolutionären Aufstand in keiner

Weise aus und zitierte dazu Che Guevaras berühmte Parole »Schaffen wir zwei, drei, viele Vietnams« aus dem Jahr 1967.[114] Dutschke betonte auch jetzt, zehn Jahre später, dass sie ihren »tiefen sozialrevolutionären Sinn« behalten habe. Schließlich nahm er im Rückblick auf die Ermordung von Siegfried Buback im April auch dieselbe vieldeutige Differenzierung vor wie damals der Mescalero in seinem Flugblatt: »Buback und seine Mitarbeiter saßen an zentralen Stellen, um gesellschaftlich unkontrollierte Macht auszuüben. Sie waren, um mit Marx zu sprechen, ›gesellschaftliche Charaktermasken‹. Entfremdete Menschen – aber Menschen und nicht abzuschießende Schweine.«

»Schweine« war der verächtliche *terminus technicus*, den die RAF für die Repräsentanten des »Systems« benutzte. Die Distanzierung war zwingend, und doch stand für Dutschke und andere revolutionär gesinnte Linke im September 1977 zweifelsfrei fest, wer der Feind war, den es zu bekämpfen galt. Buback war für ihn ein »entfremdeter Mensch« gewesen, das heißt ein Mensch, der die »entfremdenden« Herrschaftsverhältnisse aktiv aufrechterhielt, ja »unkontrolliert Macht ausübte«. Die von diesen »Charaktermasken« ausgehende Gefahr einerseits und das »sozialistische Ziel« – die Aufhebung der »Entfremdung« – andererseits schienen in normativer Weise eine geschichtliche Wahrheit vorzugeben, die half, mit gutem Gewissen scharf zwischen Freund und Feind zu unterscheiden. Dies verschaffte dem »Sozialisten« die Gewissheit, dass auch ein bewaffneter Aufstand – »Vietnam« – gegen den »bürgerlichen Rechtsstaat« grundsätzlich gerechtfertigt wäre. Zwar trage der Terror der RAF dazu bei, »der bürgerlichen Demokratie den letzten Boden wegzunehmen«, jedoch »ohne im Geringsten eine revolutionäre Situation für die Linken und deren Sympathisanten zu schaffen«, so Dutschke. Das war offensichtlich nicht als Distanzierung vom Versuch gemeint, revolutionäre Situationen zu schaffen, sondern vom untauglichen Versuch der RAF, dabei als bewaffnete Avantgarde zu fungieren.

Rudi Dutschkes Einschätzung war wohl repräsentativ für das ambivalente, zwischen Demokratie und Revolution schwankende Weltbild vieler Linker. Aber sie war nicht repräsentativ für die heterogene Gruppe der liberalen und linken Intellektuellen, die in ihrer weit überwiegenden Mehrheit die Strategie der Guerilla schon immer und ohne jede »Solidaritäts«- Klausel, wenn auch aus unterschiedlichen Gründen verurteilt hatten. Dutschkes älterer Freund, der prominente Theologe Helmut Gollwitzer, etwa verweigerte mit einem im *Pflasterstrand* dokumentierten Brief, geschrieben knapp zwei Wochen nach dem Mord an Siegfried Buback, seine Unterschrift unter einen »Offenen Aufruf« zur Unterstützung der Hungerstreik-Kampagne der RAF: Solange »aus Stammheim die Aufforderung kommt: ›Den Widerstand bewaffnen!‹, kann ich«, so Gollwitzer an die Organisatoren der Unterschriftensammlung, »angesichts dieser Einsichtslosigkeit und Unsolidarität nichts für Sie tun und bedaure Ihren Aufruf«.[115]

Gollwitzer blieb mit dieser Haltung nicht allein – unzählige Intellektuelle im In- und Ausland hätten nie und nimmer eine Solidaritätserklärung für die RAF unterschrieben. Allen voran Jürgen Habermas erinnerte im Herbst an die eigentliche Grundsatzrede gegen den »bewaffneten Kampf«, die Oskar Negt 1972 gehalten hatte und die in einem während der Schleyer-Entführung hastig zusammengestellten rororo-Bändchen mit dem programmatischen Titel *Briefe zur Verteidigung der Republik* in Auszügen wieder publiziert wurde.[116] In dieser Rede hatte Negt die politischen Prätentionen der Stadtguerilla kompromisslos und mit scharfen Worten zurückgewiesen; mit ihren »unpolitischen Aktionen« bestünde »nicht die geringste Gemeinsamkeit, die die politische Linke der Bundesrepublik zur Solidarität veranlassen könnte.«[117] Daran hatten weder die in diesem Band versammelten rund 30 Intellektuellen (neben den Herausgebern Freimut Duve, Heinrich Böll und Klaus Staeck waren das unter anderem Jürgen Habermas, Carl Améry, Alexander und Margarete Mitscherlich, Dorothee Sölle, Marion Gräfin Dönhoff, Walter Jens und Martin Walser) noch diejenigen Akademikerinnen und Akademiker, die zu Hunderten zwei in dem Band dokumentierte »Erklärungen« unterzeichnet hatten, den geringsten Zweifel.[118] Im Gegenteil: Die in konservativen Medien an linke Intellektuelle herangetragene Forderung, sich von der RAF zu »distanzieren«, erschien ihnen geradezu als Affront, weil sie suggerierte, eine solche Distanzierung sei nötig, weil die Loyalität zum Rechtsstaat in Frage gestanden hätte.

Frei von Ambivalenzen und Zwischentönen war freilich auch diese Haltung nicht immer. So konnte etwa Habermas zur Begründung seiner Ablehnung des individuellen Terrors mit Verweis auf die Geschichte der Arbeiterbewegung und die »lebendigen Interessen der Massen« schreiben: »Die Idee der Revolution selbst wäre ihrer sittlichen Substanz und damit ihrer Kraft beraubt worden«, wenn die Arbeiterbewegung nicht auf der klaren Unterscheidung »zwischen revolutionärem Kampf und Terrorismus« beharrt hätte.[119] Abgesehen davon, dass diese Unterscheidung keineswegs immer so eindeutig war, wie er behauptete, hinterließ die Zurückweisung des Terrorismus aus solchen Gründen den Eindruck einer zumindest nostalgisch anmutenden Ambivalenz. Stellte sich Habermas den »Übergang« zum Sozialismus als eine von den organisierten und disziplinierten »Massen« getragene Revolution vor? Die irritierende, in den Diskursmustern der Linken angelegte Spannung zwischen der Verteidigung des Rechtsstaates und der emphatischen Rede von der »Idee der Revolution«, zwischen Demokratie und »revolutionärem Kampf«, hatte jedenfalls auch er nicht aufgelöst.

Doch die *Briefe zur Verteidigung der Republik* richteten sich insgesamt weniger an die RAF und ihre Unterstützer als vielmehr an jene, die den »Linksintellektuellen« unterstellten, Wegbereiter des Terrorismus zu sein. In diesem Sinne stilbildend hatte der Politologe Kurt Sontheimer 1976 generalisierend vom »Elend der Intellektuellen« gesprochen und dafür die »linke Theorie« verantwortlich gemacht.[120] Die einzelnen »Briefe« waren daher nicht ohne Pathos. Wohl verteidigte sich vordergründig eine Gruppe von bekannten, keineswegs nur der Linken jenseits der SPD zuzurechnenden Intellektuellen gegen zum Teil persönliche Angriffe, die Jürgen Habermas insgesamt »dem Arsenal der Gegenaufklärung« zuordnete. Vor allem aber und grundsätzlicher noch reformulierten sie zusammengenommen das, was die »geistige« Substanz der »Republik« ausmachen solle und könne. Sie taten das nicht nur angesichts des Terrorismus, sondern in erster Linie angesichts der von vielen empfundenen Gefahr des Abgleitens des westdeutschen Staates in den Autoritarismus. Helmut Gollwitzer, der seinen »Brief« an sein Patenkind Lukas, den Sohn des am 2. Juni 1967 in Westberlin von einem Polizisten erschossenen Benno Ohnesorg, richtete, schrieb in diesem Sinne und mit erkennbarer Ungewissheit über die zukünftige Entwicklung: »Für Dein Leben wird entscheidend sein, wie es jetzt bei uns weitergeht.«[121] Auch für Hartmut von Hentig, Professor der Erziehungswissenschaft an der Universität Bielefeld, war dies ein entscheidender Moment in der Geschichte der Bundesrepublik: Der Rechtsstaat werde nur dann weiter »bestehen, wenn die Bürger ihn wollen: den skrupelhaften, an seinen Gesetzen meßbaren, im Bewußtsein des Rechts unbeirrbaren Staat«.[122]

Solche Zitate ließen sich mehren. Und sehr viel grundsätzlicher konnte man auch kaum schreiben; die *Briefe*, die bis Ende Dezember schon eine Auflage von 110 000 Exemplaren erreichten, scheinen wie ein Lichtblick in finsteren Zeiten und als Gegengift gegen den Terror der RAF gelesen worden zu sein. Genauer noch: Sie wirkten wie eine erneute Grundlegung der Bundesrepublik aus dem Geiste ihrer liberalen und linken Verteidiger und sprachen offenbar für viele das aus, was in diesem Moment gesagt werden musste. Verteidigt wurde explizit nicht die Bundesrepublik als existierender Staat, sondern eben die »Republik«, das heißt ein Demokratieprojekt, das nicht von der Polizei, sondern nur von den Bürgerinnen und Bürgern verteidigt werden konnte.

Allein, mit so auffallend zweideutigen Stellungnahmen wie jenen von Erich Fried im April oder von Rudi Dutschke im September einerseits und den *Briefen* andererseits, veröffentlicht im Oktober, wäre das Spektrum der Reaktionen von linken Intellektuellen auf die sich überstürzenden Ereignisse des Jahres 1977 noch nicht abgesteckt. Viele Intellektuelle namentlich im Umkreis des Sozialistischen Büros und der Zeitschrift *links* verblieben auch angesichts des Terrors nach wie vor in skeptischer Distanz zum Rechtsstaat. So formulierte der Adorno-Schüler, Soziologe und Redakteur der *links* Detlev Claussen zwar regelmäßig schärfste Kritiken an der Politik des »bewaffneten Kampfes« bis hin zu einer überlangen, nach der Ermordung Schleyers auf sechs eng bedruckten Seiten entfalteten Darstellung der Roten Armee Fraktion als eines bloßen Werkzeuges arabischer Terroristen und antizionistischer Manipulatoren.[123] Aber Claussen und viele andere bei *links* trauten auch dem Staat nicht über den Weg. Sie setzten den Begriff »Rechtsstaat« in ihren Texten meist ungerührt in Anführungszeichen, sprachen von der »Rechtsstaatsideologie«[124] und präsentierten in einer Rubrik mit dem ironischen Titel »Neues vom Rechtsstaat« regelmäßig Berichte über Polizeigewalt und Behördenwillkür. Das konnte so weit gehen, dass die Einschätzungen bezüglich der Realität dieses Staates denen, die man in den frühen »Erklärungen« der RAF hatte lesen können, nicht unähnlich waren; und es schloss auch in keiner Weise aus, dass Claussen die RAF in erster Linie als Reaktionsbildung auf gesellschaftliche Pathologien verstand – was sich zwar ebenfalls mit den Selbstrechtfertigungen der RAF deckte, aber natürlich nicht bedeutete, auch ihre Strategie zu rechtfertigen.

Als Belege jedenfalls für den innerhalb der Linken sehr weit verbreiteten Verdacht, dass sich hinter der Fassade des Grundgesetzes ein autoritärer Staat breitmachen würde, galten neben vielen kleinen, lokalen Beispielen, die in der *links* dokumentiert wurden, vor allem der berühmt-berüchtigte »Radikalenerlaß« von 1972 und das schon erwähnte Kontaktsperregesetz vom 29. September 1977, aber auch etwa der martialische Einsatz von rund 10 000 hochgerüsteten Polizisten bei der Anti-AKW-Demonstration am 24. September in Kalkar, die Nachrichtensperre während der Schleyer-Entführung oder die im November bekannt gewordenen, allerdings nicht realisierten Pläne, die Polizei zur Aufstandsbekämpfung mit Handgranaten auszurüsten.[125] Zusätzlich Nahrung erhielt der entsprechende Verdacht schließlich durch ein im Frühjahr 1977 erschienenes, überaus erfolgreiches Sachbuch des bekannten Journalisten Robert Jungk, der den repressiven Staat als die unausweichliche Folge von Wachstumspolitik und Atomenergie deutete und dafür die griffige Formel vom »Atom-Staat« prägte.[126] Im Zeichen der »strahlenden« Atomwirtschaft schienen der alte Faschismus und der neue Überwachungsstaat unausweichlich ineinander überzugehen, zu einer bedrohlich dunklen Wolke zu verschmelzen wie ausgeschüttete Tinte auf Löschpapier.

Detlev Claussen jedenfalls notierte im Mai nach dem Mord an Siegfried Buback trotz seiner grundsätzlichen Kritik an der RAF in diesem Sinne apodiktisch: »Der Hinweis auf den ›Terror‹ ist eine selbstgerechte Kaschierung einer Entwicklung, an der alle parlamentarisch herrschenden politischen Kräfte mitgewirkt haben – seit Gründung der BRD. Verfassungsrechtliche Garantien und Freiheitsrechte hat man auch ohne eine einzige Bombendrohung eingeschränkt.« Die »sich überstürzenden Ereignisse der letzten Wochen« hätten, so Claussen weiter, »bewiesen«, dass sich »die Bundesrepublik zum autoritären Staat« entwickle und ihre »Emanzipation vom Faschismus mißlungen« sei.[127] Im Oktober schließlich behauptete er, nicht zuletzt als Leser von Adorno, »daß kein ›neuer Faschismus‹ da ist, sondern ein ganz alter wieder hervorkommt«.[128]

Solche Einschätzungen, denen jeweils Aufrufe zum »Widerstand« und zur »antifaschistische[n] Eindeutigkeit sozialistischer Politik« folgten, blieben allerdings bis zum Ende des Jahres auch in der *links* nicht mehr unwidersprochen. Der Historiker Wolfgang Kreutzberger konnte sich die NS-Vergleiche Claussens und anderer offensichtlich nicht länger anhören; genervt protestierte er im Dezember gegen die »Dreieinigkeit von Abstraktion, Selbstisolation, Gesinnungsdemonstration« in diesen sich wiederholenden Bekenntnissen seiner Genossen vom Sozialistischen Büro.[129] Die Linken müßten die verbreiteten »pauschale[n] Gefühle gemeinsamen ›Unterdrücktseins‹ sprengen« und aufhören, sich als heroische Opfer einer herbeigeredeten »faschistischen« Unterdrückung zu gerieren. Generell könne es sich die Linke nicht länger leisten, zum Rechtsstaat und zu den Liberalen, die ihn verteidigen, ein bloß »taktisches« Verhältnis zu haben; denn »Linke und wirklich Liberale« würden den Rechtsstaat brauchen »wie die Luft zum Atmen«.[130]

Damit war das letzte Wort in dieser Auseinandersetzung über den Rechtsstaat noch nicht gesprochen. Die Debatte blieb offen, verharrte in einer düsteren Schwebe. Nicht nur in der intellektuellen *links*, sondern auch im *Spiegel* und in der *Zeit* wurde im Dezember mit erkennbar irritiertem Blick auf die bundesdeutsche Gegenwart das Verhältnis von »Freiheit« und »Sicherheit« debattiert; auch in diesen beiden (links)liberalen Leitmedien war die Unsicherheit über die zukünftige Entwicklung der sogenannten »inneren Sicherheit« mit Händen zu greifen. »Noch nicht entschieden ist am Jahresende«, so war etwa im *Spiegel* zu lesen, »wie der gegen den Terror polizeilich und juristisch aufgerüstete Staat der verteidigenswert liberale Staat bleiben kann«.[131] Das war nicht nur eine bundesrepublikanische Sorge. In den Niederlanden (wo die »Isolationsfolter«-Kampagne der RAF ein starkes Echo fand), in Italien oder in Frankreich verfolgten die Linke, die Intellektuellen und mit ihnen die Medienöffentlichkeit die Vorgänge in der Bundesrepublik mit wachsender Sorge. Aber es waren vor allem französische Intellektuelle, die sich dazu in prominenter Weise äußerten.

Zu Besuch bei Michel Foucault

In Frankreich wurde der durch die scheinbare Evidenz der Erinnerung gedeckte Verdacht, die Bundesrepublik sei auf dem besten Weg, wieder autoritär, gar faschistisch zu werden, abgesehen von der außerparlamentarischen radikalen Linken vor allem von Stimmen aus der kommunistischen Partei Frankreichs, der PCF, geäußert. Die PCF hoffte, im kommenden März im gemeinsamen Linksbündnis mit den Sozialisten die Macht zu erobern, dementsprechend kam ihr die angeblich drohende Gefahr von rechts propagandistisch durchaus gelegen. Aber zumindest die Frage nach der Wiederkehr des autoritären Staates in der Bundesrepublik tauchte seit dem Sommer auch in den Spalten der undogmatisch linken *Libération*, in *Le Monde* und im *Nouvel Observateur* auf. Neben den Berichten über die Haftbedingungen der RAF und die Methoden der »Rasterfahndung« hing dies auch mit der »affaire Kappler« zusammen, der in Deutschland nur sehr verhalten kritisierten, in Frankreich aber als Skandal wahrgenommenen Flucht des in Italien zu lebenslanger Haft verurteilten ehemaligen SS-Obersturmbannführers Herbert Kappler aus einem Gefängnispital in Rom.[132]

Zwischen Deutschland und Frankreich

Die spektakuläre Flucht Kapplers schien ins Bild zu passen: In derselben Woche, in der dieser in seinem Heimatort Soltau in der Lüneburger Heide begeistert empfangen wurde, veröffentlichte das Magazin *Stern* die Tagebücher von Joseph Goebbels, kam die Verfilmung von Joachim Fests Hitler-Biografie ins Kino (und wurde zum Kassenschlager), publizierte der *Spiegel* eine große »Hitler«-Titelgeschichte und berichtete die *Süddeutsche Zeitung* von einem Brief Willy Brandts an Helmut Schmidt, in welchem der Alt-Kanzler vor dem Erstarken »neo-nationalsozialistischer Gruppen« warnte. War das nicht alles ein überdeutliches Symptom des alten Ungeistes, der in Westdeutschland noch immer oder wieder herrsche? Und geht, so fragten sich in Frankreich und im übrigen Europa viele, von dieser wirtschaftlich dominierenden Bundesrepublik, wo offenbar alte Nazis mit sozialdemokratischen Technokraten der inneren Sicherheit gemeinsame Sache machten, nicht eine Gefahr für ganz Europa aus?

Zu einer innerfranzösischen Angelegenheit, die das intellektuelle Paris besonders bewegte, wurde jedoch der Fall des nach Frankreich geflüchteten Rechtsanwalts Klaus Croissant, des Wahlverteidigers Andreas Baaders. Gegen Croissant wurde in der Bundesrepublik ermittelt, weil er in illegaler Weise die Kommunikation der RAF-Gefangenen unterstützt hatte; zudem warf ihm das Bundeskriminalamt eine zu große Nähe zu den im Untergrund operierenden Teilen der RAF vor. Einer drohenden Festnahme hatte sich Croissant im Juli einstweilen durch Flucht nach Frankreich entzogen, wo er einen Antrag auf politisches Asyl stellte, am 30. September jedoch in Haft genommen wurde. Gegen die drohende Auslieferung an die Bundesrepublik liefen in Frankreich unzählige Intellektuelle mit Manifesten und Resolutionen »Sturm«, wie der *Spiegel* meldete. Zudem drohten linke Ultras mit Straßenschlachten und besetzten für einen Tag die Redaktionsräume der *Libération* (weil sich diese nicht vorbehaltlos hinter die RAF stellte); sechs Anwaltsverbände protestierten gegen die Auslieferung, und die Polizei verbot mehrere Demonstrationen.[133] Ein besonders auffallendes Beispiel für diese mehr oder minder expliziten Sympathien auch für die RAF selbst bot Jean-François Lyotard, der im Jahr zuvor die Rede von der »Isolationsfolter« vollkommen unkritisch übernommen hatte.[134] Im Fall Croissant waren es aber vor allem Gilles Deleuze (zusammen mit Félix Guattari) und Michel Foucault, die über den öffentlichen Tumult hinaus diese Proteste mit ihren publizistischen Interventionen prägten. Deleuze und Guattari bezweifelten in einem Artikel in *Le Monde* vom 2. November 1977 die Rechtsstaatlichkeit des Auslieferungsantrags (zur Begründung hätten sie die entsprechenden Bedenken prominenter deutscher Juristen und selbst von Vertretern der Justizbehörden zitieren können[135]). Vor allem aber behaupteten sie, dass die Bundesrepublik ein Land des »Ausnahmezustandes« sei, das mit seinem »juristischen, polizeilichen und ›informationellen‹ Modell« zu einem Vorbild für die »Repression und Vergiftung« in anderen europäischen Ländern werde. Und auf die Todesnacht von Stammheim anspielend, hielten die beiden es schließlich für gewiss, dass Klaus Croissant »im Gefängnis eine schnelle Eliminierung« fürchten müsse.[136]

Auch Michel Foucault hielt es für denkbar, dass mit der drohenden Auslieferung Croissants nicht nur »die Freiheit eines Mannes auf dem Spiel steht«, sondern »damit möglicherweise [auch] sein Leben«. Und ähnlich wie Deleuze/Guattari fürchtete er, »dass uns ein Staat droht, der seine Funktionen über Gebühr bis hinein in die alltägliche Lenkung des Einzelnen ausdehnt«.[137] Er schrieb diese Zeilen in einem langen, von polemischer Schärfe geprägten Artikel, der am 14. November im *Nouvel Observateur* erschien, eine Woche nach der Verhandlung des Auslieferungsantrags vor dem Pariser Appellationsgericht. Während allerdings im flammenden Protestschreiben von Deleuze und Guattari ein gewisses Verständnis für die RAF durchzuschimmern schien, konzentrierte sich Foucault in einer tiefschürfenden historischen Analyse ausschließlich auf die Frage des Rechts auf Asyl. Er verteidigte dieses Recht als elementares »Menschenrecht« und appellierte implizit an den Staatspräsidenten Valéry Giscard d'Estaing, dem Verdikt des Gerichtes nicht zu folgen und Croissant in Frankreich Asyl zu gewähren. Das geschah nicht, vielmehr wurde die Auslieferung in aller Eile für den 17. November angesetzt. Als Foucault an diesem Abend zusammen mit zwei Dutzend anderen Aktivistinnen und Aktivisten die Anwälte Croissants zum Gefängnis begleitete, zeigte die Polizei wenig Verständnis für das öffentliche Engagement des

Professors vom ehrwürdigen Collège de France und verprügelte ihn zusammen mit allen anderen, die sich ein letztes Mal für Croissant einsetzen wollten. Foucault bemerkte dazu sarkastisch, solche Prügel für »Linke« seien wohl so etwas wie eine »Spaßprämie« für unterbezahlte Polizisten, die ihm in diesem Fall allerdings eine Rippe brachen.[138]

Diese Parteinahme für Croissant bedeutete jedoch keine Parteinahme für die RAF. Foucault hatte sich bis auf eine kurze, kritische Bemerkung in einem Gespräch mit einer japanischen Zeitschrift im April 1976 gar nicht zur Roten Armee Fraktion geäußert, und auch in seinem Artikel im *Nouvel Observateur* beschränkte er sich auf die knappe Bemerkung, »die Gruppe um Baader« werde »ständig als anarchistisch bezeichnet, obwohl noch der geringste Text beweist, dass sie es kaum ist«.[139] Etwas ausführlicher wurde er allerdings in einem längeren privaten Gespräch, das im Oktober in seiner Wohnung an der Rue de Vaugirard in Paris stattfand, als eine Gruppe von Verlegern und Übersetzern mit ihm das Projekt einer linken Zeitschrift diskutierte. Zu Besuch waren Peter Gente und Heidi Paris vom kleinen Westberliner Merve Verlag, dazu die Foucault-Übersetzer Walter Seitter und Hans-Joachim Metzger sowie Foucaults italienischer Schüler Pasquale Pasqualino. Die »Merves« kamen von der Frankfurter Buchmesse, die am Sonntag, dem 16. Oktober, ihre Tore geschlossen hatte; das Gespräch, das nicht datiert ist, fand offenbar kurz nach der Todesnacht von Stammheim am 18.10. statt. Man sprach Deutsch und Französisch durcheinander, Foucault bot Tee und Schweppes an.[140]

Unmittelbarer Anlass für das Treffen war der noch eher vage Plan, eine italienisch-französisch-deutsche Theoriezeitschrift zu gründen, für die in Italien der Verlag Feltrinelli bereitstand, wie Foucault, über die Details offenbar bestens informiert, zu berichten wusste. Die Vertreter von Merve zeigten sich zögerlich, ob sie so ein Projekt schultern könnten, wie Foucault dies vorschlug, und begannen erst einmal, von ihrer Wahrnehmung der Situation der Linken in der Bundesrepublik und ihrer verlegerischen Linie zu sprechen. Wohl existiere, so Heidi Paris, die *scene* mit ihren Gruppen und Projekten, aber diese sei vergleichsweise schwach – »so auch unser Verlag oder unsere Arbeit, die wir dort machen, das ist kein Feltrinelli... Es ist eben auch ein Projekt.« Ihre Möglichkeiten lägen »eigentlich nur in der Diskussion und in der Verknüpfung von euren Theorien in unseren Arbeitsgruppen innerhalb von verschiedenen Bewegungen, der Frauenbewegung, der Linken, also der nichtorganisierten und

der Nicht-RAF-Linken. Das sind die Möglichkeiten, die es bei uns gibt.«
Vor allem aber diagnostizierten die Besucher ein »Theoriedefizit, was
euch betrifft«. Peter Gente ergänzte ebenfalls auf Deutsch: »Wir haben
bislang Adorno, Bloch und Habermas gemacht, aber das ist jetzt *fini*,
es geht da nicht mehr weiter.« Viel interessanter seien jetzt, so Gente später im Gespräch, »rechte« Autoren wie Carl Schmitt oder Reinhart Koselleck – Foucault fragte nach, wie man den Namen schreibt.

Vor allem aber war Merve der erste dezidiert linke Verlag in Deutschland, der systematisch Brücken nach Frankreich schlug. Schon 1976 hatte er Foucaults *Dispositive der Macht* publiziert und im Frühjahr das Bändchen *Rhizom* von Deleuze und Guattari. Und nun berichtete Gente von der Buchmesse, dass im Gegensatz zur letztjährigen Messe, als sich niemand für Texte von französischen Theorie-Autoren interessiert habe, in diesem Herbst das Interesse an solchen Büchern riesig gewesen sei. Merve präsentierte in Frankfurt unter anderem, so Gente, »*Der Faden ist gerissen* [mit Texten von Deleuze und Foucault], *Patchwork der Minderheiten* von Lyotard, *Mikropolitik des Wunsches* von Guattari und von Hélène Cixous einen kleinen Text« – mit durchschlagendem Erfolg: »[A]lle Verlage … und die ganze *scene* hing da bei uns rum. Und haben uns beglückwünscht und fanden das wahnsinnig aktuell und genau der richtige Zeitpunkt.« Was hatte sich geändert? Gente erklärte: »Bisher gab es sozusagen eine akademische Rezeption auch deiner Texte, im universitären Kontext, wo man alles liest …« Foucault: »Ja, ja …« Gente: »… aber das hatte nie einen Bezug zu dem, was die Leute gemacht haben, wie sie leben oder ob sie praktisch daraus was machen. Durch diese Edition von kleinen Texten fängt das eben jetzt langsam an, innerhalb einer politisch aktiven Szene sozusagen …« Der Verlag hatte auf dem Buchumschlag von *Der Faden ist gerissen* – publiziert im Rahmen einer Reihe, die immer noch »Internationale Marxistische Diskussion« hieß – auch genau in diesem Sinne für den Band geworben: Foucault und Deleuze seien, so liest man hier, Vertreter eines Denkens, »das Dialektik, Widerspruch, Negation, Subjekt und Totalität verabschiedet, [ein] Denken, das Vielheiten und Differenzen affirmiert«. Und gleichsam direkt an die Linke in der Bundesrepublik gerichtet, bekannten die Verleger: »Uns fasziniert an diesem Denken nicht so sehr, daß es tabula rasa macht, leere Gewohnheiten und teure Sicherheiten wegräumt, sondern daß es unseren eigenen Erfahrungen von Sinnverlust und Dezentrierung des Subjekts, unsere eigene Selbstkritik an männlicher Rationalität und akademischer Ignoranz artikuliert, daß es nicht nur ehrlich und engagiert, sondern fröhlich und militant ist.«[141]

Das dem »militanten« Philosophen erzählte Beispiel für die Rezeption dieses »neuen Denkens« außerhalb von rein akademischen Kontexten war durchaus sprechend. Gente berichtete, sie hätten »im vorigen April eine Reise durch 20, nein 30 Buchläden in Westdeutschland gemacht und dort mit Leuten diskutiert, Leuten am Ort, die unsere Texte gelesen haben«. In Göttingen gebe es zum Beispiel »intensive Arbeitsgruppen, die die *Mikrophysik der Macht* und die *Geburt des Gefängnisses* gelesen haben« – Letzteres, *Überwachen und Strafen*, wie das von Walter Seitter übersetzte Buch im Haupttitel heißt, war im Frühjahr in der Reihe »suhrkamp taschenbuch wissenschaft« in einer preisgünstigen Ausgabe erschienen – »und aus dieser Arbeitsgruppe ist eine Bewegung entstanden«, so Gente, »die hieß ›Bewegung undogmatischer Frühling‹, und die hat diesen Mescalero-Artikel geschrieben...« Foucault: »Aber ja, davon, vom Mescalero, hast du mir geschrieben! Was...« Gente: »Der hat abgeschrieben bei *Überwachen und Strafen*, nicht, der Mescalero! [Gelächter] Der hat geklaut!«

Gente bezog sich auf das zweite Flugblatt des Mescalero, jenes gerade erst veröffentlichte zur Schleyer-Entführung mit den oben zitierten Bemerkungen zur »Kasernenhofgesellschaft«. Foucault war hellwach. Er fragte nach der Göttinger Gruppe und lachte geschmeichelt über einen Scherz Walter Seitters, dass dort nun »Schulung« gemacht werde mit *Überwachen und Strafen* – »Schulung« wie in den marxistischen Gruppen mit dem *Kapital*... Das weitere Gespräch verlief mäandrierend, oft stockend; immer wieder ging es um das Zeitschriftenprojekt, gestreift wurde aber auch die in Frankreich gerade aktuelle »Scheindebatte« (Foucault) über die *nouveaux philosophes* sowie die »reale, aber mehr verborgene« Debatte über die sowjetischen Dissidenten. Man sprach kurz über die Haltung der französischen Intellektuellen zu den Protesten und Aktionen der *indiani metropolitani* in Italien (Foucault hatte zusammen mit Sartre, Roland Barthes und anderen ein Manifest gegen »die Repression in Italien« unterzeichnet[142]) und über die »auf den Staat fixierten Linken« in der Bundesrepublik.

Als die Rede auf linke Zeitschriften wie die *konkret* kam, fragte Foucault schnell dazwischen: »Es war die *konkret*, in der Ulrike Meinhof geschrieben hat, nicht wahr?« Erst nach einiger Zeit kam der aktuelle Terrorismus wieder in den Blick. Foucault bemerkte unvermittelt, aber offensichtlich gut informiert, dass die jungen Leute in Deutschland nach dem »Tod von Baader« einen »Nervenschock« erlitten hätten; die Nachricht habe sie »im Herzen und im Magen getroffen«. Dennoch blieb er kühl und distanziert. Er hielt es für unwahrscheinlich, dass die Regierung der alles in allem gut funktionierenden, sorgenfreien Bundesrepublik irgendeinen Grund haben sollte, besonders repressiv zu sein oder zu werden. Zudem hielt er die tendenziell anarchistische »Verteufelung« des Staates, dem das »gute« Individuum gegenübergestellt werde, für komplett naiv: Seit dem 17. Jahrhundert seien schließlich der Staat und das moderne Individuum in parallelen, wechselseitig aufeinander bezogenen Prozessen und »Hand in Hand« entstanden. Für ähnlich unbedarft hielt Foucault auch die Rechtfertigungsthese der bewaffneten Gruppen, dass man die dem Staat inhärente Gewalt – er stellte sie nicht in Abrede – durch provokative Aktionen zum Vorschein bringen müsse, damit »die Leute« begännen, sie unerträglich zu finden; sie erinnere ihn an eine »archaische medizinische Theorie«, laut der man eine Krankheit auf eine »Krise« zusteuern lassen müsse, um die Heilung einzuleiten.

Nein, Foucault konnte mit solchen Argumentationen gar nichts anfangen, denn »unerträglich« sei ja nicht nur die Macht des Staates; *insupportable* sei schon die Macht eines Arztes, eines Lehrers, eines Richters – was dagegen spreche, sich vor allem am Staat festzubeißen. Zweifellos, hier dozierte der Autor von *Überwachen und Strafen*. Aber seine Bemerkungen waren alles andere als besonders kritisch gegenüber einem Staat, der die Kader der RAF in Stammheim in ein Hochsicherheitsgefängnis eingesperrt hatte, im Gegenteil: Foucault war, wie gesagt, sogar ziemlich skeptisch gegenüber der These, dass die Repression zunehme, und er sagte zu Stammheim kein Wort. Das ist überraschend, zumal vor dem Hintergrund seiner düsteren Analyse moderner Disziplinarmacht und der panoptischen Totalüberwachung, die in Zeiten computergestützter »Rasterfahndung« ihre technologisch avancierteste Form anzunehmen schien. War das nicht eine glänzende Bestätigung seiner Theorie?

Das Recht der »Regierten«

Das *Gefängnis*-Buch war erst zwei Jahre alt, aber es schien Foucault, obwohl explizit als eine »Geschichte der Gegenwart«[143] konzipiert, dennoch keinen so recht passenden Schlüssel zur Gegenwart mehr zu bieten. Er begann offensichtlich neu zu denken, in verschiedene Richtungen. So bemerkte er schon im Gespräch mit den Besucherinnen und Besuchern aus Berlin: »Natürlich, immer wenn die Polizei interveniert, haben die Leute von der Linken, und ich zuerst, geschrien, ›Oh là là, es besteht die Gefahr, dass sich die Formen der staatlichen Interventionen vervielfältigen!‹ Das musste man tun. Aber insgesamt kann man nicht sagen, dass es so funktioniert hat. Im Gegenteil, heute kann man sagen, dass die staatlichen Interventionen sich sogar verkleinern, weil sie durch allgemeine, viel wirkungsvollere Formen der Kontrolle ersetzt werden. Sie lassen die Freiheit...«

Welche Formen? Seinen deutschen Besuchern gegenüber sagte er dazu andeutungsweise das, was er etwas ausführlicher dann in einem Ende November erschienenen Gespräch mit der *Tribune Socialiste* erläuterte. Mit Formulierungen, die er zuvor noch nie verwendet hatte, bezeichnete er es als die neue Funktion des Staates, nicht einfach im Rahmen von Gesetzen Vergehen und Verbrechen zu sanktionieren, sondern den Bürgerinnen und Bürgern im Austausch für Disziplin und Gefolgschaft »Sicherheit« anzubieten – und dies, ohne unmittelbar repressiv aufzutreten. Er nannte das den neuen »Sicherheitsvertrag«, der gegenwärtig etabliert würde. Dabei trete der Staat seinen Bürgern gegenüber mit neuartigen Angeboten auf: »Ihr seid krank? Dann werde ich euch eine Krankenversicherung geben. Ihr habt keine Arbeit? Ich sorge für eine Arbeitslosenversicherung. Es gibt eine Flutkatastrophe? Ich richte einen Hilfsfonds ein.« Im Rahmen einer solchen sozialstaatlichen Logik entstünden gegenwärtig, so Foucault, »Absicherungsgesellschaften«, die etwas »Neues«, etwas ganz Anderes seien als der »Faschismus«, den die Linke an die Wand malte. Denn grundsätzlich ginge die »Entwicklung der Staaten [...] heute nicht mehr in Richtung größerer Rigidität, sondern in Richtung größerer Geschmeidigkeit und Flexibilität«.[144] Das waren die »anderen Formen«, die er im Gespräch mit den Besuchern aus Berlin erwähnte. Der *Tribune Socialiste* gegenüber behauptete er zudem noch, dass diese neuen Formen staatlicher Macht nur möglich seien, weil sich der Staat dabei »außerhalb« der Gesetze bewege, in Zonen eines nur administrativ gefassten Ausnahmezustandes, der zur neuen Normalität würde. Genau an dieser Stelle treffe der Terrorismus den Staat empfindlich. Denn der Terrorismus, so Foucault, »erschreckt die Regierung und erregt ihren keineswegs gespielten Zorn vor allem deshalb, weil er sie gerade auf der Ebene attackiert, auf der sie den Anspruch erhebt, den Menschen garantieren zu können, dass ihnen nichts passiert« – auf der Ebene der inneren Sicherheit also.[145]

Doch Foucault begann, nicht ungewöhnlich für ihn, auch noch in eine ganz andere Richtung zu denken, die nichts mehr mit dieser letztlich noch aus *Überwachen und Strafen* ableitbaren These vom »Sicherheitsvertrag« und der »lückenlosen Überwachung«[146] im Sozialstaat zu tun hatte. Diese neue Richtung wurde fast zur gleichen Zeit sichtbar, nämlich im erwähnten Artikel zur Frage des Asyls für Klaus Croissant vom 14. November. Foucault forderte für den Anwalt Baaders ein Recht, das »präziser und historisch genauer definiert« sei »als die Menschenrechte, aber weniger präzise als das Recht der Verwalteten und der Bürger«.[147] Er bezeichnete es mit einem Attribut, das er hier zum ersten Mal überhaupt verwendete – in Anführungszeichen, wie wenn er ihm noch nicht recht trauen würde –, als ein Recht der »Regierten«. Als »Regierte« gelten ihm zufolge alle, die einer Regierung, und zwar unabhängig davon, welche Legitimität und Anerkennung diese in Anspruch nehmen könne, unterworfen sind. Das Recht der »Regierten« beziehe sich also nicht, wie die Menschenrechte, einfach auf alle »Menschen«, aber auch nicht zwingend nur auf formelle Staatsbürgerinnen und Staatsbürger. Das Asylrecht, das laut Foucault den »Regierten« in jedem Fall zukomme, habe zwar eine lange Geschichte, habe seine aktuelle Ausprägung aber im Kalten Krieg erhalten (eine Epoche, die für die Zeitgenossen der Siebzigerjahre in der Vergangenheit lag). Damals etablierte sich, so Foucault, im Westen die Anerkennung der vielfältigen Asylgründe von »Flüchtlingen aus dem Osten« und damit die Anerkennung des grundsätzlichen Rechts, »zu leben, frei zu sein, wegzugehen und nicht verfolgt zu werden«. Er nannte es das »Grundrecht« all jener, »die nicht mehr oder jedenfalls nicht hier […] regiert werden wollen«. Es waren die Dissidenten aus der Sowjetunion, die dieses Recht vor allem in Anspruch nahmen – und jetzt tat es auch Klaus Croissant.

Dieser kleine Satz – »nicht mehr oder jedenfalls nicht hier regiert werden wollen« – war alles andere als banal: Er destabilisierte Foucaults Theorie der Macht und des Subjekts, die er in den letzten Jahren ausgearbeitet hatte. Denn was bedeutete es, dass »Regierte« ein solches fundamentales Recht haben sollten? Foucaults bisherige Theorie der Macht und auch seine Überlegungen zur »Sicherheit« basierten auf der Zurückweisung aller Vorstellungen von Recht und Gesetz, die die Macht in Schranken weisen können. Für ihn waren die Effekte von Macht »positiv« im Sinne von »produktiv«, und er ließ sie in einem »strategischen« Feld funktionieren, wo Kräfte und Gegenkräfte aufeinandertreffen. Widerstand war Teil dieses Feldes, er komme nicht von »außen«, sondern sei, so Foucault, der Macht immer komplementär – und insofern im Grunde eine »Tautologie«, wie Bernard-Henri Lévy im März in einem Gespräch mit ihm scharfsinnig bemerkte.[148] Foucault stimmte zu: »Absolut« – und tatsächlich konnte man *Überwachen und Strafen* so lesen, als bestimme diese tautologische Macht die Subjekte vollständig, auch in den Formen ihres letztlich ohnmächtigen Widerstandes. Hieß es denn im *Gefängnis*-Buch nicht, dass »wir« alle, die Angehörigen moderner Gesellschaften, »eingeschlossen« seien »in das Räderwerk der panoptischen Maschine, die wir selber in Gang halten – jeder ein Rädchen«?[149] Foucault hatte sich in seiner jüngsten größeren Veröffentlichung, *La volonté de savoir* von 1976 (die deutsche Übersetzung erschien 1977 bei Suhrkamp), auch ziemlich mokant über die linken Vorstellungen von »Widerstand« geäußert – jenen »Widerstand«, über den der Mescalero, ein Leser Foucaults, soeben seinen Sarkasmus ausgegossen hatte: »Widerstand« im Stil der RAF sei nichts als ein Spektakel im Raum jener »Kasernenhofgesellschaft«, gegen die er sich richtet.

Vom Prinzip des Panoptismus und der verallgemeinerten Disziplin gab es in *Überwachen und Strafen* bei Lichte besehen kein Entrinnen – auch wenn Foucault in Interviews diese Konsequenz zuweilen bestritt. Als Ausweg, als möglicher Schutz des Individuums vor der Macht etwa des Staates war ihm daher nie das Recht erschienen, sondern, wenn auch kaum je explizit und in gänzlich unbestimmter Weise, nur die »Revolution«.[150] Doch jetzt war er sich nicht mehr sicher, »ob die Revolution wünschbar ist«[151] – genauer noch: Als er am 14. Oktober ein Gespräch mit dem deutschen *Literaturmagazin* führte, stellte er nicht zuletzt mit Blick auf die aktuellen Ereignisse in China nicht weniger fest als das Ende aller revolutionären Hoffnungen und Möglichkeiten. Denn in China war der blutige Machtkampf um die Nachfolge Mao Tse-tungs zugunsten der reformistischen Kräfte um Deng Xiaoping entschieden worden. Foucault wurde grundsätzlich, was ein längeres Zitat rechtfertigt: »Heute« – Foucault meinte wirklich den 14. Oktober 1977, aber es ist unklar, auf welches Ereignis in China er sich bezog – »gibt es keine einzige revolutionäre Bewegung mehr und erst recht kein einziges, in Anführungsstrichen sozialistisches Land, auf die wir uns berufen und sagen könnten: So muss man es machen. Das ist das Vorbild. Das ist die Linie. Das ist bemerkenswert. Ich glaube, wir sind auf das Jahr 1830 zurückgeworfen. Wir müssen ganz von vorn anfangen. Das Jahr 1830 hatte immerhin die Französische Revolution und die ganze Tradition der europäischen Aufklärung hinter sich. Wir müssen wieder ganz von vorn anfangen und uns fragen, worauf wir die Kritik unserer Gesellschaft in einer Situation stützen können, in der die bisherige implizite oder explizite Grundlage unserer Kritik weggebrochen ist. Mit einem Wort, wir müssen die bedeutende Tradition des Sozialismus grundlegend in Frage stellen, denn alles, was diese Tradition in der Geschichte hervorgebracht hat, ist zu verdammen.«[152]

Die »Tradition des Sozialismus« in Frage zu stellen, war nicht erst seit diesem Tag Foucaults Anliegen; seine Machttheorie war nie nur eine Theorie kapitalistischer oder bürgerlicher Machtformen gewesen; in *Der Wille zum Wissen* hatte er mit deutlichen Worten auf die Millionen Toten hingewiesen, die der »Aufbau« des Sozialismus bisher gefordert habe. Aber es war letztlich doch die sozialistische Tradition der Kritik an der bürgerlich-kapitalistischen Gesellschaft, die seine eigene kritische Position grundiert hatte. Daher stellte sich jetzt für ihn die Frage umso dringlicher, wie ein Ausweg aus jenen Machtverhältnissen gefunden werden könnte, die er in *Überwachen und Strafen* beschrieben hatte, wenn der Ausweg der »Revolution« endgültig verstellt schien. Wie ließ sich begründen, dass wir nicht »immer schon in der Falle sitzen«, wie er im Herbst im schriftlichen Gespräch mit Jacques Rancière sagte?[153]

Angesichts dieser Schwierigkeiten, ja der manifesten Ausweglosigkeit seiner seit Ende der Sechzigerjahre implizit auf den Fluchtpunkt der »Revolution« bezogenen Machtkritik war es nun keine kleine Sache, zu postulieren, dass Subjekte die Freiheit und das fundamentale Recht haben, einer Regierung beziehungsweise Staatsmacht gegenüber nicht einfach nur »nein« zu sagen, sondern mehr noch »nicht hier, aber dort« regiert werden zu wollen. Denn dieses Anderswo-regiert-werden-Wollen bewegt sich im Rahmen von Rechten und staatlichen Ordnungen, und es verzichtet darauf, das Prinzip des Regiertwerdens als solches in Frage zu stellen, ja gar von der Revolution zu träumen. Dieser Gedanke lag eigentümlich quer zu Foucaults bisherigen Ansichten, denn auf das Recht hatte er seine machtanalytischen Argumente, wie gesagt, noch nie gestützt. Welche Schlussfolgerungen waren aber aus einer solchen Form von Kritik – »nicht hier, aber dort« – abzuleiten? Welche politische Theorie und welche Konzeption von Macht würden ihr entsprechen? Und warum erwähnte Foucault ausgerechnet das Jahr 1830, das Jahr des revolutionären, gegen den Polizeistaat der Bourbonen aufbegehrenden Liberalismus? War das sein neuer Bezugspunkt von Kritik? Man hätte darauf wetten können: Er wusste es auch noch nicht. Doch sein Denken war in Bewegung geraten. Jacques Rancière gegenüber bemerkte er im Herbst: »Was ich hier gesagt habe, ist nicht das, ›was ich denke‹. Aber ich frage mich oft, ob man es nicht denken sollte.«[154] Die sowjetischen Dissidenten und der vergleichsweise marginale Fall des nach Frankreich geflohenen Anwalts von Andreas Baader hatten ihn offensichtlich ins Grübeln gebracht.

Der Rote Oktober verblasst

Es war das Jahr eines kalten, ritualisierten Jubiläums. Am 7. November 1977 feierte die Sowjetunion auf dem Roten Platz in Moskau mit einer einstündigen Militärparade und dem Vorbeimarsch Hunderter Delegationen und »Massenorganisationen« den 60. Jahrestag der Oktoberrevolution. Auf der roten Marmorterrasse des Lenin-Mausoleums reihten sich unter Fellmützen und einem grauen Himmel neben Generalsekretär und Staatspräsident Leonid Breschnew die alten Männer des Politbüros auf, mit langsamen Handbewegungen den Truppen auf dem Platz und dem fernen Publikum an seinen Rändern zuwinkend. Dem Mausoleum gegenüber und flankiert von den meterhohen Jahreszahlen »1917« und »1977« war ein gigantisches Lenin-Porträt aufgespannt; ohne Regung blickte der Große Andere der Revolution auf die Spitzen der Kommunistischen Partei und der Roten Armee, die Hüter seines unsterblichen, einbalsamierten Körpers. Allein durch ihn und das Erbe des Roten Oktobers legitimiert, demonstrierte die Partei an diesem Tag vor der Weltöffentlichkeit ihre ungebrochene Macht. Unter den Augen des Politbüros paradierten mit maschinengleicher Präzision Elitesoldaten und rollten seit Jahren erstmals wieder Panzer – darunter der neue T-72 –, gefolgt von den konventionellen und den nuklearen Waffen der »Raketen-Truppen«.[155] Doch um es mit Reinhart Kosellecks zeitgenössischer Begrifflichkeit zu sagen: Die revolutionäre »Zukunft«, die dieses Jubiläum evozieren sollte, war längst »vergangen«, der moderne, lichtvolle »Erwartungshorizont« der Revolution war in den mehrheitlich tristen »Erfahrungsraum« des sowjetischen Alltags zurückgekippt.[156]

Eurocommunismo

Tatsächlich hatten die zur fernen Menge winkenden Politbüromitglieder allen Grund zur Sorge. Denn seit dem Beginn der Siebzigerjahre hatten die Ineffizienz der sowjetischen Wirtschaft und damit verbunden der wachsende technologische Abstand zum Westen immer bedrohlichere Ausmaße angenommen.[157] Das alte Modell der extensiven Industrialisierung, das in den drei Jahrzehnten des Stalinismus auf dem verschwenderischen Einsatz von Arbeitskräften und natürlichen Ressourcen beruhte, war an ein Ende gekommen. Vor allem der Nachschub von ländlicher Arbeitskraft für die Industriezentren nahm so stark ab, dass die Wachstumsraten, die in den Sechzigerjahren noch regelmäßig über 6, gar 7 Prozent gelegen hatten, in den Siebzigerjahren auf die Hälfte und mehr einbrachen. Damit rückte das von Nikita Chruschtschow in den späten Fünfzigerjahren proklamierte Ziel, in absehbarer Zeit die Wirtschaftsleistung der USA zu überholen und bald die kommunistische Gesellschaft errichten zu können, in unerreichbare Ferne. Zwar hatten auch die westlichen Industrienationen seit dem Einsetzen der Ölpreiskrise mit heftigen wirtschaftlichen Schwierigkeiten zu kämpfen. Aber während diese Staaten nicht zuletzt dank der Mikroprozessortechnik ihre industrielle Basis zu erneuern vermochten, stieß die hochgradig bürokratisierte, scheinbar zentral gelenkte, *de facto* aber nur noch durch Improvisation und Formen des Naturaltausches zwischen Betrieben, Gebietskörperschaften und mächtigen Bürokraten zusammengehaltene Wirtschaft der Sowjetunion an ihre Systemgrenzen. Dass es in diesen Jahren nicht zu einem schnellen Kollaps kam, verdankte die durch ihre exorbitanten Rüstungsausgaben zusätzlich belastete Supermacht allein dem sibirischen Erdöl, das gegen harte Devisen exportiert werden konnte und den Kauf lebensnotwendiger Importgüter wie Getreide oder – in allerdings vom Westen eng begrenztem Umfang – Computertechnologie ermöglichte.[158]

Auf diese durch die sprudelnden Ölexporterlöse verschleierte Systemkrise reagierte das konservative Politbüro unter Breschnew in erster Linie politisch-ideologisch. Formell am wichtigsten war dabei die Annahme einer neuen Verfassung durch den Obersten Sowjet am 7. Oktober 1977. Diese »Breschnew-Verfassung« löste die Stalin'sche von 1936 ab; sie bekräftigte in der Präambel ungebrochen den Grundsatz der »Diktatur des Proletariats« und bezeichnete das System der Sowjetunion als »entwickelte sozialistische Gesellschaft«, die eine »gesetzmäßige Etappe auf dem

Wege zum Kommunismus« sei.[159] Im deutschen Sprachraum breitete sich parallel dazu die defensive Formulierung »real existierender Sozialismus« aus, die Erich Honecker, seit 1971 Erster Sekretär des Zentralkomitees der SED, 1973 geprägt hatte und die das Gesellschaftssystem der Sowjetunion und der mit ihr verbündeten Länder kennzeichnen sollte. Zusammen mit den davon abgeleiteten Wendungen »realer Sozialismus« oder »Realsozialismus« hatte sie die Funktion, dieses System semantisch gegen utopische Ansprüche und Erwartungen abzudichten, die regierenden KPs aber auch auf die alltäglichen, gegenwärtigen Bedürfnisse und Wünsche der Bevölkerung zu verpflichten.[160] Diese Formeln waren daher nicht bloßes Wortgeklingel, sondern die maßgeschneiderte politisch-ideologische Reaktion auf die in der Sowjetunion und den von ihr abhängigen Staaten in Osteuropa spürbare Unzufriedenheit mit der schlechten Versorgungslage, mit wirtschaftlicher Ineffizienz und mangelnden bürgerlichen Freiheitsrechten.

Darüber hinaus reagierten sowjetische und ostdeutsche Führungskader mit der Rede vom »entwickelten« oder vom »realen Sozialismus« aber auch auf die Kritik an ihrem Gesellschaftsmodell, wie sie von den jungen Neomarxisten im Westen geäußert wurde. Den für die kommunistische »Weltbewegung« zuständigen Stellen in Moskau war natürlich nicht entgangen, dass die Neue Linke, die in den Sechzigerjahren in dezidierter Abgrenzung von den kommunistischen Parteien der »alten« Linken entstanden war, sich sowohl theoretisch als auch ideologisch neu ausgerichtet und dem »revolutionären« Führungsanspruch der KPdSU entzogen hatte. Diese Distanz blieb auch bestehen, als sich die Neue Linke ab 1970 zunehmend organisatorisch zu festigen suchte und begann, Parteien »aufzubauen«, beziehungsweise Gruppen formierte, die sich in Westdeutschland zuweilen – und mit einigem Bierernst – im Suffix »Aufbauorganisation« (.../AO) nannten. In sektenartiger Abgrenzung voneinander formulierten diese (im Übrigen polizeilich eng überwachten) Kleinstparteien jeweils den exklusiven Anspruch, die wahren Vertreter der Arbeiterklasse zu sein. Gemäß dem ironischen Titel eines im Herbst 1977 in Westberlin erschienenen Taschenbuches mit Erfahrungsberichten von ehemaligen Mitgliedern solcher »K-Gruppen« fantasierten sie sich, obwohl im politischen Betrieb meist vollkommen irrelevant, nicht selten gar als die »stärkste der Parteien«.[161] Politisch jedenfalls waren diese Gruppen für Moskau auch deshalb verloren, weil sie sich meist am kulturrevolutionären China orientierten oder sich zum Trotzkismus bekannten; Ausnahmen wie die von der SED unterstützte westdeutsche DKP oder die in einigen lokalen und kantonalen Wahlen durchaus erfolgreiche neostalinistische, ja breschnewistische Kaderpartei Progressive Organisationen der Schweiz (POCH) änderten an diesem Gesamtbild wenig.[162]

Viel schmerzlicher für die Führung der KPdSU war daher eine ideologische Strömung, die sich seit kurzem erst in den großen kommunistischen Parteien des Westens (und parallel dazu in der japanischen KP) ausbreitete und für die Frane Barbieri, Redakteur der bürgerlich-liberalen Mailänder Tageszeitung *il Giornale nuovo*, 1975 den »magischen, ja explosiven« Ausdruck *eurocommunismo* geprägt hatte.[163] Obwohl das eine von Barbieri kritisch gemeinte Fremdbeschreibung war, übernahm der PCI unter Enrico Berlinguer die Formel als erste kommunistische Partei im Westen zur positiven Selbstbezeichnung. Sie brachte aus dieser Perspektive zum Ausdruck, dass die italienische KP mit der von Berlinguer seit 1973 entwickelten Strategie des *compromesso storico* den »historischen Kompromiss« zwischen Kommunisten und Christdemokraten (der Democrazia Cristiana, DC) beziehungsweise zwischen der kommunistischen und der katholischen Kultur des Landes anstrebte, um das politisch gespaltene, in einer tiefen wirtschaftlichen Krise steckende und von links-, vor allem aber von rechtsextremen Anschlägen terrorisierte Land zu stabilisieren.

Ab 1976 duldete der PCI, mit 34,4 Prozent die zweitstärkste Partei Italiens – und die stärkste kommunistische Partei, die es in Westeuropa je gegeben hat –, die Minderheitsregierung der DC (»non-opposizione«). Sie beteiligte sich auf diese Weise konstruktiv am parlamentarischen System, das heißt an dessen bürgerlicher und sozialdemokratischer Mehrheit; Berlinguer propagierte zur Bekämpfung der Wirtschaftskrise überdies eine regelrechte Austeritätspolitik.[164] Und schließlich verzichtete der PCI, wie sozialdemokratische Parteien dies längst getan hatten, auf die leninistische Formel von der »Diktatur des Proletariats« und auf den für Moskau so wichtigen »proletarischen Internationalismus«. Paolo Spriano, ZK-Mitglied des PCI, konnte daher 1976 sagen, seine Partei bleibe angesichts der Anschuldigung, »Revisionisten« zu sein, völlig gelassen – der PCI war bewusst »revisionistisch«.[165] Diese neue Nähe zur Sozialdemokratie zeigte sich auch semantisch: Gegen die sowjetische Formel vom »realen Sozialismus« nannten die Eurokommunisten ihre politische Konzeption und Zielvorgabe »demokratischer Sozialismus«.[166]

Ganz neu war diese Moskau-kritische Linie nicht. Schon seit den späten Fünfzigerjahren hatte es im PCI eine Kritik an den nach wie vor bestehenden stalinistischen Formen des Regierens in der UdSSR gegeben, hatte der langjährige Parteichef Palmiro Togliatti nach der »Geheimrede« Chruschtschows 1956 die außenpolitische Theorie des *policentrismo* vertreten und hatte der PCI folgerichtig den Einmarsch der Warschauer-Pakt-Truppen in die Tschechoslowakei im August 1968 verurteilt; seit kurzem schließlich kritisierte die Partei auch den Umgang der Sowjetunion mit den Dissidenten im eigenen Land scharf. Doch aus Respekt vor dem »Erbe« der Oktoberrevolution und durchaus auch aus der Überzeugung, dass die Sowjetunion ein sozialistisches Land sei, nicht zuletzt aber auch wegen den immer noch bewilligten, wenn auch deutlich kleineren Subventionen aus Moskau vermied der PCI den offenen Bruch.[167] Die Risse im Bündnis der beiden ungleichen Schwesterparteien war aber tiefer als je zuvor (sie reichten bis zu einen mutmaßlich vom KGB inszenierten Mordanschlag auf Berlinguer 1973 in Sofia). Die Haltung und die Politik der italienischen Kommunisten wurden seit 1973 unübersehbar vom Anspruch bestimmt, eine von Moskau unabhängige, nichtleninistische Politik zu verfolgen.

Solche Distanzen entwickelten sich, wenn auch etwas später, ebenso in anderen »lateinischen« Ländern Europas. Der Generalsekretär der spanischen KP, Santiago Carrillo, sprach in seiner im Frühjahr 1977 publizierten programmatischen Schrift *Eurocomunismo y Estado* (die ein halbes Jahr später dann auch auf Deutsch erschien[168]) davon, dass der eben erst wieder legalisierte Partido Comunista de España (PCE) nicht an die Revolution, sondern in erster Linie an die spanische Nation zu denken habe, die am 15. Juni in den ersten freien Wahlen nach Francos Tod die parlamentarische Demokratie restituierte. Und dieselbe Form eines ausgesprochenen Nationalismus demonstrierte schließlich auch die bis vor kurzem noch streng linientreue französische KP unter Georges Marchais. Ihm schwebte, gemäß der programmatischen Formulierung vom XX. Parteitag des PCF von 1976, ein »Sozialismus in den Farben Frankreichs« vor, und mit dem *programme commun* strebte er als Juniorpartner der Sozialistischen Partei (Parti Socialiste, PS) in den Wahlen des kommenden März die Regierungsmehrheit an – bis allerdings Ende September diese *union de la gauche* über der Frage des Ausmaßes der geplanten Nationalisierung von Industrien zerbrach und die orthodoxen Kräfte in der PCF am Ende des Jahres wieder Aufwind bekamen.

In allen drei Fällen jedenfalls bedeuteten diese eurokommunistischen Nationalismen und »eigenen Wege«, dass die wichtigsten KPs in Westeuropa sich dem Führungsanspruch Moskaus entzogen und bei aller Kritik am Kapitalismus doch darauf bestanden, dass der westliche »Weg« zum Sozialismus nicht dem russischen Modell des gewaltsamen revolutionären Umbruchs und der nachfolgenden Diktatur einer Partei gleichen könne. Als sich die drei eurokommunistischen Führer auf ihrem Gipfeltreffen am 3. März 1977 in Madrid demonstrativ die Hände reichten, lautete ihre Botschaft »Sozialismus in Demokratie und Freiheit«.[169] Georges Marchais bekräftigte die damit gemeinte, in der Abschlusserklärung der drei Parteichefs explizierte Hinwendung zur parlamentarischen Demokratie mit den Worten: »Ja, wir haben uns gewandelt, und wir wandeln uns noch mehr.« Es geschehe, so der *Spiegel* Anfang Mai mit offenbarem Erstaunen, »noch vor kurzem Unvorstellbares«.[170] Mit einigem Erfolg, so schien es, brachen diese drei kommunistischen Parteien aus ihrem politischen Ghetto aus und konkurrierten als neuerdings reformistische Kräfte mit den Sozialisten beziehungsweise den Sozialdemokraten um die Stimmen im Lager der Linken.[171]

Das bedeutete jedoch nicht, dass sie sich auch in ihrem inneren Funktionieren in einer Weise reformiert hätten, wie dies die Anerkennung der parlamentarischen Demokratie nahegelegt hätte. Nach wie vor galt in ihnen das autoritäre Prinzip des sogenannten »demokratischen Zentralismus«, herrschte keine oder wenig Diskussionsfreiheit, und es blieb für viele Beobachter auch unklar, wie sehr das Bekenntnis zur parlamentarischen Demokratie nicht doch ein bloßes Strategem für den »Übergang« zum Sozialismus darstelle, der politisch-institutionell anders organisiert wäre als die »bürgerliche« Demokratie. Carrillo äußerte sich in dieser Weise[172] – und bestritt dies in anderen Äußerungen vehement (»Wir werden einen demokratischen und einen parlamentarischen Mehrparteien-Sozialismus haben oder überhaupt keinen«[173]). Allein, für konservative Kommentatoren waren dies Behauptungen von Politikern mit »Hammer, Sichel und Heiligenschein«.[174] Vor allem der Eurokommunismus der mitglieder- und wählerstarken italienischen KP, die nach verbreiteter Einschätzung kurz vor der Regierungsbeteiligung stand, hatte bei den NATO-Partnern Italiens und insbesondere in den USA große sicherheitspolitische Bedenken ausgelöst. Die gegenüber der neuen politischen Strömung in Westeuropa anfänglich noch aufgeschlossene Regierung unter Präsident Jimmy Carter geriet bald unter massiven Druck durch den ehemaligen Außenminister Henry Kissinger und die antikommunistischen Falken in beiden Parteien. Als Berlinguer im Dezember in Rom die Regierungsbeteiligung forderte, wuchs die Angst, kommunistische Funktionäre könnten, einmal mit Fragen der nationalen Sicherheit betraut, westliche Militärgeheimnisse an das feindliche Bündnis im Osten verraten[175] – obwohl sich gleichzeitig schon eine gewisse Abkühlung der eurokommunistischen Begeisterung und die Grenzen seiner politischen Möglichkeiten abzuzeichnen begannen.

Soweit öffentlich bekannt, glaubte allerdings auch die KPdSU nicht mehr an eine irgendwie ersprießliche Zusammenarbeit mit den eurokommunistischen Parteien. Die Ausstrahlung der KPdSU als führende Partei des »Weltproletariats« war Geschichte und die mit ihr verbundene politische Sackgasse insgesamt unübersehbar. Die nach wie vor Moskautreuen KPs im Westen hatten den Höhepunkt ihres Einflusses, gemessen an ihrer Wählerstärke, meist in der kurzen Phase zwischen dem Ende des Zweiten Weltkriegs und dem Beginn des Kalten Krieges erreicht und bewegten sich nun seit Jahrzehnten im einstelligen Prozentbereich. Die aus den Diktaturen in Spanien, Portugal und Griechenland hervorgegangenen Parteiapparate der Kommunisten waren zwar wohlorganisiert, aber sie erreichten jetzt, bei den ersten freien Wahlen, jeweils kaum mehr als 10 bis 12 Prozent der Wählerstimmen. Die beiden stärksten westeuropäischen KPs hingegen, die italienische und die französische, schienen wie die spanische nur in dem Maße an Stimmen und an Einfluss zu gewinnen, wie sie auf Distanz zu Moskau gingen.

Das Dilemma war nicht auflösbar, und als die KPdSU am Mittwoch vor der großen Militärparade, also am 2. November, Partei- und Regierungsvertreter aus 104 Ländern zur Feier der Oktoberrevolution in den Moskauer Kongress-Palast lud, wurden neben alten Dissonanzen auch diese neuen, tiefgreifenden Distanzen und Zerwürfnisse augenfällig. Nicht nur Fidel Castro oder Josip Broz Tito fehlten, sondern auch Georges Marchais. Berlinguer und Carrillo waren zwar unter den Teilnehmenden, aber die im sowjetischen Radio und Fernsehen simultan übersetzt gesendete Rede Berlinguers, in der dieser bekannte, als kommunistischer Parteiführer neben sozialen Rechten und Freiheiten auch für individuelle Freiheitsrechte und für ein Mehrparteiensystem einzustehen, erregte den Zorn der Veranstalter; den spanischen Parteichef hatten sie von vornherein daran gehindert, seine Rede zu halten. Der Eurokommunismus war, mit anderen Worten, der neue, schmerzhafte Stachel im Fleisch der KPdSU; für den »proletarischen Internationalismus« waren die stärksten kommunistischen Parteien des Westens verloren.

Für den »proletarischen Internationalismus« unter Moskaus Führung waren allerdings auch die meisten jener westlichen Linken verloren, die ihrerseits die Eurokommunisten für deren Preisgabe der Revolution und des kommunistischen Fernziels kritisierten. Die Formen dieser Kritik reichten dabei von »linkskommunistischer« Pressepolemik über die militanten Straßenproteste der *indiani metropolitani* bis zur marxistischen Scholastik, mit der einige Philosophen in Paris die eurokommunistische Wende ihren dialektischen Argumentationsmaschinen aussetzten. In Italien, um hier zu beginnen, war seit 1969 um die Tageszeitung *il manifesto* herum eine politische Strömung präsent, die durch zwei Ausschlussverfahren aus dem PCI entstanden war und gegen dessen reformistischen Kurs agitierte; mit ihrer Zeitung hatte sie durchaus auch Einfluss auf die radikaleren PCI-Mitglieder, denen das Parteiblatt *Unità* zu staatstragend erschien. Nach dem Zerfall ähnlicher Gruppierungen wie namentlich Potere Operaio oder Lotta Continua – die Tageszeitung gleichen Namens existierte noch – waren es 1977 aber vor allem die *indiani metropolitani*, das heißt die marginalisierten Vorstadtjugendlichen und prekär lebenden Studierenden der *Settantasette*-Bewegung, die den elegant gekleideten Funktionären des PCI ihren Hass entgegenschleuderten, ihre Proteste zu Zehntausenden auf die Straße trugen und den Carabinieri zuweilen regelrechte Gefechte lieferten.

Diesen *emargininati*, Marginalisierten, erschienen die ordnungsliebenden kommunistischen Stadtregierungen von Bologna oder Rom und die Spitzen der kommunistischen Gewerkschaften als der Inbegriff einer Sozialdemokratie, die nach deutschem Vorbild »Widerstand« mit »Repression« beantwortete. Aber nicht nur sie – *alle* linken »Politiker«, bis hin zu den Kadern leninistischer Splittergruppen wie die Avanguardia Operaia, galten den *indiani* als Etablierte, als »Parlamentarier«, ja als »Filzläuse«, die den Traum von der Revolution verraten hatten.[176] Am Rand der Gesellschaft, in den Vorstädten, in den Straßenkämpfen und in den Köpfen der *emarginati* lebte dieser Traum als verzweifelter Aufstand weiter – war jedoch seinerseits Zielscheibe der Kritik feministischer Genossinnen an der »gewaltsamen, ideologischen und vergewaltigenden Art« dieser Radikalen und ihrer »männlichen Sexualität«. Die bohrenden Fragen, die diese Frauen stellten, waren grundsätzlich, aber sie hatten – ähnlich wie die schon zitierten Stimmen in Westdeutschland – nichts mehr mit den politischen Strömungen und Abgrenzungen innerhalb der Linken zu tun: »Welches Leben wollen sich die Genossen zurückerobern? Was für ein privates/politisches Leben wollen sie? Jenes, in dem sie uns Frauen unterdrücken?«[177]

Die Krise des Marxismus

In Frankreich war es vor allem der marxistische Philosoph Louis Althusser, KP-Mitglied seit 1948 und zwischenzeitlicher Strukturalist, der in einer allerdings ganz und gar anderen Weise und in einem völlig anderen sprachlichen Register den eurokommunistischen Kurs der Führung des PC seiner gekonnt verklausulierten, ätzenden Kritik unterzog. In einer im Januar erschienenen Broschüre mit dem simplen Titel *Le 22ᵉ Congrès du Parti Communiste Français* – gemeint war der »eurokommunistische« Kongress von 1976, den Althusser als »historisch« bezeichnete – sparte er nicht mit Lob für die neue Offenheit der Parteiführung, für ihre Verpflichtung auf die Demokratie und einen »demokratischen« Weg zum Sozialismus. Allein, so fragte der Philosoph in einer langen Kaskade dialektisch verschachtelter Argumente und unaufhörlicher Marx- und Lenin-Zitate, könne denn der Sozialismus tatsächlich demokratisch sein, wenn es in dieser künftigen »Übergangsperiode« zwischen Kapitalismus und Kommunismus doch gelte, die Bourgeoisie »und die mit ihr verbündeten Schichten« mit aller staatlichen Macht zu unterdrücken, um so erst das – er verwendete die Anführungszeichen mehrfach selbst – »Absterben« des proletarischen Staates im Kommunismus zu ermöglichen? »Der Sozialismus«, deklarierte Althusser, »ist eins mit der Diktatur des Proletariats« – und er meinte wirklich Diktatur.[178] War es daher nicht ein großer Fehler der Parteiführung gewesen, die Formel von der »Diktatur des Proletariats« aufgegeben zu haben – und damit das Ziel des Kommunismus überhaupt?

Es waren rhetorische Fragen. Sie bedeuteten dennoch nicht, dass Althusser sich an der Moskauer Orthodoxie orientiert hätte, im Gegenteil. Als er am 12. (oder 13.) November 1977 auf Einladung von *il manifesto* in Venedig über »Die Krise des Marxismus« vortrug, ließ er an seiner fundamentalen, keine Hoffnung auf Besserung mehr zulassenden Kritik am Realsozialismus keinen Zweifel aufkommen. In vorsichtigen Worten führte er die Pathologien des Sowjetsystems auf Schwächen und Lücken im Marx'schen Œuvre selbst zurück und sprach von der paradoxen »Quasi-Unmöglichkeit, eine wirklich befriedigende marxistische Erklärung einer Geschichte zu liefern, die gleichwohl im Namen des Marxismus verlaufen ist...«.[179] Alles, was die ikonischen Autoren des Marxismus und der Revolution geschrieben hätten, sei daher zu »überprüfen«, auch alle Konzepte und Kampfformen der kommunistischen Parteien. Der Realsozialismus sei vollständig gescheitert, die Kommunisten im Westen desillusioniert und orientierungslos. Althusser sagte es längst nicht so deutlich wie gleichzeitig in Paris sein ehemaliger Schüler Michel Foucault, aber es war dennoch unübersehbar: Der rechte Glaube an die revolutionäre Funktion der Arbeiterklasse und »ihrer« Partei war auch ihm abhandengekommen. Einem Pfeifen im dunklen Walde gleich, setzte er dennoch seine ganze politische »Hoffnung« auf die »Arbeiter- und Volksmassen«, deren gegenwärtige »neue[n] Kräfte und Potentiale [...] beispiellos« seien und die auch den Marxismus in seiner Krise »transformieren« würden.[180]

Diese Rede von den »Arbeiter- und Volksmassen« war allerdings just die Formel, die KP-Funktionäre seit langem verwendeten, um verschiedenste Formen von Protest oder Widerstand zu einem imaginären »revolutionären Bündnis« umzuschmelzen, in dem die »Arbeiterklasse« den wichtigsten Teil darstelle und die kommunistische Partei die Führung innehabe (sie war daher auch den Eurokommunisten nicht unbekannt). Es war eine Formel aus der Vergangenheit. Obwohl nichts darauf hindeutete, dass die militanten Jugendlichen der *Settantasette*-Bewegung, die radikalen Feministinnen oder auch die vielen um den Schutz der Umwelt Besorgten sich in ein solches »Bündnis«-Schema würden einbinden lassen, verfügte Althusser über keine andere Sprache und keine anderen politischen Konzepte als diese alten Schablonen. Von den »Massen«, über die er in Venedig so hoffnungsfroh sprach, war in diesen neuen Bewegungen jedenfalls keine Rede mehr.

In Westdeutschland, wo die KPD seit 1956 verboten war, gab es, abgesehen von einer sich mit Toskana-Ferien kombinierenden schwärmerischen Begeisterung für die KPI, keinen Eurokommunismus, wohl aber einen aufsehenerregenden eurokommunistischen Moment. Gemeint ist nicht die Debatte über den Eurokommunismus in den linken Theoriezeitschriften, sondern ein Ereignis, das diese fahlen Erörterungen mit einem Schlag überblendete: das Erscheinen des Buches *Die Alternative. Zur Kritik des real existierenden Sozialismus* des bis dahin unbekannten SED-Wirtschaftsfunktionärs Rudolf Bahro. Am 23. August 1977 publizierte der *Spiegel* erstmals Auszüge aus dem Buch, das dann am 5. September – dem Tag der Schleyer-Entführung und ebenfalls in Köln – im Gewerkschaftsverlag EVA erschien. Am 24. August wurde Bahro von Beamten der Staatssicherheit der DDR, die ihn seit längerem überwacht hatten, festgenommen, unter dem Vorwurf der »nachrichtendienstlichen Tätigkeit« unter Anklage gestellt und in strenger Isolationshaft festgehalten. »Eurokommunismus jetzt auch im Ostblock?«, fragte der *Spiegel* vielsagend. Er stellte Bahro, den sensationellen DDR-Kritiker aus dem Inneren des ostdeutschen Herrschaftsapparats, vor als »SED-Mitglied seit 23 Jahren, studierter Philosoph, Partei-Propagandist und heute, 41jährig, Abteilungsleiter für wissenschaftliche Arbeitsorganisation beim VEB Gummikombinat Berlin«; sein Werk dokumentiere, dass »der Spaltpilz des Eurokommunismus, vor dem sich die sozialistischen Parteien in Osteuropa mehr fürchten als vor Kaltem Krieg und Reaktion, jetzt auch in die DDR vorgedrungen ist«.[181]

War Rudolf Bahro ein Eurokommunist? Er nannte sich emphatisch einen Kommunisten, Marxisten und Revolutionär. Mit seiner »Kritik des real existierenden Sozialismus« unternahm er, nicht unbescheiden und in expliziter Anlehnung an Marx' *Kritik der Politischen Ökonomie*, eine Analyse des sowjetischen Herrschaftssystems, die sich zwar mehrfach auf den Eurokommunismus bezog, jedoch weiter reichte und auch anders ausgerichtet war als das eurokommunistische Projekt eines »demokratischen Sozialismus«. Denn Bahro entwarf eine »Utopie« und war nicht nur darin Ernst Blochs Philosophie der Hoffnung näher als Enrico Berlinguers Kompromiss- und Austeritätspolitik. Denn Bahros Kritik am Realsozialismus drehte sich nicht so sehr um die Frage der Demokratie, sondern um die warenproduzierende industrielle Zivilisation als solche – eine Zivilisation, in der sich der Sozialismus vom Kapitalismus nur durch seinen technologischen Rückstand und sein höheres Maß an Bürokratie unterscheide. Ihr setzte Bahro die Forderung nach einer radikalen »Umkehr« entgegen, das heißt die Verabschiedung des Wachstumsmodells, die Aufhebung der Arbeitsteilung und die umfassende »Emanzipation« jeder Individualität. Er forderte eine »Kulturrevolution im wahrsten Sinne« und verstand darunter die »Umwälzung der ganzen subjektiven Lebensform der Massen, einzig beziehbar auf jenen anderen Übergang, der auf dem Weg vom Patriarchat, vertikaler Arbeitsteilung und Staat in die Klassengesellschaft hineinführte«.[182] Das war eine große Referenz. Doch für Bahro befand sich »die Menschheit« tatsächlich an einer historischen Wegscheide. Denn das, was Marx und die Marxisten seit über einem Jahrhundert als Klassengesellschaft beschrieben und als »Antagonismus«

theoretisiert hatten – der Antagonismus zwischen den Klassen als Ausdruck des Antagonismus zwischen Produktivkräften und Produktionsverhältnissen – werde jetzt abgelöst von »einem globalen antagonistischen Widerspruch zu den natürlichen Existenzbedingungen des Menschen«.[183]

Die Botschaft des Club of Rome von 1972 und die vielen an sie anknüpfenden Warnungen vor einem ökologischen Kollaps waren auch in Ostberlin vernommen worden. Und Bahro war auch nicht der einzige die bisherigen Positionen der Linken überdenkende Theoretiker, der in dieser Weise von einem neuen »antagonistischen Widerspruch« sprach. In Paris hatte, um nur das prominenteste Beispiel zu nennen, der marxistische Philosoph und Soziologe André Gorz seit kurzem die Ökologie ins Zentrum seiner Überlegungen gerückt; eine Auswahl dieser Texte erschien im April 1977 auf Deutsch in einem rororo-Bändchen mit dem sprechenden Titel *Ökologie und Politik. Beiträge zur Wachstumskrise*. Zwar hielt Gorz am Sozialismus als Ziel fest, aber es war ein vollständig anderer Sozialismus als jener der sowjetischen Fünfjahrespläne, der forcierten Industrialisierung und der rücksichtslosen Ausbeutung der Natur. Dieser Sozialismus war nur noch insofern »revolutionär«, als er aus einer Revolution »zurück« hervorgehen sollte: Zurück zu einer nur gering arbeitsteiligen Handwerker- und Bauerngesellschaft, in der jede und jeder verschiedene Berufe ausübe, dabei aber insgesamt viel weniger arbeite und mit wenig Geld auskomme, zurück in eine Gesellschaft mit verkleinerten Städten und verstreuten ländlichen Siedlungen, mit Fahrradwerkstätten an jeder Ecke und dem Ziel einer nationalen Ernährungsautarkie.[184]

Bahro seinerseits hielt sich zwar hinsichtlich der Gestalt eines künftigen Sozialismus bedeckt, aber philosophisch legte er alle Karten auf den Tisch. Wenn es nicht mehr die Klassenfrage sein könne, die das revolutionäre Denken anleite, sondern die Überlebensfrage, bedeute dies zuallererst die Abkehr vom Materialismus. Er wollte daher jene Bewegung rückgängig machen, mit der Marx einst Hegel »vom Kopf auf die Füße«, das heißt die idealistische Dialektik auf den Boden der materiellen Realität gestellt hatte. Es werde jetzt, wie Bahro Hegel zitierte, zu einer »Forderung des Überlebens, die menschliche Existenz ›auf den Kopf, das ist auf den Gedanken‹ zu stellen«.[185]

Der Einschnitt, den der in einer kleinen Einzimmerwohnung am Stadtrand von Berlin heimlich schreibende Abteilungsleiter des VEB Gummikombinats im Sinn hatte, war tief: zurück zum Idealismus Hegels als einer Philosophie des »Bewusstseins«, um die notwendige »Umkehr« in Gang zu bringen; dazu eine grundlegende theoretische Verschiebung vom Klassenantagonismus hin zum Widerspruch zwischen der expandierenden menschlichen Tätigkeit einerseits und der begrenzten Natur des Planeten andererseits – und schließlich die Diagnose einer historischen Wegscheide, nur mit dem jungsteinzeitlichen Übergang zur patriarchalen Ackerbaugesellschaft vergleichbar, deren Prinzip der vertikalen Arbeitsteilung jetzt wieder aufzuheben sei. Kein Wunder, dass Bahro auch politisch die radikalste Erneuerung forderte, die er sich als Marxist vorstellen konnte: die Gründung eines »neuen Bundes der Kommunisten«[186] als politischen und organisatorischen Neuanfang, so epochal wie jener, den Marx und Engels 1847 auf den Weg gebracht hatten. Um vollständig neu zu denken, orientierte Bahro sich an jenem jungen Marx, der auch für Ernst Bloch wegweisend gewesen war. Doch das Neue, das er im Sinn hatte, war zwar ein »Unabgegoltenes«, dennoch aber mit der Moderne, aus der es stammte, alt geworden. Gleichzeitig und viel radikaler noch gaben daher Andere das sprachliche Register des Marxismus und die Hoffnung auf die Revolution ganz auf. Neue Formen und Themen der Kritik entstanden, die mit Marx höchstens noch die Hoffnung auf eine bessere Welt gemeinsam hatten.

3.
Menschenrechte, Minderheiten und die Politik der Differenz

Die Geschichte der Moderne war eine Geschichte der ungelösten Spannung zwischen der Erfindung der Menschenrechte als dem Versprechen universeller Gleichheit und den schmutzigen Realitäten von Rassismus und Sexismus. Die Schwarze Frau, die von den Zwanziger- bis in die Siebzigerjahre des 20. Jahrhunderts im *black belt* der USA gelebt hatte, wusste jedenfalls, wie schwierig es sein konnte, sich auf die Universalität des Rechts zu beziehen, um Schutz vor der machtvollen Unterstellung zu suchen, nichts anderes als ein devianter Körper zu sein. Als sie starb, schien sich die Welt allerdings gerade auf den Kopf zu stellen: Eine Einzelne, Unvergleichliche, vom modernen »Allgemeinen« Missachtete zu sein, begann als eine attraktive Position des Widerstandes zu erscheinen, als Ausgangspunkt einer Politik der Differenz jenseits aller modernen Universalismen.

Fannie Lou Hamer († 14.3.) und das Recht

Am 14. März 1977 starb in Mound Bayou im US-Bundesstaat Mississippi die ehemalige Landarbeiterin und schwarze Bürgerrechtsaktivistin Fannie Lou Hamer. Geboren wurde sie am 6. Oktober 1917 als Fannie Lou Townsend und jüngstes von 20 Kindern einer Landarbeiterfamilie im dünn besiedelten Montgomery County in Mississippi. Um Arbeit zu finden, zogen die Townsends im Jahr 1919, anders als Tausende andere Afroamerikaner während der »Great Migration«, nicht in die Industriestädte des Nordens, sondern ins nahe gelegene Sunflower County im »Lower Mississippi Delta«, einer der unterentwickeltsten und ärmsten Gegenden der USA. Hier, im »most southern place on earth«,[1] war im 19. Jahrhundert dank der Sklaverei eine hochprofitable Baumwoll-Monokultur entstanden. Nach dem Bürgerkrieg wurde die Sklaverei in das *Sharecropping*-System überführt, und auch die Townsends waren *sharecroppers*: Als formal unabhängige, aber besitzlose Pächter erhielten sie außerhalb des Fleckens Ruleville ein paar *acres* Land zugewiesen, dazu »leihweise« Saatgut, Dünger und die notwendigsten Werkzeuge; sie mussten dem Besitzer der Plantage dafür aber den überwiegenden Teil der Ernte als Naturalabgabe und den Rest zu einem oft betrügerisch tiefen Preis überlassen. Dieses System der Ausbeutung erforderte exzessive Arbeitszeiten aller Familienmitglieder, entließ die *sharecroppers* nie aus ihren Schulden und setzte sie endemischer Unterernährung aus. Die Landarbeiter waren zwar »frei«, aber die nach dem Bürgerkrieg in den Südstaaten erlassenen sogenannten Jim-Crow-Gesetze unterwarfen die Schwarzen einer rigorosen Segregation. Es war auch keinesfalls vorgesehen, dass sie ihre verfassungsmäßigen Bürgerrechte wahrnehmen konnten. Noch Anfang der Sechzigerjahre musste sich Fannie Lou Hamer von einem Busfahrer sagen lassen, was den meisten Weißen im Süden als selbstverständlich galt: »Niggers don't have no civil rights.«[2]

Fannie Lou Townsend begann als Sechsjährige auf den Feldern Baumwolle zu pflücken. Bis 1930 besuchte sie daneben während vier Monaten im Jahr die rudimentäre Schule der Plantage und lernte, angeleitet von ihren tiefreligiösen Eltern, die Bibel zu lesen, aus der sie später viele Verse auswendig zitieren konnte. 1945 heiratete sie Perry »Pap« Hamer, Traktorfahrer auf der benachbarten Plantage von William D. Marlow, wo sie mit ihrem Mann und zwei Adoptivtöchtern in einem kleinen, schäbigen Häuschen wohnte. Dank ihrer Lese- und Schreibfähigkeit konnte sie als *time keeper*, das heißt als Aufseherin und Buchführerin der Plantage, sowie als Hausangestellte der Marlows arbeiten. Doch trotz dieser relativ privilegierten Position machte sie sich keine Illusionen über die tiefe Kluft, die die armen Afroamerikaner im Delta von der dünnen Schicht der weißen *landowner* trennte. »Ich glaube nicht, dass sie uns wirklich als menschliche Wesen betrachteten«, sagte sie 1975 im Gespräch mit einem Journalisten der *New York Times*. Denn während die Behausung, in der sie mit ihrer Familie bis 1963 »existierte«, wie sie sich ausdrückte, keine funktionierende Toilette hatte, musste sie im Herrenhaus der Plantage auch das Badezimmer des Hundes reinigen.[3]

Dass Schwarze in Mississippi und anderen Südstaaten in die Nähe von Tieren gerückt wurden beziehungsweise ihre systematische Herabsetzung so empfanden, war keine lokale Besonderheit, sondern im Deep South nur besonders ausgeprägt. In den Rassetheorien, die in Europa seit dem Ende des 18. Jahrhunderts aufkamen und sich im 19. Jahrhundert zu einem festen Bestandteil der Wissenschaftskultur der europäischen und amerikanischen Moderne entwickelt hatten, wurden die Afroamerikaner immer wieder als *missing link* zwischen hochentwickelten Affen und europäischen Weißen fantasiert. Im Süden der USA basierte die Gleichsetzung von Schwarzen mit Tieren auf der hier besonders einflussreichen *History of Jamaica*, die der britische Historiker, Kolonialist und jamaikanische Plantagenbesitzer Edward Long 1774 publizierte. Long teilte die Gattung *homo* ein in die Gruppe der Weißen (im weitesten Sinne), die schwanzlosen Affen wie die Orang-Utans und schließlich die gemäß Long »affenähnlichen« »negroes«, die versklavt werden müssten. In seinen Beschreibungen der Landwirtschaft in Jamaica zählte er sie daher zusammen mit den Maultieren und anderem *cattle* zum Viehbestand – *live stock* – einer Farm.[4]

Von solchen Formen eines menschenverachtenden Rassismus waren die Erfahrungen, die das Leben der Eltern von Fannie Lou Townsend und bald auch von ihr selbst prägten, nicht weit entfernt. Noch von ihrer Großmutter wusste sie, dass von deren 21 Kinder nur drei – darunter ihre Mutter – vom Großvater stammten; alle anderen waren die Frucht von Vergewaltigungen durch weiße Männer. Während solche ungeahndeten Verbrechen im 20. Jahrhundert etwas weniger selbstverständlich wurden, machte Fannie Lou Hamer ihre eigenen Erfahrungen mit einer moderneren Form sexistischer Unterdrückung. 1961 wurde sie während einer Routineoperation und ohne ihr Wissen durch eine Hysterektomie zwangssterilisiert. Zusammen mit der noch häufigeren Unterbindung der Eileiter war dies eine im Süden gängige Praxis zur biopolitischen Kontrolle der ländlichen schwarzen Bevölkerung – Hamer nannte die Zahl von »ungefähr 6 von 10 *Negro*-Frauen« im Sunflower County, die so behandelt wurden.[5] Diese medizinische Praxis basierte auf einer Reihe von eugenischen Gesetzen, die von den Dreißigerjahren an erlassen wurden, und sie wurde in Mississippi noch 1964 von einem Gesetz bestätigt, das Gefängnisstrafen oder hohe Bußen für afroamerikanische Frauen vorsah, die mehr als ein Kind zur Welt brachten.

Neben allen Demütigungen und aller offenen Gewalt, denen die Afroamerikaner im Delta notorisch ausgesetzt waren – der im Süden verbreiteten Lynchjustiz fielen im 20. Jahrhundert immer noch Tausende zum Opfer –, war es schließlich dieser Eingriff in ihr Leben und ihren Körper, der sie dazu brachte, die für Schwarze vorgezeichnete Bahn der stummen Gefügigkeit zu verlassen. Die konkrete Möglichkeit dazu ergab sich zufällig wenige Monate später, als Delegierte des Student Nonviolent Coordinating Committee (SNCC), der führenden Bürgerrechtsorganisation im *black belt* von Georgia, Alabama und Mississippi, 1962 auch nach Ruleville kamen, um in Hamers Kirchengemeinde darüber zu informieren, wie man sich als Wählerin oder Wähler registrieren lassen konnte. Für Fannie Lou Hamer war diese Versammlung der zündende Funke. Kurz darauf ließ sie sich gegen massive Widerstände nach einem im zweiten Anlauf bestandenen, bewusst beschämend gestalteten Test zur Prüfung der Lesefähigkeit als erste Schwarze Frau im Sunflower County und als eine der verschwindend wenigen Afroamerikanerinnen und -amerikaner in Mississippi überhaupt ins Wählerverzeichnis eintragen. Sie trotzte damit den massiven Einschüchterungen durch den ständig präsenten Ku-Klux-Klan und anderer, nicht organisierter weißer Rassisten, aber auch den ständigen Schikanen durch die lokalen Behörden, die alle und einmütig die Schwarzen daran hindern wollten, ihr verfassungsmäßiges Wahlrecht einzufordern. Weiße Suprematisten gingen dabei wiederholt und ohne Furcht vor Strafe so weit, Schwarze Aktivistinnen und Aktivisten zu ermorden, was diesen Auseinandersetzungen um die *voting rights* die gespenstischen Züge eines erbitterten, aber einseitig geführten Kleinkrieges verlieh. Dabei war es keineswegs eine Selbstverständlichkeit, dass die Bürgerrechtsorganisationen auf strikter Gewaltlosigkeit beharrten. Fannie Lou Hamer besaß, wie auch die meisten anderen ländlichen Schwarzen, zur Selbstverteidigung und zur Jagd Feuerwaffen. Doch diese im Kampf um die Bürgerrechte einzusetzen, hätte, so die vorerst noch dominierende Einschätzung in der Bürgerrechtsbewegung, angesichts der weißen Dominanz für die Afroamerikaner in einem Blutbad und einer vernichtenden Niederlage geendet.[6]

Der Preis für Hamers *voter registration* war trotz ihres strikten Beharrens auf Recht und Gesetz hoch: Sie verlor noch am selben Tag ihre Arbeitsstelle und ihre Wohnung auf der Plantage, musste vorübergehend ihren Mann und ihre Kinder zurücklassen und wurde in den nächsten Monaten ständig von einem bewaffneten weißen Mob verfolgt, der sie sexistisch beschimpfte und drohte, sie umzubringen. Einen wirklichen Mordanschlag durch ein »drive-by-shooting, Mississippi-style«[7] überlebte sie nur knapp. Aber Hamer ließ sich nicht einschüchtern; sie schloss sich dem SNCC an und wurde selbst zu einer Aktivistin, die in ihrem Bezirk und darüber hinaus unter der Schwarzen Bevölkerung für die Registrierung von afroamerikanischen Wählerinnen und Wählern agitierte. Damit geriet sie endgültig ins Visier der Behörden. Am 9. Juni 1963 wurde sie zusammen mit einer kleinen Gruppe von jungen SNCC-Aktivistinnen und -Aktivisten bei einer Bushaltestelle im Städtchen Winona festgenommen und unter ständigen Prügeln ins Montgomery County Jail überführt. Dort versicherten sich die Beamten ihrer Identität, um ihr ein Martyrium anzukündigen: »You bitch, we going to make you wish you was dead.«[8] Für das darauffolgende »beating« wurde die 45-Jährige in eine Einzelzelle gebracht. Hier nötigten die weißen *officers* zwei Schwarze Häftlinge, die von einer Polio-Infektion als Kind leicht gehbehinderte Frau mit einem *blackjack* – einem mit Blei gefüllten, länglichen Lederbeutel – fast zu Tode zu prügeln. Die umstehenden weißen Polizeibeamten, die das »beating« anleiteten, hätten sich, wie Hamer später erzählte, offensichtlich an ihrem Schreien erregt und »versucht, mir unter die Kleider zu greifen«.[9] Fannie Lou Hamer war, obwohl sie sich strikt an das Recht zu halten versucht hatte, das für alle gelten sollte, unmissverständlich auf ihren Körper reduziert worden, als Schwarze und als Frau.

Das Winona-*beating* war als polizeilicher Übergriff auch für die Verhältnisse im Süden von außerordentlicher Brutalität. Hamer, die nach drei Tagen aus der Haft entlassen wurde, überlebte schwerverletzt. Kader vom SNCC brachten sie zur Pflege in ein Spital, zudem machte der SNCC-Mitbegründer Julian Bond Justizminister Robert Kennedy auf den Fall aufmerksam. Das Justizdepartement erhob zwar Anklage gegen die örtlichen Polizeibehörden, doch die Untersuchungen des FBI blieben halbherzig und folgenlos. Das war ein Muster, das sich in ähnlicher Weise bei einem Mordfall im nahe gelegenen Greenwood wiederholte, der zeitgleich mit dem Winona-*beating* die Öffentlichkeit erschütterte. Der dekorierte Weltkriegsveteran und populäre »field director« der National Association for the Advancement of Colored People (NAACP) in Mississippi, Medgar Evers, wurde hier am 12. Juni 1963 aus einem Hinterhalt erschossen, ohne dass der Mörder im anschließenden Gerichtsverfahren verurteilt worden wäre. Doch noch am Abend des Tages, an dem Evers getötet wurde, gab Präsident John F. Kennedy seine bisherige ebenso wahltaktische wie grundsätzlich konservative Zurückhaltung in der »Rassenfrage« auf und kündigte in einer im nationalen Radio und Fernsehen übertragenen Rede eine neue Gesetzgebung an, die die Rassentrennung beenden werde.[10] Drei Wochen später brachte der junge »Protestsänger« Bob Dylan in einer kleinen Versammlung von Bürgerrechtsaktivistinnen und -aktivisten in Greenwood in trockenen, kunstlosen Versen die weitverbreitete Überzeugung zum Ausdruck, dass der Mörder eine bloße

Schachfigur im rassistischen Herrschaftssystem des Jim-Crow-Südens gewesen sei (»it ain't him to blame / He's only a pawn in their game«[11]), während die Jazz-Sängerin Nina Simone ihre Wut in einen Song mit dem sprechenden Titel »Mississippi Goddam« goss. Am 28. August marschierten in Washington 250 000 Menschen, angeführt von Martin Luther King Jr., »für Arbeit und Freiheit« zum Lincoln Memorial; drei Monate später, am 22. November 1963, fiel in Dallas, vierhundert Meilen westlich des Mississippi-Deltas, John F. Kennedy einem Attentat zum Opfer.

In diesen Monaten äußerster politischer Anspannung machte Fannie Lou Hamer den Kampf um die *civil rights* zu ihrer Lebensaufgabe. Das in Winona erlittene blutige Unrecht war fortan in allen ihren Reden die Referenz und Beglaubigung für ihr Mantra, dass Schwarze »first-class citizens« werden müssten. Sie war bald im ganzen Süden als Rednerin bekannt, die bei ihren Auftritten die Menge mit spirituellen Liedern aufrichtete und anfeuerte, oft zusammen mit dem Calypso-Star Harry Belafonte. Aber sie sprach nicht nur bei *rallies* im Süden, sondern auch etwa, zusammen mit Malcolm X, bei einer Fundraising-Veranstaltung in Harlem oder 1969 in Berkeley auf einer Demonstration gegen den »racist war« in Vietnam – beziehungsweise in »Vi-afra«, wie sie oft sagte. Im Zentrum ihrer Reden standen aber die Rechte der Afroamerikaner. Sie habe immer wieder, sagte sie in Berkeley mit ihrer kraftvollen Rhetorik und dem besonderen Klang ihres Südstaatendialekts, die Formel »with the people, for the people, and by the people« vernommen. Doch als »black woman from Mississippi« wisse sie, dass das nicht wahr sei; in Wahrheit gelte »with the handful, for a handful, by a handful« – um anzufügen: »Aber wir werden das ändern, *baby*. Wir werden das ändern, weil wir die Demokratie zu einer Realität für alle Menschen in diesem Land machen werden.«[12]

Für Fannie Lou Hamer war das eine Frage des Rechts, vor allem anderen – allerdings scharf abgegrenzt gegen die Ungerechtigkeit und die Grausamkeiten, die im Namen der exklusiven Rechte weißer Amerikaner begangen wurden: »Ich wäre nicht ganz bei Trost, wenn ich jemandem sagen würde, dass ich für gleiche Rechte kämpfe, denn ich *will* keine.« Das schien sehr paradox, und es sollte auch so wirken, um ihren eigenen Punkt umso deutlicher zu machen: »Ich kämpfe für Menschenrechte, weil ich nicht gleich sein will mit jenen Leuten, die meine Vorfahren vergewaltigt und die Indianer ermordet, ausgerottet haben, die meine

Würde getötet, zerstört und mir meinen Namen geraubt haben.«[13] Die Ausweitung der *Civil-rights*-Kampagne, ihre Verbindung mit dem Protest gegen den Vietnamkrieg und Hamers scharfer Blick auf die wirtschaftliche Ausbeutung der Schwarzen im Delta, aber auch ihre besonderen Erfahrungen als afroamerikanische Frau legten ihr diese Verschiebung nahe: Nicht *civil*, sondern *human rights* lautete ihre alles umfassende Forderung. Sie folgte darin wohl Martin Luther King Jr., der in seinen letzten Lebensjahren zuweilen davon gesprochen hatte, dass die Bürgerrechte zu Menschenrechten erweitert werden müssten. Aber weder setzte sich das Konzept in der Bürgerrechtsbewegung durch, und auch Hamer blieb damit weitgehend ungehört, noch war »Menschenrechte« ein politisch von irgendeiner politischen Basisbewegung verwendeter Leitbegriff, weder in den USA noch anderswo.

1964 war Fannie Lou Hamer Mitbegründerin der Mississippi Freedom Democratic Party (MFDP), weil die Democratic Party des Bundesstaates Schwarze ausschloss (und sich die Republikanische Partei des Staates gerade von ihrer traditionellen Offenheit gegenüber Schwarzen abwandte[14]). Im selben Jahr stellte sie sich zur Wahl als Kongressabgeordnete; einem Reporter erklärte sie: »Ich zeige den Leuten, dass auch ein *negro* sich um ein Amt bewerben kann.«[15] Die Kandidatur war zwar erfolglos, aber Hamer erlangte nicht nur im Süden, sondern auch landesweit Berühmtheit. Zusammen mit Martin Luther King und sehr zum Ärger von Lyndon B. Johnson, der sie als »analphabetisch« verhöhnte,[16] kämpfte sie im August 1964 darum, dass der Democratic National Convention in Atlantic City auch Delegierte aus den Reihen der – vom FBI eng überwachten – MFDP angehören können sollten. Ihre aufwühlende Rede vor dem »credentials committee«, das über die Zulassung von Delegierten entschied, wurde landesweit im Fernsehen übertragen; sie schilderte darin detailliert den schrecklichen Anschlag auf ihr Leben in Winona.[17] Für die weißen Südstaaten-Rassisten der Democratic Party war dieses ungeschönte Zeugnis eine ebenso unerhörte Provokation wie Johnsons Politik der Öffnung gegenüber der Bürgerrechtsbewegung. Der Präsident hatte schon im Juli mit großem persönlichem Einsatz und nach langen Diskussionen den von Kennedy vorbereiteten Civil Rights Act durch den Kongress gebracht. Es war ein epochemachendes Gesetz, das die Rassentrennung in öffentlichen Einrichtungen verbot und die Jim-Crow-Gesetze aufhob; im Jahr darauf sollte der Voting Rights Act den Zugang von Schwarzen zur Wahlurne erleichtern.

Als Reaktion auf diese von Johnson sowohl mit Blick auf das afroamerikanische Wählerpotential als auch aus Furcht vor dem Einfluss »kommunistischer« Agitatoren durchgesetzte Politik[18] begannen allerdings viele weiße Demokraten, zu den Republikanern überzulaufen. Sie legten damit die Basis für den »solid south«, das heißt die fortan schier unangreifbaren republikanischen Mehrheiten im Süden der USA, sowie für die enge Bindung der Afroamerikaner an die Demokraten, die dann ein Jahrzehnt später, im November 1976, überraschend den knappen Wahlsieg des Südstaatlers Jimmy Carter ermöglichen sollte. Die Bürgerrechtsbewegung der frühen Sechzigerjahre hatte mit dem Voting Rights Act zwar ihr unmittelbarstes politisches Ziel erreicht, doch die Schwarze Bevölkerung nicht nur des Südens war damit noch längst nicht »emanzipiert« und als gleichwertig anerkannt. Die »Detroit Riots« im Juli 1967 mit über 40 Toten und mehr als 1000 niedergebrannten Häusern offenbarten auch in den Industriestädten des Nordens eine Gesellschaft, die durch Rassismus, Diskriminierung und die Armut der afroamerikanischen Bevölkerung gekennzeichnet war. Die Ermordung Martin Luther Kings am 4. April 1968 und die nachfolgenden Aufstände in vielen Ghettos markierten daher auch das Ende des *Civil Rights Movement*.

Auf diese Weise ihres vertrauten politischen Umfeldes beraubt, konzentrierte sich Fannie Lou Hamer in ihren letzten Lebensjahren auf soziale Engagements für arme Landarbeiterinnen und -arbeiter und auf die neu entstandene Frauenbewegung. In der Gründungsversammlung des National Women's Political Caucus (NWPC) am 10. Juli 1971, dem ersten nationalen Zusammenschluss der amerikanischen Feministinnen, zeigte sich allerdings, wie groß ihre Distanzen zum mehrheitlich weißen *Middle-class*-Feminismus waren. Als eine der prominenten Sprecherinnen der Schwarzen Minderheit auf der Versammlung bekannte sie, nicht nur gegen die verbreiteten Zwangssterilisationen im Süden zu sein, sondern auch gegen Abtreibung – sie benutzte das Wort »genocide« – und sogar gegen Verhütung. Sie betonte zudem, dass sie von ihrem Mann nicht »befreit werden« wolle und dass für sie die Befreiung aller Afroamerikaner aus rassistischer Unterdrückung Vorrang vor der Befreiung der Frau habe. Sie hatte diesen Grundsatz in ihren Reden oft wiederholt: »Keiner ist frei, solange nicht alle frei sind«; das aber hieß für Hamer nicht, für *gleiche* Rechte wie die der weißen Männer zu kämpfen: »Ich habe ›gleiche Rechte‹ hinter mir«, sagte sie auch hier. »Ich kämpfe für Menschenrechte.«[19] Denn die Menschenrechte waren in Hamers Augen die einzige Brücke zwischen den vielen Bedeutungen von »Unterdrückung« und den unterschiedlichen Ansprüchen auf »Befreiung«; sie erschienen ihr als die einzige Möglichkeit, die Antagonismen zwischen Schwarzen und Weißen wie auch jene zwischen Frauen und Männern zu überwinden. Obwohl Hamer sich in diesem Sinne nicht als Feministin verstand, wurde sie als eine von sieben afroamerikanischen Frauen in den einflussreichen *policy council* des NWPC gewählt. Und in ihrem Wahlkampf im Herbst 1971, in dem es um einen Sitz im Senat von Mississippi ging, erhielt sie sogar die Unterstützung von Betty Friedan, einer der führenden Intellektuellen des NWPC und Autorin von *The Feminine Mystique* (1963), einem Schlüsseltext für die spätere Frauenbewegung.

Allein, die Wahl bescherte ihr eine deutliche Niederlage; nicht einmal in Ruleville konnte sie eine Mehrheit gewinnen. Sie fühlte sich zunehmend einsam und krank. Immer stärker litt sie in ihren letzten Lebensjahren an den körperlichen Folgen ihrer harten Arbeit seit früher Kindheit, der sie ständig begleitenden Armut und den Spätfolgen des Winona-*beating*. Schließlich erkrankte sie an Krebs und starb am 14. März 1977, erst 59 Jahre alt, im Spital von Mound Bayou im Sunflower County. Auf ihren Grabstein in Ruleville wurde jener berühmte, 1964 während der National Convention gegenüber einem Reporter geäußerte Satz eingraviert, mit dem sie eine abgegriffene Redewendung auf ihren buchstäblichen Sinn zurückführte: »I am sick and tired of being sick and tired.«[20]

Diese Anklage, die sie in vielen Reden wiederholt hatte, blieb eng mit ihrem Namen verbunden, ebenso das von ihr oft gesungene religiöse Lied »This Little Light of Mine«, an das während der Beerdigungsfeier in Ruleville am 21. März der Bürgerrechtsaktivist und neuernannte UNO-Botschafter der Regierung Carter, Andrew Young, erinnerte. Hamer habe, so Young nicht ohne pathetischen Überschwang, »Ruleville der Welt bekannt gemacht«, lange bevor sie Plains kennenlernte, den Heimatort Jimmy Carters. »Tatsache ist, ohne Ruleville hätte es kein Plains, Georgia, gegeben«, wie die *New York Times* Andrew Young zitierte. Denn die Verstorbene habe geholfen, die Wahl eines liberalen Südstaatenpräsidenten möglich zu machen – Carter verdankte seinen hauchdünnen Wahlsieg auch einer knappen Mehrheit in Mississippi –, sie habe die »Saat« für die Frauenbewegung ausgestreut, den Widerstand gegen den Vietnamkrieg gestärkt und die Bürgerrechtsgesetzgebung vorangebracht.[21]

Am offenen Sarg der Toten sprach auch der ehemalige SNCC-Vorsitzende und Black-Panther-Führer Stokely Carmichael, der als »pan-afrikanischer« Revolutionär im Exil in Guinea lebte. Für ihn hatte Fannie Lou Hamer stets »das Allerbeste von uns« repräsentiert; sie habe bewiesen, »dass jeder *sharecropper* Bewusstsein erlangen kann«.[22] Die Anerkennung, die Hamer posthum erfuhr, war ungeteilt. Der Nachruf der *New York Times* bezeichnete sie als »eine der einflussreichsten, respektiertesten und beständigsten schwarzen Führerinnen im Deep South«,[23] und das Parlament von Mississippi verabschiedete einstimmig eine Resolution zu ihrem ehrenden Gedenken. Das feministische Magazin *Ms.* ehrte sie in seinem Nachruf als »die Frau, die den Süden veränderte«,[24] und die karibisch-amerikanische Schriftstellerin June Jordan, die im Februar in *Ms.* über die Schwierigkeiten schrieb, die Befreiung der Schwarzen, der Frauen und der Völker der »Dritten Welt« zu verbinden, pries den Mut der Verstorbenen mit einem Nachruf in Versform.[25] Der National Women's Political Caucus (NWPC) schließlich trauerte am 30. März in Washington um sein verstorbenes Mitglied. Beim nachfolgenden Empfang im Weißen Haus nannte Präsident Carter Fannie Lou Hamer »eine Pionierin des Mutes in den frühen Tagen der Bürgerrechtsbewegung«.[26]

*

Zwei Monate vor dieser Trauerfeier war Jimmy Carter als 39. Präsident der Vereinigten Staaten vereidigt worden – vielleicht hatte Fanny Lou Hamer es noch aus den Medien vernommen. Carter hatte in seiner Inaugurationsrede angekündigt, dass er die Außenpolitik der USA künftig an den Menschenrechten ausrichten werde. Die »Human Rights«, die Hamer forderte, waren plötzlich das Schlagwort der Stunde; statt Hoffnung auf die Revolution versprachen sie den Schutz des Einzelnen vor staatlicher Willkür und Gewalt. Eine neue Utopie, vielleicht die »letzte«, wie der Rechtshistoriker Samuel Moyn sagt? Dieses Kapitel wird zeigen, wie auf der Bühne des Politischen die Verfolgten neuerdings weniger als Bürger eines Nationalstaates, sondern vielmehr als Einzelne erschienen, die mit ihren Namen und den Zeichen ihrer Verletzungen das schlechte Allgemeine eines repressiven Staates bezeugten. Die Einzelnen und ihre »Differenz« manifestierten sich aber auch anderswo. Französische Philosophen stellten die verletzten Einzelnen den Machtformationen der Moderne gegenüber, Punks veränderten mit ihrer Inszenierung als von der Gesellschaft Verworfene die Popkultur und Feministinnen politisierten die »weibliche Erfahrung«.

Der »Durchbruch« der Menschenrechte

Nachdem Jimmy Carter am 20. Januar 1977 seinen Amtseid abgelegt hatte, dankte er in seiner kurzen Ansprache an die Ehrengäste und die rund 200 000 Menschen, die sich entlang der National Mall versammelt hatten, zuerst seinem Vorgänger Gerald Ford, dass er das Land nach dem Watergate-Skandal und dem verlorenen Krieg in Vietnam wieder »geheilt« habe. Um diese Schatten der Vergangenheit endgültig zu bannen, beschwor Carter »einen neuen Anfang [...], einen neuen Geist unter uns«,[27] und meinte mit diesem »neuen Geist« eigentlich einen alten, nämlich jenen, der am Ursprung der amerikanischen Nation lag und nun wiederzuentdecken sei. Mit Sinn für die große symbolische Geste verwies er auf die vor ihm liegende Bibel George Washingtons aus dem Jahr 1789 und deklarierte, die damalige amerikanische Gesellschaft sei die erste gewesen, die sich sowohl durch ihre Spiritualität als auch über die menschliche Freiheit (»human liberty«) definiert habe. Das mache Amerika einzigartig, bürde dem Land aber auch »moralische Pflichten« auf.

Jimmy Carters doppelte Botschaft

Carters Rede war, wie in der europäischen Presse von *El País* über den Berner *Bund* bis zur *Frankfurter Allgemeinen Zeitung* einhellig vermerkt wurde, gespickt mit einer Vielzahl von solch »moralisierenden«, gar »philosophisch-religiösen« Formeln zu Amerikas Bestimmung, Größe und Aufgabe – und dies offenbar so sehr, dass ihre eigentliche politische Botschaft zuweilen kaum wahrgenommen wurde:[28] Der neue Präsident betonte, dass unter seiner Führung die Verpflichtung der USA auf die Menschenrechte »absolut« sein müsse. Es war dieses starke Prädikat und diese Entscheidung, die jenen ideologischen und politischen Neuanfang herbeiführen sollten, den die USA nach der jahrzehntelangen antikommunistischen Obsession des »Containment« und dem moralischen Morast von Watergate und Vietnam seiner Ansicht nach so dringend benötigten.[29] Carter, ein »wiedergeborener« Christ, sah sich als den richtigen Mann zur richtigen Zeit für diesen Neuanfang: Die USA waren seit langem erstmals in keinen Krieg verwickelt; die Wirtschaft hatte sich nach dem Einbruch in den frühen Siebzigerjahren auf einem etwas tieferen

Wachstumsniveau wieder erholt; die illegalen Aktivitäten der CIA vom Staatsstreich im Iran über die Mordversuche an Fidel Castro bis hin zur Unterstützung des Putsches in Chile im September 1973 waren gerade von einer Kommission des Kongresses durchleuchtet worden; und schließlich schienen auch die ideologischen Fixierungen zwischen den *Red Scares* der Fünfziger- und den linken Revolutionshoffnungen der Sechzigerjahre der Vergangenheit anzugehören. Kurzum, der Präsident bezog sich, gleichsam befreit vom ideologischen Ballast der letzten Jahrzehnte, einzig auf »unser moralisches Empfinden«, aus dem sich die »absolute« Verpflichtung auf die Menschenrechte ableitete.

Dieses »Empfinden«, verwurzelt in seinem christlichen Glauben und den Gewissheiten der nationalen Ursprungserzählung, »diktiere« eine, so Carter wörtlich, »glasklare« (*clear-cut*) Präferenz für jene Gesellschaften, die »mit uns einen bleibenden Respekt vor individuellen Menschenrechten teilen«. Zwar betonte er gleichzeitig in einer unkonventionellen, über die United States Information Agency (USIA) verbreiteten Botschaft an die »Bürger der Welt«, die USA »streben nicht danach, zu dominieren oder anderen etwas zu diktieren«.[30] Allein, mit der scharfen moralischen Trennlinie zwischen jenen Staaten, die die Menschenrechte respektieren würden, und allen andern, für die das nicht galt, entkam der beschworene »neue Geist« den Schatten des Kalten Krieges nicht, sondern belebte sie eher noch (was die Führung der Sowjetunion sofort und äußerst verärgert registrierte[31]). Denn vollständig analog zu den Formulierungen, die 30 Jahre zuvor Harry Truman in seiner eigentlichen Erklärung des Kalten Krieges vom März 1947 verwendet hatte – dass jede Nation auf der Erde zwischen »two ways of life«, das heißt zwischen Freiheit und Tyrannei, zu wählen habe und dass die USA sich verpflichtet fühlten, überall auf der Welt für die »Freiheit« einzustehen[32] –, sagte jetzt auch Carter auf den Stufen des Kapitols in eigentlich unmissverständlichen Andeutungen: »Wir wollen niemanden einschüchtern, aber es ist klar, dass eine Welt, in der andere straffrei dominieren können, kein gastlicher Ort für Anstand und eine Bedrohung für das Wohlergehen aller Menschen wäre.« Damit war zum einen zweifellos die Sowjetunion gemeint – zum andern aber war Carter, wie sich bald zeigen sollte, durchaus entschlossen, auch rechtsgerichtete Militärregierungen, die die USA unter dem Zeichen des Antikommunismus bisher immer unterstützt hatten, am Maßstab der Menschenrechte zu messen.

Der neue US-Präsident folgte damit einer Politik, die in Ansätzen vom Kongress schon 1975 auf gesetzliche Grundlage gestellt worden war und im Kern darauf hinauslief, die Gewährung amerikanischer Wirtschafts- und Militärhilfe an die Einhaltung menschenrechtlicher Minimalstandards zu koppeln (was die Regierung Ford allerdings 1976 nicht daran gehindert hatte, den Militärputsch in Argentinien im Hintergrund zu unterstützen).[33] Insofern war seine Entscheidung, den »absoluten« Respekt vor den Menschenrechten zur Grundlage der amerikanischen Außenpolitik zu erklären, nicht vollständig neu; und sie war auch keine naive Verkennung realpolitischer Zwänge und Interessenlagen, wie sie der neuen Administration von Anfang an vorgeworfen wurde.[34] Von grundsätzlicher Tragweite war jedoch die tiefe Ambivalenz, die die Entscheidung für die *human rights* als oberste außenpolitische Leitlinie von Anfang an durchzog. Denn unter dem Schirm des Attributs *human* erschien die angekündigte Politik zwar als friedfertig inkludierend; zugleich betonte sie aber auch den »glasklaren« moralischen »Schnitt« zwischen Unterstützung und Verletzung der Menschenrechte, so dass Carter mit der Versicherung, damit niemanden »bedrohen« zu wollen, unfehlbar den gegenteiligen Verdacht weckte.

Es war ein Widerspruch, der sich nicht auflösen ließ. In zwei Grundsatzreden, die der Präsident am 17. März vor der UNO-Vollversammlung und am 22. Mai an der katholischen Privatuniversität Notre Dame hielt, versuchte er dennoch, solche Befürchtungen als unbegründet zu zerstreuen. Fast schon im Stil eines christlichen »Zeugnisses« vor versammelter Gemeinde reuevoll die Fehler und jahrzehntelange Versäumnisse der amerikanischen Politik bekennend, gleichzeitig aber seine Rolle als Führer der mächtigsten aller »freien Nationen« keinen Augenblick aus den Augen verlierend, versprach der Präsident eine neue, friedfertige, anderen Nationen gegenüber respektvolle weltpolitische Haltung der USA. Zu lange hätte sein Land in Reaktion auf die »fehlerhaften Prinzipien und Taktiken unserer Gegner«, aber auch aus einer »übermäßigen Angst vor dem Kommunismus« die eigenen ethischen Grundsätze vergessen, was schließlich zum moralischen Desaster des Vietnamkrieges geführt habe. Zu bedrohlich sei zudem das atomare Wettrüsten zwischen den Supermächten und zu weitverbreitet – »in zwei Dritteln der Welt« – seien schließlich Hunger und Armut.[35] Der historische Einschnitt, auf den er sich bezog, war jedoch nicht die Entspannung zwischen den USA und der Sowjetunion, sondern das Ende des Kolonialismus und das Entstehen von fast hundert neuen Nationen »im Laufe einer Generation«.

Carter wollte sein vor der UNO mehrfach bekundetes »Engagement« für die Menschenrechte ausdrücklich vor dem Hintergrund dieser »neuen Welt« verstanden wissen, das heißt einer Welt, in der die »traditionellen Fragen von Krieg und Frieden nicht mehr von den neuen globalen Fragen nach Gleichheit, Gerechtigkeit und Menschenrechten getrennt werden können«.[36]

Mehr noch als die Inaugurationsrede machten Carters Grundsatzreden vor der UNO und in Notre Dame jedoch die genannte unauflösbare Ambivalenz dieses politischen Ansatzes erkennbar.[37] Denn Carter erinnerte die in New York versammelten Staatsoberhäupter und Spitzendiplomaten daran, dass keine Nation, die die UNO-Charta unterzeichnet habe, in der Frage der Menschenrechte noch länger auf ihrer uneingeschränkten Souveränität beharren könne und kein Mitglied der UNO sich seiner Verantwortung entziehen dürfe, Menschenrechtsverletzungen (Carter nannte Folter und unrechtmäßige Haft) in anderen Staaten öffentlich zu machen und anzuklagen. Die Menschenrechte sollten, so wurde aus beiden Reden deutlich, in einer größer gewordenen und vielfach vernetzten, postkolonialen Welt, die den Kalten Krieg hinter sich lassen wollte, als eine Art ethischer Basiskonsens und wechselseitige Verpflichtung für alle Staaten fungieren. Doch dank ihres *historical birthright* müssten es laut Carter besonders die USA sein, die für sich ein Recht zur Durchsetzung der Menschenrechte weltweit beanspruchen können und es sich zur Aufgabe machen, über deren Einhaltung zu wachen.

Das alles musste Fragen aufwerfen. Entsprach Carters Position *de facto* nicht jener des ehemaligen amerikanischen Botschafters bei der UNO, Daniel P. Moynihan, der 1975 die Menschenrechte mit den trockenen Worten »Kolonialismus ist vorbei, die Menschenrechte sind unsere Geheimwaffe«[38] als goldene strategische Gelegenheit für die USA bezeichnet hatte? Waren die Menschenrechte, mit anderen Worten, ein amerikanisches Projekt zur Rechtfertigung ihrer interventionistischen Außenpolitik, wie der bekannte Linguist und in der Linken sehr einflussreiche politische Aktivist Noam Chomsky behauptete?[39] Oder waren sie etwas Universelles, wie es schon ihre erste *déclaration* von 1789 zu stipulieren schien? Welche Rechte und Ansprüche waren mit »Menschenrechten« gemeint? Warum bezog sich Carter gerade jetzt auf sie? Und wie sollte eine Politik der Menschenrechte aussehen?

Politik der Menschenrechte

Gemäß einem älteren historiographischen Narrativ waren die Menschenrechte, vereinfacht gesagt, das über Jahrhunderte gewachsene abendländische Produkt aus der christlichen Achtung jedes einzelnen Menschen und dem aufklärerischen Glauben an die Herrschaft des Rechts. Als westliche, dabei aber »universell« gültige Errungenschaft hätten sich die Menschenrechte seit ihrer feierlichen Erklärung 1789 in Paris, einem moralischen Urmeter gleich, immer stärker durchgesetzt und hätten dann ab den Vierzigerjahren des 20. Jahrhunderts infolge des tiefen Entsetzens angesichts des Holocausts ihren Siegeszug um die ganze Erde angetreten. Es gibt gute Gründe, dieser Erzählung gegenüber mehr als nur skeptisch zu sein.[40] Das beginnt damit, dass der Begriff der Menschenrechte, der *droits de l'homme* (beziehungsweise, in der älteren englischen Fassung, der *rights of man*, seit den Vierzigerjahren: der *human rights*), während des ganzen 19. Jahrhunderts und bis zum Zweiten Weltkrieg fast gar nicht in Gebrauch war. Im Zeitalter der errichteten Nationalstaaten mit (für Männer) durchgesetzten bürgerlichen Rechten einerseits und den damit koexistierenden (Un-)Rechtsformen der verweigerten bürgerlichen Gleichheit in den Kolonialgebieten sowie den segregierten Staaten der USA andererseits mussten sie als normative Referenz obsolet erscheinen. Selbst in Frankreich verschwanden die *droits de l'homme* schon 1799 aus der Verfassung und tauchten dort erst 1948 wieder auf. Die Vorstellung, dass jedem Menschen unveräußerliche Rechte zukämen und seine Integrität schützenswert sei, hat zwar fraglos eine Genealogie, zu der das Naturrecht des 17. und 18. Jahrhunderts, die Subjekt- und Bürgerrechtstheorien des Aufklärungszeitalters und der christlich motivierte Humanitarismus des späten 19. Jahrhunderts gehören.[41] Dennoch besteht, wie namentlich Samuel Moyn argumentiert hat, keine direkte Verbindung zwischen den *droits de l'homme* von 1789, die strikt auf den Rahmen der Nation bezogen blieben, und den *human rights* der UNO-Menschenrechtscharta von 1948, die dem Individuum unveräußerliche Rechte als Schutz *gegen* staatliche Willkür gewähren wollte, aber die Frage unbeantwortet ließ, wer diese Rechte verleihen und garantieren könne.[42]

Auch nach ihrer nominell auf die Schrecken des Zweiten Weltkrieges reagierenden Deklaration durch die UNO, die *de facto* vor allem vom Bestreben geleitet wurde, internationale Sicherheitsstrukturen für die Nachkriegszeit zu schaffen, dabei aber keinesfalls Argumente gegen den Kolonialismus zu liefern, wurden die Menschenrechte international wenig beachtet. Denn ohne bindenden Charakter und ohne Mechanismen zu ihrer Durchsetzung konnten »rein deklaratorische«[43] Rechte trotz entsprechender UN-Kommissionen gegen die politische Konfliktlogik des Kalten Krieges und gegen die Interessen der europäischen Kolonialmächte keine normative Kraft entfalten. Eine gewisse Ausnahme bildete die Europäische Menschenrechtskonvention von 1950, die als ideelle – wenn nicht gar, in ihrer christlich-konservativen Auslegung, als ideologische – Selbstverständigungsbasis der westeuropäischen Staaten gegenüber dem »Ostblock« diente, dabei aber als ein zumindest im Prinzip einklagbares Recht mit einem dafür zuständigen Gerichtshof konzipiert war und somit das im weltweiten Vergleich am weitesten entwickelte Menschenrechtssystem darstellte.[44] Eine zweite Ausnahme waren die nationalen Befreiungsbewegungen und die antikolonialen Intellektuellen in den englischen, niederländischen und französischen Kolonialimperien, die mit Nachdruck und in geradezu ironischer Umkehrung die Grausamkeiten kolonialer Unterdrückung an den hehren Idealen ihrer europäischen Herrscher zu messen begannen. Diese Bewegungen klagten in erster Linie nationale Selbstbestimmung als Menschenrecht ein und versuchten damit, den Menschenrechtskatalog gleichsam von seinem individualistischen Kopf auf die kollektiven Füße sozialer und politischer Rechte zu stellen, die in westlicher Interpretation allerdings kaum oder nur zögerlich zu den Menschenrechten gezählt wurden.[45]

Die Menschenrechte ließen sich, mit anderen Worten, zwar nicht aus den verwickelten Konfliktlinien der Dekolonialisierung und des Kalten Krieges herauslösen. Dennoch begannen sie überhaupt erst in den Sechzigerjahren an verschiedenen Orten der Welt und noch auf kleiner Flamme eine gewisse kritische Wirkung zu zeigen; so etwa im anfänglich noch verhaltenen internationalen Protest gegen die Militärdiktaturen in Brasilien und Griechenland oder in den humanitär motivierten Kampagnen gegen die Kriegsführung Nigerias in der aufständischen Provinz Biafra.[46] Beherrscht allerdings wurde das Bild immer noch von rhetorischen Großveranstaltungen wie jener UN-Konferenz, die die Vereinten Nationen 1968 zum 20. Jahrestag der Menschenrechtserklärung ausgerechnet als Gast des repressiven Schah-Regimes in Teheran abhielten.[47] Sie war weitgehend bedeutungs- und wirkungslos. Als der *Spiegel* daher im April 1977 einigermaßen verwundert erklärte, Carter habe mit den Menschenrechten »eine Waffe aus dem geistigen Arsenal des späten 18. Jahrhunderts scharfgemacht, von der kaum jemand glaubte, daß sie im Zeitalter technisch-wirtschaftlicher Prioritäten noch ernst zu nehmen sei«, erfasste das die 150 Jahre währende Schattenexistenz dieser modernen Idee durchaus treffend. Zudem registrierte der Artikel nicht ohne Grund, dass der hochmögende Rekurs auf die »Human Rights« (wie der *Spiegel* sie in Anführungszeichen nannte) nicht nur zu einer Waffe im Kalten Krieg werden, sondern gar das »Ende der Entspannung« herbeiführen könnte. Die Londoner *Times* bemerkte entsprechend, »Präsident Carters neue Waffe genannt ›human rights‹« habe die Sowjetunion »aufgescheucht wie ein Nuklearalarm«.[48]

Trotzdem war der *Spiegel* nicht ganz auf der Höhe der Zeit. Denn das so überaus spektakuläre Auftreten der Menschenrechte auf der Weltbühne in diesem Frühjahr, ihre plötzliche Virulenz ließ sich nicht einfach mit dem Bonmot erklären, Carter habe sich zum »Seelsorger für die ganze Welt aufgeschwungen«.[49] Es war weit mehr im Spiel als die fromme Gesinnung des Präsidenten. Die *New York Times* zitierte im Februar 1977 Roberta Cohen, Carters Beraterin in Menschenrechtsfragen, mit der erstaunten Feststellung, »Menschenrechte sind plötzlich schick«, und notierte, die amerikanischen Menschenrechtsgruppen würden auf einer »Welle der Popularität reiten«.[50] Allein, warum? Obwohl unzweifelhaft erst Carters Paukenschlag das Thema fest in den politischen Diskursen des »Westens« verankerte, liegen die Gründe hierfür nicht in einem bloßen *Policy*-Wechsel in Washington.[51]

Tatsächlich breitete sich der Begriff »human rights« in den USA ab 1973 »explosionsartig« aus, wie schon zeitgenössische Beobachter feststellten;[52] dasselbe gilt für das Wort »Menschenrechte« im deutschsprachigen Raum. Der primäre Grund dafür war, dass die Kritik an repressiven Regimen nicht mehr nur von UN-Kommissionen geübt wurde, sondern zunehmend auch von neuen politischen Basisgruppen und Initiativen rund um den Globus, die sich auf dieses Konzept bezogen beziehungsweise um es herum erst bildeten.[53] Nach dem blutigen Putsch des chilenischen Militärs gegen die sozialistische Regierung Salvador Allendes im September 1973 entstanden in Westeuropa und den USA Hunderte von oft nur kurzlebigen Organisationen und Solidaritätsgruppen, von denen viele anfänglich zwar noch auf einen erfolgreichen Widerstand der »kämpfenden Genossen« in Chile hofften, sich bald aber darauf beschränken mussten, die flagrante Verletzung von deren Menschenrechten anzuprangern sowie die eigenen Regierungen aufzufordern, die Putschisten nicht zu unterstützen.⁵⁴ In ähnlicher Weise entstanden nach der blutigen Niederschlagung des Schüleraufstandes in Soweto 1976 in den USA und in Westeuropa unzählige, untereinander vernetzte Antiapartheid-Gruppen, die von Südafrika die Achtung der Menschenrechte der schwarzen Bevölkerungsmehrheit sowie das Ende der Apartheid forderten und mit moralischem Druck die eigenen Regierungen dazu zu bewegen versuchten, auf die dramatische Menschenrechtssituation im südlichen Afrika zu reagieren.

Ob dabei allerdings die Antiapartheid-Gruppen und die Aktivistinnen und Aktivisten in Südafrika selbst immer dieselbe Sprache sprachen, ist eine andere Frage. In den Schriften von Steve Biko etwa, dem Mitbegründer des einflussreichen Black Consciousness Movement, findet sich die Wendung »human rights« kein einziges Mal. Biko – er starb am 12. September 1977 in Polizeihaft an den Folgen von Folter – sprach stattdessen von »our identity«, von »black consciousness«, »group pride« und »solidarity«, um gegen die weißen Unterdrücker die vereinte Macht der Schwarzen zu mobilisieren. Das trotzige »Say it loud! – I'm black and I'm proud« (ein Songtitel des US-amerikanischen Soul- und Funk-Stars James Brown von 1968) werde, so Biko, gegenwärtig »schnell zu unserer modernen Kultur«, einer Kultur, die »aus der gemeinsamen Erfahrung der Unterdrückung entsteht«.⁵⁵ Solche Formen von *identity politics* – um einen Begriff zu verwenden, der erstmals im April 1977 auftauchte (siehe dazu unten, Kapitel 4) – bildeten ein anderes Register von Widerständigkeit, indem sie die Anerkennung der »Identität« einer minoritären, unterdrückten Gruppe ins Zentrum stellten.

Es wäre jedoch falsch zu behaupten, dass die neue Menschenrechtspolitik von unten ein Ausdruck eines ausschließlich westlichen, anwaltschaftlichen, wenn nicht gar moralisch-kolonialen Engagements für Unterdrückte in fernen Ländern war; vielmehr war sie Teil eines »polyzentrischen« Phänomens, einer an verschiedenen Orten der Welt gleichzeitig auftretenden neuen Form der Kritik.⁵⁶ Die Sprache der Menschenrechte war seit Beginn der Siebzigerjahre auch in vielen Staaten der »Zweiten« und der »Dritten Welt« zu einem gängigen Idiom politischer Resistenz geworden. In Lateinamerika, vor allem in Brasilien, Chile und Argentinien, konnte sich der Protest gegen die willkürliche Gewalt der Militärdiktaturen nicht mehr als kollektiver, von einem politischen Programm getragener Widerstand formulieren – die entsprechenden Gruppierungen der Linken waren weitgehend zerschlagen –, sondern allein noch als Forderung nach Achtung der Menschenrechte verfolgter, verhafteter und gefolterter Individuen.[57]

Dasselbe galt auch für die Sowjetunion. Schon 1965 entstand in Moskau eine kleine Gruppe, die den Jahrestag der UN-Erklärung der Menschenrechte feierte. 1970 ging daraus das ebenso kleine, vom KGB minutiös überwachte und ständig bedrängte Moskauer Menschenrechtskomitee hervor, zu dem als Gründungsmitglied der prominente Atomphysiker Andrei Sacharow gehörte sowie als »Ehrenmitglied« der mit dem Buch *Der Archipel Gulag* 1973 zu weltweiter Berühmtheit gelangte Schriftsteller Alexander Solschenizyn; sie und andere wurden im Westen seit der Mitte des Jahrzehnts als »Dissidenten« bekannt. Das Moskauer Komitee verstand sich allerdings nicht als oppositionelle, gegen die sozialistische Gesellschaftsordnung auftretende Gruppe, sondern es wollte in Übereinstimmung mit den Gesetzen der Sowjetunion Menschenrechtsfragen »studieren« und die Behörden bei der Durchsetzung der Menschenrechte beraten. Zudem machte es auf die schwierige Lage der an der Ausreise gehinderten sowjetischen Juden – der sogenannten *refuseniks* – aufmerksam. Das Moskauer Menschenrechtskomitee wurde damit auch in den von der Sowjetunion beherrschten Staaten stilbildend für ein Muster von politischem Aktivismus, der sich darauf konzentrierte, kommunistische Regierungen an die von ihnen rhetorisch hochgehaltenen und in den Verfassungen festgehaltenen Grundrechte zu erinnern. 1975 fand er durch die Verleihung des Friedensnobelpreises an Andrei Sacharow die höchste westliche Anerkennung.

Im gleichen Jahr weitete sich diese Art von zwar insistentem, aber betont nichtoppositionellem Widerstand nach der Publikation der »Schlussakte« von Helsinki beträchtlich aus. Weil im Verhandlungsergebnis der in der finnischen Hauptstadt abgeschlossenen »Konferenz für Sicherheit und Zusammenarbeit in Europa« (KSZE) nicht nur die Garantie der neuen, nach dem Zweiten Weltkrieg gezogenen Grenzen in Osteuropa enthalten war, sondern im »dritten Korb« auch die Verpflichtung auf die Menschenrechte in allen Unterzeichnerstaaten, entstanden zur nicht geringen Überraschung der beteiligten Regierungen in ganz Osteuropa und in der Sowjetunion sogenannte *Helsinki-Watch*-Gruppen, die es sich zur Aufgabe machten, die Umsetzung der KSZE-Schlussakte zu überwachen; eine der wichtigsten dieser Gruppen trat am 1. Januar 1977 in Prag unter dem Namen »Charta 77« an die Öffentlichkeit.[58] Aber auch im »Westen« selbst floss die Semantik der Menschenrechte zunehmend in die Sprache politischer Aktivisten ein. Mit einem in diesem Sinne bezeichnenden neuen Framing, das unfreiwillig auch das Verblassen revolutionärer Hoffnungen anzeigte, planten seit dem Frühjahr linke Intellektuelle und Teile der *scene* in Westberlin ein »Russell-Tribunal« zu den Haftbedingungen der RAF-Kader in Stammheim und anderen Justizvollzugsanstalten – unter dem jetzt offenbar unausweichlichen Titel »Die Situation der Menschenrechte in der BRD«.

Amnesty International und die humanitäre Doublette

Die mit Abstand wichtigste Menschenrechtsorganisation jedoch und zudem eine, die im Wesentlichen anwaltschaftlich funktionierte, war Amnesty International (AI). Gegründet 1961 in London als eine christlich-humanistisch motivierte – und noch nicht auf das Konzept der Menschenrechte bezogene – Gruppe, die sich für »Gewissensgefangene« (*prisoners of conscience*) einsetzte und dabei strikt »non-politically«[59] auftrat, entwickelte AI ein eingängiges, leicht zu vervielfältigendes Modell partizipativer Menschenrechtspolitik: Eine locker vernetzte Organisation von unzähligen, seit Beginn der Siebzigerjahre wiederum explosionsartig sich vermehrenden »Chapters«, das heißt lokaler Gruppen, die je einen politischen Gefangenen in der Ersten, der Zweiten und der Dritten Welt, wie es damals hieß, »adoptierten«. Ausgerüstet mit detaillierten Informationen aus der Londoner Zentrale, suchten die AI-Basisgruppen den Kontakt mit »ihren« Gefangenen, baten in unzähligen Briefen die zuständigen Behörden um Informationen und drängten bei diesen auf faire Prozesse oder die Freilassung der Inhaftierten.

Typisch für diese Art von Aktivismus waren politische Neutralität, der Verzicht auf Kritik an Regierungen und die fast persönliche Beziehung zwischen den Gefangenen und den jeweils nur wenigen Aktivistinnen und Aktivisten, die sich um deren individuelles Schicksal kümmerten. Und typisch war auch der globale Fokus der Organisation, das heißt der Anspruch, sich für Menschenrechtsverletzungen überall auf der Welt zuständig zu fühlen.[60] Ähnlich wie die sich formierende Umweltbewegung profitierten diese Kampagnen daher nicht nur von neuen, globalen Vernetzungs- und Kommunikationsbedingungen (die Zahl der Flugverbindungen nahm in den Siebzigerjahren stark, die Zahl der Telefonanschlüsse und -verbindungen rasant zu, ergänzt durch ein schnell wachsendes

Netz von Telex-Verbindungen, auf das sich etwa Amnesty International stützte), sondern sie waren auch selbst eine treibende Kraft dieser Globalisierungsprozesse. Und nicht zuletzt profitierten Amnesty International und andere NGOs auch von den neuen Medienbedingungen,[61] als Pressefotos und Fernsehbilder von Grausamkeiten etwa im Bürgerkrieg in Biafra oder die brutale Behandlung von politischen Gegnern beim Militärputsch in Santiago de Chile fast verzögerungsfrei rund um den Globus verfügbar wurden und die Öffentlichkeit sensibilisierten; Amnesty und andere NGOs haben diese Bilder daher auch sehr bewusst in ihren Kampagnen eingesetzt.[62]

Mit dem schnellen Zuwachs an aktiven Mitgliedern und damit auch finanziellen Ressourcen weitete Amnesty den Radius seiner Tätigkeit auf Themen wie Folter, das »Verschwindenlassen« von Gefangenen oder die Todesstrafe aus. Die Organisation wurde sukzessive zu einer potenten Lobbygruppe, die dank der hochprofessionellen Informationsbeschaffung ihrer Londoner Zentrale und den daraus hervorgehenden »Berichten«, wie etwa über den staatlichen Einsatz von Folter (1973), eine neuartige öffentliche Aufmerksamkeit für Menschenrechtsverletzungen generieren und westliche Regierungen unter Druck setzen konnte.[63] Als daher am 10. Oktober 1977 in Oslo die Verleihung des Friedensnobelpreises an Amnesty International bekanntgegeben wurde, war das die passgenaue Bestätigung und Anerkennung der neuen Bedeutung der Menschenrechte: Nicht politische Konflikte und die Interessen von Kollektiven, nicht der Wille zur politischen Veränderung – wie sie insgesamt seit 1789 das Politische strukturiert hatten – standen mehr im Fokus, sondern nun ging es um individuelles Leiden und individuelle »Rechte«, die von individuellen Akteuren oder anwaltschaftlichen Gruppen eingeklagt wurden.

Mit anderen Worten, auch diese Menschenrechtspolitik von unten war, so der Historiker Jan Eckel, ein »globale[r] moralische[r] Interventionismus«[64] und darin Carters Politik wesensverwandt. Auch sie wollte den Kalten Krieg hinter sich lassen, ja mehr noch: Die neue Menschenrechtspolitik wollte überhaupt postideologisch sein beziehungsweise politisch »neutral«, wie das Nobelkomitee unterstrich. Sie wollte, gemäß der etwas pauschalen Diktion von Samuel Moyn, die alt gewordenen »Utopien« der Linken durch das neue »Utopia« der Menschenrechte ersetzen. Die Rede von den Menschenrechten konnte allerdings vor allem deshalb postideologisch und »utopisch« funktionieren, weil nie feststand, was der Begriff genau bedeuten sollte: Er war der ultimative »leere Signifikant«[65]

der Politik, der sich rund um den Globus plötzlich als Lösung dafür anbot, vielfältigste politische Forderungen und Ansprüche, Rechte und Befreiungswünsche auf einen gemeinsamen kleinsten Nenner zu bringen.

Das beantwortet jedoch noch nicht die Frage, warum dieser leere Signifikant seine überraschend starke Faszination just in der Mitte der Siebzigerjahre auszuüben begann und im Januar 1977 via Carters Amtseinführung auf der Weltbühne erschien. Warum funktionierte er erst jetzt – und nicht, zum Beispiel, schon in den Sechzigerjahren, als Martin Luther King oder Fannie Lou Hamer ihn ohne Erfolg ins Spiel zu bringen versuchten? Zwar waren wichtige politische Akteure wie UNO-Botschafter Andrew Young oder Patricia Derian, Carters Beauftragte für Menschenrechtsfragen im Außenministerium, in den Sechzigerjahren in den *Voters-registration*-Kampagnen engagiert gewesen und hatten, wie Derian, Mitte der Sechzigerjahre mit Fannie Lou Hamer zusammengearbeitet. Aber ein direkter kausaler Zusammenhang zwischen den »klassischen« Bürgerrechtskampagnen und dem Boom der Menschenrechte ein Jahrzehnt später lässt sich dennoch nicht nachweisen.

Warum also waren Menschenrechte plötzlich »schick«, wie Roberta Cohen es formulierte? An einer Zunahme der staatlichen Gewalt konnte es nicht gelegen haben. In der ersten Hälfte des 20. Jahrhunderts fehlte es bekanntlich nicht an staatlichen Grausamkeiten und Genoziden welthistorischen Ausmaßes, ohne dass diese in der Sprache der Menschenrechte kritisiert worden wären. Und just in den Siebzigerjahren ereigneten sich von staatlichen oder mächtigen politischen Akteuren verantwortete Massaker schier unfasslichen Ausmaßes – von der chinesischen Kulturrevolution, die 1976 offiziell zu Ende war, über die Schreckensherrschaft Idi Amins in Uganda bis hin zum Genozid der Roten Khmer in Kambodscha, von dem seit 1976 verstörende Nachrichten durch die Presse gingen –, die wenig Proteste von Menschenrechtsgruppen hervorriefen.[66] Diese fühlten sich, wie Samuel Moyn trocken bemerkte, mit ihrer Konzentration auf individuelle Menschenrechte für Genozide eher nicht zuständig.[67] Diese Selektivität der Kampagnen hing aber zweifellos auch damit zusammen, dass die Menschenrechte sich nicht so leicht aus dem ideologischen Feld der Linken herauslösen ließen, in dem viele Menschenrechtsaktivistinnen und -aktivisten in den Sechzigerjahren politisch sozialisiert worden waren. So wie christlich motivierte Menschenrechtsgruppen sich für gefangene Priester oder für die christliche Minderheit in Biafra einsetzten, haben Linke sich für die verfolgten Genossen in Chile engagiert, vom Marxismus Enttäuschte hingegen für sowjetische Dissidenten. Und umgekehrt lag es für Antiapartheid-Gruppen, die das Ende der »weißen« Herrschaft im südlichen Afrika forderten, nicht gerade nahe, beispielsweise Idi Amins »schwarze« Herrschaft in Uganda zu skandalisieren. Menschenrechte waren, so zeigte sich schnell, keine moralische Verpflichtung in jeder politischen Lage und »allen« Menschen gegenüber, sondern sie blieben, wie jede Kritik und jede Intervention, ein politisches Instrument.

Doch auch die realen Wirkungen dieses Instruments können die Faszination für die Menschenrechte bestenfalls zum Teil erklären. Weder in Chile noch in Südafrika oder in der Sowjetunion ließen sich die Regierenden durch die breite internationale Kritik ihrer Politik, abgesehen von einer gewissen Sorge um ihr öffentliches Ansehen, sonderlich beeindrucken.[68] Carters Außenpolitik war zwar weniger von Realpolitik geprägt als die seiner Vorgänger, aber sie blieb in den Schlingen des Kalten Krieges gefangen und sah, wenn nötig, auch über die gröbsten Menschenrechtsverletzungen hinweg.[69] Und schließlich verdankten die rund 50 Prozent jener von Amnesty unterstützten politischen Gefangenen, die – wie die Laudatio zur Verleihung des Nobelpreises am 10. Dezember festhielt – zwischen 1972 und 1975 freigelassen wurden, dies wohl kaum allein den Bemühungen ihrer AI-Betreuer. Kurzum, die Faszination für die Menschenrechte muss tiefere Gründe gehabt haben als die bloßen Ermöglichungsbedingungen (Globalisierung, Medienwandel), günstige strategische Gelegenheiten oder das Verblassen der alten linken »Utopien«.

Diese tieferen Gründe finden sich im Innern jener doppelten Figur, die Amnesty International im Politikfeld der Menschenrechte installierte: der gefolterte Gefangene einerseits und der ihm beistehende Aktivist andererseits – das heißt das unschuldige Opfer und der postideologische Helfer. Die Historikerin Svenja Goltermann hat gezeigt, dass sich ein Begriff des »passiven« Opfers zwar schon im späten 19. Jahrhundert herausgebildet hatte, als Völkerrechtler, Politiker und Militärs damit begannen, die neue Figur des »Zivilisten« als Opfer von Kriegen zu konzipieren.[70] Aber noch bis in die Fünfzigerjahre wurden sogar diejenigen Jüdinnen und Juden, die die nationalsozialistische Verfolgungs- und Vernichtungspolitik überlebt hatten, selten als »Opfer« bezeichnet – und sie bezeichneten sich meist auch selbst nicht als solche. Ein Opfer zu sein, war nach wie vor mit Schande verbunden.[71] Entsprechend wurde das Verbrechensopfer im noch jungen, in den Sechzigerjahren entstandenen akademischen Feld der Viktimologie üblicherweise als ein »Typus« begriffen, der durch sein »persönlichkeitsbedingtes« Verhalten das Verbrechen mit ermöglicht. Erst um die Mitte der Siebzigerjahre begannen Viktimologinnen und Viktimologen einen Opferbegriff zu entwickeln, der Opfer von Gewalt, von Umweltkatastrophen, von technologischen Entwicklungen und von rassistischer Diskriminierung als schuldlos und passiv konzipierte.[72]

Noch bedeutsamer für die Etablierung der Figur des schuldfreien Opfers waren, so Goltermann, die Debatten unter Psychiatern über die psychischen Langzeitfolgen einschneidender Erlebnisse wie Kriegsgewalt oder Folter. Auch wenn bis in die Sechzigerjahre die Lehrmeinung dominierte, dass langfristige psychische Probleme einen »neurotischen« Kern und damit ihre Ursache in einer bestimmten »Persönlichkeitsstruktur« haben mussten, hatten einige europäische und israelische Psychiater schon über »erlebnisbedingte« psychische Langzeitfolgen publiziert. In den USA waren es Selbsthilfegruppen von Vietnamveteranen, die ab 1970 ärztlichen Deutungen ihrer psychischen Leiden entgegentraten, die nicht auf ihre Kriegserlebnisse, sondern auf ihre »Persönlichkeit« zentriert waren. Dabei wurden sie von Psychiatern wie Chaim F. Shatan und Robert Jay Lifton unterstützt, die bald begannen, für die Anerkennung eines *Post-combat Syndrome* zu werben; 1974 wurde zudem der Vorschlag eines *Post-rape Syndrome* gemacht. Zwar kam es in den nächsten drei Jahren in der nordamerikanischen Psychiatrie zu keiner Einigung hinsichtlich des Zuschnitts und der Bezeichnung der sich aufdrängenden, alle möglichen traumatischen Erfahrungen und ihre psychischen Folgen reflektierenden Diagnose. Dennoch zeichnete sich im Mai 1977 auf einem Panel der Jahresversammlung der American Psychiatric Association (APA) in Toronto deutlich ab, dass diese Diagnose nicht mehr auf persönlichkeitsinterne Anlagen oder Schädigungen rekurrieren würde, sondern allein auf die Wirkungen eines *äußeren* Ereignisses, dem als solchem zugeschrieben wurde, als psychisches »Trauma« Langzeitschäden auszulösen.[73]

Das unschuldige und passive, ja »traumatisierte« Opfer, das sich in den Siebzigerjahren als die eine Hälfte jener idealtypischen doppelten Figur herausbildete, die den Diskurs der Menschenrechte strukturierte, wurde durch den postideologischen Helfer als sein Gegenstück komplettiert. Der Gründer von Amnesty International, der kurz zuvor zum Katholizismus konvertierte britische Anwalt Peter Benenson, hatte schon 1961 nach Lancierung des ersten Aufrufs zur Unterstützung einer kleinen Zahl von

»vergessenen« Gewissensgefangenen bemerkt, dass »das eigentliche [*underlying*] Ziel dieser Kampagne [...] darin besteht, eine gemeinsame Plattform zu finden, auf der die Idealisten der ganzen Welt kooperieren können« – gemeint waren jene »Idealisten«, die vom Sozialismus enttäuscht waren, sowie die Jugend »auf der Suche nach einem Ideal«. Und er fügte hinzu, dass die Gefangenen dabei keineswegs im Zentrum stünden: »Es ist wichtiger, den Enthusiasmus der Helfer zu stärken. [...] Die wirklichen Märtyrer ziehen es vor, zu leiden, und, wie ich anfügen möchte, den wirklichen Heiligen geht es im Gefängnis nicht schlechter als irgendwo sonst auf der Welt.«[74] Es wäre ein Missverständnis zu behaupten, eine solche wohl katholischem Glaubensüberschwang geschuldete Sichtweise hätte die gesamte künftige Arbeit von AI geprägt (Benenson hatte die Organisation überdies bereits 1967 verlassen). Wichtig aber und deutlich nachhaltiger, ja paradigmatisch war die Betonung des »Idealismus« der Helferinnen und Helfer, der wie gesagt nicht nur ein postideologischer sein wollte, sondern auch eine »Politik der ersten Person«[75] ermöglichen sollte. Das politische, anwaltschaftliche Handeln der Menschenrechtsaktivistinnen und -aktivisten wurde nicht über Parteiapparate, staatliche Organe oder ferne UNO-Agenturen vermittelt (auch wenn sich eine solche Lobbyarbeit gleichsam als Sekundärfunktion ausbildete), sondern in privater Mission von Individuen getragen, die sich auf andere Individuen bezogen, sich gegenüber deren Leiden empathisch zeigten und diese Empathie zum Brennstoff ihres »Enthusiasmus« machten.[76]

Ebendies hob Aase Lionæs, der Vorsitzende des norwegischen Nobelkomitees, in seiner Rede anlässlich der Verleihung des Friedensnobelpreises an Amnesty International am 10. Dezember 1977 in Oslo dann auch besonders hervor, als er von den »vielen Tausenden von Individuen in der ganzen Welt« sprach, die »eine enge persönliche Beziehung zu den Gefangenen entwickelt haben«, zudem von der »tief in diesen Individuen verwurzelten Überzeugung, dass gewöhnliche Männer und Frauen einen sinnvollen Beitrag zum Frieden leisten können« – einem Frieden, der nicht einfach in der Abwesenheit von Krieg bestehe, sondern von Lionæs als die Freiheit der Meinung, des Gewissens und der religiösen Überzeugung des Einzelnen definiert wurde.[77]

Mit anderen Worten: Neben der historisch präzedenzlosen Herausbildung der Figur des traumatisierten Opfers lag ein zweiter wesentlicher Grund für den »Durchbruch«, ja die »Revolution« der Menschenrechte[78] in dieser neuen Prominenz des idealistischen Individuums, in diesem Akzent auf dem Handeln Einzelner, auf ihrem persönlichen Einsatz, ihrer individuellen Entscheidung für bestimmte Werte und ihrer persönlichen Erfahrung. Das mag auf den ersten Blick paradox erscheinen, denn vieles an dieser Konstellation war an sich nicht neu. Zum einen war das idealistische Individuum schon in den Bewegungen des christlichen Humanitarismus des 19. und frühen 20. Jahrhunderts in Erscheinung getreten. Ebenfalls nicht neu, jedenfalls in gewisser Weise, war zum anderen die individualisierende Aufmerksamkeit für die Opfer, genauer gesagt: die verbreitete Praxis des *naming*. Schon seit dem Ersten Weltkrieg tragen Kriegerdenkmäler auch die Namen von gefallenen Soldaten und werden die Namen von ermordeten Zivilisten propagandistisch als Anklage gegen die barbarische Kriegsführung des Feindes buchstäblich ins Feld geführt.[79] Und seit dem Holocaust wurden die Namen der in den Vernichtungslagern und an anderen Orten Ermordeten genannt und nach Möglichkeit auch ihr Bild gezeigt.

Das Neuartige an der von Amnesty entwickelten Praxis der Menschenrechtspolitik besteht hingegen erstens in der nicht selten direkten, »persönlichen« Verbindung der Helfer mit den ihnen namentlich bekannten, leidenden Einzelnen, das heißt in der Verbindung des humanitären Blicks mit den individuellen Blicken und Stimmen der Verfolgten, Gefangenen und Gefolterten. Und es besteht – im Vergleich mit den Soldatendenkmälern – zweitens darin, dass nicht die Namen der »für das Vaterland Gefallenen« erinnert wurden, sondern dass gerade umgekehrt das schlechte Allgemeine eines repressiven Staates und seiner folternden Organe im Namen der Menschenrechte denunziert wurde. Der von Amnesty International zusammengestellte *Report on Torture* von 1973, der erste Überblick über staatliche Folterpraktiken weltweit, beginnt dementsprechend mit den Namen und den Foltererfahrungen von drei politischen Gefangenen:

Name: Ayse Semra Eker
Place and date of birth: Ismir, Turkey 1949
Date of arrest: 18 May 1972 […].

Name: Vladimir Lvovich Gershuni
Place and date of birth: USSR, 1930
Date of arrest: 17 October 1969 […].

Name: Maria Dina Roggerone de Greco
Country: Uruguay [...].⁸⁰

Der *Report on Torture* geht anschließend zu systematischen Analysen und Darstellungen der Situation in den verschiedenen Ländern über. Doch es waren die drei genannten sowie die in den späteren Passagen immer wieder namentlich erwähnten Einzelnen, die dem *Report* seine Dringlichkeit, ja seine Wahrheit verliehen. Und solchen Einzelnen wurde, wie man sehen wird, dann auch in ganz anderen Kontexten *als* Verfolgten, Gefangenen oder Gefolterten, Verletzten und Traumatisierten eine neue politische Bedeutung zugeschrieben.

»Infame Menschen«

Neues erscheint, wie in der Einleitung schon bemerkt, oft nur als Haarriss im Gefüge der Gegenwart. Das Auftreten der Einzelnen war so ein Haarriss. Er öffnete nicht nur den Spalt für Menschenrechte und Opferdiskurse, sondern manifestierte sich auch in populären Musikstilen, er motivierte die Kritik der Dissidenten, die dem staatlich herrschenden Marxismus die Totenglocke läuteten, und provozierte politische Strategien der Differenz. Die Akteure dieser Verschiebung konnten unterschiedlicher nicht sein. Zu den prominentesten, aber auch auffälligsten unter ihnen zählten Philosophen, Punks und Feministinnen.

Die politische Philosophie des Einzelnen

In der literarischen Zeitschrift *Les Cahiers du Chemin*, verlegt bei Gallimard in Paris, erschien im Januar 1977 ein kurzer Text mit dem merkwürdigen Titel »La vie des hommes infâmes«.⁸¹ Merkwürdig war nicht nur dieses Prädikat – was sind »infame« Menschen? –, merkwürdig war auch der erste Satz: »Es ist dies nicht ein Buch der Geschichtswissenschaft.«⁸² Tatsächlich, dieser Artikel aus der Feder Michel Foucaults war kein Buch, sondern bloß der Einleitungstext zu einem Buch, das dann doch nicht erschien: Es hätte, wie Foucault schrieb, eine »Anthologie von Existenzen« werden sollen, eine Sammlung von Lebensgeschichten kleiner, »infamer«, das heißt vollkommen ruhmloser Menschen, wie sie in Polizei- und Internierungsprotokollen des 16. und 17. Jahrhunderts und in königlichen Verhaftungsbefehlen (*lettres de cachets*) festgehalten wurden, aber auch in Bittschriften einfacher Leute, die vom König einen solchen Befehl zur Einsperrung eines liederlichen, gewalttätigen oder wahnsinnigen Verwandten oder Nachbarn erbeten hatten.[83] Eine der beiden kurzen »Lebensgeschichten«, auf die Foucault in dieser Einleitung konkret eingeht, handelt von einem gewissen Juan Antoine Touzard, der am 21. April 1701 ins Château de Bicêtre eingeliefert wurde. Die königliche Polizei beschrieb den Delinquenten wie folgt: »Apostatischer Rekollekt« – ein vom Glauben abgefallener Augustiner- oder Franziskaner-Mönch aus einem Reformorden – »aufrührerisch, der größten Verbrechen fähig, Sodomit, gottlos, sofern man das sein kann; das ist ein wahres Monstrum an Abscheulichkeit, das zu ersticken weniger unpassend wäre, als es freizulassen.«[84]

Punkt, Schluss, das war's: Mehr wird über die Existenz Touzards nie mehr in Erfahrung zu bringen sein – weniger allerdings auch nicht. Foucault erzählt, dass er seit seinen Quellenrecherchen zu *Folie et déraison* (1961) in den Archiven Spuren gesammelt hatte, die in ihm, wie er freimütig gesteht, einen »Schock von Schönheit und Schrecken« erregt hatten, in denen er aber auch mehr »Wahrheit« fand als in der fiktionalen Literatur, die seit dem 18. Jahrhundert dafür zuständig ist, den Blick auf die Nachtseiten menschlicher Existenzen zu werfen.[85] Er hatte sie zusammengetragen, um sie als Material seiner Analysen von institutionellen, politischen und diskursiven Praktiken zu verwenden, sie dann aber, weil sie »nicht in die Ordnung [meines Diskurses] eintreten wollten«, im abstrakten Raum seiner gelehrten Analyse erneut verschwinden lassen.[86] Jetzt aber wollte er diese »exempla«, diese »nouvelles« publizieren, diese »winzigen«, gleichwohl wirklichen Geschichten: »Ich wollte, dass es sich stets um wirkliche Existenzen handelt, dass man ihnen einen Ort und ein Datum geben kann, dass es hinter diesen Namen, die nichts mehr sagen […], Menschen gegeben hat, die gelebt haben und die gestorben sind […].«[87] Es waren Geschichten von Menschen, die »zu jenen Milliarden von Existenzen gehören, denen es bestimmt ist, ohne Spur […] unterhalb jedes Diskurses zu vergehen und zu verschwinden«. Warum weiß man trotzdem von ihnen? Es war die kurze »Begegnung mit der Macht«, die diese Leben in einem Verwaltungsakt mit einem Diskurs und einer polizeilichen Praxis verband, nur für einen Augenblick zwar, aber doch so, dass diese wie auch immer verzerrten, verformten Spuren auch heute noch lesbar sind.[88] Nichts machte es erwartbar, gar historisch »notwendig«, dass wir von ihnen wissen, aber man könne, so Foucault, »darin eine Revanche sehen. Der glückliche Zufall, der es gestattet, dass diese absolut ruhmlosen Leute aus der Mitte so vieler Toter immer noch ihre Wut, ihren Kummer oder ihre Herumtreiberei manifestieren, gleicht vielleicht den unglücklichen Zufall aus, der trotz ihrer Durchschnittlichkeit und ihrer Namenlosigkeit den Blitzstrahl der Macht auf sie gezogen hatte.«[89] Von den »disparaten« Leben dieser Menschen wollte er jetzt Kenntnis geben, die schlichte Wahrheit aussprechen, dass sie existiert haben.

Wäre aus diesem Projekt tatsächlich kein »Buch der Geschichtswissenschaft« geworden? Als eine bloße Sammlung von Dokumenten, die nur »Schönheit und Schrecken« zu erregen vermögen, zweifellos nicht – und es wurde in dieser Form ja auch kein Buch Foucaults. Doch abgesehen davon ist es richtig, dass es bis zu diesem Zeitpunkt kaum Werke von Historikern oder Historikerinnen gab, die nicht um das Leben großer Männer – »Größen der Geburt, des Vermögens, der Heiligkeit, des Heldentums oder des Genies«[90] – kreisten oder um das Leben des »Volkes«, entweder hinsichtlich seiner »Mentalität« beziehungsweise vermeintlichen kollektiven geistigen Disposition oder sozialgeschichtlich gegliedert in Gruppen, Schichten, Klassen oder Typen. Bücher, die das Leben unbedeutender, namenloser Einzelner erzählten, waren rar. Eine aufsehenerregende Ausnahme von dieser Regel bildete ein Buch, das der junge italienische Historiker Carlo Ginzburg im September 1976, also wenige Monate vor dem Erscheinen von »La vie des hommes infâmes«, unter dem ebenfalls wunderlichen Titel *Il formaggio e i vermi* (*Der Käse und die Würmer*) auf den Markt gebracht hatte. Ginzburg rekonstruierte darin die aus Versatzstücken gelehrter Bücher und volkstümlichen Glaubensvorstellungen zusammengeschraubte Kosmologie eines friaulischen Müllers namens Domenico Scandella, genannt Menocchio.[91] In seiner Einleitung hebt Ginzburg zunächst lobend hervor, dass Foucault in *Wahnsinn und Gesellschaft* die Frage nach den Demarkationslinien zwischen der Hochkultur und der ins Schweigen abgedrängten Volkskultur gestellt habe. Allerdings habe er sich nicht für die Ausgeschlossenen, die zum Schweigen Gebrachten interessiert; diese vielen Einzelnen hätten keinen Platz in Foucaults Analyse gefunden, ja, die Kultur der Unterschichten bleibe bei ihm insgesamt stumm und unerforscht.[92]

Doch auch unabhängig von dieser Kritik und ungeachtet der unterschiedlichen Forschungsinteressen ist die Gemeinsamkeit des Blicks auf die von der Geschichtsschreibung vernachlässigten, unbekannten Einzelnen und ihre Konfrontation mit den »herrschenden Klassen« (Ginzburg) beziehungsweise der »Macht« auffallend. Das Leben eines zuvor namenlosen Einzelnen, seine volkstümlichen Ideen und sein frevlerischer Gestus, der Lehre der Kirche ein eigenes Weltbild entgegenzusetzen, wurde für Ginzburg zum Fenster in die versunkene Welt der ländlichen Unterschichten in der Frühen Neuzeit, und auch Foucaults »exempla« befriedigten nicht einfach nur einen »›schwarzen‹ Populismus«, wie Ginzburg meinte,[93] sondern sollten die Funktion haben, die Mechanik jener Macht anschaulich zu machen, die solche marginalen Existenzen mit ganzer Wucht traf. Während Foucault daher begonnen hatte, von »Mikroereignissen«, von der »Mikromechanik der Macht« und von »Mikromächten« zu sprechen – im Frühjahr 1977 erschien in Turin seine kleine Aufsatzsammlung *Microfisica del potere* –, hatte Ginzburgs Kollege Giovanni Levi für diese noch unbekannte Art der Geschichtsschreibung gerade den Neologismus *micro storia* geprägt.[94] Der historische Blick auf unbedeutende, aber »exemplarische« Einzelne produziert Mikrogeschichte.

Doch zurück nach Paris, wo der Blick für die Einzelnen am Rande der Gesellschaft in ihrer Konfrontation mit der Macht nicht nur in esoterischen Literaturzeitschriften geschärft wurde, sondern auch im staatlichen Fernsehen vor großem Publikum und zur besten Sendezeit. Am 27. Mai 1977 lief wie jeden Freitagabend um 21 Uhr 30 die beliebte Kultursendung »Apostrophes« mit einer von Bernard Pivot moderierten Diskussionsrunde zum Thema »Les nouveaux philosophes, sont-ils de droite ou de gauche?« (»Sind die neuen Philosophen links oder rechts«).[95] Die Einschaltquote war rekordverdächtig, angeblich wurde die Sendung von sieben Millionen Menschen gesehen. Das war insofern keine Überraschung, als im Studio auch die beiden bekanntesten der »neuen« Philosophen saßen: André Glucksmann, Assistent von Raymond Aron und Spezialist für die Philosophie des Krieges, sowie der junge, erst 28-jährige Bernard-Henri Lévy, Absolvent der elitären Ecole Normale Supérieure und dort auch Schüler von Louis Althusser. Seit drei Jahren war Lévy Lektor bei Grasset und Betreuer einer Reihe mit ikonoklastischen, gegen die Linke gerichteten Texten, darunter Glucksmanns eben erst erschienene philosophiegeschichtliche Abrechnung *Les maîtres penseurs*, die sein schon 1975 erschienenes Buch *Köchin und Menschenfresser. Über die Bezie-

hung zwischen Staat, Marxismus und Konzentrationslager vertiefte. Auch Lévys eigener, flamboyanter Großessay *La barbarie à visage humain* war in dieser Reihe erschienen.[96]

Zumindest in der medienöffentlichen Wahrnehmung lieferten sowohl Glucksmann als auch Lévy eine in ihrem Grundgedanken leicht verständliche Philosophie »gegen« Marx; und beide hatten für den politisch-intellektuellen Schock, den Alexander Solschenizyns *Der Archipel Gulag* ausgelöst hatte, die medial ohne weitere Anstrengung verwertbaren Begründungsfiguren gefunden. Um diese zu verstehen, brauchte man weder Glucksmanns Meisterdenker-Kritik noch Lévys allerdings eher irrlichternde Ausflüge ins verwinkelte Terrain von Jacques Lacans psychoanalytischer Theorie allzu genau zu durchschauen – falls es denn, wie die anwesenden Kritiker in der Sendung vom 27. Mai mit einiger Schärfe einwandten, dabei überhaupt etwas zu durchschauen gäbe. Das war allerdings ein klein wenig ungerecht oder vielleicht auch ein Nicht-ganz-Durchschauen auf deren Seite. Lévy bezog sich nämlich durchaus gekonnt auf neuere konstruktivistische Theorien, die davon sprachen, dass es »die« Geschichte nicht gebe, sondern diese immer nur in nachträglichen Erzählungen entstehe, und überzog entsprechend die Sozialisten mit Spott, die als »Letzte« noch an die »GESCHICHTE« und den in ihr waltenden »SINN« – alles in Großbuchstaben – glauben würden.[97]

Man konnte diese postmodernen Argumente leicht überlesen und sich ganz auf den antimarxistischen Furor des jungen Wilden konzentrieren. Nicht nur alle Pariser Blätter und die gesamte internationale Qualitätspresse, sondern auch jedes französische Provinzblatt vermochte jedenfalls mit offenkundiger Leichtigkeit eine Besprechung von *La barbarie à visage humaine* publizieren.[98] Dass in den Zeiten der »Union de la gauche« ein dem Vernehmen nach ehemaliger Linker den linken Intellektuellen ihren »gaucho-gauchisme« als eine Art zynischen Machtfetischismus vorhielt, schien sensationell genug, ja sogar so sensationell, dass selbst der *Playboy* seine damals hochkarätige Interview-Rubrik im Juni-Heft 1977 für Bernard-Henry Lévy öffnete, nachdem in den beiden Ausgaben zuvor keine Geringeren als Jimmy Carter und Fidel Castro Hugh Hefners »Männermagazin« als Gesprächspartner Rede und Antwort gestanden hatten.

Man kann nicht behaupten, dass Glucksmann und Lévy ganz gegen ihren Willen als scheue Wissenschaftler ins grelle Licht der Medien gezerrt worden wären, im Gegenteil. Insbesondere Lévy – der 1976 das Label *nouvelle philosophie* beziehungsweise *nouveaux philosophes* geprägt hatte – kalkulierte sein Auftreten mit dem lässig hochgestellten Kragen des bis zum dritten Knopf offenen weißen Hemdes offenkundig genau, und die Texte der beiden luden dazu ein, als spektakuläre Abrechnung, als sensationelles Aussprechen unterdrückter Wahrheiten gelesen zu werden. Lévy gebrauchte in *La barbarie à visage humain*, zusammen mit dem Gestus des furchtlosen Enthüllens, nur Worte der allergrößten Spurweite, verzichtete dafür aber ebenso großzügig auf Referenzen und Belege. Damit machte er sich natürlich nicht nur Freunde. Gilles Deleuze, den er als einen angeblich unbelehrbaren Marxisten scharf angegriffen hatte, bezeichnete Lévy als »Disc-Jockey« und sein Buch als ein reines Marketingphänomen, dessen unbestreitbare Neuheit darin bestehe, dass alle Artikel, die dazu geschrieben wurden, alle Fernsehsendungen, Interviews und Kolloquien »das Buch ersetzen, auf das man durchaus verzichten könnte«.[99]

Auch Glucksmann gelang der Seiltanz zwischen, in seinem Fall, philosophischem Scharfsinn und bloß scharfer Polemik nicht durchwegs. Aber die Leichtigkeit und Häufigkeit, mit der er selbst abgelegenste Stellen aus den Schriften seiner deutschen Meisterdenker – Fichte, Hegel, Marx und Nietzsche – zitierte, verband sich doch nachdrücklich mit einer politisch-philosophischen Botschaft, die deutlich über das hinausging, was die aufgeregte Medienöffentlichkeit aus *Les maîtres penseurs* machte: allein eine schonungslose Abrechnung mit Marx und dem »Totalitarismus« zu sein. Dafür wurde Glucksmann zusammen mit den anderen *nouveaux philosophes* zwar gefeiert, beispielsweise von der altehrwürdigen, sehr bürgerlichen *Nouvelle Revue des Deux Mondes*, die vom *Meisterdenker*-Buch als dem »wichtigsten philosophischen Ereignis seit der Befreiung« sprach.[100] Doch Glucksmanns Kritik an den *Maîtres penseurs* war keineswegs auf Marx beschränkt, sondern reichte viel weiter und war deutlich grundsätzlicher angelegt, nämlich als eine Kritik an der Moderne überhaupt. Seine Kritik entzündete ihr polemisches Feuerwerk zwar am aktuellen Marxismus und dem Gulag-System, war sich aber dessen bewusst, dass »die Kritik am Totalitarismus die leidige Tendenz zeigt, sich immer als Kritik des Totalitarismus, wie er jeweils woanders herrscht, herauszustellen«. Mehr noch, die Selbstverständlichkeit, mit der man den Totalitarismus kritisiere, habe den »Nachteil«, so Glucksmann, dass die »›nicht-totalitären‹ Regime freigesprochen« werden und man blind würde »für (intellektuelle und historische) Abstammung wie für (praktische und zeitgenössische) Verwandtschaft zwischen den harten Herrschaftsmethoden in West und Ost«. Auch in Europa verlange man daher nicht eben danach, »sich in dem Blick wiederzuerkennen, den das algerische, das vietnamesische Waisenkind oder der Überlebende aus dem Archipel GULAG auf dieses Europa mit seinen rationellen Methoden der Zivilisation, Regierung und Revolution richten«.[101]

Diese immer wiederkehrende Referenz von Glucksmanns Kritik an der erdrückenden Rationalität des modernen Staates und der, so seine These, mit ihm intrinsisch verbundenen Idee der Revolution ist zentral: Der Blick des algerischen und des vietnamesischen Waisenkindes und des Überlebenden aus dem Archipel Gulag war für ihn der ständige stumme Einspruch gegen »alle Generalstäbe in Ost und West«, aber eben auch gegen die machtfixierte Logik des herrschenden Marxismus. Gleichzeitig jedoch ist sie, nebenbei bemerkt, ein Beleg dafür, dass Glucksmann und auch die anderen *nouveaux philosophes* bei aller Kritik an der marxistischen Linken nicht zur sogenannten *nouvelle droite* gezählt werden können, wie sie damals in Frankreich vor allem der Essayist und Agitator Alain de Benoist ideologisch zu formieren versuchte. Denn de Benoists Hass auf die Aufklärung entsprang nicht der Kritik an ihrer disziplinierenden Rationalität, sondern vielmehr der Klage über den angeblichen Zerfall jeder Autorität seither. Als intellektueller Vordenker der Neuen Rechten griff de Benoist im Dezember in der Zeitschrift *Item. Revue d'opinion libre* (»Zeitschrift für Meinungsfreiheit«) die *nouveaux philosophes* scharf an. In seinen Augen lag das Problem nicht in der Unmöglichkeit des Sozialismus oder darin, dass Marx Hegelianer gewesen sei, sondern im Umstand, dass seit den alttestamentlichen Propheten, seit dem Christentum und nochmals verstärkt seit der Aufklärung der Glaube an die »Gleichheit der Menschen« als die wahre »Wurzel des Totalitarismus« verbreitet würde. Das Problem, so de Benoist, sei nicht die Macht (*pouvoir*), sondern vielmehr »die instinktive Verachtung der Mächtigen, der Abscheu vor allen Hierarchien«, auch bei den »neuen Philosophen«. Fernab jedweder Empathie für Waisenkinder oder Häftlinge plädierte de Benoist *für* die Macht, für soziale Hierarchien und für einen starken Staat, dem sich der Einzelne unterzuordnen habe.[102]

Der Unterschied zur Kritik der *nouveaux philosophes* könnte mithin größer nicht sein. Namentlich Glucksmann kritisierte die Macht des modernen Staates grundsätzlich aus der Perspektive der Einzelnen, sei es die »Plebs«, seien es die von der Rationalität des Staats ausgespuckten, nicht integrierten Minderheiten oder die zu Millionen in den nationalsozialistischen und kommunistischen Lagern Eingesperrten: »Napalmisierte Vietnamesen«; »sowjetische Dissidenten« mit »verspritztem Gehirn und durchlöchertem Körper«; »die Mehrheit all derer, die am Rande der Gesellschaft stehen und die keine Mehrheit bilden«; die »Juden« und »alles, was herumvagabundiert«; »die Homosexuellen«; »diese ganze kleine Welt, die sich dem Staat entziehen könnte, wenn sie über die Grenze geht und bei ihrem Überschreiten die Disziplinargesellschaft vor den Kopf stößt« – und immer wieder die »Plebs«. Sie alle, so Glucksmann, »Schwarze, Vietnamesen, Bandarbeiter, Gulag-Deportierte«, seien sich zwar »keineswegs gleich«, aber sie glichen sich darin, »daß sie immer das Gesetz aus den Fugen bringen«, das Gesetz des modernen Staates, seiner Rationalität und seiner Einheit.[103] »Wir sollten«, so notierte Glucksmann schon in *Köchin und Menschenfresser*, »unser eigenes Bild in dem fahlen Spiegel der Kolyma erkennen« – eines sibirischen Stroms, an dessen Ufern mörderische Arbeitslager zur Goldgewinnung lagen, wo die Lebenserwartung, so Glucksmann, fünf Wochen betrug und Kannibalismus eine Form des Überlebens war.[104]

Glucksmanns Pathos war seinem Anspruch geschuldet, dem Glauben der Aufklärung an ihre eigene Menschenfreundlichkeit die Realität ihrer Praxis entgegenzuhalten. Diese unzähligen Einzelnen, Verschiedenen, diese »Mehrheit derer, die keine Mehrheit bilden«, waren für ihn in einer Weise, wie man es zuvor so deutlich noch nicht hatte lesen können, jener Abfall der Aufklärung, jener ständig anfallende Rest der Geschichte des modernen Staates und der Revolution, der nicht einmal in einer geheimnisvollen Dialektik mit der Aufklärung verbunden blieb, sondern durch alle Ritzen fiel. Glucksmann argumentierte mit Verve nominalistisch: Diese Minderheiten verschiedenster Gestalt waren das, was immer »fehlt«, wenn *der* Staat und *die* Gesellschaft, *die* Revolution und *die* Geschichte gedacht werden. Was ihm zufolge jeweils »fehle« in den Großerzählungen der Moderne, war das, »was man unter dem Raureif des Wissens zum Verschwinden gebracht hat, diese tausend Gesichter, die sich gegen die Ketten auflehnen und nicht mit gleicher Stimme sprechen«. Dennoch seien diese Gesichter und diese Stimmen »gegenwärtig«: Die Geschichte, so Glucksmann, »ist immer nur das, was ihnen geschieht«.[105]

Michel Foucault, dessen *Überwachen und Strafen* für Glucksmann ein vielzitierter Ausgangspunkt war, lobte seinerseits im Mai *Les maîtres penseurs* in einer langen Besprechung im *Nouvel Observateur* überschwänglich als ein Buch des »großen Zorns« über die von der Linken verdrängten »Tatsachen« der Massaker und des Gulags, die jeden Sozialismus begleiten würden. Auch er las das Buch allein in dieser Hinsicht: »Mit dem Gulag bekam man«, wie er mit Blick auf die Theorien der Marxisten ätzte, »nicht die Konsequenzen eines unglücklichen Irrtums, sondern die Auswirkungen der ›wahrsten‹ Theorien im Bereich der Politik zu sehen«. Was war also das Sakrileg, mit dem Glucksmann die marxistische Linke in Rage brachte? »Er lässt«, so Foucaults Fazit, »im Herzen des höchsten philosophischen Diskurses diese Flüchtlinge, diese Opfer, diese Unbeugsamen, diese immer wieder erstarkten Dissidenten hervortreten – kurz, diese ›blutigen Köpfe‹ und anderen bleichen Gestalten, die Hegel aus der Nacht der Welt verschwinden lassen wollte.«[106] Diese Flüchtlinge, diese Opfer, diese Dissidenten...: Foucault war politisch ganz auf die Linie der *nouveaux philosophes* eingeschwenkt, soweit es um die Kritik am Marxismus und um die Unterstützung der sowjetischen Dissidenten ging. Daher organisierte er dann auch am 21. Juni 1977, als Leonid Breschnew von Valéry Giscard d'Estaing zum dreitägigen Staatsbesuch in Paris empfangen wurde, auf Bitte von Glucksmann im kleinen Théâtre Récamier eine »Soirée«, bei der französische Intellektuelle die Gelegenheit hatten, sowjetische Dissidenten zu treffen.

Doch von solchen politischen Engagements abgesehen, fand sich Foucault, wie in Kapitel 2 erwähnt, theoriepolitisch in einer eher unklaren Lage. Während Glucksmann wenig mehr als einen Diskurs befeuert hatte, der immer nur das Individuum gegen *die* Macht stellen konnte – für ihn als engagierten Trommler für die Sache der sowjetischen Dissidenten war das nichts anderes als der Diskurs der Menschenrechte –, hielt sich Foucault philosophisch und politisch mehr Optionen offen. Im Herbst beantwortete er im schriftlichen Interview mit Jacques Rancière dessen etwas hölzerne Frage, ob es denn »keine Umkehrung« gäbe, »die aus der Kritik am Einsperren« – er dachte wohl an Amnesty International – »das Hauptwort der Neoliberalismen oder der Neopopulismen macht«, zwar vorsichtig zustimmend. Aber er beharrte auf der Besonderheit des Gulags, der nicht relativierend mit allen anderen Formen des »Einsperrens« in eins gesetzt werden könne, und verteidigte den emphatischen Bezug auf die verfolgten, verletzten und ermordeten Einzelnen. Zwar dürfe man die »Plebs« – Foucault verwendete Anführungszeichen – tatsächlich nicht »als den beständigen Boden der Geschichte begreifen, als das Endziel jeder Unterwerfung, als den niemals völlig erloschenen Herd aller Revolten«. Als »Plebejisches« jedoch sei sie gleichsam der Name für eine Funktion: »weniger eine Außenseite im Verhältnis zu den Machtbeziehungen, sondern vielmehr ihre Grenze, ihre Kehrseite, ihr Nachhall«. Er glaube nicht, schrieb Foucault, »dass man das in irgendeiner Weise mit einem Neopopulismus verwechseln könnte, der die Plebs verdinglichen, oder mit einem Neoliberalismus, der ihre ursprünglichen Rechte besingen würde.«[107] Es gehe nur darum, das Funktionieren der Macht angesichts der »plebejischen« Widerstände und Ausweichbewegungen – zu denen er ausdrücklich auch die Inanspruchnahme des Rechts zählte – pragmatisch und anhand einzelner Fälle zu analysieren, um daraus »Strategien« zu entwickeln. Doch konkreter wurde er nicht.

»I wanna be me«

Es war Ende 1970 in New York, als die Band Suicide ihre experimentelle und düstere Synthesizer-Musik für Auftritte in Clubs in Soho und an der Lower East Side als »Punk Music« ankündigte, wahrscheinlich als erste überhaupt. Suicide soll sich dabei auf einen kurz zuvor erschienenen Artikel über ein Konzert der Stooges mit Frontman Iggy Pop bezogen haben, in dem die feindselige Stimmung des anwesenden »Post-Hippie«-Publikums mit dem wütenden Satz »Irgendwann wird irgendjemand diesem *fucked up punk* einfach eine in die Fresse hauen!« anschaulich gemacht wurde.[108] Der *fucked up punk* war Iggy Pop, doch der schnelle Übergang von dieser Beschimpfung zur Selbstbezeichnung einer Szene blieb vorerst noch auf das experimentelle Synthesizer-Duo von Suicide beschränkt.[109]

Was war ein »Punk«? Die Etymologie ist verworren; sie reicht zurück bis ins 16. Jahrhundert, als Bezeichnung für verrottetes Holz, das nur noch verfeuert werden kann, und führt über Shakespeares Beschreibung einer Prostituierten als »taffety punk« bis zum Slang in amerikanischen Gefängnissen, wo »punk« einen jugendlichen Kriminellen auf der untersten Stufe der Gefangenenhierarchie bezeichnete, der als Sexobjekt missbraucht wird. Ein Punk war dort, wo der Ausdruck überhaupt Verwendung fand, das Hinterletzte: ein Verachteter und Verworfener. Seit den Sechzigerjahren aber tauchte das Wort sporadisch positiv konnotiert in amerikanischen *Underground*-Magazinen auf: ein Punk hasste nicht nur das »System«, sondern auch und ganz besonders die »Hippies«. Und 1975 hingen in Lower Manhattan schon kleine Plakate mit der Ankündigung »Punk is coming« – es war Werbung für das *Punk Magazine*, das im Januar 1976 zu erscheinen begann.[110] Die Rede von Punk als etwas Verworfenem schien gerade gut zu passen. Der urbane Zerfall der alten Metropole der Moderne war in vielen Stadtteilen unübersehbar geworden; die Kriminalitätsrate und speziell die Zahl der Morde waren auf einem Höchsstand. Die Gegend um den Times Square und die 42nd Street wurde von der Sex-Industrie beherrscht, auch an anderen Orten in Midtown waren nachts die Straßen unsicher. Ein Serienmörder, der mysteriöse »Son of Sam« (nach einer Songzeile von Jimi Hendrix), verbreitete Angst und Schrecken. Als David Berkowitz am 10. August 1977 schließlich gefasst wurde, zählte man acht tote und sieben schwerverletzte Frauen als seine Opfer. Die junge Band Talking Heads, die im kleinen Avantgarde-Club CBGB in der Lower East Side auftrat, traf die Stimmung, als sie von einem »Psycho Killer« sang (auch wenn der Song etwas älter war); dass er zudem im ersten Album der Talking Heads mit dem schlichten Titel *'77* erschien, unterstrich deren kühlen Anspruch auf Gegenwärtigkeit. Passend aber war auch der Ort, wo sich die entstehende Punk-Rock- beziehungsweise New-Wave-Szene New Yorks traf: Rund um die Bowery an der Lower East Side fanden seit den Sechzigerjahren Künstlerinnen und Musiker billige Wohn- und Arbeitsräume; vor allem aber waren Teile dieses alten Immigrantenquartiers zu einem Slum für den *white trash* verkommen, wo Alkoholkranke in den Hauseingängen lagen und Drogendealer an jeder Straßenecke auf Kunden warteten. Heroin war überall.

Keine Band aber repräsentierte das, was ab 1976 Punk genannt wurde, besser als die Ramones:[111] Vier junge Musiker aus Queens, die sich 1974 zusammengetan hatten und mit ihren sorgfältig gewählten Outfits – enganliegenden, an den Knien aufgerissenen Jeans, schwarzen Lederjacken, T-Shirts und billigen Turnschuhen – radikal dem Bild des Hippies widersprechen wollten, trotz ihrer langen Haare. Sie gaben sich alle den Künstlernachnamen »Ramone«, ein Pseudonym, das Verwandtschaft vortäuschte. Die Ramones spielten, angelehnt an eine schon ältere Tradition des einfachen Rock 'n' Roll und an sogenannten »Proto-Punk«-Bands wie den Stooges und MC5 aus Detroit oder The Velvet Underground aus New York, eine laute, extrem schnelle und aufs rhythmische Gerippe reduzierten Musik. Ihre Songs dauerten kaum länger als zwei Minuten, und ihre Auftritte waren nach einer halben Stunde schon wieder zu Ende. Bei einem ihrer ersten Gigs im CBGB schien sich der großgewachsene Sänger Joey Ramone wie eine Stabheuschrecke zu bewegen.[112] Er sang mit gepresster Stimme düstere Texte, etwa über einen Stricher an der Straßenecke »53rd and 3rd«, der einen Kunden umbringt, über kriminelle Ausbrecher (»Judy Is a Punk«), über Jugendliche, die Klebstoff schnüffeln (»Now I Wanna Sniff Some Glue«) oder, programmatisch Tempo und Stimmung der Band ausdrückend, vom »Blitzkrieg Bop«. Es war in der Tat Musik wie ein Sturmangriff.

Die Rede vom »Punk« begann nun häufiger zu werden, und ab Herbst 1976 explodierte sie förmlich, nicht nur in New York.[113] In San Francisco und in Cleveland, in Paris, Manchester und Zürich, in Düsseldorf und Hamburg nannten sich weiße Jugendliche Punks. Der Stil und der Habitus der Punks als einer urbanen Jugend- und Protestkultur formierten sich aber vor allem in London. Hier (und bald auch an vielen anderen Orten in Großbritannien, auf dem »Continent«[114] und in den USA) publizierten Punk-Fans mit Klebestift und Schreibmaschine billigst hergestellte, mit den neuen Xerox-Kopiergeräten in Kleinstauflagen vervielfältigte »Fanzines« (für *fan magazine*) im A4-Format wie *Sniffin' Glue*, *Bondage* oder *Sideburns*, die durch Besprechungen von neuen Platten und Berichte von Konzerten, aber auch durch ihren spezifischen grafischen Stil die Szene formten. Und sie forderten zur Nachahmung auf: *Sideburns* veröffentlichte in seiner ersten Nummer im Januar 1977 eine grafische Darstellung der drei einfachen Gitarrenakkorde A, E und G, die genügen sollten, um als Punk-Band auf die Bühne zu gehen (»Das ist ein Akkord, das ist ein anderer, das ist ein dritter. Jetzt gründe eine Band.«[115]) Diese radikale Simplizität definierte den Punk: Alles – die Musik, die Fanzines und die schwarzen, abgerissenen Kleider – war billig und folgte programmatisch dem *Do-it-yourself*-Prinzip. So entstand ein distinkter Habitus, zu dem die meist in bewusst dilettantischer Weise kurzgeschnittenen Haare, schwarz geschminkte Augen, zuweilen auch Ketten, Nietengürtel und Hundeleinen sowie Kleidungsstücke aus der Fetischabteilung von Sex-Shops und Piercings mit Sicherheitsnadeln gehörten.[116] Die Punks inszenierten sich als Abschaum der Großstadt, als Verworfene, als aus der Gesellschaft Ausgestoßene. Patti Smith nannte sich auf der Bühne des CBGB mit rauer Stimme »ein schwarzes Schaf«, »eine Hure«, ja einen »Rock 'n' Roll Nigger« und definierte ihren Platz als »outside of society / that's where I want to be«.[117]

Das galt, politischer noch, auch für andere. Die britische Punk-Band

The Clash verband in ihrem im Herbst 1976 erstmals auf der Bühne vorgetragenen Song »1977« die für alle Punks selbstverständliche Ablehnung der immer bombastischeren und in ihren Augen nichtssagenden kommerziellen Musik der Rock-Supergroups mit einer zwischen Depression und Renitenz schwankenden gesellschaftlichen Selbstverortung:

In 1977
I hope I go to heaven
Cause I been too long on the dole
And I can't work at all

Danger stranger
Ya' better paint your face
No Elvis, Beatles, or The Rolling Stones
In 1977[118]

Diese Zurückweisung der drei dominanten popmusikalischen Großkonzepte der gesamten Vinyl-Ära seit den Fünfzigerjahren – dass Elvis Presley im August 1977 in Memphis starb, schien da gerade zu passen – war nicht einfach nur eine Abrechnung junger Radikaler mit den Etablierten des Genres. Vielmehr inszenierten The Clash – die Band bestand aus drei Kunsthochschulstudenten, nicht aus Sozialhilfeempfängern – ihren Protest zugleich als Reaktion auf die rekordhohe Arbeitslosigkeit, auf den urbanen Zerfall in den Wohngegenden der Arbeiterklasse und auf die massiven Einschnitte in den Sozialhaushalt der Labour-Regierung unter Harold Wilson. Es war die Reaktion auf ein Establishment, zu dem nicht zuletzt die arrivierten Heroen der Popindustrie gehörten.[119] Einen ähnlichen *radical chic* strahlte die Songzeile »Danger stranger« aus, die Warnung an den Fremden, sich besser sein Gesicht anzumalen. Etwa weiß? Man konnte auf den Verdacht kommen. Denn als am 26. März die erste Single von The Clash zum Verkauf auslag, war »1977« nur die B-Seite, während ein anderer Song der Platte ihren Namen gab: »White Riot«. Das weckte in einer Situation, in der die faschistische National Front zur viertstärksten Partei in Großbritannien aufgestiegen war, äußerst ungute Assoziationen. Ohne solche Zweideutigkeiten wirklich auszuschließen – sie waren in der Punk-Szene verbreitet[120] –, propagierte der Song allerdings nicht »weiße« Gewalt gegen Schwarze, sondern forderte eine »riot of my own«, das heißt militante Formen der Widerständigkeit analog zu jenen gewalttätigen Zusammenstößen zwischen aufgebrachten Schwarzen und rund dreitausend Polizisten, die im August 1976 den Stadtteil Notting Hill erschüttert hatten. Der Name der Band bezog sich auf solche *clashes*.

Am radikalsten jedoch wurde dieses weiße Nein, das nicht nur die Musikindustrie, sondern auch die britische Gesellschaft bis ins Mark traf, von den Sex Pistols verkörpert.[121] Die Band war ab 1975 schrittweise aus unterschiedlichen Formationen von Kunsthochschulbands entstanden, wurde dann aber entscheidend vom bislang weitgehend erfolglosen Schallplattenhändler und Musikimpresario Malcolm McLaren und seiner Freundin, der Designerin Vivienne Westwood, geformt und gemanagt. Die beiden waren von den Ideen der französischen Situationisten sowie des Mai 68 beeinflusst und betrieben an der Londoner Kings Road unter dem Label »SEX« einen Laden für SM-inspirierte Mode. McLaren hatte in New York die entstehende Punk-Szene kennengelernt; und er hatte erkannt, dass diese neue Welle populärer Musik mit ihrem eigenen Kleidungsstil nicht nur kommerziell interessant sein könnte, sondern dass eine Punk-Band auch ein idealer Vektor für seine und Westwoods anarchistisch disruptiven politischen Ideen wäre. Zusammen mit dem ebenfalls von den Situationisten beeinflussten Grafiker Jamie Reid formten sie das Image der Sex Pistols, die durch ihren radikalen musikalischen Stil und ihre oft chaotisch verlaufenden Konzerte schnell zur wichtigsten Band des britischen Punk wurden. Skandalträchtige TV-Auftritte nach der Veröffentlichung der ersten Single, »Anarchy in the UK«, Ende November 1976 – die, »Zensur« simulierend, in einer vollständig schwarzen Hülle verkauft wurde[122] –, eine sich in Abscheu suhlende Boulevardpresse und das mehrfache Auflösen von eben erst unterzeichneten Plattenverträgen folgten. Einen richtigen Stich ins Herz der britischen Nation aber landeten die Pistols im Mai 1977 mit ihrer zweiten Single, »God Save the Queen«. Leadsänger John »Johnny Rotten« Lydon höhnte:

God save the queen
The fascist regime
[...]
God save the queen
She's not a human being

Um dann allerdings in gekonnt bitterem Ernst fortzufahren:

Don't be told what you want
Don't be told what you need
There's no future
No future (for me)
No future for you[123]

Das war mehr als bloß anarchistisch-situationistischer Spott auf die Königin, die seit einem Vierteljahrhundert auf dem Thron saß und just damals das »Silver Jubilee« ihrer Thronbesteigung feierte. Was die Eliten, die Konsumgesellschaft und die Rockindustrie der britischen Jugend als angeblich eigene Wünsche und Bedürfnisse anzubieten hatten, münzten die Sex Pistols auf ein nihilistisches »no future«. Dieser Slogan fand sehr schnell ein sich selbst verstärkendes Echo weit über England hinaus – er schien auszudrücken, dass sich mit der Wirtschaftskrise die modernen Hoffnungen auf eine erfüllte, gestaltbare Zukunft ebenso verflüchtigt hatten, wie die Hoffnungen auf die Revolution enttäuscht worden waren. War also das Einzige, was übrig blieb, der Konsum? »Your future dream«, heißt es dazu in »Anarchy in the UK« verächtlich, »is a shopping scheme« – was semantisch zwischen Einkaufsliste und Betrug schwankt.

Dass die Sex Pistols mit ihrem rabiaten Protest kommerziell erfolgreich waren, ist dabei weniger überraschend als die Art und Weise, wie sich dieser Erfolg zugleich mit und gegen die etablierten Logiken und Kanäle der Musikindustrie verwirklichte. »Anarchy in the UK« erschien zwar beim Major-Label EMI, wurde aber, wie »God Save the Queen«, durch die BBC und andere Radiostationen fast vollständig boykottiert. Doch die Punk-Gegenkultur war schon zu stark, um sich davon beeindrucken und den Mund verbieten zu lassen.[124] Das bestätigte sich, als am 28. Oktober 1977 das von Malcolm McLaren in enger Absprache mit Richard Branson, dem Besitzer von Virgin Records, produzierte Album *Never Mind the Bollocks, Here's the Sex Pistols* veröffentlicht wurde, wiederum mit einem von Jamie Read entworfenen Cover. »Never mind the bollocks« meinte im *Working-class*-Slang so viel wie: »Lass' den Unsinn«; weil »bollocks« jedoch ein altenglisches Wort für Hoden war, drohten die Behörden den Plattengeschäften mit fadenscheinigen Klagen wegen der Verbreitung von »Obszönität«. Aber die Nachfrage nach Punk war ungleich mächtiger als diese behördlichen Versuche, ihn einzuschränken;

zudem wurden die Sex Pistols von zwei gewieften Geschäftsleuten gemanagt. Das Album erschien in den letzten drei Monaten des Jahres 1977 in 89 (!) Versionen beziehungsweise Ausgaben weltweit – von Australien über Japan, Europa, Kanada und die USA bis Brasilien.[125] Als *Never Mind the Bollocks* zwei Wochen nach Erscheinen auf Platz eins der britischen Albumcharts geklettert war, mussten sowohl der Titel als auch der Name der Band in den entsprechenden Veröffentlichungen geschwärzt werden. Erfolgreicher und besser repräsentiert konnte man als Punk gar nicht sein: Von der Mehrheitsgesellschaft zensiert, schwarz durchgestrichen – und dennoch auf Platz eins und in aller Munde.

Dass Punk auch ein kommerzielles Phänomen war, hatte sich bald herumgesprochen. Dem *Pflasterstrand*, Zentralorgan der Frankfurter Spontis, blieb zum Beispiel nicht verborgen, dass alle bekannten Bands »lukrative Verträge mit Plattenfirmen« hatten. Aber das Magazin notierte auch, dass mit dem Punk »anscheinend der Rock wieder eine Kraft zurückgewonnen hat, die ihm verlorengegangen war«.[126] Was also war Punk? Musikalisch und in seiner spartanischen Inszenierung auf der Bühne war Punk »retro«, eine Art Rückkehr zum angeblich ursprünglichen Rock 'n' Roll, den es so nie gegeben hat. Punk-»Rocker« (wie vor allem die New Yorker sagten) wollten die populäre Musik, die tatsächlich erst in den Fünfzigerjahren mit der neuen Medientechnik der Vinyl-Schallplatte und dem Rock 'n' Roll von Bill Haley und Elvis Presley zur globalen Industrie geworden war,[127] mit einer rabiaten Geste an ihre Geschichte erinnern und gleichsam »zu sich selbst«, eben zu ihren »Ursprüngen« zurückführen. Nicht zuletzt darin war Punk radikal. Doch hieß das auch, dass er Teil der Unterschichtenkultur war – analog zur Musik des ehemaligen LKW-Fahrers Elvis Presley, die zu Beginn die bürgerliche Mittelschichtsjugend kaum erreichte? War Punk gar ein Ausdruck proletarischen Widerstands gegen Sozialabbau und Arbeitslosigkeit? Das wäre wohl ein Missverständnis, denn obwohl Punk in besonderem Maße deklassierte Jugendliche in den heruntergekommenen Industriestädten Großbritanniens ansprach, war er nicht wirklich Teil der Kultur der Arbeiterklasse. Dagegen spricht nicht nur, dass die Mitglieder der wichtigsten Punk-Bands keineswegs durchweg aus der Arbeiterklasse stammten – die Sex Pistols mussten sich erst erkundigen, was »never mind the bullocks« eigentlich heißt –, das zeigt vielmehr auch der gesamte *Outside-of-society*-Gestus der Punks. Deren ganzes Erscheinungsbild sollte gleichermaßen den sprichwörtlichen Bourgeois erschrecken, wie es Verachtung für das proletarische Arbeitsethos klassenbewusster Arbeiterinnen und Arbeiter ausdrückte.[128]

Um einiges plausibler ist daher die in der Forschung geläufige These, dass der ganze Auftritt der Punks, inklusive der Inszenierung einer fiktiven Vergangenheit des Rock 'n' Roll, ein postmodernes Spiel mit Schnipseln und Zeichen aus dem kulturellen Repertoire antibürgerlicher Szenen war: laut und chaotisch zwar und bis hin zur Verwendung von Hakenkreuzen wie bei Siouxsie and the Banshees oder den Worten HATE AND WAR auf dem Overall von Joe Strummer (The Clash) eine für viele kaum zu ertragende Provokation – aber eben doch nur ein Spiel.[129] Es war allerdings ein ernstgemeintes, ja böses Spiel, bei dem es darum ging, Zeichen zu entwerten, selbst hochpolitische wie die Swastika (oder doch nicht?), und jegliche Authentizitätsansprüche zu dekonstruieren, so dass man letztlich auch gar kein echter Punk sein konnte – und gelegentlich noch nicht einmal so aussah (wie die Ramones mit ihren langen Haaren oder The Clash, die durchaus ironisch im Stile junger Arbeiter aus den Fünfzigerjahren daherkamen).[130]

Genau durch solche Gesten der Dekonstruktion jedenfalls inszenierten Punks sich als »infame Menschen«. Punk bedeutete die Möglichkeit der Artikulation einer verworfenen Subjektposition, und zwar in erster Linie für Jugendliche aus dem Kreis jener Mehrheit, die – abgesehen von den Zeichen der Klassendifferenz – durch keinerlei Marker der Alterität identifiziert wurde: weiße Männer. Punk war in der Tat eine »white riot«, ein »Nigger«-Werden von Weißen, aber nicht *als* Weiße. Er war die Artikulation einer freiwilligen, einer inszenierten Verworfenheit seitens jener, die eigentlich zur Mehrheit gehören. Auf eine fast schon ironische Spitze getrieben wurde das Spiel der freiwilligen Verworfenheit im Übrigen von den Punkerinnen, die ihre unfreiwillige soziale Subalternität qua Geschlecht durch Selbstbezeichnungen als »whores« oder »slits« (so der Name einer Londoner Frauenband der ersten Stunde) explizit markierten.[131]

Diese *Out-of-society*-Position erschien auf den ersten Blick naheliegend, weil sie einerseits seit den späten Sechzigerjahren zur Rockmusik gehörte und es andererseits Jugendliche und junge Erwachsene waren, die sich so artikulierten, das heißt Menschen mit einer mehr oder weniger pauschalen Ablehnung all dessen, was in ihren Augen die Welt der »Erwachsenen« ausmacht. Punk gehörte zwar ohne Frage zur Tradition der Rockmusik, aber er erschöpfte sich nicht im Jugendprotest. Im Gegensatz zur Musik der Protestgeneration der Sechzigerjahre stand Punk nicht

»für« etwas, weder für eine Klasse, eine Generation, eine ethnische Gruppe oder sonst eine benennbare Minderheit und auch nicht für eine Idee, ein religiöses Bekenntnis oder ein politisches Ziel – außer vielleicht für »Anarchie« und »Chaos«, eben für das »Infame« und »Verworfene«. Aber gerade vermittels dieser radikalen Geste der Ablehnung jedweder Repräsentation und jedweder Zugehörigkeit schuf Punk ein paradoxes Identifikationsangebot.[132] Der Songtext von »I wanna be me«, der B-Seite von »Anarchy in the UK«, unterstrich mit kryptischen Satzfetzen, dass dieses Ich alle übergreifenden Deutungsraster und Wahrheiten rabiat zurückwies. Es war diese Weigerung, diese postmoderne Geste des Singulären, die Punk ausmachte. Patti Smith hatte sie schon 1975 in ihrem Song »Gloria« mit der zumindest im christlichen Abendland denkbar schärfsten Metapher belegt: »Jesus died for somebody's sins but not mine.«[133] Viel besser hätte es auch der »apostatische Rekollekt« aus dem frühen 18. Jahrhundert nicht sagen können, von dem Michel Foucault berichtete.

Die feministische Wende

Mit einer Vernissage am 8. März – seit 1921 der Internationale Frauentag – eröffnete 1977 in der Orangerie von Schloss Charlottenburg in Berlin die Ausstellung *Künstlerinnen international 1877-1977*. Nach der großen Schau *Women Artists: 1550-1950*, die am 23. Dezember 1976 im Los Angeles County Museum of Art begann, war dies die erste Ausstellung in Europa in dieser Größe, in der nur Werke von Frauen gezeigt wurden. Sie wurde seit 1974 von einer aus sieben nichtprofessionellen Kuratorinnen bestehenden und von der »Neuen Gesellschaft für bildende Kunst« (NGBK) unterstützten »Arbeitsgruppe« vorbereitet, die unterschiedlichste Arbeiten von rund 200 Künstlerinnen aus ganz Europa und den USA auswählte, um einen möglichst breiten Überblick über die künstlerische Produktion von Frauen zu geben. Die kuratierende Arbeitsgruppe warf damit die Frage nach einer »weiblichen Ästhetik« auf, wollte und konnte sie aber nicht beantworten, weil, wie sie im Vorwort zum Katalog schrieb, »[u]nsere gegenwärtige ästhetische Wahrnehmung an einer männlichen Kultur geschult ist, und wir diese Wahrnehmung nicht *ad hoc* verändern können«.[134] Zumindest im deutschen Sprachraum erstmals explizit aufgeworfen hatte die Frage nach einer »weiblichen« Ästhetik die Literaturwissenschaftlerin Silvia Bovenschen mit einem langen Zeitschriftenartikel, der im Herbst 1976 erschienen war und eine heftige Debatte auslöste.[135] Dass Frauen eine andere Geschichte haben und andere Erfahrungen machen als Männer und dass sich dies auf ihre Sensibilität und ihr ästhetisches Empfinden auswirke, davon war Bovenschen überzeugt. Daraus leite sich jedoch kein ästhetisches Programm und keine »weibliche Ästhetik« ab. Die andere Sensibilität von Frauen sei »nur faßbar an einzelnen Beispielen weiblicher Subversion, weiblicher Imagination, formaler Konstruktion in den jeweiligen Werken«, mit anderen Worten: nur dort, »wo die Spezifika der weiblichen Erfahrung und Wahrnehmung selbst formbestimmend sind, und nicht dort, wo ein ›feminines Anliegen‹ einer traditionellen Form aufgesetzt ist.«[136]

Das war auch das Programm der Kuratorinnen von *Künstlerinnen international*. Sie blieben auf Distanz zu Werken, die unmittelbar »politisch« beziehungsweise »feministisch« waren – zur »Agitationskunst ohne ästhetische Transformation« wie auch zu den »übertriebenen Auswüchse[n] der ›weiblichen‹ Erdverbundenheit [mit] sich rundenden, schlingenden Naturmetaphern«[137] –, und nahmen dafür Maß an den Werken anerkannter Künstlerinnen wie Käthe Kollwitz, Paula Modersohn-Becker, Hannah Höch, Meret Oppenheim oder Louise Bourgeois. Neben diese platzierten die Kuratorinnen einerseits Arbeiten vergessener Künstlerinnen, die sie aus den schattigen Randzonen der Kunstgeschichte ins Ausstellungslicht rückten, sowie neue Werke von noch nicht Etablierten wie Marina Abramović, Judy Chicago, Valie Export und Ulrike Rosenbach. Durch diese sahen sich die Kuratorinnen allerdings auch selbst provoziert. Mit Blick auf die Performance-Kunst von Marina Abramović, die in radikaler Weise ihren Körper zum Medium der künstlerischen Intervention machte,[138] fragten sie (sich): »Wo ist femininer Aktionismus nur Wiederholung, Verdoppelung der Zerstörung weiblicher Identität und der Gewalt gegen den weiblichen Körper? An welchem Punkt geht er darüber hinaus, wird zur produktiven Kunst, bleibt nicht nur (Selbst-)Klage?«[139]

Solche Unsicherheiten der Kuratorinnen zeigten sich in einer Ausstellungspräsentation, die keine Thesen wagte, sondern nur unterschiedlichste Positionen nebeneinanderreihte. Selbst für professionelle Kunstkritikerinnen blieb daher die ganze Ausstellung eher unverständlich. Die *Zeit* monierte, ähnlich wie auch die *FAZ*, dass – offensichtlich entgegen der erklärten Absicht der Arbeitsgruppe – »das einseitige Auswahlprinzip (geleitet von einer deutlichen Abneigung gegen realistische und politische Kunst) für eine falsch verstandene Weiblichkeit votiert hat, die sich im Amorphen, Mythischen ihren künstlerischen Ausdruck verschafft«.[140] Schon im Vorfeld der Ausstellung hatten sich solche kritischen Sichtweisen und auch Kontroversen angekündigt. Zwar fand die Schau in Berlin mit rund 35 000 Besucherinnen und Besuchern binnen vier Wochen ein lebhaftes Publikumsinteresse, aber sie provozierte auch schroffe Ablehnung und scharfe Auseinandersetzungen, nicht zuletzt unter Feministinnen. Die Entscheidung der Ausstellungsmacherinnen, nur Frauen auszustellen, wurde nicht nur in der breiteren Öffentlichkeit als diskriminierender Ausschluss von Männern kritisiert; auch einige der angefragten Künstlerinnen und Teile der Frauenbewegung lehnten das Ausstellungskonzept mit der Begründung ab, dass damit der Konstruktion einer »weiblichen Kunst« Vorschub geleistet würde, die sich von der anerkannten »männlichen Kunst« absondern würde. Ebenso grundsätzlich war zudem die Kritik, dass eine kleine Gruppe von Frauen sich anmaßte, über die künstlerischen Arbeiten anderer Frauen Urteile zu fällen und angebotene Werke abzulehnen. War denn nicht jede Frau eine »Künstlerin«, wie die Historikerin Barbara Duden in der Zeitschrift *Courage* behauptete?[141] Und wurden Künstlerinnen jetzt nicht wieder »totgeschwiegen, diesmal aber von Frauen«, das heißt den Kuratorinnen?[142] Die Ausstellung musste einmal sogar für einen Tag geschlossen werden, um eine Protestaktion von in ihr nicht vertretenen Künstlerinnen zu verhindern, die mit Flugblättern dazu aufriefen, eigene Arbeiten über die ausgestellten Werke zu hängen; andere provozierten die Kuratorinnen damit, dass sie in den Ausstellungsräumen Tampons hinterließen.[143]

»Feminismus«

Die Auseinandersetzungen um die Schau *Künstlerinnen international*, die im Juni auch in Frankfurt am Main gezeigt wurde, waren über das Feld der Kunst hinaus in mehrfacher Hinsicht beispielhaft und verwiesen auf mindestens drei Charakteristika der Neuen Frauenbewegung. *Erstens* war allein schon die Tatsache, dass sich die Frage nach »feministischer« Kunst überhaupt stellte, ein ganz neues Phänomen. Überhaupt war der Begriff »Feminismus« als das distinkte Erkennungszeichen der Neuen

Frauenbewegung, die sich um 1970 in allen westlichen Staaten – in den USA als »Women's Liberation Movement« schon etwa ab 1967 – zu organisieren begann, erst seit kurzem allgemein verbreitet. Zwar fanden im Kontext der ersten Frauenbewegung von der Jahrhundertwende bis zur Zwischenkriegszeit in den romanischen Sprachen die Formen *féminisme* beziehungsweise *femminismo* in einem gewissen Umfang Verwendung, aber die deutschen und englischen Entsprechungen waren kaum in Gebrauch. Und selbst Simone de Beauvoir, die berühmte Autorin des protofeministischen Klassikers *Le deuxième sexe* (dt. *Das andere Geschlecht*) von 1949, nannte sich bis in die späten Sechzigerjahre nicht »Feministin«. Ziemlich genau ab 1970 jedoch fand der Begriff »Feminismus« in allen wichtigen westlichen Sprachen eine geradezu explosionsartige Verbreitung.[144] Diese semantische Konjunktur ist nicht nur ein Hinweis auf den Zeitpunkt der feministischen Wende, sondern auch für die neuartige Breite und die Internationalität der Frauenbewegung ab 1970, die sich von den Frauenorganisationen der Zwischenkriegszeit, die ebenfalls schon als internationale Verbände organisiert waren, sowohl quantitativ als auch qualitativ unterschieden. Denn der neue Feminismus wurde in einem um ein Vielfaches stärkeren Maß von Basisorganisationen sowohl aus dem Westen als auch aus dem globalen Süden getragen.

Das zeigte sich anlässlich der ersten Weltfrauenkonferenz, die die UNO im »Internationalen Jahr der Frau« (»International Women's Year«, IWY) 1975 in Mexico City veranstaltete. Während rund 1500 Delegierte der verschiedenen »traditionellen« Frauenverbände aus allen Teilen der Welt an der offiziellen Konferenz teilnahmen (auf der unter anderem die »UN-Dekade der Frau« 1976-1985 lanciert wurde), trafen sich beim parallel dazu stattfindenden NGO-Forum »The Tribune« an die 6000 Teilnehmende, davon mehr als zwei Drittel Frauen, von nichtoffiziellen Gruppen und Organisationen weltweit. Dieses riesige Treffen war die Initialzündung für die globale Vernetzung der Neuen Frauenbewegung.[145] Gleichzeitig aber traten auf der »Tribune« die Differenzen der verschiedenen Feminismen offen zutage. Weil die UNO, nicht zuletzt angeregt durch das 1970 erschienene Buch *Woman's Role in Economic Development* der dänischen Ökonomin Ester Boserup, die IWY-Konferenz in den Kontext der Entwicklungspolitik gestellt hatte, waren viele Aktivistinnen aus dem Süden in Erwartung dieser Agenda zum NGO-Forum angereist.[146] Die dortigen Auftritte von weißen, »liberalen« (im Gegensatz zu marxistischen[147]) und insbesondere lesbischen Frauen, auch von Prostituierten aus dem westlichen Norden, die über ihre Sexualität oder über Sexarbeit sprachen, stießen bei einigen Teilnehmerinnen aus dem globalen Süden auf blankes Unverständnis – obwohl auch Aktivistinnen und Aktivisten aus »Drittweltländern« zum Beispiel über Repressionen gegen Homosexuelle sprachen. Dazu kam, dass sowohl die weißen Feministinnen wie auch die UNO die Empfängnisverhütung propagierten, was viele Aktivistinnen aus dem Süden, die Familienplanung nicht selten in der Form von erzwungener Sterilisation kennengelernt hatten, strikt ablehnten und ebenso wie den Schwangerschaftsabbruch als eine Form von »Genozid« empfanden. Und schließlich hatte für viele Frauen aus dem Süden ökonomische und soziale Gleichheit unter dem Dach der Menschenrechte trotz allem Vorrang vor der Geschlechtergleichheit und der »persönlichen« Befreiung, nach der die »privilegierten« Frauen des Westens strebten.[148] Mit anderen Worten: Es zeichneten sich in Mexiko dieselben Konfliktlinien ab, entlang deren schon Fannie Lou Hamer mit ihren weißen, gebildeten *Middleclass*-Mitstreiterinnen im National Women's Political Caucus (NWPC) gestritten hatte. Betty Friedan, die Hamer in ihrem letzten Wahlkampf 1971 unterstützt hatte, war nun in Mexico City eine jener prominenten amerikanischen Feministinnen, die, obwohl sie den »US-Imperialismus« kritisierte, manchen Aktivistinnen aus Lateinamerika sowie Delegierten aus sozialistischen Ländern als abgehobene, »liberale« *gringa* beziehungsweise Westlerin erschien, mit der es wenig Gemeinsamkeiten gebe.[149]

Autonomie und »weibliche Erfahrung«

Das *zweite* Charakteristikum der Neuen Frauenbewegungen war »Autonomie«. Nun war allerdings die 1975er-UNO-Konferenz, gemessen an den Standards der amerikanischen und europäischen Feministinnen, alles andere als »autonom« gewesen, und entsprechend stieß ihre »traditionelle« Durchführung seitens der Aktivistinnen aus den USA und aus Westeuropa mehrheitlich auf Kritik. Anders als die Organisationen der älteren Frauenbewegung, die auf die politische und ökonomische Gleichstellung fokussiert blieben und dazu immer auch mit Männern und etablierten politischen Parteien zusammengearbeitet hatten, verfolgte die Neue Frauenbewegung in unzähligen Basisgruppen das Ziel einer selbständigen »Befreiung« der Frauen außerhalb und unabhängig von männlichen Organisations- und Gesellschaftsformen. Sie gründeten feministische Selbsterfahrungsgruppen und Gesundheitsinitiativen, aber auch Frauenbuchläden, Sommeruniversitäten und Frauenhäuser als Zufluchtsstätten für misshandelte Frauen und ihre Kinder. »Autonomie« meinte also die von diesen Gruppen geübten Formen der Selbstorganisation, Selbstverwaltung und Basisarbeit, ihre weitgehende Unabhängigkeit von staatlichen Geldern, ihre Distanz zur etablierten Parteipolitik, meist auch gegenüber politischen Parteien überhaupt.[150]

Dieses Prinzip galt besonders ausgeprägt für die feministischen Zeitschriften, die seit Beginn der Siebzigerjahre in vielen westlichen Ländern zu erscheinen begannen. Zwar waren diese selten so professionell und so erfolgreich wie das in New York unter der Leitung von Gloria Steinem seit 1972 herausgegebene Magazin *Ms.*, aber der mehr oder weniger vollständige Ausschluss von Männern als Autoren galt bei *Ms.* ebenso als eine Selbstverständlichkeit wie bei dem in London publizierten *Spare Rib* (1972), beim Magazin *EFFE* aus Mailand (1973) und bei der 1976 in Barcelona lancierten *Vindicación Feminista*. Und es galt natürlich auch für die im deutschen Sprachraum erscheinenden Publikationen, bei denen es sich einerseits um überwiegend regionale Zeitschriften und aus hektographierten Seiten im A4-Format zusammengebastelten Blättchen handelte, andererseits um Magazine, die auch überregional wahrgenommen wurden, wie etwa die stark esoterisch angehauchte *Hexenpresse* (Basel 1972-1976), die von linken Wiener Feministinnen publizierte *AUF* (1974), die in Zürich produzierte *Emanzipation*, die Westberliner *Lesbenpresse* (beide 1975) oder die ebenfalls in Westberlin ab 1976 publizierte *Clio*, eine Zeitschrift für Frauengesundheit mit dem doppelsinnigen Untertitel *Eine periodische Zeitschrift zur Selbsthilfe*. Am einflussreichsten aber war die betont intellektuelle *Courage* (nach Bertolt Brechts *Mutter Courage*), die im September 1976 in die Buchläden kam und mit ihren vielen Kleinanzeigen und Veranstaltungshinweisen zugleich als das wichtigste Kommunikationsmedium feministischer Basisgruppen in Berlin und Westdeutschland fungierte.[151]

Den Anspruch aber, über die letztlich kleine feministische Szene hinaus von allen Frauen wahrgenommen zu werden, formulierte im deutschen Sprachraum erst die Journalistin Alice Schwarzer, die 1975 mit ihrem Buch *Der kleine Unterschied und seine großen Folgen* berühmt und in konservativen Kreisen berüchtigt geworden war. Das von ihr in Köln lancierte Magazin *EMMA* (»von Frauen, für Frauen«), das als professionelles und kommerzielles Projekt schon im Vorfeld viel Kritik aus der

Szene auf sich gezogen hatte, lag ab dem 28. Januar 1977 mit einer Startauflage von 200 000 Exemplaren an den Kiosken zum Verkauf aus, und Schwarzer stellte auch gleich im Editorial der ersten Nummer klar, dass nie ein Mann in der *EMMA* schreiben werde. Sie begründete das damit, dass nur Frauen über Frauen sprechen könnten, weil die weibliche Erfahrung sich grundlegend von der männlichen unterscheide. Männer wüssten nicht, »was es heißt, auf der Straße angequatscht zu werden, seine Periode mit Verspätung zu kriegen, zwischen Kind und Beruf mit schlechtem Gewissen hin und her zu hetzen«.[152] Und auch die *Courage* hielt in ihrer Januar-Ausgabe 1977 fest: »Keine Frau entgeht dem täglichen Angriff auf ihre Würde; beim täglichen Einkauf wird sie unzählige Male von Männerblicken ausgezogen […]; hält sie sich an öffentlichen Orten wie Bushaltestellen auf, werden ihre Einzelteile einer sorgfältigen Materialprüfung unterzogen.«[153] Die Rede war mithin von einer ganz anderen Form von Unterdrückung und Diskriminierung als jener, welche die Linke seit langem skandalisierte. Aus dieser Blindheit der männlich geprägten linken Emanzipationsbewegungen für die Frauenfrage leiteten *EMMA* und *Courage* ab, dass diese spezifische Unterdrückung nur von Frauen selbst artikulierbar sei. Sie sei nicht nur allen Frauen gemeinsam, sondern legitimiere auch allein Frauen dazu, über sie zu sprechen.

Insbesondere Schwarzer begründete die Entscheidung, dass nie ein Mann in *EMMA* schreiben werde, mit der apodiktischen Feststellung: »[W]ir sind davon überzeugt, daß es Frauen in unserem Land noch schlechter geht als Männern; daß da, wo Frau und Mann Opfer werden, Frauen noch die Opfer der Opfer sind.«[154] Das war programmatisch und paradox zugleich. In den Reportagen über »Putzfrauen« – die Titelheldinnen der zweiten Ausgabe der *EMMA* –, Prostituierte, alleinerziehende Mütter oder für »angebliche Verbrechen« verurteilte Frauen erschienen diese als mit Bild und Namen personalisierte Opfer einer Welt, in der Männerjustiz, männliche Arbeitgeber und Ärzte, vor allem aber männliche Gewalt dominierten. Frauen erschienen nur dann nicht als Opfer, wenn sie ihre Arbeit, ihre Gesundheit und ihre politischen Ansprüche in die eigenen Hände nahmen und sich in Frauengruppen organisierten. Bisweilen gab sich die *EMMA* sogar geradezu kriegerisch, etwa wenn sie ausführlich über »Schwestern« schrieb, die in Vietnam und in der Volksrepublik China lächelnd die Kalaschnikow ins Bild hielten oder als Kampfpilotinnen posierten oder wenn Alice Schwarzer sich nach der Verurteilung der drei RAF-Kader Andreas Baader, Gudrun Ensslin und Jan-Carl Raspe im April 1977 fast vorbehaltlos mit dem »Kampf« der RAF identifizierte.[155] Das verwies zwar auf die gemeinsame Herkunft von Linksterrorismus und Frauenbewegung aus der Studentenbewegung der späten Sechzigerjahre, aber es war doch wenig mehr als eine rhetorische Geste. Wohl bekannte sich Schwarzer dazu, mit *EMMA* gegen »Unterdrückung überhaupt mitzukämpfen«; wirklich radikal und auch die Linke provozierend war jedoch die erklärte Haltung des Magazins – und auch aller anderen feministischen Zeitschriften –, im Blick auf die Welt »einen konsequenten Frauenstandpunkt ein[zu]nehmen«.[156]

Ob nun aus der Position des Opfers oder in der Position der Kämpferin: Die »Emanzipation der Frau zur Frau«, wie sich die Philosophin Marlis Gerhardt im März 1977 im *Kursbuch* zum Thema »Frauen« nicht ohne Spott ausdrückte, war in ihrer Bedeutung schillernd und nicht unumstritten.[157] Denn der Schnitt durch das Feld des Politischen entlang der Geschlechterlinie, wie ihn *EMMA* oder *Courage*, in vergleichbarer Weise aber auch die Ausstellungsmacherinnen von *Künstlerinnen international* und viele andere Projekte vollzogen, konnte zwei Wirkungen haben. Entweder verblieben die Kritikerinnen in dem Maße, wie sich ihre Kritik auf »allgemeine« Kriterien, Werte und Ziele bezog – etwa auf künstlerische Kriterien –, letztlich doch in einem mit Männern geteilten gesellschaftlichen Raum. Die kritische Distanzierung gegenüber Männern wäre dann ein gewissermaßen taktischer Zug, vor allem aber bliebe sie in einem klassisch-modernen Sinn politisch, denn auch radikale Kritik bleibt dem Kritisierten durch den Willen, es zu verändern, letztlich verbunden. Oder aber – das war die zweite, der ersten idealtypisch entgegengesetzte Wirkung, auf die Marlis Gerhardt und mit besonderem Nachdruck Silvia Bovenschen hinwiesen – die feministische Abtrennung von der Welt der Männer konnte zu einer Suche nach dem »verborgenen ›wirklichen‹ Wesen« der Frau werden, die sich nicht mehr auf eine mit Männern geteilte Gesellschaft beziehen ließ, sondern, so Gerhardt, den imaginären Anspruch auf eine Rückkehr »zu einem außerhalb der Geschichte existierenden, das ›Weibliche‹ symbolisierenden kosmischen Naturzustand« erhob. Wie sich in Publikationen wie der *Hexenpresse* oder beispielhaft im ersten literarischen Bestseller der Neuen Frauenbewegung in Westdeutschland, dem 1975 erschienenen autobiographischen Roman *Häutungen* von Verena Stefan, zeige, führe das zur Perpetuierung des Gegensatzes von zwei »polarisierten« Geschlechtern gemäß den Mustern des alten Antagonismus »Natur gegen Zivilisation, Intuition gegen Abstraktion, Handarbeit gegen Technik, kosmische Zustände gegen Geschichte«.[158] Weiblichkeit wäre so verstanden eine Position, die nicht länger mit einer Welt kompatibel wäre, die als gemeinsamer Raum für beide Geschlechter vorgestellt wird. Die Politik der Differenz, wie *EMMA* oder *Courage* sie vertraten, war einem solchen Essentialismus letztlich nicht fern. Denn auch in ihr formulierte sich ein Anspruch auf die Anerkennung des Eigenen, der dazu neigte, die Möglichkeitsräume einer gesellschaftsverändernden politischen Praxis auf die Fluchtlinie der Identität zu verengen beziehungsweise gesellschaftliche Veränderung identitätspolitisch zu denken.

Das Thema wird uns noch beschäftigen. Mit ihrer Kritik an einer essentialistischen Konzeption von Weiblichkeit jedenfalls waren Gerhardt und Bovenschen nicht allein; in einem *Spiegel*-Interview mit Alice Schwarzer hatte die Philosophin und, wie der *Spiegel* schrieb, angebliche »Chef-Ideologin der weltweiten Emanzipationsbewegung« Simone de Beauvoir im April 1976 bündig erklärt: »Das Ewig Weibliche ist eine Lüge, denn die Natur spielt bei der Entwicklung eines Menschen eine sehr geringe Rolle, wir sind soziale Wesen.«[159] Die anarcho-feministische Zeitschrift *Die Schwarze Botin* brachte die Kritik an der Vorstellung einer tiefen Differenz zwischen Mann und Frau noch prägnanter auf die spöttische Formel »Schleim oder Nicht-Schleim, das ist hier die Frage«.[160] Gerhardt wies entsprechend noch auf eine mögliche dritte Position hin, die am Rand des feministischen Diskursfeldes verschiedentlich auftauchte und die »Polarisierung« von zwei konträren Geschlechterrollen als symbolische Ordnung überhaupt in Frage stellte. Problematisch sei nicht nur eine auf das »Wesen« der Frau zielende Naturalisierung, sondern auch die zwar politisch gutgemeinte, aber ebenso dichotome Aufteilung der Gesellschaft entlang der verallgemeinernden Kategorien »Männer« und »Frauen« beziehungsweise »Täter« und »Opfer«. Lösten sich denn, fragte Gerhardt, die Geschlechterrollen nicht überhaupt auf? Dafür spreche nicht zuletzt die zu beobachtende Krise der traditionellen Männlichkeit, etwa »in der für Frauen bisweilen irritierenden, androgyn schillernden Gestalt des ›Softies‹, der kokett seine ›femininen‹ und ›bisexuellen‹ Möglichkeiten ausspielt und sich mit Vorliebe ein ›maskulines‹ weibliches Pendant sucht«. Auch die Überlegungen der poststrukturalistischen Philosophin Luce Irigaray – von der gerade die ersten Bücher in deutscher Übersetzung bei Merve erschienen[161] – zur »Nichtexistenz des Weiblichen« würden in diese Richtung weisen. Für Gerhardt jedenfalls war ein »Ende des Weges« vorstellbar, an dem »nicht mehr die Zuordnung zu den Systemen ›männlich‹ und ›weiblich‹ [steht], sondern eine qualitativ andere Struktur, die vielleicht von Situationen, vielleicht von Funktionen oder auch von neuen Kategorien ausgeht«.[162] Dieses »Ende des Weges« wäre, mit anderen Worten, das Ende der Naturalisierung der Geschlechterdifferenz und zugleich der Beginn einer Pluralisierung von Differenzen entlang ganz anders gearteter sozialer und kultureller »Funktionen« und »Kategorien«. Gerhardt konnte sie noch nicht benennen, aber es deutete sich in ihren Worten an, dass am »Ende des Weges« andere, vielgestaltige, nichtallgemeine und nichtbinäre Ordnungsmuster von Geschlecht denkbar sind.

Die Politisierung des Privaten

Ein neben dem Signifikanten »Feminismus« sowie dem Prinzip der »Autonomie« und der damit einhergehenden – und irritierenden – Frage nach der Spezifik der weiblichen »Erfahrung« *drittes*, ebenso charakteristisches Merkmal der Neuen Frauenbewegung war weniger umstritten: Es war das im eigentlichen Sinne strategische Projekt, das »Private« und den eigenen Alltag als »politisch« zu begreifen und öffentlich zu machen. Die Neue Frauenbewegung hatte sich in Westdeutschland genau daran entzündet, den männlichen Genossen in der Studentenbewegung ihr überaus traditionelles, ja »bürgerliches« Männer-Verhalten vorzuwerfen, um diese schiefen, aber privaten Formen des Geschlechterverhältnisses öffentlich zu skandalisieren.[163] Als semantisches Instrument dieser Skandalisierung war am Ende der Sechzigerjahre in Analogie zu dem nur wenig früher in den USA aufgekommenen Begriff *racism* der Neologismus *sexism* aufgetaucht; in der *New York Times* wurde er zum ersten Mal am 2. März 1969 verwendet. 1970 erschien der Begriff *sexism* in Kate Milletts einflussreichem Buch *Sexual Politics* und wurde dabei ebenfalls in bewusster Analogie zu *racism* verwendet (in der deutschen Übersetzung von 1971 allerdings als »Sexualideologie« wiedergegeben[164]). In Paris schrieb Simone de Beauvoir in der Zeitschrift *Les Temps modernes* ab 1973 die Kolumne »Le sexisme quotidien« (»Der tägliche Sexismus«), wovon sie im April 1976 Alice Schwarzer im erwähnten *Spiegel*-Gespräch erzählte. Damit tauchte der Begriff wohl zum ersten Mal in einem großen deutschen Medium auf.[165] Im Oktober desselben Jahres schließlich fungierte »Sexismus« als programmatisches Titelwort der bei Hanser verlegten, kulturhistorisch weit ausholenden Streitschrift *Sexismus. Über die Abtreibung der Frauenfrage* von Marielouise Janssen-Jurreit. Die zweite Auflage dieses Buches erschien schon Ende Januar 1977, als auch Alice Schwarzer den Begriff in der ersten Nummer der *EMMA* verwendete.[166]

Das wichtigste Medium der feministischen Strategie der Sichtbarmachung des Privaten war aber weder die Zeitung oder Zeitschrift noch das Buch. Es war der Körper. Das wurde zuerst augenfällig in der in Deutschland ab 1971 gegen das weitgehende Verbot der Abtreibung gerichteten Kampagne mit der Parole »Mein Bauch gehört mir«. Getragen wurden die Proteste und Aktionen vor allem von den in Westberlin und den bundesdeutschen Großstädten aufgekommenen Basisgruppen der Frauengesundheitsbewegung. Diese war in den USA ab 1970 entstanden und manifestierte sich seither auch in Westeuropa in einer wachsenden Zahl von Selbsthilfegruppen und Frauenzentren. In solchen Gruppen tauschten meist junge Frauen ihre Erfahrungen mit einer von Männern dominierten Gynäkologie, mit Geburten, Abtreibungen, Verhütung und sexuellen Normen aus, erkundeten in Selbstuntersuchungskursen den eigenen Körper und trugen »alternatives« medizinisches und heilpraktisches Wissen zusammen. Vor allem die gynäkologischen »Selbstuntersuchungen« waren, dem Zeugnis Alice Schwarzers zufolge, eine eigentliche Selbstentdeckung: »Was wir sahen, war eine Banalität für jeden Frauenarzt, aber ein Geheimnis für uns Frauen selbst: wir sahen unseren eigenen Körper. Die Vagina bis zum Muttermund [...]. Es war unerhört.«[167]

Diese Selbstentdeckung und dieses Unerhörte waren dezidiert politisch gemeint. In der Zeitschrift *Clio* bemerkte eine Aktivistin der Frauengesundheitsbewegung, dass die gynäkologische Selbstuntersuchung zwar »wie eine zahme Aktivität aussehen mag«, jedoch »in Wirklichkeit hochpolitisch und ein effektiver Weg« sei, »dem Gesundheitssystem zu begegnen«.[168] Politisch war, mit anderen Worten, der Anspruch, mit dem in der Selbstuntersuchung gewonnenen Wissen über den eigenen Körper angesichts eines von Männern dominierten Gesundheitssystems Handlungsmacht und Autonomie zu gewinnen. Das oft in Gruppen gemeinsam und wechselseitig verwendete Spekulum, eigentlich ein Symbol der »entfremdeten«, »männlichen« Gynäkologie, wurde so zu einem politischen Instrument der angestrebten feministischen Selbstbefreiung. Damit eng verbunden war schließlich ein öffentliches Sprechen über Formen einer »anderen«, »weiblichen« Sexualität, unter anderem angeregt durch die Publikation des *Hite-Report* (Untertitel: *Das sexuelle Erleben der Frau*), einer großangelegten und in einem großen Publikumsverlag veröffentlichten Studie der amerikanischen Sexualwissenschaftlerin Shere Hite, die 1976 in den USA erschienen war. Die *Washington Post* nannte Hite, die über ihren anonymen Fragebogen rund 3000 Amerikanerinnen dazu brachte, ausführlich über ihr Sexualleben zu berichten, eine »Utopistin«, die für eine bessere und »andere« weibliche Sexualität kämpfe.[169] Hite selbst sprach davon, die »verborgene Sexualität« von Frauen sichtbar zu machen, und dokumentierte dazu auch tatsächlich zum ersten Mal in der Offenheit der von ihr publizierten Selbstzeugnisse, dass eine große Mehrheit von Frauen masturbiere und oft nur auf diese Weise zum Orgasmus käme, mithin, dass sie, um ihre Sexualität und ihren Körper zu erfahren, nicht auf Männer angewiesen sei.

Der *Hite-Report* entsprach methodisch nicht wirklich sozialwissenschaftlichen Standards und konnte daher keine Repräsentativität beanspruchen; die Auswahl und Präsentation des von Hite gesammelten Materials dienten mehr dem politischen Ziel, die weibliche Sexualität von der Fixierung auf den heterosexuellen Geschlechtsverkehr zu befreien. Das bedeutete für Hite nicht, auf heterosexuelle Beziehungen zu verzichten; das Ziel und die »feministische« Norm jedoch sei der durch die Frau selbst aktiv herbeigeführte Orgasmus – nach dem Motto »Do it yourself«.[170] Aber was war die »weibliche Sexualität«? Im Gespräch mit der *Courage* wies Shere Hite den Wunsch nach einer Definition zurück und betonte vielmehr: »Das Buch soll gerade die körperlichen Beziehungen zwischen den Menschen ent-definieren«; sie hoffe, dass »die Leute jetzt darüber reden, wie sie miteinander umgehen wollen«, ob sie »Geschlechtsverkehr haben wollen oder nur zusammen kuscheln und fernsehen«.[171]

Die Frauengesundheitsbewegung und die damit verbundene alternative Wissensproduktion rund um Fragen des weiblichen Körpers und der Sexualität war im Juni 1977 auf dem internationalen »Women and Health Meeting« in Rom erstmals breit vernetzt in Erscheinung getreten; hier trafen die deutschen Aktivistinnen zum Beispiel auf Judy Norsigian vom Boston Women's Health Book Collective und Mitherausgeberin von *Our Bodies, Ourselves* (1971/1973), dem stilbildenden und weitverbreiteten Selbsthilfehandbuch der feministischen Gesundheitsbewegung.[172] Einen quasiinstitutionellen Ausdruck schließlich fand diese Bewegung im November, als eine Gruppe von Frauen um *Clio* in Westberlin das erste »Frauengesundheitszentrum« eröffnete. Neben Information und Beratung sowie Anleitungen zur Selbstuntersuchung boten die Aktivistinnen hier sogar ein »Training« in der Technik des Schwangerschaftsabbruchs an.[173]

Gewalt gegen Frauen

Die Politisierung des Privaten in der Frauenbewegung beschränkte sich allerdings nicht auf den eigenen Körper und die eigene Sexualität. Es war insofern auch nicht ganz zutreffend, ja fast ein wenig ungerecht gewesen, dass Aktivistinnen aus dem globalen Süden den europäischen und amerikanischen Feministinnen auf der großen UNO-Frauenkonferenz in Mexico City vorgeworfen hatten, nur ihre »persönliche« Befreiung im Sinn zu haben. Vielmehr entstand schon im August 1974 in Dänemark – auch als Antwort auf das soeben von der UNO für 1975 ausgerufene »Internationale Jahr der Frau« und die geplante Konferenz in Mexiko – die Idee, bald ein internationales »Tribunal« zu einem Thema zu veranstalten, welches dann in Mexiko kaum Aufmerksamkeit gefunden hatte: Gewalt beziehungsweise Verbrechen gegen Frauen. Dieses große »International Tribunal on Crimes Against Women« fand vom 4. bis 8. März 1976 in Brüssel statt und führte über 600 Frauen aus 41 Ländern aus der »Ersten« und der »Dritten« Welt zusammen. Diane E. H. Russell, eine britische, in Berkeley lehrende Soziologin und Mitorganisatorin des Tribunals sowie Herausgeberin des Konferenzbandes (er erschien im November 1976 in den USA und 1977 in italienischer und niederländischer Übersetzung[174]), erläuterte im Vorwort des Bandes, warum das »Tribunal« vor allem aus »Zeugnissen« (*testimonies*) von Frauen bestand, die Gewalt erlitten hatten oder die als Aktivistinnen aus anwaltschaftlicher Nähe über Gewalt berichteten und daher ebenfalls als »Zeuginnen« (*witnesses*) auftraten: »Das persönliche Zeugnis« sei so wichtig, betonte Russell in Verwendung eines damals sehr geläufigen Arguments, weil »wir durch das Teilen unserer persönlichen Unterdrückungserfahrungen eher politisiert [werden]« als durch »abstrakte Debatten, die nichts mit unserer persönlichen Erfahrung zu tun haben«.[175] Diese »Zeugnisse« reichten von »erzwungener Mutterschaft« (das heißt verbotener Abtreibung) über Zwangssterilisation, Verfolgung von Lesben, Inzest, Genitalbeschneidung, wirtschaftliche Ausbeutung (»economic crimes«), »doppelte Unterdrückung« als Frauen und *women of color* oder Immigrantinnen, Gewalt aus religiösen Gründen, Vergewaltigung, Gewalt in Beziehungen bis hin zu Gewalterfahrungen als Prostituierte oder als Pornodarstellerinnen. In unzähligen »resolutions« und »action proposals« unterstützte die Vollversammlung »jüdische und arabische Frauen in Israel«, weibliche politische Häftlinge in Spanien, im Iran und in Chile, Frauen in US-Gefängnissen, »alleinstehende Mütter« in Frankreich und viele weitere Gruppen, Aktivistinnen und Initiativen in allen Teilen der Welt.

Es war offensichtlich, dass diese Heterogenität von Konflikten und Erfahrungen, von Organisationsformen und politischen Ausrichtungen nur im Fluchtpunkt einer als gemeinsam angenommenen weiblichen »Identität« und »Erfahrung« zusammengefasst werden konnten. In diesem Sinne sowie in expliziter Distanzierung von der UNO-Konferenz in Mexiko und in einem signifikanten generischen »Wir« schrieb Diana Russell: »Indem wir in den Kämpfen gegen die Verbrechen, denen wir unterworfen sind, unsere gemeinsamen Interessen als Frauen erkennen, können wir alle Unterschiede der Nationalität wie auch jene der Kultur, der Klasse, der Rasse und der sexuellen Orientierung (*preference*) sowie von Alter, Religion und Politik leichter überwinden.«[176] Mit anderen Worten: Geschlecht erschien auf dem Tribunal in Brüssel als die eine große Differenz, die alle anderen Differenzen zu überbieten und Frauen *als* Frauen zu identifizieren und zu politisieren versprach.

Diese Annahme eines alle anderen Differenzen in sich aufnehmenden großen Antagonismus zwischen Männern als »Tätern« und Frauen als ihren »Opfern« dominierte nach dem Brüsseler »Tribunal« die Politik der Frauenbewegung; auch im ganzen darauffolgenden Jahr erwies sich die gegen Frauen ausgeübte Gewalt als ihr vielleicht wichtigstes Thema und als wirkungsvoller Hebel der Politisierung des Privaten. Am 28. Januar 1977 versammelten sich Demonstrantinnen des französischen Mouvement de Libération des Femmes (MLF) schweigend vor dem Gerichtsgebäude der südlich von Lyon gelegenen Stadt Valence, um am Tag der Urteilsverkündung gegen einen Mörder seiner Ehefrau auf die gesellschaftliche Toleranz solchen Taten gegenüber aufmerksam zu machen. Am 1. März demonstrierten in Berlin einige hundert Frauen mit einem nächtlichen Fackelzug erstmals auf der Straße gegen Männergewalt. Anlass war der Tod einer 26-Jährigen infolge einer Vergewaltigung. Sarah Haffner, Malerin und feministische Aktivistin, die kurz zuvor das Buch *Frauenhäuser. Gewalt in der Ehe und was Frauen dagegen tun* herausgegeben hatte und zudem auch mit ihrem im deutschen Fernsehen ausgestrahlten Dokumentarfilm *Schreien nützt nichts. Brutalität in der Ehe* seit einigen Monaten die Debatte prägte, nannte diese Tat in ihrer Rede auf der Demonstration ein »politisches Verbrechen«, konkreter noch: »Vergewaltigung und Mißhandlung sind politische Akte, durch die Macht demonstriert und Macht aufrechterhalten wird.« Sie zitierte die US-amerikanische Autorin Susan Brownmiller, die in ihrem Buch *Against Our Will. Men, Women and Rape* (1975) bündig erklärt hatte: »Vergewaltigung ist nichts mehr und nichts weniger als ein bewußter Prozeß der Einschüchterung, durch den alle Männer alle Frauen in einem Zustand der Angst halten.« Oder wie Haffner es in ihren eigenen Worten sagte: Der Vergewaltiger »ist ein Mann, der stellvertretend für alle Männer und mit ihrer Billigung alle Frauen bedroht« – in Westdeutschland »alle viertel Stunde«, wie sie anfügte.[177]

In Köln und Hamburg, Hannover und Aachen, Dortmund und Oldenburg sowie in Wien, Zürich und Basel entstanden jetzt fast gleichzeitig Initiativgruppen mit dem Ziel, Frauenhäuser als Zufluchtsstätten für von ihren Ehemännern misshandelte Frauen und ihre Kinder zu gründen. Als Modell diente diesen Gruppen das Haus für »battered wives« (»geschlagene Frauen«) im Londoner Stadtteil Chiswick, das Erin Pizzey 1971 eröffnet hatte – ihr Buch *Scream Quietly or the Neighbours Will Hear* war 1976 auch auf Deutsch erschienen[178] –, gefolgt von vielen ähnlichen Projekten in ganz Großbritannien. Nach dem Brüsseler »Tribunal« nahm am 1. November 1976 in Berlin das erste Frauenhaus in Deutschland seine Arbeit auf; im Jahr danach konnten Aktivistinnen, zum Teil auch dank erstrittener staatlicher Zuschüsse, weitere Frauenhäuser in ganz Europa gründen, etwa in Köln, Bielefeld und Bremen, in Genf und Zürich, in Brüssel und in Rom. Das Berliner Frauenhaus wurde von Alice Schwarzer 1977 in der März-Nummer der *EMMA* in einer mehrseitigen Reportage vorgestellt: »Es ist das erste in Deutschland und dieses Haus geht jede Frau an. […] Denn Männergewalt gegen Frauen ist heute ›normal‹ und allgegenwärtig.«[179] Das Thema Gewalt war insbesondere für *EMMA* zentral: Im selben Heft fanden sich Artikel über die Rechtslage hinsichtlich der Gewalt in der Ehe sowie, Bezug nehmend auf ein Protestschreiben amerikanischer Feministinnen an die UNO, zur weiblichen Genitalverstümmelung »im Vorderen Orient, in Kleinasien und Zentralafrika«, illustriert mit drei Frauen in der Burka.[180] Und auch in jeder der folgenden Nummern konnten die Leserinnen von *EMMA* Artikel entweder über Gewalt in der Ehe, gewalttätige »Männermedizin« oder »Männerjustiz«, weibliche Genitalverstümmelung oder, besonders häufig, über Vergewaltigungen lesen, im Oktober 1977 etwa mit einem langen Auszug aus Susan Brownmillers Buch *Against Our Will*, dessen deutsche Übersetzung vom Fischer Verlag für Anfang 1978 angekündet war.

Gewalt gegen Frauen war zwar nicht das einzige Thema der Frauenbewegung in diesem bewegten Jahr, aber es war offensichtlich, dass die verletzten Körper der jeweils mit ihren (gelegentlich auch geänderten) Namen genannten Frauen als Zeichen der herrschenden Machtverhältnisse gedeutet wurden. So argumentierte Sarah Haffner auf der Demonstration in Berlin, und so sahen es auch die italienischen Feministinnen im Fall von Claudia Caputi, einer 17-jährigen Haushaltshilfe, die am 25. März 1977 in Rom vor Gericht als Zeugin gegen acht junge Männer aussagte, die sie im Jahr zuvor vergewaltigt hatten. Am 30. März, noch bevor der Prozess zu Ende war, wurde Caputi erneut von vier Männern vergewaltigt und am ganzen Körper mit Rasierklingen verletzt beziehungsweise gezeichnet – offenbar aus Rache für ihre Anzeige bei der Polizei. Auch des Feminismus unverdächtige Medien wie die *Zeit* titelten daraufhin »Nicht Verführung, sondern Treibjagd« und zitierten als Beleg für den Zynismus der an diesem Gerichtsverfahren beteiligten Männer die denkwürdigen Worte eines Verteidigers: »Mein Mandant [...] konnte sich der Versuchung nicht entziehen, als er das nackte Mädchen am Boden liegen sah. Aber, meine Herren Richter, wenn Krieg ist, dann schießen die Gewehre von selbst...«[181] Als der Staatsanwalt nach der zweiten Gruppenvergewaltigung der im Krankenhaus liegenden Claudia Caputi keinen Glauben schenkte und behauptete, sie hätte sich die Verletzungen selbst zugefügt, gingen in Rom und anderen italienischen Städten Zehntausende Frauen auf die Straße, um mit erhobenen, gegeneinander gehaltenen Handflächen – ein »vaginales Symbol«, wie die *EMMA* ihre Leserinnen unterrichtete – gegen die Justiz zu demonstrieren.

Waren alle diese geschundenen Frauen, deren Erfahrungen die feministische Öffentlichkeit so erschütterten, in den Augen ihrer Verteidigerinnen »Opfer«? Die Frage war nicht so leicht zu beantworten. Denn die Bedeutung des Begriffs schwankte zwischen der Feststellung einer strukturellen Position in der von Männern dominierten Gesellschaft und dem erklärten Widerwillen, Frauen als bloß passive Opfer zu sehen. Repräsentativ für viele der bisher zitierten Stimmen war gleichwohl die Haltung der britischen Soziologin Jalma Hanmer, die am 1. April 1977 in Sheffield auf der Jahrestagung der British Sociological Association in ihrem Referat zum Thema »Gewalt und soziale Kontrolle der Frauen« eine breite, umfassende Definition von Gewalt gegen Frauen vorschlug, und zwar als »die Definition einer Frau«, die »von der Perspektive des Opfers ausgeht«. Gestützt auf eine Reihe von soziologischen Studien, die gerade erst erschienen waren, argumentierte sie, dass die gesellschaftliche Bedeutung und Funktion der Gewalt von Männern gegenüber Frauen »auf der Ebene der sozialen Struktur« zu erforschen sei. Wie im amerikanischen Süden die »guten Weißen« gegenüber den Schwarzen keine Gewalt anwenden würden, seien auch nicht alle Männer physisch gewalttätig; aber wie alle Weißen im Süden der USA würden auch alle Männer von den Machtwirkungen solcher Gewalt als dem Kern jeder Macht profitieren. Daher seien, so Hanmer, die Frauen »strukturell« und immer »Opfer« – und die Männer »der Feind«.[182]

Die Frage, wie Frauen sich gegen diese Gewalt wehren sollten, war damit allerdings noch nicht beantwortet. Die Diskussionen, die darüber in den verschiedenen Frauenbewegungen in Westeuropa und den USA geführt wurden, können hier nicht nachvollzogen werden. Sie bewegten sich, kurz gesagt, von der Haltung, die Sarah Haffner in ihrer Rede am 1. März in Berlin zum Ausdruck brachte, als sie darauf verwies, dass Schuhe oder Taschen »im Notfall Waffen sein« könnten, über Anleitungen zur effizienten, kampfsportgeschulten Selbstverteidigung bis hin zu gewalttätigen Formen der Militanz. So fragte etwa die feministische Aktivistin und Literaturwissenschaftlerin Annie Cohen in einem Artikel, der 1976 in der *Libération* veröffentlicht worden war und im Juni 1977 in einer gekürzten Fassung in der *EMMA* unter dem Titel »Kriegszustand« erschien: »Warum wehren wir uns nicht – wenn es sein muss mit Gewalt? Denn welches erniedrigte und gequälte Volk hat sich nicht eines Tages die Frage der Gewalt gestellt?« Ja, wäre es nicht angebracht, wie es im französischen Original des Artikels hieß, dass die Frauen »automatische Waffen« tragen, um sich gegen die Männergewalt zu wehren, die ihnen in den Familien und auf der Straße droht?[183]

Längst nicht alle Feministinnen spielten mit dem Gedanken, sich mit »armes automatiques« zu schützen, aber es war Konsens, dass alle Frauen »erniedrigt und gequält« würden, und es herrschte ein breites Bedürfnis, sich dagegen aufzulehnen. Das zeigte sich – allerdings gewaltfrei – am 30. April, der Walpurgisnacht, als in vielen bundesdeutschen Städten erstmals und angeregt von ähnlichen Aktionen in Italien im Jahr zuvor

Demonstrationen unter dem Motto »Frauen erobern sich die Nacht zurück« stattfanden: Verkleidet, mit bemalten Gesichtern oder maskiert zogen Frauen als »Hexen« durch die Innenstädte, machten Lärm mit Kochgeschirr und drängten, zumindest symbolisch und für eine Nacht, die Männer in die Defensive. Im berüchtigten Frankfurter Rotlichtviertel rund um die Kaiserstraße störten Hunderte verkleideter und lärmender Frauen die dort üblichen Geschäfte, belagerten Lokale, an deren Türen Schilder mit Warnungen wie »Zutritt für Frauen und Kinder verboten« hingen, wo, wie eine Aktivistin im *Pflasterstrand* schrieb, »frau es dem Zufall danken kann, wenn [sie] alleine und ohne blaues Auge durch dieses Viertel kommt«.[184] Später im Jahr griffen auch Aktivistinnen in Großbritannien diese Idee unter dem Motto »Reclaim the Night« auf.

»… but not mine«

Waren in den Augen dieser feministischen Aktivistinnen Männer und Frauen also zu zwei »Völkern« geworden, wie Annie Cohen suggerierte? Mit Bestimmtheit sagen lässt sich nur, dass die Politisierung des Privaten zwar einerseits – und einem klassisch modernen Verständnis des Politischen entsprechend – nach wie vor auf die Veränderung eines allgemeinen, Männern und Frauen gemeinsamen gesellschaftlichen Raumes zielen konnte und vielfach auch zielte. Der Anspruch, als Frau nachts unbehelligt durch die Straßen der Stadt gehen zu können, bedeutete nur, die Stadt als einen Ort zu verteidigen, der allen gehört – was diesen Ort zugleich aber auch verändern müsste. Doch die feministische Politisierung des Privaten hatte auch das Potential, den gesellschaftlichen Raum entlang der Geschlechterlinie zu spalten, unter der Annahme, dass weibliche Körper und Erfahrungen und männliche Körper und Erfahrungen grundsätzlich verschieden und nicht miteinander kompatibel sind. Was sollte es zwischen Männern und Frauen Gemeinsames geben, wenn nur Frauen über Frauen sprechen und schreiben können und dürfen – und wenn Gewalt in vielfältigen Formen das Verhältnis zwischen den Geschlechtern im Innersten zu bestimmen schien? Sinnlos beziehungsweise obsolet erschien in dieser Perspektive das altehrwürdige moderne Projekt der »Emanzipation«, und vielleicht ist das einer der Gründe, warum jedenfalls im englischen Sprachraum der Begriff *emancipation* seit Beginn der Siebzigerjahre immer weniger verwendet wurde.

Auch wenn es sich bei der autonomen Frauenbewegung nur um eine Minderheit von in der Regel gut ausgebildeten Frauen in großstädtischen Milieus handelte, entfaltete sich ihre Politik der Differenz in einem weit größeren kulturellen Echoraum. Ihren vielleicht populärsten Ausdruck fand sie in Patti Smith' Hymne »Gloria« mit der bereits zitierten elektrisierenden Anfangszeile »Jesus died for somebody's sins but not mine«: Dieser kühle Abgesang auf das Fundament des Christentums, auf die existentielle Gemeinsamkeit »aller« Menschen, die es propagiert, und die patriarchale Ordnung von Vater, Sohn und Heiligem Geist, mündet in die atemlose Schilderung einer lesbischen Verführungsszene, die aus dieser alten symbolischen Ordnung herausfallen musste und auch sollte. »Gloria« war eine Coverversion des Originals von Van Morrison, aber dieser sang selbstgefällig von der Verführung einer jungen Frau und hatte keinen Grund, an der patriarchalen Ordnung zu rütteln. Smith veränderte den Song als Frau, die eine Frau verführt, und durch ihre Ergänzungen grundlegend: »My sins my own / They belong to me, me« – und daher hörte sie es am Schluss des Songs sogar von den »Kirchtürmen« läuten: »Jesus died for somebody's sins but not mine«.[185]

Smith' »Gloria« war die Hymne einer Distanzierung, die sich auf »to me«, »my own«, »mine« und »me« reimte und Teil einer geradezu tektonischen Verschiebung war. Das nächste Kapitel wird zeigen, dass es sich dabei um eine Bewegung vieler Einzelner im Gefüge der westlichen Gesellschaften handelte, die begannen, sich von den großen Projekten der Moderne und dem Glauben an ein für alle geltendes »Gesetz« abzuwenden, um sich auf die Reise zu sich selbst zu begeben, ihr »Inneres« zu erforschen und ihre »Identität« zu suchen.

4.
Die Reise zu sich selbst

Ist die Sexualität das ganz Eigene, ja das Individuellste – das, was uns ausmacht? Die Modernen waren entschieden dieser Meinung, wenn auch meist dezent verhüllt unter den Schleiern schamvollen Schweigens, ärztlichen Wissens und strafrechtlichen Eifers. Die zierliche Frau, die im Januar in Los Angeles starb, hat das Lüften all dieser Schleier zu ihrer Lebensaufgabe und zum Gegenstand ihres uferlosen Tagebuches gemacht. Ihr Ziel war, sich im Sex selbst zu finden, ihre eigene, ganze »Wahrheit«. Noch bis in die Vierzigerjahre des 20. Jahrhunderts war das eine radikale, avantgardistische Haltung. In den Siebzigern hingegen, als sie späte Anerkennung als Schriftstellerin fand, waren solche Reisen zu sich selbst zu einer postmodernen Praxis vieler geworden.

Anaïs Nin († 14.1.), Sexualität und Wahrheit

Angela Anaïs Juana Antolina Rosa Edelmira Nin y Culmell, geboren am 21. Februar 1903 in Neuilly bei Paris als Tochter einer wohlhabenden Kubanerin aus dänisch-französischer Familie und eines erfolgreichen katalanischen Pianisten und Komponisten, waren keine idyllische Kinderjahre vergönnt. »Zu Hause – nur Szenen, Streit, Schläge«, erinnerte sie sich später; ihr Vater Joaquín Nin habe sie und ihre beiden Brüder gar »sadistisch ausgepeitscht«.[1] Dennoch vergötterte Anaïs ihren Vater – und »zerbrach«, wie sie später notierte, als dieser kurz vor Ausbruch des Ersten Weltkriegs die Familie für eine junge Geliebte verließ. Als Elfjährige begann sie, diesen Verlust in nie abgesendeten Briefen an den Vater zu verarbeiten, die bald zu einem Tagebuch wurden, das sich schließlich im Laufe ihres Erwachsenenlebens und zusammen mit weiteren Notizen und Manuskripten zu einem 250 000-seitigen Strom der Selbstentäußerung auswuchs, einer Flut von zu Papier gebrachten Empfindungen und Träumen, Erlebnisschilderungen, Porträts von Bekannten, Reflexionen und kopierten Briefen. Die stark gekürzte und schon von der Autorin vielfach überarbeitete siebenbändige Publikation ihrer Tagebücher ab 1966 begründete ihre Berühmtheit als »feministische« Schriftstellerin, aber auch als »erotische Legende«[2] und sexuell befreite Frau.

Anaïs Nin wuchs in New York auf, wohin ihre Mutter mit den drei Kindern im August 1914 emigrierte. 1923 heiratete sie in Havanna den literarisch gebildeten New Yorker Bankier Hugh Park (»Hugo«) Guiler, der ihr extravagantes Leben finanzierte, zuerst in Louveciennes in der Nähe von Paris, dann in einer Stadtwohnung am eleganten Quai de Passy und schließlich ab 1940 in New York. Die jugendliche Gewohnheit, Tagebuch zu schreiben, wurde ihr zur Obsession.[3] Ihr einziges Thema war sie selbst und ihr überaus vielfältiges, ja ausgesprochen kompliziertes Liebesleben. Sie unterstützte immer wieder und zum Teil über Jahre hinweg mittellose Schriftsteller und Liebhaber, vor allem Henry Miller, fühlte sich aber erklärtermaßen außerstande, die Welt außerhalb des Kosmos ihrer Gefühle, Selbstreflexionen und Beziehungen zu verstehen, gar an ihr teilzunehmen. Anaïs Nin blieb zeitlebens auf persönliche Beziehungen und auf Sexualität fokussiert; unabhängig von ihren eigenen Gefühlslagen und jenseits allgemeiner Tropen wie »die Grausamkeit des Menschen« tauchten daher politische und gesellschaftliche Konflikte in ihren Texten bestenfalls als Randnotiz auf – selbst der Zweite Weltkrieg hinterließ in ihrem Tagebuch kaum Spuren. Denn »die ganze Politik« erschien ihr, wie sie im Juni 1936 notierte, »bis auf den Kern faul und nur ökonomisch bedingt, nicht menschlich«. Entsprechend klischeehaft waren die Schemata, mit welchen sie, etwa mit Blick auf den Spanischen Bürgerkrieg, die Wirklichkeit ordnete: »Die Welt des Mannes in Flammen und Blut. Die Welt des Mannes zerbricht im Krieg. Die Welt der Frau ist lebendig […], denn die Frau gibt Leben, und der Mann zerstört Leben.«[4]

Ihre eigene Welt in Paris zu Beginn der Dreißigerjahre – das heißt in der Zeit, in der das Tagebuch einsetzt – war zwar äußerst komfortabel eingerichtet, aber sie erschien ihr so reizlos wie ihr Mann Hugo. Es war offenbar die Lektüre von D. H. Lawrence' Roman *Women in Love* (1920) im Dezember 1929 und anschließend seines gesamten Werks, die ihrem Leben eine entscheidende Wende gegeben hatte: Bei Lawrence entdeckte sie eine moderne, befreiende Sprache des Sex. Ohne dass sie eine literaturwissenschaftliche Ausbildung genossen hätte, gelang es ihr, über ihn erstmals einen Essay zu publizieren (*D. H. Lawrence. An Unprofessional Study*, 1932). Lawrence wurde auch zum Anstoß für ihr eigenes Projekt, im rückhaltlosen, nicht zuletzt sexuell expliziten Schreiben über das eigene Leben sich als Autorin und selbstbestimmte Frau zu erfinden. Nin war sich jedoch »nicht sicher«, wie sie im Winter 1931/32 bemerkte, »ob es mir schreibend gelingen wird, aus Louvecienne auszubrechen«. Um große literarische Referenzen nie verlegen, versicherte sie allerdings, dass sie sich »im Gegensatz zu Madame Bovary nicht vergiften werde«.[5]

Es blieb daher auch nicht beim Tagebuchschreiben. Anfang 1932 notierte sie mit einem ähnlich schwungvollen literarischen Seitenblick: »Wenn es wahr ist, was Proust schreibt, daß man glücklich ist, wenn man nicht fiebert, werde ich niemals wissen, was Glück ist. Denn ich bin besessen von einem Fieber nach Erkenntnis, Erfahrung [...]. Zwischen der Gegenwart und mir gibt es keine Zeitlücke, keine Distanz.« Sie habe, fuhr sie fort, »einen solchen Hunger nach Wahrheit«, meinte damit aber ausdrücklich nicht jene Wahrheiten, die sich im nachträglichen Erinnern und Aufschreiben formieren können, sondern die Wahrheit der »Unmittelbarkeit«.[6] Darin war sie ungebremst, ja radikal: »Ich möchte nur noch für die Ekstase leben«, notierte sie im Februar 1933. Mit Blick auf ihre *amour fou* mit Henry Miller schrieb sie daher ganz ungeschönt: »Ich möchte mitten ins Leben beißen und von ihm zerrissen werden. Henry gibt mir das nicht alles. Ich habe seine Liebe geweckt. Zum Teufel mit seiner Liebe! Er versteht mich zu ficken wie kein anderer, aber ich will mehr als das. Ich fahre zur Hölle, zur Hölle, zur Hölle. Wild, wild, wild.«[7] Um schließlich, nach weiteren Monaten der »Ekstasen« vor allem, aber nicht nur mit Henry, zu schreiben: »Trotz meines Madonnengesichts schlucke ich Gott und Sperma, und mein Orgasmus ähnelt einem mystischen Höhepunkt.«[8]

Das Doppelleben der Bankiers-Gattin mit ihrem Mann Hugo – der sehr oft auf Geschäftsreise war –, ihrem großen Haus mit Garten in Louveciennes, mit den eleganten Soiréen, adligen Bekannten und Dienstboten auf der einen Seite und auf der anderen den langen Nächten in der schäbigen kleinen Wohnung in Clichy im Nordwesten von Paris, wo sie mit Henry Miller und seinem Wohnungskollegen Unmengen Wein trank, über Literatur diskutierte, seine Manuskripte las und mit ihm bei jeder Gelegenheit »fickte«, war auch für Anaïs Nin verwirrend, schwindelerregend und eigentlich außer Kontrolle. Neben Henry »liebte« sie Henrys Frau June, zudem traf sie sich mit ihrem Cousin Eduardo – und dachte dabei in keiner Weise daran, Hugo, von dessen Großmut und Geld sie abhängig war, zu verlassen oder auch nur ihre ehelichen Pflichten zu vernachlässigen. Auf Drängen von Eduardo begab sie sich beim Psychoanalytiker René Allendy – er war Mitbegründer der französischen Psychoanalytischen Gesellschaft, aber auch Astrologe und Anhänger allerlei okkulter Lehren – in eine Behandlung, die bald zu Sex auf der Couch und gemeinsamen Hotelbesuchen führte, zu denen Allendy jeweils eine Peitsche mitbrachte.

Nins sexuelle Neugier war grenzenlos. Sie erzählt etwa davon, dass sie mit Henry – oder war es, gemäß ihrem »ungesäuberten« Tagebuch, nicht doch Hugo? – in ein Bordell ging, um sich in einem rotplüschigen Boudoir von zwei Prostituierten mit einem »Gummi-Penis« heterosexuelle Szenen vorspielen zu lassen; am meisten gefiel ihr aber der lesbische Akt, zu dem sie die beiden Darstellerinnen aufforderte.[9] Diese hätten ihr gar »eine geheime Stelle des weiblichen Körpers gezeigt, die Quelle einer ganz neuen Lust, die ich zwar manchmal vage, doch niemals definitiv gespürt habe«.[10] Nin dokumentierte im Tagebuch vielfach ihre Unsicherheit und ihre unermüdliche Suche nach Gewissheit, die sie in den Ekstasen ihres Doppellebens zu finden hoffte – und vielleicht auch in der Psychoanalyse. Sie nahm sich jedenfalls vor, ihrem Analytiker ihr »tiefstes Geheimnis [zu] verraten: daß ich beim Geschlechtsverkehr nicht immer zum Orgasmus komme«.[11] Sie wollte die »Wahrheit« und die »tiefsten« Geheimnisse ans Licht bringen – Wahrheiten, die für sie nur im unmittelbaren Erleben aufblitzten, etwa in den »Stunden so absoluter weiblicher Unterwerfung« unter die unersättliche Lust Henry Millers. Es war, so Nin, ihr »Körper, der die Wahrheit sucht«.[12]

Worte hingegen schienen immer zu »lügen«. Nin log ihre Männer an, die sie reihum betrog, und sie erzählte ihrem Analytiker Lügen über sich, weil sie seine Eifersucht nicht allzu sehr reizen wollte. Im Tagebuch, dem Archiv ihrer Geheimnisse, notierte sie daher: »Auch die Lügen werden ausgelassen: Ich habe das verzweifelte Bedürfnis zu beschönigen. Also schreibe ich sie nicht hinein. Also ist dieses Tagebuch eine Lüge.«[13] Als sie beschrieb, wie sie sich gerade gegenüber Eduardo eine Lüge ausdachte, fiel ihr die Begründung leicht: »Um das Leben interessanter zu machen. Um die Literatur zu imitieren, die ein einziger Schwindel ist.«[14] Das war offenkundig ganz freimütig ausgesprochen: Fiktionale Literatur konnte für sie nur ein »Schwindel« sein, weil diese vor der »Wahrheit« des unmittelbaren Erlebens nicht bestehe – dem im Übrigen, falls es doch zu wenig »interessant« erschien, mit einer Lüge nachgeholfen werden konnte.

Obwohl sie ständig darunter litt, nur Tagebuch, nicht aber fiktionale

Texte schreiben zu können, übten Literatur und die Rolle des Literaten eine unwiderstehliche Anziehung auf sie aus. Nin machte sich das Motto Arthur Rimbauds zu eigen: »Il faut être absolument moderne!« (»Man muß absolut modern sein«[15]), verwies auf den »Wahnsinn der Poeten«, auf »Rimbaud, Tristan Tzara, Dadaismus, Breton« und immer wieder auf Proust, um für sich festzustellen (und die Lügen zu rechtfertigen): »Wie schwer ist es, ›aufrichtig‹ zu sein, wenn ich in jedem Augenblick zwischen sechs oder sieben Ichs zu wählen habe.«[16] Doch das war bloß eine der Literatur abgeschaute Selbsttäuschung: Im Tagebuch ist von einer Vielfalt innerer Realitäten, gar »Ichs« kaum etwas zu spüren. Obwohl sie immer wieder Sätze schrieb wie »Mein Ich ist wie das Ich von Proust […] ein Instrument, um das Leben mit dem Mythos zu verbinden«,[17] ist im Tagebuch fast ausschließlich von den eher banalen Widersprüchen zwischen verschiedenen Rollen und Gefühlen im Geflecht ihrer komplizierten Liebschaften und Sex-Affären die Rede – wie auch von der ständigen Unsicherheit darüber, ob ihr zierlicher Körper, der als Ankerpunkt und Eichmaß all ihrer Gefühle zu fungieren hatte, »weiblich« genug sei. Hatte nicht ihr Vater sie als Kind immer wieder nackt fotografiert, ohne dass sie ihn an sich hätte binden können? Und war sie nicht noch als Dreißigjährige zu mager, zu knabenhaft? Schon nach wenigen Wochen Analyse verleitete ihr mangelndes »Selbstbewußtsein« sie dazu, sich vor Allendy auszuziehen, um sich von ihm versichern zu lassen, dass ihre Brüste »ganz und gar feminin« seien – und ihn bald darauf zu verführen.[18] Es war aber letztlich doch das Tagebuch, das als Medium der Ich-Suche im Gewirr der Beziehungen, Lügen und Selbstzweifel ihr eine gewisse Stabilität verlieh und als der einzige Ort erschien, an dem sie trotz allem »authentisch« sei.[19] Das Tagebuch war und blieb daher der Ort ihrer ausgeprägten narzisstischen Selbstbespiegelung.

Im Mai 1933 begegnete Anaïs Nin ihrem Vater wieder, der als gefeierter Komponist und Musiker in Paris lebte. Für ihre Biographin Deirdre Bair, die die handschriftlichen Originaltagebücher auswerten konnte, besteht kein Zweifel daran, dass Nin damals auch die äußerste Grenze überschritt und mit ihrem Vater über lange Monate immer wieder ins Bett ging. Dass sie den Inzest wünschte, hatte Anaïs Nin schon zuvor ihrem Tagebuch anvertraut, und es ist offenkundig, dass nicht zuletzt dieser Inzest als Bruch des tragenden Gesetzes der bürgerlichen Gesellschaft ihre Art war, radikal zu sein: »Wenn ich in bestimmten Augen pervers, abscheulich und weiß ich was noch bin« – sie meinte damit das Urteil des

Surrealisten Antonin Artaud, mit dem sie immer wieder in Hotelzimmern verschwand, aber auch Allendys Entsetzen über ihren detaillierten Bericht – »*tant pis*! Für mich zählt nur *mein eigenes Urteil*. Ich bin, was ich bin!«[20] Es war daher für sie auch der Moment, die Analyse bei Allendy zu beenden und sich im Herbst desselben Jahres in die Behandlung beim Freud-Schüler Otto Rank zu begeben.

Rank, der als heterodoxer Theoretiker aus dem engsten Kreis um Freud verstoßen worden war und seit 1926 in Paris eine Privatpraxis betrieb, faszinierte sie. Sie verführte ihn auf der Couch, fasste den Entschluss, selbst Analytikerin zu werden, und folgte ihm 1934 für ein paar Monate nach New York (wohin Rank aus wirtschaftlichen Gründen emigriert war), um sich von ihm ausbilden und Patienten zuweisen zu lassen. Zudem »erkannte« sie für sich – und folgte darin den Lehren Ranks –, dass sie vor allem »Frau« sein müsse, noch vor ihrer Rolle als Schriftstellerin, die nun begann, aus den Texten ihrer Tagebücher Material für Romane zu extrahieren (und die Manuskripte an Literaturagenten und Verlage zu senden, mit notorischem Misserfolg). »Die Kunst der Frau«, notierte sie, »muß in den Mutterleibszellen des Gehirns entstehen«; für ihr eigenes Schreiben gelte gar: »*Es ist die Frau, die spricht*«, und zwar buchstäblich: »Während ich mich selbst entdecke«, notierte sie, »fühle ich, daß ich nur eine von vielen bin, ein Symbol«. Es seien »tausend Frauen«, die sie beschreibe, »die Frauen von gestern und heute, [d]ie stummen Frauen der Vergangenheit, die sich wortlos hinter ihren unausgesprochenen Gefühlen verbergen, und die Frauen von heute, die ganz in der Aktion aufgehen und den Mann kopieren«.[21]

Das berührte auch ihre eben erst begonnene Praxis als »Analytikerin«. Zwar präsentierte sie sich im Tagebuch als einfühlsame Helferin, bei der ihre Patientinnen und Patienten Tränen der Einsicht vergossen, deren zerbrochene Leben sie wieder zusammenfügte. Aber die Analyse erschien ihr doch zu rational, nicht ihrem Wesen als Frau entsprechend. Nach wenigen Monaten brach Nin ihre Ausbildung bei Rank ab, fest entschlossen, fortan in Paris nur noch als Schriftstellerin zu leben – und dabei doch immer wieder ahnend, dass sie »keine Künstlerin« ist.[22] Ebenso schwankend war auch ihr Selbstbild. Zum einen zeichnete sie sich im Tagebuch als wahrheitssuchende Frau voller Gefühl und »Liebe« und betonte immer wieder, wie sehr sie Henry Millers Kälte und seine gefühllose Fixierung auf den Sex verachte – um sich ihrerseits dann wieder mit kaltem Sex gegen allzu viel »Gefühl« zu wappnen. Sie berichtet immer wieder vom Sex mit Miller oder davon, dass sie in New York eigentlich nur »gefickt« und Orgien gefeiert habe, zudem vom Sex mit »Hugh, Rank, Allendy, Eduardo, Turner« – einem Kunden ihres Mannes – »und vielen andern«. Zuweilen notierte sie einfach nur »Fuck. Fuck. Fuck«.[23] Von eisiger Kälte gar war schließlich der Bericht von ihrer ersten Abtreibung beziehungsweise bewusst herbeigeführten Totgeburt.

Die Schilderung dieser »Geburt« war eines der Stücke aus dem Tagebuch, welche sie in einer Literaturzeitschrift veröffentlichen konnte und wofür sie erste Anerkennung als Autorin fand. Sie arbeitete überhaupt fieberhaft daran, aus ihren Tagebüchern, die sie laufend umschrieb, Stoff für Romane zu generieren. 1936 veröffentlichte sie *The House of Incest* als Privatdruck, ebenso wie 1939 *Winter of Artifice*, ein Bändchen mit drei Kurzgeschichten. Damit gelang ihr zwar nicht der Durchbruch als Schriftstellerin und die Kritiken waren überwiegend negativ, aber sie brachte es doch zu einer gewissen Bekanntheit und verkehrte in Paris mit den Berühmtheiten der Kulturszene; sie lernte unter anderen James Joyce, André Breton, Marcel Duchamp und Constantin Brâncuşi kennen. Zugleich begann sie eine langjährige Affäre mit dem peruanischen Marxisten Gonzalo Moré, der neben Hugo und Henry zu ihrer dritten einigermaßen stabilen Beziehung wurde – und mit dem sie eine Form von Doppelleben führte, das sie in eine wenn auch nur oberflächliche Nähe zur kommunistischen Linken brachte. Die wirtschaftliche Situation ihres Mannes allerdings, dessen Einkünfte als Vermögensverwalter reicher Adliger ihr erlaubten, auf großem Fuß zu leben, Henry Miller recht eigentlich durchzufüttern und zudem die politischen Aktivitäten und die Existenz Gonzalos und seiner Frau zu sichern, war ab Mitte der Dreißigerjahre in eine bedrohliche Schieflage geraten. Zu den Lügen über ihre sexuellen Verhältnisse kamen daher immer verwickeltere Lügen über ihre finanziellen Engpässe, begleitet von depressiven Stimmungen, »hysterischen« Krisen und Nervenzusammenbrüchen. Dennoch: Als der Zweite Weltkrieg ausbrach und Hugo mit ihr am 10. Dezember 1939 in Lissabon ein Flugzeug bestieg, das sie nach New York bringen sollte, war dies für sie »das Ende unseres romantischen Lebens«.[24] Das Attribut »unser« schloss in ihrem Fall drei Männer ein; Henry und Gonzalo reisten ihr daher fast gleichzeitig auf zwei verschiedenen Schiffen in die USA nach.

In New York ließ sich Hugo von seiner Bank bald in den Frühruhestand versetzen, um als Künstler und Experimental-Filmer tätig zu sein, und Anaïs konnte nicht mehr damit rechnen, von ihm großzügig unterstützt zu werden. Von ständiger Geldknappheit geplagt, verfasste sie über einige Jahre für einen *Connaisseur* pornographische Gelegenheitstexte für einen Dollar pro Seite. Zudem war sie wieder auf der Suche nach dem idealen Liebhaber. 1947 beggenete sie dem 16 Jahre jüngeren Rupert Pole, der sich in Kalifornien zum Ranger ausbilden ließ und ihr den Sex bot, den sie bei Hugo vermisste. 1955 heiratete Rupert seine Geliebte im Glauben, sie habe sich von Hugo scheiden lassen – während dieser erneut (wenn auch nur vorübergehend) als Finanzberater reich geworden war und seiner Gattin in New York und Acapulco ein bequemes Leben ermöglichte. Diese beiden Beziehungen und dann doppelten Ehen über den Kontinent hinweg erzwangen von Nin die Konstruktion von Lügengebäuden, die sie bald nur noch mittels schriftlicher Aufzeichnung und regelmäßiger *updates* in einem Karteikartensystem – ihrer »little lie box« – aufrechterhalten konnte.[25]

Nach Jahrzehnten notorischer Erfolglosigkeit als Schriftstellerin begann sich in der ersten Hälfte der Sechzigerjahre das Blatt für Anaïs Nin doch noch zu wenden. Die amerikanischen Feministinnen entdeckten ihre wenigen publizierten Texte als »Frauenliteratur«, und in Frankreich erregten die Übersetzungen von zwei ihrer Bücher als Zeugnisse einer »direkten Nachfahrin der Surrealisten« plötzlich enorme Aufmerksamkeit.[26] Schließlich wurde auch, nach zähen Verhandlungen und kompliziertesten Verwicklungen, die lang ersehnte Publikation ihrer Tagebücher Realität. Sie führte dazu, dass Anaïs Nin von der Veröffentlichung des ersten Bandes im Juni 1966 an und nach einer lobenden Besprechung in der Literaturbeilage der *New York Times* (bei einem gleichzeitigen Verriss in der sehr viel intellektuelleren *New York Review of Books*) zur berühmten und international gefeierten Autorin wurde, die atemlos zu Interviewterminen und Vorträgen in übervollen Sälen eilte, im Akkord Bücher signierte und unzählige Fanpostbriefe beantwortete. Weil sie nun auch unerwartet viel Geld verdiente, ließ sie ihre Ehe mit Rupert Pole aus Angst vor steuerrechtlichen Konsequenzen annullieren, lebte jedoch weiterhin und ohne Scheidung von Hugo Guiler mit Pole zusammen. Kurz nach ihrem Tod am 14. Januar 1977 in Los Angeles veröffentlichte dieser ihre pornographischen Gelegenheitstexte unter dem Titel *Delta of Venus*; Nin hatte die Druckfahnen noch auf dem Sterbebett durchgesehen.[27] Als das Jahr zu Ende war, stand *Delta of Venus* als ihr erfolgreichstes Buch seit 22 Wochen auf der Bestsellerliste der *New York Times*.

1972 hatte Anaïs Nin in einer in der *Massachusetts Review* publizierten

»Note on Feminism« davon berichtet, dass sie »Tausende von Briefen von Frauen« bekomme, »die durch die Lektüre meiner Tagebücher«, in denen sie »die Wahrheit der Situation der Frau analysiert« habe, »befreit worden sind«. Sie verstand diese »Situation« als eine spezifisch weibliche – und dennoch als eine immer nur individuelle; sie betonte, dass Befreiung nur durch die persönliche »Evolution« und die Suche nach der »eigenen Identität« erlangt werden könne (während »der Angriff auf die individuelle Entwicklung in das dunkle Zeitalter des Sozialismus« gehöre und sie auch »viel Negativität in der Frauenbefreiungsbewegung« sehe).[28] Dass Nin keine Feministin war, machte diese kurze »Note on Feminism« hinreichend deutlich. Dennoch wurde sie von sehr vielen Frauen als eine Autorin gelesen, die die »Situation« von Frauen in einer Weise beschrieben hat, mit der sie sich identifizieren konnten.

Als Nin starb, drückte die junge afroamerikanische Autorin Alice Walker dies in der *Ms.* stellvertretend für viele mit den anerkennenden Worten aus, Nin habe »aus ihrem eigenen Geist und ihrem Körper immer wieder eine *neue* Grenze [*frontier*] gemacht und damit unser Bewusstsein erweitert«. Dank ihr würden ihre Leserinnen »mit weniger Angst durch diese seltsamen Länder in uns reisen, welche sie selbst ohne Furcht erkundete«.[29] Die *New York Times* schließlich berichtete in ihrem Nachruf, dass im Jahr vor ihrem Tod eine Gruppe von Schriftstellern und Autorinnen um Henry Miller, Christopher Isherwood und Marguerite Young sie für den Literaturnobelpreis vorgeschlagen hatte. Denn ihre »Erkundungen innerer Erfahrungen und der Natur menschlicher Beziehungen« hätten, wie die Zeitung diesen Vorschlag zitierte, »geholfen, das Bewusstsein insbesondere von Frauen zu verändern und das Selbst auf den Weg zu individueller Freiheit zu führen«. Man habe sie gar mit Proust verglichen, notierte die *Washington Post* – und die *New York Times* ergänzte, Nin selbst habe ihren Entwurf eines »literarischen« Ich in den Tagebüchern mit dem »Ich bei Proust, einem Spiegel vieler Personen«, gleichgesetzt.[30]

Dass Nin im Gegensatz zu Proust nicht über das Differenzierungsvermögen einer überragenden Beobachtungsgabe oder über Prousts künstlerische Imagination verfügte, sondern in erster Linie ihren Körper eingesetzt hatte, um ihre »Wahrheit« als »Frau« zu suchen, blieb vom strahlenden Licht dieses Vergleichs ausgeblendet. Nins radikaler Modernität tat dies jedoch keinen Abbruch. Modern war nicht nur ihre lebenslang geübte Praxis, im Tagebuchschreiben sich introspektiv als ein autonomes, nur dem eigenen »Gesetz« folgendes Subjekt zu konstituieren. Modern war vor allem ihre Überzeugung, dass im Sex die tiefste Wahrheit dieses Subjekts liege. Das jedenfalls war die These, die just in dem Moment, als das Leben von Anaïs Nin sich dem Ende zuneigte, Michel Foucault in seinem im Dezember 1976 erschienenen Buch *La volonté de savoir* vertrat: Die These nämlich, es sei eine moderne *idée fixe*, dass der Sex nicht nur die tiefste Wahrheit des Subjektes, sondern auch ein revolutionäres Befreiungsversprechen darstelle. Es war dieser Glaube, dem Anaïs Nin mit ihren Tagebüchern einen monumentalen Altar errichtet hat.

*

Die Erforschung des eigenen Sex und die Vorstellung, dass die eigene »Identität« mit diesem Sex verbunden sei, war eine moderne Obsession, der Anaïs Nin ausschließlicher und radikaler gefolgt war als die meisten Modernen. In den späten Sechziger- und dann in den Siebzigerjahren wurde sie darin zu einem Vorbild für viele ihrer Leserinnen – und in einem weiteren Sinne auch für die populär werdende Praxis, buchstäblich zu einer Reise zu sich selbst aufzubrechen. Für die Hippies schien die Wunderdroge LSD die Tür zu dieser Reise zu öffnen. Bald aber waren es indische Gurus, deutsche Buddhistinnen, tibetanische Mönche, britische Esoteriker und auch ein österreichischer Physiker, die alle am Ende des Traums von der Revolution den Weg nach »innen« wiesen – dorthin, wo das Bewusstsein zum Kosmos »erweitert« werden sollte. Auf verschlungenen Wegen trafen sie sich, gleichsam in der west-östlichen Mitte und vollständig globalisiert, mit »humanistischen« Psychologen, die an neuartigen Technologien des singulären Ich feilten. Der Glaube an den Rationalismus der Moderne und die diskursiven Koordinaten, die die Subjekte in die Welt einbetteten, gerieten in diesem »New Age« ins Rutschen. Kein Wunder daher, dass ein Philosoph in Berkeley 1975 deklarierte: »Anything goes.« Und kein Wunder auch, dass bei all diesem Streben nach dem wahren Selbst sich der neue Sehnsuchtssignifikant der »Identität« mit politischen Energien aufzuladen begann.

Vexierbilder des Ich

Im Frühjahr 1977 erschien im kleinen Frankfurter März-Verlag das nachgelassene »Roman-Fragment« *Die Reise* des zuvor nur in der linksradikalen *scene* bekannten Bernward Vespers.[31] Er hatte es in den Jahren 1969 bis 1971 geschrieben, das heißt in der Zeit zwischen der Entstehung der RAF unter der Führung seiner ehemaligen Verlobten Gudrun Ensslin[32] und seinem Suizid am 15. Mai 1971 in der Psychiatrie der Universitätsklinik Hamburg-Eppendorf.

Die »Reise«

Vesper hatte das Projekt dieses Romans dem März-Lektor Karl Dietrich (»KD«) Wolff in einem Brief im August 1969 mit den Worten angekündigt, er arbeite an einem »Romanessay« mit dem Titel »TRIP«, der »die versuchsweise genaue Aufzeichnung eines 24stündigen LSD-Trips« sei, »und zwar sowohl in seinem äußeren wie seinem inneren Ablauf«. Obwohl man voraussehen könne, wie die Presse »darüber herfallen« werde, »daß ein Buch eines ›Linken‹ *so* entstanden ist«, halte er es jedoch für einen notwendigen Versuch, »Abstand von der Zeit zu nehmen, um die eigenen Verhaltensweisen, also die ›Politik‹, zu überprüfen usw.«[33]

Als das Buch *Die Reise*, das wesentlich umfangreicher und ausschweifender geworden ist als lediglich die Beschreibung eines LSD-Trips, sechs Jahre nach Vespers Tod tatsächlich erschien, qualifizierten es die ersten Rezensionen in Regionalzeitungen als ein Dokument der gescheiterten Protestgeneration. Ein paar Wochen später, im dramatischen Herbst 1977, folgten die überregionalen Blätter. Auch wenn die Tagesereignisse der Grund dafür gewesen sein mögen, zum autobiographischen Bericht des ehemaligen Lebensgefährten von Gudrun Ensslin und Vaters ihres gemeinsamen Kindes zu greifen, schlugen die Rezensenten einen Ton an, der nicht auf die RAF fixiert war. Die *Zeit* bezeichnete *Die Reise* als wichtigste literarische Neuerscheinung des Jahres, allerdings ebenfalls als ein Dokument vom Scheitern einer ganzen Generation, während die *FAZ* zwar auch von einem »Bericht über eine verlorene Generation« und einer »Reise ohne Ankunft« sprach, vor allem aber hervorhob, das Buch dokumentiere Vespers »verzweifelte Suche nach einem authentischen Ich«.[34]

Die Rede vom »Authentischen« kam gerade in Mode. Sie konnte vieles bedeuten; richtig jedenfalls war, dass es Vesper nur um sich selbst ging, wie er gleich zu Beginn des Romans deklarierte: »Ich interessiere mich ausschließlich für mich und meine Geschichte und meine Möglichkeiten, sie wahrzunehmen.«[35] Sein »Romanfragment« passte damit perfekt zu der vom Bielefelder Literaturwissenschaftler Jörg Drews in der Februar-Ausgabe der Zeitschrift *Akzente* festgestellten »Neuen Subjektivität« der deutschsprachigen Gegenwartsliteratur,[36] und sie provozierte auch die erwartbare Kritik. Heinrich Böll etwa nannte die Ich-Suche Vespers »Egomanie«: Wer sich so mit dem eigenen Ich beschäftige, habe sich vom Anspruch, die Gesellschaft zu verändern, verabschiedet. War diese Ich-Suche denn nicht verantwortungslos, war sie nicht die »totale Verweigerung«, wie Böll am 22. Dezember in der *konkret* schrieb?[37] Ging es der revolutionären Linken denn nicht ums Kollektiv, ums Proletariat, um die Menschheit? Zweifellos, und auch Vesper sagt das mehrfach in jenen Passagen, in denen er klingt wie die tönerne Stimme eines revolutionären Kaders im marxistischen Schulungskurs, aalglatt und beinhart. Dennoch war für ihn die Suche nach dem eigenen Ich weit wichtiger als der Traum von der Revolution: »Die Bourgeoisie«, heißt es an einer Stelle spöttisch, »kann nie ein Ich entwickeln, weil sie immer in der Küche ißt, um das Wohnzimmer für ›den anderen‹ zu schonen. [...] Sie ist völlig unfähig, den Tag als unwiederbringlich zu begreifen.« Kurzum, so Vesper als Sohn einer bürgerlichen Familie und am Rande des triefenden Selbstmitleids: »Das ist die Scheiße, in die wir hineingezogen worden sind.« Seine Kritik aber galt ebenso der Linken, die »zur Befriedigung der Bedürfnisse nicht in der Lage« sei. »Sie opfert«, so Vesper, seine Rezensenten vorwegnehmend, »schlimmstenfalls unsere Generation.«[38]

Es war eine umfassende Absage an die revolutionäre Linke, der er selbst nahestand. Zwar hatte schon die Protestbewegung der späten Sechzigerjahre den »subjektiven Faktor« im Blick; sie hatte die »bürgerliche« Unterdrückung der Sexualität denunziert und gegen den Zwang rebelliert, sich den Verhaltensnormen und Leistungsanforderungen der kapitalistischen Gesellschaft zu unterwerfen. Herbert Marcuse hatte die empfundene Parallelität von Ausbeutung im Kapitalismus und Unterdrückung der libidinösen Triebenergien in der bürgerlichen Gesellschaft mit dem einheitlichen Signifikanten »Repression« scheinbar letztgültig beschrieben. Und auch der Erfahrungsbericht der Westberliner »Kommune 2«, der alle neurotischen Ängste, Sexualprobleme und Kommunikationshemmungen auf die Unmöglichkeit eines gelingenden Lebens »im Kapitalismus« zurückführte, machte klar, dass diese Art der Suche nach dem eigenen Ich sich grundsätzlich im diskursiven Rahmen der »Gesellschaftskritik« bewegte. Inspiriert einerseits durch die studentische Lektüre von Wilhelm Reichs Klassiker *Die sexuelle Revolution* (so der Titel ab 1966, die Erstausgabe erschien 1936 unter dem Titel *Die Sexualität im Kulturkampf*),[39] andererseits aber auch als eine theoretisch ausgearbeitete Position »kritischer und oppositioneller Psychologen« (wie sie sich 1969 auf einem Kongress nannten), wurde individuelles Unglück sehr grundsätzlich als Folge einer »repressiven« Erziehung und der durch sie vermittelten ökonomischen, sozialen und sexuellen Unterdrückungsformen des »Systems« erklärt.[40] Der nicht nur in der linken und alternativen Szene sehr viel gelesene Psychoanalytiker Horst-Eberhard Richter berichtete in seinem Bestseller *Die Gruppe* in diesem Sinne, dass die »Klienten« nicht mehr unter einem von ihnen festgestellten »persönlichen Defekt« litten, sondern sich »als Glied eines defekten Kommunikationssystems« empfänden. Mit dieser von der Kybernetik entliehenen Ausdrucksweise deutete Richter die Ratsuchenden als Teil eines »kranken ›Systems‹«, die aber in der Gruppe immerhin lernen konnten, ihre individuellen »Interaktionen« und damit sich selbst ein Stück weit zu heilen und auf diese Weise auch zur gesellschaftlichen Veränderung beizutragen.[41]

Möglich, dass Vesper dies streckenweise von sich selbst auch glaubte, doch *Die Reise* erzählt eine andere Geschichte. In den langen Rückblenden, mit denen er immer wieder tief in die Geschichte seiner Kindheit und seiner Jugend hinabtauchte, entstand kein Rezept zur Veränderung der Gesellschaft, sondern verblasste jeder revolutionäre Anspruch zu formelhaften Residuen eines anderen Diskurses. *Die Reise* wurde zu einem Text, der mit offenem Ausgang die Suche nach einem Ich dokumentiert, das auch durch die Revolution nicht von den Gespenstern seiner Vergangenheit hätte erlöst werden können. Seine persönliche »Reise« veränderte daher die politischen Aspirationen auch dort, wo Vesper sie explizit formulierte. Ähnlich wie die Spontis drückte er seine gegenüber »68« veränderte Absicht und Perspektive mit den knappen Worten aus: »[E]s geht jetzt darum, die Freiheit hier zu beginnen, d. h. das Ich zu entwickeln. Das ist alles.«[42] In diesem Sinne hatte auch Verena Stefan an den Schluss ihres in Kapitel 3 bereits erwähnten feministischen Bestsellers *Häutungen* den Satz gestellt: »Der Mensch meines Lebens bin ich.«[43] Beide Romane entsprachen mithin exakt der Diagnose des Germanisten Jörg Drews.

»Die politische Perspektive«, so Drews, die sich seit Mitte der Sechzigerjahre eröffnet habe, »ist abhanden gekommen, und die Subjekte, die sich für kurze Zeit in einer Tendenz und einer Art ›Groß-Gruppe‹ aufgehoben fühlten, wurden wieder in die Vereinzelung versprengt«. Drews leitete aus dieser etwas nörglerischen Beobachtung die allerdings weitsichtige Prognose ab: »Das Einzige aber, womit wir uns jenseits aller Parolen in den nächsten zwanzig bis vierzig Jahren mit Sicherheit werden herumschlagen müssen, ist unser eigenes Ich.«[44]

Aber was war das, ein »Ich«, zumal eines, das schreibend gesucht oder gar gefunden werden sollte? Seit den Sechzigerjahren hatten französische Theoretiker und Literaturwissenschaftlerinnen wie namentlich Julia Kristeva und Roland Barthes auf dem allgemeineren Hintergrund des Strukturalismus und der Psychoanalyse nicht nur die Vorstellung einer »Einheit« des Subjekts verworfen, sondern auch bestritten, dass es möglich sei, im autobiographischen Sprechen und Schreiben ein »wahres« Bild seiner selbst zu zeichnen. Es war dann aber der Schriftsteller und Literaturwissenschaftler Serge Doubrovsky, der im Klappentext seines 1977 in Paris erschienenen Romans *Fils* (»Sohn«) den Begriff *autofiction* prägte und damit die nachträgliche, erzählerische, von der Kraft der Sprache getriebene und insofern fiktive Konstruktion eines »Fadens« (*fils*) von zumindest potentiell realen Ereignissen und Geschichten meinte. Entlang dieses Fadens entsteht in der *autofiction* zwar tatsächlich eine Lebenserzählung – ohne damit aber im Stile eines Ariadnefadens zu einem »ganzen«, »ungebrochenen«, geschweige denn »authentischen« Ich zu führen.[45]

Vesper war hinsichtlich seines eignen autobiographischen Schreibens zweifellos nicht ganz so reflektiert – und tatsächlich war das Schreiben seines »Romanessays« (selbst ein ausführlicher Gegenstand des Textes) mit den vielen Rückblenden in seine Kindheit nur ein Teil seiner, wie es scheint, durchaus verzweifelten Suche nach sich selbst. Dazu kamen die im Roman geschilderten, aber auch »realen« Techniken dieser Ich-Suche: lange nächtliche Autofahrten, Reisen in die Schweiz und nach Italien sowie, oft auch *on the road*, die Einnahme von LSD. Vesper schildert diese Trips in allen Farben und Verzerrungen, mit allen paranoiden Schüben und euphorischen Wellen des Glücks. Die Droge schien ihm tiefe Einsichten in sein Inneres zu versprechen, das er als durch die harte väterliche Erziehung auf einem niedersächsischen Herrengut versperrt empfand, etwa in dieser Passage: »Ja, ich wußte genau, daß ich Hitler bin […], seine gottverdammte Existenz hat sich an meine geklebt wie Napalm, und wenn ich auch eigentlich ganz andere Sachen vorhabe, die Gräber der Inkas zu sehn und am Fuß des Himalaya sitzend den Morgen zu erwarten, [...] ich muß versuchen, die brennende Flamme zu löschen, aber es ist gar nicht Hitler, ist mein Vater, ist meine Kindheit, meine Erfahrungen BIN ICH ...«[46]

War das Selbsterkenntnis, gar eine, die nur dank LSD zu erreichen gewesen war? Oder spiegelte sich in diesen in nachträgliche Worte gefassten Trip-Visionen bloß die Oberfläche zeittypischer Phantasmen und Sehnsüchte, die ihn als Sohn eines nationalsozialistischen Dichters, als Vietnamkriegsgegner (»Napalm«) und als einen von indianischer und östlicher Mystik Faszinierten quälten? Ohne dies entscheiden zu müssen, lohnt es sich, kurz der Frage nachzugehen, warum Vesper seine Reise zu sich selbst überhaupt mit LSD unterstützte. Auch der Hinweis auf den »Himalaya« wird uns noch beschäftigen – als eine Art Wegweiser, dem in den Siebzigerjahren auf der Reise zu sich selbst viele gefolgt sind.

Trips

In der Zeit als Bernward Vesper sein Buch schrieb, waren vor allem in der amerikanischen *counter culture*, aber auch in den europäischen Hippie- und Alternativszenen die Hoffnung geradezu überschwänglich gewesen, mit LSD und inspiriert von Aldous Huxleys zu spätem *Counter-culture*-Ruhm gekommenem Drogenbuch *The Doors of Perception* aus dem Jahr 1954 die »Pforten zur Wahrnehmung« (so der Titel der deutschen Übersetzung) öffnen zu können. Die nach Huxleys Formel getaufte kalifornische Band The Doors beschwor 1967 auf ihrer Debütsingle vielsagend das »Break on Through (To the Other Side)«; Jimi Hendrix sang im selben Jahr von einem psychedelischen »Purple Haze«, und die Beatles konnten nie glaubwürdig dementieren, dass ihr »Lucy in the Sky with Diamonds«, ebenfalls 1967 veröffentlicht, nicht schlicht »LSD« bedeutete.[47] Dass Vesper 1969 das Selbstexperiment des autobiographischen Romans mit dem Selbstexperiment eines LSD-Trips verschaltete, war daher ebenso wenig überraschend, wie dass KD Wolff sich als Lektor dafür interessierte.

Denn tatsächlich war ein LSD-Trip für die Hippies – zu denen sich Vesper mit distanzierter Ironie selbst zählte – eine »Reise«, deren Ziel eine umfassende, die eigene Alltagsrealität umstürzende »Bewusstseinserweiterung« und gesteigerte sinnliche Wahrnehmung war, die zugleich als körperliche Realität, nicht zuletzt als »sexuelle Ekstase« erfahrbar werden sollte.[48] Timothy Leary, der zum LSD-»Propheten« gewandelte ehemalige Harvard-Psychologe und als solcher einer der frühen wissenschaftlichen Experimentatoren mit psychoaktiven Substanzen, nannte in diesem Sinne auch den gegenkulturellen LSD-Trip ein »Experiment«, mit dessen Hilfe man lernen könne, sein eigenes »Nervensystem zu benutzen«, was allerdings »Übung«, »Know-how« und »Disziplin« erfordere. Östliche Meditationstechniken dienten Leary dabei nicht nur als Vorbild und Anleitung, sondern wurden von ihm auch mit einer biochemisch informiert klingenden Sprache zum neuartigen Sound der psychedelischen Revolte vermischt. Der LSD-Konsument solle, so Leary, in einem sorgfältig gewählten »setting« Körper und Gefühle (das »set«) auf den Trip einstellen, um sich in diesem Sinne »bewusst« auf eine »Reise« zu begeben, die nicht nur das Bewusstsein »erweitere«, sondern den Reisenden »auf dem zellulären Level in Verbindung mit seiner DNA bringe« und insgesamt »einen veränderten Menschen und ein verändertes Leben zur Folge haben« werde – und damit schließlich eine politische, ja eine gesellschaftsveränderte Wirkung entfalten könne.[49]

Die *counter culture* nahm solche Versprechen sehr ernst. Angeleitet von Learys *Handbuch* für *psychedelische Erfahrungen* (*nach Weisungen des Tibetanischen Totenbuches*, wie es im Untertitel hieß) und hoch oben in den Walliser Alpen versuchte zum Beispiel die Schweizer Aussteigergruppe »Bärglütli« (»Bergleute«) in den frühen Siebzigerjahren durch einen »sakramentalen« Cannabis- und LSD-Konsum ihre »Sensibilität« und »intuitiven Bewusstseinskräfte« zu entwickeln, um »wieder in Kontakt zu kommen mit den Quellen [ihrer] schöpferischen Energie, den Quellen menschlichen Wissens, der Religiosität und der Kreativität«.[50] Sie waren nicht die Einzigen. Schon in den Fünfzigerjahren stellten sich LSD-Forscher in den USA die Frage, ob mittels der vom Basler Pharmakonzern Sandoz ab 1949 zur Verfügung gestellten Substanz die Wahrnehmung erweitert und die Kreativität gesteigert werden könne (was eine im Grunde alte Frage war, die Schriftsteller seit der Romantik in Selbstexperimenten mit verschiedenen Drogen ausgelotet hatten[51]). Anaïs Nin, die kurz zuvor Huxleys *Doors of Perception* gelesen hatte, nahm im Herbst 1955 an einem solchen Experiment teil, bei dem die beteiligten Psychiater nicht zufällig Bilder von hinduistischen Gottheiten an die Wand gehängt hatten. Sie schilderte ihre »Reise« im Tagebuch ausführlich, fragte sich dann allerdings, ob diese angeblich »unbekannte Welt« tatsächlich »nur durch chemische Veränderungen der Realität zu betreten« sei. Ziemlich abgeklärt und geradezu medientheoretisch versiert stellte sie fest, dass sie »den Ursprung der meisten [LSD-]Bilder«, die sie auf ihrem experimentellen Trip sah, »entweder in meinem Werk oder in Werken anderer Schriftsteller fand«, und belegte dies auch gleich mit Textbeispielen. Kurzum, sie war nicht beeindruckt. Wer als Künstler sowieso Zugang zu seinen unbewussten Bildwelten habe, brauche kein LSD.[52] Andere reagierten euphorischer. Um nur ein besonders prominentes Beispiel zu nennen: 1975 ließ sich Michel Foucault bei einem Aufenthalt in Kalifornien im Death Valley auf einen LSD-Trip mitnehmen. Er sprach kurz darauf in einem Brief von »Drogen [als] Bruch mit dieser Physik der Macht, der Arbeit, des Konsums, der Lokalisierung« und bezeichnete den Trip im Death Valley gar als »eine der wichtigsten Erfahrungen in meinem Leben«.[53]

Der gegenkulturelle und durchwegs auch orientalisierte Traum von LSD als einem das Bewusstsein erweiternden und die Gesellschaft verändernden Türöffner währte gleichwohl nicht lange.[54] In Kalifornien geriet die Landkommunen-Bewegung, die eng mit dem Glauben an *acid* als einem gesellschafts- und selbstverändernden Wundermittel verbunden war, ab etwa 1973 in eine tiefe und, wie sich herausstellen sollte, finale Krise.[55] Auch die Gruppe der »Bärglütli« löste sich nach drei Sommercamps 1973 desillusioniert auf, und als Vespers *Reise* erschien, war LSD-induzierte »Bewusstseinserweiterung« ein schon weitgehend schal gewordenes Versprechen, an das nur noch wenige glauben wollten (was natürlich nicht hieß, dass der Konsum aufhörte). Aber auch das wissenschaftliche (und nicht zuletzt geheimdienstlich-militärische) Interesse an LSD sowie die verbreiteten Warnungen vor der Droge ließen erkennbar nach. Sowohl im Deutschen wie im Englischen lag der Höhepunkt ihrer kurzen, steilen Thematisierungskonjunktur im Jahr 1971, gefolgt von einem fast ebenso schnellen Rückgang.

Eine ganz andere Droge zog nun alle Aufmerksamkeit auf sich. Ende Mai 1977, kurz nach dem Erscheinen von Vespers *Reise*, meldete der *Spiegel* in einer dramatischen (und dramatisierenden) Titelgeschichte, dass »seit zwei Jahren Heroin in Westdeutschland zum Drogenproblem Nummer eins geworden« sei und »die Zahl der Fixer [...] sich in den letzten fünf Jahren verzwölffacht« habe; die Behörden zählten rund 25 000 »Fixer« und rechneten bis zum Ende des Jahres mit 500 Toten.[56] Im Gegensatz zu LSD versprach Heroin – »zu Beginn der siebziger Jahre auf der deutschen Szene noch exotisch«, so der *Spiegel* – keinen stundenlangen Trip, keine »Reise« in halluzinatorische Farbräume und auch keine spirituellen, gar religiösen Erfahrungen. Heroin-Konsumenten suchten kaum ihr Ich, sondern einen Zustand zwischen kurzer Ekstase und Entspannung, aber auch Empfindungen zwischen Gleichgültigkeit und Vergessen – bis hin zur Ich-Auflösung und Todessehnsucht, wie Lou Reed mit den Velvet Underground im Song »Heroin« (1967) bekannte (»I'm gonna to try to nullify my life / [...] I'm closing in on death«[57]). Das lag nicht nur am Stoff selbst. Zu einem »Drogenproblem« wurde Heroin vor allem durch die gesetzlichen, polizeilichen, sozialen und hygienischen Bedingungen, die den Konsum für viele gefährlich und die Abhängigen zu »Junkies« machten.[58] Weil der illegal gehandelte, schwer zu dosierende und im Verbotenen konsumierte Stoff meist verunreinigt und das oft von mehreren geteilte Spritzbesteck schmutzig war, wurde »H« für sie zu einem Todestrip; die Zahl der Junkies, die unter diesen Bedingungen starben, hatte sich, wie der *Spiegel* meldete, in Westdeutschland seit 1972 verfünffacht.

Mit anderen Worten: Für all jene, die sich auf der Suche nach »Sinn«, nach »spirituellen Erfahrungen« beziehungsweise nach ihrem »Ich« befanden, war Heroin kein sonderlich verlockender Weg (für nicht wenige dennoch aber eine gefährliche Falle). Daher dominierte in der Alternativszene der Konsum der Hanfprodukte Haschisch (»Shit«) und Marihuana (»Gras«) mit vermutlich großem Abstand vor allen anderen Substanzen. Allerdings waren deren psychedelischen Effekte gering. Konsumiert wurden in der *scene* deshalb auch psilocybinhaltige Pilze (»magic mushrooms«), die jedoch, obwohl halluzinogen, keine mit LSD vergleichbare Rolle gespielt zu haben scheinen.

Man kann daher eine einfache Frage stellen: Welche Technologien des Selbst begannen in den frühen Siebzigerjahren das LSD, die »Leitsubstanz der Hippies«,[59] als vermeintlichen Universalschlüssel zum Ich abzulösen beziehungsweise entfalteten eine noch viel größere Breitenwirkung? Welche anderen Formen der Suche nach dem Ich waren an den aufgewühlten und durchaus nicht schmalen Rändern der westlichen Gesellschaften im Angebot – welche »Techniken eines Glücks ohne Drogen«?[60] Es waren im Wesentlichen drei auf diverse Weise miteinander verflochtene Formen der Ich-Suche: die esoterische »New Age«-Spiritualität, die Rezeption östlicher Selbsttechniken und die prall gefüllte Wundertüte des westlichen »Psychobooms«, jenes »Urknall[s] eines neuen Universums«.⁶¹

Esoterik, spirituelle Globalisierung und der Psychoboom

Irgendwann im Spätsommer 1970 saß der 31-jährige österreichische Physiker Fritjof Capra, der damals am Hochenergie-Linearbeschleuniger der Universität Stanford forschte, an einem kalifornischen Meeresstrand und hatte eine Vision: »Ich sah, wie die Wellen anrollten, und fühlte den Rhythmus meines Atems, als ich mir plötzlich meiner Umgebung als Teil eines gigantischen kosmischen Tanzes bewußt wurde. [...] Ich ›sah‹ förmlich, wie aus dem Weltraum Energie in Kaskaden herabkam und ihre Teilchen rhythmisch erzeugt und zerstört wurden. Ich ›sah‹ die Atome der Elemente und die meines Körpers als Teil dieses kosmischen Energie-Tanzes; ich fühlte seinen Rhythmus und ›hörte‹ seinen Klang, und in diesem Augenblick wußte ich, daß dies der Tanz Shivas war, des Gottes der Tänzer, den die Hindus verehren.«⁶²

Das klang zwar auffallend nach Leary, der in seiner viel gelesenen Textsammlung *The Politics of Ecstasy* und mit seiner typischen, Naturwissenschaftliches, Psychologisches und Mystisches vermengenden Sprache behauptet hatte, »Bewusstsein« sei »empfangene Energie, die von einer Struktur dekodiert wird«, und dass man mit »großen Dosen von LSD« auf der höchsten, der »solaren« Ebene des »Bewusstseins« (*consciousness*) »die Wahrnehmung (*awareness*) von Energieumwandlungen zwischen molekularen Strukturen innerhalb der Zellen triggern« könne.⁶³ Aber Capra war nicht auf LSD, und er sprach auch nur ganz am Rande davon, dass ihm anfänglich »Kraftpflanzen« (seine Anführungszeichen – er meinte wohl halluzinogene Pilze oder Kakteen) auf seinem »Weg« geholfen und ihm gezeigt hätten, »wie die Gedanken frei strömen können, wie geistige Erkenntnisse von sich aus kommen und mühelos aus der Tiefe des Bewußtseins aufsteigen«. Ob es ebenfalls »Kraftpflanzen« waren, die ihn damals am Strand Shivas Tanz erkennen ließen, bleibt sein Geheimnis.

Quantenphysik und New-Age-Spiritualität

Das Buch jedenfalls, das Capra ausgehend von diesem Erlebnis schrieb – *The Tao of Physics* (1975), die deutsche Ausgabe erschien 1977 unter dem Titel *Der kosmische Reigen* –, propagierte keine Drogenexperimente. Capra verkündete vielmehr die »zeitgemäße« Botschaft einer tiefen Verwandtschaft von »westlicher« Atom- und Quantenphysik mit den Weisheitslehren des »Ostens«, das heißt mit jenen mystischen »Einsichten«, die dem Buddhismus, dem Taoismus und dem Hinduismus gemeinsam seien.[64] *Tao of Physics* beginnt mit einem Heisenberg-Zitat (dass zwischen zwei »verschiedenen Arten des Denkens« bei ihrem Zusammentreffen eine »echte Wechselwirkung stattfinden« könne) und kulminiert in der These, »daß die Grundtheorien und Modelle der modernen Physik zu einer Weltanschauung führen«, die »mit den Anschauungen der östlichen Mystik vollkommen harmoniert«. Die Wissenschaft sei zwar notwendig, um die »mechanische« Welt zu verstehen, zugleich sei sie aber »zu rational, zu männlich und aggressiv«. Ihre neusten Erkenntnisse im »atomaren und subatomaren Bereich« und insbesondere die Quantenphysik würden hingegen in eine Richtung weisen, die dem Wissen der östlichen Mystiker »ähnlich« sei. So wie sich Physiker »der Einheit aller Dinge und Vorgänge bewußt« seien, betrachte auch die Mystik »alle Phänomene im Universum als integrale Bestandteile eines unteilbaren harmonischen Ganzen«; sie lehre, dass die innere, körperliche und geistige »Realität« des Menschen mit der »äußeren Realität« der Welt »identisch« sei.[65]

Capras ungeheuer gelehrt wirkende Darlegungen machten großen Eindruck, und zwar nicht nur bei zahlreichen Leserinnen und Lesern, die weder mit moderner Physik noch mit den Denksystemen asiatischer Religionen vertraut waren, sondern auch beim Publikationsorgan des American Institute of Physics (A.I.P.), *Physics Today*. Das Buch sei »eine Pionierarbeit« auf dem Weg zu einem »notwendigen Paradigmenwechsel in der Physik«. Obwohl Capra in seinem »Überschwang, überall Parallelen zu sehen, Vergleiche zwischen ziemlich verschiedenen Realitätsebenen« anstelle, überzeugte den Rezensenten die These, dass die quantenphysikalische Ansicht, wonach Materie aus »Wahrscheinlichkeitsmustern von Energierelationen bestehe«, »auffallend ähnlich« mit jenen Bewegungen sei, die die Hindus mit Shivas Tanz symbolisierten.[66] Gleichsam stellvertretend für alle Laien fragte die *Washington Post* im Juli zwar keck, ob es »vielleicht Drogen« gewesen seien, die Capra zu seinen Einsichten geführt hätten; aber auch sie äußerte keine Kritik gegenüber dessen vollmundiger Behauptung, dass sich seine »ganzheitliche Weltsicht« als das mit Abstand wichtigste Ergebnis moderner Wissenschaft erweisen werde.[67] Capras gedanklicher Spagat zwischen ganz unterschiedlichen Deutungs- und Welterklärungssystemen schien auf wundersame Weise eine Antwort auf die großen Fragen der Zeit zu bieten. War es denn nicht gerade, wie es selbst in *Physics Today* hieß, die verbreitete Kritik an der »Seelenlosigkeit der modernen Wissenschaft«, ihrer »abstrakten, rationalen Weltsicht« und dem Umweltdesaster als deren Folge, die viele Menschen dazu brächte, sich »östlicher Mystik und verschiedenen Formen des Okkultismus zuzuwenden« – darunter »viele unserer besten Studenten«? Für *Physics Today* kam daher Capra wie gerufen: Er zeige, dass der Gegensatz zwischen »Wissenschaft« und »gefühlsorientierter Mystik« überbrückt werden könne.

Allein: Was hatte diese Suche nach einem neuen »Weltbild« mit der Suche nach dem Ich zu tun? Capras Buch bot keine psychologische Beratung für einsame westliche Seelen, aber es konstruierte für das Subjekt einen privilegierten diskursiven Ort in der Mitte zwischen den »Atomen«, aus denen sein Körper zusammengesetzt ist, und den unendlichen Weiten des »Kosmos«. Das in diesem Zentrum angesiedelte »Bewusstsein« könne sich, so Capra, »als integralen Bestandteil des Universums« begreifen, denn »in uns« wiederhole »das Universum immer und immer wieder seine Fähigkeit, Formen zu erzeugen, durch die es sich selbst seiner bewußt wird«.[68] Was sollte das heißen? Zur Erklärung verwies Capra auf die epistemologische Einsicht der Quantenphysik, dass der im Experiment beobachtete Zustand nicht vom Beobachter und dem Versuchsaufbau zu trennen ist – beziehungsweise leitete überaus spekulativ daraus ab, dass das Beobachtete und damit letztlich das Ganze der Natur vom »Bewusstsein« nicht unterschieden werden könne.[69] Das Argument war für Laien zwar weder nachvollziehbar noch überprüfbar, aber es war suggestiv. Und es war wohl vor allem die daraus abgeleitete Vorstellung einer irgendwie realen Kopplung von »Bewusstsein« und »Kosmos«, die *The Tao of Physics* so attraktiv und schnell weltweit populär machte. Jedenfalls passte dieses Angebot einer neuartigen Subjektposition für all jene, die sich im weiten Raum zwischen einer als zu rational und kalt empfundenen Welt, ihrem Körper und ihren spirituellen Bedürfnissen auf der Suche nach sich selbst befanden, perfekt zu einer subkulturellen Strömung, die schon im Hippie-Musical *Hair* (1967) als das kommende »Age of Aquarius«, das nach einer astrologischen Spekulation sogenannte »Wassermannzeitalter«, besungen wurde und in den Siebzigerjahren unter dem Label »New Age« viele Sehnsüchte nach östlicher Mystik, spiritueller Erleuchtung und persönlicher Veränderung bündelte.

Es war der englische Dichter und Naturmystiker William Blake, der 1804 die Formel »New Age« prägte, die im englischen Sprachraum dann schon Ende des 19. Jahrhunderts bei neureligiösen Predigern, okkulten Propheten und in der theosophischen Tradition Verwendung fand. Aber auch jenseits dieser Formel beeinflussten esoterische und okkulte Lehren spätestens seit 1900 unterschiedliche kulturelle und politische Milieus, von millenaristisch angehauchten britischen Sozialisten über deutsche Lebensreformer und Anthroposophen bis hin zur neuheidnischen völkischen Bewegung im Vorfeld und in der Nähe des Nationalsozialismus. Aber auch Psychologen wie namentlich – und mit sehr großem Einfluss – Carl Gustav Jung oder die Psychoanalytiker, mit denen Anaïs Nin in Verbindung gestanden hatte, bewegten sich im Rahmen dieser Tradition oder hatten ihr gegenüber zumindest keine Berührungsängste.

In vielfältiger, wenn auch auf kleine Zirkel beschränkter Weise inspirierte diese esoterische, okkulte und theosophische Strömung schließlich auch die entstehende Jugend- und Gegenkultur in den USA und in Großbritannien der Sechzigerjahre, vermittelt über die holistischen Theorien des Architekten und Utopisten Buckminster Fuller, die Beat-Poeten Allen Ginsberg, Jack Kerouac und William S. Burroughs und den britischen Satanisten, Drogen- und Sex-Mystiker Aleister Crowley. Es war eine heterogene Mischung älterer gegenkultureller Versatzstücke, die in den Sechzigern eine jugendbewegte und musikindustriell verstärkte Popularisierung erfuhr. Die sanften, dabei aber dezidiert vor- oder antimodernen Sinnkonglomerate der Wassermann-Mystik oder auch die Fantasy-Welten in den plötzlich vielgelesenen Romanen von J. R. R. Tolkien boten sich den Hippies als Rahmen für ihre Erfahrungen mit halluzinogenen Drogen und als Vorstellungshorizonte ihrer Natursehnsucht an. Gleichzeitig fanden auch weitaus dunklere, okkulte und satanistische Strömungen Eingang in die *counter culture* und die Rockmusik: eher spielerisch noch im Rolling-Stones-Hit »Sympathy for the Devil« (1968), ernsthafter hingegen im Satanismus der Chicagoer Band Coven und der von ihr inspirierten britischen Gruppe Black Sabbath sowie bei vielen der späteren Black-, Death- oder Doom-Metal-Bands (die dann auch jeden Bezug auf das »freundliche« New Age der ehemaligen »Blumenkinder« hinter sich ließen). Doch davon einmal abgesehen, wurde die Formel »New Age« ab den Siebzigerjahren zu einem breiten, die unterschiedlichsten sozialen Milieus, weltanschaulichen Strömungen und kulturellen Muster in neuartiger Weise verbindenden Sammelbegriff.[70]

Einer der bekanntesten Propheten des New Age war der Amerikaner David Spangler, der ab 1970 einige Jahre in der esoterischen »Findhorn-Community« in Schottland zugebracht hatte, wo angeblich Feen und Elfen den ungewöhnlich üppigen, zu einer Pilgerstätte des »Neuen Zeitalters« gewordenen Garten bestellten. Auch für Spanglers Weltbild war die Verbindung von »Bewusstsein« und »Kosmos« konstitutiv, und auch er bezog sich auf die Quantenphysik, als er in seinem 1976 erschienenen Buch *Revelation – The Birth of a New Age* die Wirklichkeit »eine gemeinsame Schöpfung oder ein Produkt der Beteiligung von Beobachter und beobachtetem Objekt« nannte. Die Wahrnehmung, so Spangler, verändere »das, was wir sehen, und verändert daher uns« – ja, die Wirklichkeit werde von uns »unaufhörlich mit-erschaffen«. Für Spangler bedeutete das: »Die Welt ist so hart, wie wir wollen, oder so offen, fließend und dehnbar, wie wir in der Lage sind, sie zu verkörpern.«[71] Alternative Wirklichkeiten waren damit nicht nur theoretisch denkbar, sondern geradezu allein davon abhängig, ob man in der Lage war, sie sich vorzustellen und zu »verkörpern«.

Unter diesem Vorzeichen – der Religionssoziologe Roy Wallis spricht von einem »epistemologischen Individualismus«[72] – schien alles denkbar, hing alles mit allem zusammen, war alles ineinander übersetzbar, und diese psycho-kosmologischen »Welten« ließen sich auch je individuell formatieren. »Bewußtsein« und »Psychologie« seien, so David Spangler, von den »Prozessen, den Kräften, Prinzipien und Gesetzen, welche die Entfaltung des Universums regieren und gestalten«, nicht zu trennen; Materie und Geist, Bewusstsein und Kosmos erschienen als »Ausdruck eines einzigen *Lebens*«.[73] Diese Denkfigur trat in vielen Varianten und Fassungen auf und verband ein ganzes Spektrum von esoterischen Glaubensvorstellungen. Sir George Trevelyan, ein über 70 Jahre alter britischer Adliger und Theosoph, proklamierte in seinem gerade erschienenen, an die New-Age-Diskurse anschließenden Buch *Vision of the Aquarian Age*, dass der gesamte Kosmos »lebendig und das Werk eines Geistes, einer Art Intelligenz« sei. »Hinter allen äußeren Formen« liege, so Trevelyan, »ein zeitloses Reich absoluten Bewusstseins«, ein »Reich des Absoluten Seins und der Kreativen Intelligenz«, die man entdecke, wenn man »nach innen schaut und auf diese Weise hindurch zu den Sphären eines sich immer mehr erweiternden Bewusstseins«.[74]

Der Blick »nach innen« wurde so zum Blick in den »Kosmos«, wo das »Bewusstsein« wiederum sich selbst erkannte. Diese Spiegelfigur war keine esoterische Neuschöpfung Trevelyans, sondern ein ziemlich verbreiteter Import östlicher Weisheit, wie sie um 1977 auf dem Buchmarkt in vielen Varianten und eben erst erschienenen Publikationen vorlag. Laut dem tibetischen spirituellen Meister Lama Anagarika Govinda etwa würden »die Funktionen unseres Körpers den Funktionen und Gesetzen des Universums entsprechen, die sich langsam entfalten und in uns bewußt werden«.[75] Die deutsche Sufi-Mystikerin Inge von Wedemeyer, die in ihrem Werk *Der Pfad der Meditation* eine alle großen Weltreligionen vereinigende Meditationslehre entwarf, schloss ebenfalls ganz selbstverständlich vom kosmischen Sein aufs Bewusstsein und wieder zurück.[76] Und gemäß einer mit vielen Bildtafeln geschmückten und kulturhistorisch ambitionierten Darstellung der Lehre des Tantra bedeute allein schon die Erfahrung der sexuellen Anziehung, »daß Selbst und Welt nur einander ergänzende Aspekte derselben Realität sind«.[77]

Neben solchen weit verbreiteten holistischen Denkfiguren, die den Körper und/oder das Bewusstsein mit dem »Kosmos« beziehungsweise dem »Universum« verbanden, gehörte bei jenen, die den Begriff »New Age« explizit für sich in Anspruch nahmen, die Erwartung, dass »die Menschheit« in ein »Neues Zeitalter« eintrete, zum wichtigsten Glaubenssatz. Diese Erwartung konnte vieles bedeuten: sei es, dass das bald 2000 Jahre währende christliche Zeitalter – das »Zeitalter des Fisches« – jetzt im »Zeitalter des Wassermanns« durch eine neue Form von Spiritualität abgelöst werde, die dank der Hilfe östlicher Meditationstechniken zu einem weltweiten Zustand von Frieden und Glück führen werde; sei es, dass ein »Weltenlehrer« wie Christus, Krishna oder der Imam Mahdi wiederkomme;[78] oder sei es gar, dass »die Menschheit«, wie ehemals beim evolutionären Übergang vom Tier zum Menschen, in der »Informationsgesellschaft« den evolutionären Schritt in einen höheren »geistigen« Zustand mache. William I. Thompson, der nach einer kurzen, aber bemerkenswerten Karriere als Historiker einer der einflussreichsten Autoren und (als Gründer der Lindisfarne Association in New York) auch einer der umtriebigsten Organisatoren des New Age wurde, war beispielsweise davon überzeugt, dass die Phase der »Hominisierung« jetzt abgeschlossen sei und sich ein »neuer kosmischer Mensch« – eine Standardformulierung vieler Esoterikerinnen und Esoteriker – entwickeln werde. Dieser neue Mensch werde die unlängst eingestellten Apollo-Flüge zum Mond mit neuen, von »Sonnenatmung« angetriebenen Raumschiffen wieder aufnehmen, die Weiten des Alls erkunden und dort Gott begegnen.[79]

Thompson war natürlich nicht der Einzige, der in solche Weiten hinausdachte. In George Lucas' filmischer Weltraumsaga *Star Wars*, die am 25. Mai 1977 Premiere feierte, lebten verschiedene Gruppen von ehemaligen Erdenbewohnern schon seit langem in fernen Galaxien. Sie begegneten dort zwar nicht Gott, hatten aber jederzeit mit spirituellen Kräften zu rechnen. Die von weisen »Jedi-Rittern« geführten »Rebellen« konnten sich nur deshalb gegen das »Imperium« und die »dunkle Seite der Macht« behaupten, weil sie der kosmischen »Kraft« in sich selbst vertrauten. Wie der Jedi-Ritter Obi-Wan Kenobi erklärte, sei *the Force* »ein Energiefeld, geschaffen durch alle lebenden Dinge. Es umgibt und durchdringt uns. Es hält die Galaxie zusammen«. Die parareligiöse Formel *May the Force be with you!* war daher der Schlüsselsatz des Films, und die Aufforderung, diese kosmische Kraft in sich selbst zu finden und sich ihr anzuvertrauen, seine kaum verhüllte esoterische Botschaft.[80]

Ebenso sagenhaft, aber nicht als Sagen gekennzeichnet, waren die Bücher von populären Autoren wie Erich von Däniken, der glaubte beweisen zu können, dass die »Götter« schon einmal als »Besucher« auf der Erde waren – als Außerirdische, zu denen »wir« wieder Kontakt aufnehmen können oder die »uns« mit UFOs besuchen.[81] In diesem Sinne berichtete 1974 der französische Autorennfahrer, Sänger und Journalist Claude Vorilhon, der sich fortan »Raël« nannte und eine schnell wachsende Anhängerschaft um sich scharte, in seinem Buch *Le livre que dit la vérité* (»Das Buch, das die Wahrheit sagt«), dass er im Dezember 1973 in der Nähe von Clermont-Ferrand eine UFO-Landung gesehen habe. Ein Außerirdischer habe ihn ins Raumschiff geholt und ihn in das Geheimnis eingeweiht, dass die Menschheit von den Extraterrestrischen mittels gentechnischer Experimente künstlich hergestellt worden sei.[82] Die Begegnung soll ebenso freundlich über die Bühne gegangen sein wie jene in Steven Spielbergs Klassiker *Close Encounter of the Third Kind*, der in den USA am 15. November 1977 in die Kinos kam. Und schließlich waren auch die beiden Exemplare der »Golden Record«, die von den kurz zuvor am 20. August und am 5. September gestarteten Sonden Voyager 1 und 2 in den interstellaren Raum transportiert werden sollten, von der Hoffnung motiviert, mit den auf dieser Platte festgehaltenen menschlichen

Stimmen, Tönen und Musik Kontakt zu Außerirdischen aufnehmen zu können oder zumindest noch in Millionen von Jahren die Existenz der Menschheit zu bezeugen. Die Grenzen zwischen Wissenschaft und Esoterik, zwischen Science-Fiction und Technologie waren gerade ziemlich durchlässig geworden.

Diese Durchlässigkeit zeigte sich schließlich auch im Feld der Wissenschaftstheorie. Ein Beispiel dafür war die oben zitierte Fachzeitschrift *Physics Today*, die mit Blick auf Fritjof Capras *The Tao of Physics* davon gesprochen hatte, dass es an der Zeit sei, den Verbindungen und Verwandtschaften zwischen Wissenschaft und Mythos nachzugehen. Aber, so ließe sich fragen, was wäre denn die erkenntnis- und wissenschaftstheoretische Basis für solche Ausflüge ins Gebiet eines neuartigen Denkens? Kann auf diese Weise tatsächlich auch wissenschaftliches Wissen gewonnen werden, gar ein neues wissenschaftliches Weltbild, wie Capra behauptete? Genau diese Fragen beschäftigten seit längerem schon den in Berkeley lehrenden österreichischen Wissenschaftstheoretiker Paul Feyerabend, der dann 1975 unter dem programmatischen Titel *Against method* (dt.: *Wider den Methodenzwang*) eine eigentliche Kampfschrift für eine »anarchistische Erkenntnistheorie« publizierte. An vielen Beispielen aus der Wissenschaftsgeschichte und bis in komplexe Details hinein zeigte Feyerabend, dass neue wissenschaftliche Theorien oder Ansichten sich nicht aus Gründen überlegener Rationalität, geschweige denn methodischer Strenge durchgesetzt hätten, sondern unter vollkommen kontingenten Bedingungen, oft nur dank »absurder« Ideen von Außenseitern und zuweilen auch erst unter Anwendung von Gewalt. Auf diese Weise und nicht aus »rationalen« Gründen seien sie dann als neue »Ideologien« akzeptiert worden. Für Feyerabend gab es daher kein durchgängiges, überhistorisches Rationalitätskriterium und keinen allgemeingültigen methodischen Grundsatz, nach dem die Wissenschaft sich richten könnte, wie sein Lehrer Karl Popper angenommen hatte; es gab nur die Einsicht, dass buchstäblich *alle* Methoden, Ideologien, Weltbilder und Mythen zur Beschreibung der Welt nützlich sein können.[83]

Feyerabend meinte damit ausdrücklich nicht nur alle Konzepte im weiten Raum der abendländischen Philosophie und Wissenschaft und auch nicht nur die faktischen Zufälle und Absonderlichkeiten der Wissenschaftsgeschichte, sondern auch Mythen, etwa die biblische Schöpfungsgeschichte, aber auch die Kosmologie der Hopi oder die Steinzeitastrologie, die Philosophie des Dao, Kräutermedizin, Handauflegen oder

»traditionelle« chinesische Medizin. Warum sei man zum Beispiel so sicher, dass die Regentänze der Hopi nicht funktionieren? Dazu gebe es, so Feyerabend mit Verweis auf »die parapsychologische Forschung«, keinen Grund. Denn »unter streng kontrollierten Versuchsbedingungen« könne »das Bewußtsein die Materie beeinflussen«, und viele alte Kulturen würden lehren, dass man diese Bewusstseinskräfte üben und steigern könne. Und habe nicht der Anthropologe und Mythologe Carlos Castaneda in *The Teaching of Don Juan* (1968) gezeigt, dass »Wahrnehmungen auf höchst ungewöhnliche Art verknüpft werden können« und keine »wahrer« sei als die andere? Und sei es nicht vielmehr so, dass die Wahrnehmung vollkommen davon abhänge, welche »Lebensart als Maßstab der Wirklichkeit« gelte? Kurzum, sind Wissenschaft und Mythos überhaupt zu trennen – ja, ist Wissenschaft nicht auch einfach eine »Religion« wie jede andere beziehungsweise »ein Mythos unter vielen, entstanden unter besonderen historischen Bedingungen«, wie Feyerabend im Vorwort zur deutschen Ausgabe fragte? Für ihn konvergierten deshalb alle diese Überlegungen, sowohl jene zur tatsächlich kaum bestreitbaren Kontingenz wissenschaftlichen Wissens wie auch seine weit darüber hinausgehende Weigerung, dem Rationalitätsmodell »westlicher« Wissenschaft einen irgendwie privilegierten Status zuzusprechen, in einem einzigen erkenntnistheoretischen Grundsatz: »Anything goes.«[84]

Der »Weg nach innen«

Ein solches *anything goes* öffnete auch den esoterischen individuellen Epistemologien einen weiten Raum für die Konstruktion von Weltbildern, die Wissenschaft und Mythos zu verbinden suchten. Es führte dazu, dass das New Age und die mit ihm verwandten Strömungen von einer ausgesprochen synkretistischen, das heißt epistemische und kulturelle Grenzen sprengenden Vielfalt von Themen, Vorstellungen, Glaubensformen und Praktiken geprägt waren. Im maßgebenden, 1976 in den USA publizierten Katalog *Books for Inner Development* finden diese Themen sich alle sorgfältig rubriziert, eingeteilt in Kategorien wie Alchemie, Astrologie, Bewusstseinserweiterung, Biorhythmus, Buddhismus, Edelsteine, Farbe und Aura, Graphologie, humanistische Psychologie, Indische Philosophie, jüdische Mystik, Meditation, Parapsychologie, psychisches Heilen, Wiedergeburt, Tantra, Tarot, UFO und Yoga.[85] Obwohl längst nicht alle diese Philosophien, okkulte Lehren und Technovisionen, Heilpraktiken, Psycho- und Körpertechniken durch die Selbstbezeichnung »New Age« gebündelt wurden und daher auch nicht alle mit denselben Zukunftserwartungen verknüpft waren, trafen sie sich neben der holistischen Weltsicht auch noch in einem anderen, vielleicht gar dem wichtigsten Punkt. Gemäß der Herausgeberin dieses Katalogs – einer Politikwissenschaftlerin, die 1972 in Washington eine Buchhandlung für Esoterika eröffnete – war dies ebender Bezug auf die »innere Entwicklung«, das heißt die Überzeugung, dass »die notwendigen Veränderungen der Gesellschaft nicht stattfinden werden, solange die Veränderungen nicht in uns selbst geschehen«.[86]

Das war das spirituelle, aber auch weitgehend entpolitisierte Axiom all jener, die vor kurzem noch an die »Veränderung der Gesellschaft« durch politische Aktion geglaubt hatten, sich nun aber vordringlich um ihre eigene »Umwandlung zur Selbstbefreiung«[87] kümmern wollten. Die auch im deutschen Sprachraum in großer Zahl publizierten Hand- und Lehrbücher zum Thema Meditation wandten sich ohne jede politische Absicht an ein weltanschaulich plurales Publikum. Meditation galt in all diesen Angeboten zwar als eine »Hilfe« in einer Welt, die aus den Fugen schien, dabei aber als eine gänzlich unpolitische Praxis, die ihren Fokus darauf legte, »sich selbst zu entdecken, seinen Schwerpunkt zu finden«, wie ein Vertreter der sogenannten Transzendentalen Meditation schrieb. Eine gleichermaßen von allen weltlichen und religiösen Bezügen abgelöste Meditation wurde in diesem Sinne als »Wanderung […] ins unbekannte Land der eigenen Seele« vorgestellt; sie sollte »zu größerer Freiheit verhelfen«, aber auch dazu, den Körper ins »Gleichgewicht« zu bringen, Stress »abzubauen«, den Alltag gelassener zu bewältigen und zu sich selbst zu finden.[88] Für diese Bedürfnisse, die weit über die Kreise eingeschworener Esoteriker oder westlicher Buddhistinnen, aber auch weit über die von der Hippie- zur Alternativkultur gewandelte gegenkulturelle Szene hinausreichten, entwickelte sich rasch ein Markt mit spezialisierten Buch- und Zeitschriftenverlagen sowie mit entsprechenden Ernährungs- und »Heilungs-«Angeboten. Dieser neue, aufstrebende Wirtschaftszweig präsentierte sich vom 19. bis zum 24. April 1977 zum ersten Mal auf einem großen »Festival for Mind and Body« in der Londoner Olympia-Ausstellungshalle, organisiert vom Biologen, Rudolf-Steiner-Verehrer und Esoteriker Graham Wilson.[89]

Der Historiker Pascal Eitler hat zu Recht auf die zentrale Rolle hingewiesen, die der Körper bei all diesen Lehren, Visionen und Praktiken spielte.[90] Durch die Beherrschung des eigenen Körpers, in erster Linie qua Meditation, aber auch im Yoga oder im »tantrischen Sex«, sollte der physische Leib zum Medium der »Selbstbefreiung«, zum Ort der Heilung und zum Schauplatz der Ekstase werden. Selbst in einem Meditationshandbuch christlicher Provenienz hieß es in bezeichnender Weise, dass man erst feststellen müsse, »ob wir unseren Leib genügend kennen«, und wurden die Anleitungen und Ratschläge für verschiedene Formen der Meditation mit körperlichen Übungen eingeleitet.[91] Vor allem aber die an asiatischen Religionen orientierten Ratgeber beschrieben Meditation als sowohl körperliche wie auch geistige »Technik«. Ob diese nun »Disziplin« verlange und eine strenge Beherrschung des Körpers zum Ziel habe, die nur durch ebenso kontinuierliches wie hartes Üben, durch »Durchhaltevermögen« und »entschlossene Zähigkeit« zu erreichen sei oder vielmehr eine Art Aufgehen im Körper anstrebe, der zu diesem Zweck in einen Zustand maximaler »Entspannung« gebracht werden müsse, blieb allerdings zwischen den verschiedenen Schulen und Strömungen mit ihren sehr unterschiedlichen religiösen und konfessionellen Hintergründen durchaus offen. Während etwa die deutsche Buddhistin Gerta Ital auf der »rechten«, wenn auch anfänglich schmerzhaften Sitzposition beharrte und empfahl, störende Gedanken durch eine Konzentrationsübung zu bannen, bei der man die Atemzüge zählt und »jede einzelne Zahl so behandelt, als ob ich sie wie einen Nagel in mein Gehirn einbohrte«, lehrte Lama Govinda sein westliches Lesepublikum einen anderen Umgang mit dem Atmen beim Meditieren: Man solle versuchen, »mit dieser Funktion mitzuwirken [...], und zwar [...] ohne ihr unseren Willen aufzuzwingen, ohne selbstische Absichten oder Herrschsucht«.[92]

Das geduldige Einüben der Meditationstechniken war ohne Frage eine beharrliche Arbeit am Selbst, aber es beruht auf einem Missverständnis, wenn man, wie Eitler vorschlägt, diese Körpertechniken allesamt und »im Anschluss an Michel Foucault[s] *Überwachen und Strafen*« dem Register der »Disziplinierung« zuordnet.[93] Denn zumindest die offenkundig subtile Logik jener buddhistischen Selbsttechnik, die Lama Govinda oder auch der in die USA emigrierte tibetische Abt Chögyam Trungpa beschrieben, zielte darauf ab, den Körper nicht beherrschen zu wollen, sondern mit ihm »mitzuwirken«, um ihn so umso wirkungsvoller dem mit der Atmung assoziierten »Geist« zu »öffnen«.[94] Wenn man dies nicht als eine explizit religiöse Übung auffasste, ließ sich Meditation zumindest im westlichen Kontext wohl am besten als eine Technik der Selbstsuche, Selbstaffirmation und Selbstverwirklichung im Medium des eigenen Körpers verstehen. Aber sie bedeutete nicht *per se* eine disziplinierende Unterwerfung unter eine Norm, ein Gesetz oder gar eine Wahrheit, was in Foucaults Verständnis die Voraussetzung aller Disziplinierung darstellt.

Vielmehr sollte die Meditation, wie alle Lehrbücher und Ratgeber einhellig betonten, einen eigenen, individuellen, allein im stummen Verhältnis zu sich selbst und allenfalls durch ein Buch oder einen »Lehrmeister« gewiesenen, dennoch aber persönlich zu findenden »Weg« darstellen. In diesem Sinne präsentierte der Fischer Verlag im Frühjahrsprogramm 1977 das schmale Bändchen *Aktive Meditation* von Chögyam Trungpa mit den Worten, der Autor sei »ein liebevoller Lotse, der uns sicher in den Heimathafen bringt: einen jeden zu sich selbst«.[95] So unterschiedlich mithin die Techniken und philosophisch-religiösen Hintergründe der Meditation sein mochten: dass man durch sie im »Heimathafen« seiner selbst ankommt, war das Versprechen aller Schulen. Laut Otto Haendler, emeritierter Professor für Praktische Theologie an der Ostberliner Humboldt-Universität, befestige die Meditation »das Refugium des Menschen im Urgrund seiner selbst«; sie bedeute, »daß wir an uns selber ständig arbeiten, um das zu werden, was wir persönlich unserem Wesen nach [...] sein sollten«. Ein Vertreter der Transzendentalen Meditation nannte diesen Zustand »das Gewahrsein unseres Selbst«, der es aber erfordere, »den Schwerpunkt unseres Lebens in die eigene Tiefe [zu] verlagern und auf ihrem Grund Wurzeln [zu] schlagen«. Ein populäres und freizügig illustriertes Taschenbuch über »Tantra Sex« schließlich versprach den fortgeschrittenen Meditierenden eine »mystische Erfahrung, die Sie Ihren wesentlichen Kern, ›den Kern des Seins‹, erkennen läßt«.[96] Die Metaphern mochten variieren und die religiöse Grundierung all dieser Meditationslehren mochte unterschiedlich stark ausgeprägt sein, doch ihre gemeinsame Botschaft war klar: Wer meditiert, wird »bei sich selbst« ankommen.

»Ars erotica« und spirituelle Globalisierung

Die Vorstellung, dass man den Urgrund des eigenen Seins berühren, zu seiner inneren Wahrheit vordringen und sein »wahres Ich« erkennen könne und auch solle, ist ein Gedanke, der nicht nur in den für den westlichen Markt adaptierten östlichen Weisheitslehren und Meditationsratgebern notorisch war. Michel Foucault ist diesem Gedanken und dessen ganz anders geartete abendländische Geschichte bekanntlich im 1976 erschienenen ersten Band von *Sexualität und Wahrheit* nachgegangen, und zwar entlang jenes immer breiter werdenden Stromes des Sprechens über den Sex, der von den christlichen Beichtpraktiken über die moderne ärztliche Aufmerksamkeit für den Sex bis zum Glauben an dessen befreiende Wirkung bei Wilhelm Reich und seinen Nachfolgern reichte. Das moderne »Sexualitätsdispositiv« lenke den Menschen, so Foucault, ganz unmittelbar über seine Sexualität, indem es ihm vorgaukle, er habe mit dem Sex zugleich »Zugang zu seiner Selbsterkennung«, zur »Totalität seines Körpers« und »zu seiner Identität«.[97] Dennoch sei die Vorstellung, man habe die Frage nach der innersten Wahrheit des Subjekts als eine Frage nach seinem Sex zu stellen, um in den Abgründen des eigenen Begehrens die Wahrheit seiner selbst erkennen und sie anderen gegenüber bekennen zu können, älter als die Moderne: Sie sei eine sehr abendländische, ja spezifisch christliche Idee, verankert in der Institution der Beichte.

Foucault fand es überaus bezeichnend, dass das Abendland eine »*scientia sexualis*« ausgebildet habe, während »China, Japan, Indien, Rom, die arabisch-islamischen Gesellschaften [...] sich eine *ars erotica* gegeben« hätten. Im Gegensatz zum westlichen Verhältnis von gebeichteter oder analysierter Sexualität und kirchlicher oder ärztlicher Wahrheit werde in der *ars erotica* »die Wahrheit aus der Lust selber gezogen«; diese werde »als Praktik begriffen und als Erfahrung gesammelt« – und zwar »nicht im Hinblick auf ein absolutes Gesetz des Erlaubten und des Verbotenen« oder im Hinblick auf »ein Nützlichkeitskriterium«. Vielmehr sei sie »allererst in Bezug auf sich selbst als Lust zu erkennen, also in ihrer Intensität, ihrer spezifischen Qualität, ihrer Dauer und ihren Ausstrahlungen im Körper und in der Seele«. Auf diese Weise entstünde ein Wissen, das von einem »Lehrer [...] im Sinne einer Initiation« und »auf esoterische Weise weiterzugeben« sei. Die »Wirkungen dieser Lehrmeisterkunst, die sehr viel großzügiger sind, als die trockenen Rezepte vermuten lassen«, sollten

»zu einer Wandlung des von ihr Auserwählten führen: absolute Körperbeherrschung, einzigartige Wollust, Vergessen der Zeit und der Grenzen, Elixier des Lebens, Bannung des Todes und seiner Drohungen«.[98]

Diese kurze Passage, in der die Existenz einer von den arabisch-islamischen Gesellschaften über das antike Rom bis nach Indien, China und Japan reichenden, nach einem einheitlichen Muster geformten *ars erotica* behauptet wird, ist fraglos ziemlich orientalisierend. Foucault drückte hier in knappen Worten aus, was auch viele seiner Zeitgenossen als das lockende Versprechen des Orients und seiner erotischen Genüsse sich vorgestellt und gesucht haben. Er konzipierte den abendländischen Sex als von Beichtpraktiken und Geständniszwängen geformt und auch in der Moderne nur insofern nicht der »Repression« unterworfen, als das Bürgertum ihn unaufhörlich durch Juristen, Ärzte und Psychoanalytiker zum Sprechen gebracht habe. Es war mithin kaum überraschend, dass Foucault diesen Sex »langweilig« fand, wie er im März in einem im *Nouvel Observateur* abgedruckten Gespräch mit dem sprechenden Titel »Nein zum König Sex« freimütig bekannte.[99] Im Gegensatz dazu resultiere die »Wahrheit« des in der zitierten Passage evozierten »anderen«, »orientalischen« Sex allein aus dem Bezug des Subjekts auf seine eigene Lust; dieser Bezug konnte, folgt man Foucaults knapper Darstellung, kultiviert werden, die entsprechenden »Erfahrungen« ließen sich sammeln und zu einer »Lehrmeisterkunst« akkumulieren. Aber sie entsprangen – das ist der entscheidende Punkt – offensichtlich dem intimen Verhältnis des Subjekts zu sich selbst und bezweckten auch nichts anderes als dessen Selbstverwirklichung in »absoluter Körperbeherrschung« und »einzigartiger Wollust«. Solche Selbsttechniken waren für Foucault das ganz Andere »unserer Zivilisation«. Denn dass das abendländische Subjekt ein Verhältnis zu sich selbst haben könnte, ohne einer »Wahrheit«, gar einem »absoluten Gesetz« unterworfen zu sein, war in der Logik der abendländischen Pastoralmacht, wie er sie in diesem Herbst gerade an ihrem Ausgangspunkt, der Sexualethik der griechischen Kirchenväter, erforschte, nicht denkbar.[100]

Am 13. Oktober 1977 diskutierte Foucault seine These von den langfristigen Wirkungen christlicher Beichtpraktiken mit dem japanischen Romanisten Shigehiko Hasumi auch mit Blick auf den Buddhismus, dessen Andersartigkeit schon seit den frühen Sechzigerjahren seine Aufmerksamkeit erregt hatte.[101] Wohl gäbe es, sagte er jetzt zu Hasumi, in buddhistischen Klöstern »Bekenntnisprozeduren«, die im Einzelnen sehr streng sein könnten, aber diese Prozeduren erstreckten sich nicht wie im Westen auf die gesamte Gesellschaft, wo »mehrere hundert Millionen Menschen« dazu gezwungen würden, »ihre Sünden zu bekennen«. In der »japanischen Zivilisation« hingegen gäbe es »dieses Bedürfnis und diese Forderung nach dem Bekenntnis« nicht, und dieser Unterschied wäre »zu untersuchen«.[102] Denn vielleicht, so ließe sich spekulativ der Stand von Foucaults damaligem Nachdenken rekonstruieren, lagen ja in der »japanischen Zivilisation« und den Lehren des Zen-Buddhismus noch andere Möglichkeiten verborgen, das Subjekt zu denken, als nur, wie im Abendland, als dem »Gesetz« in Gestalt des Beichtzwanges unterworfen. Tatsächlich plante er mit Unterstützung Hasumis für den April 1978 eine längere Reise nach Japan. Um sich auf den Aufenthalt in einem Zen-Kloster vorzubereiten, wo er auch an Meditationen teilnehmen wollte, las er die Schriften des Zen-Philosophen Linji Yixuan aus dem 9. Jahrhundert, zudem Bücher des Religionsphilosophen und Zen-Mystikers Alan Watts, des deutschen Zen-Theoretikers Eugen Herrigel, des buddhistischen Philosophen Daisetsu Suzuki und schließlich des Sinologen Paul Demiéville, wahrscheinlich die *Choix d'études bouddhiques* von 1973.

Während Foucault nach Osten blickte, über Selbsttechniken nachzudenken begann und auf seine Weise den ost-westlichen Ideenaustausch vorantrieb, waren einige »Lehrmeister« vor allem aus Indien und Tibet schon seit längerer Zeit dabei, ihre spirituellen Weisheiten für den westlichen Markt aufzubereiten, ja ihre Botschaften recht eigentlich global unter die Leute zu bringen. Zu diesen gehörten in den Siebzigerjahren die schon erwähnten Exil-Tibeter Anagarika Govinda und Chögyam Trungpa, aber auch mehrere indische Gurus. Sie waren Vektoren einer Globalisierung, die nicht mehr wie im Zeitalter des Kolonialismus von Europa aus den »Rest der Welt« erfasste, sondern die westlichen Gesellschaften von Asien her beeinflusste und deren Kennzeichen, nach einer Formulierung des Ethnologen Arjun Appadurai, das Knüpfen »post-nationaler Netzwerke« war.[103] Zwar lassen sich solche Einflüsse schon seit dem 19. Jahrhundert nachweisen, nicht zuletzt in der theosophischen Lehre von Helena Blavatsky und ihren esoterischen Nachfolgern. Mit Blick auf die indischen Gurus, die seit den Fünfzigerjahren im Westen auftraten, spricht die Religionswissenschaftlerin Amanda Lucia jedoch von einer neuen »globalen Guru-Bewegung«, in deren Rahmen »hochgradig anpassungsfähige« und »innovative« religiöse Lehrer die Traditionen des Hinduismus in einer sehr persönlichen Weise auslegten und mit eigenen Angeboten anreicherten, um sich in der globalen Konkurrenz behaupten zu können. Vor allem aber passten sie ihre Lehren an die Bedürfnisse und kulturellen Traditionen des westlichen Publikums an, das sich dann, vorbereitet durch die schon ältere Tradition des Orientalismus, in diesem »Orient« mit einer nur mehr leichten Brise Exotik ganz gut zurechtfand. Mit einer »universellen« Sprache der »Spiritualität«, die kaum mehr theologische Gehalte aufwies, und bloß noch minimalen Anforderungen an ihre Anhängerinnen und Anhänger hatten diese Gurus, so Lucia, den Hinduismus »ent-ethnisiert« und für einen globalisierten religiösen Geschmack konsumierbar gemacht. Im Westen erfolgreiche Gurus ersetzten insbesondere die konservativen, hierarchischen und ausgrenzenden Aspekte des Hinduismus durch liberale Ideale wie »demokratische Werte, Geschlechtergleichheit, Individualismus und ökumenisches Denken« (was in Indien selbst wiederholt auf Kritik stieß); ein spezielles »Guru-English« habe zusätzlich geholfen, die hinduistischen Lehren so vage vorzutragen, dass sie für westliche Konsumentinnen und Konsumenten leicht adaptierbar waren.[104]

Von allen »globalen Gurus« der Sechziger- und Siebzigerjahre war Maharishi Mahesh Yogi, der Erfinder der »Transzendentalen Meditation« (TM), zweifellos der erfolgreichste. Maharishi war seit Ende der Fünfzigerjahre auf mehreren Welttourneen von Australien über Afrika und Europa bis nach Kalifornien als globaler Vortragsreisender, religiöser Lehrer und Organisator eines internationalen Netzwerks von TM-Lehrern und Meditationszentren unterwegs. In den späten Sechzigern wurde er dann als Guru der Beatles sowie von anderen Prominenten wie Mick Jagger, Mia Farrow und Clint Eastwood zum spirituellen Superstar mit weltweiter Anhängerschaft; in seinem Ashram in Rishikesh im Norden Indiens entstanden die berühmten Fotos, die die Beatles im Frühjahr 1968 als meditierende »Schüler« Maharishis zeigen – am »Fuß des Himalayas sitzend«, wie Bernward Vesper es sich gewünscht hatte. Maharishis Bücher wurden in Millionenauflagen vertrieben, Vortragseinladungen an große amerikanische Universitäten wie Harvard, Yale und die UCLA folgten ebenso wie zu Auftritten in Konzerthallen in populären TV-Shows in den USA und in Europa; 1975 widmete ihm das Nachrichtenmagazin *Time* ein Titelbild. Einen Rückschlag erlitt die Bewegung erst, als am 20. Oktober 1977 ein Gericht in New Jersey die Transzendentale Meditation als Religion einstufte und damit ihrem weiteren Einfluss in Schulen, Universitäten und der U.S. Army einen Riegel vorschob.[105] Dennoch – und obwohl längst nicht alle Meditierenden in Westeuropa und den USA der Methode der Transzendentalen Meditation folgten – hat bis zu diesem Zeitpunkt kaum einer die Faszination für orientalische Spiritualität und die Selbsttechnik des Meditierens so sehr in der globalen Popkultur verankert wie Maharishi Mahesh Yogi, der angeblich »so bekannt wie Marx und Coca-Cola« war.[106]

Neben dezidiert religiösen Bewegungen wie vor allem die diversen Gruppen der in Kalifornien entstandenen Jesus People oder der Hare-Krishna-Sekte, die beide ab 1970 auch in Europa starken Zulauf fanden, ging unter jungen, nach spirituellen und existentiellen Alternativen suchenden Menschen fast lauffeuerartig der Ruf eines weiteren, im Westen bis dahin unbekannten indischen Gurus um, der sich »Bhagwan« nannte und in der Nähe von Bombay in einem Ashram lehrte. Obwohl selbst ein prominenter Akteur der spirituellen Globalisierung, waren Bhagwan und seine Botschaft weit weniger jenes »orientalische« Phänomen, als das er von seinen Verehrerinnen und Verehrern gesehen wurde, als ein ferner Spiegel und eigenwilliger Verstärker des westlichen Psychobooms und des New Age.

Bhagwan

In den Sechzigerjahren machten in Indien öffentliche Auftritte eines Philosophiedozenten der Universität Jabalpur im Bundesstaat Uttar Pradesh Furore: Chandra Mohan Jain, der sich Acharya Rajneesh nannte, lehrte eine ziemlich heterodoxe Mischung aus hinduistischer Spiritualität, tantrischen Weisheiten und westlicher Philosophie, die bald konservative Hindu-Gelehrte gegen ihn aufbrachte. Er verkündete aber auch eine explosive politische Botschaft; sie richtete sich gegen die Anhänger Nehrus beziehungsweise die von Nehru begründete Politik einer staatlichen Lenkung der Wirtschaft und lautete schlicht: »Beware of Socialism!« (»Hüte dich vor dem Sozialismus!«). Er forderte, dass Indien sich vorbehaltlos den modernsten Technologien, der großen Industrie und dem globalen Kapitalismus öffnen müsse. Zudem solle der Sex nicht auf ein Mittel zu Reproduktion reduziert, sondern als *pleasure* freudig ins Zentrum der eigenen Existenz gestellt werden; in der indischen Presse war daher schon bald vom »Sex-Guru« die Rede. Rajneesh vertrat auch in einem vollkommen weltlichen Sinne die gegen den »Sozialismus« gerichtete Überzeugung

»every man is born different«, genauer noch: »Jedes einzelne menschliche Wesen ist selten [rare] – unvergleichbar –, ja einzigartig. Wir werden auf keinen Fall als ›Gleiche‹ geboren.« Aus dieser Singularität jedes Einzelnen leitete sich für Rajneesh die Forderung ab, dass »der Mensch die volle Freiheit haben soll [...], verschieden zu sein, nein zu sagen, zu rebellieren, aufzustehen gegen die vorherrschenden Gedankensysteme und Verhaltensmuster«.[107] Die in den Sechzigerjahren weltweit verbreitete Rhetorik von Rebellion und Widerstand reimte sich bei Rajneesh nicht auf Revolution und Sozialismus, sondern unverkennbar auf Kapitalismus und die libertäre Absage an jegliche staatliche Beschränkung.

Seinem wachsenden Ruhm entsprechend wurde Rajneesh bald als »Shree« (»Herr«) angesprochen, ab 1971 nannte er sich gar Bhagwan Shree Rajneesh oder auch nur Bhagwan, was »der Erhabene« oder »der göttlich Erwählte« bedeutete – wenn nicht überhaupt, wie er bewusst provokativ sagte, »Gott«. Er meinte damit, dass jeder und jede Einzelne erkennen müsse, dass sie »göttlich« im Sinne von einzigartig sei – und, mit bewusstem Bezug auf Nietzsche, »jenseits von Gut und Böse«.[108] 1974 eröffnete Bhagwan mit Hilfe reicher Geschäftsleute in der südöstlich von Bombay (Mumbai) gelegenen Kleinstadt Poona (Pune) einen weitläufigen Ashram, wo er sich bald nur noch in einem weißen Rolls-Royce bewegte und überall große Fotoporträts von sich aufhängen ließ.[109] Sein sorgfältig gepflegtes und inszeniertes Charisma als spiritueller Meister zog eine rasch wachsende Zahl von bald Tausenden von jungen Erwachsenen vor allem aus dem Westen an – etwas mehr Frauen als Männer –, die in der Regel gut ausgebildete Angehörige der oberen Mittelschicht waren.[110] Wer länger als ein paar Tage blieb, ließ sich von Bhagwan in einem von vielen als ekstatisch empfundenen Akt auf der Stirn, im »dritten Auge«, berühren, einen Hindu-Namen geben oder zumindest ein dem Namen vorgestelltes »Swami« (»Lord of Oneself«) beziehungsweise »Ma« (»Divine Mother«) sowie eine »Mala«, eine Kette mit Bhagwans Bild, um den Hals hängen. Einheitlich in orangerote Kleider gehüllt, verwandelten sich die Ich-Suchenden auf diese Weise in ihm treu ergebene »Sannyasins«.

Auch dieser Hindu-Titel war eine nur durch das zuweilen vorgestellte »Neo-« leicht abgeschwächte, dennoch aber bewusste Provokation, ja eine komplette Umkehrung der indischen religiösen Tradition, in welcher der Titel »Sannyasin« einen Menschen auf der höchsten Stufe des spirituellen Weges weltabgewandter Askese bezeichnet. Das Einzige hingegen, worauf seine Sannyasins »verzichten« würden, so Rajneesh, sei die Abhängigkeit von irgendeiner Institution, einer Klasse, einem Dogma oder einer Religion. Ansonsten würden sie das Leben und jeden Augenblick in vollen Zügen genießen, in ihrer je eigenen, von niemandem vorgeschriebenen, keinem Gesetz unterworfenen Weise. Bhagwans Neo-Sannyasins sollten mit allen Konventionen brechen und in den Augen der äußeren Welt, das heißt sowohl indischer wie auch westlicher Beobachter, »verrückt« sein: »Der neue Mensch«, so Bhagwan, »wird glauben, dass alles möglich ist und man alles ausprobieren kann«. Aber er würde sich nicht von der Welt abwenden.[111]

Ab 1975 führte Rajneesh mit Hilfe amerikanischer Psychotherapeuten westliche »Encounter«-Therapien in sein Angebot ein, die dank der schnell wachsenden Nachfrage zu einer soliden Einkommensquelle des kommerziell organisierten Ashrams wurden. Ermöglicht wurde dieser Transfer von Richard »Dick« Price, einem in Stanford und Harvard ausgebildeten Psychologen. Dieser hatte sich 1960 nach einer persönlichen psychischen Krise in Kalifornien in die Obhut des chinesischen Tao-Gelehrten Gia-Fu Feng begeben – der seinerseits wiederum in Verbindung mit dem Beat-Poeten Jack Kerouac, dem Religionsphilosophen und Mystiker Alan Watts und Abraham Maslow, dem Mitbegründer der Humanistischen Psychologie, stand und ein Multiplikator östlicher Weisheitslehren in der kalifornischen Beat- und Psychokultur war. Aus diesen Verbindungen heraus kam es schließlich 1962 zur Gründung des »Esalen Institute« in Big Sur an der Pazifikküste zwischen San Francisco und Los Angeles, das zu einem extrem einflussreichen Knotenpunkt der neuartigen Verbindung von »humanistischen« Psychotherapien, spirituellen Selbsttechniken und der *counter culture* der Sechzigerjahre wurde.[112]

1975 nun half Price in Poona, dem »Esalen of the East«,[113] Bhagwan bei der Einrichtung von Encounter-Gruppen nach kalifornischem Vorbild. Wie man in dem von Price' Esalen-Kollegen William »Will« Schutz 1973 publizierten Buch *Elements of Encounter* lesen kann, waren diese Gruppen darauf ausgelegt, dass man sich durch die ungehemmte Äußerung aller Gefühle gegenüber allen anderen in der Gruppe »selbst erfahren« sollte. In diesen vom Gruppenleiter nur sehr beschränkt oder gar nicht kontrollierten »Begegnungen« konnte es nicht nur zu emotional äußerst heftigen, sondern auch zu physisch gewaltsamen Konfrontationen kommen: »Gebrauche deinen ganzen Körper«, so Schutz, »um deine Gefühle zu äußern, anstatt nur über sie zu reden. Dabei kann es immer zu Tränen, Quetschungen, Schrammen oder Muskelschmerzen kommen.«[114] In den Encounter-Kursen in Poona wurde diesen Prinzipien in extensiver, ja radikaler Weise nachgelebt: In fensterlosen Räumen setzten sich die Teilnehmerinnen und Teilnehmer dieser Gruppen über Tage hinweg ungeschützt ihren gegenseitigen Aggressionen aus, um sich von allen »Blockierungen« zu »reinigen«, was wiederholt zu schweren Verletzungen und Vergewaltigungen geführt und nicht nur Dick Price schockiert haben soll.[115]

Bald kursierten zahlreiche Geschichten von solchen Exzessen, die aber den steten Zustrom in den Ashram, wo Bhagwans morgendliche Unterweisungen im Zentrum aller Aktivitäten standen, in keiner Weise bremsten. Vor seinen »Schülerinnen und Schülern« trug er in rhapsodischen, neunzigminütigen Monologen (das heißt im Zeitformat der C90-Tonbandkassetten) seine mit Widersprüchen und Paradoxa gespickten Anschauungen vor; diese changierten zwischen Tantra, Zen-Buddhismus, der Lehre Jesu und dem Sufismus, der Psychologie Wilhelm Reichs und der westlichen Philosophie von Heraklit über Nietzsche bis Sartre, überdies kombiniert mit Elementen der esoterischen Lehren des 1949 in Paris verstorbenen Mystikers Georges I. Gurdjieff und des schon erwähnten Aleister Crowley. Man konnte Bhagwan unmöglich auf den buchstäblichen Sinn seiner Worte festlegen oder von ihm eine widerspruchsfreie Aussage erhoffen. »Meine Methode ist die Konfusion«, dozierte er im Stil buddhistischer Paradoxa und mit dem erklärten Ziel, seine Schülerinnen und Schüler so sehr zu verwirren, dass sie sich an kein Wissen und keine Lehre mehr halten konnten, sondern frei von jedem Dogma und jeder Religion würden.[116] Genau das aber schien nicht nur Bhagwans Buddhismus, sondern auch seine postmoderne Attraktivität auszumachen: dass die singulären Einzelnen sich nur auf ihre eigenen spirituellen und psychologischen Epistemologien stützen konnten, um mit Rajneesh paradoxer Nichtanleitung ihren »Weg« zu finden – oder einfach nur »das Hier-und-Jetzt« zu genießen, wie es auch Schutz empfahl, umhüllt vom Gefühl, irgendwie in »Liebe« vereint und mit dem »Kosmos« in Verbindung zu sein.

Schließlich entsprach auch Bhagwans eigene Meditationstechnik, die zu einem »befreiten« Ich und zu einem »Superbewusstsein« (*superconsciousness*) führen sollte, weitaus mehr westlichen Therapieformen als traditionellen hinduistischen oder buddhistischen Meditationspraktiken, ja, sie war das vollkommene Gegenteil von diesen. Er nannte sie »dynamische« oder »chaotische Meditation«. Ihr Ziel war das »Loslassen« der

»Neurosen«, die er als die Wirkung jeder Form von Erziehung beziehungsweise »Disziplinierung« (*conditioning*) betrachtete, die verhindere, dass man »nicht sein kann *was auch immer* man ist«, sondern einem »Muster« unterworfen sei. Im direkten Anschluss an Wilhelm Reich kreiste diese Diagnose auch bei Bhagwan um den Begriff der »Repression«, der ergänzend betonte, dass gemäß der tantrischen Lehre »die Realität« der eigenen Lüste, Fehler und Schwächen nicht unterdrückt oder moralisch verurteilt werden dürfe, sondern als solche zu akzeptieren sei, die neurotischen »Muster«, die »Blockaden« im meditativen »freaking-out« jedoch »aufgelöst« werden müssten, um das Ich zu »befreien«.[117]

Bhagwans westöstliches Ideenpatchwork konnte in Verbindung mit der exotischen Szenerie des Ashrams und dessen experimenteller und sexualisierter Atmosphäre seine anziehende Wirkung auf die europäischen und amerikanischen Ich-Suchenden kaum verfehlen.[118] Es war durchaus vorgesehen und Bestandteil des spirituellen Programms der Selbstheilung, dass sich in Bhagwans Ashram ausgesprochen häufige und ungezwungene sexuelle Kontakte ergaben, darunter auch – von ihm als »intensive Therapie« apostrophiert und leicht ritualisiert – Gruppensex.[119] Denn der Sex war in seinen Augen eine große Lebensschule. Wie kein anderer Guru transformierte er die limitierte und sehr spirituelle Bedeutung, die der Sexualität in der weitverzweigten tantrischen Tradition seit dem 6. Jahrhundert zukam, in ein pansexuelles, von ihm mit Blick auf den »global capitalism« in Indien einerseits und die Esoterik- und Selbstbefreiungsnachfrage im Westen anderseits konstruiertes »Neo-Tantra«, bei dem persönliche »Befreiung« und die Begegnung mit dem »Göttlichen« durch den Körper und im Sex möglich werden sollten.[120] Sex war für Bhagwan ein »Energiefeld«, in das man eintauchen kann; im sexuellen Akt – den er grundsätzlich nur heterosexuell dachte und der »endlos« dauern könne, wenn der Mann seinen Körper zu beherrschen wisse – würden die Liebenden die Zeit transzendieren und dabei »zum ersten Mal natürlich« werden. »Die Gesellschaft, die Kultur, die Zivilisation« würden im Sex »verloren« gehen, man löse sich in Natur auf, versenke sich »in ein größeres Etwas – den Kosmos«. Und wer auf diese Weise im Orgasmus »den kleinen Tod« kennengelernt habe und durch ihn ein »neuer Mensch« geworden sei – »zeitlos«, »egolos«, »authentisch« –, der wolle und könne schließlich auch, gleichsam im Sinne eines ferneren esoterischen Ausblicks, den »größeren Tod kennenlernen«. Sex und Tod schienen im Innersten verbunden, und der Tod schien seinen Schrecken verloren zu haben: »Wenn du wissen kannst, daß Sex ein subtiler Tod ist, kann Tod ein großer sexueller Orgasmus werden.«[121]

Das war wiederum nicht ernst gemeint, denn der Suizid stand nicht auf Bhagwans Programm. Aber es war eine rhetorisch äußerst wirkungsvolle Weise zu behaupten, dass es für das Subjekt keine tiefere, umfassendere Erfahrung und keine größere »Kraft« (*force*) als den Sex gäbe.[122] Damit bediente Bhagwan zwar über das Scharnier Wilhelm Reich unmittelbar den modernen Glauben an die befreiende Wirkung des Sex. Postmodern jedoch war seine Haltung, dass die sexuelle Erfahrung nicht in ein »Wissen«, gar eine »Wahrheit« des Sex münden solle, weil sie nicht einmal als »Spiritualität« »akkumuliert« werden dürfe, sondern im Gegenteil fluid bleiben müsse als etwas, was man nicht »besitzt«, ja, wovon man nur so weit das bewusst handelnde Subjekt sei, als man sich dabei frei mache von allen »Fixierungen«. Der Sex als solcher sei letztlich weder wichtig noch ein Ziel an sich, geschweige denn Stoff für ein Metanarrativ; aber in seinem »Energiefeld« sollten die Sannyasins bewegliche, temporäre Knotenpunkte bilden, die sich schnell auflösen lassen zugunsten neuer und ebenso kurzfristiger Bindungen, die dann immer wieder neue »Erfahrungen« eines experimentellen Selbst ermöglichen. Eingehüllt in den Schleier einer spirituell-esoterischen Rhetorik, war dieser Sex ebenso die Formel für religiöse, weltanschauliche und ideologische Ungebundenheit wie eine Maßgabe für die Anpassungsfähigkeit und Offenheit des Subjekts gegenüber allem Neuen, Riskanten und Unerwarteten. Auch er war, mit anderen Worten, ein politischer Einsatz.[123]

Über Kassetten wurde die Stimme des Meisters, wie sie in seinen Vorträgen in Poona zu vernehmen war, durch seine professionell geführte Organisation in die 30 »Rajneesh Meditation Centers« exportiert, die binnen kurzer Zeit von Auckland über Nairobi bis Vancouver und Porto Alegre auf allen Kontinenten entstanden waren; allein in Westdeutschland und in den USA befanden sich 1977 je sechs dieser Filial-Ashrams. Das »Rajneesh Sannyas-Ashram Purvodaya« in Margarethenried nördlich von München zum Beispiel führte 161 verschiedene C90-Tonbandkassetten mit Vorträgen Bhagwans und fünf mit Meditationsmusik im Angebot, zudem 29 »Originalbücher« und drei in deutscher Übersetzung sowie schließlich das *Sannyas-Magazin*. Zudem organisierten die bayrischen Sannyasin auch »Therapie- und Meditationsgruppen«, etwa das »Meditation-Camp, 10 Tage« oder den Kurs »Enlightenment Intensiv, 5 Tage«, bei dem es um »die zentrale Frage *Wer bin ich?*« ging.

Es ist allerdings kein Zufall, dass die Mehrzahl der jeweils mehrtägigen Kurse, die in Margarethenried für zahlungskräftige Ich-Suchende angeboten wurden, weniger auf »spirituellen« beziehungsweise östlichen Meditationspraktiken aufbauten, sondern auf psychologischen und körperzentrierten Selbsttechniken »nach der neueren humanistischen Methode«. In der »Primär-Gruppe, 2 bis 10 Tage« sollte man »konfrontiert werden mit dem, was uns beherrscht«; der Kurs »Bodhidharma Rajneesh Intensive, 31 Tage« versprach eine »intensive therapeutische Gemeinschaft auf Phönix Basis«, der »Casriel-Workshop« – nach Dan Casriels »new identity«-Therapie – »Daseinsfreude und zärtliche Verbundenheit«.[124] Kurz, unter dem transparenten Schleier des Orientalischen verbargen sich die Angebote des westlichen Psychobooms.

Der Psychoboom

Viele der psychotherapeutischen Konzepte aus den USA, die diesen Angeboten der bayrischen Sannyasin zugrunde lagen, arbeiteten mit Formen der Gruppentherapie, die schon in den Dreißigerjahren entstanden war und in den USA als »T-[»Training«-]Groups« weite Verbreitung gefunden hatte; in Westdeutschland nach dem Krieg war die Gruppentherapie unter anderem von keinem Geringeren als Max Horkheimer im Sinne einer demokratiepädagogischen Intervention gefördert worden, und in den Jahren um 1968 hatten wie erwähnt Horst-Eberhard Richter und andere linke Psychologen sie als Emanzipationstechnik begriffen.[125] Doch eigentlich war die Thematisierungskonjunktur von »group therapy« nach dem Höhepunkt von 1972 schon wieder rückläufig; die daher viel wichtigere Gemeinsamkeit der neuen therapeutischen Konzepte lag in ihrer durchwegs holistischen und »humanistischen« Ausrichtung. Es war der Psychologieprofessor und Esalen-Aktivist der ersten Stunde, Abraham H. Maslow, der diese Ansätze mit dem Prädikat »humanistisch« versehen hatte, und zwar mit der Absicht, sie in Abgrenzung von der Tradition der Freud'schen Psychoanalyse einerseits und dem Behaviorismus andererseits als eine »dritte Psychologie« zu etablieren, die in »positiver« Weise den »ganzen« Menschen, sein »Potential« und sein »persönliches Wachstum« ins Zentrum des therapeutischen Prozesses stellen – der nicht nur für Kranke reserviert sei, sondern allen Menschen zugänglich gemacht werden sollte.[126] Maslow hatte in seinem schon älteren Buch *Moti-*

vation and Personality von 1954, das 1970 in stark überarbeiteter Form und 1977 auch auf Deutsch erschienen war, das diskursive Grundmuster des gesamten, sich nachfolgend unter anderen auf ihn beziehenden Human Potential Movements ausgelegt, als er davon schrieb, dass »selbstverwirklichende Menschen« (ohne Reflexivpronomen) nicht von der »physischen und sozialen Umwelt« abhängig seien und ihre »Hauptbefriedigungen nicht von der realen Welt, oder anderen Menschen, oder von der Kultur« bezögen, sondern »von ihrer eigenen Entwicklung und in ihrem kontinuierlichen Wachstum von ihren eigenen Potentialitäten«; diese »Unabhängigkeit von der Umwelt« bedeute »relative Stabilität angesichts harter Schläge, Entbehrungen, Frustration und ähnlichem«. Ihr Gefühl »des guten Lebens« sei für diese Menschen daher »intraindividuell und *nicht* sozial«.[127]

Die Grundlage dieser Psychologie war der Glaube an das »zutiefst ganzheitliche Wesen der menschlichen Natur« und daher auch der Glaube daran, dass sich im therapeutischen Prozess Körper, Geist und Seele nicht trennen ließen. Maslow begründete diese Sichtweise mit der unumwunden esoterischen Bemerkung, der Holismus sei »offenkundig wahr – schließlich ist das All eins und auch wechselseitig bezogen; jede Gesellschaft ist eins und wechselseitig bezogen; jede Person ist eins und wechselseitig bezogen (interreliert), und so weiter«. Diese Parallelisierung von Universum, Gesellschaft und Person war mehr als Psychologie, sie war, wie Maslow sagte, »eine bestimmte Art und Weise, die Welt zu betrachten«, ja eine »Weltanschauung«, eine »neue allgemeine und umfassende Lebensphilosophie«.[128]

Die esoterische Figur einer Verschränkung von Körper, Bewusstsein und Kosmos fand sich in verschiedenen Strömungen der Humanistischen Psychologie. Die »Bioenergetik« des Reich-Schülers Alexander Lowen beispielsweise identifizierte muskuläre »Verspannungen« und »Blockaden« mit Reich als »Charakterpanzer«, das heißt als »blockiert[e] Emotionen«, die »z. T. Jahrzehnte in unserem Körper eingefroren waren« und durch entsprechende körperliche Übungen »langsam zum Schmelzen zu bringen« seien, wie in einem 1977 erschienenen Bioenergetik-Anleitungsbuch zu lesen war.[129] Dabei ging es allerdings nicht um den Körper als solchen. Der Körper galt vielmehr als »Retter der Seele«, das heißt, er fungierte als Operator, um die im »Dualismus von Körper und Geist« verlorene Ganzheit wiederzufinden; der Begriff der »Seele« stand dabei für die Versicherung, dass das möglich sei. Denn die Seele war für Lowen

»gleichbedeutend mit dem Bewußtsein oder Gefühl des Menschen, zu einer größeren, einer universellen Ordnung zu gehören«, und zwar, wiederum ganz im Stil des New Age, vermittelt über die »Energie unseres Körpers«, die »mit der Energie ringsum in der Welt und im Kosmos verbunden ist«. Auch darin bewegte er sich in der Spur seines ehemaligen Lehrers Reich, der allerdings die »Energie«, die den Menschen mit dem Kosmos verbinde, spezifischer noch als kosmische »Orgonenergie« gedeutet hatte, die den Menschen im sexuellen Orgasmus zu seinem eigentlichen Lebensziel führe.[130]

Zwar stellten nicht alle therapeutischen Ansätze der Humanistischen Psychologie den Körper derart explizit ins Zentrum wie die Bioenergetik (oder gar Wilhelm Reich). Aber im deutlichen Unterschied zur Psychoanalyse, die auf den unbewussten Äußerungen in einer »Redekur« basierte, und zu den funktionalistischen Verhaltensanalysen des Behaviorismus war die Verbindung von Körper, Gefühl und Bewusstsein für alle »humanistischen« Ansätze konstitutiv und daher die Emotion ihr eigentliches Arbeitsfeld. Weil Gefühle vom Körper nicht getrennt werden könnten, verstanden die Humanistischen Psychologen diese als genuinen, »authentischen« Ausdruck des persönlichen Empfindens beziehungsweise der Person überhaupt. In diesem Sinne programmatisch, bekannte Carl Rogers, der Erfinder des Encounter-Konzeptes: »Ich *vertraue* den Gefühlen, Worten und Impulsen, die in mir aufsteigen. Auf diese Weise setze ich mehr ein als nur mein bewußtes Selbst; ich verlasse mich auch auf die Fähigkeiten meines Organismus.«[131] Sein Schüler Will Schutz ergänzte, dass »natürliche Gefühle, die [sich] durch Bewegungen ausdrücken«, aber »durch kulturelle Einflüsse unterdrückt werden«, im Encounter wieder sichtbar und fühlbar gemacht werden müssten.[132]

Eine ähnliche Auffassung von der Einheit von Körper und Psyche vertrat schließlich auch Fritz Perls, ein in Esalen praktizierender Therapeut deutsch-jüdischer Herkunft, der noch vor seiner erzwungenen Emigration von Wilhelm Reich in Berlin zum Analytiker ausgebildet worden war. Perls hatte sich seit den Fünfzigerjahren intensiv mit dem Zen-Buddhismus auseinandergesetzt, war dazu auch nach Japan gereist und stand in engem Kontakt mit Alan Watts. Die von Perls zusammen mit seiner Frau Laura sowie Paul Goodman begründete und in Esalen in zahllosen Kursen unterrichtete Gestalttherapie stand in der philosophischen Tradition der Phänomenologie und der Berliner Schule der Gestaltpsychologie der Zwanzigerjahre, adaptierte aber zudem das buddhistische Konzept der *mindfulness* und transformierte es in den selbsttherapeutischen Ansatz der *awareness*, was eine Art heilendes Gewahrwerden aller emotionalen und körperlichen Empfindungen und Erlebnisse im »Hier-und-Jetzt« meinte. Als Maßstab und Ziel dieses Prozesses galt im Anschluss an Maslow *growth* – »persönliches Wachstum« –, was wiederum nichts Anderes war als das *inner development* der New-Age-Bewegung.[133]

Von Esalen, dem »amerikanischen Ashram«,[134] wo von Joan Baez, Bob Dylan und George Harrison über Susan Sontag und Henry Miller bis hin zum Zukunftsforscher Hermann Kahn viele Berühmtheiten der Gegenkultur und des intellektuellen und künstlerischen Amerikas angetroffen wurden, breiteten sich die Ansätze der Humanistischen Psychologie ab den frühen Siebzigerjahren durch die rasant wachsende Human-Potential-Bewegung weit über die kalifornischen Anhängerinnen und Anhänger alternativer Lebensformen hinaus aus und führte zur Verbreitung von Hunderten sogenannten »Growth Centers« überall in den USA.[135] Gleichzeitig aber hatte sich die von Esalen ausgehende, streckenweise mit den Hippies assoziierte Bewegung von allen gesellschaftsverändernden Zielen gelöst; ihre ichpsychologischen, auf Gefühle fokussierten Konzepte verbanden sich mit der New-Age-Spiritualität zu einer »transpersonalen«, esoterischen Psychologie, die die persönliche »Selbstverwirklichung« eben in eine »transzendentale«, »kosmische« Dimension hinein verlängerte.[136]

Auf diese Weise veränderte die Human-Potential-Bewegung – begleitet von den sanften Folk- und Softrock-Harmonien von Fleetwood Mac oder den Eagles – auch eine ganze Generation von alten 68er-Radikalen in den USA.[137] So zum Beispiel auch Jerry Rubin, den Autor des sehr weit verbreiteten (und auch ins Deutsche übersetzten) Hippie- (beziehungsweise »Yippie«-)Revolutionshandbuchs *Do it!* und in der zweiten Hälfte der Sechzigerjahre einer der prominentesten Anführer der Neuen Linken, der 1976 im zarten Alter von 37 Jahren eine Autobiografie veröffentlichte. Darin berichtet er, dass er sich seit seiner Übersiedlung von New York nach San Francisco zu einer Reise zu sich selbst aufgemacht und dabei radikal verändert habe: »In fünf Jahren, von 1971 bis 1975, habe ich jede Menge Erfahrungen gesammelt mit EST [Erhard Seminar Training], Gestalttherapie, Bioenergie, Rolfing, Massage, Jogging, Gesundheitsnahrung, Tai Chi, Esalen, Hypnose, Modern Dance, Mediation, Silva Mind Control, Arica, Akupunktur, Sextherapie, Reich'scher Therapie – mit einem bunten Strauß von New-Consciousness-Kursen. Ich stand um 7 Uhr morgens auf, joggte zwei Meilen, eilte dann vom

Modern-Dance-Kurs zu den Tai-Chi-Übungen, gefolgt von einer Stunde Yoga und Schwimmen, um danach ein *organic meal* einzunehmen und mich im Anschluss daran zur Massage und in die Sauna zu begeben, bevor am Abend die Therapie in einer *growth group* auf dem Plan stand; die Wochenenden waren prall gefüllt mit noch mehr *growth* und weiteren spirituellen Aktivitäten.«[138] Rubin scheint es ein bisschen übertrieben zu haben, aber sein offenherziger, ja geradezu peinlich detaillierter Bericht über all seine »Aktivitäten« zeigt, dass er auf der Suche nach sich selbst ebenso atemlos und radikal war wie zuvor in seiner Rolle als Anführer der Neuen Linken.

Es ist so gut wie unmöglich, die unterschiedlichen Mischungsverhältnisse all dieser therapeutischen Ansätze, Schulen und spirituellen Lehren auf einen Nenner zu bringen. Gewiss ist nur, dass sie ein gemeinsames Ziel verfolgten. Gemäß einem Yoga-Lehrbuch, das zur selben Zeit wie Rubins *Growing (Up) at Thirty-Seven* erschien, zielten sie alle auf die »Schaffung« von »freien, unabhängigen Individuen«, die ihre »eigenen Erfahrungen machen, ihr eigenes Potential ausfüllen, und in einer ganz persönlichen Weise leben und funktionieren«.[139] Diese Botschaft hatte ab der Mitte der Siebzigerjahre auch Westeuropa erreicht, und zwar nicht zuletzt in Gestalt von Büchern der wichtigsten Vertreter der Humanistischen Psychologie, die nun in Übersetzungen und meist in großen Publikumsverlagen erschienen, in Deutschland ebenso wie in Frankreich. Dazu gehörten die schon erwähnten Titel von Abraham Maslow, Carl Rogers, Alexander Lowen oder William Schutz, aber auch Fritz Perls' *Grundlagen der Gestalttherapie*, Arthur Janovs *Der Urschrei*, Daniel Casriels *Die Wiederentdeckung des Gefühls* oder Thomas Anthony Harris' Bestseller *Ich bin o. k. Du bist o.k.*[140] Ein besonders sprechendes Beispiel für diesen Ideentransfer ist der Selbsthilfe-Ratgeber *Getting Clear. Ein Therapiehandbuch für Frauen* von Anne Kent Rush, der 1973 bei Random House in New York und 1977 im Münchener Verlag Frauenoffensive publiziert wurde. Rush hatte in Esalen Massagetechniken gelernt und verband nun in ihrer eigenen therapeutischen Tätigkeit »Polaritätstherapie«, »Punktmassage« und »ei[n] orientalische[s] Druckpunktsystem« mit »Wilhelm Reichs Atemtechniken« und »verbale[n] Gestalt-Techniken«.[141] Diese Art von Synkretismus wurde auch in Frankreich rezipiert, wie – um nur ein Beispiel zu erwähnen – die ebenfalls 1977 erschienene Gesamtdarstellung all dieser Ansätze im Buch *Le Corps et le Groupe* zeigt. Darin stellte Anne Ancelin Schützenberger, eine prominente Psychotherapeutin, Theoretikerin des Psychodramas und Psychologieprofessorin an der Universität Nizza, nicht nur ausführlich alle relevanten Konzepte der neuen Psychologie vor, sondern sie widmete auch lange Kapitel dem »Apport Oriental« (»Beitrag des Orients«) und diskutierte unter dem Titel »L'homme et l'univers« ohne erkennbare Distanz verschiedene New-Age-Konzepte. Dass sie das Nachwort Wilhelm Reich widmete, ist keine Überraschung.[142]

Kurzum, getrieben von einer schwer zu quantifizierenden, aber offenkundig großen und stetig wachsenden Nachfrage nach Therapie- und Selbsthilfeangeboten sowie getragen von einer überproportionalen Zunahme der Studierendenzahlen im Fach Psychologie in den Siebzigerjahren, entwickelte sich ein breitgefächerter »Psychomarkt« für Menschen, die vor kurzem noch nicht als einer Therapie bedürftig angesehen wurden oder sich selbst so eingeschätzt hätten, die nun aber begannen, ihren Gefühlen und ihrem persönlichen »Wachstum« mehr Aufmerksamkeit zu schenken. Gerade in der deutschen Alternativszene und in der autonomen Frauenbewegung wurden die neuen Therapieformen im Vergleich zu der als autoritär und körperfeindlich empfundenen klassischen Psychoanalyse begrüßt – auch wenn ein Blick in die Zeitschriften der linksalternativen wie auch der feministischen Szene zeigt, dass politische und soziale Themen diese medialen Formate nach wie vor dominierten, in denen zudem auch unüberhörbar Kritik an der entpolitisierenden Wirkung des Psychobooms geübt wurde.[143] Das galt nicht zuletzt auch für Jerry Rubin, der in einem langen Interview, welches die *Autonomie*, die Theoriezeitschrift der radikalen Linken, im April 1977 publizierte, das schon in seiner Autobiografie formulierte Fernziel darin sah, die »Techniken der Selbstfindung« der Siebzigerjahre mit der Gesellschaftskritik der Sechzigerjahre zu einer »völlig neuen Politik« zu verbinden.[144]

Allein, der allgemeine Trend des Psychobooms wies nicht in eine politische Richtung, und er ging ohne Frage auch weit über die Alternativszene hinaus. Aus der Perspektive seiner Disziplin und im Hinblick auf die Frage nach der psychotherapeutischen Versorgung der gesamten Bevölkerung bemerkte der Psychologe Helmut Enke 1976 in einem Interview mit der erst zwei Jahre zuvor lancierten populärwissenschaftlichen Zeitschrift *psychologie heute* lapidar: »Die Psychologisierung der Gesellschaft ist nicht aufzuhalten.«[145] Die Folgen davon waren eine schier unüberschaubare Fülle von oft konkurrierenden, wenn nicht gar sich bekämpfenden Angeboten und Schulen in einer eigentlichen »Subkultur von Theorien, Therapien und psychologischen Praktiken«, die, wie der Sozialpsychologe Johann August Schülein beobachtete, nicht selten als Religionsersatz dienten.[146] Selbst die beiden der Humanistischen Psychologie nahestehenden Therapeuten und Beobachter der Szene in den USA und in Westdeutschland, George R. Bach und Hajo Molter, kritisierten nicht nur die Oberflächlichkeit vieler Therapiekonzepte, sondern konnten angesichts der um sich greifenden Kommerzialisierung dieses Feldes auch einen gewissen Sarkasmus nicht verbergen: »Unser Kulturbetrieb schickt sich an, einen ganz neuen Berufsstand zu entwickeln: den Geburtshelfer für Gefühle. Er wird dafür bezahlt, daß er Räume bereitstellt und Möglichkeiten schafft, Gefühle auszudrücken, auszuschreien und auszuleben.«[147]

Die Humanistische Psychologie und viele andere Ansätze der Human-Potential-Bewegung zielten in ihrem Selbstverständnis darauf, Menschen lebensbejahend, beziehungs- und liebesfähig werden zu lassen; Maslow hatte dem »selbstverwirklichenden Menschen« zudem eine »demokratische Charakterstruktur« attestiert.[148] Dennoch konnte sich diese neue Psychokultur mit ihrer Betonung des »inneren Wachstums« zu einem wahren Radikalismus der Gefühle steigern, der zuweilen in krude Formen von Abhängigkeit und Herrschaft umschlug. Das dafür zweifellos extremste und auch umstrittenste Beispiel war in Europa die sogenannte Aktionsanalyse des ehemaligen Wiener Performancekünstlers Otto Muehl, der im Oktober 1977 seinen autobiographischen Bericht mit dem sprechenden Titel *Weg aus dem Sumpf* veröffentlichte.

Der »Sumpf« war für Muehl die verinnerlichte falsche »Lebenspraxis« der in ihre »Charakterpanzer« eingesperrten »Kleinfamilienmenschen« (Reich war auch hier nicht fern). Die »Lösung« aus diesem Elend liege aber weder in der Mystik noch in Drogen oder in der politischen Aktion, sondern allein »in uns selbst«, denn »ich selbst bin der Sumpf«. Otto Muehl leitete daraus die einfache Losung ab: »Ich muß aus mir heraus.«[149] Die »Aktions-Analytische Organisation« (AAO), die er ab 1973 ausgehend von einer Wiener Wohngemeinschaft aufgebaut hatte, zählte vier Jahre später schon über 400 Mitglieder in 18 Ablegern in der Bundesrepublik, in Österreich, Frankreich, der Schweiz, Norwegen, Schweden und den Niederlanden. Mit millimeterkurz geschorenem Haar, einfachster, androgyner Kleidung und nach Abgabe allen Besitzes ohne jede Privatsphäre, praktizierten die Kommunardinnen und Kommunarden eine ganz und gar mundane, jeder Spiritualität ferne Mischung von *freaking-*

out, Performance, Psychodrama und Sex.¹⁵⁰ Abend für Abend hatte sich ein Mitglied der Gruppe mitten im Kreis vor allen anderen deren bohrenden Fragen nach seiner Familiengeschichte und seinen mutmaßlichen frühkindlichen Verletzungen zu stellen. Sich dabei oft nackt und vor nacktem Publikum selbst »darstellend«, sollte es so auf der Kurve der »AA-Parabel« immer tiefer hinab und zuweilen verzweifelt »Mama« und »Papa« schreiend bis zum imaginären Nullpunkt der eigenen Geburt rutschen. Wie Bhagwan lehrte auch Muehl, dass das an diesem Punkt dann »leere« Subjekt auf dem anderen Ast der Parabel zu einem neuen »Bewusstsein« und einer von allen inneren Zwängen der Kleinfamilie befreiten Lebenspraxis und kommunikativen Offenheit in der AAO-Kommune aufsteigen würde.¹⁵¹

Der harte Kern dieser Praxis aber war eine rohe Form von Sex, anfänglich gar organisiert über einen »Fick-Plan«, der Nacht für Nacht die neuen Paarungen für die maximal 30-minütigen Akte vorschrieb. In ihr schlug die Radikalität der in der »Selbstdarstellung« herausgeschrienen Gefühle um in die von Muehl zum Schlüsselbegriff erhobene »Geilheit«, welche die ehemaligen »Kleinfamilienmenschen« auf Dauer von allen verklemmten Zärtlichkeiten und falschen emotionalen Bindungen befreien sollte. Das auf diese Weise »neugeborene« Subjekt sollte sein »positives Liebesbedürfnis« wiederentdecken, sich »mit den Eltern versöhnen«, das heißt die »Inzestschranke durchbrechen«, und eine neue »genitale Identität« ausbilden; als Ziel der »Aktionsanalyse« bestimmte Muehl die »Selbstdarstellung als existentielle und gesellschaftliche Aufgabe«.¹⁵² Den Neo-Sannyasin nicht unähnlich, sollte dieses »neue« Subjekt buchstäblich fungibel und jederzeit offen sein für neue Beziehungskonstellationen in einem leeren Raum, wo fern von allen symbolischen Ordnungen nur noch die reine physische Anziehung sexueller Körper und die »sich selbst darstellenden« Subjekte das Soziale organisieren. Gleichwohl war Muehls genuin moderner, allerdings radikal ausgelebter Glaube an die befreiende, ja »revolutionäre« Wirkung des Sex einem aufklärerischen Urahn der sexuellen Befreiung weitaus näher als Bhagwans ironischer Lehre vom »tantrischen« Sex. Denn Muehl unterwarf die AAO in ähnlicher Weise der Macht emotionsfreier Lust, wie knapp 200 Jahre zuvor das Personal in Marquis de Sades imaginärem Boudoir die kalte, »republikanische« Logik der Libertinage durchexerziert hatte. In beiden Fällen sollte der Sex die »Gleichheit« und »Freiheit« der allein der Lust unterworfenen Subjekte herstellen, und in beiden Fällen war bezeichnenderweise die

Mutter die Figur, der aller Hass galt – bei Muehl zumindest vor dem imaginären Nullpunkt der »Geburt« und dem »Durchbrechen der Inzestschranke« (das heißt vor der Zerstörung ihrer symbolischen Position *als* Mutter). Weil Otto Muehl gänzlich ironiefrei als »der Geilste« von allen auftrat, war seine Autorität in der Kommune ebenso unanfechtbar wie die von Madame de Saint-Ange und des unersättlichen Wüstlings Dolmence, denen sich de Sades junge Heldin Eugénie bedingungslos zu unterwerfen hatte. Und während diese beiden Libertins im Namen der Lust zur größten Grausamkeit fähig waren, übte Muehl über seine Kommunen immerhin eine Form der Herrschaft aus, die der *Spiegel* im Mai etwas unsicher mit dem neuen Modewort »Psychoterror« zu deuten versuchte.[153]

Die Singularität des Ich

1972 erschien im kalifornischen Palo Alto ein Buch des Psychotherapeuten Sheldon B. Kopp mit dem merkwürdigen Titel *If You Meet the Buddha on the Road, Kill Him!* Die deutsche Ausgabe von 1976 verbarg zwar diese rabiate Handlungsanleitung hinter drei diskreten Punkten und dem Untertitel *Psychotherapie und Selbsterfahrung*, doch im Buch selbst ließ sich das Zitat des chinesischen Zen-Meisters Mumonkan aus dem 13. Jahrhundert nicht verschweigen: »Triffst du einen Buddha – töte Buddha.«[154] Kopp, überaus belesen und geschickt westliche Klassiker von Dante bis Kafka wie auch Geschichten aus den großen hinduistischen und buddhistischen Epen mit psychotherapeutischen Fallbeispielen mischend, hatte für die vielen Ich-Suchenden im Grunde nur eine einzige, einfache Botschaft: »Ob Pilger oder Wanderer, wer auszieht, die Wahrheit (oder so etwas) zu suchen, merkt bald, daß es nichts gibt, das irgendein anderer ihn lehren kann.« Niemand außer jeder und jede selbst könne wissen, wie er oder sie zu leben habe; »den Buddha töten« heiße daher, »die Hoffnung zu zerstören, das irgend etwas außer uns selbst unser Meister sein kann«. Das war eine klassische buddhistische Weisheit, die allerdings nichts anderes als ein Paradox sein konnte: »Der Guru steht in einer Tradition«, so Kopp, »die lehrt, daß man Traditionen brechen muß«; die Aufgabe des Reisenden, des »Pilgers« zu sich selbst, bestehe daher nicht darin, einem Lehrer oder Guru zu folgen, sondern »seine Geschichte zu erzählen« und alle anderen Lehren oder Wahrheiten zurückzuweisen.[155]

Es war im Grunde ein spiritueller Gemeinplatz, den auch Gurus wie Maharishi Mahesh Yogi oder Bhagwan nicht müde wurden zu wiederholen, die durch ihr sorgfältig aufgebautes Charisma ihre Anhängerinnen und Anhänger dennoch zu einer treuen Gefolgschaft geformt und an sich gebunden hatten. Auf der anderen Seite waren zwar weder der Psychotherapeut, den Kopp in seinem Buch in der Ich-Form darstellte, noch zum Beispiel der »Encounter-Gruppenleiter« Will Schutz charismatische Figuren nach Art der globalen Gurus. Aber auch die »humanistischen« Psychologen lehrten Techniken, mit denen »der Mensch« angesichts seiner schier übermächtigen »Konditionierung« und »Entfremdung« durch Erziehung und Gesellschaft »seine Identität zurückgewinnen« könne.[156] Um was zu tun? »Es genügt«, so Kopp, »wenn ein Mensch seine Freiheit auf sich nimmt, sein Bestes gibt, die Konsequenzen seines Tuns trägt und keine Ausflüchte macht.« Dieser freie Mensch sei, mit anderen Worten, »voll verantwortlich für sein Leben«. Niemand nehme ihm diese Verantwortung ab, zumal es »in einer Welt ohne höhere Instanzen, in der Gott tot ist«, niemanden gäbe, »der ihm vergeben kann.« In diesem Sinne einsam, beschrieb Kopp sich selbst an einem Meeresstrand stehend, »als armseliges Fleckchen am Rand einer kosmischen Lache« und geplagt von der Einsicht, dass es »schrecklich« sei, »so hilflos allein zu sein«. Dennoch fahre er jedes Jahr an diesen Strand: »Ich will die schreckliche Einsamkeit wieder spüren, um noch einmal zu erfahren, daß ich sie ertragen muß.«[157]

Diese Schrecken der Einsamkeit hinderten Kopp allerdings nicht daran, eine Selbsttechnik zu lehren, die mit der Aufforderung, den »Buddha zu töten«, die radikale Ungebundenheit des Einzelnen zum Programm erhob. Ihr gemäß konnte es in Encounter-Gruppen oder in anderen »humanistischen« Therapieformen jenseits des Horizonts der eigenen Gefühle nichts Gemeinsames, gar Allgemeines außerhalb der eigenen Empfindungen und persönlichen Geschichten geben. Das einzige Außen, das akzeptiert und als notwendig für das eigene »Wachstum« deklariert wurde, war neben der von Maslow eingehend beschriebenen Liebesbeziehung das direkte »Feedback« anderer Einzelner, was jedoch wiederum allein deren Gefühle reflektierte und *per se* keine Möglichkeit bot, sich auf ein gemeinsames Drittes zu verständigen. Zwar sollten die Gruppen ein Experimentier- und Therapiefeld für die Überwindung der »Entfremdung« sein und, wie Carl Rogers sagte, eine »enthumanisierte Gesellschaft humanisieren«. Aber der Weg dahin wurde von Rogers in sehr konsequenter

Weise nicht über ein irgendwie vorgestelltes Allgemeines – wie etwa ein politisches Ziel – gedacht, sondern immer nur als Selbstreferentialität eines Netzwerks von Beziehungen zwischen den einzelnen Mitgliedern der Gruppe. Wenn in einer Gruppe, die Rogers leitete, jemand über etwas sprechen wollte, das alle interessierte oder betraf – Rogers nannte dies »rationalisieren« –, intervenierte er mit der Bemerkung: »Du hast gesagt, wir alle tun oder fühlen dies oder jenes. Heißt das, daß *du* dies oder jenes fühlst?«[158]

Will Schutz, dessen Buch 1977 auf Deutsch erschien, hatte Encounter noch konsequenter zu einer Technologie des singulären Ich ausgebaut. Die »Encountertechnologie«, wie er sie nannte, basiere vor allem auf dem Prinzip der »Verantwortlichkeit«: »Du bist für das, was du bist, verantwortlich«, lautete seine Devise, beziehungsweise: »Du bist kein Opfer von Mächten, die stärker sind als du.« Daher sei jeder, der sich aus freien Stücken entscheide, an einer Encounter-Gruppe teilzunehmen, für alles, »was mit [ihm] in der Gruppe geschieht, verantwortlich«. In dieser Welt gab es daher auch kein »Du sollst« – allein das »Prinzip der Selbstverantwortung« sei, so Schutz, »die Basis für die ethischen Standards«. Ob man für den anderen etwas tun wolle, hänge allein von den eigenen Gefühlen ab.[159]

Für Schutz war das eine radikale Praxis der Freiheit, fern aller Metanarrative, und er führte dafür nur eine einzige Referenz an, nämlich ein Interview, das der Esalen-*habitué* Henry Miller 1972 der *Los Angeles Times* gegeben hatte: »Ungefähr 1934 starb ich in Paris. Ich meine geistig, ich nahm alles auf meine Schultern. Ich entschied mich, verantwortlich zu sein.« Es war, wie man sich erinnert, die Zeit von Millers *amour fou* mit Anaïs Nin gewesen. Zumindest durch die Brille ihres Tagebuches und angesichts des Umstandes, dass sie ihn noch jahrelang finanziell unterstützt hatte, erscheint Millers nachträgliche Deutung seines damaligen Verhaltens als »Selbstverantwortung« eher gewagt. Doch für Schutz war Miller die perfekte Referenz, weil seine radikal individualistische Existenzweise als moderner Schriftsteller eine postmoderne Selbsttechnologie für alle zu beglaubigen schien: »Keine Schuldgefühle mehr«, zitierte ihn Schutz, »kein Bedauern, keine Vorwürfe, niemand beschuldigt einen anderen. Du mußt dich selbst akzeptieren. Dann bist du, was du bist.«[160]

Identitätspolitik

Die Reise zu sich selbst führte zwar nach »innen« und war im Grunde eine private Angelegenheit. Das hieß aber selbstverständlich nicht, dass angesichts der vielen tausend »Reisenden« diese Bewegung nicht als bedeutungsvolles gesellschaftliches Phänomen öffentlich wahrgenommen und auch kritisiert worden wäre. Zu den prominentesten Kritikerinnen und Kritikern gehörte in den USA, wo diese Stimmen zuerst hörbar wurden, der Journalist und Essayist Tom Wolfe mit einer ins Gewand der Reportage gehüllten heftigen Polemik, die das Magazin *New York* im August 1976 unter dem schnell zum geflügelten Wort gewordenen Titel »The ›Me‹ Decade« veröffentlichte.[161] Einen Monat später folgte der Historiker Christopher Lasch mit einer in der *New York Review of Books* publizierten Sammelrezension zur »Narcissist Society«, in der er, gestützt auf Otto F. Kernbergs *Borderline Conditions and Pathological Narcissism*,[162] eine Theorie des Narzissmus als sozialer Pathologie skizzierte und als sprechendes Beispiel dafür Jerry Rubins Autobiografie aufs Korn nahm. 1977 schließlich publizierte Lasch (eine Art konservativer Linker, der ebenso kritisch über den Kapitalismus wie über das Women's Liberation Movement sprach) ein zutiefst kulturpessimistisches Buch über den Zerfall der amerikanischen Familie, die – für Lasch eigentlich ein »Hafen in einer herzlosen Welt« – durch den Feminismus und den grassierenden Narzissmus »belagert« und in ihrer das Individuum schützenden Funktion bedroht sei.[163]

Schließlich beklagte Richard Sennett, Professor für Geschichte und Soziologie an der New York University, in seinem ebenfalls 1977 erschienenen Buch *The Fall of Public Man* den aktuellen »Zerfall des öffentlichen Lebens«, die Auswüchse der neuen Gefühlskultur und die mit ihr aufgekommene »Tyrannei der Intimität«.[164] Während Wolfe sich im konventionellen Rahmen einer konservativen Pflichtethik bewegte, die Lasch um eine Kritik der Entpolitisierung ergänzte, führte die ähnliche Kritik in Sennetts bis ins 18. Jahrhundert zurückreichende Untersuchung zur Frage, welche politischen Implikationen insbesondere die Suche nach der eigenen »Identität« habe. Das war neu, überraschend und offenkundig gewichtiger als das konservative Naserümpfen über den »Narzissmus« in der »Me-Decade«. Es ist daher auch die Spur, der ich nach einem noch etwas genaueren Blick auf die Kritik folgen werde. Sie wird in Gefilde führen, die weitab vom New Age und dem Psychoboom lagen. Doch dass der Weg dorthin ebenfalls als Reise zu sich selbst vorgestellt wurde, konnte kein Zufall sein.

»Tyrannei der Intimität«

Das Human Potential Movement war schrill und ungewöhnlich genug, um auf außenstehende Beobachter provokativ zu wirken. Für Tom Wolfe war es daher ein Kinderspiel, mit beißendem Spott von den Nöten einer attraktiven und beruflich erfolgreichen jungen Frau zu erzählen, die als Teilnehmerin an einem »Erhart Seminar Training« in einem Konferenzhotel in Los Angeles mit 250 anderen auf dem Teppichboden lag. Auf die Aufforderung des Seminarleiters, »alles« aus sich herauszuschleudern, was einen quäle, soll sie für alle klar vernehmbar gesagt haben: »Hämorrhoiden!« Den nachfolgenden Schrei, der ihre durch diesen körperlichen Makel tief verletzten Selbstwertgefühle ausdrückte, gab Wolfe genüsslich in einer langen, unartikulierten Kette von a', o', e', u', i', g' und h's wieder, über mehrere Absätze hinweg und ergänzt durch das entsprechende Echo der mitfühlenden Schreie der anderen. Er konnte es kaum deutlicher sagen: »Hämorrhoiden« und der Schmerz einer verletzten Seele – Wolfes Anteilnahme hielt sich erkennbar in Grenzen – waren für ihn wirklich das Allerletzte, was jemand von sich selbst öffentlich zeigen und bekennen sollte. Nicht nur, dass er als formvollendeter Dandy ein solches Bekenntnis in jeder Hinsicht *disgusting* finden musste. Es erschien ihm auch als die treffendste Metapher dafür, dass sich die Unterscheidung zwischen den Sphären des Öffentlichen und denen des Privaten im Zuge einer in seinen Augen geradezu religiösen Erweckungsbewegung (»awakening«) auflöse, ja, dass die maßlose Überschätzung persönlicher Sorgen und Petitessen, aber auch die ungebremste Suche nach »Selbstverwirklichung« und Optimierung des eigenen »Potentials«, das gesellschaftliche Gefüge und das die Gemeinschaft Verbindende bedrohe.

Christopher Lasch und Richard Sennett hätten auf die Bekenntnisse und Schreie der jungen Frau auf dem Teppichboden ähnlich reagiert. Schrankenlose Selbstentäußerungen waren für Sennett schlicht nicht öffentlichkeitsfähig, und der grassierende »Narzissmus« erschien ihm daher in allererster Linie als ein Mangel an »Zivilisiertheit«, worunter er »ein Verhalten« verstand, »das die Menschen voreinander schützt und es ihnen zugleich ermöglicht, an der Gesellschaft anderer Gefallen zu finden«. Weil jede Person »in gewissem Maße ein Horrorkabinett« sei, gehöre »eine Maske zu tragen […] zum Wesen von Zivilisiertheit«.[165] Insofern stimmte Sennett wie Lasch ganz mit Wolfes Kritik überein, auch wenn sie beide die »Me-Decade« nicht als ein quasireligiöses Phänomen deuteten, sondern als Ausdruck eines Narzissmus, der aus komplexen historischen Gründen – Sennett sprach von sich entfaltenden Widersprüchen der bürgerlichen Gesellschaft seit dem 19. Jahrhundert, Lasch vom »zunehmend gefährlichen und kriegsähnlichen Charakter der sozialen Umwelt«[166] – von einer individualpsychologischen Pathologie zu einem verallgemeinerten Verhaltensmuster geworden sei. Ihre Kritik daran war scharf formuliert und von dunklem Pessimismus gezeichnet. In einer Kultur, die im Ablegen der »Maske« eine Tugend der Befreiung von allen Zwängen zu erkennen glaube und in der man nur noch »nach einem Spiegelbild« suche, das heißt »nach dem, was an unserer Psyche, an unseren Gefühlen authentisch ist«, entstehe die Illusion, »Gemeinschaft sei das Produkt gegenseitiger Selbstentblößung«. Ohne expliziten Hinweis auf die aktuelle Gefühlskultur und ganz auf die Assoziationen seiner Leserinnen und Leser vertrauend, attackierte er den »Mythos, dem zufolge sich sämtliche Mißstände der Gesellschaft auf deren Anonymität, Entfremdung, Kälte zurückführen lassen« und aus dem eine »Ideologie der Intimität« entstehe, die »alle politischen Kategorien in psychologische« verwandle. Das führe dazu, »öffentliche Angelegenheiten […] auf der Basis von Gefühlsregungen zu betreiben«,[167] die sich, so auch Christopher Lasch, immer nur auf die eigene »Gratifikation oder Frustration« und auf die Sorge um die eigene »Gesundheit« bezögen. Lasch ließ keinen Zweifel daran aufkommen, wie sehr er diese Haltung als Ausdruck eines politischen Rückzugs deutete, ja als die »Weltsicht der Resignierten«.[168]

Wolfe und Lasch argumentierten nach einem klassisch konservativen Muster: Wer nur auf sich selbst schaut, denkt weder an die Vergangenheit noch an die Zukunft; die auf das Genießen des »Augenblicks« und die Verwirklichung des eigenen »Potentials« fokussierte Gefühlskultur löse daher die Vorstellung von einem größeren generationellen Zusammenhang zwischen Vorfahren und Nachkommen auf, »mit verheerenden Effekten für die Familie«.[169] Infolgedessen würden sich die Menschen nicht mehr in den Dienst übergeordneter, über das Wohl des Einzelnen hinausgehender Aufgaben stellen wollen, wie dies sprichwörtlich jene Eltern täten, die, so Wolfe, »ihre eigenen Ambitionen und ihre materiellen Möglichkeiten zugunsten einer ›besseren Zukunft‹ ihrer Kinder opfern...«, oder wie »der Soldat, der in der Schlacht sein Leben riskiert oder es vielleicht bewusst opfert...«. Was für Menschen seien das? Wolfes Antwort: »Menschen, die sich, wenn auch unbewusst, als Teil eines großen biologischen Stroms verstehen«, als etwas, was in ihren Vorfahren gelebt habe und in ihren Kindern weiterleben werde. Alle diese Menschen hätten sich als »untrennbar von der großen Welle der Chromosomen begriffen, von der sie geschaffen wurden und die sie weitergeben werden«; es seien mithin Menschen, die sich nicht das Recht herausnähmen, »aus dem Strom herauszuklettern und die natürliche Ordnung der Dinge zu ändern zu versuchen«.[170]

Dass die »natürliche Ordnung der Dinge« in der Biologie wurzle, ist ein altes, in der Moderne immer wieder gegen ihre dekonstruktiven Tendenzen ins Feld geführtes Deutungsmuster, das hier ganz bewusst als Trumpfkarte gegen den »Zerfall« der Gesellschaft ausgespielt wurde. Richard Sennett hat die Wirkungen der Gefühlskultur zwar ähnlich kritisch wie Wolfe und Lasch eingeschätzt, seine Argumente jedoch nicht im Register der Biologie verankert. Er versuchte vielmehr zu beschreiben, was geschieht, wenn der Bezug auf ein öffentlich Geteiltes, Gemeinsames und Allgemeines, wie es von den politischen Theoretikern des 18. Jahrhunderts entworfen wurde, von den Gefühlen des Selbstbezugs verdrängt und das Öffentliche sozusagen vom Privaten überflutet werde: Dies verleite einerseits dazu, Politikerinnen und Politiker nur noch nach ihrer »Persönlichkeit«, ja ihrem »Charisma« zu bewerten, und andererseits dazu, dass die Einzelnen zunehmend nicht nur von ihrer je persönlichen »Identität« sprächen, sondern das ihnen Gemeinsame als die »Identität« ihrer Gruppe vorstellten. Letzteres beobachtete Sennett am Beispiel des Widerstandes in einer jüdisch geprägten Gegend in New York gegen die von der Stadtverwaltung dort geplante Errichtung von Sozialwohnungen für schwarze Unterschichtsfamilien: Was als ein Konflikt um soziale Differenz begonnen hatte, wurde von einer Gemeinschaft, deren überwiegende Mehrheit sich keineswegs in einem religiösen Sinne als jüdisch verstand, von dem Moment an, in dem sich die Fronten verhärtet hatten, als eine ethnische Auseinandersetzung geführt. Das bedeutete, dass eine jüdische »Identität« als scharfe Trennlinie gegen alle anderen behauptet und die Kritik am sozialen Egoismus dieser *Middle-class*-Gemeinschaft als antisemitisch zurückgewiesen wurde.[171]

Für Sennett zeigte sich hier ein Muster: Wenn im Rahmen der Gefühlskultur Gemeinschaft nur noch in der Dimension des Persönlichen denkbar sei, böten sich »die ethnischen Dimensionen geradezu an«, um »eine Kollektivpersönlichkeit zu entwickeln«. In dem Maße aber, wie der Bezug auf die Religion als der »zentralen Erfahrung« für die meisten Menschen längst verloren war, sei Ethnizität eine bloße Hülle, ein Spiel anfänglich, das sich aber zu einer neuartigen Identitätsbehauptung im Gehäuse alter Masken verfestige. Damit entstehe »eine verrückte Tautologie«: »Wenn die ethnische Schale ohne den Glaubenskern rekonstruiert wird, bleibt den Menschen als Gemeinsames einzig der Wunsch, mit den anderen Menschen gemeinsame Gefühle zu entwickeln.« Die Gemeinschaft werde dadurch »zu einem Daseinszustand«; sie erhalte sich »allein durch die Leidenschaften in ihrem Innern und den Rückzug von der Außenwelt«. Die Effekte dieses Rückzugs seien verheerend: »Außenseiter, Unbekannte, Andersartige werden jetzt zu Gestalten, von denen man sich fernhalten muß; die Persönlichkeitsmerkmale, die die Gemeinschaft teilt, werden immer exklusiver; die Gemeinsamkeit selbst konzentriert sich zunehmend auf die Entscheidung, wer dazugehören kann und wer nicht.«[172] Solche Formen der Gemeinschaft stärkten zwar die Familie, die Nachbarschaft, überhaupt das Lokale, schwächten aber die Stadt und die Nation, wo Menschen unterschiedlicher Art, Herkunft und politischer Gesinnung zusammenleben können.

Hatte Richard Sennett mit diesen starken Behauptungen recht? Die Kritik an *The Fall of Public Man* war insgesamt ziemlich heftig. Die darin präsentierten historischen Beispiele (auf die ich hier nicht eingegangen bin) wurden als fehlerhaft, schief oder unzureichend qualifiziert; die *New York Times* nannte seine Thesen zwar »brillant«, bemerkte aber maliziös, das Buch sei bloß ein rhetorisches Feuerwerk, das, »wie leider jedes Feuerwerk, wenig zurücklässt«.[173] Weitgehend unbeachtet blieb allerdings Sennetts These von der ethnischen »Gruppenpersönlichkeit«. Selbst wenn man daher seiner Idealisierung der modernen Öffentlichkeit des 19. Jahrhunderts nicht folgen mochte, seinen dunklen Kulturpessimismus ablehnte und nicht an das von ihm proklamierte »Ende des öffentlichen Lebens« glaubte, war seine Frage nach der Ethnisierung des Politischen unter dem Zeichen der »Identität« noch nicht erledigt, wie sich zeigen sollte.

Black Feminism

Als in den ersten Monaten des Jahres 1977 die harschen Kritiken zu *The Fall of Public Man* erschienen, war der Begriff der Identität fast ausschließlich individualpsychologisch konnotiert (unter anderem dokumentiert in dem von Rainer Döbert, Jürgen Habermas und Gertrud Nunner-Winkler zur selben Zeit herausgegebenen Sammelband *Entwicklung des Ichs*) und noch kaum mit Politik in Verbindung gebracht worden.[174] Der Ausdruck »national identity« etwa existierte in den USA bis zu den Sechzigerjahren praktisch nicht und kam dann nur zögerlich in Gebrauch; in Großbritannien, in Westdeutschland und in Frankreich tauchen die analogen Formulierungen erst in den Siebzigerjahren auf – zuvor waren sie auch hier faktisch inexistent. Noch überraschender ist vielleicht, dass sich dasselbe in den erwähnten Sprachen auch für die scheinbar neutralen Komposita »meine Identität« und »unsere Identität« beobachten lässt. Man sprach kaum von seiner »Identität«, und wenn Anaïs Nin das 1972 tat, war sie damit Teil eines neuen Trends.[175]

Das bedeutet natürlich nicht, dass Menschen nicht immer schon das Bewusstsein eines »Eigenen« hatten und dass soziale, kulturelle, ethnische oder politische Gruppen und Verbände nicht seit jeher von Gemeinsamkeiten gesprochen hätten, die sie und nur sie als Gruppe auszeichneten und daher von anderen unterscheiden würden. Solche Bezüge auf ein wie auch immer vorgestelltes Eigenes sind nicht nur in der Abgrenzung nach außen, sondern auch zur Sicherung von Herrschaft oder Hegemonie nach innen ein machtvolles Instrument.[176] Dieses ist dann besonders wirkungsvoll, wenn es einer Gruppe gelingt, das Eigene als ein Allgemeines erscheinen zu lassen, wie zum Beispiel das Männliche als Norm für alle Menschen, bürgerliche Interessen als Ausdruck nationaler Gemeinsamkeiten oder das Proletariat als Stellvertreter für die zu befreiende Menschheit. Was eigentlich als das Besondere markiert sein müsste, erscheint dann als das allgemein Gültige. Machtlosigkeit bedeutet daher umgekehrt, nicht mit dem Eigenen am Allgemeinen partizipieren zu können, weil dieses partikuläre Eigene von der hegemonialen Gruppe nicht als Teil des Allgemeinen anerkannt, sondern an den Rand gedrängt, bekämpft und *in extremis* sogar vernichtet wird. Ob allerdings im Widerstand einer minoritären Gruppe gegen ihre Marginalisierung und in ihrem Kampf um Anerkennung *allgemeine* Rechte angerufen werden und das Ringen um Anerkennung auch ein Kampf um die Partizipation am Allgemeinen sein will, ist damit noch nicht gesagt.

Diese Spannungen zwischen der Anerkennung eines Eigenen und der Partizipation am Allgemeinen charakterisierte auch die Lage, in der sich die US-amerikanische Bürgerrechtsbewegung der Sechzigerjahre und insbesondere die Schwarzen Aktivistinnen seither befanden; und sie waren, um daran zu erinnern, auch Fannie Lou Hamer schmerzlich bewusst gewesen. Hamer hatte konsequent an die Gleichheits- und Freiheitsversprechen der Moderne geglaubt und daher das Wahlrecht für alle Afroamerikaner gefordert, damit diese »Bürger erster Klasse« werden könnten. Dennoch lehnte sie die *civil rights* mit einer paradoxen Geste ab, weil diese für sie ein vom weißen Rassismus kontaminiertes schlechtes Allgemeines darstellten, und hielt ihnen, wie ich oben in Kapitel 3 dargestellt habe, die Utopie der Menschenrechte entgegen. Das änderte allerdings nichts daran, dass sie sich in ihrem politischen Alltag kaum wirkungsvoll auf ein Allgemeines beziehen konnte. Hamer war nicht nur als arme Landarbeiterin vom wohlhabenden Amerika und als Schwarze von der weißen Mehrheitsgesellschaft ausgeschlossen, sondern wurde auch als Frau unterdrückt, am deutlichsten durch die Zwangshysterektomie und den sexuellen Übergriff beim »Winona-*beating*«. Sie befand sich, nach allen Kriterien sozialer Differenz und gesellschaftlicher Zugehörigkeit, stets auf der Seite der Ausgegrenzten und der Nichtrepräsentierten.

Hamer war mit dieser Erfahrung selbstverständlich nicht allein. Seit dem 19. Jahrhundert hatten Schwarze Frauen wie namentlich die Abolitionistin und Frauenrechtsaktivistin Sojourner Truth (1797-1883) die doppelte Unterdrückung der Afroamerikanerinnen hervorgehoben, und noch während der Bürgerrechtsbewegung der Sechzigerjahre hatten schwarze Aktivistinnen, die den von Martin Luther King Jr. angeführten »March on Washington« im August 1963 organisieren halfen, ihren Beitrag kaum gewürdigt gefunden und über den Machismo der die Bewegung dominierenden Männer geklagt.[177] In der zweiten Hälfte der Sechzigerjahre bildeten sich daher Gruppen von Aktivistinnen wie die Black Women's Liberation Group in einem Vorort von New York oder das von Frauen aus der Bürgerrechtsbewegung gegründete Black Women's Liberation Committee, das 1970 zur sozialistisch ausgerichteten Third World Women's Alliance wurde; 1973 kam die eher liberale National Black Feminist Organization (NBFO) dazu. Viele Schwarze und puertoricanische, aber auch asiatische oder mexikanische Frauen blieben dem

Women's Liberation Movement fern, weil sie den Eindruck hatten, die weißen Feministinnen aus der Mittelschicht seien taub gegenüber ihren ökonomischen und sozialen Nöten oder rassistisch – oder beides.[178]

Diese Erfahrungen und Wahrnehmungen verdichteten sich in der Formulierung *double jeopardy*, die zugleich der Titel eines Manifestes war, das die Aktivistin und Mitglied der Third World Women's Alliance Frances M. Bael 1970 in der sehr einflussreichen Anthologie *The Black Woman* publizierte. Das doppelte Risiko, »to be black and female«, zeige sich unmittelbar darin, dass die afroamerikanische Frau ihrem Mann unterworfen und somit »die Sklavin eines Sklaven« (*slave of a slave*) sei.[179] Noch grundsätzlicher aber bestehe die *double jeopardy* in der ökonomischen Ausbeutung Schwarzer Frauen, die von allen Gruppen am wenigsten verdienten und besonders entwürdigende Arbeiten zu verrichten hätten. Darüber hinaus seien sie durch die staatliche »bedroom politics« bedroht, das heißt durch die schon alte, sich aber verschärfende bevölkerungspolitische Kampagne ihrer zwangsweisen Sterilisierung. Wirtschaftliche Ausbeutung und der biopolitische Eingriff in Schwarze weibliche Körper verwiesen gemäß Beal beide auf ein schlechtes Allgemeines, dem gleichermaßen alle afroamerikanischen Frauen und Männer, aber auch alle weißen Frauen und die proletarischen weißen Männer unterworfen seien: das »kapitalistische System« als Ursache nicht nur der ökonomischen, sondern, so Beal, auch der rassistischen und sexistischen Unterdrückung.[180] Rassismus und Sexismus waren für sie nicht Unterdrückungsformen *sui generis*, sondern Symptome einer verfehlten ökonomischen Ordnung.

Für die radikalen Schwarzen Aktivistinnen, die ihren Feminismus anders als die weißen, meist »liberalen« Feministinnen nicht von ihren sozialistischen und antirassistischen Überzeugungen trennen wollten, stellte sich daher die Frage, was dieser generellen Form der Unterdrückung entgegengestellt werden könnte. Sollte dies eine alle Frauen gemeinsam umfassende »sisterhood« sein, wie der ebenfalls 1970 publizierte und ebenfalls sehr einflussreiche Reader *Sisterhood is Powerfull* nahelegte?[181] Oder war es die Losung »Black Power«, vertreten von der radikalen und von Männern dominierten Black Panther Party? Oder konnte es noch ein anderes »Eigenes« sein?

Die zweifellos wirkungsvollste – und zugleich am stärksten einschränkende – Antwort auf diese Fragen gab das feministische Combahee River Collective im April 1977 mit einem zuvor noch kaum je gehörten Schlüsselwort: *identity politics*. Das 1974 als Abspaltung von der NBFO gegründete und von Barbara Smith initiierte »Kollektiv« einiger Schwarzer, lesbischer Frauen aus der Arbeiterklasse nannte sich nach dem Combahee River, einem in South Carolina ins Meer mündenden, sumpfigen Fluss, wo im amerikanischen Bürgerkrieg Harriet Tubman, eine Offizierin der Unionstruppen und ehemalige Sklavin, mit einer Kompanie schwarzer Soldaten in einer spektakulären Kommandoaktion 750 Sklaven befreit hatte. Unter dem hochsymbolischen Zeichen dieser historischen Referenz rechnete die Gruppe in Boston zu den jetzt schon regelmäßig genannten Unterdrückungserfahrungen Schwarzer Frauen eine weitere hinzu: ihre Ausgrenzung und »Unsichtbarkeit« als Lesben, mithin ihre »sexuelle Unterdrückung«.[182] Sie stellte daher die These auf, dass »rassistische, sexistische [*sexual*], heterosexuelle und Klassenunterdrückung« als »wichtigste Systeme der Unterdrückung« alle »miteinander verbunden« (*interlocking*) seien.[183]

Vor allem aber prägte das Collective wie gesagt den Begriff »identity politics«. Die dazu gelieferte Begründung war lapidar: »Wir realisierten«, so das *Statement*, »dass die einzigen Menschen, die sich genug um uns kümmern, um konsequent an unserer Befreiung zu arbeiten, wir selbst sind.« Die politische Haltung ihres Kollektivs sei »aus der gesunden Liebe für uns selbst entstanden, aber auch für unsere Schwestern und unsere *community*«. Sich auf die »eigene Unterdrückung zu konzentrieren«, werde daher am besten durch das »Konzept der Identitätspolitik verkörpert«, denn die »tiefgreifendste und radikalste Politik« komme direkt »aus unserer Identität heraus«. Vor allem die Verbindung von rassistischer mit (hetero)sexueller Unterdrückung sei kennzeichnend für die eigene Erfahrung, wie die Geschichte der Vergewaltigung Schwarzer Frauen durch weiße Männer »als Waffe der politischen Unterdrückung« zeige. Daher sei dieses »Persönliche« unumgänglich »politisch« – und, so lässt sich schlussfolgern, der Bezug auf die eigene Identität eine Waffe im Befreiungskampf.[184]

Liest man das ganze *Statement*, mutet der Begriff der Identität, der nur in den hier zitierten Passagen vorkommt, allerdings paradox an. Die politische Analyse des Combahee River Collective wurde vom Blick »tief in unsere eigenen Erfahrungen« angeleitet; »Identität« schien mithin so etwas wie die eigene Erfahrung zu bedeuten – aber auch nicht mehr.[185] Das *Statement* rekurrierte nicht auf eine irgendwie ethnisch konzipierte Identität, die es zu verteidigen gelte oder die gegen alle anderen gesellschaftlichen Gruppen abzugrenzen sei, wie Richard Sennett dies am Beispiel eines jüdischen Viertels in New York beobachtet hatte. Dennoch waren es spezifische Erfahrungen, an die sich hier die Rede von der »Identität« knüpften. Zum einen wurde das *Statement* von Afroamerikanerinnen verfasst, die in einer weißen Mehrheitsgesellschaft lebten, zum anderen sprach es von der Erfahrung sexueller Unterdrückung und der Erfahrung der eigenen sexuellen Orientierung. »Identität« meinte daher im allgemeineren Kontext rassistischer Erfahrungen primär sexuelle »Identität« samt ihrer Verletzbarkeit, weshalb die Forderung nach Anerkennung dieser Identität zum Kern und Ausgangspunkt des politischen Handelns erklärt wurde.

Die damit verbundenen Probleme waren unübersehbar. Zwar bezog sich das Combahee River Collective auf den menschenrechtlichen Gleichheitsanspruch »als gleich menschlich« (*as levelly human*); es betonte zudem, nicht ausschließlich eine auf die eigene »Identität« beschränkte Politik vertreten zu wollen und sich »solidarisch« mit »progressiven« Schwarzen Männern zu fühlen (wohingegen es jede Gemeinsamkeit mit weißen Frauen verneinte), und es verfolgte letztlich auch das Ziel, die gesellschaftlichen Verhältnisse für alle – zumindest für alle Afroamerikanerinnen und -amerikaner – zu verändern. Dennoch musste der Rekurs auf die eigene sexuelle Identität die Gruppe unweigerlich in einen strukturellen Gegensatz allein schon zu Schwarzen heterosexuellen Männern bringen – von dem zu weißen heterosexuellen Frauen und Männern ganz zu schweigen. Wer oder was konnte mithin garantieren, dass die »Identität« nicht die »Solidarität« untergrub? Als wie groß oder wie klein wurde der Radius einer »Identität« vorgestellt, die sich noch mit »Solidarität« vertrug? Und was genau sollte es sein, das der Signifikant »Identität« als das unverwechselbare – und unverhandelbare – »Eigene« ausweist und damit unvermeidlich gegen andere »Identitäten« abgrenzt? Wie ließe sich, mit anderen Worten, verhindern, dass dieser Signifikant selbst für jene, die ihn in emanzipatorischer Absicht einsetzten, nicht eine Schwungkraft entfaltete, die schwer zu kontrollieren war?

Trotz dieser manifesten Schwierigkeiten, die als strukturelle Probleme von »Identitätspolitik« schon im *Statement* des Combahee River Collective erkennbar wurden, waren die, wenn man so will, subversiven und dekonstruktiven Effekte dieses Textes ebenfalls nicht zu übersehen. Denn auch hier erscheinen die amerikanischen *civil rights* unweigerlich als »weiße« Bürgerrechte und erscheint auch die »bürgerliche Öffentlichkeit«, deren Verschwinden Richard Sennett beklagt, als eine exklusiv weiße und männliche Einrichtung. Ist, mit anderen Worten, der Signifikant *identity* einmal ins Feld des Politischen eingeführt, taucht er alles in sein grelles Licht. War denn, so ließe sich unter dieser Beleuchtung fragen, die Gründung der amerikanischen Republik nicht weit mehr von einer weißen, angelsächsischen, protestantischen »Identitätspolitik« als vom Grundsatz *all men are created equal* geprägt gewesen? Aber auch was die Gegenwart der Siebzigerjahre betraf: Hatte sich das »Allgemeine«, das »Gesetz«, für die Schwarzen in den innerstädtischen Ghettos der USA denn nicht in Gestalt einer notorisch rassistischen und gewaltbereiten Polizei gezeigt und sich daher als bloß noch Partikulares längst schon vollständig delegitimiert?[186] Man konnte solche Fragen zweifellos in unterschiedlicher Weise beantworten, und man musste auch keinesfalls behaupten, dass der Glaube an ein gemeinsames Allgemeines, das sich zum Beispiel in einer Nation verkörpert, sich damit gleich auflöst. Aber dass solche Fragen sich stellten, war nicht von der Hand zu weisen.

Das Patchwork der Minderheiten

In Europa fand das *Statement* des Combahee River Collective fast zur gleichen Zeit gewissermaßen sein Pendant in einem kleinen Text von Jean-François Lyotard. Dieser sprach zwar als Philosoph und Hochschullehrer offenkundig nicht von einer mit dem Bostoner Kollektiv vergleichbaren Position aus, reflektierte aber auf seine Weise – und streckenweise ähnlich wie André Glucksmann in *Die Meisterdenker* – die Erfahrungen, Konflikte und gesellschaftlichen Entwicklungen, die die Bostoner Feministinnen in ihrem *Statement* nur wenig später verarbeiteten. Es handelt sich um einen Aufsatz, den Lyotard 1976 zusammen mit Beiträgen von Jacques Derrida, Michel Foucault, Michel Serres und François Châtelet in einem Sammelband veröffentlichte, welchen Bernard-Henri Lévy in der von ihm betreuten Reihe bei Grasset herausbrachte.[187] Auf Deutsch publizierte ihn dann der Merve Verlag, und zwar in einem kleinen Bändchen, das die Merves Anfang Oktober 1977, wie schon erwähnt, auf der Frankfurter Buchmesse mit drei anderen kleinen Aufsätzen Lyotards unter dem Titel *Das Patchwork der Minderheiten* präsentierten.[188]

In dem den kleinen Band eröffnenden, programmatischen Text mit der kryptischen Überschrift »Kleine Perspektivierung der Dekadenz und einiger minoritärer Gefechte, die hier zu führen sind«, findet sich, wie ebenfalls schon erwähnt, die erstaunlich unkritische Übernahme der Isolationsfolterlegende der RAF, was der *scene* auf der Buchmesse gefallen haben mag. Wirklich grundstürzend in diesem Aufsatz war etwas anderes. Lyotard, Professor für Philosophie an der Universität Paris-Vincennes, diagnostizierte – und propagierte – den Bruch mit einer linken Tradition von »Kritik«, die »auf die Wirksamkeit des Negativen vertraut, die Kraft der Überzeugung preist und das Bewußtsein erwecken will«. Denn als Negation des Bestehenden ziele sie auf die Wiederherstellung eines imaginierten Vollkommenen, einer erträumten Ganzheit, von der das Bestehende immer nur als »›Krankheit‹, ›Abweichung‹, ›Entartung‹, ›Fäulnis‹ usw.« verstanden werden könne. Was alle Revolutionäre wollen, wolle auch diese Kritik: das »Zentrum« erobern, die Macht in einem als Ganzheit fraglos akzeptierten Nationalstaat ergreifen, in dem ebenso fraglos ein einziges »GESETZ« gelte.[189]

Viele Bewegungen, so Lyotard weiter, die sich gegen das »Zentrum« aufgelehnt hätten – angefangen bei den Katharern in Südfrankreich über die Bauernaufstände in Deutschland bis hin zu den »Indianern« in den USA, die alle als »Minderheiten [...] im Namen des IMPERIUMS vernichtet wurden« –, seien aber »nicht unbedingt kritisch«. Sie seien »viel ›schlimmer‹: sie *glauben* nicht« – will heißen: »[S]ie glauben nicht, daß das GESETZ und die zentrale Macht miteinander identisch oder verwachsen sind, sie sagen ja zu einem anderen Raum, der aus einem *patchwork* von Gesetzen und Sitten (heutzutage sagt man Kulturen) ohne Zentrum besteht.« Ihre Kämpfe gegen das Zentrum seien daher »Kämpfe von Minderheiten, die Minderheiten bleiben und als solche anerkannt werden wollen«.[190]

Neu war nicht, dass es Minderheiten gab. Moderne Nationalstaaten hatten von Anfang an mit ihnen zu tun gehabt und sich entweder mittels föderaler Strukturen und Formen von Minderheitenschutz mit ihnen arrangiert oder mit zentralistischer Härte auf diese zum Teil sehr alten »Identitäten« reagiert. Neu war, folgt man Lyotards Diagnose, dass diese regionalen und ethnischen Identitäten in den Vordergrund traten und sich immer weniger auf die Vermittlung von Gemeinsamkeiten im Nationalstaat einlassen beziehungsweise verlassen wollten. Er hätte als Beispiele auf die Regionalbewegungen der Schotten, der Basken, der Bretonen oder der Korsen hinweisen können, beschränkte sich jedoch auf die skeptische Bemerkung, dass solche Kämpfe um Anerkennung der je eigenen »Sitten« beziehungsweise »Kultur« für ihn kein Glücksversprechen und keine neue Utopie der Gleichheit darstellten. In den USA würde sich zeigen, dass die »Koexistenz der vielen Minderheiten [...] nicht gerade paradiesisch ist«; denn wenn das vereinheitlichende Zentrum mit all seinen Gesetzen, Herrschaftsfunktionen und geteilten Ideologien schwach sei oder gar fehle, falle den Minderheiten die mühsame »Aufgabe zu, immer wieder von Neuem einen *modus vivendi* zu finden«.[191]

Lyotard verknüpfte diese skeptische Diagnose mit zwei weiteren, von ihm allerdings deutlich positiver gezeichneten Beobachtungen. Zum einen würden diese Bewegungen »in starker Vergrößerung zeigen, was im täglichen Leben der ›Kleinen‹ in kleinem oder gar mikroskopischem Maßstab fortwährend geschieht«. Er meinte damit die unzähligen Gesten »minoritärer Bejahungen«, die nicht in erster Linie als Kritik und Widerstand gedeutet werden können – auch wenn sie das eventuell auch waren –, sondern primär als Ausdruck einer eigenen, »minoritären«, vom »Zentrum« nicht anerkannten Position und Lebensweise (und den entsprechenden Verletzungen, wie die Bostoner Aktivistinnen hinzufügen würden): »Milliardenmal haben Frauen am Herd um Kleinigkeiten gestritten [...]; Millionen von Gesten, Signalen, gekritzelten Botschaften (Graffiti) haben die Homosexuellen erfunden, um sich an halböffentlichen Orten treffen und erkennen zu können; [...] Milliarden von Finten und Kniffen von Arbeitern in den Werkhallen und in den Büros«. All das sei nicht »wirklicher« als die »Wirklichkeit [...] der Macht«, aber es sei »vielförmig und vielgestaltig«, zudem auch »immer einzeln, einzigartig und singulär« – es sei, mit anderen Worten, ein »großes *patchwork* aus lauter minoritären Singularitäten«.[192]

Zum anderen entspreche, so Lyotard, diesem Auftauchen der Singularitäten eine tiefgreifende epistemologische Verschiebung: eine »Dekadenz der Wahrheit«, wie er mit Bezug auf Nietzsche sagte, das heißt der Zerfall des Glaubens an »die« Natur, »die« Geschichte und »den lieben Gott«. Es gebe heute »keinen verbindlichen, gegebenen, offenbarten oder enthüllten Sinn« mehr, sondern nur noch »Spiele«, in denen es nicht darum gehe, »die Wahrheit zu suchen, das Glück zu erlangen oder seine Meisterschaft zu demonstrieren, sondern ganz einfach um die Lust an Perspektivierungen, und sei's auch nur im kleinen Maßstab«. Diese »Dekadenz der Wahrheit«, die Lyotard in einer ähnlichen Weise begrüßte, wie dies zur gleichen Zeit auch Paul Feyerabend tat, dringe zunehmend ins Feld der Wissenschaft ein. Sie bedeute, dass die Klasse von Sätzen, die auf metasprachlicher Ebene, also in einer Sprache »zweiter Ordnung«, die

Wahrheit von empirischen Aussagen feststellen, von der Klasse der Aussagen »erster Ordnung« nicht mehr unterschieden werden könne. Eine Metasprache, die etwa bezogen auf den Satz ›Heute ist Montag‹ die Feststellung treffen kann, ›Es ist wahr, dass heute Montag ist‹, verliere zunehmend an Plausibilität und Gewicht. Denn es gebe keine Instanz und keine Autorität mehr, die die Wahrheit einer solchen Sprache »zweiter Ordnung« garantieren könne, keinen »Metadiskurs«, der die Wahrheitswerte empirischer Sätze arretiert. Daher gebe es auch im Bereich der Wissenschaft nur noch »Perspektivierungen« und »Spiele«. Mit unüberhörbarer Lust am ironischen Understatement bemerkte Lyotard: »*Es kommt mitunter vor*, daß die Klasse aller Klassen selbst zu diesen gehört« – dass, mit anderen Worten, Wahrheitsdiskurse eben auch nur Diskurse sind.[193]

Das gelte auch für das Politische. Denn welcher Metadiskurs könnte im Feld der Politik noch feststellen, welches die eigentlichen Probleme, die wahren Klassen und die richtigen Kämpfe sind? Das waren die Fragen, die gleichzeitig auch die Frankfurter Spontis, die *indiani metropolitani* in Italien und eben auch das Combahee River Collective stellten und auf ihre Weise beantworteten. Lyotard bemerkte daher, dass auf dem Feld der Politik gerade ganz neue Perspektivierungen und Sprachspiele entstünden, die »jede Menge von Individuen [...] durch eine Anzahl typischer Merkmale definier[en]« können, ohne sich noch von einem übergeordneten Sinn anleiten zu lassen: »Familienmütter, Kapitaleigner, Bretonen, Linkshänder, Vegetarier, Abiturienten...«. Wo die Gesellschaft sich in einer solchen Weise auffächere und vielgestaltig werde, würden die »Dekadenz der Wahrheit« und die »Politik der Minderheiten« sich auf einem in alle Richtungen offenen Feld treffen, genauer: in »heterogenen Räumen«, wo eine »Politik ohne Herren, eine Logik ohne Metasprache« möglich werde.[194] Das Politische wäre nicht mehr vom Bezug auf das Allgemeine, auf die Nation und auf »große Ziele« wie die Revolution beherrscht, sondern würde sich aufsplittern in einen nicht mehr einheitlich definierbaren Ort vielfältigster Auseinandersetzungen und Kämpfe um Anerkennung.

Lyotard verstand diese Veränderungen insgesamt als eine tiefgreifende, ja epochale Verschiebung. Denn die »Dekadenz der Wahrheit«, die Politik der Minoritäten und das Auftreten der Singularitäten war in seinen Augen nichts anderes als eine vielgestaltige Bewegung, die »das Dispositiv der ›Moderne‹ relativier[t]«. Am Horizont der Gegenwart, so Lyotard, zeichne sich etwas »Neues« ab.[195]

»Indianer«

Zu diesem Neuen gehörte die Rede von der »Identität«, auch wenn im *Patchwork der Minderheiten* der Begriff keine Rolle spielt. Für Leserinnen und Leser der Texte von Lyotard und des Combahee River Collective musste sich unweigerlich die grundsätzliche Frage stellen, ob die moderne Nation tatsächlich noch länger als jener neutrale Raum anzusehen ist, der wie die moderne Stadt *idealiter* Platz für alle bietet, das heißt Gleichheit vor dem Gesetz und allgemeines Wahlrecht verspricht, jedoch auch – und ebenfalls *idealiter* – alle Männer der allgemeinen Wehrpflicht, alle Kinder der allgemeinen Schulpflicht und alle Erwachsenen der allgemeinen Steuerpflicht unterwirft. Mit den erfolglosen Revolutionen von 1848 war zwar bekanntlich in Europa bis auf die (nominelle) Ausnahme der Schweiz auch die Durchsetzung demokratischer Rechte und bürgerlicher Gleichheitsansprüche am Fortbestand aristokratischer Strukturen und autoritärer Regierungsformen gescheitert. Dennoch hatte sich die Idee des Allgemeinen als eines Gemeinsamen, welches die Nation repräsentierte, seit den Tagen der Französischen Revolution nie ganz aufgelöst. Dieser regulativen Idee entsprechend wurde die als »souverän« gedachte Nation nach dem Ersten Weltkrieg zum kaum noch bestrittenen Prinzip staatlicher Organisation – auch wenn ihr »Allgemeines« ab den Dreißigerjahren vielfach in autoritäre, totalitäre und rassistische Formen pervertierte. Doch nach dem Zweiten Weltkrieg, vor allem unter dem politischen, wirtschaftlichen und kulturellen Einfluss der USA, mit der Hilfe des Marshallplans und dank des bis 1973 anhaltenden Wirtschaftswachstums, erlangte die moderne Vorstellung des Allgemeinen als etwas Gemeinsamem, das »alle« verbindet, einen Realitätsgehalt, der mit der Teilhabe am wachsenden Wohlstand und Konsum ebenso fassbar wurde wie in Gestalt der ab den Sechzigerjahren immer häufiger so genannten »Sozialstaaten«. Und schließlich hatten die beiden bis vor kurzem noch weite Teile der Welt beherrschenden Imperialmächte Großbritannien und Frankreich ihre überseeischen Besitzungen bis in die Mitte der Sechzigerjahre in die Unabhängigkeit entlassen und waren zu »normalen« Nationalstaaten geworden, in denen ethnischen Differenzkategorien keine – zumindest offizielle – Funktion mehr zukam.

Es war dieser Hintergrund vor allem der westeuropäischen Nachkriegsgeschichte, vor dem die Frage als ungewohnt erscheinen musste, ob sich denn Interessen und politische Haltungen überhaupt unabhängig von Körpern, Geschlechtern und sexuellen Orientierungen sowie auch von »Kulturen« oder »Rassen« denken lassen. Denn damit war explizit oder implizit von »Identitäten« die Rede, die sich nicht länger auf die Nation bezogen und sich nicht mehr an der modernen Idee des Allgemeinen orientierten. Diese Tendenz zeigte sich in Teilen der Frauenbewegung, bei »Regionalisten« und in einigen Strömungen der linken *scene*, aber auch und vor allem bei den Theoretikern einer sich formierenden »neuen« Rechten. Das lässt sich in der hier gebotenen Kürze anhand eines kleinen Buches zeigen, das in Frankreich kurz nach dem Erscheinen verboten wurde und von dem die französische Polizei am 11. Januar 1977 am Grenzübergang bei Breisach am Rhein 60 Exemplare und wenige Tage später in Straßburg weitere zehn beschlagnahmte: des im linken Berliner Verlag Klaus Wagenbach im Herbst 1976 erschienenen Bändchens *Elsaß: Kolonie in Europa / L'Alsace se prostitue. Mit einem Vorwort über Occitanien, Korsika, Wales und Jura.*

Die vom Pariser Innenministerium auf ein Gesetz von 1939 gestützte Beschlagnahmung hatte sowohl in der bundesdeutschen als auch in der französischen Presse einigen Staub aufgewirbelt und damit einem Buch, von dem die Zeitungen nicht zu entscheiden wussten, ob es »linksextrem« oder »rechtsextrem« sei, die erhoffe Öffentlichkeit verschafft. Mit heißer Feder geschrieben von einem anonymen deutschen Journalisten mit dem Autornamen »Jean«, wurde es im Frühjahr 1977 in einer um die Schilderung dieses kleinen grenzpolizeilichen Ereignisses ergänzten Ausgabe neu aufgelegt.[196] Das Verbot selbst wurde schon am 27. Januar wieder aufgehoben – die Grande Nation konnte sich nicht im Ernst durch ein kleines Wagenbach-Bändchen provozieren lassen. Provoziert werden sollte auch weniger Frankreich selbst, sondern in erster Linie die Bevölkerung des Elsass: Der Vorwurf der »Prostitution« (illustriert mit einer sehr unfeinen Karikatur einer Prostituierten auf dem Cover) galt den Elsässerinnen und Elsässern als einem »Volk«, das seine Geschichte, seine Sprache und seine Kultur »vergessen« habe, das keinerlei Widerstand gegen die »Kolonisierung« durch Frankreich zeige, dessen Eliten mit der »zentralistischen Bürokratie kollaborieren« würden und das wie die anderen »unterworfenen Völker und Regionen« Frankreichs von einem »sogenannten Präfekten« regiert werde, der nicht zufällig so heiße wie »die Statthalter der römischen Provinzen«.[197]

Einige der Aktivisten und Liedermacher, von denen »Jean« berichtete und deren »regionalistische« Ideen er verbreitete, waren im September

1976 durch die Bundesrepublik getourt, um »eine Art Gegenöffentlichkeit für die westdeutschen Minderheiten her[zu]stellen« – unter dem Motto »Europas Indianer«. »Jean« machte es sich zu eigen. Gemeint waren damit nicht die marginalisierten Jugendlichen in italienischen und deutschen Großstädten, die sich kämpferisch »Stadtindianer« nannten, sondern »Völker« wie die »Mohawks, Navajo, Hopi und Irokesen«, denen man »ihre Lebensgrundlage entzogen, ihre Sozialstrukturen zerstört, ihre Identität vernichtet hat«: Wie diese »militärisch niedergerungen« wurden, so wurde und werde noch jetzt an den »Occitanen, Korsen, Sarden, Waliser[n], Schotten, Bretonen, Basken, Katalanen, Tiroler[n], Jurassen, Elsässer[n], etc.« ebenfalls »so etwas wie eine Endlösung praktiziert«.[198]

»Jeans« Referenz war zwar die physische Vernichtung der »Indianer« (von der Schoah war nicht die Rede), er meinte dann aber doch eher eine Art kulturelle Vernichtung: »das ›Gefühl‹, Opfer, Futter, Sklave einer weltweiten Konsumkultur, Gehirnwäsche, Bewußtseinsindustrie zu sein, die darauf abzielt, auch den letzten Unterschied, die letzte Verschiedenheit vom vorgeschriebenen Ausbeutungsstandard zu tilgen«. Getrieben von »mächtigen Zentralstaaten und internationalen Trusts« (die antisemitischen Zwischentöne waren kaum zu überhören), angetrieben aber auch vom »Unisono-Konzert der hauptstädtischen Presse« und der allumfassenden Amerikanisierung, wandere »unaufhaltsam eine Kultur nach der andern aufs Schafott der Bewußtseinsindustrie, landet im Sarg der Geschichte«. Daher sei der Regionalismus vom »Gefühl des Überlebenwollens« getragen, vom »Trotz gegen die endgültige Auslöschung der individuellen Existenz, die ohne die jeweiligen Wurzeln in der regionalen Kultur nicht denkbar scheint«.[199]

Eine sehr ähnliche Kritik fand sich auch in Paul Feyerabends jetzt vielgelesener Kampfschrift *Wider den Methodenzwang*, von der schon die Rede war: Der Aufstieg der »modernen Wissenschaft« sei nicht zufällig mit »der Unterdrückung von Kolonialvölkern durch westliche Eindringlinge« zusammengefallen, wodurch lokale Traditionen ausgelöscht, die Kolonisierten dem »westlichen Rationalismus« unterworfen und zu »Sklaven an Körper und Geist« gemacht worden seien. Denn grundsätzlich gelte, so Feyerabend, dass die »liberale Demokratie« in ihrer Verbindung mit wissenschaftlicher Rationalität und Kapitalismus »keine Hopi-Kultur im vollen Sinne des Wortes enthalten« könne, aber auch »keine schwarze Kultur« oder »keine jüdische Kultur im vollen Sinne des Wortes«. Sie dulde »diese Kulturen nur in der Form der Aufpfropfung auf eine Grundstruktur, die eine unheilige Allianz von Wissenschaft, ›Rationalismus‹ und Kapitalismus« sei, könne sie aber nicht als gleichwertig anerkennen.[200]

Andere formulierten diese Kritik vielleicht weniger gelehrt, aber mit einem nicht minder radikalen Gestus: als explizite Identifikation mit unterdrückten Völkern und »Stämmen«, wie auch Feyerabend sagte. Das »Manifest« der römischen *indiani metropolitani* vom 1. März 1977 etwa fand für diese Anverwandlung beinahe poetische Worte: »Lange haben wir um den Totem unseres lichten Wahnsinns getanzt. [...] Wir haben getanzt und gekämpft mit regennassen Gesichtern und vom Wind gepeitschten Haaren...« Doch jetzt sei es »Zeit, daß das Volk der Menschen in die grünen Täler hinabsteigt, um sich die Welt zurückzuholen, die ihm gehört«. Denn die »Truppen der Bleichgesichter mit ihren blauen Jacken« hätten »all das zerstört, was einst Leben war«, hätten »mit Stahl und Beton den Atem der Natur erstickt, [...] eine Wüste des Todes geschaffen und sie ›Fortschritt‹ genannt«.[201]

Solche düsteren Polarisierungen waren viel verbreiteter, als die *indiani metropolitani* es je sein konnten, und sie stützten sich auf eine alte Tradition der Idealisierung der »Indianer« seit dem 16. Jahrhundert.[202] Aktuell aber war es das 1970 erschienene Buch *Bury My Heart at Wounded Knee* des amerikanischen Historikers Dee Brown, das die »Indianerkriege« zwischen 1860 und 1890 sowie die fast vollständige Vernichtung vieler indigener Völker durch weiße Siedler und US-Bundestruppen bis zum Massaker von beziehungsweise bei Wounded Knee in South Dakota von 1890 schildert. Das schnell sehr weit verbreitete, in den amerikanischen Medien vielfach gelobte Buch zeichnet eindrucksvoll ein Bild der blutigen Zerstörung der indigenen Lebensweise durch das weiße Amerika – und schien damit, auf dem Höhepunkt des Vietnamkrieges und kurz nach Bekanntwerden des Massakers von My Lai, auch der Gegenwartsdeutung zu dienen. 1972 kam die italienische Ausgabe auf den Markt. Gleichzeitig wurde das Buch unter dem Titel *Begrabt mein Herz an der Biegung des Flusses* auch in der Bundesrepublik publiziert und erreichte noch im selben Jahr sieben Hardcover-Auflagen; fünf Jahre später lag die Taschenbuchausgabe mit einer Auflage von über 190 000 Exemplaren in den Buchhandlungen.

Unzählige Werke zur Geschichte der nordamerikanischen »Indianer« folgten im Windschatten dieses Erfolgs; auch im aktuellen, in der linken *scene* weit verbreiteten *Roten Kalender gegen den grauen Alltag* durften sie nicht fehlen, weil »die Indianer« angeblich »Demokratie praktizierten, ihre Kinder gewaltfrei erzogen und ohne Repressalien lebten«; es war daher kein Zufall, dass sich der »Göttinger Mescalero« als Apache fantasierte.[203] Im Vergleich zwar deutlich reflektierter, plädierte auch Joschka Fischer für einen »Vorstoß in ›primitivere‹ Zeiten« und meinte damit die an der Ursprünglichkeit, Einfachheit und Naturverbundenheit der »Indianer« orientierte Hinwendung zur eigenen »Psyche« und zur »Sensibilität«.[204] Auch wenn diese Indianerschwärmerei politisch gemeint war: Sie war vollkommen »theorielos«, wie die Intellektuellen des sozialistischen Magazins *links* im Dezember 1977 den Stadtindianern und Spontis denn auch vorwarfen.[205] Tatsächlich wirkte die Identifikation mit den »Indianern« wie das unfreiwillige Eingeständnis eines politischen Scheiterns und der eigenen gesellschaftlichen Marginalisierung. In ähnlich melancholischer Weise beschwor auch »Jeans« Rede von der »Kolonisation« »europäischer Minderheiten« durch mächtige Nationalstaaten die verlorene Wärme »ursprünglicher« Nahverhältnisse, wusste aber – wenn es nicht gerade um den »regionalen Widerstand« gegen Atomkraftwerke ging – um ihre politische Aussichtslosigkeit. Vor allem aber wollten weder »Jean« noch Joschka Fischer oder andere Linke so etwas wie eine explizite politische Konzeption der »eigenen Kultur« entwickeln. Sie ahnten wohl, warum. Denn das hätte darauf hinauslaufen müssen, dem Sehnsuchtssignifikanten »Identität« eine kohärente Form zu geben.

Die »Neue Rechte«

Genau darauf aber zielten zwei Theoretiker der sich nach 1968 formierenden »Neuen Rechten« ab, nämlich Alain de Benoist in Frankreich und Henning Eichberg in Deutschland (beide publizierten auch unter diversen Pseudonymen). Eichberg, ein Historiker und Kultursoziologe mit dem Schwerpunkt Sport- und Körpergeschichte sowie Assistenzprofessor an der Universität Stuttgart, war politisch im Umfeld der rechtsextremen NPD sozialisiert worden. 1972 verfasste er die Grundsatzerklärung der »Aktion Neue Rechte«, einer NPD-Abspaltung und für kurze Zeit die organisatorische Basis einer »nationalrevolutionären« Rechten, die sich von der »alten«, (neo)nazistischen Rechten rund um die NPD zu distanzieren versuchte.[206] Aus ihr ging 1974 die von Eichberg mitbegründete und von ihm intellektuell dominierte Splitterpartei »Sache des Volkes/Nationalrevolutionäre Aufbauorganisation« (SdV/NRAO) hervor – das Suffix »Aufbauorganisation« sollte nicht zufällig an die maoistische Linke erinnern. In SdV-Organ *Neue Zeit* hatte er im ersten Heft des Jahres 1977 einen Aufsatz zur Volksmusik »zwischen imperialistischer Mode und nationaler Revolution« und gleich im zweiten einen zu »Keltentum und Sozialismus« publiziert; er plante, sie zusammen mit ein paar anderen seiner Texte in einem Sammelband mit dem programmatischen Titel *Nationale Identität* zu veröffentlichen, der für 1978 angekündigt war.[207]

Alain de Benoist, von dem schon in Kapitel 3 die Rede war, war publizistisch noch um ein Vielfaches produktiver als Eichberg, der diesen schon 1966 in Paris aufgesucht hatte, um fortan das gemeinsame Projekt der intellektuellen Grundlegung einer »neuen« Rechten zu verfolgen. De Benoist begann seine politische Karriere in der ultrarechten Gruppe Jeune Nation; nach deren Verbot 1958 gründete er zusammen mit Dominique Venner, seinerseits Mitglied des rechtsextremen Terrornetzwerks Organisation de l'armée secrète (OAS), eine neofaschistische Studentenorganisation. 1968 lancierte er, ebenfalls im Verbund mit Venner, den Think-Tank Groupement de recherche et des études pour la civilisation européenne mit dem vielsagenden Akronym G. R. E. C. E. Seither hatte sich de Benoist in direkter Anlehnung an die Theoretiker der sogenannten Konservativen Revolution im Deutschland der Zwanzigerjahre und in unzähligen Aufsätzen eine Position erarbeitet, die sich vom Nationalsozialismus ebenso zu distanzieren suchte wie von der kolonialen und klerikalen französischen Rechten.[208] Sein Ziel war die Neubegründung einer antiaufklärerischen und heidnischen »nouvelle droite«, die sich die kriegerische Männlichkeit des antiken Griechenlands als Ideal und Ursprung fantasierte, aber auch auf altgermanische Mythen zurückgriff. Dazu hatte er 1977 unter dem Titel *Vu de droite* (»Von rechts gesehen«) eine mehr als 600 Seiten starke Anthologie im Stil eines Handbuches mit Dutzenden von eigenen philosophischen und historischen Texten – es waren meist Buchrezensionen – auf den Markt gebracht; er sei, wie er großspurig erklärte, getrieben von einer »Sorge«, die »jener der Enzyklopädisten des XVIII. Jahrhunderts vergleichbar ist«, und erhob den Anspruch, im Sinne Antonio Gramscis für die Rechte die kulturelle Hegemonie zurückzuerobern.[209]

Während de Benoist sein Selbstbewusstsein als studierter Philosoph und informierter Vielleser zur Schau stellte, war Eichberg ein wissenschaftlich avancierter Kulturrelativist, der sich auf die Linguistik Benjamin L. Whorfs ebenso zu beziehen wusste wie beispielsweise auf Michel Foucaults Geschichte der Denksysteme. Intellektuell auf diese Weise gerüstet, wies er alle »universalistischen Ontologien« wie das Christentum oder den Marxismus mit ihrem Anspruch auf »wahre Aussagen« zurück. Weil Wissen sich grundsätzlich innerhalb eines »kulturspezifischen, sprachenspezifischen Vorverständnis[ses]« bewege, könne es keine allgemeine Wahrheit und auch keine »universelle Kultur« geben, sondern nur die Vielfalt der nebeneinander existierenden »Kulturen«.[210] Eichberg war jedoch trotz seiner Bezüge zum *linguistic turn* alles andere als ein Dekonstruktivist und verstand Kulturen als etwas in sich Geschlossenes, Kohärentes und an einem spezifischen Ort Lokalisiertes. Der von ihm Mitte der Siebzigerjahre geprägte Begriff »Ethnopluralismus« sollte dementsprechend eine politische Haltung charakterisieren, die die Vielfalt der so verstandenen »Kulturen in ihrer Eigenart« grundsätzlich anerkenne – jene der »farbigen Völker« ebenso wie die »europäischen Ethnokulturen«.[211]

In ähnlicher Weise wies auch Alain de Benoist den Rassismus zurück und propagierte seinerseits eine Art der Anerkennung des Fremden: »Evidenterweise« sei keine »Rasse« überlegen: »Alle Rassen sind überlegen«, denn eine »menschliche Rasse« sei »keine zoologische Einheit«, sondern »auch der Träger einer Geschichte, einer Kultur, eines Schicksals«.[212] Dennoch argumentierte er weniger kulturalistisch als Eichberg. In seinem 1971 publizierten Aufsatz »Die Verwurzelung« führt er verhaltensbiologische Thesen und Beobachtungen an, um zu behaupten, dass nicht nur jedes Tier, sondern auch der Mensch eine enge, prägende Beziehung zu dem Territorium habe, auf dem er geboren wurde und aufgewachsen ist. Daher unterlägen Menschen wie Tiere, wie de Benoist mit dem einflussreichen populärwissenschaftlichen Autor Robert Ardrey sagte, einem »territorialen Imperativ«: Wie weit ein Mensch »auch immer gewandert sein« möge, er empfinde »eines Tages das Bedürfnis, nach Hause zurückzukehren. Der Hund, der Lachs, der Mensch – sie alle kehren dahin zurück, woher sie kamen«; nur so würden sie »zu ihrer Erfüllung gelangen«. Die Gemeinschaft habe daher notwendigerweise einen Ort: zuerst die Region, dann das Vaterland als der größere Rahmen jeder Identifikation. »Regionalismus und Volkstumskampf«, so de Benoist, »sind die modernen Namen für die ewige Wiedergeburt der sinnlich erfahrenen Vaterländer aus Fleisch und Blut.«[213]

Wenig überraschend ging es auch Eichberg bei aller rhetorischen Anerkennung des Fremden zuallererst um die »europäischen Ethnokulturen«. Er schrieb ohne Distanzierung über die Bombenattentate regionalistischer »Nationalisten« in Nordirland oder im Baskenland, berichtete von den Bewegungen zur »Befreiung« der »keltischen Nation« und begeisterte sich für das »germanische Volkslied«, das »etwas zu tun hat mit unserer Identität«. Weil »die multinationalen Konzerne die Völker ihrer Identität berauben und zu gesichtslosen Produzenten-Konsumenten machen wollen«, sei »Identität die Alternative gegen Entfremdung«.[214] Doch was war »Identität«? Für Eichberg bedeutete sie »bei sich selbst zu Hause sein«, und sie erschien ihm »nur möglich als nationale Identität«. Er meinte damit allerdings nicht die moderne Nation, sondern die »Ethnien« oder »Völker«, die gegenwärtig aber durch die »Politik des Transfers« von sogenannten Gastarbeitern ausgehöhlt würden.[215] Die Anerkennung von »ethnopluraler« Vielfalt bedeutete mithin keineswegs die Anerkennung von Vielfalt innerhalb der »Kulturen« und auch nicht die Anerkennung von Gleichheit und individuellen Rechten; diese Ideen könnten, wie Eichberg mit Verweis auf ethnographische Literatur schrieb, nur zum »Völkertod« führen. »Nationale Identität« meinte daher nichts anderes als völkische Identität, oder in Eichbergs Formulierung: »Im Volk liegt unsere Identität.«[216]

Eine wichtige Rolle im Denken sowohl Eichbergs als auch de Benoists spielte der Begriff der Authentizität. Er war das Kriterium, um die aufklärerischen Prinzipien beziehungsweise, wie de Benoist sagte, »die egalitären, nivellierenden Ideologien« zurückzuweisen, deren Voraussetzungen »eben den Begriffen Verschiedenheit und Authentizität fundamental entgegenstehen«.[217] Authentizität war für die Theoretiker der Neuen Rechten der Name der schon glücklich erreichten Heimat, der Name des regional mit sich selbst Identischen, des Verorteten und Eigenen. Die Effekte der »Entwurzelung« hingegen konnten nichts anderes sein als eine »Geisteskrankheit«.[218]

Sich in der Gemeinschaft, zu der man gehöre, zu »verwurzeln«, war mithin die wichtigste Maxime der beiden Autoren. Während allerdings Eichberg zumindest rhetorisch eine gewisse Nähe zu einem »nationalrevolutionär« gedeuteten Maoismus pflegte und Maos Losung »dem Volke dienen« übernahm, propagierte de Benoist eine »›heroische‹ Subjektivität«, die ein elitäres, ja autoritäres Konzept der »Persönlichkeit« begründete.[219] Denn bei aller Identifikation mit der Gemeinschaft habe die »Persönlichkeit« streng darauf zu achten, nicht zu »vermassen«, sondern sich so weit von den Vielen abzusondern, um zur Herrschaft fähig zu bleiben.[220]

In seinem im Juli 1977 in der entschieden reaktionären Zeitschrift *Item* veröffentlichten Text »25 commandements de la nouvelle école«, seinen »25 Geboten aus der neuen Schule« für ein gelingendes Leben als Herrenmensch, betonte de Benoist schon fast im Stil des Human Potential Movement – sich aber selbstverständlich nicht auf Abraham Maslow, sondern auf Friedrich Nietzsche beziehend –, dass das Ziel, einfach nur »man selbst zu sein, keine ausreichende Maxime darstellen« könne; vielmehr müsse man »*werden was man sein kann*« (auch de Benoist sprach von der *potentialité*) und »kämpfen für die Idee, die man sich von sich macht«. Daher sei es notwendig, »über sich selbst eine souveräne Herrschaft [zu] errichten« und »zuerst sich selbst verändern [zu] wollen, bevor man die Welt verändern will«. Denn nur wer sich selbst beherrsche, könne auch den Anspruch erheben, andere zu dominieren. Die »Persönlichkeit« nehme daher Maß allein an sich selbst, sie »erschafft sich selbst«, gebe sich ihr eigenes Gesetz, ordne sich aber auch freiwillig jenen unter, »die uns überlegen sind«, und zwar, wie de Benoist mit einem Zitat von Stefan George sagte, »stolz, einen Meister gefunden zu haben«. Weit über alle »plebejischen Gefühle« erhaben, habe derjenige, der sich zur Persönlichkeit mit einem eigenen »Stil«, einer eigenen ästhetischen »Fasson« geformt hat, »das Recht, zu gehorchen, und die Pflicht, (sich) zu befehlen«. Den italienischen Rassentheoretiker und Esoteriker Julius Evola zitierend, nannte de Benoist den Stoizismus die einzig mögliche philosophische Haltung in einer Welt, die eine »unvergleichliche Tragödie« sei. Unter dem Motto *amor fati* lehre dieser, dasjenige zu wollen, was auch ein starker Wille nicht verhindern könne, und erkläre, dass »wir alles verdienen, was uns passiert – individuell und kollektiv«.[221]

Es gab in der Geschichte des Faschismus und des Nationalsozialismus – und auch darüber hinaus, so etwa bei Eugen Herrigel in Deutschland oder eben Julius Evola in Italien – eine philosophische Denkungsart, in der die Rezeption der Stoa und jene des Buddhismus zusammenflossen und im Kult emotionsloser Gelassenheit und todesbereiter Hingabe konvergierten; ihr Echo ist in Alain de Benoists »25 commandements« noch deutlich zu vernehmen.[222] Unabhängig von dem in dieser Strömung vorherrschenden Willen zur Macht stellt sich somit die Frage, warum die Texte der zitierten Autoren der Neuen Rechten streckenweise so ähnlich klingen wie die Anleitungen zu den von indischen Gurus, »humanistischen« Psychologen und radikalisierten Psychodespoten gelehrten und praktizierten Selbsttechnologien. Was hatte die Suche nach den »Wurzeln« im »Urgrund der eigenen Seele«, die in der Meditation zu ergründen waren, mit jenen »Wurzeln« zu tun, die die extreme Rechte reklamierte? Wo verorteten sich die von den Fixierungen und Orientierungsmarken der Moderne losgelösten, als Singularitäten freigesetzten Subjekte im weiten, zersplitterten Raum zwischen »Kosmos«, »Ich« und »Territorium«? Und inwiefern unterschied sich die *identity* der linken, Schwarzen, lesbischen Aktivistinnen in Boston von der »Identität«, die Henning Eichberg im »germanischen Volkslied« entzifferte – und inwiefern auch nicht? Diese Fragen lassen sich ein Stück weit klären, wenn man einen Blick auf die Gemeinschaftsfiktionen wirft, die diesen so unterschiedlichen Haltungen zugrunde liegen.

Gemeinschaftsfiktionen

Das, was Menschen in Gemeinschaften oder sozialen Gruppen, in Nationen, *communities* oder Völkern miteinander verbindet oder voneinander trennt, ist in seinem Kern immer fiktiv. Schon vor einem Jahrhundert notierte Max Weber in Abgrenzung zu den Rassentheorien vieler seiner Zeitgenossen, dass »[f]ast jede Art von Gemeinsamkeit und Gegensätzlichkeit des Habitus und der Gepflogenheiten Anlaß zu dem subjektiven Glauben werden« könne, »daß zwischen den sich anziehenden oder abstoßenden Gruppen Stammverwandtschaft oder Stammfremdheit bestehe«.[223] Als »ursprünglich« galten Weber nicht irgendwelche tief verankerten, urwüchsigen Gemeinsamkeiten eines angeblichen »Stammes«, sondern soziale Gemeinsamkeiten oder Konflikte. Der sich »bei exakter Begriffsbildung«, so Weber, »verflüchtigende Begriff der ›ethnischen‹ Gemeinschaft«[224] ist aber genau *als* Fiktion gesellschaftlich wirkmächtig. Diese Fiktion beruht darauf, dass die »ethnischen« Begriffe unbestimmt, ja leer sind und daher nicht an der alltäglichen Wahrnehmung scheitern können, sondern ein »Gefühl« von Gemeinschaft erzeugen (wie Richard Sennett mit Bezug auf Weber sagt): »Der Inhalt des auf ›ethnischer‹ Basis möglichen Gemeinschaftshandelns«, so Weber, »bleibt unbestimmt. Dem entspricht nun die geringe Eindeutigkeit derjenigen Begriffe, welche ein lediglich ›ethnisch‹ [...] bedingtes Gemeinschaftshandeln anzudeuten scheinen: ›Völkerschaft‹, ›Stamm‹, ›Volk‹.«[225]

Diese Art der Fiktionalität des sozialen Bandes sticht beim modernen Konzept der Nation noch deutlicher hervor. Die Geschichte des Nationalismus seit der Französischen Revolution ist voll von ebenso symbolischen wie gewaltsamen, scheinbar bloß administrativen oder politisch heftig umkämpften Akten der Homogenisierung des nationalen Raums, der Herstellung einer einheitlichen Sprache und der forschenden Erfindung einer möglichst weit in die Tiefe der Zeit zurückreichenden gemeinsamen Geschichte. Alle diese Akte zielten darauf, innerhalb des Rahmens der Nation und zumindest für Männer ein in diesem Sinne fiktionales, aber wirkungsvolles Allgemeines zu installieren, ein, wie Lyotard sagte, allgemeines »Gesetz«, auf das sich das politische Streben aller Kräfte dieser national vereinten Gesellschaft beziehen konnte. Für die Herstellung dieser Allgemeinheit war (und ist) eine zuweilen sehr aggressive Abgrenzung gegen »außen« konstitutiv. Ein solcher Gemeinsamkeitsglaube war in den modernen »imagined communities« überaus wirkmächtig.[226] Das zeigte sich paradigmatisch noch in Martin Luther Kings berühmten Worten, er »träume« davon, dass seine Kinder »eines Tages in einer Nation leben werden, wo sie nicht nach der Farbe ihrer Haut, sondern nach dem Gehalt ihres Charakters beurteilt werden«. Die »Nation«, von der King sprach, war offensichtlich alles andere als perfekt, wie er selbst mit drastischen Worten deutlich machte, aber sie blieb für ihn der Rahmen, auf den sein »Traum« sich bezog.[227]

Als nach »68« an unterschiedlichen Rändern und in minoritären Strömungen der westlichen Gesellschaften sich abzuzeichnen begann, dass dieser Glaube ebenso erodierte wie der Glaube an die Revolution, verbreiteten sich spirituelle und psychologische Selbsttechnologien, die dazu anleiteten, sich selbst als singulär zu verstehen, alle »Konditionierungen« zurückzuweisen und sich nur in losen, immer wieder neu konfigurierten Kopplungen und Netzwerken zu verbinden (was die Ausbildung autoritärer Strukturen nicht verhinderte). Alles schien denkbar, alles möglich – *anything goes*. Gemeinsam war den vielen Suchenden und Reisenden vielleicht der »Kosmos«, aber den entdeckte jeder und jede am besten »in sich selbst«, in Meditationen oder Yoga, in Bioenergie-Kursen oder Gestalttherapie. Solche Selbsttechniken unterspülten wie warmes Meerwasser die Sandburgen der modernen »imagined communities« und lösten die Subjekte im Wirkungsbereich dieser neuen Technologien des Selbst aus ihren überkommenen politischen Weltbildern, ihren konventionellen, »rationalistischen« Epistemologien und ihren, falls noch vorhanden, traditionellen religiösen Absicherungen. In letzter, aber keineswegs ferner Konsequenz wurde die Welt zu dem, als was und wie man sie sich je selbst vorstellte, wie der New-Age-Apostel David Spangler sagte. Zuweilen war den Reisenden, bei allem Vertrauen in die popkulturelle Weisheit der Losung *May the Force be with you!*, in den »kosmischen« Weiten »schrecklich einsam« zumute, wie der Psychotherapeut und ostwestliche Mystiker Sheldon B. Kopp sagte. Dessen ungeachtet fühlten sie sich in dem, was sie »Kosmos« nannten, vermutlich ein Stück weit aufgehoben, erfuhren sich jedenfalls als Teil einer »spirituellen« Gemeinschaft aus Gleichgesinnten.

Auch in den zitierten politischen Texten vom Combahee River Collective bis hin zu denen der Autoren der Neuen Rechten war von einem Subjekt die Rede, dem der Glaube an das Allgemeine der Moderne abhandengekommen war und das in alten ethnischen Schablonen oder – was nicht dasselbe ist – in einem mit der eigenen *community* geteilten Empfinden von Verletzbarkeit Halt suchte. Es war hier der Signifikant der »Identität«, der in neuartiger Weise, aber doch voll von historischen Reminiszenzen, persönliche Stabilität und »Gemeinschaft« zu stiften versprach. Die von ihm angezeigte Vorstellung, mit sich selbst wie mit seiner »Gemeinschaft« »eins« zu sein, reichte allerdings über die Funktion einer politisch nützlichen Fiktion deutlich hinaus und kann im psychoanalytischen Sinne als »phantasmatisch« bezeichnet werden. Gemäß der damals zeitgenössischen, zumindest in Frankreich über Fachkreise hinaus bekannten Begriffsprägung Jacques Lacans ist das Phantasma ein fixes, unbewegliches »Bild«, das einen »Mangel« – das heißt etwas, was dem Subjekt schmerzlich fehlt – erträglich macht. Als Teil der »signifikanten Struktur« des Subjekts funktioniert das Phantasma gleichsam strukturell als Abwehr gegen den Schmerz eines Verlustes, so jedenfalls Lacan.[228]

Selbst wenn man dieser psychoanalytischen Konzeption nicht folgt, ist leicht zu sehen, dass die Vorstellung, mit sich selbst »identisch«, »zu Hause« und ganz »authentisch« zu sein, sich gerade deshalb als Phantasma verrät, weil aus verständlichen Gründen niemand jemals sagen konnte, wo jener ursprüngliche, in der Tiefe der eigenen »Erfahrung« angeblich zu findende Fluchtpunkt liegt, an dem man zugleich mit sich und seiner »Gemeinschaft«, einem »Territorium« oder beidem zur Deckung kommt und eben »zu Hause« ist. Immer war zum Beispiel der Kreis dieser *community* ein wenig größer oder ein wenig kleiner zu ziehen, immer schloss er Schwarze Männer, weiße Frauen oder Heterosexuelle ein oder aus, immer bezog er sich auf das »Geschlecht« oder auf den »Sex«, auf »das Stück Erde«, wo man das Licht der Welt erblickt hatte,[229] oder auf die »Region«, die »Nation« oder das »Vaterland«, auf die »Kultur«, die »Tradition« oder die »Rasse«. Es war mithin das bodenlose Gleiten dieser instabilen, sich überlagernden Spiegelbilder eines imaginären »Wir«, das vom phantasmatischen Signifikanten der »Identität« arretiert werden sollte.

In dieser Rolle begann dieser Signifikant sich an jenen Rändern der westlichen Gesellschaften, wo sich die moderne Idee eines verbindenden Allgemeinen abschwächte, das Soziale als ein Patchwork von Minderheiten erschien und sich in Singularitäten aufzulösen begann, als neuartiger Rundumschutz für verletzte Seelen anzubieten – und zugleich als Waffe für machthungrige Ethno-Nationalisten (über deren »Mangel« nicht spekuliert werden soll). Ab Mitte der Siebzigerjahre wurde dieses Angebot häufiger angenommen, von spirituellen Sinnsuchern ebenso wie von Schwarzen Feministinnen, von Neuen Rechten ebenso wie von regionalen Unabhängigkeitsbewegungen sowie von Menschen, die »zu sich selbst« finden und ihr »Potential ausschöpfen« wollten. Das rettende »Bild« der Identität war da und versprach eine neue Stärke, die aus der Profilierung des Eigenen und Unverwechselbaren mitsamt den dazugehörigen Erfahrungen von Verletzbarkeit erwuchs.

Dennoch gab es gravierende Unterschiede in der Art und Weise, sich auf seine »Identität« zu beziehen, die keineswegs zufällig waren. Während *identity* im *Statement* des Combahee River Collective vage blieb, nicht »ethnisch« sein wollte, vielmehr eine persönliche Erfahrung am Schnittpunkt diverser Konfliktlinien bezeichnete, beruhte die Rede von der *identité* bei der *nouvelle droite* darauf, von einer grundlegenden Differenz zwischen einem »Wir« und allen »Anderen« auszugehen und das »Volk« als homogene Einheit und als Quelle auch der persönlichen Identität zu fantasieren. Und während die Grenzen des Eigenen beim Combahee River Collective durch physische und psychische Verletzbarkeit angezeigt wurden, war es bei der Neuen Rechten eine kompakte, fixierte (und sehr männliche) Vorstellung des Eigenen, die alles Nichtidentische als »fremd« wegstieß. Auch wenn de Benoist und Eichberg zwar die »Vielfalt« der Differenzen und Kulturen ebenso wortreich besungen haben wie die »Indianer«-Schwärmer bei der Linken, war völlig klar, dass in ihren Augen die »Vermischung« das Eigene bedroht und das »Fremde« daher einfach nur furchterregend und gefährlich war.

Der Unterschied zwischen diesen beiden Weisen, von Identität zu sprechen, liegt mithin darin, dass die Autoren der Neuen Rechten im direkten Anschluss an das konservative, ja reaktionäre politische Denken seit der Französischen Revolution den Grundsatz der menschlichen Gleichheit ablehnten und Identität als Ausdruck tiefer, unaufhebbarer, ja urwüchsiger Differenz und »Verschiedenheit« imaginierten. Die Aktivistinnen des Combahee River Collective hingegen bezogen die Idee ihrer offenkundig fragmentarischen, ja brüchigen Identität zusammen mit dem Anspruch, als »levelly human« anerkannt zu werden, auf den »utopischen«, das heißt fiktionalen Fluchtpunkt der Gleichheit aller Menschen. Ihr Rekurs auf die eigene Verletzlichkeit und sexuelle Orientierung als Ausgangspunkt politischen Handelns war allerdings der Gefahr ausgesetzt, in einer Logik des Besonderen, genauer eines phantasmatisch mit sich selbst Identischen gefangen zu bleiben. Für das Kollektiv war ja nicht ausschließlich die sexuelle Orientierung maßgeblich, sondern in Verbindung damit auch die traditionellen Differenzmarker »Rasse« und »Geschlecht«. Diese linke Identitätspolitik unterschied sich daher trotz ihrer Betonung von Differenz letztlich allein durch den Anspruch auf das *levelly human* von der Identitätspolitik der Neuen Rechten, die allerdings die für sie leitende Idee von der Ungleichheit durch das Konzept der »Territorialität« noch zusätzlich unterstrich. Es zeichnete sich mithin schon in dieser diskursiven Konstellation des Jahres 1977 ab, dass der politische Antagonismus zwischen einerseits der Anerkennung, andererseits der Leugnung von Gleichheit und Nichtterritorialität aller Menschen künftig zur entscheidenden Demarkationslinie zwischen »links« und »rechts« werden würde, zur Trennlinie, die den alten Klassenantagonismus in dieser Rolle ablöst. An ihr würden sich künftig daher auch der Wunsch nach Befreiung und der Wille zur Macht scheiden.

5.
Kulturmaschinen

Die Geschichte der Moderne war immer auch die Geschichte ihrer Maschinen: als sehr weit vorauseilende Fantasie vielleicht schon in den Entwürfen Leonardos, als zweifelsfreie Realität aber in den Spinn-, Web- und Dampfmaschinen des aufkommenden Industriezeitalters. Ebenfalls weit vorauseilend vermutete zu Beginn des 19. Jahrhunderts Charles Babbage, dass mit Maschinen nicht nur das Spinnen und Weben, sondern auch das Rechnen und überhaupt das Denken »mechanisiert« werden können. Am Ende des modernen Maschinenzeitalters tauchten solche Maschinen tatsächlich auf: Kulturmaschinen, die weder Gegenstände noch Energie erzeugen, sondern Zeichen. Der französische Poet und Drehbuchautor, der im April in einem Dorf in der Normandie zu Grabe getragen wurde, hatte ebenfalls eine kleine Maschine erfunden – eine allerdings, deren Spezialität es war, Unsinn zu produzieren. Auch er war, auf seine Weise und zusammen mit seinen Freunden, vorauseilend gewesen.

Jacques Prévert († 11.4.), Kino, Poesie und Zigaretten

Im selben Vorort von Paris wie Anaïs Nin, in Neuilly-sur-Seine, kam am 4. Februar 1900 der Lyriker und Drehbuchautor Jacques André Marie Prévert zur Welt. 72 Jahre später erinnerte er seine Kindheit und die Epoche, in die er geboren worden war, im Lichte seiner eigenen poetischen Bilder als verzauberte Vorkriegsidylle. Im nahe gelegenen Bois de Boulogne, wo sonntags die Menschen zum Picknick im Gras saßen oder sich in den Cafés um die Tische an der Sonne drängten, »schritt oft ein Hirsch über eine Allee« und »pfiff die dampfgetriebene Straßenbahn die Bäume entlang, wie die Züge in den Indianergeschichten«. Die Ausflügler »machten Musik, sangen, feierten«, »die Bäume lachten und schüttelten sich«, während »Bettler, Olivenverkäufer [und] Straßenmusiker vorbeikamen und immer wieder ein älterer Herr auftauchte, der kleine mechanische Spielzeuge auf die Tische stellte«. Man konnte auch auf die Achterbahn gehen, zu »Looping the loop«, wo die Leute »schrien«, wenn sie wieder aus dem Wagen ausstiegen. Einmal allerdings geschah in Neuilly, im Norden des Bois, etwas ganz Unerhörtes: »Dort, wo heute die Ruinen des Lunaparks liegen, gab es einen großen Fesselballon, der mit Passagieren gefüllt in den Himmel stieg. Eines Tages riss das Seil, und der Ballon wurde vom Wind davongetragen. In ganz Neuilly hoben die Menschen zur gleichen Zeit ihre Köpfe in die Luft, sogar die Hunde.«[1]

Jacques' Vater André Prévert, ein *homme de lettre*, erfolgloser Romancier und Theaterkritiker, der sein karges Einkommen widerwillig bei einer Versicherungsgesellschaft verdiente, nahm ihn und den älteren Bruder oft in die Stadt mit, »zu Dufayel«, dem großen Warenhaus an der Rue de Clignancourt im Norden, wo er anschreiben lassen konnte und wo es einen Cinematographen zu bewundern gab, eine, wie Jacques Prévert sich erinnerte, »Laterna magica, die sich bewegte«. Für den kleinen Jungen aber noch spektakulärer war das Western-Theater von Buffalo Bill auf dem Marsfeld, »mit Bisonjagd und dem Angriff auf die Postkutsche, und zwar ganz echt, mit Rothäuten in Kriegsbemalung und Cowboys, die ihre Lassos schwangen«.[2] Wenn nicht gerade solche Vergnügungen lockten, die Jacques mit seinem Vater besuchen durfte, verlor er sich in den Geschichten von *1001 Nacht*, in den *Märchen* von Hans-Christian Andersen, bei *Sherlock Holmes* und vielem anderen. Seine Mutter hatte ihm noch vor dem Schulalter das Lesen beigebracht.

Das wirkliche Leben allerdings war weniger farbig. Der unglückliche Vater hatte mittlerweile eine bescheidene Stelle als *visiteur des pauvres* bei der Armenpflege von Paris angenommen; von Geldsorgen gequält, mietete er zwei kleine, kalte Dachzimmer an der Rue de Vaugirard, wo Gemeinschaftswasserhahn und Gemeinschaftstoilette im Treppenhaus zum Standard gehörten. Jacques, den die Schule tödlich langweilte, fühlte sich jetzt alt genug, um alleine durch die Parks und die Straßen der Umgebung zu streunen; vor allem aber begleitete er seinen Vater oft auf dessen »enquêtes« in den proletarischen Osten der Stadt, wo André Prévert die (ärmsten der) Armen besuchte, um zu kontrollieren, ob sie der Unterstützung »würdig« seien. In einem Café, in dem die beiden auf diesen Touren häufig einkehrten, konnte man Filme schauen, allerdings nur »sehr alte«, wie der 72-Jährige sich erinnerte. Um die neusten Filme zu sehen, zudem als ganze Familie, gingen die Préverts daher ins nahe gelegene Cinéma du Panthéon.

Was hier geboten wurde, war laut Programm immer entweder »komisch« oder »dramatisch«: »Leichte Komödien« (*comédies légères*) – vor allem aber furchteinflößende Dramen (*drames angoissants*) wie etwa *Zigomar, roi des voleurs*, ein Detektiv- und Kriminalstummfilm von 1911, *Za la Mort*, ein Schauerstück über einen Gentleman-Räuber (1915), oder der Western *Le Vautour de la Sierra* aus dem Jahr 1909. Diese Filme waren, obwohl noch lange vor der Tonfilmära produziert, nicht wirklich »stumm«. »Hinter der Leinwand«, so Prévert, machte ein Mann alle notwendigen Geräusche (mit »Glocken, Sandpapier, einer Pfeife, einem Revolver, mit Hämmern«), und zwar gleichzeitig zur Klavierbegleitung. Und wenn es sich um einen Western handelte, erzählte zudem noch »ein als Cowboy verkleideter Schauspieler den Film, während er sein Lasso schwang«. Einmal, als *Le Massacre* von D.W. Griffith lief – »ein schrecklicher Film, in dem die Indianer alle Soldaten töteten« –, machten »die Musik, die Geräusche, die Schüsse einen solchen Lärm, dass die verärgerten Zuschauer schrien, sie könnten nichts mehr sehen«.[3]

Bei Ausbruch des Ersten Weltkrieges war Jacques Prévert, der mit 15 Jahren die Schule verlassen hatte, noch zu jung, um zum Dienst an der Waffe eingezogen zu werden – aber schon alt genug, um sich mit Gelegenheitsjobs und ein wenig Kleinkriminalität über Wasser zu halten. 1920 aber war es so weit, und so fand er sich, nach der Ausbildung zum Infanteristen in Lunéville, im Jahr darauf als Korporal in Konstantinopel wieder, in der von französischen und englischen Truppen besetzten, jetzt nur noch Istanbul genannten Metropole des ehemaligen Osmanischen Reiches. Als er im März 1922 demobilisiert wurde, brachte er aus dem Militärdienst zwei neue Freunde mit: den künftigen Maler Yves Tanguy sowie den späteren Autor, Übersetzer und Lektor Marcel Duhamel. Dieser war es auch, der im Auftrag seiner wohlhabenden Familie ein Hotel in der Nähe der Champs-Élysées führte und daher ein ehemaliges Handwerkerhaus an der Rue du Château in Montparnasse mieten konnte, das von den drei Freunden notdürftig renoviert wurde. Neben Duhamel und seiner Partnerin Gazelle Dahijb wohnten hier auch Tanguy und Prévert, zusammen mit ihren künftigen Ehefrauen Jeannette Ducrocq und Simone Dienne; hinzu kamen später der spanische Maler Joan Miró sowie Jacques' jüngerer Bruder Pierre. Das Haus war offen für viele, für die *hôtes passagères* standen Sofas zur Verfügung. Miete musste nicht bezahlt werden – »Duhamel ließ uns alle leben«, erinnerte sich Prévert.

Ein altes Foto aus dieser Zeit zeigt den 24-Jährigen im eleganten, scharfgeschnittenen Anzug und mit sorgfältig frisiertem Haar, die Zigarette lässig in der Mitte des Mundes platziert. Mit einer nennenswerten Tätigkeit jedoch belastete er sich offensichtlich nicht: »Ich kam und ging«, sagte er später über sich.[4] Doch obwohl Jacques Prévert bloß eine rudimentäre Schulbildung genossen und keinen Beruf erlernt, geschweige denn studiert hatte, war er mehr als nur ein Herumtreiber. Er versuchte sich in kleinen Film- und Theaterrollen, durchstöberte die Buchhandlungen und las Lautréamont, Rimbaud und Poe. Schließlich wollte es das Glück, dass sich in dem offenen Haus an der Rue du Château ab 1924 eine Art literarischer Salon zu etablieren begann, wo sich die Gruppe um Prévert mit André Breton, Louis Aragon, Michel Leiris, Georges Bataille und anderen jungen Künstlern und Intellektuellen traf, die sich »Surrealisten« nannten. Und, oh Wunder, Jacques erwies sich in diesem Kreis von ebenso elitären wie subversiven Geistern als Konversationsgenie: »Es gibt niemanden« wie Prévert, erinnerte sich Georges Bataille, »der einer netten Unterhaltung eine solche wahnsinnige Tiefe verlieh, so voller Auswüchse eines schwarzen Schalks und mit verrückten Wortspielen«.[5]

Doch mehr als das: Prévert leistete zum Surrealismus, zu dem er und seine Freunde Duhamel, Miró und Tanguy bald auch zählten, einen wichtigen medientechnischen Beitrag, indem er in die Abendunterhaltungen der Gruppe das als Kindervergnügen an sich schon alte Spiel einführte, auf ein mehrfach gefaltetes Blatt Papier gemeinsam Sätze zu schreiben oder Bilder zu zeichnen, von denen jeder Mitspieler jeweils nur ein Wort oder ein paar wenige Anschlussstriche sehen konnte, bevor er den nächsten Abschnitt hinzufügte. Ausgehend von einem der ersten dieser Spiele, das den Satz erzeugte »Le cadavre exquis boira le vin nouveau« (»die köstliche Leiche wird den neuen Wein trinken«),[6] nannte Prévert diese kleine Kulturmaschine, deren einzige Regel das Befolgen der Syntax eines einfachen Satzes erforderte, *cadavre exquis*. Was eine solche Papierleiche durch bloßes Falten jeweils entstehen ließ, war für die Surrealisten die reine *écriture automatique* beziehungsweise das Erzeugen von Bildern, die »ein Hirn allein nicht hervorbringen kann«, wie André Breton sagte. Die Zeichnungen und Texte, die auf diese Weise entstanden, galten ihm, dem selbsterklärten theoretischen Kopf des Surrealismus, daher als »ein unfehlbares Mittel, das kritische Denken auszuschalten«; mit seiner, wie Breton sagte, »metaphorischen« Kombination von Zeichen schien der *cadavre exquis* die Kunst für die Kräfte des Zufalls und des Banalen zu öffnen.⁷ Für die Surrealisten war es diese Kombinatorik, die den Sinn ebenso wie den Unsinn als Produkt von beliebig arrangierbaren Zeichen erscheinen ließ – und mit der sie jeden konventionellen Sinn zum Einsturz bringen konnten. Jacques Prévert sagte daher auch später oft: »Le mot est plus fort que l'idée« (»Das Wort ist stärker als die Idee«).⁸

1928 und dann wieder zwischen 1930 und 1932 setzte sich die anfänglich ausschließlich aus Männern bestehende Gruppe der Surrealisten zu mehreren sorgfältig protokollierten Gesprächen zusammen, um in gepflegt radikaler Weise ihre sexuellen Vorlieben zu ergründen und das subversive Potential des Sexus auszuloten. Prévert, der nur an den ersten sieben Gesprächen bis zum Mai 1928 teilnahm, bekannte, dass er seine erste sexuelle Erfahrung als 13-Jähriger auf der Straße gemacht hatte, dass sein »bevorzugtes Alter einer Frau [...] 14« sei und dass er sich »wegen der Glocken« nicht für »Geschlechtsverkehr in der Kirche« interessiere. Letzteres gehörte als Diskussionspunkt erkennbar ins Register »Surrealismus«; nicht ganz so leicht einzuordnen waren aber zum Beispiel die aggressive Homophobie Bretons oder der unverhüllte Sexismus der meisten Gesprächsteilnehmer, Prévert eingeschlossen. Auf die Frage Raymond Queneaus, was die versammelten Surrealisten »über Vergewaltigung denken« (die Meinungen schwankten von »sehr sehr gut« bis »ganz und gar dagegen«), antwortete Prévert: »Ich finde das legitim.«⁹ Man darf bezweifeln, dass das mehr war als der Verbalradikalismus eines jugendlichen Provokateurs auf der Suche nach der nächsten Pointe, denn die Verachtung der »bürgerlichen« Moral und des »Konformismus«, ja überhaupt die Ablehnung aller *idées reçues* gehörte zum künstlerischen Geschäftsmodell der Surrealisten.

Prévert hatte gleichwohl langsam genug. Vor allem ertrug er die autoritären Züge Bretons immer weniger und trennte sich schrittweise von der »Bewegung«. Gleichzeitig konnte Duhamel sich die Miete für das Haus an der Rue du Château – und den mäzenatischen Unterhalt seiner Freunde – nicht mehr leisten. Eine kleine Epoche ging zu Ende. 1928 war daher das Jahr, in dem Jacques Prévert, gewissermaßen als gelernter Surrealist, erste Gedichte und Essays zu schreiben begann – und es war zufällig auch der Zeitpunkt, als das Kino aufhörte, nur von Musik und Geräuschen begleitet zu sein. Obwohl Prévert anfänglich noch der stummen Poesie des frühen Films nachtrauerte, brauchte er dringend Geld und versuchte sich daher, wenn auch erfolglos, als Texter für Kinowerbefilme, aber auch schon als Autor erster Drehbücher. Es war dann vor allem die der Kommunistischen Partei nahestehende Agitprop-Theatertruppe »Octobre«, bei der seine Fähigkeit, sehr schnell interessante Texte produzieren zu können, auf Interesse stieß; Prévert schrieb für die Gruppe tagesaktuelle und politisch eher grobkörnige Gebrauchslyrik, meist auf der Basis von Zeitungsmeldungen, jedoch voller Wortwitz.

Zeitgleich zu diesem Engagement intensivierte er seine Arbeit fürs Kino – und es war dieser Strang seiner pausenlosen Textproduktion, der in den Nachrufen der internationalen Presse meist als Erstes hervorgehoben wurde. Prévert schrieb insgesamt rund 50 Drehbücher, darunter noch vor dem Krieg für die bald als »Klassiker« geltenden Filme *Le Crime de Monsieur Lange* (1936; dt.: *Das Verbrechen des Herrn Lange*) von Jean Renoir oder *Le quai des brumes* (1938; dt.: *Hafen im Nebel*) und *Le jour se lève* (1939; dt.: *Der Tag bricht an*) von Marcel Carné. Das waren Filme, die, wie die Londoner *Times* in ihrem Nachruf etwas maliziös bemerkte, mit ihrem »fatalistischen Ton [...] den politischen und psychologischen Zustand Frankreichs am Vorabend des Zweiten Weltkrieges spiegelten«.[10] Es war jedoch wohl eher die Stimmungslage der *classes populaires*, die Prévert in seinen Drehbüchern zum Ausdruck brachte. Mit bildungsbürgerlicher Distanz charakterisierte die *FAZ* Préverts Beitrag zu Carnés Filmen jedenfalls mit den Worten, er habe »in diese Werke einen neuen Ton ein[geführt], eine eigenartige, ins Populäre übersetzte surreale Atmosphäre, die Poesie der Pariser Vororte, einen manchmal ätzenden Humor, aber auch die dazugehörige Sentimentalität, in denen sich das große Publikum wiedererkannte«.[11] Die *Neue Zürcher Zeitung* ergänzte ebenso distanziert: »Das lief dann auf einen fast schlichten Moralismus hinaus, auf den Kampf der Guten gegen die Bösen, des Glücks gegen das Unglück [...].«[12] Der künstlerische Höhepunkt von Préverts Zusammenarbeit mit Carné war unbestritten der unter den schwierigen Bedingungen der deutschen Besatzung entstandene dreistündige Film *Les Enfants du Paradis* (1945; dt.: *Die Kinder des Olymp*).

1946 veröffentlichte Préverts Freund René Bertelé dessen verstreut publizierte Gedichte, Wortspiele und »Graffiti« unter dem Titel *Paroles* in Gestalt eines Taschenbuchs, das sich hunderttausendfach verkaufte. Auch diese *Paroles* – »Worte«, auf dem Titelbild der Originalausgabe wie ein Graffito auf eine Hauswand gepinselt – waren geprägt von der für Prévert so typischen Mischung eines ins Dekorative abgemilderten Surrealismus mit dem sentimentalen Anarchismus der kleinen Leute, das heißt mit jener populären, ja volkstümlichen Distanz gegenüber allen Mächtigen und Reichen, die sich in ätzendem, aber letztlich harmlosem Spott äußerte. Der Klappentext von *Gedichte und Chansons*, der deutschsprachigen Taschenbuchausgabe von *Paroles*, die 1971 erschien und bis 1975 eine Auflage von 35 000 Exemplaren erreichte, pries Préverts thematische Spannweite »von der temperamentvollen Sozialkritik bis zum modernen Liebesgedicht«.[13] Doch seine Kritik war nicht im eigentlichen Sinne politisch. Er denunzierte die Macht der Mächtigen und die Schrecken von Krieg und ausbeuterischer Bosheit, indem er ihnen die Poesie des Alltäglichen gegenüberstellte, die existentiellen Erfahrungen von Liebe und Tod oder die Schönheit von Bäumen und Vögeln – und immer wieder das Bild von »hübschen nackten Mädchen«, von »hübschen schwarzen Mädchenleibern« oder des »liebesdurst'gen Leibes« der Geliebten.[14]

Prévert hatte sich auch weitgehend von der Subversion des Sinns durch die Techniken des Surrealismus verabschiedet. In seinen Gedichten mit ihren kräftigen Farben und ausgreifenden Metaphern blitze dieser subversive Schalk zwar zuweilen noch auf – etwa: »das Bild einer alten Dame die völlig nackt und allein / sich auf dem Höcker eines Kamels räkelt / und grimmig ein Omelett aus Vogelmist häkelt«[15] –, aber im Vordergrund stand der »realistisch-kritische Lyrismus«, wie es im Nachruf der *NZZ* hieß.[16] Dieser »Lyrismus« war gleichwohl nie konkret. Das Politische und die Realität blieben Projektionsflächen für Préverts poetische Bilder, so etwa, um ein fast beliebiges Beispiel herauszugreifen, in »Das Lied vom Blut« von 1936:

> [...] Die Erde dreht sich
> Mit ihrer Milch ... ihren Kühen ...
> Ihren Lebendigen ... ihren Toten ...
> Die Erde mit ihren Bäumen ... ihren Gärten ... ihren Häusern
> Die Erde mit ihren Ehen
> Ihren Todesqualen ...
> Ihren Muschelschalen ...
> Ihren Armeen ...
> Die Erde dreht sich und dreht sich und dreht sich
> Mit ihren breiten Strömen von Blut.[17]

Zwei Jahre nach Veröffentlichung von *Paroles*, am 12. Oktober 1948, stürzte Prévert durch ein ungesichertes Balkonfenster im Gebäude der Radiodiffusion Française (RDF) an den Champs-Élysées vier Meter in die Tiefe und lag danach mehrerer Tage im Koma. In der Folge verlagerte er sich auf Kurzfilme und Fernsehproduktionen und begann, neben weiteren Lyrikbänden nun auch Kinderbücher zu veröffentlichen (er war 1946 Vater einer Tochter geworden, zusammen mit seiner zweiten Frau, Janine). Zudem stellte Prévert unzählige, wiederum sanft surrealistische Collagen von ausgeschnittenen Bildern aus Zeitungen und Magazinen her, die seine Veröffentlichungen illustrierten. Und tatsächlich hatte ihn auch die Lust am Absurden und am Wortspiel nicht verlassen, etwa in diesen Zeilen aus seinem letzten Buch *Choses et autres* von 1972:

> CE QU'IL FAUT SAVOIR
> *Lamartine n'est pas né à la Martinique, Napoléon n'est pas mort à Waterloo,*
> *l'Aiglon n'est pas le fils de Madame Sans-Gêne et le Père de Foucauld n'est*
> *pas le père de Foucault.*[18]

Mit dem fortgesetzten Strom seiner Veröffentlichungen – von *Spectacle* (1949) über *La Pluie et le Beau Temps* (1955) oder *Fatras* (1966) bis zu *Choses et autres*, um nur die wichtigsten zu nennen – wuchs nicht nur Préverts Bekanntheit, sondern vor allem sein Ruhm als Dichter. In ihrem Nachruf nannte ihn *Le Monde* den »meistgelesenen Poeten seiner Generation«.[19] *Paroles* avancierten in den Siebzigerjahren in französischen Schulen zum Pflichtstoff; einige seiner berühmtesten Verse wurden von Juliette Gréco, Georges Brassens, Édith Piaf und Yves Montand als Chansons eingesungen und gehörten neben dem Jazz zur charakteristischen Klanglandschaft im Frankreich der Fünfziger- und Sechzigerjahre.

Aber Jacques Prévert fügte sich auch durch seinen Habitus perfekt ins Bild des künstlerischen und intellektuellen Paris der Nachkriegszeit. Er hatte jahrzehntelang in Hotels gelebt, bis er 1955 eine kleine Wohnung direkt hinter dem Varieté- und Striptheater Moulin Rouge bezog, als Nachbar von Boris Vian und mit Blick auf die berühmte Windmühle; seine Texte schrieb er in den einschlägigen Cafés am Boulevard Saint-Germain; er zählte Künstler wie Pablo Picasso, Alberto Giacometti, Marc Chagall oder eben Joan Miró zu seinen Freunden – und wie beinahe jedes Foto von ihm dokumentiert, war er kaum je ohne eine Gauloise Caporal Ordinaire (*disque bleu*) oder eine Gitane *bleue* anzutreffen. Diese filterlosen Zigaretten – Prévert soll davon drei Päckchen pro Tag geraucht haben – enthielten den billigsten Tabak, den »ordinären« braunen. Sie wurden seit dem Ersten Weltkrieg vor allem von Soldaten und Arbeitern geraucht; zwischen den Lippen eines Schriftstellers, der im Café de Flore Gedichte und Drehbücher schrieb, drückten sie daher auch eine politische Haltung aus, die zwischen republikanischem Patriotismus und dem *radical chic* eines linken Intellektuellen schwankte. Auch Sartre rauchte Gauloises.

In Préverts Gedicht »Tournesol« aus dem Band *Spectacle* findet sich dementsprechend die Zeile »Le génie de la Bastille fume une gitane bleue« (»Der Geist der Bastille raucht Gitane *bleue*«).[20] Beim Sturm auf die Bastille 1789 hatte zwar noch niemand Zigaretten geraucht, die erst im frühen 19. Jahrhundert aufkamen. Aber die Gitane passte gleichwohl zum revolutionären Geist der Moderne: Zigaretten waren anfänglich das billige Rauchzeug von Arbeiterinnen und Arbeitern sowie von Prostituierten; bürgerliche und aristokratische Männer hingegen rauchten Zigarren. Die kleine Zigarette war billig, schnell zur Hand und ihr Genuss flüchtig. Es war eine nüchterne, durch und durch moderne Droge: Sie wurde industriell hergestellt, war von proletarischer Abkunft und fügte sich nahtlos ins Zeitregime ständiger Beschleunigung. Angestachelt durch unaufhörliche Werbung, erreichte ihr Konsum in der Mitte der Siebzigerjahre seinen historischen Höhepunkt.[21] Dass die Verkaufszahlen von Zigaretten pro erwachsene Person danach sowohl in den USA als auch in Westeuropa rückläufig waren, war kein Zufall. Der Ende der Zwanzigerjahre erbrachte Nachweis eines Zusammenhangs von Rauchen und Lungenkrebs (eine Krankheit, die noch im 19. Jahrhundert sehr selten war) führte zwar schon im nationalsozialistischen Deutschland zu einer massiven, rassenhygienisch motivierten Kampagne zur Eindämmung des Tabakkonsums. Doch erst 20 Jahre nach Ende des Zweiten Weltkriegs begannen Gesundheitsbehörden in vielen Ländern damit, vor dem Rauchen zu warnen. Unterstützt von medizinischen Gesellschaften nahmen diese Kampagnen besonders in den Siebzigerjahren an Fahrt auf, so dass beispielsweise 1976 in Frankreich per Gesetz vorgeschrieben wurde, dass die Verpackungen von Tabakprodukten mit einem Warnhinweis (*abus dangereux*) versehen werden mussten. 1977 schließlich führte die kalifornische Universitätsstadt Berkeley mit dem »Berkeley Smoking Pollution Control Act« das weltweit erste Rauchverbot für Innenräume öffentlicher Gebäude ein.[22]

Jacques Prévert berührte das alles nicht mehr (vielleicht abgesehen davon, dass er im Alter begann, Filterzigaretten zu rauchen). 1971 kaufte er in Omonville-la-Petite auf dem äußersten, in den Ärmelkanal hinausragenden Zipfel der Normandie ein kleines Haus, wohin er sich mit Janine zurückzog, um seinen Lebensabend zu verbringen. Dort starb er am 11. April im Alter von 77 Jahren an Lungenkrebs.

*

Die Periode, an deren Anfang das Erzeugen von Tönen mit Hämmern und Pistolen hinter einer Kinoleinwand stand und die über die Erfindung des Fernsehens bis zur Markteinführung des Personal Computers reichte, war nur ein Menschenleben lang. Aber die medientechnischen Veränderungen, die sie mit sich brachte, waren grundstürzend. Es ist die sich beschleunigende Geschichte von Kulturmaschinen, die durch die Manipulation von Zeichen, welche bald nur noch auf elektronischen Signalen beruhten, Welten erzeugen konnten und es erlaubten, mit dem Sinn zu spielen, wie die Surrealisten das getan hatten. 1977 verdichtete sich diese Geschichte auf eine besondere Weise. Sie handelt von Computern aller Größen, von Plattenspielern und Videorecordern, Mischpulten und Echogeräten, von Filmen, blinkenden Lichtern und Spraydosen sowie am Schluss sogar von einem ganzen Kulturzentrum. Das Personal bilden Ingenieure, Hippies und Bastler, Hip-Hopper, Musikproduzenten und schwule Tänzer, ein französischer Soziologe und eine Disco-Queen, Architektinnen und Architekten. Apropos: Sind auch Städte Kulturmaschinen? In einem gewissen Sinne schon. Spätestens seit der Mitte des 19. Jahrhunderts war der Topos etabliert, dass Gebäude durch ihre Architektur eine »Sprache« sprechen – was dann allerdings von den Modernen um 1920 entschieden zurückgewiesen wurde: Nein, die Formen »zeitgemäßer« Architektur würden nur die Wahrheit geometrischer Gesetze, der Statik und der Funktion ausdrücken. Gegen dieses moderne Dogma erhob sich nun Widerstand: Die Stadt und ihre Architektur, sagten die Theoretiker einer architektonischen »Postmoderne«, seien Zeichengeneratoren, die neu programmiert werden müssen.

Der Computer als Medium

Computer sind Kulturmaschinen. Sie produzieren Zeichen, die von einem Menschen gedeutet oder von einer anderen Maschine als Signal verwertet werden müssen. Der gesellschaftliche Wandel, den sie ausgelöst haben oder der sich mit ihnen vollzogen hat – wer will schon ein Urteil darüber fällen, ob sie allein dem Gang der Geschichte eine bestimmte Richtung gegeben haben oder nicht? –, ist an sich schon bemerkenswert genug. Doch in nur wenigen Jahren, und besonders 1977, wurden die dem Alltag gewöhnlicher Menschen so entrückten Maschinen mit einem Mal »persönlich« – und zugleich entstanden Technologien, um Computer global zu »vernetzen«. Die Geschichte dieser »Revolution« (wie einige sagten) folgt allerdings Mustern, die sich kein Ingenieur ausgedacht hatte.

Mainframes, Mikroelektronik und das »Erscheinen« des Personal Computers

Die ersten Computer, die in den Fünfzigerjahren des 20. Jahrhunderts kommerzielle Verwendung fanden, entstammten den technologischen Anstrengungen der Amerikaner im Zweiten Weltkrieg. Vom ENIAC, dem »Electronic Numerical Integrator and Computer« (1945), bis zu den IBM-Großrechnern der Sechzigerjahre handelte es sich bei ihnen um raumfüllende Ensembles von schrankförmigen Maschinen. Sie wurden von spezialisierten Technikern bedient, die ihnen in streng formalisierten, für Laien unverständlichen Sprachen Aufträge erteilten, um Massendaten zu verarbeiten, wie sie in Industrieunternehmen oder bei Flugreservationssystemen, in staatlichen Verwaltungen oder in der militärischen Forschung anfielen. Die ersten Computer basierten auf der fehleranfälligen und energieintensiven Röhrentechnologie, die aber bald durch die viel kleineren und weit weniger Energie konsumierenden Transistoren ersetzt wurden, das heißt durch Halbleiterelemente, die je nach Inputsignal geringste Stromflüsse als Output ein- oder ausschalten konnten. Entsprechend ihrer festverdrahteten »Architektur« und gemäß spezifischer Input-Instruktionen durch »Programme« ermöglichten sie komplexe Signalkombinationen und -abfolgen als »Berechnung« der eingegebenen

Daten.²³ Bevor diese »Mainframe« genannten Maschinen jedoch irgendetwas »berechnen« konnten (Computer rechnen nicht eigentlich, sondern zählen und sortieren), war ihre sehr umständliche Programmierung sowie die aufwändige, weiterhin manuelle Aufbereitung von Daten in eine »maschinenlesbare« Form notwendig; zur Überführung dieser Daten in den Rechner fanden Lochkarten Verwendung, eine Technologie des 19. Jahrhunderts. »Datenverarbeitung setzte also Datenverarbeitung voraus«, bemerkte dazu der Technikhistoriker David Gugerli lakonisch.²⁴ Gleichwohl versprachen die neuen Rechenmonster bei hohen Datenvolumina gegenüber älteren Verwaltungstechniken und mechanischen Rechenmaschinen markante Rationalisierungsgewinne. Mainframes beziehungsweise Großrechner wurden daher seit den Sechzigerjahren in schnell wachsender Zahl zuerst in den USA, bald aber auch in Europa in Verwaltungen großer und mittlerer Unternehmen, in staatlichen Behörden und in Universitäten zur Bewirtschaftung von Massendaten, zur Datenanalyse oder zur Steuerung von Routineabläufen eingesetzt.²⁵

Parallel zu der noch eine Weile andauernden Dominanz der transistorbasierten Großrechner entwickelte sich in kalifornischen und texanischen Forschungslabors privater Unternehmen seit den späten Fünfzigerjahren die neue Technologie des integrierten Schaltkreises (*integrated circuit*, IC), die es erlaubte, eine riesige Zahl von nochmals um mehrere Größenordnungen verkleinerten Transistoren auf einer dünnen Platte aus Silizium zu vereinigen, ein für die IC-Produktion künstlich erzeugtes, kristallines Halbmetall, das zugleich als Isolator und Halbleiter dienen kann. Der Anstoß zur Suche nach einer technischen Möglichkeit, um die Transistoren noch einmal drastisch zu verkleinern, kam allerdings nicht aus der Computerindustrie, sondern aus dem Bereich der Raketen-, Satelliten- und Raumfahrttechnik; die ersten »Mikrochips« wurden in den Steuerungen der Minuteman-Interkontinentalraketen und in den Raumkapseln des Apollo-Programms verbaut.²⁶ Weil die Mikrochips immer kleiner und auch immer billiger wurden – die Anzahl der Halbleiterelemente, die in einem einzigen Schaltkreis integriert werden konnten, verdoppelte sich gemäß der Beobachtung des Halbleiterpioniers Gordon E. Moore von 1965 praktisch jedes Jahr –, hielten sie in den Siebzigerjahren nicht nur in unzähligen Alltagsgeräten und Maschinen Einzug, sondern sie begannen auch, in Computern die deutlich größeren Transistoren zu ersetzen. Schon am Ende der Sechzigerjahre waren einige Computermodelle daher so »klein« geworden, dass die Bezeichnung »Minicomputer« aufkam – inspiriert vom neuartigen Kleinauto »Mini Cooper« und den Miniröcken in »Swinging London«.

Viele der neuen Firmen, die sich auf die Produktion von Minicomputern spezialisierten, hatten ihren Standort im Santa Clara Valley zwischen San Francisco und San Jose, wo auch die von Gordon Moore mitbegründete Firma Intel 1970 den ersten *memory chip*, das heißt Speicherchip, vorstellte. Ein Jahr später fand ein Journalist für das flache Tal rund um das südliche Ende der San Francisco Bay den passenden Namen: »Silicon Valley«. Und ebenfalls 1971 kündigte Intel mit dem »4004« den ersten Mikroprozessor an – ein Chip, der die Funktionen der *central processing unit* (CPU) eines Computers erstmals in einem einzigen integrierten Schaltkreis bündelte.[27] Doch obwohl Intel die Mikroprozessoren-Chips selbst »Computer« nannte, dachte die Firma in keiner Weise daran, dass damit auch tatsächlich *Mikro*computer gebaut werden könnten. Vielmehr konzipierte das Unternehmen seine Prozessoren und Speicherchips in den frühen Siebzigerjahren einerseits für die neuartigen *hand-held calculators* (nicht: *computers*), also Taschenrechner, die in kürzester Zeit den altehrwürdigen Rechenschieber obsolet machten, sowie andererseits für Firmenkunden, die diese Chips zur Steuerung von Industrieanlagen und Werkzeugmaschinen verwendeten. Zwar wurden schon in den Sechzigerjahren Mainframe- und Minicomputer zur Unterstützung von industriellen Produktionsprozessen eingesetzt; aber erst die Mikroprozessor-Technik machte es möglich, dass einzelne Werkzeugmaschinen selbst durch ein Computerprogramm gesteuert werden konnten – und nicht mehr ausschließlich durch einen Facharbeiter, der in der Regel gut ausgebildet, gewerkschaftlich organisiert und von den Unternehmern als Kostenfaktor gefürchtet war.[28]

Das alles änderte vorerst allerdings wenig am Charakter und an der öffentlichen Wahrnehmung der noch immer dominierenden Großcomputer, die ihre meist monotonen Aufgaben buchstäblich wie am Fließband abarbeiteten (erst die Entwicklung der RAM-Technologie – RAM ist das Akronym für *random-access memory* – ließ sie dann etwas flexibler und schneller werden).[29] Bis in ihre Architektur hinein entstammten sie – wenn man den etwas schematischen Begriff verwenden will – im Grunde der Industriekultur des »Fordismus«: Mainframe-Computer waren soziotechnische Dispositive großindustrieller Fertigung und bürokratischer Kontrolle. Als Instrumente strategischer Überwachung in militärischen Kommandozentralen,[30] der administrativen Steuerung in Unternehmen und Behörden sowie der wissenschaftlich-technischen Forschung in Spitzenuniversitäten und militärischen Forschungszentren standen sie für jenes »System«, das die *counter culture* und die Protestbewegungen der Sechzigerjahre so sehr hassten. Der Mainframe-Computer war die »Maschine« schlechthin, der zum Beispiel Charles Reich seine Vision des *greening of America* entgegensetzte,[31] und ein Großrechner war es auch, der im deutschen Bundeskriminalamt in Wiesbaden die berüchtigte »Rasterfahndung« ermöglichte und die weit verbreiteten Ängste vor dem Überwachungsstaat versinnbildlichte. In Frankreich hatten die Fragen und Sorgen, die die neue Technik der elektronischen Datenverarbeitung auslöste, sogar den Präsidenten der Republik, Valéry Giscard d'Estaing, dazu veranlasst, die beiden Spitzenbeamten Simon Nora und Alain Minc mit der Erstellung eines Berichts zur »Informatisation de la Société« zu beauftragen, wie die französische Presse im Januar 1977 in großer Aufmachung meldete.[32] Am schärfsten aber war zweifellos die Kritik, die der deutschamerikanische MIT-Computerwissenschaftler und »Artificial Intelligence«-Spezialist Joseph Weizenbaum in seinem 1977 auf Deutsch erschienenen Buch *Die Macht der Computer und die Ohnmacht der Vernunft* am »Glauben« an den Computer übte. Weizenbaum zweifelte nicht an der spezifischen Nützlichkeit des Computers als datenverarbeitendes Werkzeug. Aber er geißelte die seiner Meinung nach in einer verkürzten wissenschaftlichen Rationalität – er nannte sie »instrumentelle Vernunft« – gründende Tendenz zur »Erschaffung der Welt nach dem Bild des Computers«, die dazu führe, den Status quo zu konservieren und das, was den Menschen ausmache, der Logik der Maschine zu unterwerfen. Der Computer war für Weizenbaum daher überhaupt eine »Metapher« für eine auf Technik reduzierte Vernunft, deren »Anwendung [...] zu katastrophalen Ergebnissen führ[t]«.[33]

Doch trotz all dieser kritischen Stimmen hat sich die »computional metaphor« (Fred Turner[34]) seit Mitte der Sechzigerjahre und zuerst in den USA grundlegend verändert, und zwar in zwei sich teilweise überlappenden Bewegungen. Zuerst war es das Aufkommen der auf *time-sharing* basierenden Nutzung großer Computersysteme an externen Terminals durch nichtprofessionelle User, die zu einer ersten Form des *personal computing* führte. Die Computerhistorikerin Joy Ranking spricht sogar von »social computing«, wenn sie auf Gruppen von Aktivistinnen und Aktivisten verweist, die in den frühen Siebzigerjahren zum Beispiel Daten über Umweltverschmutzungen sammelten, Aktivitäten an Schulen organisierten oder über spezielle *Time-sharing*-Netzwerke auf Mainframe- oder Minicomputer-Computer zugriffen, um selbst kleine Programme zu schreiben, Spiele zu spielen oder sogar *Dating*-Partner zu finden.[35] Es war dann aber und vor allem die um 1975 einsetzende Welle des *home computing*, das heißt der Verbreitung von zwar leistungsschwachen, aber billigen Mikrocomputern im eigenen *home*, die entscheidend zur Veränderung der gesellschaftlichen Wahrnehmung des Computers beitrug. Gewöhnliche Menschen wurden auf diese Weise zu Nutzern einer Technologie, die gerade noch als der Inbegriff der »Entfremdung« gegolten hatte.

Was war geschehen? Zumindest mit Blick auf die zweite Welle des *personal computing* kann man diese Veränderung mit dem Computerhistoriker Paul E. Ceruzzi als ein Paradox fassen: Zum einen könne der Aufstieg und Durchbruch der Mikroelektronik, der schließlich auch die Entwicklung des Personal Computers und alle damit verbundenen gesellschaftlichen Veränderungen hervorbrachte, als schlagender Beleg für »Technikdeterminismus« verstanden werden; zum anderen zeigten gerade die umwälzend neuen Verwendungsformen der Mikroelektronik, dass dieser tiefgreifende Wandel alles andere als von Technik determiniert gewesen sei.[36] Das Paradox wäre allerdings nur eines, wenn man allzu starren Interpretationsmodellen folgt (was Ceruzzi nicht tut). Richtig ist, dass in diesen entscheidenden Jahren beides zusammenkam: eine nach allen Maßstäben beispiellose technische Innovation *und* eine nicht erwartbare »Aneignung« dieser neuen Technologie durch nicht vorgesehene Benutzerinnen und Benutzer für nicht intendierte Anwendungen.

Die Geschichte dieser unerwarteten Verbindungen ist voll von Ursprungserzählungen und Gründermythen, von denen manche plausibel sind, andere eher nicht. Die wohl berühmtesten Beispiele aus diesem Genre sind die Geschichten über die Anfänge von Microsoft und Apple. Angeregt durch einen Artikel in *Popular Electronics* vom Januar 1975 über den neuen, billigen Selbstbau-Computer Altair 8800[37] haben Bill Gates und Paul Allen in Cambridge, Massachusetts, angeblich als einzige und in genialer Weise die Chance erkannt, für diese neu auf den Markt drängenden Kleinst- bzw. »microcomputer« Software zu schreiben und damit Geld zu verdienen.[38] Gesichert ist immerhin: Die beiden flogen tatsächlich umgehend nach Albuquerque zu der Firma, die den Altair produzierte, um dort im April 1975 eine Firma namens »Micro-Soft« zu gründen. Ähnlich mythisch wird der Ursprung von Apple erzählt. Im Umfeld der kalifornischen *counter culture*, durch LSD zu kühnen Visionen motiviert und nach einer Indienreise entwickelten der genialische Steve Jobs, der noch auf der Suche nach einem spezifischen Tätigkeitsfeld war, zusammen mit dem herausragenden jungen Elektronikingenieur Steve Wozniak im Herbst und Winter 1975/76 in der Garage von Jobs' Eltern im kalifornischen Mountain View, mitten im Silicon Valley und begleitet von der Musik Bob Dylans, einen Mikrocomputer, den sie Apple I nannten und in einer kleinen Holzkiste verpackten. Beflügelt vom Erfolg, knapp 200 dieser rudimentären Computer verkauft zu haben, konnten Jobs und Wozniak einen Investor dazu überreden, ihnen mit 250 000 US-Dollar die Entwicklung und Produktion des Apple II zu ermöglichen, der im April 1977 als erster funktionierender »Heim«-Computer professionell beworben und vermarktet wurde.[39]

Sowenig es Grund gibt, die Ursprünge von Microsoft und Apple zu unterschätzen, so wenig ist mit den Heldenerzählungen über die vier nur knapp über 20 Jahre alten Gründerfiguren das »Erscheinen« (Ceruzzi) des Personal Computers und die Verschiebung der *computational metaphor* zu verstehen.[40] Das beginnt damit, dass der Altair nicht das erste Mikrosystem auf dem Markt war. Schon 1973 lancierte die französische Firma R2E (für: Réalisations Études Électroniques) den Micral N auf der Basis des Intel-8008-Mikroprozessors, und die ersten Angebote für Mikrocomputer-Bausätze tauchen fast gleichzeitig auch in den USA auf.[41] Zudem waren Bill Gates und Paul Allen nicht die Einzigen, die für die neuen Maschinen Software zu schreiben begannen; vielmehr war das dank BASIC, dem 1964 entwickelten »Beginner's All-purpose Symbolic Instruction Code«, ein gerade populär werdendes Hobby, dem sich auch Allen und Gates widmeten, und zwar schon Jahre bevor der Altair auf den Markt kam. Aber sie waren immerhin die Ersten, die für den Altair Software produzierten, die auch tatsächlich funktionierte, und Gates erkannte schnell, dass diese Tätigkeit in Zukunft kein bloßes Hobby mehr sein werde, sondern ein lukratives Geschäft.[42] Dasselbe galt schließlich auch für Steve Jobs: Auch er bewies zwar außerordentlichen Geschäftssinn und Sensibilität für neue Trends, als er früh erkannte, dass es einen schnell wachsenden Markt für Personal Computer geben würde. Prophetische Qualitäten brauchte er dazu allerdings nicht. Als zeitweiliger Spieleprogrammierer bei Atari konnte er unmittelbar miterleben, wie mit den Spielkonsolen seit ein paar Jahren schon interaktive elektronische Geräte in Wohn- und Kinderzimmer einzogen (und tatsächlich haben sich diese Spiele bald als eine viel begangene Brücke in die Welt des *home comput-*

ing erwiesen[43]). Doch ganz abgesehen davon: Es reichte auch, in den einschlägigen Zeitschriften zu blättern, in denen der neue Trend geradezu mit Händen zu greifen war.

Die Computer-Gegenkultur

Die wohl wichtigste dieser Zeitschriften war *BYTE – the small systems journal*, die im September 1975 zum ersten Mal in der kalifornischen Bay Area erschien (und deren Herausgeber Carl Helmers Jobs und Wozniak gut kannten[44]). Die neue Zeitschrift präsentierte sich als Wissens- und Informationsressource für alle, die sich als Privatpersonen, in Elektronikbastler-Clubs oder in Schulen die Technologie der *small systems* aneignen wollten. Die monatlich erscheinenden Hefte waren randvoll mit technischen Anleitungen zum Verbauen der neusten elektronischen Komponenten (und der entsprechenden Werbung für diese), mit Tipps zum Programmieren in BASIC und mit Berichten aus der entstehenden Heimcomputer-Szene.[45] Helmers erzählte im Editorial der ersten Nummer, er hätte den »unmöglichen Traum« vom eigenen, selbstgebauten Computer seit 1972 geträumt, als er bei der Firma Intel ein Seminar besucht hatte – ein Traum, den er ab 1974 auf der technischen Basis des Intel-8008-Mikroprozessors in die Tat umsetzte. Der erste Artikel im Heft trug daher auch die hübsche Überschrift »Which Microprocessor for You?« (es gab schon Angebote ab 10 US-Dollar auf dem Markt), um sogleich in technische Details einzutauchen.[46] Die elektronischen Schaltschemata, die *BYTE* publizierte, waren zwar nicht ganz so einfach nachzuvollziehen wie die drei Gitarrenakkorde im Punk-Fanzine *Sideburns* und die damit verbundene Aufforderung, »Jetzt gründe eine Band!«, aber sie liefen auf Analoges hinaus: »Jetzt bau dir einen Computer!«

Ein Jahr später, im September 1976, präsentierte *BYTE* die Welt der Mikrocomputer-Begeisterten schon beinahe als Volksbewegung. Das Titelbild zeigte eine große Gruppe von Menschen vor einem Rednerpult, die Transparente in die Höhe hielten wie »Computer Power« oder »2 Computers in Every Home!«; einige trugen T-Shirts mit der Aufschrift »Creative Computing« oder »Computer Lib«. Ein Schild schließlich forderte: »Stamp out Cyber-Crud!« – »Zertrete den Cyber-Schrott!«[47] Das war eine Parole, die Ted Nelson, Soziologe, Computeraktivist und Schöpfer der Begriffe »hypertext« und »virtuality«, 1974 mit seinem im

Eigenverlag publizierten, in der Szene weit verbreiteten und einflussreichen Manifest *Computer Lib/Dream Machines* proklamiert hatte. »Cyber-Crud« war in den Augen Nelsons alles, was von einem Mainframe-Computer und von der IBM-»Priesterschaft« zu erwarten war und was Menschen unterdrücke. Daher forderte er, grafisch unterstützt durch eine geballte Faust und analog zur Women's Lib(eration), die »Computer Lib«, verbunden mit der Forderung »You can and must understand computers NOW«.[48] Die Leserinnen und Leser von *BYTE* kannten das Manifest seit Oktober 1975, wo Nelson mit den Worten zitiert wurde: »Computer sind ein Engagement (*involvement*), auf das du dich wirklich einlassen kannst, unabhängig von deinem Trip oder deinem Karma ... DESHALB willkommen in der Computerwelt, der verdammt nochmal verrücktesten Sache, die je passiert ist.«[49]

Das alles war 1976, als in einer Garage im Silicon Valley der Apple I entstand, längst keine Neuigkeit mehr. Im Juni dieses Jahres fand in Atlantic City in New Jersey schon eine große »Personal Computing Consumer Trade Fair« statt (wo Jobs den Apple I präsentierte), und im darauffolgenden Januar notierte Carl Helmers im *BYTE*, dass mehrere Firmen neue »appliance computer« – »Anwendungscomputer« – in der Pipeline hätten und dass 1977 daher das Jahr des Personal oder eben »appliance« Computers sein werde.[50] Es war nur folgerichtig, dass Nelson jetzt ein weiteres Buch im Eigenverlag publizierte, Titel: *The Home Computer Revolution*.[51] Als die junge Branche im April auf der ersten »West Coast Computer Faire« in San Francisco ihre Produkte einem großen Publikum vorstellte, war der Personal Computer in Gestalt des Apple II und weiterer zugänglich gestalteter Mikrosysteme wie des Commodore PET und des Tandy Radio Shack TRS-80 tatsächlich zur Realität geworden. Mit einer Mischung aus Faszination und leiser Ironie angesichts des neuen Phänomens, dass Mikrocomputer über zehntausend Menschen auf eine Messe zu locken vermochten, meinte das traditionelle Elektronik-Magazin *Popular Electronics* im September rückblickend, diese Messe würde wohl »zum Woodstock der Personal-Computing-Bewegung werden«. Aktivisten aus Berkeley hätten Flugblätter verteilt, die »vor staatlichen Gesetzen gegen Heimcomputer warnten«, und Künstlerinnen und Künstler hätten nach neuen Werkzeugen für ihre Arbeit gesucht; auf Banketten sei die »Revolution des *home computing*« ausgerufen worden, und Ted Nelson habe »prophezeit, dass der ›Cyber-Crud‹, der aus großen Computersystemen komme, durch die Masse der Personal Computer bekämpft werden würde«. Das war alles ganz amüsant, aber dem Journalisten war schon klar, dass *Popular Electronics* mit seinem Artikel über den Altair 8800 im Januar 1975 die neue Welle ganz wesentlich selbst losgetreten hatte, und er zollte der Bewegung daher ungeteilte Anerkennung: Seit dem Erscheinen dieses Artikels seien Dutzende von neuen Firmen und eine ganz neue Generation von Computern entstanden, die Kapazität der Speicherkarten hätte sich um das 16-Fache erhöht – »und all diese vielen Leute kamen nach San Francisco, um das zu erleben«.[52]

Um nochmals auf die eine Seite des von Paul Ceruzzi erwähnten Paradoxes zu sprechen zu kommen: War das nun im Ganzen gesehen die mehr oder weniger kontingente massenhafte Aneignung einer Technologie, die eigentlich gar nicht für all diese nichtprofessionellen User vorgesehen war, oder vielmehr eine Bewegung, die in enger Verbindung mit der *counter culture* der Westcoast entstand, wenn nicht gar aus ihr hervorging? Gehörte diese durch Technik- und Radioamateur-Magazine vernetzte Szene, gehörten die vielen »Bastler« und all die jungen Leute, die in BASIC Programme für ihre neuen, selbstgebauten Maschinen schrieben und sich in Clubs wie dem berühmten Homebrew Computer Club in Mountain View zusammenfanden, tatsächlich zur *counter culture*, wie oft gesagt wird?[53] Der Computerhistoriker Fred Turner vertritt diese These in seinem Buch *From Counterculture to Cyberculture* in einer differenzierten Weise, und zwar ausgehend von Stewart Brand, dem in der *counter culture* der Bay Area aktiven Herausgeber des *Whole Earth Catalog*. Brand bot darin ab 1968 den Hippies und »Communalists« Kaliforniens *Do-it-yourself*-Anleitungen und Anzeigen für *tools* zum Überleben in Landkommunen. Weil Brand ab und zu auch als Medientechniker in einem Computer-*Lab* der Stanford University arbeitete, bildete er eine frühe Brücke zwischen dem *Do-it-yourself*-Milieu und den *computer scientists* von Menlo Park; vor allem aber publizierte er 1972 im viel gelesenen Magazin *Rolling Stone* einen aufsehenerregenden Artikel, der Verbindungslinien und geteilte Interessen selbst der jungen Ingenieure in militärischen Forschungslabors und privaten Research Centers auf der einen Seite und den Computerenthusiasten und »Bastlern« auf der anderen behauptete – und damit zumindest einen wirkungsvollen Mythos schuf, den Ingenieure und Computerwissenschaftler gerne auch für sich übernahmen.[54]

Man sollte sich bei alldem jedoch keine massenhafte Transformation vom Hippie zum Elektronikbastler, gar zum Ingenieur vorstellen, und auch keine geheimnisvoll verschlungenen Pfade, die von LSD zur CPU führten. Zweifellos gab es diese Verbindungen – Steve Jobs, der LSD konsumierte und nach Indien gereist war, sich vegetarisch ernährte und regelmäßig meditierte, war offenkundig das schlagende Beispiel dafür.[55] Aber das war nicht die Regel. Abgesehen davon, dass die (Klein-)Unternehmer, die die ersten Mikrocomputer wie den Altair auf den Markt brachten, nichts mit der *counter culture* am Hut hatten, ist es sinnvoller, mit Blick auf die ersten Abnehmer dieser neuen Geräte – Frauen waren unter ihnen noch sehr selten – von einer »breit wuchernde[n] *Computer-Gegenkultur*« (Castells) zu sprechen:[56] Die Welt der Heimcomputer-Freaks der Bay Area war eine Gegen- und Bricolage-Bewegung *sui generis*, sie entstand zumindest ebenso sehr aus der großen Radio-Bastler- und CB-40-Mobilfunk-Szene wie aus dem weiteren Umfeld der ehemaligen *counter culture*.[57] Überdies waren viele dieser frühen Computer-Begeisterten wie namentlich die Mehrheit der Mitglieder des Homebrew Computer Club, darunter auch Steve Wozniak, Söhne von Ingenieuren, die in der kalifornischen Elektronik- und Rüstungsindustrie arbeiteten; im Fall von Wozniak war dieser Einfluss prägend. Die Computer-Bastler – sie nannten sich »Hacker« – dachten nicht an eine bessere Welt, sondern an bessere Computer, die sie ganz für sich selbst nutzen konnten. Der *Newsletter* des Homebrew Computer Club, der zwischen August 1975 und Dezember 1977 erschien, bestätigt diesen Eindruck. Unter dem Motto »Dedicated to doin' it on your own« (so in der Ausgabe vom Februar 1977) beschränkt sich dieses teilweise handgezeichnete Mitteilungsblättchen ganz auf Fragen der Technik und der Organisation.[58] Und letzten Endes war es eben der so scheue wie nüchterne Wozniak, der sich die Schaltpläne der Apple-Computer ausdachte, nicht Steve Jobs.

Man findet dementsprechend auch in der *BYTE* nur sehr wenige Spuren gegenkultureller oder gar revolutionärer Träume, dafür aber immer wieder die Aussage, dass Computer einfach »fun« seien, also Spaß machen würden. Diesen Spaß sollte, neben dem intrinsischen Vergnügen des Bastelns, vor allem das Programmieren von Computerspielen bieten – oder überhaupt das Spielen mit dem neuen Gerät. Gegenwelten waren hier keine in Sicht, eher im Gegenteil. Im Januar 1977 begrüßte *BYTE* ihre Leserinnen und Leser im Editorial gar mit folgendem Hinweis auf einen längeren Artikel im Heft: »Wer weiß, was die Bären und Bullen als Nächstes an der Börse tun werden? Spielen Sie Black Friday, ein BASIC-Spiel von Bob Baker, und Sie erhalten durch das mächtige Werkzeug der Simulation ein heuristisches Gefühl dafür, was geschieht. Wird X-Pando nach einem simulierten Handelsjahr besser abschneiden als Slippery Oil? Spielen Sie das Spiel und finden Sie es heraus.«[59]

Um die Frage nach dem Einfluss der beziehungsweise der Verbindung zur *counter culture* zu beantworten, ist der damals immer noch langhaarige und äußerst leger gekleidete Steve Jobs tatsächlich das beste Beispiel – dieser Computer-Entrepreneur, der eine Weile lang einen Hare-Krishna-Tempel frequentierte, spirituelle Bücher von Suzuki, Yogananda oder Trungpa las, sich der Janov'schen Urschrei-Therapie unterzog und unter der spirituellen Obhut eines buddhistischen Lehrers stand.[60] Denn die von ihm für den Apple II in vielen Zeitschriften geschaltete doppelseitige Werbeanzeige machte unmissverständlich klar, wo dieses Gerät seinen Platz finden sollte. Die großformatige Fotografie auf der linken Seite der Anzeige zeigte unter dem Titel »Introducing Apple II« eine schicke moderne Wohnküche, in der ein junger Mann mit adrett geschnittenem Haar vor seinem neuen Computer sitzt und auf dem Videoscreen (man hatte gemäß Anleitung den eigenen Farbfernseher an den Computer anzuschließen) ein mehrfarbiges Liniendiagramm erzeugt, während seine blonde Frau, die gerade Gemüse rüstet, ihn bewundernd anschaut. Hinter dem hellbeigen Apple-PC und dem kleinen Farbfernseher sind, in einer Linie angeordnet, der Toaster und die KitchenAid-Rührmaschine zu sehen – sozusagen die Geräte für die Frau. Es war ein buchstäblicher und dezidierter Szenenwechsel. Was Steve Jobs und seine Marketingleute hier ins Bild rücken ließen, war der im Personal Computer wahr gewordene Traum eines sorgenfreien Mittelschichtlebens mit stabilen Geschlechterverhältnissen und zeitgemäßer technischer Infrastruktur.

Die Rezensenten in den einschlägigen Zeitschriften waren sich zwar einig, dass Steve Wozniak tatsächlich den ersten leicht zu bedienenden und sogar über eine Farbvideo-Karte verfügenden Personal Computer gebaut hatte. Doch um was damit zu tun? »Clear the kitchen table«, begann der lange Erklärtext auf der gegenüberliegenden, rechten Seite der Anzeige: »Jetzt sind Sie bereit für einen Abend voller Entdeckungen in der neuen Welt der Personal Computer.« Wie ein kleines Bild unten auf der rechten Seite in immerhin einer Variante des Inserats zeigt, sitzt die blonde Frau jetzt tatsächlich auch am Küchentisch, ihrem Mann gegenüber und wie er mit einer C90-Tonbandkassette in der Hand, die über den ebenfalls anzuschließenden Kassettenrecorder als Speichermedium diente. Das Inserat empfahl, mit dem Atari-Spiel *Pong* zu beginnen, um sich und die ganze Familie mit dem Computer und den mitgelieferten Joysticks vertraut zu machen. Dann könne man den PC dank dem eingebauten BASIC schrittweise selbst programmieren, um »die Haushaltsfinanzen zu organisieren, die Börsenkurse aufzuzeichnen, Rezepte oder die Plattensammlung zu indexieren«. Der Apple II wurde als eine Art universales Selbstermächtigungswerkzeug vorgestellt, ob nun, so die weiteren Empfehlungen, als »Tutorial« für den Heimunterricht der Kinder, zum Registrieren des Biorhythmus, zur Steuerung der Finanzen oder zur elektronischen Überwachung von Haus und Garten – oder zu was auch immer: »Apple II will go as far as your imagination can take it.«[61] Das klang vielversprechend – bei Lichte betrachtet erschien diese *imagination* allerdings als auf ziemlich konventionelle Formen der Selbstorganisation beschränkt.

Vor allem aber standen diese eher bescheidenen Ziele und Aufgaben, die auf den Heimanwender warteten, in einem eigenartigen Kontrast zur rasanten technischen Entwicklung, die das »Erscheinen« von Personal Computern erst ermöglicht hatte. Das ist die andere Seite des von Ceruzzi erwähnten Paradoxes, die Frage nämlich, wie »determinierend« technische Innovationen für alle mit dem Personal Computer verbundenen, eben nicht nur technischen, sondern auch gesellschaftlichen, kulturellen und politischen Veränderungen waren. Es hieße zwar den alten Friedrich Engels bemühen, die Werkzeugentwicklung als »in letzter Instanz« den Geschichtsverlauf bestimmend zu verstehen. Aber wer sich 1977 etwas genauer über die jüngsten Innovationsschübe der Mikroelektronik informierte, konnte auch jenseits müßiger geschichtsphilosophischer Spekulationen den Eindruck gewinnen, diese Technik sei tatsächlich ein mächtiger Treiber all dieser Veränderungen. Und die vielleicht beste Möglichkeit, sich bündig über den *state of the art* der Mikroelektronik ins Bild zu setzen, bot im September der *Scientific American*, ein Monatsmagazin für *High-end*-Populärwissenschaft, mit einem ausschließlich dem Thema »Microelectronics« gewidmeten Heft. Die farbige Großaufnahme eines Mikrochips, des Stars der ganzen Nummer, füllte in ebenso kühler wie dekorativer Weise das Cover, hinter dem in einem knappen Dutzend längerer Aufsätze die ganze technische und wissenschaftliche Komplexität der Mikroelektronik und der durch sie erneuerten Informatik ausgebreitet wurde.

»Die Chips sind überall«

Das in unserem Zusammenhang zentrale Argument war vergleichsweise einfach, wenn auch schwer von der Hand zu weisen. Robert N. Noyce, der 1959 im Forschungslabor von Fairchild Semiconductor den silikonbasierten integrierten Schaltkreis erfunden hatte und zu den Mitbegründern von Intel gehörte, wo er mit anderen den Mikroprozessor entwickelte, verdichtete im Eröffnungstext des Heftes die Geschichte, die zum Mikrocomputer führte, auf ein paar einfache Vergleichsgrößen: »Der heutige Mikrocomputer, der vielleicht 300 Dollar kostet, hat mehr Rechenkapazität als der erste große elektronische Computer, der ENIAC. Er ist zwanzigmal schneller, hat einen größeren Speicher, ist tausendmal zuverlässiger, verbraucht die Leistung einer Glühbirne statt die einer Lokomotive, nimmt 1/30 000 von dessen Volumen ein und kostet 1/10 000 so viel. Erhältlich ist er im Versandhandel oder in Ihrem örtlichen Hobbyshop.«[62] Der Grund für diesen Quantensprung lag natürlich primär in »Moore's law«, und weil die Grenzen der Physik noch längst nicht erreicht seien, würde der Zeitraum, in dem sich die Komplexität der Mikrochips jeweils verdopple, noch auf unabsehbare Zeit bei einem Jahr liegen. Aber das Moore'sche Gesetz war nicht die einzige Erklärung. Denn mit dem exponentiellen Wachstum der IC-Komplexität ging ein ebenso rasanter Preisverfall einher. Bei jeder Verdoppelung der Kapazität der Mikrochips seit Beginn der Sechzigerjahre sei deren Preis pro Jahr um 28 Prozent gesunken, und der Preis für eine elektronische Operation habe sich seit 1970 sogar um mehr als ein Drittel jährlich reduziert.[63]

Kein Wunder also, dass man 1977 schon Mikroprozessoren für einen Stückpreis von 10 US-Dollar kaufen konnte. Die Bastler, die ihre Computer aus dem Sortiment des örtlichen Hobbyshops zusammenstellten, waren für Noyce zwar das schillerndste Beispiel zur Illustration dieser nach allen Maßstäben atemberaubenden Entwicklung, aber man gewinnt nicht den Eindruck, dass der Präsident von Intel dabei besonders den Personal Computer im Auge hatte. Die Zahlen, die er anführte, sprachen jedenfalls eine andere Sprache. Bis 1970 war das Marktvolumen für Mikrochips weltweit auf fast eine Milliarde US-Dollar gewachsen und erreichte schon 1976 trotz gleichzeitigem Preisverfall 3,5 Milliarden (der Anteil der USA an diesem Markt betrug etwas über 70 Prozent, gefolgt von Japan und Westeuropa[64]). In der Werbung, die Intel im *Scientific American* schaltete, rühmte sich der Chip-Hersteller gar, allein von seinem Mikroprozessor »8080« seit 1973 eine Million Stück verkauft zu haben.

Diese Zahlen deuten darauf hin, dass der Hobbycomputer, der zum PC wurde, ein bloßes *Fringe*-Phänomen war, denn wie schon erwähnt, wurden diese vielen Millionen Chips nicht in erster Linie in Computern verbaut, sondern als Steuerungs- und Kontrollelemente in den unterschiedlichsten Geräten, Maschinen und Anlagen. In der produzierenden Industrie veränderte die direkt in Werkzeugmaschinen eingreifende und den Herstellungsprozess steuernde CNC-Technologie (CNC steht für *computerized numeric control*) die Industriearbeit derart massiv, dass sich schon in der Mitte der Siebzigerjahre ein neuartiger »computerized style of operation«[65] abzuzeichnen begann, der sich in seiner Flexibilität und Produktivität vom »fordistischen« Fließband ebenso grundlegend abhob wie vom handwerklichem Können der Facharbeiter.[66] Aber nicht nur das. »Die Chips sind überall«, hieß es in der Intel-Werbeanzeige, »an Straßenecken zur Steuerung von Ampeln, in Kraftfahrzeugen zur Kontrolle von Emissionen, in Blutanalysegeräten zur Erhöhung der Zuverlässigkeit und in anderen wissenschaftlichen Instrumenten, in Supermarktkassen« – etc.[67] Noyce rechnete damit, dass sich die Zahl derartiger Funktionen in den nächsten zehn Jahren verhundertfachen und ihre Kosten sich nochmals um das Zwanzigfache verkleinern würden; es sei daher gewiss, dass sie bald »in praktisch alle Aspekte unserer Leben hineinreiche«. Es sei, so Noyce, »die exponentielle Verbreitung von Produkten und Dienstleistungen, die von der Mikroelektronik abhängig sind, in der sich die wahre mikroelektronische Revolution manifestieren wird«.[68] Die Chips wurden, mit anderen Worten, so potent und gleichzeitig so billig, dass ihre Designer sich deren vielfältige Anwendungen gar nicht im Einzelnen vorstellen mussten. Daher war, in einer vollkommen nichtparadoxen Weise, gerade die Anwendungsoffenheit dieser neuen Technologie ihr eigentlicher Clou.[69]

Im selben Heft des *Scientific American* vom September 1977, in dem Robert Noyce die Geschichte des Mikrochips darstellte, legte der Computerwissenschaftler Alan C. Kay[70] aus seiner Perspektive die Konsequenzen dar, die sich aus der rasanten Produktivitätsentwicklung vor allem der Prozessor- und Speicherchips ergaben. Die Vision einer neuen Welt, die sich vor Kays Augen abzuzeichnen begann – beziehungsweise die er zusammen mit der Mathematikerin und Pädagogin Adele J. Goldberg und der Learning Research Group im Palo Alto Research Center (PARC) der Firma Xerox entwarf –,[71] bezog sich allerdings nicht auf die wenn auch revolutionäre Erneuerung der technischen Basis moderner Industriegesellschaften. Kay und Goldberg strebten vielmehr danach, aus dem Personal Computer ein Gerät werden zu lassen, welches als »Metamedium« das Verhältnis seiner künftigen Nutzerinnen und Nutzer zu sich selbst und zur Welt grundlegend verändern werde.

Kinder, Mäuse, Medien.
Die Simulationsmaschinen von Palo Alto

Der *Scientific American* war (und ist) eine sehr ernsthafte, anspruchsvolle Zeitschrift, die damals mit Abbildungen sehr zurückhaltend umging und sie in der Regel nur einsetzte, wenn sie mehr leisteten, als zur optischen Aufhübschung des Heftes beizutragen. Zu dieser Bildpolitik passten die in der Herbstausgabe vom September 1977 gezeigten Fotografien technischer Geräte und integrierter Schaltkreise sowie die Konstruktionszeichnungen von Computern und die diagrammatischen Darstellungen von Programmierschemata, die die ebenso komplexen Texte begleiteten, allenfalls aufgelockert vom Bild eines Technikers vor einer großen Maschine. Ganz anders jedoch die erste Abbildung im Artikel von Alan Kay mit dem Titel »Microelectronics and the Personal Computer«: Um einen Computer mit hochformatigem, etwa A4-großem Bildschirm, neben dem eine weiße Wohnzimmertischlampe die Szene beleuchtet, sitzt ein Mädchen am Keyboard, umringt von einem Jungen in kurzen Hosen und drei weiteren Mädchen. An der Wand hängen zwei Poster mit ästhetisch ansprechenden, punktsymmetrischen Figuren, die offensichtlich von einem Computer generiert wurden, und auf dem Bildschirm sind drei verschiedene grafische Repräsentationen eines Pferdes zu sehen. Die Mädchen lachen, vielleicht bewegen sich die Pferde auf dem Bildschirm gerade.[72]

Ähnliches findet sich in der Fachzeitschrift *Computer* vom März 1977, in der Alan Kay und Adele Goldberg ihre Überlegungen zu »Personal Dynamic Media« darlegten: Die erste Abbildung zeigt ein vielleicht 9-jähriges Mädchen vor dem Keyboard sitzend, das einem anderen Mädchen, das in Adidas-Turnschuhen neben ihm steht, gerade etwas erklärt.[73] Natürlich waren diese Bilder nicht zufällig gewählt. Alan Kay hatte seine Vision eines »persönlichen« Computers schon 1972 in einem Positionspapier skizziert, das er auf der Jahrestagung der Association for Computing Machinery (ACM) in Boston präsentierte.[74] Wieder waren es, diesmal gezeichnet, zwei Kinder, die vor einem Computer saßen, allerdings einem ganz besonderen: dem »DynaBook«. Kay stellte sich darunter ein flaches Gerät von der Größe eines »Notizbuches« (*notebook*) vor, bestehend aus einem Bildschirm und einer ebenso flachen, direkt an den Bildschirm anschließenden Tastatur – die aber, so Kay, auch ganz weggelassen und durch die visuelle Simulation eines Keyboards auf einem Teil des Bildschirms ersetzt werden könne; das Gerät würde dann beim Antippen einer simulierten Taste über den eingebauten Lautsprecher einen Klickton zurückgeben. Der Bildschirm jedenfalls werde, weil er grafikfähig sei, den getippten Text in der Qualität von Druckbuchstaben und in frei wählbaren Schrifttypen darstellen. Kay betonte, dass diese *Notebook*-Vision derzeit noch »Science-Fiction« sei, die allerdings dank der Miniaturisierung der elektronischen Bauteile schon bald Realität werden würde.[75]

Die beiden Kinder in der erwähnten Zeichnung, ein kleiner Junge und ein kleines Mädchen, sitzen im Gras, halten jeweils ihr DynaBook auf den Knien und spielen *Spacewar* (ein schon 1961 für Minicomputer und zur Unterhaltung ihrer meist professionellen Nutzer geschriebenes Spiel). Die DynaBooks waren irgendwie über Funk miteinander verbunden (»hooked together«), und Jimmy musste gerade mitansehen, wie seine Spielgefährtin Beth sein Raumschiff abschoss und diese Runde gewann. »Y' wanna play again?«, fragt Jimmy. »Naw«, antwortet Beth, »it's too easy«.[76] Beth will das Programm ändern, um es schwieriger zu machen, kommt dabei aber nicht weiter. Jimmy loggt sich daher in die »LIBLINK« ihrer Schule ein, um nach Hilfe zu suchen, findet dabei aber so vieles, dass er sich in den Angeboten verliert, die er alle als Kopie auf sein DynaBook herunterladen könnte. »It was«, so der von der Zukunft träumende Alan Kay, »like taking an endless voyage through a space that knew no bounds«. Vernetzt würden Computer grenzenlose Räume erschließen...[77]

Dass sich Kay als User dieser neuen Maschinen vor allem Kinder vorstellte – und dabei offenbar mit Vorliebe Mädchen –, hatte einen spezifischen Grund. Er sprach im Titel seines Positionspapiers von 1972 programmatisch von »children of all ages«, und fünf Jahre später konnte man im *Scientific American* lesen: »Wenn der Computer wirklich ›persönlich‹ sein soll, müssen sowohl Erwachsene wie auch Kinder in der Lage sein, ihn Brauchbares ausführen zu lassen, ohne auf die Hilfe von Experten angewiesen zu sein.«[78] Das Kind, genauer gesagt die kindliche Auffassungsweise und stufenweise kognitive Entwicklung waren für Kay der Maßstab, an dem sich die Nützlichkeit und Benutzbarkeit eines künftigen Personal Computers messen lassen musste. Beeinflusst vor allem durch Seymour Papert, der 1967 mit seinem Team am MIT die Programmiersprache LOGO entwickelte, mit der auch kleine Kinder Programme schreiben können sollten, orientierte sich Kay an den Forschungen Jean Piagets, Jerome Bruners und anderer Psychologen sowie an der Reformpädagogik Maria Montessoris. Sie alle hätten gezeigt, dass schon Kinder unter fünf Jahren sehr viel lernfähiger und intellektuell kreativer seien als angenommen, ihr Denken aber anders funktioniere als das von Erwachsenen. Piaget habe demonstriert, dass insbesondere Kleinkinder in »operationalen Modellen« denken würden, die mehr oder weniger *Ad-hoc*-Schöpfungen seien und nicht konsistent mit anderen Modellen verbunden sein müssten. Für Kay ergab sich hier eine auffallende Analogie: Diese kindlichen operationalen *Ad-hoc*-Modelle seien »im Wesentlichen Algorithmen und Strategien, und weit weniger logische Axiome, Voraussagen und Theoreme«; daher seien Computer »ein beinahe ideales Medium für die Epistemologie eines Kindes«. Denn auch Algorithmen seien »ziemlich informell und nicht zwingend logisch konsistent«, was dazu passe, dass die »Sichtweise« (*viewpoint*) von Kindern viel stärker »global und an Strukturen interessiert« sei als an der »strikten Schlussfolgerung auf ›Wahrheiten‹ hin«.[79]

Diese Epistemologie erläuterte Kay etwas ausführlicher in seinem Artikel im *Scientific American*: Man müsse Computer in einer »Sprache« programmieren – er hatte eine solche ab 1971 unter dem Namen SMALLTALK entwickelt –, die nicht nach einer einheitlichen Logik und Syntax funktioniert, sondern »semantisch« und »parallel«. Damit sei gemeint, dass jede Operation und jede Instanz in einem Computer als ein »Objekt« (*object*) zu verstehen sei, das mit anderen »Objekten« in grundsätzlich paralleler, das heißt immer in beide Richtungen verlaufender Weise »Botschaften« (*messages*) austauscht (in Analogie zur Zirkulation von Hormonen im Körper). Die »Objekte« selbst, die in »familienähnliche Aktivitäten« gruppiert werden, seien *black boxes*, die in einem sich immer wieder neu konfigurierenden Netz von Kommunikationsakten miteinander interagieren, geordnet nur durch Regeln, die wie eine »Haut« (*skin*) Schichten von Komplexität unterscheiden, »vom atomaren bis zum makroskopischen Niveau«.[80]

Trotz ihrer Orientierung auf »Objekte« organisierte SMALLTALK mithin die Aktivitäten und Botschaften noch über einige allgemeine »strukturelle Konzepte«, wie Kay sagte; er suchte daher nach einer Programmiersprache, die als reine »Beobachtersprache« (*observer language*) überhaupt keine davon abgelöste allgemeine Logik beziehungsweise kein strukturelles Konzept mehr benötige. Eine solche Sprache würde, so Kay, einer grundlegenden Einsicht der Physik des 20. Jahrhunderts entsprechen, die »einem Phänomen und seinem Kontext jeweils eine gleichwertige Bedeutung zuschreibt, weil Beobachter mit verschiedenen Beobachtungsperspektiven die Welt jeweils verschieden wahrnehmen« – ohne dass, mit anderen Worten, mittels einer allgemeinen Metasprache noch über die »Wahrheit« einer Perspektive entschieden werden könnte. In einer solchen Beobachtersprache würden die Aktivitäten des Computers allein noch als Kombinationen verwandter, aber nicht deckungsgleicher Standpunkte verstanden, die damit »Verbindungen zwischen verschiedenen Vorstellungen (*concepts*) formen« – etwa, dass ein Hund gleichzeitig als Tier, als biochemische Maschine, als Spielgefährte für ein Kind oder als Metapher in einem Märchen verstanden werden könne.[81] Man glaubt die weiter oben dargestellte Diagnose Lyotards zu vernehmen: In der von Kay vorgestellten Programmiersprache wären »strikte Schlussfolgerungen auf ›Wahrheiten‹ hin«, wie er ja schon 1972 auf der ACM-Tagung sagte, weder möglich noch nötig. Der Computer, der kinderleicht zu programmieren und zu bedienen wäre, erscheint als eine Maschine, die ständig unterschiedliche Konzepte sowie unterschiedliche Sichtweisen beziehungsweise Standpunkte miteinander vermittelt, ohne sie auf eine einzige Wahrheit, sei sie funktional, instrumentell, teleologisch oder pragmatisch konzipiert, festzulegen. Diesen Gedanken schien die technische Entwicklung zumindest nahezulegen: Die Mikrochips waren komplex genug geworden, um eine irreduzible Vielfalt an Perspektiven und parallelen Welten zu ermöglichen.

Etwas weniger abstrakt als diese knappen Überlegungen Kays zur Philosophie von Programmiersprachen waren die konkreten Experimente zum Gebrauch eines Personal Computers im Xerox-Forschungslabor in Palo Alto, über die er im *Scientific American* und, zusammen mit Adele Goldberg, in *Computer* berichtete. Ihre Learning Research Group hatte Tests mit 50 Erwachsenen und 250 Kindern im Alter von 6 bis 15 Jahren durchgeführt, um herauszufinden, wie Computer einfach und intuitiv zu verwenden wären und vor allem die Aufmerksamkeit von Kindern über längere Zeit fesseln könnten. Mit herkömmlichen Computern sei das nicht möglich. Denn Kinder seien an »Fingermalen, Wasserfarben, Farbfernseher, Musikinstrumente und Schallplatten gewöhnt«, und wenn »das Medium die Botschaft« sei, wie Kay und Goldberg mit Marshall McLuhan sagten, dann sei die »Botschaft« von herkömmlichen Computern, die über *time-sharing* an externen Terminals genutzt werden, wegen der viel zu geringen Bandbreite für Kinder einfach nur »blah«.[82]

Die Mini- (aber nicht Mikro-)Computer, an denen die Experimente im PARC-Labor und in einer nahe gelegenen Junior High School durchgeführt wurden, waren daher als eine »Simulation« des DynaBook gedacht. Das hieß erstens, dass der Bildschirm mit der größtmöglichen Auflösung konstruiert wurde, um Bilder und Buchstaben in annähernder Druckqualität abbilden zu können. Zweitens verwendete das System ein »Zeigegerät (*pointing device*), genannt Maus«.[83] Diese Mensch-Maschine-Interaktionstechnik war schon 1963 im Augmented Human Intellect (AHI) Research Center des Stanford Research Institute (SRI) von Douglas C. Engelbart entwickelt worden. Engelbart, der neben Alan Kay als der einflussreichste Vordenker des Personal Computers gilt,[84] hatte die Maus zusammen mit der Hyperlink-Technik und seiner Vision eines kommunikativen Computernetzwerks im Dezember 1968 in San Francisco einem elektrisierten Fachpublikum – darunter auch Kay – vorgeführt.[85] Ab 1970 wurde die Idee der Computermaus dann im PARC als Teil des Alto-Systems weiterentwickelt. Und schließlich wurde die Bildschirmoberfläche des Xerox Alto durch »Fenster (*windows*) beziehungsweise simulierte Bildschirme innerhalb des physischen Bildschirms« aufgelöst. Das war Kays eigene Erfindung: Die verschiedenen *windows* in beliebiger Größe konnten zur gleichen Zeit Daten und Programme enthalten, die ganz Unterschiedliches repräsentierten und sichtbar machten; sie wirken, so Kay, wie übereinanderliegende Blätter Papier und würden jeweils durch einen Mausklick an die Oberfläche geholt und aktiviert.[86]

»Simulation« war in all diesen Überlegungen das zentrale Stichwort, ja, so Kay, »die zentrale Eigenschaft des *computing*« überhaupt.[87] Computer, wie Kay sie sich vorstellte, konnten auf dem Bildschirm Tasten und weitere Bildschirme simulieren, oder über die Maus Handbewegungen. »[W]enn die Methoden der Simulation genügend gut beschrieben sind«, könnten sie, so Kay, buchstäblich alles simulieren – vor allem aber andere Medien. Seit ein paar Jahren schon zirkulierte in den experimentellen Computer-*Labs* der Bay Area die Idee, dass der Personal Computer nicht wie die Mainframes eine bloße Maschine zur Datenverarbeitung sein solle, sondern selbst als ein »Medium« konzipiert werden müsse, als ein Mittler zwischen der Userin und der Welt. Für Kay und Goldberg bedeutete das konkret, Computer so auszustatten und zu programmieren, dass sie »alle anderen Medien simulieren«, ja »alle anderen Medien sein« können, also in den verschiedenen *windows* gleichzeitig Bilder, Texte, animierte Grafiken, Musik und Spiele darzustellen vermögen, wie dies die Abbildungen im *Scientific American* und in *Computer* auch tatsächlich gezeigt haben.[88]

Diese Simulationen veränderten und erweiterten allerdings den Charakter und die Gebrauchsweisen der simulierten Medien selbst. Dank der nichtsequenziellen Natur der digitalen Speicher müssten etwa Bücher nicht bloß als »simulierte Papierbücher« behandelt werden, sondern würden sich ganz neue Arten des Gebrauchs von Literatur erschließen. Eine Erzählung könne dann von verschiedenen »points of view« aus gelesen und verstanden werden, was sich besonders gut an Lawrence Durrells *Alexandria Quartet* (einer zwischen 1957 und 1960 publizierten Romanfolge aus der Perspektive von vier verschiedenen Personen) zeigen ließe: In digitalisierter Form würde dieser Text es dem Leser ermöglichen, »viele Wege durch die Erzählung hindurch zu verfolgen«.[89] Goldberg und Kay wussten natürlich, dass man Bücher nicht linear von vorne bis hinten lesen muss, und gerade der Hinweis auf das *Alexandria Quartet* impliziert, dass Multiperspektivität nicht erst mit der Digitalisierung möglich wurde. Doch in einer subtilen Erweiterung des Theorems, dass die »Botschaft« eines Mediums ein (anderes) Medium sei, notierten sie: »Methoden, die in einem Medium entdeckt wurden, sind Metaphern für neue Arten des Denkens in anderen Medien.«[90] Der Personal Computer stehe zwar in der Reihe aller medialen Kulturtechniken vor ihm, aber als Medium, das andere Medien simulieren und alle digitalisierten Repräsentationen »manipulieren« kann, werde er zu einem »Metamedium«, das sämtliche medialen Wahrnehmungs- und Ausdrucksweisen in sich aufnimmt und verändert.[91]

Das musste schließlich auch das Verhältnis der User zu sich selbst berühren. Zwar diene jedes »externe« Medium dazu, »interne Gedanken zur Kommunikation zu erfassen und dabei gleichzeitig, durch Feedback-Prozesse, die Pfade zu formen, denen das eigene Denken folgt«. Der Computer sei allerdings im Gegensatz zu traditionellen Medien wie Zeichnungen, Gemälde oder Fernsehbilder nicht passiv, sondern »aktiv«, mithin ein Medium, das »auf Fragen antwortet und in Experimenten reagiert und die User sogar in eine zweiseitige Kommunikation verwickeln kann« – wie zum Beispiel das von Joseph Weizenbaum entwickelte Computerprogramm »Eliza«, das eine psychotherapeutische Beratung im Stile Carl Rogers' simulierte, die allerdings zu Weizenbaums Entsetzen von den Userinnen auch als solche angenommen wurde.[92] Für Weizenbaum zeichnete sich in solchen frühen Beispielen der Mensch-Maschinen-Interaktion eine bedrohliche Invasion der Technologik des Computers in die Domäne des Menschseins und der menschlichen Vernunft ab, wohingegen Kay glaubte, dass gerade diese Interaktion eine »reflexive Kommunikation mit sich selbst« und kreative Prozesse der »self-expression« ermöglichen werde. Das könne, so Kay, die Erzeugung von Zeichnungen und Mustern sein, »die komplexer sind als alle, die von Hand produziert werden könnten«, oder das Komponieren von anspruchsvoller Musik, die man während der Notation auch gleich höre.[93]

Die eigentliche Pointe jedoch hatte sich Alan Kay für den Schluss seines Artikels im *Scientific American* aufgespart. Semiotisch versiert notierte er, der Gebrauch von Zeichen (*symbols*) durch Computer sei, wie auch im Fall der natürlichen Sprache oder der Mathematik, »in ausreichendem Maße von der realen Welt abgekoppelt, um ihnen zu ermöglichen, prächtigen Unsinn zu produzieren«. Und das sei auch notwendig: Erfindergeist und Kreativität hingen daran, dass das »Reich des offensichtlichen Unsinns offengehalten werde«; es sei schließlich auch einzig diese Möglichkeit zur »Simulation von Unsinn«, die den Computer von einer simplen Maschine unterscheide.[94] Kay wollte, dass der Personal Computer keine Maschine ist, sondern ein Instrument der Fantasie und der grenzenlosen Vorstellungskraft. Ein solches Instrument wäre, wie man hinzufügen kann, ebenso wenig auf Sinn und Wahrheit festgelegt wie jene immer wieder gefalteten Blätter Papier, die 50 Jahre zuvor mit Wörtern oder Bildbruchstücken aus den *random access memories* von ein paar Pariser Surrealisten gefüllt wurden, um exquisiten Unsinn zu erzeugen. Doch aus dem Blatt Papier war unterdessen ein Computer geworden, der ein Blatt Papier simuliert.

internetworking

Dass Computer »vernetzt« sein sollten, wie Alan Kay es sich für das DynaBook vorstellte, war ein verhältnismäßig alter Traum. Joseph »Lick« Licklider, ein ehemaliger MIT-Verhaltenspsychologe, der zum Computer-Theoretiker wurde, sprach schon 1963 schwungvoll übertreibend von einem künftigen »intergalactic computer network«, das alle Menschen auf dem Globus verbinden und über kleine, mit dem Fernsehgerät verbundene Computer Zugang zu grenzenlosen Informationsressourcen bieten würde. Als zeitweiliger Chef einer Abteilung der vom Pentagon finanzierten Advanced Research Projects Agency (ARPA), die *Time-sharing*-Systeme und Computergrafik-Technologien entwickelte, legte Licklider auch die konzeptionellen Grundlagen für das ab Ende der Sechzigerjahre von seinen Nachfolgern aufgebauten ARPANET, das ab den Siebzigern Schritt für Schritt Großrechner US-amerikanischer Universitäten und militärischer Forschungszentren miteinander verband. Der entscheidende Punkt dabei war, dass in diesem Netzwerk nicht, wie in schon bestehenden kommerziellen Netzen (etwa Flugreservationssystemen), mehrere hundert Terminals über Telefonleitungen mit einem zentralen Host verbunden waren, professionelle Benutzer von Minicomputern auf große Mainframes zugriffen oder Endanwender an Terminals über das (seit 1975 existierende) Telenet-Netzwerk sich die Informationsdienste unzähliger kommerzieller Anbieter zunutze machten. Neu war vielmehr, dass gleichrangige Computer untereinander Daten austauschten; zum ersten Mal gelang dies 1969, als ein Computer des Network Measurement Center an der UCLA und eine Maschine des Augmentation of Human Intellect Center am SRI miteinander »kommunizierten«.

Das sich aus diesem Anfang heraus entwickelnde ARPANET war aber keineswegs das einzige Computernetzwerk, das in jener Zeit entstand; vielmehr bildete sich, so David Gugerli, in den USA und in Westeuropa in einem eigentlichen »Netzwerkboom« ein »unübersichtlicher Flickenteppich telekommunikativ unterstützter Nutzergemeinschaften im Umfeld zentraler Rechner«.[95] Dabei waren allein schon die technischen Anforderungen an die Verbindung zwischen zwei Computern alles andere als trivial, geschweige denn zwischen Computern unterschiedlicher Bauart. »Richtig schlimm aber wurde es«, um nochmals Gugerli zu zitieren, »wenn nicht nur Rechner, sondern ganze Netzwerke von Rechnern miteinander zu verbinden waren, die keiner gemeinsamen Aufsicht unterstanden«.⁹⁶ Daher versuchten große Computerhersteller, verbündete Staaten, internationale Gremien und akademische Gruppen in verschiedenen Initiativen, jeweils einen allgemein gültigen technischen Standard für den Verkehr in und zwischen Computernetzwerken zu definieren; die dafür erforderliche breite internationale Übereinkunft auf ein entsprechendes »Protokoll« des Datenaustauschs wurde aber mit keiner dieser Initiativen erreicht.

Eine kleine, jedoch international vernetzte Gruppe um Robert E. Kahn (ARPA) und Vinton G. Cerf (SRI) wählte daher einen grundsätzlich anderen Ansatz. Ihre Idee bestand darin, ein Protokoll zu entwickeln, das die Heterogenität der unterschiedlichen Netze akzeptiert und darauf verzichtet, in zentralistischer Manier eine homogene Kommunikationslogik anzustreben. 1974 präsentierten Cerf und Kahn dieses Konzept erstmals unter dem Titel »A Protocol for Packet Network Intercommunication«: Ein Titel, hinter dem sich gleich zwei Konzepte verbargen, ein schon etablierteres und ein neues.⁹⁷ Schon länger bekannt war die Übertragungstechnologie des *packet switching*, was bedeutete, dass ein Datenstrom nicht kontinuierlich – und damit fehleranfällig und langsam – von einem Computer zum andern fließt, sondern die zu sendenden Daten in kleine Einheiten unterteilt und in »Pakete« gepackt werden, die in ihrem »Header« je eine klare Bezeichnung, Adresse und Beschreibung des Inhalts enthalten. Diese Paketvermittlung erwies sich auch innerhalb eines einzelnen Netzes als beste Lösung. Wenn dieses, wie das ARPANET, dezentral organisiert war, konnte jeder Host im Netzwerk mit jedem anderen Host über das *packet-switching subnetwork* in Verbindung treten; dieses dezentrale *subnetwork* bot weit mehr Verbindungen als nur eine einzige zwischen zwei Computern. Obwohl in einem frühen Positionspapier des RAND-Wissenschaftlers Paul Baran die Rede davon war, dass dezentrale (»distributed«) Netze »im Falle eines feindlichen Angriffs« überlebensfähiger seien,⁹⁸ spielten solche militärischen Überlegungen zehn Jahre später bei Cerf und Kahn keine Rolle. Es ging beim *Packet-switching*-Konzept vielmehr darum, die Geschwindigkeit zu erhöhen und die Fehlerrate zu senken; Cerf/Kahn betonten in ihrem Text von 1974 gleich zu Beginn, dass die gemeinsame Nutzung von Speicher- und Rechenkapazität das Ziel der Vernetzung sei.

Diese dezentrale Architektur entsprach nicht zufällig auch einem Netzwerkkonzept, das Robert Metcalfe – dem Cerf/Kahn explizit für gemeinsame Diskussionen dankten⁹⁹ – nur ein Jahr zuvor im PARC beim

Aufbau des »Ethernet« entwickelte. Abgeleitet von der im 18. Jahrhundert aufgekommenen Vorstellung, dass elektromagnetische Ströme in einem unsichtbaren »Äther« zirkulierten, entwarf Metcalf ein dann allerdings auf Kabeln beruhendes »Local Area Network« (LAN), das Dutzende von Computern im PARC miteinander verband. Der »Äther« sei, so Metcalfe, ein »passives Kommunikationsmedium ohne zentrale Kontrolle«; die Kontrollfunktionen über die Paketvermittlung im Netz wurden vielmehr ausschließlich den beteiligten Computern selbst überantwortet.[100]

Dieses Modell eines *Packet-switching*-Netzwerks ohne zentrale Kontrolle – was insgesamt doch mehr an die *counter culture* denn an militärische Planungen erinnert – war das eine Element, das sich im Titel der berühmten Abhandlung von Cerf und Kahn verbarg. Das andere war die *network intercommunication* beziehungsweise das *internetworking*. Im Grunde war der Gedanke einfach: Statt von einer Vereinheitlichung von Netzen und der entsprechenden zentralen Instanz zu träumen, schlugen Cerf/Kahn vor, zwischen zwei inkompatiblen Netzen jeweils einen »Gateway« zu schalten, der virtuell in zwei Hälften zu teilen sei, wobei die eine Hälfte dem Netz A zugehörig sei und die andere Hälfte dem Netz B. Die Gateways hätten die Funktion, zwischen den inkompatiblen Netzen zu vermitteln; *wie* sie allerdings ein Datenpaket von A nach B schicken, sei ihre Sache: »Wir schlagen [zwar] vor, dass die Gateways die *Internetwork*-Pakete in einem Standardformat handhaben, aber wir werden«, so die beiden Autoren in einer bemerkenswerten Passage, »keine speziellen Übertragungsvorschriften zwischen den beiden Hälften eines Gateways vorschlagen«.[101] Die Kontrolle, die im Verbund von an sich inkompatiblen Netzen auszuüben wäre und die Kommunikation zwischen den Computern sicherzustellen hätte, wurde nur als Vorschrift vorgestellt, an der »Grenze« eines besonderen, eigenständigen Netzwerks für den Datenaustausch zu sorgen, das heißt lokal oder regional und gleichsam in Eigenverantwortung. Man kann nur spekulieren, ob es ein bloßer Zufall war, dass dieses Modell auffallend jenen in der *counter culture* und unter den »Indianer«-Begeisterten blühenden Vorstellungen von kleinen Gemeinschaften glich, die ihren eigenen Regeln folgten, an ihren Grenzen über die Konditionen von Kontakt und Austausch verhandelten und ansonsten ihre eigene Kultur und »Identität« pflegten.

Doch wie dem auch sei: Es war immerhin ein Modell, das eine pragmatische Lösung für die Kommunikation über alle Grenzen hinweg postulierte.[102] Mit ihm war eine Architektur für das »internetting« entworfen worden, die die Verknüpfung von beliebigen Kommunikationsnetzen ermöglichen sollte, ohne dass eine Kommunikationsvorschrift des Netzwerks A für das Netzwerk B (oder C ... bis n) Geltung beanspruchen musste.[103] In ihrem von der ARPA (die zur DARPA wurde – das D stand für »Defense«) geförderten Projekt entwickelten Cerf und Kahn im Verbund mit Kollegen in London eine Reihe von technischen Protokollen, die, zusammengefasst unter dem Akronym TCP (*Transmission Control Protocol*, zuweilen auch: *Transmission Control Program*) diesen Datenaustausch ermöglichen sollten. Im März 1977 lag die von Cerf verfasste »Specification of Internet Transmission Control Program« vor, und für dasselbe Jahr war auch der Abschlussbericht des gesamten Projektes angekündigt (der allerdings erst später erschien).[104] Es fehlte nur noch der *proof of concept*. Dieser erfolgte am 29. November 1977 in einer öffentlichen Demonstration im Silicon Valley. Vint Cerf und Bob Kahn sendeten aus einem Kleintransporter in Menlo Park per Funk eine Nachricht zum San Francisco Bay Aerea Radio Packet Net, von dort über das ARPANET nach Norwegen, weiter nach London, von wo die Datenpakete über das Atlantic Packet Satellite Net (SATNET) nach Virginia übermittelt wurden, um dann wieder über das ARPANET im Information Science Institute der University of Southern California in Marina del Rey empfangen zu werden.[105] Schwer zu sagen, wie viele Menschen von dieser Demonstration Kenntnis nahmen. Das »Internet« als Vernetzung unterschiedlicher, an sich inkompatibler Netzwerke war jedenfalls an diesem Tag zu einer technischen Realität geworden.

Tanzmusik und bewegte Bilder

Computer waren nicht die einzigen elektronischen Maschinen, die Mitte der Siebzigerjahre weiterentwickelt, neu konfiguriert oder in einer bis dahin weder bekannten noch vorgesehenen Weise verwendet wurden. Es waren die so verbreiteten und gewöhnlichen Alltagsgeräte Plattenspieler und Fernseher, für die aufregende neue Technologien und Gebrauchsweisen popularisiert wurden – in Verbindung allerdings mit elektronischen Musikmaschinen, die die Klangwelten zusätzlich denaturierten. In deutschen und französischen Tonstudios wie in den Subkulturen New

Yorks entstanden neue Musikstile und Musikformen, vorangetrieben von Gruppen und Menschen außerhalb des Mainstreams und nicht selten auch außerhalb der traditionellen Ordnung der Geschlechter. Zugleich veränderte sich aber auch die Ordnung der bewegten Bilder. Über neue Technologien drängten neue Bilder und neue Sehgewohnheiten auf den Markt der Massenunterhaltung und in die privaten Haushalte.

Plattenspieler

In einer Szene, in der sich unverhüllt sexuelle Anspielungen und gepflegte Wohlanständigkeit mischen, sahen die Kinogängerinnen und Kinogänger im Dezember 1977 einen in farbiges Licht getauchten jungen Mann mit sorgfältig frisiertem Haar, der in einer enganliegenden Schlaghose, in Schuhen mit hohen Absätzen und einem glänzenden, mauvefarbenen Hemd auf einer Tanzfläche mit im Takt blinkenden Lichtern die Bewunderung der Umstehenden auf sich zieht. Als sei ihm die Rolle auf den Leib geschrieben worden, verkörpert John Travolta im Film *Saturday Night Fever*, der am Ende des Jahres 1977 die Kinos im Sturm eroberte, den 19-jährigen »Tony Manero« aus dem weißen Arbeiterviertel Bay Ridge in Brooklyn: einen *underdog* aus einer italienischen Immigrantenfamilie, der noch bei seinen ständig nörgelnden und streitenden Eltern wohnt und als kleiner, ungebildeter Verkäufer in einem Lack-und-Farben-Geschäft einem eher trostlosen Job nachgeht, jeden Samstag jedoch im lokalen Disco-Club »2001 Odyssey« zum unumstrittenen König der Nacht wird.

Szenenwechsel, aber nicht im Kino: In der vom urbanen Niedergang schwer gezeichneten South Bronx, mehrere Meilen und ganze Welten von Bay Ridge entfernt, führen *b-boys* im Rahmen einer »block party« auf der Straße zu den pulsierenden *breaks* aus wuchtigen Lautsprechern ihre akrobatischen *moves* vor, umringt von tanzenden und klatschenden jungen Schwarzen. Sie nennen es »Hip-Hop«. Ein »MC« reimt in rhythmisch skandierten Worten Aufforderungen zum Mitmachen und Verse über das Leben im Ghetto in ein Mikrofon. Man hörte den *rap* und die *breaks* in der South Bronx fast an jeder Straßenecke.[106]

Die beiden Szenen trennt eine räumliche und soziale Distanz, die durch die Differenz der Hautfarbe noch zusätzlich konturiert wird. Dennoch haben sie mehr Berührungspunkte, als es scheint. Das Intro von

Saturday Night Fever zeigt Tony, wie er zum Eröffnungssong »Stayin' Alive« der Bee Gees durch die Straßen von Brooklyn schlendert und Passantinnen anmacht. Er bleibt zwar cool, wenn er unter freiem Himmel und im Stehen ein billiges Stück Pizza isst, aber der Song deutet schon an, dass es auch für ihn um das Überleben in der Großstadt geht:

Feel the city breakin' and everybody shakin'
And we're stayin' alive, stayin' alive
Whether you're a brother or whether you're a mother
You're stayin' alive, stayin' alive

Begleitet von sanften Gitarren, Bläsern, Synthesizern und einem Schlagzeug, von dem zwei Takte aus einer Tonband-Wiederholungsschleife in den Song kopiert wurden (was ihm seinen stabilen Discorhythmus gab), singt Barry Gibb mit Falsett-Stimme – einer »Stimmlage«, so die Literaturwissenschaftlerin Anne-Lise François mit Blick auf »Stayin' alive«, »des Ausnahmezustandes, der Krise«, ein »unerschrockenes Bekenntnis der eigenen Verletzlichkeit«.[107] Dunkel klingt Gibbs Stimme daher nur in den Zeilen, in denen diese Codierung gleichsam in Klartext aufgelöst wird: *Life's goin' nowhere, somebody help me / Somebody help me, yeah ...*[108]

Man hat diese Botschaft auch in der Bronx verstanden. Der Augenschein mochte täuschen, aber Disco und Hip-Hop, deren Geschichten sich um 1975 in New York kreuzten, einte auch sonst einiges – angefangen bei ihrer Genealogie in älteren afroamerikanischen Tanz- und Musikkulturen bis hin zu ihrer offenkundig gemeinsamen medientechnischen Basis, das heißt den beiden Plattenspielern in Verbindung mit einem Mischpult und der dazugehörigen Figur des »DJ« (oder, in der Schreibweise der Flyer in der Bronx, des »Deejay«). Aber es gab noch eine dritte Szene. In New York war dies zwar offensichtlich der schon erwähnte Musikclub CBGB in der Lower East Side, wo die Ramones, Patti Smith und Television, Blondie und die Talking Heads auftraten. Medientechnisch allerdings waren diese Punk- und New-Wave-Acts mit ihrer betont einfachen, auf Gitarre, Bass und Schlagzeug gestützten Livemusik geradezu bewusst retro. Die dritte Szene im Zusammenhang mit Disco und Hip-Hop spielt sich daher nicht in New York, sondern in Paris, Düsseldorf und München ab. Der Medienkonzern PolyGram lanciert das 1976 nur in Frankreich erschienene Synthiepop-Album *Oxygène* von Jean-Michel

Jarre jetzt weltweit, in Düsseldorf spielt die Elektro-Band Kraftwerk das Stück »Trans Europa Express« ein, und in München produziert Giorgio Moroder zusammen mit seinem Partner Pete Bellotte und der Sängerin Donna Summer den fast vollständig synthetisch instrumentierten Song »I Feel Love«.

Was also eint – und trennt – diese drei Szenen? Was geschieht hier Neues – und wovon erzählt *Saturday Night Fever*? Die erste und offensichtliche Gemeinsamkeit besteht darin, dass sie allesamt nicht von Musikern oder Musikinstrumenten handeln, sondern von der Schallplatte und anderen nichtinstrumentalen Techniken der Produktion tanzbarer Klänge – und damit auch von Tänzerinnen und Tänzern. Diese Geschichte reicht zurück bis ins späte 19. Jahrhundert, als in Tanzhallen, Clubs oder Bars neben Livemusik auch schon von Schellackplatten abgespielte Musik konsumiert wurde.[109] Häufig kam diese aus den später »Jukebox« genannten Schallplattenautomaten, die vor allem in Bars anzutreffen waren und dank der robusteren und billigeren 45er-Vinyl-Scheiben nach dem Zweiten Weltkrieg rasche Verbreitung fanden. Parallel dazu förderte die neue Vinylplatte sowohl in den USA wie auch in Westeuropa das Aufkommen von »Discothèque« (mal mit, mal ohne Akzent auf dem e) genannten Tanzlokalen, die ganz auf Bands oder Orchester verzichteten, sei's, um sich die Löhne von Musikern zu sparen, sei's als *dernier cri* für ein elitäres Publikum. Für Letzteres stand kein bestimmter Musikstil im Vordergrund, sondern das *socializing* zu gedämpfter Tanzmusik, nicht selten ergänzt durch leicht bis sehr leicht bekleidete »Gogo-Girls« als Vortänzerinnen auf einer Bühne oder veritable Stripshows als weiteres Unterhaltungselement. Diese *Upmarket*-Diskotheken hatten allerdings nur eine beschränkte kulturelle Ausstrahlung und Wirkung. Für die Popularisierung neuer Musikstile wie Rock 'n' Roll und Rockabilly sowie von neuen Tänzen wie dem Twist weit wichtiger waren sowohl in den USA als auch in Westeuropa Tanzveranstaltungen an Schulen und in Jugendclubs. Wirklich entscheidend für die Lancierung neuer Hits waren jedoch das Radio und bald auch das Fernsehen. Schon in den Vierzigerjahren kam in den USA für die Radio-Präsentatoren von neuer Tanz- und Unterhaltungsmusik der Begriff des »Discjockeys« auf, und ab dem Ende der Fünfzigerjahre waren es spezialisierte TV-Formate, die neue Tanzschritte zur Nachahmung vorführten.[110]

Twist und Rock 'n' Roll – beide noch weitestgehend auf den Paartanz ausgerichtet, jedenfalls strikt heterosexuell codiert – waren die letzten großen *dance crazes* vor der Eruption von Disco. Die ab Mitte der Sechzigerjahre in der Jugend- und Unterhaltungskultur hegemonial werdende weiße Rockmusik hingegen, die im Rahmen des Rockkonzerts gehört und erlebt werden wollte, war trotz ihrer vielfältigen Aneignungen afroamerikanischer Musikstile keine Tanzmusik. Rockmusik zielte nicht auf den Körper, sondern auf den Kopf, der ihre emotionalen (und politischen) Signale empfing und diese vielleicht in einem individuellen Wiegen oder Schütteln des Körpers ausdrückte, dabei aber keiner bestimmten Tanzform folgte. Dieser Auflösung von Tanzformen bis hin zu deren Verachtung überhaupt entsprachen auch die Drogen des Rock. Weder Marihuana noch LSD animieren besonders zum Tanzen. Nur zur psychedelisch beziehungsweise »spirituell« inspirierten und mit LSD unterlegten Westcoast-Musik vor allem der Grateful Dead bildeten sich tanzähnliche Ausdrucksformen, die dem esoterischen *freaking out* allerdings näher waren als dem in den Diskotheken der Sechzigerjahre entstandenen *shaking* ohne Partner und formalen Tanzschritten. Beide wurden jedoch in New York zu einem der beiden Ausgangspunkte von Disco.

Der andere, wichtigere Ausgangspunkt war die afroamerikanische Musik- und Tanzszene. Denn sowohl der vom Plattenlabel Motown in der »Motor Town« Detroit produzierte Soul und Rhythm & Blues wie auch der härtere und jüngere Funk waren als Tanz- oder zumindest sehr körperbetonte Musik schon längst die bedeutendste, allerdings als »ethnisch« oder gar als »race music« markierte Alternative zum überwiegend weißen und dezidiert heterosexuellen, ja phallozentrischen Rock. Nach den »Stonewall«-Unruhen im Juli 1969 adaptierte daher die homosexuelle Subkultur New Yorks diese schwarze Musik, in der auch weibliche Singstimmen eine prominente Rolle spielen, für die neu entstehende schwule Party- und Tanzszene.[111] In Manhattan öffneten innert kurzer Zeit Lokale wie das »Loft«, das »Firehouse« oder das »Sanctuary«, wo weiße und schwarze Männer ohne die zwischen den *races* sonst üblichen Distanzen (und oft auch Schwule und Lesben gemeinsam) zu Schallplatten mit besonders rhythmusgetriebenem Soul, R&B oder Funk tanzten, zudem aber auch, wie im »Loft« von David Mancuso, zu psychedelischer Westcoast-Musik, hier gar unterstützt durch ein Buffet mit alkoholfreien Säften und frischen Früchten (Manusco hatte bis Ende der Sechzigerjahre schon alle Stationen der Reise zu sich selbst absolviert). Meist unterstützt von ganz anderen Drogen als beim weißen Rock, stand in all diesen Etablissements die im gemeinsamen Tanzen erlebte Körperlichkeit und

Erotik im Vordergrund, und es war – wenn auch nur als »side attraction« neben dem Tanzen[112] – selbst offener Sex möglich. Beeinflusst zudem vom Stil des britischen Glam-Rock und David Bowies »bisexual chic«, aber auch vom sanften Philly-Soul von Barry White und seinen »exzessiven XXL-Schnulzen«,[113] entfaltete sich in diesen bald schon italianisierend »Disco« genannten Lokalen mit ihrer Transgression von Geschlechtergrenzen und Rassenschranken ein ganzer Fächer von performativen Selbstinszenierungen, und zwar, so der *Rolling-Stone*-Journalist Ed McCormack 1976, »through all the shades, cycles and fetishes of chic, camp and queer«.[114]

Die New Yorker Disco-Szene wurde von schwulen weißen Männern dominiert (das erste Lokal für Lesben öffnete 1976). Mit der rasch fortschreitenden Etablierung und Kommerzialisierung der Tanzszene – und der lauffeuerartigen Verbreitung dieses neuen Stils des *partying* in bald Tausenden von Diskotheken in den USA und in Westeuropa ab etwa 1974 – wich das ursprüngliche »queering of the dance floor« (Tim Lawrence) einer wieder strikteren Trennung von weißen und schwarzen *tribes*, von *gay* und *straight* wie auch von luxuriösen und einfacheren Clubs. Die Szene »splitterte sich in eine Reihe von unterschiedlichen Gruppen auf, die«, so Tim Lawrence, »über Identität organisiert waren«.[115] Das ermöglichte es paradoxerweise aber auch, dass Disco 1977 im heterosexuellen Mainstream ankam, exemplarisch vorgeführt in *Saturday Night Fever* einerseits und im mondänen »Studio 54«, das am 26. April in Midtown seine Eröffnung feierte, andererseits. Tony Manero und seine Kumpels gehören ganz offensichtlich nicht zur schwulen Disco-Szene von Manhattan. Gefangen in der sozialen Enge der weißen *neighborhood* von Bay Ridge, sind sie vielmehr in einer aggressiven Weise sexistisch und homophob, und Tony erscheint zumindest vordergründig als der klassische Macho, der auch vor dem Versuch einer Vergewaltigung nicht zurückscheut (während gleichzeitig im »2001 Odyssey«, wie zur Bestätigung dieser Geschlechterordnung, eine Striptänzerin auftritt). Zudem rückt *Saturday Night Fever* mit dem lateinamerikanischen Hustle, einem Paartanz, für den Tony und Stephanie gar im Tanzstudio üben, wieder das heterosexuelle weiße Paar ins Zentrum. Darin jedoch nur das reaktionäre Einnorden von Disco auf die Kultur der weißen Mittelklasse zu sehen, verdeckt die überdeutlichen Ambivalenzen des Films, der ständig von gefährlichen Transgressionen handelt: Sorgfältig frisiert und fast feminin gekleidet setzt Tony sich selbst dem Verdacht aus, *queer* zu sein; sein Bruder verlässt das Priesteramt, was die Familie erschüttert, Tony aber erleichtert; mit einer deutlichen Geste zugunsten eines puertoricanischen Tanzpaars denunziert Tony den nur knapp verhüllten Rassismus der weißen Disco. Und ganz am Schluss des Films muss er sogar versuchen, sich vom Vergewaltiger zum »Freund« zu wandeln, das heißt zu einem die »Freundschaft« (und nicht mehr den Sex) mit Stephanie suchenden und vom sozialen Aufstieg träumenden, nun plötzlich sanften Jungen aus Bay Ridge, der es in Manhattan »schaffen« will.[116] All diese widersprüchlichen Signale von *Saturday Night Fever* konvergieren allerdings in einer einzigen, unübersehbaren Botschaft an das Kinopublikum: Es soll kein Exzess stattfinden, weder in der weißen Mainstream-Disco noch sonst wo. Entsexualisiert und von ihrem subkulturellen, ja *queeren* Image befreit, soll die Disco mit all ihren blinkenden Lichtern und ineinander geblendeten Tanztracks aber nicht nur ein Ort der Unterhaltung sein, sondern auch der Neukonfiguration der heterosexuellen Paarbeziehung. Stephanie gibt jetzt bei Tony den Takt an.

Allein, dass diese moralischen Botschaften vielleicht all jenen galten, die im Kino mit Tony und Stephanie mitlitten, nicht aber für die Schönen und Reichen Manhattans, demonstrierten am anderen Ende der Skala die Gäste des mondänen »Studio 54« Nacht für Nacht. Abgesichert durch eine extrem selektive Einlasspolitik, konnten die Glücklichen, die es am Türsteher vorbei geschafft hatten, sich nicht nur unter Prominente wie Andy Warhol, Truman Capote, Mick und Bianca Jagger oder Liza Minnelli mischen, sondern geradezu im Exzess baden. Das eigentliche Tanzen wurde weitgehend durch das Sehen und Gesehenwerden sublimiert, offener Sex war nicht nur in den VIP-Räumen üblich und Kokain stand als Brennstoff langer Nächte und Ego-*booster* schier unlimitiert zur Verfügung. Als eine Woche nach der Eröffnung Bianca Jagger zur Feier ihres Geburtstags gar auf einem Schimmel durch den Club ritt, war das »Studio 54« Thema aller Klatschblätter und zum angesagtesten Night Spot von Manhattans Schickeria geworden.[117]

Was jedoch trotz dieser schon früh als *backlash* beschriebenen Veränderungen von den subkulturellen und innovativen Anfängen von Disco bestehen blieb und sich weiterentwickelte, waren seine neuartigen Musiktechnologien. Um den Tanzrhythmus hochzuhalten, waren schon im »Loft« und im »Sanctuary« die farbigen Lichter, die auch in den Diskotheken der Sechzigerjahre die Tanzfläche beleuchten, mit dem *soundsystem* verbunden und der Beat auf diese Weise auch optisch erlebbar gemacht worden. Vor allem aber verwendeten die DJs zwei über ein Mischpult geschaltete Plattenspieler, was es erlaubte, in den Takt eines zu Ende gehenden Musikstücks das neue Stück einzublenden, so dass der Rhythmus ohne Unterbrechung weiter pulsierte. Mit diesem »slip-cueing« führte der DJ die Tänzerinnen und Tänzer durch die Nacht, bestimmte ihre Tanzrhythmen im *Four-on-the-floor*-Takt (das heißt mit einem Kick-Drum-Schlag auf jedem Viertel des Vierviertaltakts) und hielt die Erregung der dicht gedrängten, anfänglich oft halbnackten Menge bis in den Morgen hinein aufrecht. Und schließlich war auch der Sound selbst, gesteuert vom DJ über sein Mischpult, meist so laut und basslastig, dass die Tanzenden das ekstatische Gefühl beschrieben, von diesen Bässen regelrecht »penetriert« zu werden.[118] Mit anderen Worten, die Discos waren, noch bevor sie so genannt wurden, eigentliche Laboratorien für Populärmusik. Durch seine Musikauswahl, durch das nahtlose Überblenden von Tracks und durch das geschickte Steuern von Lautstärke und Tonhöhe erzeugte der DJ eine synchron tanzende, ihre *oneness* feiernde Menge, die ihm durch ihre Bewegungen, aber auch durch laute Zustimmung oder Pfiffe ein unmittelbares Feedback gab. Dabei haben die New Yorker DJs beobachtet, dass instrumentale Passagen mit einem stabilen Rhythmus bei den Tanzenden besonders gut ankamen, weshalb sie anfingen, diese Passagen durch zwei zeitversetzt laufende, ineinandergeblendete identische Platten in die Länge zu ziehen.

Etwas Ähnliches, allerdings Weitergehendes passierte zur gleichen Zeit in der nur ein paar Meilen nördlich von Manhattan gelegenen, seit Jahren vernachlässigten, von Arbeitslosigkeit, Diskriminierung und einem dramatischen urbanen Verfall gezeichneten South Bronx. Es gab dort zwar keine Discos, und die Straßenjugend aus dem Ghetto hatte nicht die geringste Chance, Einlass in die Clubs auf der Insel zu finden.[119] Dennoch folgten ihre Partys auf Straßen und Freiflächen und mit Stereoanlagen, für die die Stromkabel von Straßenbeleuchtungen angezapft wurden, schon seit den frühen Siebzigerjahren dem musikalischen Trend der Disco-Szene Manhattans. An einer dieser *block parties* im Sommer 1973 schuf der mit seinen Eltern aus Jamaika gekommene Clive Campbell, der als Erster in der Bronx über ein mobiles *soundsystem* mit zwei Plattenspielern, einem Mischpult, leistungsfähigen Verstärkern und wuchtigen Lautsprecherboxen verfügte, als DJ Kool Herc einen neuen Stil (mit allerdings erkennbaren Verbindungen zu dem sich in Jamaika in den späten Sechzigerjahren entwickelnden Dub): Er hob aus den von ihm gespielten R&B- und Funk-Platten seines Vaters besonders die *break beats* oder *breaks* hervor, das heißt jene meist kurzen Phasen, in denen nur der von Schlagzeug und Bass vorgetragene Rhythmus zu hören ist und zu denen seine Gäste am intensivsten tanzten. Er begann daher, die *breaks* durch geschicktes, leicht zeitversetztes Überblenden von zwei Platten auf zwei *turntables* nach Belieben in die Länge zu ziehen. Diese zuvor nie gehörte Art, Schallplatten zu spielen, sorgte unter den Teenagern der South Bronx für Furore und fand sofort Nachahmer. DJs waren *the new cool*. Mit dem *cutting* und *sampling* von *breaks*, zudem durch das vom DJ gesteuerte Zusammenmischen von zwei asynchron laufenden Stücken (*beat juggling*), ab 1977 ergänzt durch das von Deejay Grand Wizard Theodore eingeführte rhythmische *scratching*, bei dem die Platte schnell ein kleines Stück vor- und rückwärts gedreht wurde, entstand eine postmoderne Musik ohne Musiker und fern von professionellen Tonstudios, eine Musik mit einer jamaikanischen Genealogie, in der die Konsumenten von Schallplatten zu Produzenten neuer Klänge wurden.[120]

Bis 1977 hatte sich der besondere Musikstil des Hip-Hops in der Bronx unverkennbar ausgebildet; »Hip-Hop« wurde zur Selbstbezeichnung der Szene – ein Ausdruck übrigens, von dem ebenso behauptet wird, dass er ursprünglich eine höhnische Invektive von Disco-DJs war, wie dass er, umgekehrt, linguistische »Wurzeln« in dem im Senegal und in Gambia gesprochenen Wolof habe.[121] Schallplatten wurden von dieser neuartigen Musik noch keine aufgenommen, aber sie zirkulierte auf Tonbandkassetten und festigte sich so als musikalisches Genre.

Als Lebensstil und Form der Selbstmanifestation der Ghetto-Jugend in der South Bronx wurde der Hip-Hop aber vor allem durch den charismatischen New Yorker DJ (und ehemaligen *warlord* einer Jugendgang) Afrika Bambaataa in eine geradezu kanonische Form gebracht. 1977 begann er, den »Gospel of the Four Elements« zu »predigen«, die gemäß Bambaataa in ihrem Zusammenhang den Hip-Hop erst als eigene kulturelle Form ausmachten. Das erste »Element« war die Musik, das »DJing«. Die von den Deejays produzierten *break beats* inspirierten, zweitens, die Teenager aus der South Bronx zu einem neuen Tanzstil: Als *b-boys* (für *break-boys*, dazu auch einige wenige *b-girls*) ließen sie sich zum Rhythmus der Musik zuckend zu Boden fallen, ihre Körper auf den Händen oder auf dem Kopf balancierend um die eigene Achse wirbelnd, um mit ihren kraftvollen und akrobatischen *moves* die umstehenden Zuschauer zu beeindrucken.[122] Dieses *b-boying, breaking* oder *breakdancing* war die expressive, körperliche Antwort auf die zuerst von DJ Kool Herc gespielten Breaks, und einige dieser Tänzer gehörten bald fest zu seiner *crew*, die das Publikum unterhielt. Als drittes »Element« bezeichnete Afrika Bambaataa den Rap, das heißt jenen rhythmischen Sprechgesang, der zuerst vom DJ, dann bald von einem MC, einem »Master of Ceremony«, über die pochenden Breaks gelegt wurde. Der erste eigentliche MC – wiederum von seinen jamaikanischen Vorläufern, den »Toastern«, abgesehen – war Coke La Rock, der mit Kool Herc auftrat; mit ihm entstand der Rap aus Ankündigungen und Anfeuerungsrufen ins Publikum, sehr bald aber verbunden mit gereimten Versen über das Leben und den Alltag in der Bronx. Die fünf Rapper, die sich 1977 zusammen mit einem technisch innovativen DJ zur Crew Grandmaster Flash & the Furious Five formierten, haben das »MCing« als erste zur eigenständigen Kunstform entwickelt.

Bevor ich weiter unten auf Bambaataas viertes »Element« des Hip-Hops, das »Tagging« oder »Writing«, zurückkomme, muss noch einmal von Disco die Rede sein. Denn ausgehend von der in den Clubs in Manhattan aufgekommenen Technik, Schallplattenmusik in die Länge zu ziehen und dabei die instrumentalen Passagen hervorzuheben, witterten findige Musikproduzenten bald schon einen neuen Trend, der deutlich über die begrenzte Szene der homosexuellen Party-Gänger hinaus kommerziellen Erfolg versprach. Schallplattenfirmen begannen ab etwa 1973, speziell für Diskotheken neue Musik zu produzieren, die sich im weiten Feld zwischen Schwarzer Tanzmusik und weißem Pop bewegte und dabei auf einen durchlaufenden Viervierteltakt mit viel Hi-Hats und starkem Bass, reduziertem Gesang sowie Streicher-, Horn- und Synthesizerklängen setzte. Ab 1975 verwendeten sie dazu das schon bestehende 12-Inch-Schallplattenformat, um mit dessen größerem Radius »Maxi«-Singles mit mehr Dynamikumfang und erweiterter Länge zu pressen. Die Industrie gab diese Platten gratis als Promotionsmaterial an DJs ab, um auf diesem Weg herauszufinden, welche Stücke Hit-Potential hatten.[123]

Interessanter als diese an sich wenig überraschende Fähigkeit der Musikindustrie, auf einen neuen Trend zu reagieren und ihn dann mit Wucht zu verstärken, war hingegen die Technik des »Remix«. Auch sie hatte im jamaikanischen Dub (abgeleitet von »to double«) einen wichtigen Vorläufer. Produzenten wie King Tubby oder Lee Perry bauten seit Ende der Sechzigerjahre in Kingston in vergleichsweise einfachen Studios ausgehend von Vierspur-Mastertonbändern und mit Tonband-Echogeräten vorhandenes musikalisches Material zu neuen, besonders tanzbaren »Tracks« um (das heißt zu Musikstücken ohne Songstruktur); vor allem aber – und damit entstand der Dub – veröffentlichten sie auf Reggae-Singles B-Seiten mit einer Version ohne Gesang, dafür aber mit ausgeprägter, durch die Reduktion aller anderen Elemente intensivierter Basslinie.[124]

Ab etwa 1974 begannen auch Produzenten in den USA und in Westeuropa, die Mehrspur-Tonaufnahmen schon existierender Pop-Songs neu zu mischen, um deren rhythmische Elemente zu langen, repetitiven Mustern auszubauen. Bei dieser eigentlichen Dekonstruktion eines bestehenden Songs und dessen Remix als Disco-Track wurden die Gesangspassagen, nicht selten zum Missvergnügen der Sängerinnen und Sänger, so weit reduziert, dass Wörter und kurze Phrasen nicht mehr als Liedtext – gar mit einer Bedeutung oder eine Geschichte erzählend – erkennbar waren, sondern nur noch als Teil des rhythmischen Geflechts fungierten.

Neben dieser Dekonstruktion von Bestehendem entstanden aber auch eigenständige Formen von elektronischer Musik. Als solche, das heißt als ein Generieren von Tönen jenseits traditioneller Musikinstrumente, hat die elektronische Musik eine in die Fünfzigerjahre zurückreichende Genealogie, die einerseits von Pierre Schaeffers *musique concrète* und Karlheinz Stockhausens »abstrakter« Musik ausging, die beide mit äußerst komplex geschnittenen und »geloopten« Tonbändern arbeiteten, und andererseits von den ersten auf Mainframe-Computern generierten synthetischen Klängen (etwa im Columbia-Princeton Electronic Music Center in New York oder im Siemens-Studio für Elektronische Musik in München).[125] All diese Experimente und Kompositionen haben früh schon die zeitgenössische E-Musik und gewisse Strömungen des Jazz, ab 1966 aber auch die Beatles beeinflusst; eine große Rolle spielten dabei die Verzögerungs- und Loopeffekte, die mit Tonbandtechniken erzeugt wurden.[126] Seit den späten Sechzigerjahren schufen zudem neuartige Musikmaschinen wie der Moog-Synthesizer, Echogeräte, erste Drum-Computer und Sequenzer rasch expandierende Möglichkeiten, auch im Feld des Pop mit vollständig elektronisch erzeugten Tönen, Rhythmen, Melodien und Soundmustern zu experimentieren.[127] Darauf setzten, nach dem Vorbild der Beatles, ab etwa 1972 »Progressive-Rock«-Gruppen wie Pink Floyd, Emerson, Lake and Palmer, Yes oder Tangerine Dream wie auch, stilistisch in alle Richtungen neugierig, der Roxy-Music-Keyboarder Brian Eno, der 1977 für David Bowie in Berlin die beiden Synthiepop-Alben *Low* und *»Heroes«* produzierte.

Von diesen neuen technischen Möglichkeiten profitierten ab etwa 1975 aber auch Disco-Produzenten und weitere Elektropop-Pioniere wie der von Pierre Schaeffer inspirierte Jean-Michel Jarre oder die vom amerikanischen minimalistischen Komponisten Terry Riley beeinflusste Band Kraftwerk. Auf ihren Mischpulten entstanden Formen von Tanzmusik, die als hybrides *cross-over* mit postindustrieller Anmutung der afroamerikanischen Songtradition zwar schon sehr weitgehend entfremdet war, mit ihren komplexen und dennoch tanzbaren Rhythmen aber nicht nur der intellektuellen Minimal Music nahestand, sondern letztlich auch dem Funk (der gerade mit George Clintons Musikkollektiv Parliament-Funkadelic seine postmoderne Wende erlebte).[128] 1977 stand das Elektropop-Album *Oxygène* von Jean-Michel Jarre ausgerechnet im Vereinigten Königreich, dem Land des Punk, über Wochen auf obersten Plätzen der Album-Charts. Doch niemand war so erfolgreich, so innovativ und so radikal wie die 1968 für eine Rolle im Musical *Hair* nach München gekommene afroamerikanische Sängerin Donna Summer mit »I Feel Love« und die Düsseldorfer Band Kraftwerk mit »Trans Europa Express«. Der Musikjournalist Vince Aletti schrieb am 13. August 1977 im Branchenblatt *Record World*, dass »Trans Europa Express« den »Durchbruch […] der total synthetischen Disco-Musik« bedeute, der dann von Donna Summer bestätigt und vertieft worden sei.[129]

Kraftwerk produzierte mit Drum-Loops und einem Sequenzer metallisch klingende Rhythmen, die – ebenfalls mit einer deutlichen Referenz auf Pierre Schaeffers *musique concrète* – an rollende Räder eines TEE-Zuges erinnern, während eine monotone, mechanisch klingende Stimme und sphärische Klänge aus dem Minimoog-Synthesizer sich wie Flächen über den Rhythmus legen. Der Erfolg des in zwei Sprachvarianten erschienenen Albums war durchschlagend. In unzähligen Discotheken in Westeuropa und den USA war vor allem der Titel-Track »Trans Europa Express« ein *Dance*-Hit, und dasselbe galt für die Hip-Hop-Szene in der Bronx. Afrika Bambaataa kombinierte den Track mit Tonbandaufnahmen der Reden von Malcolm X, und Grandmaster Flash hat »Trans Europa Express« bei seinen Auftritten zumindest als Pausenfüller abgespielt.[130] Doch so futuristisch die musikalische Machart des Tracks war, so rückwärtsgewandt erschienen nicht nur der an die Adenauer-Ära, wenn nicht an frühere Zeiten erinnernde und dezidiert als »deutsch« markierte Auftritt der Band auf der Plattenhülle, sondern auch die Referenz »Eisenbahn«: In Gestalt des 1977 schon veralteten TEE beschwor Kraftwerk bloß die vergangene Zukunft des Maschinenzeitalters und der bürgerlichen Luxusreisen. »Trans Europa Express« war dem italienischen Futurismus deutlich näher als der Postmoderne, und die Band spielte auch ideologisch auf der Klaviatur der Identität, nicht des *cross-over*.

Donna Summers »I Feel Love« hingegen kam buchstäblich aus der Zukunft: Das Stück bildete den Abschluss des Konzeptalbums *I remember Yesterday*, in dem jeder Titel ein Jahrzehnt repräsentiert und »I Feel Love« für die noch fernen Neunzigerjahre des 20. Jahrhunderts stand. Der Track, der bis auf den Gesang und die Basstrommel vollständig elektronisch generiert wurde, wird getragen von einem Muster aus wenigen Noten, die der Sequenzer in schnellem Rhythmus ständig wiederholt, zuweilen transponiert in eine etwas höhere oder tiefere Tonlage.[131] Wie der Medienwissenschaftler Tilman Baumgärtel betont, spannt das Stück aber »mit Hilfe von weiteren Loops ein Feld von Differenzen, Abweichungen und Verschiebungen auf«: »[A]us dem stumpfen, mechanischen Klopfen einer Maschine [werden] komplexe polyrhythmische Beats, aus strikter Regel [wird] verwirrende Vielfalt, ein Organismus aus Wiederholungen.«[132] Dieser Rhythmus ist mehr als ein bloßer Takt, wie Baumgärtel betont. Er nimmt damit auf die alte, kulturkritische Verachtung des Rhythmus Bezug, die etwa Theodor W. Adorno dazu brachte, ausgehend von der »Rationalität« des Taktes die »Körperlichkeit« rhythmusbetonter Musik wie des Jazz zu denunzieren und den Rhythmus generell in die Perspektive der Gleichschaltung des befehlsempfangenden Massenmenschen, ja letztlich des Faschismus zu stellen.[133] Adorno mit seinen eigenen Waffen schlagend, zeigt Baumgärtel allerdings, dass der Takt die präzise, maschinengleiche Wiederholung nach einem mathematischen Maß erfordert – und, wenn schon, sich im militärischen Taktschritt genau das vollzogen hat, was Adorno dem Rhythmus anlastete –, während der Rhythmus von der kleinen Differenz, der unmerklichen Abweichung in der Wiederholung lebe. Mit Blick auf »I Feel Love« schreibt er daher: »Gilles Deleuze' Hoffnung, dass den ›mechanischen‹ und ›stereotypen‹ Wiederholungen unaufhörlich ›kleine Differenzen, Varianten und Modifikationen‹ abgerungen werden können, hat hier ihren künstlerischen Ausdruck gefunden.« Es ist – man kann es nicht anders sagen – die postmoderne Ironie von »I Feel Love«, dass das »Organische«, »Körperliche«

dieses Rhythmus von Maschinen erzeugt wird, die Giorgio Moroder und sein Produktionsteam durch Überlagerungen und verzerrte Loops zu, so Baumgärtel, »schlampigen« und daher gewissermaßen menschenähnlichen Maschinen gemacht haben.[134] Aber es waren dennoch »Muster«, »die komplexer sind als alle, die von Hand produziert werden könnten«, wie Alan Kay sagte.

Donna Summer singt, radikal von jeder afroamerikanischen Songtradition abgekoppelt, mit einer elektronisch verfremdeten Kopfstimme, die sphärisch über den Beats schwebt. Ihr Text ist ebenso reduziert wie die Musik und basiert ebenfalls auf steten Wiederholungen (»I feel love«, »it's so good«, »fallin' free« etc.); sie schwingt nicht nur als Klang, sondern auch semantisch zwischen Körperlichem und etwas anderem, den Körper Transzendierendem: »I feel love« ist kein Satz, den Liebende sich sagen – und der Track daher auch kein »Sex-Song«, wie Summer unterstellt wurde –, sondern beschreibt, so der Historiker Tavia Nyong'o, ein selbstbezügliches Gefühl, ja ein objektloses Begehren.[135] Es ist beinahe so, dass die Stimme den Rhythmus selbst begehrt, der sie trägt, sich mit diesem radikal künstlichen *pattern* verwebt, das sich der menschlichen Stimme gleichsam natürlich anbietet – und darin unverhüllt erotisch wirkt.

Der Kulturtheoretiker Richard Dyer sah gerade in den endlos wiederholten Loops das Nichtphallische, Nichtzielgerichtete, das auf andere Weise Lustvolle von Disco. Es ist eine Form der Zeitlichkeit, die vielleicht weiblich oder utopisch, letztlich aber nur Maschinen möglich ist, und in genau diesem Sinn sei »I Feel Love«, so Tilmann Baumgärtel, »die ultimative Paarung von Organismus und Maschine«.[136] Bei Live-Auftritten wechselte Donna Summer daher von lasziven, weichen Bewegungen ihrer Arme zwischendurch zu eckig-maschinengleichen – ohne dass das auch nur im Entferntesten als eine Kritik am Maschinellen gedeutet werden könnte. Die weibliche Menschmaschine, die Summer performte, genoss vielmehr ihr eigenes, vom Puls der Beats getriebenes und ihm doch enthobenes Fühlen, ihr cyborgartiges, von den modernen Gegensätzen zwischen Körper und Maschine, zwischen Natur und Kultur befreites Sein.

Darüber hinaus und sehr grundsätzlich deutet Klaus Baumgärtel die Medientechnik der Loops und der maschinengenerierten Rhythmen, die zu etwas »Organischem« verschmelzen und die Tanzenden dazu einladen, sich je als Einzelne mit ihren eigenen Bewegungsmustern von diesem Rhythmus tragen zu lassen, als eine Ordnungsfunktion. Während die Kunst der klassischen Moderne, vom Kubismus über die Collagen der Zwanzigerjahre und den Surrealismus bis hin zur Pop-Art etwa Robert Rauschenbergs, »das Chaos der Moderne zuspitzen«, die Brüche sichtbar und den Un-Sinn erlebbar machen wollte – die Medienmaschine des *cadavre exquis* war dafür kongenial geeignet, und Préverts Gedichte sprachen genau diese Sprache –, fügten die Loops und die aus ihnen gewonnenen Rhythmen den »Lärm der Moderne«, wie Pierre Schaeffer sagte, durch die Wiederholung zu einem erlebbaren Muster, ja zu Musik zusammen. Mit ihr könnten, so Baumgärtel, die Tänzerinnen und Tänzer als je Einzelne sich »synchronisieren«, ohne einem einheitlichen Takt zu folgen.[137]

Einige Disco-Historiker haben argumentiert, dass dieses Synchronisieren in Tanzhallen, die oft ehemalige Fabrikgebäude waren, faktisch ein Einpassen in die neuen, elektronischen Rhythmen eines sich abzeichnenden *new capitalism* bedeutete.[138] Die scheinbare Evidenz dieser Interpretation basiert jedoch vor allem darauf, dass sowohl der neue Kapitalismus als auch die elektronische Tanzmusik von neuartigen Kulturmaschinen ermöglicht wurden; dass aber Tanzmusik für ökonomische Unterordnungsverhältnisse funktional sei, ist eine Deutung, die wie Adornos Jazz-Kritik vollständig in den Annahmen aufgeht, die ihr zugrunde liegen. Im Gegensatz dazu betont Baumgärtel die performative *agency* der Tanzenden, die darin bestehe, dass sie mit ihren je eigenen körperlichen Interpretationen der Musik in die rhythmischen Differenzmuster des Tracks »eine weitere Ebene der Differenz ein[fügen]«. Damit würden die mechanischen Loops »im Erleben der Tanzenden [...] paradoxerweise eine Erfahrung von Freiheit erlauben und zu einem Anlass für Lust und Vergnügen werden« – nicht mehr, aber auch nicht weniger.[139] Folgt man den Interpretationen von Dyer und Baumgärtel, so war es genau diese Erfahrung des eigenen, aber von der »Maschine« ermöglichten und mit ihr synchronisierten Rhythmus, die Donna Summer 1977 in jenen schwebenden, schwingenden Worten kondensierte, denen nichts hinzuzufügen war: *Ooh, it's so good, it's so good, it's so good, it's so good, it's soo good...*[140]

Videorekorder

Am 27. August 1977 berichtete die *New York Times* von einem jungen Paar, das eben den Kassenschlager *Star Wars* gesehen hatte – aber nicht im Kino, sondern »in der Behaglichkeit seiner Wohnung«.[141] Die Portnoys, wie die beiden vorgestellt wurden, hatten im vergangenen Jahr einen neuen *Video Cassette Recorder* (VCR) von Sony angeschafft, der im November 1975 auf den amerikanischen und japanischen Markt kam und mit Kassetten im sogenannten Betamax-Format die Aufnahme und zeitversetzte Wiedergabe zum Beispiel von Fernsehsendungen ermöglichte. Die Technik der Bildaufzeichnung auf Magnetband war zwar seit der Einführung der Ampex-Bandmaschine im Jahr 1956 bekannt, aber dieses und ähnliche Spulengeräte gehörten primär zur Ausrüstung von Fernsehstationen und waren für den Massenkonsum und Privatgebrauch ungeeignet.[142] Erst in der zweiten Hälfte der Sechzigerjahre kam mit dem Portapak-System von Sony ein tragbares Spulengerät mit einer Aufnahmekapazität von einer halben Stunde und in Verbindung mit einer Videokamera auf den Markt. Portapak wurde im Sinne eines »emanzipatorischen Mediengebrauchs«, wie Hans Magnus Enzensberger 1970 sagte, schnell von politischen Aktivisten und Dokumentarfilmern eingesetzt; die *Do-it-yourself*-Videotechnik etablierte sich zugleich auch als neues künstlerisches Medium, das auf der Documenta 6 in Kassel zwischen Juni und Oktober 1977 erstmals in einer umfassenden Schau dem Publikum präsentiert wurde, unter anderem mit Arbeiten von Bill Viola, Nam June Paik und Bruce Nauman.[143]

Den Medienkonsum breiterer Bevölkerungsschichten tangierte das Portapak-Videoformat nicht. Doch der Elektronik- und Unterhaltungsindustrie war schon seit einiger Zeit klar, dass Heimvideo das ganz große Geschäft zu werden versprach. Daher experimentierten in Japan, Europa und den USA seit den späten Sechzigerjahren verschiedene Firmen mit unterschiedlichen Formaten und Techniken.[144] In Europa lancierte Philips 1971 mit dem N-1500-Format ein erstes Video-Kassettensystem, während Sony 1972 in Japan und den USA sein U-Matic-System auf den Konsumgütermarkt brachte.[145] Aber erst das nachfolgende Betamax-Format erreichte ab 1976 in schnell wachsender Zahl die privaten Haushalte; bis August 1977 wurden, so die *New York Times*, in den USA über 60 000 der neuen Betamax-Recorder verkauft, die in der Lage waren, TV-Filme aufzuzeichnen und wiederzugeben (in der Bundesrepublik wurden Betamax-Videorecorder für die in Europa dominierende PAL-Fernsehnorm erst 1977 auf der Internationalen Funkausstellung [IFA] in Westberlin vorgestellt). Im Herbst 1976 schließlich lancierte der japanische Hersteller JVC (und dessen Mutterkonzern Matsushita) das mit Betamax nicht kompatible Video Home System (VHS) und führte dieses am 4. Juni 1977 auf dem amerikanischen Markt ein. Mit seinen längere Spielzeiten erlaubenden Kassetten erreichte VHS bis Ende 1977 schon einen Marktanteil von 44 Prozent; mit ihm explodierte in den USA der Verkauf von Videorecordern um 700 Prozent gegenüber dem Vorjahr.[146]

Doch es war die Sony-Werbung, die mit dem Slogan »Watch Whatever Whenever« den Nutzern der neuen Technik die Worte in den Mund legte, mit denen sie auch der Reporterin der *New York Times* sagen konnten, wozu sie ihren VCR verwenden würden: um TV-Sendungen aufzuzeichnen, wenn man nicht zuhause sei oder gleichzeitig auf einem anderen Kanal ein anderes Programm schauen möchte.[147] Ein Sony-Werbespot von 1977 zeigte einen Taxifahrer, der am Morgen nach seiner Nachtschicht seinen Kollegen grinsend sagte, er gehe jetzt seine Lieblings-TV-Show vom vorigen Abend anschauen. Das in die fassungslosen Gesichter der beiden Kollegen gemalte Unverständnis war für die schon informierten Zuschauer das Maß, mit dem sie sich als Avantgarde eines völlig neuen Konsums von Fernsehsendungen fühlen konnten.[148] »Fernsehschauen«, zitierte auch die *New York Times* die stolze Besitzerin eines Sony-VCR, »ist eine sehr passive Verhaltensweise. Du stellst an und sitzt davor. Aber diese Art von Maschine ermöglicht es dir, Kontrolle zu gewinnen.«[149]

In ebenjenem Artikel fehlt es allerdings nicht an Hinweisen, dass dieses treuherzige Bekenntnis zum zeitversetzten Fernsehen in doppelter Weise ein klein wenig zu rührend war. Denn zum einen nährten Videorecorder in der Hand von Endverbrauchern schnell den Verdacht, dass die von den Rundfunkanstalten ausgestrahlten Spielfilme massenhaft kopiert würden und daher nicht nur weniger Menschen in die Kinos gingen, sondern auch ein Schwarzmarkt für Raubkopien entstünde, was das Geschäftsmodell der Filmbranche insgesamt bedrohe (weshalb Firmen wie Disney auch Klage einlegten, allerdings erfolglos).[150] Die Vermutung war nicht ganz von der Hand zu weisen; die Portnoys jedenfalls hatten für ihre Betamax-Raubkopie von *Star Wars* stolze 200 US-Dollar bezahlt. Auf solche nichtlegalen Möglichkeiten deutete die *NYT*-Journalistin auch an anderer Stelle hin, zusammen mit einem Hinweis auf – zum anderen nun – noch ganz andere Motive für die Anschaffung eines VCR-Systems: Die Cohens, ein weiteres von der Journalistin Doris Ettlinger besuchtes Paar, hatten schon begonnen, sich eine kleine »Bibliothek« von Filmen anzulegen, darunter auch »a pirated uncut version of ›Deep Throat‹«.[151] Der Hinweis war unübersehbar. Der private Besitz einer unzensierten Raubkopie des in (fast) normalen Kinos gezeigten und kommerziell erfolgreichsten Pornofilms ist ein Indiz dafür, dass für den schnellen Markterfolg der neuen TV-Technik im privaten Heim wohl weniger das zeitversetzte Fernsehschauen als vielmehr der ungestörte Konsum von Pornographie die entscheidende Rolle gespielt hat.[152]

Die Tatsache, dass hierfür auch sofort ein lebhafter Markt entstand, stützt diese von vielen Medienhistorikern geteilte Vermutung. Zwar hatte sich in den USA der mehr oder weniger private Pornofilmkonsum mit den 8-mm-Endlosschlaufen-Projektionen in Kabinen von Sexshops oder über Closed-Circuit-TV (auf U-Matic-Basis) in »Adult-Motels« seit einigen Jahren schon etwas etabliert.[153] Aber die Möglichkeit, solche Filme vom heimischen Sofa aus zu konsumieren, war für viele Konsumenten weitaus verlockender als der Gang in schmuddelige Shops oder Kinos. Schon ab Januar 1977 begannen mehrere Firmen in den USA Hardcore-Filme zuerst im U-Matic- und Betamax-, ab dem Sommer auch im VHS-Format zu vertreiben; im Juli erschien im Männermagazin *Oui* die erste Anzeige für käuflich erwerbbare »adult videos«, und gleichzeitig sah sich der Verleger der *New York Times*, Arthur Sulzberger, zu der Bekanntgabe gezwungen, dass seine Zeitung Umfang und Inhalt der Werbung für Hardcore-Videos begrenzen werde (ein vergleichbarer Markt mit Philips-Kassetten scheint sich in Europa nicht etabliert zu haben). Im Dezember schließlich schaltete ein Geschäftsmann in Los Angeles die offenbar allererste Anzeige für die Miete von Videokassetten mit »adult movies«.[154] Die gerade erst entstehende Pornofilm-Industrie, die seit Beginn der Siebzigerjahre darauf gesetzt hatte, mit Erzeugnissen im Spielfilmformat an Respektabilität und Marktmacht zu gewinnen, realisierte schnell, dass die Videokassette ihr Geschäftsmodell noch einmal revolutionieren könnte. Es war daher kein Zufall, dass 1977 der Pornoproduzent Steven Ziplow in seinem *Film Maker's Guide to Pornography* das Genre auf Darstellungskonventionen und Standardszenen festlegte, die in industriellem Maßstab reproduziert werden konnten.[155]

Die medienhistorische – oder überhaupt historische – Pointe dieser Geschichte besteht aber nicht darin, dass pornographische Filme von nun an zuhause konsumiert werden konnten. Entscheidend ist vielmehr, was gerade mit dem Fernseher als solchem geschah. Wie bereits dargestellt, mussten die ersten Mikrocomputer wie insbesondere der Apple II an ein TV-Gerät angeschlossen werden, um die prozessierten Daten zu visualisieren. Dazu kommt, wie ebenfalls schon kurz erwähnt, dass die namentlich von Atari produzierten und vertriebenen Computerspiele auf Konsolen gespielt wurden, die gewissermaßen als Protoheimcomputer funktionierten und ebenfalls an den Fernsehbildschirm angeschlossen werden mussten. Zu diesen Geräten kam nun gleichzeitig der Videorecorder hinzu. Mit anderen Worten: Der TV-Bildschirm wurde zum Ort einer Medienkonvergenz, die ihn einerseits von seiner Funktion als passives Darstellungsmedium von Fernsehsendungen zu entkoppeln begann und multifunktional werden ließ, und andererseits die Nutzerinnen und Nutzer daran gewöhnte, den *screen* auch in einem solchen Sinne mehr oder minder selbstbestimmt zu gebrauchen.[156] Es war erst ein kleiner Spalt, der sich hier in dem vom Programmschema der Rundfunkanstalten dominierten Medienkonsum öffnete. Aber er versprach die Pluralisierung von persönlichen Konsummöglichkeiten und Perspektiven und passte zur Tendenz der Singularisierung, die ich in Kapitel 4 beschrieben habe, das heißt zur Entfernung der Einzelnen vom Allgemeinen – und sei dieses nur das gemeinsame TV-Programm nach einem vorgegebenen Zeitschema. Medientechnisch gesprochen, begann das Allgemeine der massenmedialen Moderne jedenfalls genau in diesem historischen Moment zu zerbrechen.

Die Stadt, die Zeichen und die Architektur der Postmoderne

Am 13. Juli 1977 um 21 Uhr 36 schlugen zwei Blitze in die Stromversorgungsanlagen von New York ein und tauchten die Metropole für eine schwarze, lichtlose Nacht in ein dystopisches Chaos. Mit einem Schlag standen nicht nur die technischen Infrastrukturen für rund neun Millionen Menschen still; vielmehr entluden sich im Schutz der Dunkelheit vor allem die sozialen Spannungen der Stadt in einer riesigen Plünderungs- und Zerstörungswelle. Eine heiße Sommernacht lang, von einem

Moment auf den anderen und ohne Vorbereitung oder Absprachen, schienen sich die Schranken der gesellschaftlichen Ordnung aufzulösen, mit Gewalt niedergerissen von jenen, die an ihrer verwahrlosten Außenseite in den *projects* oder noch schäbigeren Wohnblocks lebten. Hunderte Ladengeschäfte und Supermärkte wurden aufgebrochen und leergeräumt: Schmuck und Unterhaltungselektronik zuerst, dann Möbel und Küchengeräte, meist aber einfach Kleider und Schuhe, alkoholische Getränke und Lebensmittel. Tausende Plünderer – junge Männer, oft aber auch ganze Familien oder Alte – packten ihre Beute in Autos und Lieferwagen oder schleppten sie durch die Straßen in ihre Wohnungen.[157]

Geplündert wurde allerdings meist nur in den ärmeren Stadtteilen, das heißt in der Bronx, in Brooklyn, in Harlem und in Queens, kaum aber in Manhattan; selbst dieser gewalttätige Karneval konnte die soziale Ordnung, die er umzukehren schien, nur bestätigen. In den Kinos, Restaurants und schicken Bars von Manhattan zündeten die vom *blackout* Festgehaltenen Kerzen an, tranken ihre Whiskeys ohne Eiswürfel und richteten sich auf dem Teppichboden und in Clubsesseln zum Schlafen ein. Den Schaden hatten nicht sie, die Wohlhabenden und Reichen, sondern die mehrheitlich kleinen, nicht selten farbigen Ladenbesitzer, die ihre Geschäfte mit der Waffe in der Hand zu verteidigen suchten, dabei aber meist zu spät kamen. Die Polizei, nur wenig erfolgreicher, verhaftete zwar rund 3700 Plünderer, aber das war nur ein Bruchteil jener Zehntausenden, darunter viele Frauen, die sich in dieser lichtlosen Sommernacht das nahmen, was die aufgebrochenen Ladengeschäfte ihnen anboten. Bis in den Morgen des nächsten Tages wurden mehr als 1600 Shops leergeräumt; Brandstifter hatten in der Nacht unzählige Feuer gelegt und Feuerwehrautos angegriffen. Frühmorgens warnte der Bürgermeister die Bevölkerung davor, nach Manhattan zur Arbeit zu fahren; die Börse an der Wall Street und die Banken blieben geschlossen. New York, so schien es, versank im Chaos; das Magazin *Newsweek* fühlte sich mit kaum verhülltem Rassismus an Joseph Conrads *Heart of Darkness* erinnert.[158]

Die Krise der Stadt und die Zeichen an der Wand

Der *blackout* dauerte nur eine Nacht und einen Tag (an dem auch das gemeinsame Aufräumen begann), tatsächlich aber hatte sich New York schon seit einigen Jahren auf eine solche Art von Zusammenbruch zubewegt. Viele Industriebetriebe hatten in der Krise von 1973/74 Konkurs angemeldet oder waren aus der Stadt ausgezogen, nicht nur die Metropolitan Area, sondern New York City selbst verlor Hunderttausende von Arbeitsplätzen. Zugleich hatten attraktive Eigenheim-Förderungsprogramme den Exodus der weißen Mittelklasse in die Vorstädte befördert, was die Sozialstruktur vieler Quartiere veränderte und der Stadt wichtige Steuereinnahmen entzog.[159] Das bedrohte die ehemalige Metropole der Moderne und ihre verhältnismäßig gut ausgebauten Sozialprogramme existentiell; 1975 geriet New York wegen der dramatisch sinkenden Steuereinnahmen und den aufgrund der Prekarisierung weiter Bevölkerungsteile stark gewachsenen Sozialkosten daher an den Rand der Zahlungsunfähigkeit. Die Stadtregierung unter Bürgermeister Abraham »Abe« Beame musste Tausende von Feuerwehrleuten, Polizisten sowie Lehrerinnen und Lehrern entlassen, weil sie ihre Löhne nicht mehr bezahlen konnte; große Teile der öffentlichen Dienstleistungen wurden auf das absolute Minimum reduziert oder ganz eingestellt. Die sozialen Folgen dieser Einschnitte waren nicht nur für die armen Bevölkerungsteile verheerend; die Kriminalität nahm sprunghaft zu – die *New York Times* meldete im März 1977, dass im Jahr davor die höchste Verbrechensrate seit Beginn der Aufzeichnungen zu verzeichnen war, darunter 1622 Morde[160] – und die städtische Infrastruktur zerfiel. Wer vom Oktober 1976 bis ins nächste Frühjahr hinein im Kino Martin Scorseses *Taxi Driver* gesehen hatte, kannte dieses New York, zumindest aus der Perspektive von Travis, dem Driver. Travis, gespielt von Robert De Niro, fährt Nacht für Nacht durch die schmutzigen, aufgrund geborstener Wasserleitungen gefluteten und von Prostituierten und ihren Kunden gesäumten Straßen. Die Stadt erscheint ihm als ein einziger »Abwasserkanal« voller Schmutz, ein *open sewer, full of filth and scum*; er sieht auf den Straßen nur *whores, skunk pussies, buggers, queens, fairies, dopers, junkies* und wünscht sich mit zunehmend paranoider Erbitterung, dass *someday a real rain will come and wash this scum off the streets* … (bis er dann, mit zum Irokesenkamm rasiertem Schädel, selbst zur Waffe greift).[161]

Die Stadtverwaltung unter Beame, berühmt für ihre Unfähigkeit, die Stadt vor dem Niedergang zu bewahren, fürchtete 1975 ihrerseits und zu Recht die drohende Katastrophe eines formalen Bankrotts New Yorks, dessen Folgen man sich nur in den schwärzesten Farben auszumalen vermochte. Der Bürgermeister ersuchte daher verzweifelt um Bundeshilfe aus Washington. Doch Präsident Gerald Ford weigerte sich über lange

Monate hartnäckig, der heruntergekommenen Millionenstadt auszuhelfen, was die lokale Zeitung *Daily News* mit der schnell weltweit berühmt gewordenen Schlagzeile »FORD TO CITY: DROP DEAD« kommentierte.[162] Doch letztlich konnte der Präsident New York nicht »sterben« lassen und willigte in die Gewährung von Bundeskrediten ein, unter der harten Bedingung allerdings, dass die Stadtverwaltung, die schon diverse öffentliche Dienstleistungen massiv gekürzt hatte, innerhalb von drei Jahren ihren Haushalt ausgleiche und die Gelder aus Washington zu acht Prozent verzinse. Die sozialen Kosten des damit ausgelösten Austeritätsprogramms schnitten noch tiefer ins Gewebe der städtischen Gesellschaft ein als die Kürzungen, die New York sich schon selbst auferlegt hatte.

Dazu gehörte nicht nur die Schließung von mehreren öffentlichen Spitälern, die als »ineffizient« eingeschätzt wurden, sondern besonders auch – auf der Basis einer Kosten-Nutzen-Analyse der RAND Corporation – die Aufhebung von unzähligen Feuerwehrwachen.[163] Die unmittelbare Folge war, dass die Löschzüge wegen kleiner Brände gar nicht mehr ausrückten oder zuweilen auch die Kapazitäten zur Bekämpfung größerer Feuer fehlten. In den ärmeren Stadtteilen brannte es in der Mitte der Siebzigerjahre ständig, etwa in Brooklyn-Williamsburg und besonders schlimm in der Bronx. Vor allem die South Bronx stand buchstäblich in Flammen. Die einst für die weiße Arbeiterklasse gebauten, jetzt von meist arbeitslosen Afroamerikanern und Puerto-Ricanern bewohnten Mietskasernen, in denen es von Ratten und Kakerlaken nur so wimmelte, brannten eine nach der anderen nieder, meist, weil sie angezündet wurden, um Versicherungsgeld zu kassieren, um Platz zu schaffen für die Bauspekulation oder auch einfach so – und schließlich auch, weil die Feuerwehr nicht mehr in der Lage war, noch intakte Häuser vor übergreifenden Bränden in Nachbarliegenschaften zu schützen. Im Durchschnitt brannten in der Bronx jeden Tag drei Häuser aus, oft halbe Blocks. Aber das war nicht alles. Unzählige Grundstücke waren durch die Feuer zu Brachen geworden, gesäumt von Schuttbergen, von immer noch bewohnten Hausruinen und aufgebrochenen Autos, vergiftet von Abfällen und überschattet von der Gewalt der Jugendbanden. Durch den Bau des 1972 fertiggestellten Cross Bronx Expressway, eines modernistischen Straßenbauprojekts *par excellence*, war die South Bronx vom größeren, nördlichen Teil der Bronx getrennt und zu einem von der Stadtverwaltung weitgehend aufgegebenen Ghetto geworden, bewohnt von Afroamerikanern und Puerto-Ricanern. Und wie in der Lower East Side oder in Harlem, dem Schwarzen-Ghetto im Norden von Manhattan, war auch hier die Straße der Lebensraum der »bag ladies«, die ihre letzten Habseligkeiten in Einkaufstüten mit sich trugen, der verrückt Gewordenen, nach denen keiner fragte, und der auf sich selbst gestellten Kinder. Auf Fernsehbildern und Super-8-Filmaufnahmen aus jener Zeit sieht die South Bronx aus wie ein Kriegsgebiet.[164] Zyniker meinten, man könne den Stadtteil ganz dem Erdboden gleichmachen und auf der Brache entweder Weizen anpflanzen oder neue Industrien ansiedeln.[165]

Die South Bronx so zu sehen, war allerdings auch der Effekt eines distanzierten, weißen Blicks, der in den Schwarzen-Ghettos immer nur Zerfall und Kriminalität erkennen konnte. Denn die South Bronx war, wie schon gezeigt, auch der Ort, an dem gerade eine neue Kultur entstand; folgt man dem Musikethnologen Joseph G. Schloss, verdankte Hip-Hop seinen Aufstieg möglicherweise sogar gerade der größten Eruption dieses Ghettos – dem *blackout*. Schloss vermutet, dass Hip-Hop vielleicht bloß eine ephemere, vorübergehende Ghetto-Kultur geblieben wäre, wenn nicht in der Nacht vom 13. auf den 14. Juli 1977 das soziale »Pulverfass« der Stadt explodiert wäre. Er hält vor allem die Erinnerung von DJ Grandmaster Caz für plausibel, dass es nach dem *blackout* in der Bronx nicht mehr nur eine Handvoll von *crews* gegeben habe, die über ein leistungsstarkes Soundsystem verfügten, sondern plötzlich »an jeder Ecke« Teenager mit nagelneuem Equipment standen, das sie in dieser Nacht aus den Elektronikläden nach Hause getragen hatten.[166] Das gilt allerdings nicht nur für *electronics*, die unverzichtbare technische Basis des DJing und des Rap, sondern auch für das »Writing« oder »Tagging«. Es war, siehe oben, nach Afrika Bambaataa das vierte »Element« des Hip-Hops: das Zeichnen von knappen, signetartigen »Tags« mit dicken Filzstiften oder das Sprühen von großen, mehrfarbigen Graffiti mit Aerosol-Farbdosen überall im Stadtraum. In der Nacht vom 13. auf den 14. Juli wechselten daher auch Tausende von Farbdosen den Besitzer, und als die Inhaber der geplünderten Ladengeschäfte nach dem großen Aufräumen begannen, ihre Schaufensterfronten mit neuen, kompakten Blechrollläden zu schützen, schufen sie damit unzählige neue Schreibflächen für Tags und Graffiti.[167]

Dieses »Writing« war allerdings nicht in der South Bronx entstanden und wurde von Bambaataa etwas forciert in die Hip-Hop-Kultur eingemeindet. Überhaupt gehörten vor allem politische Parolen oder auch pornographische Zeichnungen und Kontaktangebote in öffentlichen Toiletten schon lange zur urbanen Untergrund-Semiotik; um »68« verdichteten sich politische Botschaften an Hauswänden gar zu einem politisch-kommunikativen Großereignis vor aller Augen. Doch auch ganz abgesehen davon und mit völlig anderen Motiven hatten in den Sechzigerjahren schwarze Jugendliche im Gang-Milieu von Philadelphia damit begonnen, den Namen ihrer Gang oder auch nur ihr eigenes Pseudonym an Wände zu malen oder zu sprayen, um ein Territorium zu markieren oder auf diese Weise in das Territorium einer rivalisierenden Gang einzudringen.[168] Bald wurde diese Praxis in New York und, was wichtig ist, auch von Jugendlichen ohne Bindung an eine Gang aufgegriffen: Sie platzierten überall im Stadtraum und möglichst gut sichtbar Zeichen ihres eigenen Namens: ein kurzes Pseudonym, nicht selten nach Namen von Comicfiguren gebildet und meist ergänzt, einem Geo-Tag gleich, mit der Nummer der Straße, in der sie wohnten. Daraus ergaben sich dann Namen wie »TOPCAT 126« – der um 1968 von Philadelphia nach New York kam –, »TAKI 183«, »CAY 161« oder »COCO 144«. Schnell wurden die Blechwände der U-Bahn-Waggons zur bevorzugten Schreiboberfläche und zum wirkungsvollsten Medium dieser Jugendlichen, ein Zeichen ihrer Existenz in der ganzen Stadt zu verbreiten.

Das war zumindest eine der Interpretationen dieser um 1973/74 die Stadt in ein farbiges Reich der Zeichen verwandelnden Praxis. Die Designerin Mitzi Cunliffe deutete die Graffiti damals in der *New York Times* in genau diesem Sinn: »It says, ›I AM‹, I exist, I am real, I was HERE. It says Kikki, or Duke, or Mike, or Gino, is alive and well and living in New York.« Es sei ein Aufstand des Individuums gegen eine »unmenschliche Umgebung« und die »Anonymität« der Mauern und Steine um es herum – kurzum, ein Zeichen des »unzerstörbaren Überlebens des Individuums«.[169] Emphatischer noch, aber auch politischer war die Deutung des Schriftstellers Norman Mailer, die dieser im Mai 1974 in epischer Länge im Männermagazin *Esquire* präsentierte und dabei namentlich das Sprayen eines Tags oder Graffito auf einen Subway-Wagen erklärte: »Im Ghetto ist ein *hit* gleich einem *kill*. […] Denn jetzt steht dein Name über ihrem Namen […], ist deine Präsenz über ihrer Präsenz, hängt dein Künstlername über ihrer Bühne.«[170] Mit anderen Worten, die *writers* konnten durch dieses buchstäbliche Überschreiben der städtischen Infrastrukturen für einen flüchtigen Moment die Mächtigen der Gesellschaft, in der sie sich als Außenseiter fühlten, dem leuchtenden Zeichen ihres eigenen Namens unterwerfen. So gesehen, war Graffiti-*writing* eine Art Zurückschlagen, oder gemäß dem Hip-Hop-Historiker Jeff Chang gar eine »reverse colonization« – eine umgekehrte Kolonisierung.[171]

Der französische Soziologe Jean Baudrillard, der 1975 den »Aufstand durch die Zeichen« (*l'insurrection par les signes*) in New York analysierte und dabei auch Mitzi Cunliffe zitierte, hatte insbesondere für deren »humanistische« Interpretation nur milden Spott übrig.[172] Er war dezidiert nicht der Meinung, dass diese Tags und Graffiti tatsächlich Botschaften seien, die eine persönliche Existenz, ein Individuum, ein Ich »bedeuteten«: »SUPERBEE SPIX COLA 139 KOOL GUY CRAZY CROSS 136 – das bedeutet nichts, ist nicht einmal ein Eigenname.« Diese Tags seien vielmehr dafür gemacht, »um das gewöhnliche Benennungssystem aus der Fassung zu bringen«; sie entgingen, im Gegensatz zu einem wirklichen Namen, »dem Prinzip der Bezeichnung und brechen als leere Signifikanten ein in die Sphäre der erfüllten Zeichen der Stadt, die sich durch ihre bloße Präsenz auflösen«.[173] Diese »leeren« Signifikanten störten, mit anderen Worten, die normalen Codes und Bezeichnungsvorgänge, sie unterliefen deren Sinn, führten Unsinn in die urbanen Zeichenwelten ein, deren Funktionieren das Funktionieren gesellschaftlicher Herrschaftsverhältnisse sicherte.

Was aber, wenn die Tags dennoch, zumindest der Spur nach, so etwas wie Namen wären? Dann könnten sie, so der Pariser Soziologieprofessor mit erstaunlichem Vertrauen in seinen eigenen analytischen Blick, höchstens eine »Gruppe«, eine »Gang«, einen »Clan« oder eine »Ethnie« bedeuten, denn »die jungen Schwarzen haben keine Persönlichkeit zu verteidigen, sie verteidigen auf Anhieb eine Gemeinschaft«.[174] Nichts garantiert allerdings, dass die *writers* das auch so gesehen haben; es ist mehr als fraglich, ob sie, wie vor einem halben Jahrhundert die Surrealisten, den Sinn durch den Unsinn zur Explosion bringen wollten oder immer nur ihre »Gruppe« meinten. Genauer gesagt, es ist sehr unwahrscheinlich, dass es sich so verhalten hat. Auch ein Pseudonym in Verbindung mit einem Geo-Tag kann das »erfüllte« Zeichen einer individuellen Existenz sein, das auf einem U-Bahn-Waggon in die Stadt hinausgeschickt wird. Der eigene Name war, ganz offenkundig, die Botschaft.

Doch wie dem auch sei, etwas blieb in den zitierten Interpretationen des *writing* ungesagt: Die Welle der Tags und Graffiti, die die Stadt umspülte, setzte die Architektur der Moderne, die Fabriken, Wohnblocks und Infrastrukturbauten, einer neuartigen Epidemie von Zeichen aus – ob sie nun im engeren Sinn etwas »bedeuteten« oder nicht. Als solche, als materielle Zeichen, überschrieben sie den funktionalen Charakter moderner Architektur in einer Weise, die nicht vorgesehen war und ihm direkt zuwiderlief. Aber warum sollten die textuellen und visuellen Botschaften der Werbung, die Firmenlogos von Geschäften, Bars und Restaurants und die Symbole, Schilder und Hinweistafeln der Verkehrslenkung die einzigen legitimen Zeichen in der ansonsten von strenger Schweigsamkeit beherrschten Stadt sein? Vielleicht sind die Tags und Graffiti nicht für Pariser Soziologen lesbar gewesen, für die Kids in der Bronx und anderen Gebieten an den Außenseiten der städtischen Gesellschaft waren sie es durchaus. In diesem Sinne glich das Begehren, die Stadt durch Zeichen zu einem Ort zu machen, wo man sich wiedererkennen, dessen visuelle Botschaften man lesen und dessen Codes man verstehen konnte, auffallend einer neuartigen Architektur, die seit kurzem von sich reden machte.

Die Architektur der Postmoderne (und ihre Gegner)

Der im *blackout* zum Ausdruck gekommene dramatische Zustand New Yorks war ein Extrembeispiel für die Krise jener Art von Stadt, wie sie in der westlichen Moderne konzipiert und gebaut worden war. Diese Krise hatte eine gesellschaftliche Dimension (auf die ich zurückkommen werde), aber ganz unmittelbar auch eine architektonische. Dass die Städte »unwirtlich« seien, wie Alexander Mitscherlich 1965 sagte, oder gar – so Jane Jacobs schon 1961 – durch ihre menschenfeindlichen Strukturen vom »Tod« bedroht, war in den Siebzigerjahren angesichts »brutalistischer« Betonarchitekturen, überdimensionierter, anonymer Wohnblocks und dem Eindringen von Autobahnen selbst in Innenstädte längst zu einem Gemeinplatz geworden. Im Widerstand gegen diese Form der Moderne, der sich seit den Sechzigerjahren vielerorts zu regen begann, in den USA ebenso wie in Europa, trafen sich daher Konservative und Progressive, Bürgerliche und Linke. In den Augen dieser Kritiker hatte die Stadt der Moderne ihre großen Versprechen nie eingelöst. Gemäß den Visionen von Le Corbusier, Walter Gropius, Mies van der Rohe und anderen Architekten (und wenigen Architektinnen) der Zwanziger- und Dreißigerjahre sollten Städte überall auf der Welt nach dem Muster fabrikindustrieller Rationalität entworfen werden und Wohnblocks als »Wohnmaschinen« die Lebensbedürfnisse der Vielen in effizientester Weise, das heißt »in Serie«, befriedigen.[175] Doch schon die Architekten des »Team 10« des CIAM (Congrès Internationaux d'Architecture Moderne) zogen in den späten Fünfzigerjahren und mit Blick nicht zuletzt auf Länder des globalen Südens die Idee in Zweifel, dass es jeweils nur eine einzige architektonische Lösung für alle Bauaufgaben überall auf der Welt gibt, ganz ohne Rücksicht auf lokale und milieuspezifische Besonderheiten, und dass moderne Architektur einzig die technische und konstruktive »Wahrheit« eines Baus zum Ausdruck zu bringen habe.[176]

Ein besonders eloquentes Beispiel für die Kritik an den Meistern der Moderne und ihren Nachfolgerinnen und Nachfolgern in Ost und West bot das 1977 erschienene Buch *Form Follows Fiasco* des in der Tradition der Moderne geschulten, dann vom Saulus zum Paulus konvertierten deutsch-amerikanischen Architekten und Architekturkritiker Peter Blake. Sein Urteil fiel vernichtend aus: Die moderne Architektur habe ungeachtet der ästhetischen Qualität einiger Meisterwerke urbane Lebensräume zerstört, riesige Verkehrsprobleme geschaffen und dysfunktionale, kinder- und frauenfeindliche Wohnsilos errichtet. Der Grund für dieses Versagen sei die Verwechslung abstrakter »Fantasien« wie jener der »Funktion«, der »Planung«, der »Reinheit« und der »idealen Stadt« mit der Realität. Mit Blick etwa auf die berühmt-berüchtigten *projects* (das heißt die staatlichen Sozialwohnungsbauten der USA) oder die »Zonenplanung« höhnte er: »Die besten Sozialwohnungsprojekte der Welt, die nach den nobelsten Regeln entworfen wurden, verwandeln sich in Enklaven von Mord, Vergewaltigung, Raub und Drogenabhängigkeit. [...] So gut die auch gemeint waren, schaffen die von unseren Stadtplanern kartierten Zonen doch die schlimmsten Ghettos der Geschichte [...].«[177] Für Blake war daher klar: »Es ist der Moment der Wahrheit, für mich und für viele von uns, die moderne Architekten sind. [...] Das *Modern Movement* [...] hat das Ende der Straße erreicht.« Sein Fazit klang daher ebenso dezidiert wie wehmütig: »Die postmoderne Welt ist jetzt da, ob uns das gefällt oder nicht.« Diese neue Welt sei keine Erfindung von »revisionistischen Kritikern«, sondern von den »modern masters« als die Konsequenz ihrer Fehler selbst hervorgebracht worden. Mit anderen Worten: »Wir nähern uns jetzt dem Ende einer Epoche und stehen kurz vor dem Beginn einer neuen.«[178]

Die verbreitete Kritik an der Gestalt der Städte und der modernen

Architektur hatte die Profession nicht unberührt gelassen. Seit ein paar Jahren schon verdichtete sich in einschlägigen Zeitschriften, bei einzelnen Architektinnen und Architekten und in Architekturschulen auf beiden Seiten des Atlantiks die Suche nach Auswegen aus der offensichtlichen Sackgasse, in die die Architektur der Moderne hineingeraten war. Es waren insbesondere Robert Venturi und Denise Scott Brown, die zusammen mit John Rauch ein kleines Architekturbüro in Philadelphia führten und in Yale unterrichteten, die seit den Sechzigerjahren die Diskussion um eine neue Architektur jenseits des Paradigmas der Moderne vorantrieben und prägten. 1966 proklamierte Robert Venturi mit seinem Buch *Complexity and Contradiction in Architecture* – das 1977 in zweiter Auflage erschien – die Abkehr vom Ideal der Reinheit und scheinbar widerspruchsfreien Funktionalität. »Die Architekten können es sich nicht länger leisten«, heißt es hier, »sich von der puritanisch moralischen Sprache der modernen Architektur einschüchtern zu lassen. Ich mag Elemente, die hybrid sind statt ›rein‹, eher kompromisslerisch als ›sauber‹, verzerrt mehr als ›geradeaus‹, ambig statt ›artikuliert‹, pervers und unpersönlich, ja ebenso langweilig wie ›interessant‹ sind [...]. Ich halte mehr von unordentlicher [*messy*] Vitalität als von offensichtlicher Einheitlichkeit.«[179]

Die Referenz auf eine »widersprüchliche« Architektur war für Venturi die an unzähligen Beispielen demonstrierte Komplexität europäischer Bauten aus der Zeit zwischen der Renaissance und dem Barock, aber auch die Präsenz gebauter Geschichte in der realen Stadt der Gegenwart – also das, was die Modernen, angefangen bei Le Corbusier, dem Erdboden gleichmachen wollten (und häufig auch gleichmachten). Dem deutsch-amerikanischen Meister der Reinheit und Einfachheit, Mies van der Rohe, und seinem Motto »Less is more«, hielt er »Less is a bore« entgegen: Weniger ist nicht mehr, sondern sterbenslangweilig. Ein wichtiges Stichwort fiel gleich zu Beginn: »meaning«, Bedeutung: »Ich bin«, so Venturi, »für die Vielfalt von Bedeutungen, nicht für deren Klarheit«; ihm schwebte daher eine Architektur vor, die »gleichzeitig in unterschiedlichster Weise lesbar ist«. Das galt auch für die Stadt als Ganzes, entsprechend war die Schlussfolgerung am Ende seines »Manifesto« eine offene Provokation: Die typische Hauptstraße einer typischen amerikanischen Stadt, die vom Zentrum in die Vororte führt und dort in die sprichwörtliche Route 66 mündet, diese Main Street mit ihrem Kommerz und ihrer Vitalität, mit all ihren Zeichen und ihren Werbebannern, sei »almost all right«. Es bräuchte allenfalls ein paar wenige Korrekturen und subtile Eingriffe, um sie ganz »all right« zu machen; insgesamt aber war die »vulgäre und verachtete« Main Street für Venturi das Modell einer »komplexen und widersprüchlichen Ordnung«, »inkludierend und nicht exkludierend«, ein Modell »für unsere Architektur als ein urbanistisches Ganzes«. Er verabschiedete die moderne Idee einer einheitlichen Rationalität, nach der die Stadt gebaut und geordnet werden sollte, und forderte stattdessen, sie den Stimmen der Vielen zu öffnen, ihre eklatanten Widersprüche stehen zu lassen und ihre gebaute Geschichte zu respektieren.[180]

Den Zeichen sollte dabei eine zentrale Rolle zukommen. Es war Denise Scott Brown, die Robert Venturi vorschlug, die Funktion der Zeichen ausgerechnet in der Wüsten- und Casinostadt Las Vegas, der Weltmetropole des architektonischen Trashs, zu untersuchen. Ihre Analyse basierte auf einem geradezu kinematographischen Blick – sie arbeitete auch mit einer Videokamera –, der zugleich der Blick aus dem Auto war: Las Vegas erschließe und »zeige« sich nicht wie die europäischen Städte dem gemächlich durch ihre Straßen schlendernden Flaneur, sondern präsentiert sich aus der Perspektive schnell vorbeifahrender Autos durch die rasche Abfolge von riesigen Reklametafeln und Leuchtreklamen am Rande des »Strip« wie ein Bilderstrom in einer filmischen Bewegung, die den funktionalen Sinn der riesigen Billboards und Leuchtschriften erst verständlich macht.[181] Auch wenn das nicht die Metaphorik von Scott Brown war: Die Stadt erschien als eine Zeichen generierende Maschine, ja als eine Kulturmaschine: Sie bestand nur und war nur verständlich über ihre Zeichen.

In einer Feldstudie zusammen mit Studierenden aus Yale analysierten Venturi und Scott Brown 1968 das Verhältnis von Zeichen und gebauter Architektur in Las Vegas und destillierten dabei zwei Modelle heraus: Das Haus als *duck*, gewonnen aus dem Beispiel eines in Form einer Ente gebauten Verkaufsstandes – und der *decorated shed*, der dekorierte Schuppen, zum Beispiel ein Supermarkt mit einem Parkplatz davor. Während die *duck* ihren Sinn – der Verkauf von entenförmigen Lockvögeln – durch ihre Form selbst ausdrückt (das heißt, so die ironische Deutung von Venturi und Scott Brown, gemäß dem *Form-follows-function*-Paradigma modern war), erklärten sie den *decorated shed* zum eigentlichen Modell für eine zukünftige, nachmoderne Architektur: Ein gänzlich insignifikantes Gebäude, das seine Funktion und Bedeutung auf einer künstlichen Fassade, einer Werbetafel oder einer Leuchtschrift verkündet. Es sollten explizite, gut verständliche Zeichen sein, die die Architektur für alle lesbar machen: traditionelle Fassadenapplikationen wie Säulen, Simse oder Giebel, vor allem aber Buchstaben, Logos oder Bilder – und nicht die modernistischen »expressiven« Gesten einer räumlichen Form, wie sie meist nur Eingeweihte decodieren könnten.[182]

Venturi und Scott Brown publizierten diese Überlegungen zusammen mit ihrem Assistenten Steven Izenour zuerst in einem Aufsatz, der in Fachkreisen für Furore sorgte (und auch heftige Kritik provozierte), und dann 1972 in einem vierfarbig illustrierten, teuren Buch im Schuber unter dem programmatischen Titel *Learning from Las Vegas*. 1977 erschien das Buch in einer überarbeiteten und erweiterten Taschenbuchausgabe mit dem präzisierenden Untertitel *Learning from Las Vegas. The Forgotten Symbolism of Architectural Form*.[183] Es war eine »Streitschrift gegen die verknöcherte Moral und die visuelle Hygiene des Architektur-Establishments«, wie der in Harvard lehrende Kunsthistoriker Stanislaus von Moos bemerkte, als er im selben Jahr die Arbeiten des Büros Venturi & Rauch in der in Zürich verlegten Architekturzeitschrift *werk-archithese* präsentierte.[184] Die Botschaft von Venturi, Scott Brown und Izenour lautete, dass am Beispiel von Las Vegas das Symbolische, das Zeichenhafte der Architektur, ja ihr Verhältnis zu den Zeichen überhaupt wiederzuentdecken sei, und die Autoren verdichteten ihr Credo in dem Satz: »Das Zeichen ist wichtiger als die Architektur.« Mit anderen Worten, und auch wenn das in dieser extremen Form nur für Las Vegas und andere *desert towns* im Westen gelte: »Wenn du die Zeichen wegnimmst, ist dort nichts mehr.«[185]

Es war gleichwohl ein Argument, das über Las Vegas hinausweisen sollte. Jeder Entwurf sei, so die drei Autoren mit Hinweis auf die strukturalistische Zeichentheorie von Claude Lévi-Strauss und den britischen Architekturtheoretiker Alan Colquhoun, immer schon geprägt von bereits existierenden Zeichen, Sprachen und Bedeutungen, und jeder Bau sei notwendig ein Zeichenträger. Auch die modernen Meister bauten daher – trotz Le Corbusiers Bannfluch – in einem »Stil«; sie übernahmen, wie Robert Venturi und Denise Scott Brown 1977 schrieben, »das Formenvokabular anonymer Industriearchitektur: eine Grammatik von Formen und Symbolen, die aus einem idealisierten Industriezeitalter hergeleitet wurden«.[186] Die Architektin müsse folglich Semiotikerin sein, und zwar eine, die vom Bestehenden ausgehe. Wirklich »revolutionär« sei nicht, »Paris abzureißen und nochmals neu aufzubauen, wie es Le Corbusier in den 1920er Jahren vorschlug«, sondern das »Lernen von der existierenden [Stadt-]Landschaft« und die Replikation und Kombination ihrer symbolischen Formen und ihrer Zeichen in einem sich verändernden Kontext. Venturi, Scott Brown und Izenour schrieben den Architektinnen und Architekten daher auch keine heroische Rolle als genialische Gestalter mehr zu, sondern lediglich die Aufgabe, sich um das zu kümmern, »was ist und wie man helfen kann, es zu verbessern«. Auf die Kritik, ihre Architektur sei aber »ugly and ordinary«, replizierten sie: Besser »hässlich und gewöhnlich«, dafür aber verständlich und nahe an der alltäglichen Realität eben gewöhnlicher Menschen, als »heroisch und originell«.[187]

Venturi, Scott Brown und Izenour waren sicherlich die wortgewandtesten und am meisten diskutierten Kritiker der Architektur der Moderne, aber sie waren keinesfalls die einzigen, deren Glaube an die umfassende Rationalität einer auf den Funktionalismus verpflichteten Architektur in Auflösung begriffen war. Das machte keiner so deutlich wie der in London lebende amerikanische Architekt und Architekturkritiker Charles Jencks, der für das, was da gerade geschah, den sich offenkundig aufdrängenden Begriff prägte: *post-modern architecture* – zuerst, 1975, im Aufsatz »The Rise of Post-Modern Architecture«, dann 1977 mit dem Buch *The Language of Post-Modern Architecture*.[188] Auch Jencks bekannte, ähnlich wie Peter Blake, bis vor kurzem noch ein Anhänger der modernen Architektur gewesen zu sein, machte nun aber in der spektakulären Sprengung von drei Blocks des Pruitt-Igoe Housing Project in St. Louis (Missouri) – »konstruiert gemäß den fortschrittlichsten Idealen der CIAM« – am 15. Juli 1972 nachmittags um halb vier sogar den »exakten Todeszeitpunkt« der modernen Architektur fest.[189] Er habe realisiert, dass die modernen Architekten »nicht schnell genug jene theoretischen Veränderungen aufgenommen haben, die von der Soziologie, der Semiologie und der Anthropologie« gekommen seien, und warf ihnen vor, »immer noch zu glauben, mit ihren Formen universelle Identität schaffen zu können, wo sie doch nur Identität« – Jencks verwendete den Begriff häufig – »im Rahmen ihres *beschränkten, historisch spezifischen Codes* vermitteln, der von der Mehrheit ihrer Kunden nicht geteilt wird«.[190]

Nicht mal von den eigenen Kunden!, möchte man bemerken, und Jencks ließ auch keinen Zweifel daran, dass er das Problem der modernen Architektur vor allem in der Beschränktheit dieses elitären Codes sah, der mit der Realität einer Stadt und der in ihr lebenden Menschen nichts zu tun habe. Der moderne Architekt, die moderne Architektin seien unfähig zu verstehen, dass »eine Stadt immer ethnisch divers ist«. Statt auf die »subcultures or ›semiotic groups‹« einzugehen und »von der Sprache der lokalen Kultur Gebrauch zu machen«, bauten sie immer nur »geschmackvolle Architektur für die Mittelklasse« – »wie wenn das keine Wahl wäre«.[191] In Anlehnung an Robert Venturi plädierte Jencks dafür, mit »neuen visuellen Codes« den Gebrauch von Architektur zu restrukturieren«, sie gleichsam umzuprogrammieren, um sie der »sozialen Komplexität« zu öffnen. Die Architektinnen und Architekten müssten »ihre Gebäude übercodieren und dabei ein Übermaß von populären Zeichen und Metaphern verwenden«, um sicherzustellen, dass ihre Botschaft verstanden werde und »die Verschiebungen sich schnell verändernder Codes überlebt«.[192] Anders aber als Venturi und Scott Brown legte Jencks den Akzent weniger auf die Zeichenwelt der Alltags- und Konsumkultur als vielmehr auf die Codes der schon vorhandenen historischen Architektur, die nur insofern »neu« wären, als sie vom »neuen Bauen« verdrängt wurden.

Eine künftige postmoderne Architektur – Jencks konnte allerdings noch kaum ihn überzeugende Beispiele anführen – wäre jedenfalls, wie er wiederum mit Robert Venturi sagte, eine »inkludierende« und »hybride« Architektur voller »widersprüchlicher Bedeutungen«, die eine größere Breite von Erfahrungen zu erfassen imstande sei. Sie müsse die modernen Codes nicht unbedingt ganz aufgeben – er forderte keinen vollständigen Bruch mit der Moderne –, sondern durch ihre Pluralisierung in ein und demselben Gebäude dessen Lesbarkeit und Zugänglichkeit für alle Involvierten sicherstellen. Der moderne Traum hingegen, »ästhetisch vereinheitlichte Städte zu schaffen«, würde bedeuten, »widerständige Subkulturen zu unterdrücken«.[193] Wenig überraschend sah Jencks in den »handmade houses« der Hippies an der amerikanischen Westküste und überhaupt in der *Do-it-yourself*-Bewegung ein Vorbild für eine Architektur der Zukunft – und zitierte Steward Brands *Whole Earth Catalog*. Doch seine Referenz waren nicht nur die Hippies, sondern grundsätzlicher noch die medientechnischen Umbrüche der Gegenwart: Dank »Farbmagazinen, Reisen und Kodak«, das heißt dank sich pluralisierender Medien, Massentourismus und der allen zugänglichen Farbfototechnik sei die »Sensibilität radikal eklektisch« geworden – und daher auch »alles möglich«: »Everything is possible«.[194] Ethnische Diversität, DIY, medientechnische Innovationen und die Massenkonsumkultur erscheinen hier und in genau dieser Kombination somit als die treibenden Kräfte einer Wende hin zur *post-modern architecture*.

Die Kritik an solchen Positionen ließ nicht lange auf sich warten. Der in Harvard lehrende marxistische Architekturtheoretiker Alexander Tzonis und die Architekturhistorikerin Liane Lefaivre beispielsweise bezeichneten die Hinwendung namentlich von Venturi, Scott Brown und Izenour zu einer in der weißen Mittelklasse der Suburbs populären Kitschästhetik schlicht als »Populismus«, weil gemäß diesem Programm »der Benutzer« – und nicht mehr der Architekt – »der Mentor, wenn nicht der Meister des Entwurfsvorgangs werden« solle. Ob die »Populisten« die »Vergnügungsstraße« – Venturis »Main Street« – oder die Slums verbessern wollten: immer verlangten sie, »dass der Entwurfsvorgang ›im Namen des Volkes‹ verlaufen müsse«. Doch solange die »Produktionsverhältnisse«, die doch gerade diese populäre Kitschästhetik als ideologischen Schein einer heilen Welt hervorbrächten, nicht überwunden wären, helfe es nichts, an den (falschen) Bedürfnissen der kleinen Leute Maß zu nehmen. Wohl habe der »Populismus« mit einem gewissen Recht den Glauben an die Norm und die Autorität der modernen Architektur untergraben (Tzonis und Lefaivre kritisierten diese ebenso scharf als »Wohlfahrtsstaatsarchitektur«), doch was an ihre Stelle trete, sei »die Verlassenheit eines designerischen Supermarktes, pluralistisch, vielfältig, überladen«.[195]

Diese Kritik an einem angeblichen *anything goes* war allerdings gerade dabei, ihrerseits formelhaft und damit beliebig zu werden – der Einwand, dass die kapitalistischen Produktionsverhältnisse noch nicht überwunden seien, galt ja immer und überall. Es ist daher kein Zufall, dass zum Beispiel die deutsche Architekturzeitschrift *ARCH+* sich 1977 von ihrer »dogmatisch marxistischen« Redaktionslinie verabschiedete und die klassenkämpferische Fraktion die Redaktion verließ. Die Architekturlandschaft und die sie begleitenden Diskussionen waren zu vielfältig geworden, als dass der alleinige Bezug auf die »Arbeiterklasse« noch einen Weg aus der Krise des modernen Bauens gewiesen hätte.[196]

Folgt man dem Architekturhistoriker Heinrich Klotz, waren es vor allem zwei – auch in *ARCH+* und in *werk-archithese* intensiv diskutierte – Strömungen und Gruppen, die in den USA und in Europa zur selben Zeit Ausschau nach Alternativen zum Paradigma der Modernen suchten, ohne sich dem Neosymbolismus von Venturi und Scott Brown oder dem Historismus und Relativismus von Jencks' »post-modern architecture« zu verschreiben – jedoch auch ohne sich davon wirklich distanzieren zu können. Die eine, die amerikanische Gruppe, die das Programm der Moderne verteidigte und erneuern wollte, waren die sogenannten New York Five. Zu ihnen gehörte Richard Meier, der sich den jungen Le Corbusier zum Vorbild nahm, dessen weiße Kuben aber von ihrem (angeblichen) Funktionalismus befreite und sie bewusst zum dekorativen Element beförderte. Meier baute »im Stil« von Le Corbusier, das heißt, er bezog sich nicht mehr auf die industrielle »Fließbandproduktion«, von der Le Corbusier 1923 die Notwendigkeit der »Herstellung von Häusern im Serienbau« hergeleitet hatte, sondern auf die Ästhetik von Formen, die dieser als Künstler-Architekt entwickelte. Meiers Bauten sollten definitiv keine »Maschinen« mehr sein.[197]

Noch weiter gingen gleichzeitig andere Vertreter der New York Five wie Peter Eisenman oder Michael Graves, die das freie Spiel von formalen Elementen, die das Neue Bauen der Zwanzigerjahre im strengen Sinne als funktionale und standardisierbare Typen verstanden hatte, zu einer ins Ästhetische gewendeten Collage weitertrieben und in den Innenräumen mit Wanddekorationen im Stil des Kubismus kombinierten. Heinrich Klotz kommentierte dies mit den ironischen Worten: »Neo-Moderne! Ein durch und durch ästhetisches Arrangement, das sich nicht unmittelbar nach Zweck und Nutzen bemißt, ist zur Repräsentationsform von Auftraggebern geworden, die gemeint haben müssen, auf dem Gipfel der Moderne angelangt zu sein.«[198] Es war offensichtlich, dass die New York Five insgesamt, wenn auch in unterschiedlichem Maße, Venturis und Scott Browns grundsätzlichem Einwand, dass jede Architektur immer von historischen Referenzen und ästhetischen Präferenzen lebt, unter der Hand akzeptieren mussten. Und tatsächlich: Beim Umbau eines Industriegebäudes zu seinem eigenen Wohnhaus übernahm Michael Graves 1977 vollständig das Programm eines historistischen Formenrepertoires als Fundus für frei kombinierbare Architekturzitate.[199]

Die, wenn man so will, wichtigste europäische Antwort auf das amerikanische Lob der Zeichen knüpfte zwar ebenfalls an das Neue Bauen an, zog daraus aber andere Schlüsse als die New York Five. Ihr Stichwort lautete weder, wie bei Jencks, Postmoderne, noch propagierte sie eine verspielte Neomoderne. Sie verstand sich vielmehr als »Rationalismus« oder »Neorationalismus«, und ihr prominentester Vertreter war der Italiener Aldo Rossi, der einflussreichste Architekt und Architekturtheoretiker der Siebzigerjahre in Europa (der deshalb hier stellvertretend für eine größere Gruppe von europäischen Architektinnen und Architekten steht).[200] Rossi hatte bis 1977 neben der Wohnsiedlung Gallaratese in Mailand zwar erst wenig gebaut, aber zwei vielbeachtete Bücher publiziert und 1973 die Architektur-Triennale von Mailand kuratiert; von 1972 bis 1974 und dann wieder ab 1976 unterrichtete er als Gastdozent an der ETH Zürich, ab 1975 auch am Istituto Universitario di Architettura di Venezia (IUAV).[201]

Rossis Ausgangspunkt war ebenfalls die Kritik am modernen Erneuerungsgestus; er postulierte mit einem (allerdings auf einem Missverständnis beruhenden) Bezug auf den französischen Soziologen Maurice Halbwachs, dass die bestehende europäische Stadt und ihre Strukturen in ihrer gebauten Form eine Art »kollektives Gedächtnis« darstellen. In diesem seien Formen beziehungsweise Bautypen gespeichert – das Wohnhaus, der zentralsymmetrische Grundriss, das Fenster, der Laubengang etc. –, die sich über Jahrhunderte, wenn nicht Jahrtausende herausgebildet und trotz wechselnder Funktionen als stabil erwiesen hätten. Rossi dachte nicht wie Venturi, Scott Brown oder Jencks an die Pluralisierung der Sprachen und die Vervielfältigung von Codes, sondern stellte sich im Gegenteil unter dem Titel einer »Architettura Razionale« (»rationale Architektur«) die Frage, wie eine jeweils einzige, einheitliche und eben »rationale« Form für verschiedene Funktionen und konkrete Gestaltungen gefunden werden könnte. Sein Ziel war mithin die Suche nach architektonischen »Typen«, die »autonom«, das heißt nicht an Kontextbedingungen und zeitspezifische Funktionen gebunden sind; von ihnen versprach sich Rossi, die Formensprache der Moderne über deren Industrieästhetik und Funktionalismus hinaustreiben zu können. Doch weil diese Typen »rational« seien, könnten sie sich auch, wie die quadratischen Fenster bei der Gallaratese-Wohnanlage in Mailand und nicht anders als bei den Wohnmaschinen der Modernen, in monotoner Serie wiederholen und insgesamt den Eindruck des »Monumentalen« erzeugen, ohne langweilig zu wirken.

Allein, was genau war für Rossi ein »Typus«? Die Modernen sprachen auch von Typen, meinten damit aber standardisierte und industriell hergestellte Bauelemente, was ein Bauen für die Massengesellschaft ermöglichen sollte. Rossi strebte, insofern modern und an das Neue Bauen anknüpfend, ebenfalls eine Architektur an, die Allgemeingültigkeit beanspruchen konnte und die Bedürfnisse der Allgemeinheit erfüllen würde –

was so weit ging, dass er das »Allgemeine«, das »Gemeinschaftliche«, das sich angeblich in der Architektur des »sozialistischen Realismus« verwirklicht habe, als vorbildhaft lobte, die DDR-Plattenbausiedlungen wie namentlich in Halle-Neustadt bewunderte und sogar die Karl-Marx-Allee in Ostberlin verteidigte.[202] Dennoch suchte Rossi nicht nach industrieller Standardisierung, sondern verstand den Typus als eine von ihrer konkreten Gestalt und aktuellen Funktion abgelöste Gebäudeform, das heißt als eine Art Ideal beziehungsweise als »logische[n] Ausdruck, der vor der Form besteht und der sie konstituiert«.[203]

Die Architekturhistorikerin Angelika Schnell hat im Detail gezeigt, wie unklar trotz dieser Definition Rossis Typus-Begriff war, wie er zwischen historischen, im »kollektiven Gedächtnis« gespeicherten »Erinnerungen«, aufklärerischem Rationalismus und neoplatonischen Vorstellungen von einer »Urform« schwankte.[204] Rossi ging bei seiner Suche nach einer Definition gar so weit, sich auf C. G. Jungs Idee eines »analogischen« Denkens zu beziehen, das, so Jung, »gefühlhaft, bildmäßig und sprachlos« sei, ja »archaisch, unbewusst und nicht in Worte gefasst und kaum darein zu fassen«.[205] Das Verhältnis der konkret gebauten Form zum Typus entspricht demnach einer »analogen«, »gefühlsmäßigen«, intuitiv hergestellten Beziehung zwischen einem Entwurf und einer »Urform«, ohne dass dieser Bezug einer Begründung »in Worten« zugänglich wäre. Rossi nannte daher seine Architektur selbst »analog« und sprach von der *città analoga*, der analogen Stadt. Ihre Formen seien »archetypische Objekte, deren gemeinsame emotionale Anziehungskraft zeitlose Bedürfnisse verraten«.[206]

Es wäre wohl zu viel Kritik geübt, wenn man sagen wollte, dass ein solcher *razionalismo* dort, wo er den tiefsten, innersten Kern einer Form zu erfassen sucht, in Metaphysik und Irrationalismus umschlägt – und daher auch tatsächlich unübersehbare Bezüge zur *architecture razionale* des italienischen Faschismus aufwies.[207] Es wäre der Irrationalismus eines der Geschichte vollständig Enthobenen, das nur, wie Jung sagte, durch Introspektion gefunden werden könne – geradeso, wie die Einsichten, die die Esoteriker beim Blick in ihr Inneres zu gewinnen glaubten. Man muss Rossi nicht auf eine solche Position festlegen, er wollte alles andere als irrational sein. Dennoch suchte er nach architektonischen und städtebaulichen Formen – »der« Platz, »die« Straße, »das« Fenster etc. –, die nicht wie bei Venturi oder Jencks bloß als empirisch vorfindlich, historisch relativ und kontextabhängig begründbar wären, sondern gleichsam zeitlos wahr und verständlich. Sein Zeichnen war von Giorgio de Chiricos *pittura metafisica* geprägt, er zitierte mehrfach den Neoplatoniker Quatremère de Quincy aus dem frühen 19. Jahrhundert, bezog sich häufig auf den Surrealismus von André Breton und dessen ebenfalls der Zeit enthobenen Begriff des Irrationalen und schließlich auch, wie gesagt, auf C. G. Jung. All das fügte sich nicht zu einer konsistenten und auf die gesellschaftliche Wirklichkeit bezogenen Architektur- und Entwurfstheorie, sondern erschien wie ein Baukasten von Theorieversatzstücken, mit denen Rossi seinem Bemühen Ausdruck verlieh, hinter den empirischen Formen in den verschiedenen Typen eine aller Historizität enthobene »Konstante« zu finden, einen idealen »Kern«.[208]

Die Ironie dieser Position bestand mithin weniger in ihrem möglichen Irrationalismus als vielmehr darin, dass die Architektinnen und Architekten Rossi zufolge über ein Repertoire von »analogen«, nach Typen gebildeten Formen verfügen, die sich sowohl von den funktionalen Anforderungen modernen Bauens als auch von der urbanen Realität gelöst haben und daher als frei wählbare gestalterische Elemente zur Verfügung stehen. Wie bei den New York Five kippte auch hier die Kritik am »naiven Funktionalismus«[209] der Moderne um in ein postmodernes Spiel, bei dem die Typen wie die Signifikanten im Surrealismus frei flottierten. Sie provozierten damit aber nicht mehr, wie noch im Surrealismus, Unsinn und Lachen, um die schlechte Wirklichkeit zu kritisieren, sondern sollten der »autonomen«, das heißt rein architektonischen »Konstruktion des Wirklichen« dienen, verstanden genauer noch »als Schöpfung einer möglichen Wirklichkeit«.[210] Dieser architektonische Schöpfungsakt, dessen autoritäre Seite der *werk-archithese*-Chefredakteur Stanislaus von Moos mit einiger Deutlichkeit hervorhob,[211] vollzog sich allerdings in einer Welt, in der sich – wie auf dem Fernsehbildschirm, der zum Computerbildschirm wurde – die Formen von den Funktionen gelöst hatten, in der also eine Fabrik nicht mehr wie eine Fabrik, ein Wohnhaus nicht mehr wie eine Wohnmaschine und eine moderne Stadt nicht mehr wie eine fordistische Produktionsanlage aussehen mussten. Es war, wie Alan Kay sagte, eine Welt der »Simulation«, und deshalb war auch Rossis Versuch, in dieser Welt durch die architektonische Kombination »ursprünglicher«, »rationaler«, »autonomer« Typen erneut Sinn, Bedeutung und urbane Ordnung zu generieren, nichts anderes als eine Simulation von Sinn, Bedeutung und Ordnung. Wenn man kein Metaphysiker mehr sein wollte oder konnte, waren die aus ihrem konkreten historischen Zusammenhang gelösten Typen auch nur Zeichen ohne feste, gar »zeitlose« Bedeutung und daher in ihren neuen Kombinationen de facto beliebig. Zwar waren sie für Rossi immer auch Teil eines »historischen Gedächtnisses«, weshalb sich, wie Heinrich Klotz feststellte, über Rossis Entwürfe immer »ein Hauch des Historischen, die Gegenwart des Geschichtlichen« legte. Aber diese Gegenwart des Historischen war nur noch als Zitat zu haben, etwa beim Entwurf für das Partisanendenkmal in Segrate in der Gestalt von »Säulenstümpfen, ›die Fragmente anderer Architekturen sind‹, wie Rossi sagte«.[212] Auch Rossis Typen, gedacht als »archetypische Objekte« für eine Architektur nach der Moderne, entkamen somit dem Schicksal nicht, immer nur vergängliche Zeichen vergangener Architekturen zu sein, die ihren Sinn verloren hatten.

Das »Ding«

In der wirklichen Welt jenseits dieser ziemlich akademischen Debatten geschah gleichzeitig Außerordentliches. In Paris wurde am 31. Januar 1977 etwas Neues dem Publikum zugänglich gemacht, das von vielen, von der deutschen Fachzeitschrift *Bauwelt* ebenso wie von Jean Baudrillard, vom *Merkur* wie von der britischen Zeitschrift *ART monthly*, in Ermangelung eines besseren Ausdrucks nur das »Ding« genannt wurde.[213] Die Bevölkerung schien es inbrünstig zu hassen, die Hauptstadtpresse ließ während des Bauprozesses und anlässlich der Eröffnung kein gutes Haar an dem, was da auf der Rive Droite, also im »Herzen« von Paris entstand und jetzt offensichtlich einfach da war, die städtebaulichen Maßstäbe der Umgebung nonchalant sprengend. »Mammut der King-Kong-Kultur«, schäumte etwa der *Figaro*, und auch die konservative deutsche Presse sprach von einer »Ohrfeige« (*Die Welt*) oder gar von einem »Verdauungstrakt« (*FAZ*). Die *Bauwelt* stellt wohl zu Recht fest: »Seit der Aufrichtung des Eiffelturms 1889 hat es in Paris – oder sagen wir ruhig: in Europa – keine solche Aufregung über ein neues Bauwerk mehr gegeben.«[214] Fast schon zurückhaltend, aber ebenso verächtlich war auch von einer »Kunstraffinerie« oder einem »Raumschiff« die Rede. Die britische *Architectural Review* nannte es eine »rätselhafte Anlage«, denn »*Gebäude* wäre nicht das richtige Wort dafür«, und der *Merkur* bekräftigte: »Auf keinen Fall ist es ein Gebäude, nicht einmal ein Gehäuse.«[215]

Offiziell hieß das Ding Centre national d'art et de culture Georges-

Pompidou (CNAC). Wer dem 1974 verstorbenen zweiten Präsidenten der Fünften Republik und Initiator des Projektes nicht die Ehre geben wollte, sprach vom »Beaubourg«, dem »schönen Städtchen«, wie Anwohner ihr slumartiges, in den Dreißigerjahren abgerissenes Altstadtquartier ironisch getauft hatten, auf dessen Brache, nach einer langen Zwischennutzung als Parkplatz, nun das Ding stand. Die Architekten, der Italiener Renzo Piano und der Brite Richard Rogers, deren gemeinsamer Entwurf aus einem internationalen Wettbewerb mit 681 Einsendungen als klarer Sieger hervorgegangen war, mochten auch nicht wirklich von einem Gebäude sprechen; das »Centre Pompidou« sollte vielmehr »eine Art Maschine« sein, »ein Informationswerkzeug«, das heißt »ein Gebäude für Information, Unterhaltung und auch Kultur«, oder doch »mehr eine Maschine ›für alles‹ als ein Gebäude«, ja sogar »mehr ein audiovisuelles Gerät als eine Architektur«.[216] Diese Metaphorik schien sich, wenn auch schlingernd, auf der Höhe der Zeit zu bewegen. Es war eben kein Gebäude, das die eindeutige »Funktion« eines Museums, einer Bibliothek oder eines Musikzentrums einnahm – obwohl all das im CNAC Platz haben musste –, sondern es sollte eine informationsverarbeitende Maschine sein, vielleicht auch ein Videorecorder oder, besser noch und wie gesagt: eine Maschine »für alles«. An anderer Stelle sprachen die beiden Architekten von »eine[r] Kreuzung zwischen einem informationsorientierten, computerisierten Times Square und dem British Museum«.[217]

Die mit jeder Erläuterung ungenauer werdende Rede von der »Maschine« wurde breit aufgegriffen; sie war »von allen Interpretationen, die man beim Schlangestehn in allen Sprachen zu hören bekommt, die häufigste«.[218] Das Beaubourg erinnerte manche aber auch einfach an eine »Fabrik«, oder, poetischer, an eine »usine de rêve«, eine Traumfabrik, von der André Breton gesprochen hatte, gar an eine »multi-coloured dreammachine«; häufig war schließlich auch die Rede vom Beaubourg als einer gigantischen »Kulturmaschine«.[219] Der Architekturkritiker vom Zürcher *Tages-Anzeiger* meinte daher, in dieser »komplexe[n] Maschine« werde »dumpfe Materie in ein hochwertiges Produkt transformiert, in Information«; dementsprechend weckten bei ihm die in einer riesigen Plexiglasröhre an der Außenseite der Fassade verlaufenden Rolltreppen, die die Besuchermassen über die fünf Etagen verteilen, »Assoziationen zum Förderband, zum Fliessband, das den Besucher hochträgt, einschleust in die Verarbeitung und ihn verändert, d. h. mit Information beladen wieder ausstösst«.[220]

Offensichtlich war an diesen Metaphern einiges schief – was umso deutlicher wurde, je genauer die Interpreten in Kunst- und Architekturzeitschriften die ohne Zweifel spektakuläre Architektur von Renzo Piano und Richard Rogers zu deuten versuchten. Das begann schon beim Blick auf die Grundstruktur der »Anlage«, ein über vierzig Meter hohes Stahlgerüst aus riesigen Trägern und Pfeilern, in dem fünf messehallenartige Geschosse ohne jede interne Wand oder Stütze übereinandergestapelt wurden. Das war zwar technisch gekonnt, aber architektonisch konventionell. Denn obwohl sich Piano/Rogers beim äußeren Erscheinungsbild von den technoiden Stadtutopien und fiktiven »Megastrukturen« der britischen Architektengruppe Archigram inspirieren ließen, orientierte sich ihre mehr oder minder transparente Konstruktion aus Stahl und Glas nicht an einer möglichen Zukunft oder auch nur an den aktuellen Konzepten der architektonischen Postmodernen, sondern an der Vergangenheit des frühen sowjetischen Konstruktivismus und der Glas- und Eisenkonstruktionen des 19. Jahrhunderts. Das Beaubourg stand in der Tradition des Crystal Palace in London, der 1970 abgerissenen »Halles« ganz in seiner Nähe sowie weiterer, gerade in Paris für Weltausstellungen gebauter Ausstellungshallen aus Glas und Eisen. »Das Centre Pompidou«, spottete daher die amerikanische Zeitschrift *Progressive Architecture*, »bestätigt die Hegemonie von Paris in der Geschichte – als die Hauptstadt des 19. Jahrhunderts«.[221]

Besonders irritierend aber war die Entscheidung der Architekten, die gesamten Versorgungsleitungen – Wasser, Abwasser, Strom, Heizung, Lüftung – an die rückwärtige Außenseite zu verlagern und diese Leitungen in Primärfarben zu streichen. Das Ganze wirkte dadurch wie eine Fabrik, der man die »Haut« abgezogen hatte und deren »Arterien« oder »Eingeweide« – plötzlich drängten sich den Beobachtern Körpermetaphern auf – wie bei einem anatomischen Modell zur besseren Kenntlichkeit eingefärbt wurden.[222] Doch wozu? Schließlich ist es ja, wie ein Kritiker ätzte, »bei Körpern üblicherweise so, dass die Eingeweide nicht außerhalb der Haut liegen, was durchaus praktische Gründe hat«.[223] Warum also diese Formensprache von Wasserleitungen, Ventilatoren, Heizungs- und Lüftungskanälen, die sich ostentativ auch über die Decken der offenen, loftartigen Etagen zogen? Hier schien, wie ein emeritierter Architekturprofessor der ETH und prominenter Vertreter des Neuen Bauens scharfzüngig bemerkte, ein besonders »sensationslüsterne[r] technische[r] Exhibitionismus« am Werk gewesen zu sein, der ganz offensichtlich weit über die

Funktionsnotwendigkeiten der offenen Ausstellungsräume hinausschoss und sogar die angestrebte »Flexibilität« und »Funktionalität« der Ausstellungsräume beeinträchtige, wie unter anderen Alan Colquhoun den Architekten vorhielt.[224]

Doch das war nicht einmal der entscheidende Punkt. Denn es ging den Architekten nicht nur um Funktionalität, sondern dezidiert um eine bestimmte Ausdrucksweise, das heißt um den Versuch, das Gebäude, das Richard Rogers sogar ein »Diagramm« nannte, »lesbar« zu machen.[225] Den entscheidenden Punkt traf daher, mit einiger Genauigkeit, der Kunst- und Architekturhistoriker Maurice Besset. Es war eigentlich eine Banalität – auf der Hand liegend, für alle sichtbar und dennoch offenbar nicht evident: Die Elektronen in den integrierten Schaltkreisen der neuen Mini- und Mikrocomputer, nach deren Vorbild Piano und Rogers das Beaubourg als informationsverarbeitende »Maschine ›für alles‹« konzipierten, zirkulieren nicht in voluminösen, gar farbig angestrichenen Röhren. Die Module und Bauteile elektronischer Maschinen sind, so Besset, »formal so neutral, dass das Industriedesign gezwungen wurde, die alten funktionalistischen oder organizistischen Postulate zurückzuweisen, auf denen die Vorstellung der Maschine im Zeitalter der Mechanik und der Elektromechanik beruhte«.[226] Ein »computerisierter Times Square« braucht keine Fließbänder, das Funktionieren einer »audiovisuellen Maschine« wird nicht lesbar, wenn man ihr die Haut abzieht. Mit anderen Worten: Das Beaubourg als Kulturmaschine stand am Kreuzungspunkt zweier Maschinenzeitalter, auf der Schwelle zwischen dem modernen Erzeugen und Zirkulierenlassen von Stoffen, Flüssigkeiten und Menschen, und dem nachmodernen »Zirkulieren« von elektrischen Impulsen, die mit Körpermetaphern nicht zu verstehen sind und die nichts Stoffliches produzieren. Auf eine die Beobachterinnen und Beobachter verwirrende Weise wollte das Beaubourg beides gleichzeitig sein. Als eine in diesem Sinne widersprüchliche architektonische Metapher war es ein überaus sinnfälliger Ausdruck seiner Zeit.

Der »Beaubourg-Effekt«

Der Besucheransturm auf das neue Kulturzentrum mitten in Paris war phänomenal. In den ersten Monaten nach der Eröffnung strömten täglich 10 000 Menschen durch seine Pforten, an den Wochenenden verdoppelte sich die Zahl. Sie alle kamen nach einhelliger Einschätzung jedoch nicht für die große Duchamp-Eröffnungsausstellung oder um die frühe Retrospektive des Düsseldorfer Malers Gerhard Richter zu sehen – und auch nicht, um in der ersten öffentlichen Bibliothek Frankreichs ein Buch zu lesen. Was sie anzog, war das schiere Spektakel dieser Kulturmaschine – zum einen zweifellos das Spektakel ihrer Architektur selbst, zum andern aber das, was Kritiker wie Alan Colquhoun den »Supermarkt der Kultur« nannten, der hier geboten wurde.[227] In der messeartigen Präsentation von mehreren Ausstellungen gleichzeitig, den unzähligen »Stationen« für Videos, Dias, Schallplatten und natürlich auch Bücher, in den Kino- und Theatersälen, in den Cafés, auf der Aussichtsterrasse, bei den Straßenmusikern und Artistinnen auf dem großen Platz vor dem Eingang und schließlich im »Atelier des enfants« war »Kultur« wie in einem Shoppingcenter zur freien Auswahl, häppchenweise und im Vorbeigehen zu »erleben«.[228] Das Centre Pompidou wollte Kultur zu den Massen tragen – oder die Massen zur Kultur. Sein Präsident, der gaullistische Funktionär Jean Miller (der in seiner langen Karriere schon Direktor des Hafens von Abidjan, der *traveaux publiques* der Elfenbeinküste und der Betreibergesellschaft der Autoroutes du Sud de la France war), münzte dieses Programm auf die Formel »il faut lutter contre l'élitisme« – »man muss gegen das Elitäre kämpfen«.[229]

Auch wenn »Kultur« in Frankreich tatsächlich seit jeher eine Sache der gesellschaftlichen Eliten war und die Absicht einer Demokratisierung des Zugangs zu Kunst und Kultur entsprechend löblich, wurde der Effekt, den dieses erste große Kulturzentrum in einer europäischen Metropole haben würde, von seinen Kritikerinnen und Kritikern ganz anders kalkuliert: »Hier geht es nicht um Kunst – es geht um das Event, das Spektakel, um Sightseeing und Konsumismus«, hieß es etwa in *Progressive Architecture*; Paris werde damit »seinen Spitzenplatz in der Welt des Tourismus festigen«. Und das *KUNSTmagazin* lästerte über die Ausstellungsflächen des Musée Nationale d'Art Moderne in der vierten Etage – eine Fläche, die doppelt so groß war wie jene des MoMA in New York –: »[N]ächste Woche könnten an der gleichen Stelle Gartengeräte oder Babynahrung ausgestellt werden [...].«[230] Die Architektur der offenen Ausstellungshallen und die Präsentationstechnik der Stellwände schuf keine stille, kontemplative Museumsatmosphäre mehr, sondern betonte, so die verbreitete Kritik, die Warenförmigkeit der Kunst und die Oberflächlichkeit ihres Konsums. Dass die Kunst, berühmterweise in Gestalt von Warhols Suppendosen, diesen Schritt bereits vollzogen beziehungsweise reflektiert hatte, blieb dabei allerdings unerwähnt. Schockierend erschien nur, dass das Beaubourg als die größte Kulturmaschine der westlichen Welt damit auf massenwirksame Weise Ernst machte.

Vielleicht am schärfsten jedoch war die Kritik, die der gleich einem etwas übersteuerten Seismografen die westlichen Gesellschaften beobachtende Soziologe Jean Baudrillard noch im Jahr der Eröffnung vortrug. In einem nicht immer leicht nachvollziehbaren, von rhetorischen Idiosynkrasien geprägten Essay, der in Form einer kleinen Broschüre mit dem Titel *L'effet Beaubourg. Implosion et dissuasion* auf den Markt kam, schloss Baudrillard an die verbreitete Diagnose des Centre Pompidou als »Kulturhypermarkt« an. Das Beaubourg sei »nichts als eine immense Arbeit der Umwandlung dieser famosen traditionellen Kultur des Sinns in die zufällige Ordnung der Zeichen«. In diesem *hyper-marché* werde der »Sinn und Tiefsinn« von Kunst und Kultur »zerstampft, zerstückelt und in ihre einfachsten und kleinsten Elemente zusammengepreßt« – und implodiere schließlich wie in einem »schwarzen Loch« zum reinen Nichts.[231]

In diesen von aller Bedeutung leergeräumten Ausstellungshallen breiteten sich daher die Besucherinnen und Besucher als reine »Masse« aus, die ihrerseits, so Baudrillard in demonstrativer Illusionslosigkeit, das Implosionsprodukt eines nur noch ehemaligen sozialen Zusammenhangs, ja »Endprodukt aller Sozialität« sei. Doch diese »Masse« in ihrer dichten, physischen Präsenz sei letztlich »der einzige Inhalt des Beaubourg«, und dementsprechend hätten auch seine Räume ganz anders gefüllt und bespielt werden müssen: Nicht mit den alten »Simulakren« des Sinns, sondern mit einem »riffelnden Wirbel stroboskopischer und gyroskopischer Lichter, dessen bewegliches Basiselement die Masse gebildet hätte«. Einerlei, ob Baudrillard dabei tatsächlich an eine Disco dachte oder nicht: Er träumte von einer »Kultur der Simulation und der Faszination«, die »nicht immer wieder die Kultur der Produktion und des Sinns« wäre, sondern eine »manipulatorische, zufällige, labyrinthische Zeichen-Praxis, die keinen Sinn mehr kennt«.[232]

Baudrillard war, wie wir weiter oben gesehen haben, erst kurz zuvor in New York gewesen und hatte die Graffiti, die er dort an den Wänden gesehen hatte, in genau dieser wenn auch problematischen Weise interpretiert (die *writers* hätten zweifellos mit ihm über den Sinn ihrer Tags und Graffiti diskutieren wollen). Doch wie auch immer und wie verwandt auch immer Baudrillards Traum von den Zeichen ohne Sinn mit dem

Surrealismus und der Praxis des *cadavre exquis* war: Es war nur der Traum einer möglichen, einer denkbaren Kultur, wie sie in den Räumen des Beaubourg hätte stattfinden können. In Wirklichkeit aber sei das Beaubourg ein Modell totaler Kontrolle in einer sich am Horizont abzeichnenden künftigen Gesellschaft, ein Modell, genauer noch, der »Retotalisierung aller verstreuten Funktionen des gesellschaftlichen Körpers und Lebens (Arbeit, Freizeit, Medien, Kultur) in einen homogenen Zeit-Raum, Retranskription aller widersprüchlichen Ströme in Termini integrierter Schaltkreise«.[233] Die neuen elektronischen Maschinen, das wusste auch Baudrillard, sind Metamedien, die alles simulieren können. Im Beaubourg zeichne sich daher ab, wie Gesellschaft gerade neu konfiguriert werde: »[N]icht mehr gebunden an distinkte Tauschakte oder bestimmte Bedürfnisse, sondern an so etwas wie ein totales Universum aus Signalen, an eine Art von integriertem Schaltkreis, gänzlich durchlaufen von einem Impuls, einem unablässigen Transit von Auswahlmöglichkeiten, Lektüren, Referenzen, Markierungen, Decodierungen.«[234]

Baudrillard ging es nicht um Architektur; der »Beaubourg-Effekt« sei weder architektonischer noch urbanistischer Natur. Die Architekten hatten gewollt, dass das Centre Pompidou eine informationsverarbeitende Maschine ist, welche die Massen mittels transparenter Rohre ansaugt, der »Kultur« zuführt und mit »Information« beladen wieder ausstößt. Baudrillard schloss daraus ohne allzu große Übertreibung, dass diese Maschine, weil sie den Sinn »zerstampft«, im Idealfall eine große Disco für die Masse sein könnte, diese wohl aber in Wirklichkeit mit der zwingenden Logik eines integrierten Schaltkreises »retotalisiere«. Daher leitete er vom Modell Beaubourg die sehr allgemeine Diagnose ab, dass die Einzelnen in »ihre[r] Singularität« in der sich abzeichnenden künftigen Gesellschaft in einem »Universum aus Signalen« und über einen ständigen Strom von »Auswahlmöglichkeiten, Lektüren, Referenzen, Markierungen, Decodierungen« integriert werden würden, und nicht mehr über die Idee eines gemeinsamen »Universalen«, verstanden als »Ordnung der klassischen (politischen) Solidarität« beziehungsweise als »Ordnung der Verbreitung durch [Massen-]Medien«. Der Zerfall dieser »expandierenden« Ordnung des Universalen, das heißt auch »des Kapitals und der Revolution«, wie er anfügte, erschien ihm nun als eine große »Implosion«, also so, wie im Beaubourg der Sinn implodierte. Diese Implosion könne die Verdichtung der Kontrolle, die Intensivierung der Ströme in den integrierten Schaltkreisen bedeuten, sie lasse sich aber auch, wie Baudrillard ganz am

Schluss seines Essays mit Hinweis auf die *Settantasette*-Bewegung in Italien, die Radio-Piraten und die Stadtindianer andeutete, als eine »subversive Bewegung« verstehen, die »die ihr eigene Kraft aus ihrer Weigerung schöpf[t], zu expandierenden Systemen zu werden«, das heißt aus der Weigerung, ans »Universale«, ans Allgemeine zu glauben.[235]

Als Architektur und gebaute Maschine verneigte sich das Beaubourg, wie viele Kritikerinnen und Kritiker anlässlich seiner Eröffnung festhielten, vor der Moderne und wies, wie dargestellt, mit einer deutlichen Geste zurück zu den Bauten aus Glas und Eisen des 19. Jahrhunderts, wo dem staunenden Publikum das europäische »Allgemeine« einer gemeinsamen Kultur, einer kolonialisierten Welt und des technischen Fortschritts vor Augen geführt wurde. In seinen Effekten aber bezeugte und bedeutete das Beaubourg eine medientechnische, soziale und kulturelle Verschiebung, ja einen Bruch, der den Sinn in einzelne Signale auflöste, die entweder im Lichterzauber einer Disco verglühen oder aber neue, auf integrierte Schaltkreise gestützte Formen der sozialen Integration hervorbringen könnten, die mit den alten politischen und medialen Ordnungen nichts mehr zu tun haben würden. Es wäre dies eine Verschiebung, die Jean Baudrillard im Jahr 1977 in seiner rhapsodischen, mäandrierenden und metaphorisierenden Sprache vielleicht genauer erfasst hatte als viele andere.

6.
Im Schatten der Natur

Als Ludwig Erhard starb, schien eine Epoche an ihr Ende gekommen zu sein. Sank mit ihm nicht der letzte Vertreter des längst diskreditierten Liberalismus ins Grab, jener Irrlehre von freigelassenen Marktkräften aus dem 19. Jahrhundert, die während der Jahre des »Wirtschaftswunders« im Verstorbenen noch einmal einen späten Adepten gefunden hatte, jetzt aber längst von Krise, Arbeitslosigkeit und der zum Gegensteuern notwendigen Planung überholt war? Man hätte sich nicht grundlegender täuschen können.

Ludwig Erhard († 5.5.) und der Wettbewerb

Der Ökonom, Marktforscher, Berater, langjährige Wirtschaftsminister und spätere Bundeskanzler Ludwig Erhard wurde am 4. Februar 1897 als zweites von vier Kindern des katholischen Textilwarenhändlers Wilhelm Philipp Erhard und seiner evangelischen Frau Augusta in der fränkischen Kleinstadt Fürth geboren. Dass er wie seine Geschwister protestantisch getauft und erzogen wurde, galt als Zeichen des liberalen Geistes in Ludwigs Elternhaus.[1] Im Geschäft seines Vaters absolvierte er eine Lehre als Einzelhandelskaufmann; unmittelbar nach dem Lehrabschluss wurde er 1916 als Soldat der Bayerischen Armee zum Kriegsdienst eingezogen. Ende September 1918 verletzte ihn eine Artilleriegranate bei Ypern so schwer, dass sieben Operationen nötig waren, um sein Leben und seine Arbeitsfähigkeit zu retten.

1919 begann Ludwig Erhard ein Studium an der Handelshochschule Nürnberg, um anschließend Betriebswirtschaftslehre und Soziologie an der Universität Frankfurt zu studieren, wo er 1925 beim linksliberalen Wirtschaftswissenschaftler und Genossenschaftstheoretiker Franz Oppenheimer promovierte. Noch zuvor, 1923, hatte er die seit 1914 jung verwitwete Ökonomin Luise Schuster geheiratet, die zu seinen Gunsten auf eine wissenschaftliche Karriere verzichtete. 1928 wurde Erhard auf Empfehlung Oppenheimers Assistent an dem an der Handelshochschule in Nürnberg angegliederten privatwirtschaftlichen »Institut für Wirtschaftsbeobachtung der deutschen Fertigware« (IfW), das von Wilhelm Vershofen, Ökonomieprofessor, liberaler Politiker und Begründer der Marktforschung in Deutschland, geleitet wurde. Zu Beginn der Dreißigerjahre legte Erhard in ersten Aufsätzen und einer wissenschaftlichen Abhandlung über das Problem der Arbeitslosigkeit, die seine Habilitationsschrift an der Handelshochschule werden sollte, seine wirtschaftspolitischen Ansichten dar. Als Mittel zur Bekämpfung der tiefen Wirtschaftskrise plädierte er für die Stimulierung der Nachfrage durch Konsumkredite und staatliche Lohnsubventionen und argumentierte, dass der Grund für die massive Arbeitslosigkeit in der übermäßigen Kapitalakkumulation seitens der (Groß-)Industrie läge. Denn diese entziehe der gewerblichen Wirtschaft Kapital und lasse es unproduktiv werden.[2]

Es ist unklar, warum Erhards Plan, in Nürnberg Professor zu werden, scheiterte. Eine Rolle mag gespielt haben, dass er sich angeblich weigerte – oder zumindest keine aktiven Schritte dazu unternahm –, Mitglied der NSDAP zu werden; es sollen aber auch Zweifel an der Qualität seiner wissenschaftlichen Arbeit geäußert worden sein. Wahrscheinlich unzutreffend ist hingegen die These, dass Erhard nicht habilitiert wurde, weil seine wirtschaftspolitischen Ansichten mit jenen Vershofens über Kreuz gelegen haben.[3] Vershofen war zwar ein Befürworter von Kartellen, weil sie den *Laissez-faire*-Kapitalismus einschränken und den ungebremsten Wettbewerb durch regulierende Absprachen ersetzen würden, während Erhard solche in seinen Augen wettbewerbsverzerrenden Vereinbarungen zumindest vor 1933 grundsätzlich ablehnte. Doch ungeachtet dieser Differenzen berief ihn Vershofen ins Leitungsgremium des IfW (und machte ihn später zu seinem Stellvertreter), übergab ihm die Aufsicht über die wissenschaftliche Forschung des Instituts und setzte ihn als Chefredakteur der hauseigenen Zeitschrift *Die deutsche Fertigware* ein; auch in der 1935 von Vershofen gegründeten Gesellschaft für Konsumforschung (GfK) nahm Erhard eine leitende Position ein.

Obwohl Erhard nicht Parteimitglied war, bereitete ihm die dirigistische Ausrichtung der nationalsozialistischen Wirtschaftspolitik viel weniger Schwierigkeiten, als man aufgrund seiner Äußerungen in der Zeit vor dem Januar 1933 hätte annehmen können.[4] Nun befürwortete er die staatlich durchgesetzten Kartelle in der Konsumgüterindustrie als »Förderer des Qualitätsgedankens« und als Schutz gegen »Preisschleuderei«.[5]

Zudem bescheinigte er den neuen Machthabern, dass sie »bei grundsätzlicher Wahrung des Privateigentums« darauf zielten, das »Streben nach Freiheit auf der einen und nach organischer Bindung und Eingliederung in den umfassenden Rahmen des Wirtschafts- und Gesellschaftslebens auf der anderen Seite« in ein Gleichgewicht zu bringen.[6]

Ab Mitte der Dreißigerjahre schlug Ludwig Erhard, trotz oder vielleicht gerade wegen seiner gescheiterten Habilitation, eine erfolgreiche Karriere als Marktanalytiker, Lobbyist der Konsumgüterindustrie und wirtschaftspolitischer Berater ein. Über die in Berlin angesiedelte GfK konnte er langjährige Beziehungen zu hochrangigen Vertretern der Konsumgüterindustrie und des Branchenverbandes »Reichsgruppe Industrie« aufbauen. Seine Stellung am IfW wurde für ihn zum »Karrieresprungbrett«, und das Institut erlebte unter seiner nie nachlassenden Akquisitionstätigkeit für Gutachten und Studien bei Verbänden, Behörden und Dienststellen der Wehrmacht gar »eine wahre Blütezeit«.[7] Zugleich organisierte er an der Handelshochschule den in Deutschland allerersten Kurs zu Techniken der Verkaufsförderung und kam dabei in Kontakt mit dem Juristen Carl Friedrich Goerdeler, Oberbürgermeister von Leipzig und bis zu seiner Entlassung durch Hitler 1935 Reichskommissar zur Überwachung der Preise. Goerdeler gehörte ab 1939 zum konservativen Widerstand gegen Hitler; 1944 wurde er von der Gestapo festgenommen, vom Volksgerichtshof zum Tode verurteilt und im Februar 1945 hingerichtet. Als Vertreter des Widerstandes sollte er später für Erhard noch eine wichtige Rolle spielen.

Erhard selbst gehörte nicht zum Widerstand, sondern beteiligte sich in der zweiten Hälfte der Dreißigerjahre als ökonomischer Experte an den Vorbereitungen zum Krieg. »Erhard war sich bewusst«, so Ralf Ptak, »dass seine Arbeit in der Marktforschung zu den wirtschaftlichen Kriegsvorbereitungen gehörte, und er bot sie den nationalsozialistischen Machthabern in vollem Bewusstsein dieser Bedeutung an«.[8] Auch Karl-Heinz Roth zeigt Erhard als einen Wirtschaftsexperten, »der die Kriegswirtschaft der NS-Diktatur rückhaltlos bejahte und es sich zur Aufgabe machte, ihre Strukturen binnenwirtschaftlich wie annexionspolitisch zu effektivieren«.[9] Im Sinne seines grundsätzlichen Einverständnisses mit der strategischen Ausrichtung auf die Kriegswirtschaft unterstützte Erhard ab 1939 auch die Annexionspolitik des Deutschen Reichs durch eine große Zahl von Gutachten zur Wirtschaftsorganisation in den eroberten Gebieten.[10] Im Falle von Lothringen erstellte er 1942 ein Gutachten »über die bei der Verwertung des volksfeindlichen« – i. e. jüdischen – »Vermögens zu beachtenden Gesichtspunkte«. Ähnliche Studien produzierten Erhard und das IfW über die »eingegliederten Ostgebiete« in Polen – wo die Enteignung und die »Evakuierung« ganzer Bevölkerungsteile (wie er die Vernichtung der polnischen Intelligenz beschönigte) schneller, umfassender und brutaler durchgeführt wurde als anderswo –, im Sudetenland sowie im »Reichsprotektorat« Böhmen und Mähren. In einem sehr umfangreichen Gutachten an die Haupttreuhandstelle Ost empfahl er, zwar im Gegensatz zur aktuell geübten Praxis der Besatzer in Polen, aber keinesfalls in grundsätzlicher Distanz gegenüber der Besatzung, den Konsum der unterworfenen Bevölkerung so weit zu stabilisieren, solange noch die »Notwendigkeit« bestehe, »sich der polnischen Elemente als Arbeitskräfte zu bedienen«.[11]

Gegen diese rastlose Beratertätigkeit, die Erhard teilweise auch am IfW vorbei auf eigene Rechnung betrieb, wurde schon 1941 der Vorwurf laut, sie behindere die eigentliche wissenschaftliche Forschung des Instituts. Erhard verteidigte sich mit den Worten, er erachte es als seine »Pflicht, unsere Dienste dem Vaterland restlos zur Verfügung zu stellen«, konnte allerdings nicht verhindern, dass sich ein handfester Konflikt entwickelte, der schließlich zu seiner Entlassung führte.[12] Er fand dann aber die Unterstützung einflussreicher Freunde vor allem in der Reichsgruppe Industrie, die ihm die Gründung eines eigenen »Institut[s] für Industrieforschung« ermöglichten, das bis kurz vor Kriegsende im Auftrag von staatlichen Stellen und der Reichsgruppe Industrie an Studien zur Nachkriegsplanung arbeitete.[13]

Dennoch sollte sich die Entlassung für Erhard noch als Glücksfall erweisen. Nach dem Krieg konnte er die Lesart in Umlauf bringen, dieser (scheinbare) Karrierebruch sei auf den Umstand zurückzuführen gewesen, dass er sich geweigert habe, der Deutschen Arbeitsfront (DAF) beizutreten – wovon sich in seiner Personalakte in Nürnberg allerdings keine Spur findet[14] –, und dass er überhaupt einfach ein Wissenschaftler gewesen sei, der am Nürnberger Institut zu überwintern versuchte. Dieses Bild wurde noch etwas rosiger durch das Faktum, dass der inhaftierte Carl Goerdeler Erhard als Wirtschaftsexperten für die Zeit nach Hitler empfohlen hatte. Goerdeler bezog sich dabei auf das Memorandum »Kriegsfinanzierung und Schuldenkonsolidierung«, das Erhard im Auftrag der Reichsgruppe Industrie verfasst und Ende 1944 hochrangigen Vertretern des Regimes wie namentlich dem Chef des Inlands-SD, SS-Brigadegeneral Otto Ohlendorf, vorgestellt hatte, das offenbar aber auch zu Goerdelers Kenntnis gelangte.[15] Mit dessen Empfehlung jedenfalls schien nachträglich der Glanz des hingerichteten Widerstandskämpfers auch auf Erhard abzustrahlen. Als dieser am 5. Mai 1977 in Bonn an Herzversagen starb, war in vielen Nachrufen weltweit, von der *Los Angeles Times* über den *Guardian* bis zur *South China Morning Post* in Varianten die Geschichte von Erhards aufrechter Weigerung, ein »Nazi« zu werden, und seiner Beziehung zu Goerdeler zu lesen.[16] Der damalige Bundestagspräsident Karl Carstens (CDU) schließlich vollzog in seiner kurzen Rede zu Erhards Gedenken gewissermaßen den Übergang von der Legende zum Mythos, als er sagte: »Ludwig Erhard war ein mutiger Mann. Der nationalsozialistischen Gewaltherrschaft setzte er aktiven Widerstand entgegen.«[17]

Das war eine Fiktion, zu der Erhard auch bewusst beigetragen hatte.[18] Unstrittig ist jedoch, dass er sich als Berater und wirtschaftlicher Experte ohne jede Exekutivfunktion trotz allem eine vergleichsweise weiße Weste hatte bewahren können. Als solcher und dank seinen nie verhohlenen marktwirtschaftlichen Überzeugungen gewann er bei Kriegsende die Gunst der amerikanischen Besatzungsbehörden, unter deren Einfluss er bayerischer Wirtschaftsminister und Direktor der Verwaltung für Wirtschaft (VfW) in der britisch-amerikanischen Bizone wurde. Auf diesen Ausgangspunkt seiner Nachkriegskarriere bezogen entstand bald schon eine weitere Fiktion: dass Erhard der »Vater des Wirtschaftswunders« gewesen sei. Erhard wies sie immerhin stets zurück; ihm war bewusst, dass der bemerkenswerte wirtschaftliche Aufstieg Westdeutschlands – der in den Nachrufen zuweilen als das »Wunder« erschien, das er »gemacht« habe[19] – nicht seine persönliche Leistung war. Trotz verheerender Kriegsschäden an der Transportinfrastruktur, aber auch an den Industrieanlagen vor allem des Ruhrgebiets, war die Wirtschaft in den drei westlichen Besatzungszonen im europäischen Vergleich insgesamt wenig geschädigt; technologisch bewegte sich die Industrie zudem auf Spitzenniveau und der Wert der industriellen Anlagen war sogar höher als vor dem Krieg. Die Marshallplangelder und die im Westen nur moderat durchgesetzten Reparationen taten das ihre, dass die westdeutsche Wirtschaft sich schnell erholte.[20]

Zur mehr psychologischen Seite dieses zügigen Aufschwungs gehörte die allerdings schmerzhafte Währungsreform von 1948 mit ihrem »Schaufenstereffekt«, so genannt, weil schon produzierte, aber noch zurückgehaltene Waren nun plötzlich in den Geschäften zum Verkauf angeboten wurden.[21] Obwohl die Währungsreform grundsätzlich den Vorstellungen der amerikanischen Besatzungsbehörde entsprach, war sie bei Befürwortern wie Kritikern von Anfang an eng mit dem Namen Erhards verbunden. Dieser vertrat, zusammen mit seinen Beratern Walter Eucken, Franz Böhm, Leonhard Miksch und anderen mit der »Freiburger Schule« assoziierten Ökonomen bei den Planungen seine schon während des Krieges vertretenen Konzepte der Inflationsabwehr durch eine drastische Vernichtung von Kaufkraft: Soweit Buchgeldeinlagen überhaupt umwandelbar waren, entsprachen zehn alte Reichsmark ab dem 20. Juni 1948 nur noch einer neuen Deutschen Mark. Gleichzeitig mit diesem (im Detail komplizierteren) tiefen Währungsschnitt, der die Besitzer von Anlagekapital schonte und die kleinen Sparer hart traf, verordnete Erhard zuerst freihändig und überfallsartig, dann mit dem »Leitsätzegesetz« rechtlich abgesichert die weitgehende Freigabe der bis dahin kontrollierten Konsumgüterpreise.[22] 30 Jahre später bezeichnete die *Frankfurter Allgemeine Zeitung* in ihrem Nachruf diesen Kaltstart in die Marktwirtschaft als Erhards wichtigste politische Leistung: Der Währungsschnitt konnte »nur Segen stiften«, so paraphrasierte sie ihn, »wenn der Preismechanismus wieder frei arbeiten [kann] und die Güterströme in die rechten Wege lenken« könne – was die *FAZ* mit dem zwischen *freudian slip* und bösem Augenzwinkern schlingernden Satz illustrierte: »Nicht mehr Lampenschirme und Aschenbecher, sondern Schuhe, Kleider und Fahrräder mußten wieder produziert werden.«[23]

Für sein wirtschaftspolitisches Programm verwendet Erhard am 17. August 1948 erstmals das Label »Soziale Marktwirtschaft«.[24] Unterstützt von einer Propagandakampagne der Freiburger Ökonomen sowie prominenten Exilanten wie Wilhelm Röpke, warb er dafür, durch die Preisfreigabe den Wettbewerb anzukurbeln, um »Wohlstand für alle« zu schaffen.[25] Damit provozierte er zunächst heftige Kritik. Selbst unter Christdemokraten herrschte die Meinung vor, ein sozial ausgewogener wirtschaftlicher Neuanfang sei ohne Preiskontrollen und Rationierungen nicht möglich, und nicht nur Sozialdemokraten und Kommunisten erblickten in Erhards Programm einen Rückfall in die schlimmsten Zeiten des *Laissez-faire*-Kapitalismus des 19. Jahrhunderts.[26] Doch trotz dieses Widerstandes aus allen politischen Lagern gewann Erhard die Wette, die er zusammen mit den amerikanischen Besatzungsbehörden eingegangen war. Ab dem Frühjahr 1949 stabilisierten sich die Preise und der Schwarzmarkt löste sich auf.[27] Am 20. September ernannte Konrad Adenauer Ludwig Erhard zum Bundesminister für Wirtschaft. Er schien das »Wirtschaftswunder« persönlich zu verkörpern. Karikaturen aus den Fünfzigerjahren zeigten Erhard in seiner Leibesfülle zusammen mit der notorisch brennenden Zigarre (er soll bis zu zwanzig pro Tag geraucht haben) zum Beispiel vor einem Spiegel stehend und seinen runden Leib in Gestalt einer ebenso rundglänzenden D-Mark bewundernd – oder auch schlicht als eine D-Mark mit Zigarre und Erhard-Frisur.

Dass Erhard der Übergang von der Mitarbeit an der wirtschaftlichen Ausgestaltung der NS-Eroberungspolitik zum überzeugenden Eintreten für eine ebenso marktwirtschaftliche wie demokratische Ordnung leichtfiel, war kein Zufall.[28] Denn seine Vorstellung eines durch einen starken Staat »geordneten« Wettbewerbs entsprach ganz den schon in den Dreißigerjahren entwickelten und mit der nationalsozialistischen Wirtschaftspolitik zumindest vor dem Krieg kompatiblen Ideen der Freiburger Schule um Walter Eucken und Franz Böhm. Wie Euckens Schüler Leonhard Miksch 1937 sagte, müsse der Wettbewerb als eine »Veranstaltung« verstanden werden, die ein entsprechend befähigter Staat organisiere, um das »Chaos« des liberalen *Laissez-faire* zu vermeiden, zugleich aber die freie Preisbildung auf dezentralisierten Märkten zu ermöglichen. Vermieden werden sollte gemäß den Freiburgern sowie dem Marburger Ökonomen Alfred Müller-Armack – und bis in die Vierzigerjahre mit explizitem Bezug auf die Staatstheorie von Carl Schmitt – aber auch, dass die verschiedenen Interessengruppen wie »monopolistische« Gewerkschaften oder kartellierte Branchenverbände über den Hebel politischer Einflussnahme das Funktionieren des Marktes von außen stören.[29]

Diese von den Freiburgern ab den Fünfzigerjahren »ordoliberal« genannte – mit den neoliberalen Ideen von Friedrich von Hayek, Ludwig von Mises und Wilhelm Röpke eng verwandte – Konzeption des Verhältnisses von Staat und Markt war nicht intrinsisch auf die Demokratie und die mit ihr verbundene Idee der politischen Freiheit angewiesen. Individuelle Freiheit und der Akt des Wählens als Kern demokratischer Staatlichkeit wurden von den Ordoliberalen nach 1945 zwar selbstverständlich begrüßt und unterstützt, dabei aber als eine gewissermaßen abgeleitete Funktion der wirtschaftlichen Freiheit gedacht. In einer Rede an der Universität Zürich unterstrich Erhard 1952, er verstehe »Freiheit [...] zuerst im ökonomischen Sinne«, wobei »auch politische Freiheit wirtschaftliche Freizügigkeit voraussetzt«.[30] Auf diese Perspektive schien sich daher seine Kritik an der nationalsozialistischen Herrschaft zu beschränken: Dass nämlich damals »das deutsche Volk seine Freiheit verloren« habe, weil und »insofern es trotz seiner ehrlichen Arbeit nicht über die entscheidende Freiheit des Staatsbürgers im Sinne der Ausübung einer freien Konsumwahl verfügte«.[31]

Dieses Verständnis von Freiheit als Freiheit der Konsumwahl war für Erhard grundlegend. In *Wohlstand für alle*, der buchlangen Werbe- und Rechtfertigungsschrift eines dem ständigen Zweifel an seiner Politik ausgesetzten Wirtschaftsministers aus dem Jahr 1957 (mit vielen späteren Neuauflagen), nannte er die »Konsumfreiheit« ein »demokratische[s] Grundrecht«. Diesem stehe jedoch in gleichem Rang die »Freiheit des Unternehmers« gegenüber, so dass »Konsumfreiheit und die Freiheit der wirtschaftlichen Betätigung in dem Bewußtsein jedes Staatsbürgers als unantastbare Grundrechte empfunden werden« müssten.[32] Diese beiden Freiheiten bildeten, so Erhard, in ihrem Zusammenspiel aber auch einen quasinatürlichen Mechanismus: »Qualität und Preis« als die beiden entscheidenden Parameter der Konsumwahl »bestimmen Art und Richtung der Produktion, und nur nach diesen Kriterien vollzieht sich auf der privatwirtschaftlichen Ebene die Auslese«.[33] Erhard betonte immer wieder, dass dieser selektive Prozess »nichts mehr zu tun hat mit den Vorstellungen der Manchester-Leute«,[34] sondern im Gegenteil die Macht der Unternehmer durch die Macht der Konsumenten ausgleiche. In einem solchen allseitigen und dezentralisierten Wettbewerb setzten sich grundsätzlich das Bessere und die Leistungsfähigeren durch, entstehe eine »breit gestreut[e] Massenkaufkraft« und bilde die wirtschaftliche Freizügigkeit auch die Grundlage der politischen Freiheit.[35] Daher erachtete er jede Politik, die über die reine Sorge um die Sicherung der genannten »Grundrechte« hinausging, nicht nur als unnötig, sondern als geradezu schädlich.

Es gehörte zweifellos zu den für Erhard eher bitteren Ironien, dass sich sein etwas unbedachter Werbespruch »Soziale Marktwirtschaft« – er scheint als mögliche Propagandaformel in der Endphase des NS-Regimes aufgekommen zu sein[36] – schon bald mit semantischen Gehalten aufzuladen begann, die ihm zutiefst zuwider waren. Insbesondere Erhards Berater Müller-Armack sprach davon, dass der »Sinn der sozialen Marktwirtschaft« darin liege, »das Prinzip der Freiheit auf dem Markte mit dem des sozialen Ausgleichs zu verbinden«.[37] Für Erhard bedeutete der Slogan jedoch nur, dass die Marktwirtschaft als solche sozial sei, weil sie an Stelle von »zermürben[den]« Verteilungskämpfen den »Kuchen«

für alle größer mache und weil sie die richtige und damit *idealiter* auch gerechte Allokation von knappen Ressourcen erzwinge. Er war zwar anfänglich bereit, Unterstützungsleistungen an die vielen durch den Krieg geschwächten Gruppen zu gewähren; eines nicht allzu fernen Tages aber sollte eine prosperierende Marktwirtschaft jede staatliche Wohlfahrt obsolet machen. Denn »sozial« hieß für ihn, dass »ehrliche Arbeit« und bessere Leistung belohnt würden – nicht aber, dass ein Staat darüber entscheide, wessen Bedürfnisse auf welche Art befriedigt werden sollten, oder dass der Staat gar eine Vollbeschäftigungspolitik verfolge. Der »Versorgungsstaat« beziehungsweise »Wohlfahrtsstaat«, in dem »jeder die Hand in der Tasche des anderen hat«, erschien ihm als »moderne[r] Wahn«, der mit dem bürokratischen Staatsmonster auch den seiner Freiheit beraubten »soziale[n] ›Untertan‹« erzeuge und die »sittliche Verantwortung« des Bürgers zerstöre.[38]

Ludwig Erhard war von 1949 bis 1963 Wirtschaftsminister der Bundesrepublik Deutschland. In dieser Zeit profitierte er zwar politisch von der Schubkraft der boomenden Wirtschaft, setzte ein strenges, gegen Kartelle gerichtetes Wettbewerbsgesetz durch, entwickelte günstige Rahmenbedingungen für die Exportindustrie und führte Staatsbetriebe wie Preussag oder Volkswagen in die Privatisierung. Zugleich aber hatte er auch ständig gegen die Kritik an seinen ordo- beziehungsweise neoliberalen Konzepten und um seinen Einfluss im Kabinett zu kämpfen.[39] In der Auseinandersetzung um die Rentenreform setzte Konrad Adenauer 1957 gegen seinen Wirtschaftsminister eine sozialstaatliche Lösung durch und fügte Erhard damit eine seiner schwersten Niederlagen und persönlichen Kränkungen zu. Der ständig schwelende Streit zwischen den beiden Politikern überschattete auch die Frage nach Adenauers Nachfolge; gegen den Willen des »Alten«, der unverhohlen die Fähigkeit seines Vizekanzlers zur politischen Führung bezweifelte, war es dann doch Ludwig Erhard, der am 16. Oktober 1963 vom Bundestag zum Kanzler gewählt wurde. In dieser neuen Rolle bahnte er in einem überraschenden Schritt diplomatische Beziehungen mit Israel an und suchte, anders als der »Gaullist« Adenauer, sich mit einem demonstrativen Besuch bei Lyndon B. Johnson als »Atlantiker« zu profilieren – zwei politische Entscheidungen, mit denen er sich auch in der eigenen Partei nicht nur Freunde machte.

Vor allem aber erwuchs seinen wirtschaftspolitischen Ansichten zunehmend Widerstand innerhalb der CDU. Zwar war Erhard anfänglich noch überaus populär und strahlte als Person weiterhin den Optimismus des »Wirtschaftswunders« aus. Politisch aber scheiterte er mit der Idee, die Wirtschaft in eine »formierte Gesellschaft« einzubetten. Dieses ihm von seinem Berater Müller-Armack suggerierte Konzept war nichts weniger als ein Anflug von Volksgemeinschaftsnostalgie: »Formierte Gesellschaft« bedeute, so Erhard 1965, »dass diese Gesellschaft nicht mehr aus Klassen und Gruppen besteht, die einander ausschließende Ziele durchsetzen wollen, sondern dass sie, fernab aller ständestaatlichen Vorstellungen, ihrem Wesen nach kooperativ ist, das heißt, dass sie auf dem Zusammenwirken aller Gruppen und Interessen beruht«.[40] Es ist kaum verwunderlich, dass solche Vorstellungen von links umgehend unter Faschismus-Verdacht gerieten und Erhard auch innerhalb der CDU dafür wenig Unterstützung fand. Seine Autorität zerfiel zusehends, und als er sich in der Konjunkturkrise von 1966 gegen antizyklische Stützungsmaßnahmen wehrte, war sein politisches Kapital endgültig verbraucht. Ausgerechnet die FDP, die Partei, der er ursprünglich eher zuneigte, wandte sich vom Koalitionspartner ab und erzwang damit Erhards baldigen Rücktritt zugunsten von Kurt-Georg Kiesinger, der die SPD in eine Koalitionsregierung einbinden konnte. Als gar der Sozialdemokrat Willy Brandt 1969 die Kanzlerschaft errang, schien das eine Zeitenwende zu sein. Erhard war auf ganzer Linie geschlagen. »Fortan saß er«, so der *Spiegel* in einem knappen, eher lakonischen Nachruf, »zusammengesunken auf der Frontbank der CDU/CSU-Fraktion: ein dräuendes Memento anfangs, zum Schluß ein rührendes«.[41] Doch weder Erhard noch seine Nachrufenden scheinen wahrgenommen zu haben, dass gewisse atlantische Winde gerade dabei waren, wieder in seine Richtung zu drehen.

*

Es war kein Zufall, dass Ludwig Erhard davon gesprochen hatte, dass der Marktmechanismus einen Prozess der »Auslese« fördert, bei dem die Besten überleben, der aber auch eine in keinem anderen System mögliche Fülle und Vielfalt wirtschaftlicher Aktivität und Prosperität erzeuge. Dass der Preismechanismus eine Art »natürlichen« Geschehens sei, in das man nicht eingreifen, sondern das man, wie ein Gärtner, hegen und pflegen soll, war die Überzeugung der Gruppe der Neoliberalen, denen auch Erhard sich zuzählte. Gleichzeitig mit dem unerwarteten Aufstieg und Erfolg ihrer Wirtschaftstheorien, die 1974 und 1976 durch zwei Nobelpreise höchste Anerkennung fanden, diskutierten vor allem britische und amerikanische Evolutionsbiologen und -biologinnen, was es aus ihrer Sicht mit der Darwin'schen »Auslese« auf sich hatte. Der Metapherntransfer zwischen der Ökonomie und der Biologie war seit dem 19. Jahrhundert notorisch, und dass einer der weltweit führenden Zoologen 1975 ein Buch mit dem schlichten Titel *Sociobiology. A New Synthesis* veröffentlichte, ließ daher diverse Alarmglocken schrillen. 1977 waren die hitzigen Debatten über diese unterschiedlichen, aber doch vielfältig miteinander verhakten Konzepte und Theorien von der Fachpresse bis in die Publikumsmedien vorgedrungen. Einem nahen Echo auf diese scheinbar bloß akademischen Debatten gleich, erregten gleichzeitig medial idealisierte Körper und körperliche Praktiken der Sorge um sich selbst die Aufmerksamkeit von Millionen.

Die Kunstnatur des Marktes und die Politik der »Freiheit«

Im November 1977 besuchte der 78-jährige Ökonom, politische Philosoph und Nobelpreisträger Friedrich August von Hayek eine Woche lang das seit 1973 unter einer Militärdiktatur stehende Chile. Er nahm einen Ehrendoktor entgegen, hielt Vorträge und wurde am letzten Tag seines Besuchs auch von General und Diktator Augusto Pinochet zu einer 20-minütigen Unterredung empfangen. In Interviews mit lokalen Medien äußerte er sich positiv über die ersten Resultate von Chiles radikalliberaler Wirtschaftspolitik und vermied jede Kritik an den schweren Menschenrechtsverletzungen des Regimes. Auch wenn sein Besuch weniger heftige Reaktionen provozierte als zwei Jahre zuvor die Chile-Reise des Chicagoer Makroökonomen Milton Friedman, der als Stichwortgeber zusammen mit anderen »Chicago Boys« den harten Austeritätskurs der regierenden Militärs prägte, fühlte Hayek sich unter Rechtfertigungsdruck. Noch aus São Paulo, wo er auf der Rückreise einen Zwischenstopp einlegte, sandte er einen Text an die *Frankfurter Allgemeine Zeitung*, in dem er zwar nicht direkt die Politik Pinochets verteidigte, aber doch die angeblich unfaire Behandlung Chiles – und Südafrikas – in den westlichen Medien beklagte.

Doch die *FAZ* lehnte die Veröffentlichung seiner Einsendung ab und weigerte sich auch, sie in gekürzter Form als Leserbrief ins Blatt zu rücken.[42] Seine positiven Worte über Chile erschienen offenbar toxisch; dabei wusste auch die *FAZ*, dass Hayek als konsequenter Vertreter einer reinen marktwirtschaftlichen Lehre eine liberale Politik der »Freiheit« vertrat, vor der notfalls auch die Demokratie zurückzustehen hatte, hatte sie doch diese Ansichten Hayeks noch im Januar 1977 selbst publiziert, gefolgt von zwei weiteren langen Grundsatzartikeln aus seiner Feder. Doch wie dem auch sei – Hayek jedenfalls formulierte das neoliberale Denkmodell in Reinform, inspirierte damit in prominenter Weise Margaret Thatcher, die neue Führerin der oppositionellen Konservativen in Großbritannien, und verstärkte, zusammen mit anderen Liberalen, in den Echokammern des amerikanischen Neokonservatismus die Rufe nach einer den Sozialstaat eingrenzenden Austeritätspolitik.

Der Neoliberalismus eines modernen Konservativen

Dass Friedrich August von Hayek überhaupt wieder ins Licht der internationalen Öffentlichkeit rückte, hätte er selbst wenige Jahre zuvor kaum erwartet.[43] Als junger österreichischer Ökonom hatte er in den Dreißigerjahren unter Fachleuten mit seiner scharfen Kritik an den konjunkturpolitischen Rezepten von John Maynard Keynes Aufsehen erregt. Seit 1931 Professor an der London School of Economics und ab 1938 auch britischer Staatsbürger, erlangte Hayek durch seine vor allem gegen die sozialistische, aber auch gegen die nationalsozialistische Wirtschaftsplanung und »totalitäre« Herrschaft gerichtete Kampfschrift *The Road to Serfdom* gar eine gewisse öffentliche Berühmtheit.[44] Seine weitere Karriere verlief jedoch weitgehend in den ruhigen, vom breiten Publikum wenig wahrgenommenen Bahnen eines Professors in London, Chicago und schließlich in Freiburg. Ebenfalls abgewandt von der Öffentlichkeit, dennoch aber mehr als bloß wissenschaftlich-akademischen Antrieben folgend, initiierte Hayek 1947 oberhalb von Montreux am Genfer See die Gründung der Mont Pèlerin Society (MPS). Die MPS war ein Zusammenschluss geistesverwandter Liberaler (oder, wie man seit dem »Colloque Walter Lippmann« 1938 in Paris auch sagen konnte, »Neoliberaler«), die sich die Erneuerung und Propagierung des liberalen wirtschafts- und gesellschaftspolitischen Denkens des 18. und 19. Jahrhunderts auf die Fahne geschrieben hatten; zu ihnen gehörte neben Wilhelm Röpke, Walter Eucken, Ludwig von Mises und Milton Friedman schon bald auch Ludwig Erhard.[45] Doch die stetig wachsende Zahl von prominenten Mitgliedern der MPS bedeutete nicht, dass die Neoliberalen in den nächsten drei Jahrzehnten schon in der Lage gewesen wären, die politischen und ökonomischen Debatten in nationalen Kontexten oder auf der Ebene internationaler Organisationen zu entscheiden. Noch dominierten Keynesianismus, der wohlfahrtsstaatliche New Deal und die sozialdemokratisch interpretierte Soziale Marktwirtschaft.

Was zumindest Hayek betrifft, änderte sich dies mit der Verleihung des Nobelpreises 1974 mit einem Schlag. In diesem Jahr der schweren Wirtschaftskrise erschien der emeritierte Freiburger Professor als Ökonom der Stunde. In zahlreichen Interviews, Fernsehtalkshows und Vorträgen propagierte er die Rückkehr zur reinen Marktwirtschaft als Weg aus der Krise der westlichen Sozialstaaten; er wiederholte dabei zum Teil alte Überzeugungen, die er seit den Dreißigerjahren in verschiedenen Büchern ausgearbeitet hatte, begründete diese aber auch mit neuen, in den Sechziger- und Siebzigerjahren entwickelten kybernetischen und evolutionstheoretischen Argumenten.[46] In den erwähnten drei langen Artikeln in der *Frankfurter Allgemeinen Zeitung* vom 8. Januar, 16. April und 11. Juni 1977 kondensierte Hayek diese Überzeugungen zuhanden des konservativen und wirtschaftsliberalen deutschen Publikums. Es war im Grunde eine publizistische Offensive. Die Aufsätze in der *FAZ* präsentierten im Wesentlichen die Argumente, die er in seinem 1976 erschienenen Buch *The Mirage of Social Justice*, dem zweiten Band von *Law, Legislation and Liberty*, ausführlich dargelegt hatte; sie waren zudem, von Kürzungen abgesehen, weitgehend identisch mit dem Text dreier Vorträge, die er 1976 unter anderem in Sydney und München hielt und kurz nach der Publikation in der *FAZ* auch unter dem Titel *Drei Vorlesungen über Demokratie, Gerechtigkeit und Sozialismus* in der Schriftenreihe des Walter Eucken Instituts in Freiburg veröffentlichte.[47]

In diesen programmatischen Texten ging es Hayek, wenig überraschend, in keiner Weise um ein Plädoyer für Gerechtigkeit beziehungsweise »soziale Gerechtigkeit«, wie er präzisierte, und natürlich schon gar nicht um ein Plädoyer für den Sozialismus. Es ging ihm aber auch nicht um eine Verteidigung der Demokratie, zumindest nicht in ihrer in den westlichen Staaten seit dem Zweiten Weltkrieg etablierten Form. Ihn interessierte allein die Frage, wie sich die in der abendländischen Tradition als oberster Wert herausgebildete persönliche Freiheit des Einzelnen unter den Bedingungen einer modernen »Großgesellschaft« als »Menschenrecht« begründen lasse.[48] Zu ihrer Beantwortung wies er als Erstes die »unbeschränkte« Demokratie mit dem Argument zurück, dass in ihr die Einzel- und Gruppenegoismen das Regieren dominieren würden. Denn »unbeschränkt« seien die westlichen Demokratien insofern, als sie *de facto* das Prinzip der Gewaltenteilung aufgegeben hätten: Weil die Regierung aus einer Mehrheit der Parteien der Legislative gebildet werde, sei sie der verlängerte Arm dieser Mehrheit – und folglich umgekehrt die Legislative die in Wahrheit regierende Gewalt. Daher seien deren Gesetze nichts anderes als schlecht verhüllte Durchsetzungsinstrumente von Gruppeninteressen und Mehrheitsegoismen. Als solche könnten sie keinesfalls den Anspruch erheben, die Allgemeinheit beziehungsweise die »allgemeine Meinung« zu vertreten, und damit auch nicht, dem »Recht« zu entsprechen, das über den einzelnen Gesetzen stehe und allein dadurch erst den »Rechtsstaat« ausmache.[49]

Der naheliegende Einwand, dass die westlichen Rechtsordnungen dieses Verhältnis von »Recht« und Gesetz durch das Verhältnis von Verfassung und einzelnen Gesetzen strukturieren und damit auch das staatliche Handeln an eine höhere Ordnung binden, trifft nach Hayeks Auffassung sein Argument nicht. Denn was er »Recht« nannte – er sprach nach englischem Vorbild von der »rule of law«[50] –, seien Ordnungen und Regeln, die über Jahrhunderte entstanden seien, ohne dass sie wie eine Verfassung von der menschlichen Vernunft als ganze »konstruiert« worden wären. »Wir können niemals«, so Hayek präzisierend in *Die Illusion der sozialen Gerechtigkeit*, »ein System von Regeln oder alle Werte als Ganzes auf eine bewußte Konstruktion zurückführen, sondern müssen mit unserer Kritik stets bei etwas haltmachen, das keinen besseren Grund für seine Existenz hat, als daß es die akzeptierte Basis einer besonderen Tradition ist«.[51] Denn diese Regeln seien als Gesamtheit nicht den Intentionen und rationalen Antrieben handelnder Individuen entsprungen, sondern das Produkt einer kulturellen Evolution, die gerade *als* ungeplante ein überindividuelles Allgemeines repräsentiere.

In all diesen Überlegungen erscheint Hayek in etwas paradoxer Weise als ein zugleich konservativer Liberaler wie auch moderner Konservativer.[52] Er war kein Reaktionär, der in eine Zeit vor 1789 zurückkehren wollte und von einer ständischen Ordnung träumte, in der Menschen über andere Menschen und Wenige über Viele herrschten – und er war auch immer ein entschiedener Gegner des Nationalsozialismus gewesen.⁵³ Und anders als »neue« Rechte wie Alain de Benoist oder Henning Eichberg glaubte er in moderner Weise an die Gleichheit vor dem Gesetz sowie mit Kant an die Notwendigkeit, dass alles staatliche Handeln, ja jedes Handeln überhaupt der Allgemeinheit abstrakten, für eine unbestimmte Anzahl von Fällen geltenden Regeln unterworfen sein sollte. Dieses »Recht« allerdings, so Hayeks trotz allem entschieden konservative und seit Edmund Burkes *Reflections on the Revolution in France* (1790) auch immer wieder vorgebrachte Argumentation, sei als »Tradition« vor dem Zugriff mutwilliger Kritik und Veränderungen abzuschirmen, um das Allgemeine gegen die Machtgelüste einer Regierung wie auch gegen egoistisch-partikulare Interessen verschiedener gesellschaftlicher Gruppen zu schützen. Es war das klassische Dilemma der modernen Konservativen: Sie wollten nicht zurück zur Ständeordnung des Ancien Régime, weil sie den Wert der wirtschaftlichen Freiheit des Einzelnen zu schätzen gelernt hatten, aber sie verabscheuten die Revolution und die durch sie freigesetzten Gleichheitsansprüche der Vielen aus ganzer Seele.⁵⁴

Zur Verwirrung selbst seiner Freunde bestand Hayek allerdings darauf, kein Konservativer zu sein.⁵⁵ Denn abgesehen von den Werten »persönliche Freiheit und Verantwortlichkeit«, von denen er annahm, dass sie fraglos Konsens seien, könne es in einer »offenen Gesellschaft« (er übernahm diesen Begriff von Karl Popper) keine festen, »absoluten« Werte geben.⁵⁶ Doch wie »offen« sollte eine solche Gesellschaft sein und vor allem: wie demokratisch? Weil das traditionsgestützte Allgemeine in Hayeks Verständnis keinen anderen Inhalt, Wert oder Ziel hatte und haben konnte als den »Schutz der persönlichen Freiheit«, die er weitestgehend als wirtschaftliche Freiheit ökonomischer Subjekte begriff, bekannte er sich zu Formen des Regierens, die diese Freiheit gegen jede Art von Einschränkung verteidigen. Hayeks Liberalismus konnte daher auch unverhüllt autoritär werden. So ließ er in seinem Januar-Artikel in der *Frankfurter Allgemeinen* verlauten, »daß ich eine beschränkt nicht-demokratische Regierung einer unbeschränkten demokratischen und daher im Grunde gesetzlosen vorziehe« – was wohl die *FAZ* zur vorsichtig distanzierenden redaktionellen Vorbemerkung veranlasste, dieser Aufsatz sei »nicht ganz leicht zu lese[n]«.⁵⁷ Hayek zog eine »beschränkt nicht-demokratische Regierung« der parlamentarischen Demokratie vor, weil diese, getrieben von den Umverteilungsgelüsten all jener, denen sie Mitsprache ermöglichte, »jede beliebige Frage zum Gegenstand von Regierungsmaßnahmen machen« würde – das heißt die ökonomischen Aktivitäten und

Interessen der Einzelnen in grenzenloser Weise dem Regieren unterwerfe. Damit aber würde sie unweigerlich, wie die Regierung Allende in Chile, »totalitär« werden.[58]

Doch Hayek richtete sich in der *FAZ* nicht nur gegen die »unbeschränkte« Demokratie, sondern vor allem gegen den »Sozialismus«. Darunter verstand er zuerst die Planwirtschaft sowjetischen Typs, doch seine Kritik zielte darüber hinaus und grundsätzlich darauf, dass auch der demokratische Wohlfahrtsstaat sich mit seinen Steuerungs- und Umverteilungsinstrumenten an der Leitidee der »sozialen Gerechtigkeit« orientiere. Ihr galt Hayeks ganze Verachtung. Abgesehen davon, dass niemand sagen könne, an welchem Kriterium soziale Gerechtigkeit zu messen sei, nannte er den Wunsch nach ihr einen »Atavismus« aus einer Zeit noch vor der neolithischen Revolution: Während mutmaßlich einer Million Jahre lebten Menschen, so Hayek, in kleinen Horden, »die ihre Nahrung untereinander teilten« und sich aus Notwendigkeit einer »strenge[n], hierarchische[n] Ordnung« unterwarfen. In dieser Urzeit sei »die gemeinsame Verfolgung eines erkennbaren gegenständlichen, gemeinsamen Zieles unter einem Anführer ebenso eine Bedingung ihres Überlebens« gewesen wie »die Zuteilung unterschiedlicher Anteile einer Beute an die einzelnen Mitglieder entsprechend ihrer Bedeutung für das Überleben der Gruppe«. Von diesem Bild einer fiktiven, ohne archäologische oder sonstige Belege ausgemalten Urzeit leitete Hayek dann sein entscheidendes Argument ab: »In ihrer primitiven Form besaß die kleine Horde etwas, was für so viele Leute noch immer verlockend ist: einen einheitlichen Zweck oder eine gemeinsame Hierarchie von Zielen und eine bewußt durchgeführte Zuteilung der Mittel entsprechend der gemeinsamen Ansicht über die Verdienste der einzelnen.«[59]

Ganz unabhängig von der Frage, ob dieses Bild einer straff organisierten und auf klare gemeinsame Ziele ausgerichteten urzeitlichen »Horde« plausibel ist oder nicht – die evolutionsbiologisch und paläoanthropologisch informierte Forschung beurteilt Hayeks These allerdings ausgesprochen ungnädig[60] –, seinen argumentativen Zweck hat es erfüllt. Der Wunsch nach sozialer oder Verteilungsgerechtigkeit, ja überhaupt nach gemeinsamen Zielen oder Werten jenseits der persönlichen Freiheit der Einzelnen und jenseits der traditionellen Ordnung des »Rechts« musste in diesem Licht als ein funktionslos gewordenes Überbleibsel einer früheren Stufe der Evolution erscheinen, ein Atavismus so überflüssig wie ein Blinddarm und aus einer Zeit, als Homo sapiens noch in der Savanne jagte oder in Höhlen hauste. Hayek konzedierte zwar, dass der »vererbte« urzeitliche »Instinkt« und Wunsch nach Gemeinschaft in einer »Übergangsphase« zwischen der Horde und der modernen Gesellschaft von den monotheistischen Religionen zum Beispiel im Gebot der Nächstenliebe kodifiziert worden sei und sich bis heute kulturell reproduziere.[61] Das änderte aber nichts daran, dass der politische Konflikt zwischen Sozialismus und Liberalismus für ihn in Wahrheit ein Gegensatz zwischen Rousseau'scher Natursehnsucht und kühler Modernität war, zwischen »Stammesgesellschaft« und »Zivilisation«.[62]

Die Zivilisation, wie Hayek sie im Auge hatte, war ein »Spiel«, das klaren Regeln folgt. Denn der menschliche Fortschritt zumindest der letzten 300 Jahre bestand für ihn darin, dass die gesellschaftliche Koordination der einzelnen Individuen und ihrer Handlungen nicht mehr über »spezifische, obligatorische Ziele« erfolgt sei, sondern »durch abstrakte Regeln des Verhaltens«, im Wesentlichen durch die »Gesetze über Eigentum und Vertrag«. Dabei habe sich »das Spielen eines Spiels« herausgebildet, das sich »an gemeinsamen Indikatoren ausrichtete und die Bildung einer spontanen Ordnung förderte.«[63] Es ging Hayek um ein grundsätzliches Wissens- und Informationsproblem, das im Zentrum seines gesamten Denkens stand.[64] Schon die Liberalen des 18. Jahrhunderts hatten dem die Kornpreise regulierenden Staat vorgehalten, gar nicht alle Faktoren und Parameter kennen zu können, die die Preisbildung bestimmen, und daher den Markt mit ihren Interventionen in einer dysfunktionalen, seine Produktivität und optimale Verteilungswirkung störenden Weise zu behindern. Diese klassisch liberale Kritik, die im sprichwörtlichen *laissez faire, laissez passer!* gipfelte, formulierte Hayek abstrakter und kybernetisch informiert als eine Theorie von »Signalen«: Anstelle von gemeinsamen Werten und Zielen und einer diese Ziele durchsetzenden Autorität, die zu wissen glaubt, wie die Einzelnen zu handeln haben, seien es in der Gesellschaft der Moderne die Marktpreise, die als Signale aus der undurchschaubaren Komplexität des wirtschaftlichen Geschehens heraus den Einzelnen anzeigen würden, wie sie in ihrem besonderen Bereich und allein im Hinblick auf ihre eigenen Ziele zu handeln hätten. Das »abstrakte Preis-Signal« sei, so Hayek, »an die Stelle der Bedürfnisse bekannter Mitmenschen als Richtpunkt für die Anstrengung der Menschen«, etwas zu tun oder zu produzieren, getreten und habe damit die Produktivität aller wirtschaftlichen Leistungen in präzedenzloser Weise gesteigert. Denn dieses Signal erzeuge bei jedem Einzelnen das optimale, der

Allgemeinheit am besten dienende Verhalten und garantiere, dass das in der »großen Gesellschaft« verstreute, unüberschaubare Wissen »in Rechnung gestellt und genutzt werden kann«.[65]

Das war, wie Quinn Slobodian gezeigt hat, nicht nur gegen das Negativbeispiel der zentralistischen Wirtschaftslenkung in der Sowjetunion gerichtet – das war gewissermaßen geschenkt –, sondern vor allem gegen das auch im Westen nach wie vor große Hoffnungen weckende Konzept politischer beziehungsweise staatlicher Planung und Steuerung der Gesamtwirtschaft. Ökonomen wie namentlich Wassily Leontief, Wirtschaftsnobelpreisträger des Jahres 1973, aber auch die in der sogenannten G77 zusammengeschlossenen, für eine neue, faire Weltwirtschaftsordnung streitenden Entwicklungsländer oder sozialdemokratische Regierungen des Nordens glaubten, dass sich dank gesteigerter EDV-Rechenleistung auch komplexe, ja selbst globale wirtschaftliche Beziehungen analytisch durchdringen und bis zu einem gewissen Grad steuern ließen.[66] Hayek hätte nicht schärfer widersprechen können. Eine »zentrale Behörde«, so sein angesichts der Empirie sowjetischer Mangelwirtschaft zwar schlagendes, von dort aus aber ins Grundsätzliche verlängertes, gegen staatliche Planung überhaupt gerichtetes Argument, »kann nie alle einzelnen Tatsachen von Zeit und Ort kennen, die die Handlungen der Individuen leiten, die in das Informationssystem eingehen, das wir den Markt nennen«.[67] Der Wirtschaftsplanung und dem mit ihr verbundenen Rationalismus setzte er die Metaphern des Marktes als ein undurchdringliches Netzwerk von rückgekoppelten und sich gegenseitig verstärkenden oder dämpfenden Signalen entgegen, vor allem aber, um noch einmal Slobodian zu zitieren, die Metapher des Marktes als Naturphänomen, so geordnet wie »ein Fischschwarm, ein Neuronenkomplex, eine Galaxie«. Die Pointe dieses Arguments war, dass solche Strukturen sich als »spontane Ordnung« ausbilden, ohne dass jemand sie entworfen hätte – so wie eben auch ein Markt, auf dem freie Preisbildung herrsche.[68]

Diese metaphorische Operation ließ nun allerdings nicht nur den Markt als allgemeingültiges und gleichsam naturanaloges Ordnungsmodell erscheinen, wie Hayek das schon von der Ordnung des Rechts behauptet hatte, sondern machte im gleichen Zug auch die mit der wirtschaftlichen Ordnung verbundene »liberale Moral« zu einem Produkt der »kulturellen Evolution«.[69] Hayeks Konstruktion des »Atavismus« hatte schon gezeigt, dass er es glänzend verstand, ganze Urzustände und Evolutionsprozesse zu entwerfen, als deren Resultat ein gegenwärtiges Verhalten erschien, das er zuvor schon in den Rang normativer Geltung erhoben hatte.[70] Daher konnte er auch die »liberale Moral« als Produkt solcher Evolution und damit als natürlich, selbstverständlich und allgemeingültig darstellen. Es war eine Moral, die, wie Jessica White gezeigt hat, Hayek und andere Neoliberale als die Moral der »Menschenrechte« verstanden haben, das heißt als eine Moral, die auf dem fundamentalen Wert der Freiheit und Selbstbestimmtheit des Individuums basiere, die allerdings ihrerseits von Mises, Röpke und Hayek intrinsisch mit der Freiheit unabhängiger Wirtschaftssubjekte in einer Marktgesellschaft verknüpft wurden.[71] Es war daher auch eine einfache Moral, die, wie Hayek betonte, an die Einzelnen im Grunde nur negative Verhaltensanforderungen stellte. Das Marktspiel verlange allein, so Hayek, dass alle Spieler sich in fairer Weise an die Spielregeln – Eigentumsrechte und die Geltung von Verträgen – halten und »nicht betrügen«; sie müssen »sich allein von den abstrakten Signalen der Preise leiten lassen« und dürfen »im Geschäftsverkehr niemand weder aus Sympathie noch aus Gesichtspunkten des Verdienstes oder der Bedürfnisse bevorzugen«; nur für den engen Bereich der Familie würden andere Regeln des Verhaltens gelten. Insgesamt erfordere es das »Spiel« schließlich auch, dass die aus ihm resultierende, möglicherweise krasse Ungleichheit von allen Teilnehmenden als notwendige Voraussetzung der Produktivität und Effizienz des Marktes akzeptiert wird.[72]

Das gefährliche *supplément* des Politischen

Die Gesellschaft, die Hayek 1977 in den drei Artikeln in der *FAZ* entwarf, basiert zwar auf der Annahme einer gemeinsam geteilten *rule of law*, das heißt dem Respekt vor allgemeinen Regeln, kennt aber mit dem Preissignal im Wesentlichen doch nur ein einziges Prinzip der Steuerung und Koordination des gesellschaftlichen Zusammenhangs. Davon sollte es nur zwei Ausnahmen geben: Der schon erwähnte Bereich der Familie sowie jene Menschen, die aus irgendwelchen Gründen nicht fähig sind, ihr Leben im Markt zu erhalten; für sie konnte sich Hayek wie andere Neoliberale auch ein bedingungsloses Grundeinkommen vorstellen.[73] Als eine gewissermaßen halbe Ausnahme ließ er zudem staatliche Leistungen etwa im Bereich der Ausbildung, der Infrastruktur oder der Sicherheit zu; diese Dienstleistungen dürften jedoch nicht zu staatlichen Monopolen führen.[74]

Abgesehen davon, dass es selbstredend keine Garantie dafür geben kann, dass sich immer alle an die Spielregeln halten, zeigen diese zweieinhalb Ausnahmen, wie instabil Hayeks Konzept einer allein von Preissignalen koordinierte Gesellschaft war. Denn die Ausnahmen zeigen, dass es, wie er natürlich auch wusste, immer auch ein zweites, im weitesten Sinne politisches Prinzip gibt, das es über den angenommenen gemeinsamen Respekt vor einer traditionellen *rule of law* hinaus ermöglicht, sich nicht nur über Werte und Ziele zu verständigen beziehungsweise zu streiten, sondern sowohl Güter nach Maßgabe solcher Werte auszutauschen als auch gesellschaftliche Einrichtungen mehr oder weniger im Einklang mit ihnen zu gestalten. Hayek versuchte zwar, dieses politische Prinzip ganz auf die *rule of law* (über die kaum gestritten werden kann) sowie auf »akzeptierte Prämissen« und »einige Werte« zu reduzieren, die ebenfalls keine Debatte zu erfordern schienen.[75] Obwohl er betonte, dass solche nichtmarktförmigen Werte als ein gleichsam systemfremdes *supplément* dennoch »das unabdingbare Rahmenwerk für das friedliche Funktionieren einer komplexen Gesellschaft« darstellen – und es daher von vornherein ausgeschlossen sei, »die« Wirtschaft als eigenständig und getrennt von der Gesellschaft und von staatlichen Regelungen zu denken –, sind es doch die genannten Ausnahmen, die am Rand der Marktgesellschaft über die formale *rule of law* hinausweisen und daher als gleichsam materielle Repräsentanten des Politischen fungieren. Sie werden, wie ein kleiner, schmutziger Fleck, in seiner Darstellung nur ganz kurz sichtbar: dort, wo man nicht verhungern soll, wo in der Familie Arbeit gegen Liebe getauscht wird und wo der Staat zum Beispiel Sicherheit garantiert.[76]

Von diesem Rand her allerdings droht das gefährliche *supplément* des Politischen Hayeks Konzept des Koordinationsmechanismus des Marktes ständig zu unterminieren. Denn warum sollte man nicht mit einer Politik des Ausgleichs dafür sorgen, dass nicht nur das Verhungern, sondern auch Armut vermieden werden kann? Welche Regel und welche Macht verhindert, dass nichtmarktförmige Austauschformen nicht nur auf den engsten Familienkreis beschränkt bleiben, sondern auch entfernte Verwandte, Parteifreunde oder die eigene Nation einschließen – zum Beispiel in Gestalt von Zöllen? Und warum sollte »Sicherheit« nicht auch etwa eine strenge Umweltschutzgesetzgebung umfassen, die die Freiheit der Unternehmen einschränkt? Auch wenn der Umweltschutz augenscheinlich jenseits des Horizonts seiner Überlegungen lag, war all das für Hayek wie gezeigt ein »Atavismus« und ein jederzeit drohendes, gefährliches, »unbeschränkt demokratisches« oder »sozialistisches« Gegenprinzip zum »Spiel« des Marktes: ein Prinzip, das Gesellschaften unweigerlich dazu treibe, »ein im Wesentlichen totalitäres System einzuführen«.[77]

Damit wird verständlich, warum der Staat, den Hayek vor Augen hatte, in einer paradoxen Weise zum einen über weit weniger Macht verfügen soll als ein sozialistischer Planungsstaat, dennoch aber stark sein muss und nicht allzu demokratisch sein darf. Denn seine Aufgabe bestünde vornehmlich darin, die fragile Kunstnatur des Preismechanismus zu schützen und den Markt durch Gesetze und staatliche Aufsicht einzuhegen, um die Freiheit der auf ihm agierenden Subjekte zu sichern und gegen demokratisch vorgebrachte Umverteilungsansprüche abzusichern.[78] Ein solcher Staat würde nicht in Versuchung geraten, durch Interventionen in den Markt und Umverteilung über Steuern »aller Unzufriedenheit abzuhelfen«. Vielmehr sei »Enttäuschung, Mißgeschick und Not erleiden [...] eine Zucht«, der sich nicht nur »die meisten einer jeden Gesellschaft unterwerfen müssen«, sondern von der man überhaupt wünschen müsse, »daß sich ihr alle leistungsfähigen Personen unterwerfen«. Der Markt erzeuge keine harmonischen Verhältnisse, sondern, nicht zuletzt, weil er Wachstum generiere, dynamisch-unstabile – und er verhindere nicht, so Hayek, dass viele Menschen unzufrieden mit ihrer wirtschaftlichen Lage sind. Der Unterschied zwischen den Ungerechtigkeiten einer gelenkten Wirtschaft und der Ungerechtigkeit und Ungleichheit in einer Marktgesellschaft schien sich auf ein psychologisches Moment zu beschränken, das für Hayek aber wiederum nur ein anderer Name für individuelle Freiheit war: »In einer freien Gesellschaft« würden »solche Härten dadurch gemildert, daß kein menschlicher Wille sie auferlegt, sondern daß ihr Auftreten durch einen unpersönlichen Prozeß und durch Zufall bestimmt wird.«[79]

Friedrich von Hayek war, ganz offensichtlich, ein Moderner, der jeden Partikularismus und Gruppenegoismus verabscheute, sei er ständischer oder in seinen Augen »sozialistischer« Art. Er glaubte an die Allgemeinheit von Regeln, die eine freie Preisbildung auf Märkten ermöglichen und damit den Koordinierungsmechanismus freier Gesellschaften sichern sollten. Hinter jeder »sozialistischen« Umverteilungspolitik witterte er die nicht begründbaren Sonderwünsche von einzelnen Gruppen, während der Markt als Agentur eines zufälligen, im Ganzen aber gemeinsamen Schicksals fungierte, dem gegenüber Fragen der »Gerechtigkeit« als Kategorienfehler erscheinen mussten. Damit aber wurde der Markt unübersehbar zu einem Mechanismus der Singularisierung, weil es in der Gesellschaft, die Hayek in seinen programmatischen Artikeln in der *Frankfurter Allgemeinen Zeitung* entwarf, über die staatliche Sicherung und individuelle Befolgung abstrakter Regeln hinaus keine Verständigung über ein gemeinsames Gutes geben sollte. Hayek hätte dieser Singularisierungsthese zwar widersprochen: Die gemeinsame Bindung an die *rule of law*, so hätte er argumentiert, sei für die Sicherung des Zusammenhangs einer im Wesentlichen friedlichen Marktgesellschaft ausreichend. Er musste damit aber implizit eine bestimmte Art von Gemeinsamkeit, ein bestimmtes »Wir« voraussetzen: eine Art formlose und selbstverständliche, ja *gentlemanly* Übereinkunft, die ohne die Gewährleistung einer inkludierenden Gemeinsamkeit durch die »Konstruktion« eines Grundrechtekatalogs auskommt, ja diese sogar widersinnig erscheinen lässt. Der von Hayek postulierte Glaube an die *rule of law* war im Kern die Übereinkunft eines »Wir«, dessen traditionelle Begrenzungen durch Besitz, Geschlecht und Hautfarbe erst jene Homogenität erzeugten, die diesem »Wir« immer schon vorausgesetzt war.[80]

Aber auch eine auf diese Weise *de facto* gegen ein fremdes »Außen« abgesicherte Gesellschaft wurde nach Hayeks Auffassung nicht durch Politik gesteuert, sondern durch einen Mechanismus und durch Regeln, die evolutionär entstanden seien. Der Markt war im Verständnis Hayeks keine von Menschen konstruierte Maschine, die man manipulieren könnte, sondern war so undurchschaubar, so zufällig und so unbarmherzig wie eine dem Menschen gegenüber immer nur stumme, unbeherrschbare Natur.[81] Obwohl er betonte, dass es in der Urzeit der Horde keine »natürliche Freiheit« gegeben habe, sondern Freiheit vielmehr »ein Kunsterzeugnis der Zivilisation«[82] sei, war seine Beschreibung des Entstehens und des Funktionierens dieser Freiheit nach dem Bild natürlicher, vom Menschen nicht geschaffener und nicht zu beeinflussender Mechanismen geformt. Als Kunstnatur standen sie, wie seine ganze Argumentation, gleichsam im Schatten der Natur, abgeschirmt vor den Übergriffen des Politischen.

Die »Eiserne Lady«, der transatlantische Neokonservatismus und die Utopie der »freien Märkte«

In der Mitte der Siebzigerjahre blickten viele Zeitgenossen mit einer Mischung von Schrecken und Erleichterung auf den Kalten Krieg zurück: als eine Zeit, in der die Gefahr eines atomaren Armageddon unmittelbar bevorzustehen schien, in Berlin die Mauer gebaut wurde und in Prag sowjetische Panzer Dubčeks Reformkommunismus niedermachten. Die Rede vom »Atomkrieg« beziehungsweise vom »nuclear war« war jetzt vergleichsweise selten geworden, die beiden Supermächte bemühten sich um »Entspannung« und die Bundesrepublik strebte unter der Regierung Brandt im Verhältnis zur DDR und den osteuropäischen Staaten nach einem »Wandel durch Annäherung«. Die Schlussakte der »Konferenz für Sicherheit und Zusammenarbeit in Europa« (KSZE) 1975 in Helsinki schließlich weckte konkrete Hoffnungen auf ein friedliches Zusammenleben und einen ebensolchen Austausch zwischen den Blöcken.

Diese optimistischen Einschätzungen teilten nicht alle. Brandts Nachfolger Helmut Schmidt hatte am 28. Oktober 1977 in einer Rede im Londoner Institute for Strategic Studies amerikanische Geheimdiensterkenntnisse bekanntgemacht, dass die Sowjetunion begonnen habe, die neue atomar bestückte Mittelstreckenrakete RSD-10 »Pioner« (im NATO-Code die SS-20 »Saber«) in Gefechtsbereitschaft zu stellen. Diese mobile Trägerrakete mit ihren drei atomaren Sprengköpfen bedrohe erstmals nicht das Territorium der USA, sondern China und den Nahen Osten, vor allem aber Westeuropa; sie würde daher, so Schmidt, trotz der in den SALT-II-Gesprächen angestrebten atomaren Parität der Supermächte das strategische Gleichgewicht in Europa gefährlich destabilisieren.[83] Schmidt sprach weitgehend verklausuliert zu – vermutlich ausschließlich männlichen – Experten und Diplomaten, seine Londoner Rede fand daher in der Öffentlichkeit kaum Resonanz. Aber auch die Regierung Carter schenkte ihr wenig Gehör. Carters nationaler Sicherheitsberater Zbigniew Brzeziński wehrte sich dagegen, die SS-20 in die SALT-II-Verhandlungen aufzunehmen, um diese nicht zu verkomplizieren, und auch andere außenpolitische Experten warnten davor, übertriebene Bilder von der sowjetischen militärischen Bedrohung zu zeichnen.[84]

Deutlich weniger diplomatisch und auch viel pauschaler als Schmidt – und noch vor dessen Warnungen vor der SS-20 – hatte sich im Jahr zuvor in den USA im Vorwahlkampf der Republikanischen Partei Ronald Reagan, der parteiinterne Herausforderer des noch amtierenden Präsidenten Gerald Ford, über die sowjetische Bedrohung geäußert. Der ehemalige Gouverneur von Kalifornien und erklärte Konservative vom rechten Flügel seiner Partei griff Ford vor allem wegen dessen angeblich zu nachgiebigen Haltung gegenüber der Sowjetunion an. Ford und sein Außenminister Henry Kissinger hätten unter dem Zeichen der *détente* den Niedergang der amerikanischen Militärmacht zu verantworten, die USA seien strategisch hinter die Sowjets weit zurückgefallen und in »Angola, Kambodscha und Vietnam« sei der Friede, von dem Ford spreche, »der Friede des Grabes«. Reagan verlor den Vorwahlkampf gegen Ford nur äußerst knapp und stellte sich dann hinter den Präsidenten, aber seine Botschaft war in der Partei und in den nationalen Medien angekommen. Die »individuelle Freiheit« in Amerika sei durch die militärische Überlegenheit der Sowjetunion bedroht und es gelte, so Reagan am Ende seiner kurzen Rede auf dem Parteitag der Republikaner im August 1976, einzig das unversöhnliche Motto von General MacArthur: »There is no substitute for victory« – »es gibt keine andere Option als den Sieg«.[85]

Ganz ähnliche Töne waren gleichzeitig in Großbritannien zu vernehmen. Sie kamen von der konservativen Oppositionspolitikerin Margaret Thatcher, die 1975 den in zwei nationalen Wahlen als Premierminister knapp geschlagenen und politisch geschwächten Tory-Parteichef Edward Heath vom Vorsitz der Konservativen verdrängt hatte und zum ersten weiblichen »leader« einer großen politischen Partei eines westlichen Staates aufgestiegen war.[86] Am 19. Januar 1976 richtete sie in einer Rede in der Londoner Kensington Town Hall unter dem Titel »Britain Awake« das Visier ihrer von einem Team von Redenschreibern scharf geschliffenen Rhetorik auf den sowjetischen Feind. In sehr unverblümten Worten, die wie eine aus der Zeit gefallene Kampfansage an den Kreml wirken mussten, geißelte sie die in ihren Augen unmittelbare Bedrohung der Freiheit des Westens durch die sowjetische militärische Aufrüstung: »Die Russen sind auf die Weltherrschaft aus, und sie eignen sich rasch die Mittel an, um die mächtigste imperiale Nation zu werden, die die Welt je gesehen hat.« Daher nütze die Sowjetunion die *détente*, die Abrüstungsgespräche und »Helsinki« schamlos zu ihrem eigenen militärischen Vorteil; Thatcher zitierte gar Solschenizyns Behauptung, der Westen befände sich im »Dritten Weltkrieg« gegen die Sowjetunion und verliere dabei immer mehr an Boden; es sei dies ein Krieg, zu dem sie nicht nur die »kommunistische Aggression« in Indochina und die sowjetische Unterstützung der MPLA in Angola zählte, sondern zum Beispiel auch die Nelkenrevolution in Portugal. Für Thatcher bedeutete dieses »Vorrücken der Macht des Kommunismus«, dass der westliche »Lebensstil« insgesamt bedroht sei. Daher gäbe es »Momente in unserer Geschichte, in denen wir eine grundsätzliche Wahl zu treffen haben«. Unausgesprochen, aber doch für alle verständlich bedeutete dies, dass es mit der Sowjetunion keine Kompromisse und letztlich auch keine Koexistenz geben könne.[87]

Diese fraglos fulminante Rede, die weltweit mediale Aufmerksamkeit erregte und zu der Thatcher schon einmal probehalber in die etwas größeren Schuhe eines Staatschefs geschlüpft war, hatte sie erkennbar nicht nur als »Weckruf« an Großbritannien und die NATO konzipiert, sondern auch als eine wohlkalkulierte Provokation der Sowjetunion. Deren Armeezeitung *Roter Stern* reagierte umgehend und kanzelte Thatcher spöttisch als »Eiserne Lady« ab – eine Invektive, die ihr gefiel. Doch ganz unabhängig davon, ob Thatchers alarmistische Beschreibung des militärischen Potentials der Sowjetunion die Sachlage richtig wiedergab – es existierten dazu auch ganz andere Einschätzungen –, war schon an der Rede selbst erkennbar, dass es allein darum gar nicht ging. Es seien vielmehr grundsätzlich die »Exzesse des Sozialismus«, die nicht nur wegen gefährlich niedriger Verteidigungsausgaben der Labour-Regierung, sondern ebenso in Gestalt ihrer »sozialistischen« Wirtschaftspolitik »das Überleben unseres *way of life*« bedrohe. Thatcher war, wie man sehen wird, eine aufmerksame Leserin Hayeks. Der Unterschied zwischen der Sowjetunion und Labour war für sie nicht grundsätzlicher, sondern bloß gradueller Natur, was sie gleich zu Beginn der »Britain Awake«-Rede mit der mehr als spitzen Bemerkung unterstrich, Sozialisten würden sich nicht vor russischen U-Booten und Raketen fürchten, weil »vielleicht einige Leute in der Labour Party denken, wir stünden auf derselben Seite wie die Russen«.[88]

Diese polemische Verbindungslinie zwischen einer wiederentflammten Rhetorik des Kalten Krieges und der innenpolitischen Denunziation des wohlfahrtsstaatlichen Kompromisses der Nachkriegszeit als »Sozialismus« war typisch für Thatchers offensiven Konservatismus, der kurz nach ihrer Wahl zur Parteichefin auf den Neologismus »Thatcherism« gemünzt wurde, weil er für die konservative Presse anfänglich verwirrend neu und schwer zu fassen war.[89] Aber dieser neue Konservatismus war nicht einfach Thatchers Erfindung. Er prägte auch, um damit zu beginnen, das Programm des 1976 knapp gescheiterten Präsidentschaftskandidaten Reagan. Dieser eröffnete seine Reden während des parteiinternen Wahlkampfes jeweils mit der Geschichte einer »welfare queen«, die er – mit allerdings falschen, maßlos übertriebenen Zahlen – als Inkarnation der angeblich systematischen und strukturellen Missbräuche präsentierte, zu denen die sozialen Sicherungssysteme einladen würden. Reagan forderte die einschneidende Reduktion der staatlichen Sozialprogramme zugunsten jener, die sie »wirklich brauchen«, versprach, als Präsident die »Diskriminierung der Weißen« zu beenden, und wurde nicht müde, den Gegensatz zwischen der staatlichen Bürokratie in Washington und der persönlichen Freiheit des Einzelnen beziehungsweise »Us, the people« zu betonen. Sein wichtigster *talking point* aber war die Bekämpfung der Inflation durch die Reduktion staatlicher Ausgaben, und zwar »um jeden Preis«. Gestärkt werden sollte durch den Abbau staatlicher Leistungen aber nicht nur das defizitäre Bundesbudget, sondern vor allem das freie Unternehmertum, der Geist der Selbständigkeit und die »freedom of choice«.[90]

Viele Elemente dieser neuen konservativen Agenda waren in den USA seit den Dreißigerjahren am rechten Rand des politischen Spektrums unter den Gegnern des New Deal virulent. Nach dem Krieg wurden sie, abgesehen vom generellen Antikommunismus nicht nur der Konservativen, durch die Romanautorin und Philosophin Ayn Rand radikalisiert und zum Beispiel in Barry Goldwaters *The Conscience of a Conservative* (1960) der republikanischen Partei als radikal konservative Plattform angeboten. Goldwater zog zwar in der Präsidentschaftswahl von 1964 gegen Lyndon B. Johnson den Kürzeren und schien mit seiner krachenden Niederlage auch die Hoffnungen der harten Rechten zerstört zu haben. Es war daher der als Goldwater-Alternative aufgebaute Hollywood-Schauspieler und langjährige PR-Redner für General Electric, Ronald Reagan, der gleichsam die Fackel übernahm und die Agenda jener Rechten, denen auch Richard Nixon zu links war, in seiner hundertfach gehaltenen Standardrede, die politische Radikalität in freundlich-unterhaltsame Worte verpackte, dem wohlfahrtsstaatlichen Konsens und dem linksliberalen *zeitgeist* entgegenhielt.[91] Publizistisch wirkungsvoll unterstützt wurde diese Strömung durch das antikommunistische Magazin *National Review*, das der Politologe, bekennende Katholik und ehemalige CIA-Agent William F. Buckley Jr. 1955 gegründet hatte – 1966 gefolgt von der erfolgreichen Lancierung seiner Fernseh-Talkshow *Firing Line*. Als der seit seiner Erziehung in englischen Privatschulen ein dezidiert britisches *Upper-class-*

Englisch sprechende Buckley nochmals elf Jahre später, im November 1977, Friedrich von Hayek zum Gespräch ins Studio lud, waren nicht zufällig der Sozialstaat und besonders die Arbeitslosenversicherung das Ziel ihrer scharfen Kritik; Hayek nannte die Arbeitslosigkeit »zu großen Teilen« eine »Präferenz« von jungen Leuten, die keine Lust auf geringbezahlte Jobs hätten.[92]

Mit zu diesem langsam anschwellenden Gesang neokonservativer Stimmen, die seit der Mitte der Siebzigerjahre auch unter Intellektuellen ein zunehmend größeres Echo fanden, gehörten schließlich die beiden Publizisten Norman Podhoretz, Chefredakteur des vom American Jewish Committee verlegten Magazins *Commentary*, und Irving Kristol, Mitherausgeber von *The Public Interest*. Kristol, der auch zum ausgewählten Kreis von Kommentatoren des *Wall Street Journal* zählte, läutete dort am 21. März 1977 in einem aufsehenerregenden Op-Ed unter dem Titel »On Corporate Philanthropy« die Alarmglocke. Er warnte vor einer »New Class« von staatsgläubigen Intellektuellen und Meinungsmachern, die die Bildungseinrichtungen und die Medien beherrsche und dort systematisch ein unternehmer- und wirtschaftsfeindliches Klima schaffe. Unternehmer und reiche Geldgeber nähmen diese Subversion bei ihren wohltätigen Zuwendungen namentlich an Universitäten viel zu wenig ernst; Kristol rief sie daher auf, der *New Class* das Geld zu entziehen und Stiftungen zu gründen, die die Werte des freien Unternehmertums vertreten. Vor allem aber sollten sie »dissidente« Intellektuelle, die »an individueller Freiheit und einer begrenzten Regierung [*limited government*]« interessiert seien, auf ihre Seite ziehen, um »das Klima der öffentlichen Meinung zu verändern«. Nur so, indem man die *New Class* spalte und in sie eindringe, ließe sich dieser »Krieg der Ideen und Ideologien« letztlich gewinnen.[93]

Kristols Schlachtruf wurde weiterum gehört beziehungsweise verlieh einer schon begonnenen Bewegung das Label eines neuen ideologischen »Krieges« – eines Krieges nicht gegen die Sowjetunion, sondern gegen linksliberale Intellektuelle und Medien. Die sich in den Siebzigerjahren schnell ausdehnende publizistische und intellektuelle Kultur der neokonservativen Rechten basierte tatsächlich nicht zuletzt auf der verstärkten finanziellen Unterstützung von privaten akademischen Einrichtungen zur Politikberatung wie vor allem die Hoover Institution (an die Milton Friedmann 1977 von der University of Chicago wechselte) oder das American Enterprise Institute (wo Kristol als *in-house scholar* tätig war), aber auch durch Neugründungen wie namentlich die Heritage Foundation

(1973). Das American Enterprise Institute war im Übrigen auch derjenige Think-Tank, der die neokonservative Forderung nach Deregulierung und Inflationsbekämpfung am wirkungsvollsten vorantrieb und 1977 die Regierung Carter erfolgreich auf eine Deregulierungspolitik zu verpflichten half.[94]

Neben den Neokonservativen wurden aber zunehmend auch Stimmen einer ganz neuen Art von Rechten hörbar. Dazu zählten zum Beispiel der Harvard-Philosoph Robert Nozick, der mit seinem breit rezipierten Buch *Anarchy, State, and Utopia* (1974) und der Forderung nach einem sich strikt auf polizeiliche Sicherheitsaufgaben beschränkenden »Minimalstaat« einen libertären Gegenentwurf zu John Rawls' *A Theory of Justice* (1971) vorlegte, oder der von Ludwig von Mises inspirierte Ökonom Murray Rothbard, der unermüdliche Antreiber der lange Zeit nur sehr kleinen libertären Bewegung. Institutionell festigte sich diese Strömung mit der Gründung der Libertarian Party (LP) 1971, besonders aber mit dem Cato Institute, das von Edward H. Crane, dem Vorsitzenden der LP, dem Chemie- und Ölindustriellen Charles G. Koch sowie Murray Rothbard gegründet wurde und am 1. Januar 1977 in San Francisco seine Tore öffnete.[95]

Cato verfolgte nicht einfach nur eine konservative oder wirtschaftsliberale Linie, sondern ein, so Rothbard, »anarcho-kapitalistisches« Programm, das die Eigentums- und Selbstbestimmungsrechte des Individuums nach dem Muster eines der Natur ausgesetzten Robinson Crusoe absolut setze und staatliche Strukturen bis auf rein polizeiliche Sicherheitsaufgaben ablehne.[96] Das war ein Radikalismus ganz eigener Art, der sich selbst von den Neokonservativen zu distanzieren suchte. In der von Cato im November 1977 lancierten Zeitschrift *Inquiry* stellten die Herausgeber unter der Leitung von Ed Crane sich als Intellektuelle »jenseits von links und rechts« vor, die dem »Staatssozialismus« ebenso ablehnend gegenüberstünden wie dem »Staatskapitalismus« und die ihren Feind in einer neuen Klasse von Bürokraten erblickten, die gleichermaßen im Westen, im Osten und in der »Dritten Welt« ihre Macht »in alle Aspekte unseres täglichen Lebens ausdehnen«. Sie unterstützten den Kampf »für bürgerliche Freiheiten und Menschenrechte«, beklagten die »Unterdrückung ethnischer und anderer Minoritäten« und betonten die »notwendigen Grenzen der Macht jeder Regierung und die natürlichen und unveräußerlichen Rechte aller Männer und Frauen auf Leben, Freiheit und *the pursuit of happiness*«.[97] Das erinnerte nicht zufällig an Grundsätze der amerikanischen Verfassung und ebenso daran, dass gleichzeitig viele Linke vom Glauben an einen starken Staat abgefallen waren. Dieser Linie entsprach schließlich auch die Botschaft des prominenten Philosophen und Theologen Ivan Illich, der im ersten *Inquiry*-Artikel eines international angesehenen Intellektuellen recht apodiktisch, aber absolut im Takt mit vielen unruhigen Geistern auf der Rechten wie der Linken feststellte: »Unser Zeitalter wird erinnert werden als die Zeit, in der die Experten [*professionals*] die Kontrolle übernahmen und wir die Fähigkeit verloren haben, für uns selbst zu denken und zu handeln.«[98]

Nicht alle Zeitschriften im libertären Umfeld waren indes so feingeistig wie *Inquiry*. In dem dieses publizistisch-politische Segment dominierenden Monatsmagazin *Reason* mit dem sprechenden Untertitel *Free Minds and Free Markets* fanden nicht nur Intellektuelle und rechte Utopisten, sondern auch hippe Kapitalisten Lesestoff – in der Juni-Nummer von 1977 beispielsweise mit Artikeln wie »Making the Most of Your Swiss Bank Account« oder »How to Obtain a Second Passport – And Why You May Need One«.[99] Den Leserinnen und Lesern von *Reason* blieb jedenfalls nicht verborgen, dass die »Freiheit«, die vor allem die Libertären meinten, immer zuerst als »free markets« und Abwesenheit staatlicher Kontrolle vorgestellt wurde.

Die Ausbreitung neokonservativer, neoliberaler und libertärer Ideen war nicht auf die USA beschränkt, sondern hatte, nicht zuletzt auch dank wechselseitiger Kontakte über den Atlantik hinweg, vor allem in Großbritannien eine auffallende Parallele. Ein Beispiel dafür war die Gründung des Adam Smith Institute (ASI) in London im August 1977 durch drei junge schottische Ökonomen und politische Berater, die zuvor ein paar Jahre lang in den USA für republikanische Kongressabgeordnete und für die Heritage Foundation gearbeitet hatten. Das Ziel des nach dem Vorbild von Heritage konzipierten ASI war es, streng marktwirtschaftlich, wenn nicht libertär ausgerichtete wirtschaftspolitische Konzepte in konkrete *policy papers* zu übersetzen, um dem Schattenkabinett der Konservativen Partei Ideen für eine radikal neue Wirtschaftspolitik zu liefern.[100]

Neben solchen intellektuellen Initiativen entstanden in der Mitte der Siebzigerjahre am rechten Rand der politischen Landschaft Großbritanniens aber auch einfacher gestrickte Protestbewegungen wie insbesondere die National Association for Freedom (NAFF), gegründet vom Herausgeber des *Guinness Book of Records*, Ross McWhirter, der dank des damit verdienten Geldes vierzehntäglich die Zeitschrift *Majority* mit dem farbenfrohen Untertitel *The Organ of the Radical Right – Journal of Free Enterprise and Self-Help* auf den Markt bringen konnte. Dazu kam aber auch, dass konservative Medien wie vor allem *The Daily Telegraph* oder *The Spectator* schon seit längerem nicht nur eine wirtschaftsliberale Linie vertraten und sich gegen den *de facto* sozialdemokratischen, aber auch von den Tories mitgetragenen Nachkriegskonsens stellten, sondern sich, darüber hinausgehend, zur entstehenden britischen »New Right« zählten.[101]

»Viktorianische Werte«

Zur zentralen Figur dieser Bewegung wurde etwas überraschend die bis dahin als nicht besonders profiliert geltende ehemalige Erziehungsministerin im Kabinett Heath, Margaret Thatcher. Ihre in der Regel ausgeprägt chauvinistischen Parteikollegen hatten sie allerdings unterschätzt. Schon 1974 hatte Thatcher zusammen mit Keith Joseph vom rechten Flügel der Tories das Centre for Policy Studies (CPS) gegründet, um sich damit außerhalb der etablierten Parteistrukturen eine intellektuelle Basis für ihren Feldzug gegen die Denkroutinen des konservativen Establishments – und zur Eroberung der Macht – zu schaffen.[102] Keith Joseph, der wie Thatcher Minister im Kabinett Heath (1970-74) gewesen war und jetzt wie sie im Schattenkabinett saß, hatte ihre Kampfkandidatur für den Parteivorsitz vorbereitet; er hatte ihr auch Friedrich von Hayek – dessen *The Road to Serfdom* sie als Studentin gelesen hatte – ganz oben auf die Leseliste gesetzt und stand überdies mit Hayek in Briefkontakt.[103]

Daher bekannte sich das *Policy*-Manifest *Objectives and Styles* des CPS, das Thatcher und Joseph im Frühjahr 1975 publizierten, auch ausdrücklich zu Hayeks Philosophie, wenn auch ohne seinen Namen zu nennen. Der Markt sei nicht nur, hieß es hier zuerst erwartungsgemäß, »entscheidend [*vital*] für Freiheit und Wohlstand«, sondern reflektiere vor allem »ein Konzept von Gesellschaft als organisch und weitgehend spontan [entstanden], gemäß Entwicklungsgesetzen, die weit davon entfernt sind, ganz verstanden zu sein und die auch gar nicht vollständig verstanden werden können, weil wir selbst in den Prozess involviert sind, den wir zu verstehen suchen und in welchem wir handeln müssen«.[104] Thatcher und Joseph formulierten damit in gedrängter Form Hayeks skeptische, reflexive und gewissermaßen interpretative Epistemologie: Die

»spontane« Ordnung des Marktes sei als Ganzes nicht durchschaubar, zum einen, weil sie evolutionär entstanden ist und nicht menschlicher Planung entsprang, und zum andern, weil man die Signale des Marktes immer nur aus der je eigenen Perspektive als in den Markt verwickelter und handelnder Akteur interpretieren könne, ohne damit aber zu einem gesicherten Wissen *über* den Markt zu gelangen. Doch dieser erkenntnisskeptische Vorbehalt bedeute gleichwohl nicht, dass man nicht versuchen soll, »den Markt und seine Gesetze zu verstehen« – im Gegenteil: Man müsse ihn so gut wie möglich verstehen, »um ihn besser kontrollieren zu können, genauso, wie wir versuchen die Gesetze der Natur zu verstehen und mit ihnen zu arbeiten, um unsere natürliche Umwelt zu kontrollieren.«[105]

»Kontrollieren« war allerdings ein ambivalenter Begriff. Er bedeutete für Thatcher und Joseph keinesfalls die Steuerung der Wirtschaft, sondern vielmehr, den Markt so einzuhegen und zu schützen, dass er wie eine »natürliche Umwelt« funktionieren könne. Um diesem abstrakten Konzept eine konkrete Gestalt zu geben, nannten sie als ihre wirtschaftspolitische Referenz die deutsche Soziale Marktwirtschaft (»social market economy«) beziehungsweise sprachen sie von einer *free market economy*, »die im menschlichen System von Gesetzen und Institutionen funktioniert«. *The system* ist menschengemacht – *the market* als solcher nicht. Thatcher und Joseph blendeten mit ihrem wiederholten Hinweis auf das deutsche Vorbild allerdings großzügig die Tatsache aus, dass in der Bundesrepublik starke Gewerkschaftsverbände mit der Regierung als »Tarifpartner« flächendeckende Lohnverhandlungen führten – also genau das, was sie sowohl Labour wie auch der Regierung Heath vorwarfen. »Social market economy« meinte mithin nicht die sozialdemokratische Interpretation und Realität der Sozialen Marktwirtschaft, sondern die Erhard'sche Idee einer »freien« Wirtschaft im Rahmen eines allein diese Freiheit sichernden Rechtsstaates.[106]

Margaret Thatcher tat als Oppositionsführerin und neue Gallionsfigur der britischen Neuen Rechten alles, um ihr politisches Programm möglichst breit bekannt zu machen. Auf zwei sorgfältig vorbereiteten Reisen in die USA 1975 und 1977 hielt sie Vorträge an Universitäten und sozialwissenschaftlichen Forschungsinstituten, sprach mit Kongressabgeordneten, wurde von den Präsidenten Ford und Carter empfangen und wiederholte schließlich ihre Botschaft in Zeitungs- und Fernsehinterviews, die ein Millionenpublikum erreichten.[107] Aber sie trat natürlich auch in Großbritannien selbst auf, zudem auf dem »Kontinent«, etwa auf dem CDU-Parteitag im Mai 1976 in Hannover, dann ein knappes Jahr später vor der Volkswirtschaftlichen Gesellschaft in Zürich – und zwischendurch sogar in Sydney, Australien. Die wichtigsten ihrer vielen Reden, darunter »Britain Awake«, publizierte sie im Herbst 1977 in einem kleinen Buch im Verlag des Centre for Policy Studies.[108]

Ein ständiges Motiv dieser *speeches* war zuerst Thatchers hier nicht weiter interessierende Kritik am »Sozialismus« im Allgemeinen – unter anderem gestützt auf Irving Kristols Aufsatz »Socialism: Obituary for an Idea« von 1977 – und an der Labour-Regierung im Besonderen.[109] Die dramatische wirtschaftliche Lage, in der sich Großbritannien schon vor der Wirtschaftskrise des Jahres 1974 befunden hatte, die hohe Steuerlast und der Dauerkonflikt mit den Gewerkschaften, den Heath nicht hatte lösen können, verlieh dieser Polemik zwar (zumindest) in den Augen der britischen Mittel- und Oberschicht eine offenkundige Plausibilität; Thatcher weckte die Erwartung, dass die von ihr gepredigte radikale Abkehr von der »mixed economy«, das heißt dem sehr hohen Anteil von staatseigenen Unternehmen an der Gesamtwirtschaft, das Vereinigte Königreich wieder auf einen Wachstumspfad zurückführen würde.[110] Doch als Oppositionsführerin musste sie den entsprechenden Praxistest noch nicht bestehen. Sie konnte sich ganz in Fundamentalkritik an der bisherigen Politik üben und dieser ihre, wie sie sagte, »Vision« einer radikalliberalen Erneuerung der Wirtschaft in Verbindung mit einer neokonservativen Idee von Gesellschaft entgegenhalten.[111]

Thatchers wirtschaftspolitische Vorstellungen bewegten sich weitgehend im diskursiven Schema Hayeks, den sie in den ihren Reden beigefügten Fußnoten mehrfach zitierte, sowie Erhards, dessen *Prosperity through Competition* (1958) sie kannte.[112] In einer Wirtschaft mit freien Unternehmen würden der Konsument, die Konsumentin »ständig ihre Wünsche und Präferenzen signalisieren«, denn »jedes Mal, wenn sie in einen Laden geht, stimmt die Hausfrau mit ihrem Geldbeutel ab«. Das sei eine »souveräne Wahl«, die die »Verantwortlichkeit« aller Konsumenten und Produzenten als Mitglieder einer »freien Gesellschaft« erfordere. Daher sei »free enterprise« auch »ein viel demokratischeres System«, weil private Unternehmen im Gegensatz zu staatlichen auf Preissignale reagieren müssten.[113] Diese Verschiebung der diskursiven Koordinaten von der Freiheit einer demokratischen Wahl auf die Freiheit der Konsumwahl, die ebenfalls ganz Hayeks politischer Linie und Erhards Implikationen folgte, ergänzte Thatcher mit der entsprechenden Forderung, der Staat müsse sich darauf beschränken, einen »Rahmen und ein Klima« zu schaffen, »in dem Unternehmen aufblühen können«, während im Gegensatz dazu der »zentrale Planer« gar nicht das Wissen haben könnte, den Wirtschaftsprozess zu steuern. Erst mit dieser Freiheit der Unternehmer seien wieder private Profite als Zeichen wirtschaftlicher Produktivität und zur Schaffung privaten Reichtums möglich. Und wenn schließlich diese Profite nicht über Steuern an den Staat flößen und dieser daher gezwungen werde, weniger auszugeben und sein Budget auszugleichen, könne auch die Inflation unter Kontrolle gebracht werden.[114]

Thatcher hatte allerdings eine mit diesen neoliberalen Argumenten zwar eng verbundene, davon aber auch unterscheidbare (neo)konservative Vision einer »gesunden« Gesellschaft. Eine »healthy society«, von der sie im Dezember 1976 an der nationalen Social Service Conference in Liverpool sprach, sei eine, in der erstens »die überwiegende Mehrheit der Menschen darin ermutigt und unterstützt werden, ihre Verantwortung für sich selbst und ihre Familien zu akzeptieren und ihr Leben mit einem Maximum an Unabhängigkeit und Eigenständigkeit [*self-reliance*] zu leben« – und nicht auf Hilfe vom Staat zu warten. Zweitens sei dies eine Gesellschaft, »wo sich jeder verantwortlich für die Gemeinschaft [*community*] fühlt, in der er arbeitet und lebt«. Und drittens schließlich sei »die Familie der Fels [*bed-rock*], auf dem die gesunde Gesellschaft errichtet werden muss«.[115]

Der Unterschied zu Hayeks unterkühlter Gesellschaftstheorie war eklatant: Bezogen auf diejenigen, die aufgrund ihres Alters oder körperlicher Beeinträchtigungen nicht für sich selbst sorgen können, dachte Thatcher nicht an eine staatliche Absicherung, zum Beispiel in Gestalt eines bedingungslosen Grundeinkommens. Und sie konzipierte den gesellschaftlichen Zusammenhang, mithin das Allgemeine und Gemeinsame, auch nicht bloß als implizite Anerkennung der *rule of law* und ansonsten als ein Vernetzungseffekt des Marktes – geschweige denn, dass sie in ihren Reden evolutionstheoretische Argumente benutzt hätte. Vielmehr sprach sie in durchaus emphatischer Weise von der »Gemeinschaft«, der *community*, in der man aufeinander schaue und sich mit den Ressourcen der eigenen Familie und des eigenen Vermögens um den Nächsten kümmere. Die »Werte«, die dieses Handeln und dieses Gesellschaftsbild motivierten, seien »viktorianische«, wie Thatcher nicht müde wurde zu betonen. Das Zeitalter der Königin Victoria sei nicht nur eine Zeit des freien Unternehmertums und der Privatinitiativen auf allen Feldern der Wirtschaft sowie eine Blütezeit der wissenschaftlichen und technischen Innovation gewesen, sondern auch und damit intrinsisch verbunden eine Zeit der selbstlosen Wohltätigkeit bis hin zur privaten Errichtung von Schulen, Spitälern oder Waisenhäusern.[116]

Diese »viktorianischen Werte« und diese Moral basierten, so Thatcher, auf »unserer Religion« und begründeten auch den Erfolg der westlichen Welt: Sowohl deren Ökonomie wie auch die abendländische Moralphilosophie seien »überlegen, weil sie mit dem Individuum, seiner Einzigartigkeit, seiner Verantwortlichkeit und seiner Fähigkeit zu wählen [*capacity to choose*] beginnen«. Nur ein Individuum, dem die Freiheit der Wahl nicht durch einen übermächtigen Staat weggenommen werde, könne daher ein moralisches Individuum sein – und kein »moralischer Krüppel«, wie ihn auch übermächtige Parteien oder Gewerkschaften hervorbrächten.[117]

Das Subjekt, wie die abendländische Philosophie es über verschiedene Etappen und Wendungen entworfen hatte, nur »frei« zu nennen, weil und insofern es auch für sein Handeln moralisch verantwortlich sei, war zweifellos nicht das Auffallende an Thatchers Vision. Auffallend war, dass die Gemeinschaft, die sie vor Augen hatte, und das Allgemeine, das diese Gemeinschaft konstituierte, nicht als ein auf Gleichheit basierendes Gemeinsames gedacht wurden, sondern, ausgehend von dem von ihr proklamierten »right to be unequal«, als eine zwar moralisch verpflichtende, dennoch aber freiwillige Geste der Reichen gegenüber den weniger Glücklichen. Die Freiheit, von der Thatcher sprach, ruhte nicht auf dem »Fels« der Familie, sondern auf dem Fundament der Ungleichheit.[118]

Als Margaret Thatcher am 14. März 1977 in der Aula der Universität Zürich ans große, aus Marmor gehauene Rednerpult trat, an dem 1946 Winston Churchill seine berühmte Rede zur Erneuerung Europas gehalten hatte, wollte sie dem von ihr bewunderten Vorgänger nicht nachstehen und stellte ihre Ausführungen selbstbewusst unter den Titel »The New Renaissance«. Es war eine Rede voller Glauben an eine lichtvolle Zukunft: In Großbritannien zeichne sich ein »fundamentaler Wandel« ab, aber das gelte auch für das übrige Europa. Vor einem Jahr noch hätte sie nur betonen können, dass sie an Großbritanniens »Fähigkeit zu überleben« glaube, »heute« aber »bringe ich Ihnen Optimismus«, so Thatcher: »Ich habe Gründe zu glauben, dass ein Gezeitenwechsel bevorsteht« – dass die Flut des Kollektivismus, Sozialismus und Dirigismus zurückgehe. Natürlich sei die wirtschaftliche Lage in Großbritannien nach wie vor dramatisch, aber »die dunkelste Stunde ist immer jene vor der Morgendämmerung« und, mit einer weiteren Naturmetapher des Wandels und des Neuanfangs: »Unsere Krankheiten produzieren ihre eigenen Antikörper.«[119] Die *Neue Zürcher Zeitung* merkte in ihrem kurzen Bericht über die Rede zwar nüchtern an, man habe »doch einige konkrete Ausführungen zu den brennenden Fragen der englischen Industriegesellschaft, zum Gegeneinander der traditionellen Gesellschaftsklassen, zum destruktiven Wettbewerb der Gewerkschaften unter sich und zu den zentrifugalen Kräften im Vereinigten Königreich« vermisst.[120] Aber Thatcher war es in allen ihren Reden weit mehr um eine ideologische Neuausrichtung zu tun als um die verwickelten Probleme des Regierens einer überalterten Industriegesellschaft. Daher sprach sie in Zürich auch nicht über konkrete Probleme, sondern verwies am Schluss auf Churchills Rede von 1946: Dieser habe nach einem »Glaubensakt [*act of faith*] zur Wiedererschaffung der europäischen Familie gerufen«; heute sei in ähnlicher Weise ein »Glaubensakt von uns allen erforderlich, um wieder eine freie Gesellschaft zu schaffen«.[121]

Exkurs: Der Spieler

Als der amerikanische Präsident Gerald Ford 1975 mit seinen Beratern darüber sprach, ob er auf die Hilferufe der Stadtverwaltung von New York angesichts ihrer dramatischen Finanzkrise mit Kreditzusagen antworten sollte, rief sein Stabschef Donald Rumsfeld in die schweigende Runde: »Not just ›No‹. But ›Hell No‹!«[122] Rumsfeld und die anderen jungen, neokonservativen Mitglieder von Fords Stab plädierten für eine harte Austeritätspolitik als einzigen Ausweg aus der Krise New Yorks; die Stadt würde so auch zu einem Modell dafür werden, wie man den Rückbau des Sozialstaats bewerkstelligen könne, um das Budget auszugleichen. Auch wenn Ford sich dann doch noch zu gewissen Hilfen durchrang, kam die Botschaft in New York an – beziehungsweise war im Grunde schon vorher klar: Die Stadt musste selbst versuchen, durch massive und äußerst schmerzhafte Kürzungen ihre Finanzen wieder auf Kurs zu bringen. Neben diesen oben bereits kurz geschilderten tiefen Einschnitten ins soziale Netz entwickelte die Stadtverwaltung unter Bürgermeister Abraham »Abe« Beame aber auch noch eine andere Strategie: New York sollte versuchen, durch lukrative Steuererleichterungen potente Investoren dafür zu gewinnen, in große Erneuerungsbauten zur wirtschaftlichen Aufwertung des städtischen Raums zu investieren.

Für diesen Plan gab es auch bereits ein erstes Projekt. Der 29-jährige Immobilienmakler Donald J. Trump hatte der Stadtverwaltung vorgeschlagen, das heruntergekommene, 1910 von der jetzt bankrotten Penn-Central-Eisenbahngesellschaft errichtete Commodore-Hotel gegenüber der Grand Central Station grundlegend zu erneuern. Trump versprach, an die 100 Millionen US-Dollar aufzubringen, um das 26-stöckige Commodore bis auf sein Stahlgerüst abzuwracken und in einen verspiegelten Neubau zu verwandeln, in dem die Hyatt-Gruppe ein erstklassiges Hotel betreiben würde – unter der Voraussetzung allerdings, dass ihm als »real estate promoter« die entsprechenden Steuern erlassen werden.[123]

Dieser von Trump eingefädelte Deal war, wie die *New York Times* im März 1976 bemerkte, der »Prototyp« und erste Test eines Programms zur Stadterneuerung durch Steuervergünstigungen, das durchaus auf Zustimmung vieler Experten stieß – er war das Modell für die strategische Neuorientierung weg vom Sozialstaat, hin zur Förderung reicher Investoren und Ausländer aus aller Welt, die New York mit ihrem Geld »erneuern« sollten.[124] Der über Monate ausgehandelte Commodore-Deal, für den Trump, wie seine Biographen Michael Kranish und Marc Fisher urteilen, »die Stadt, die Verkäufer und die Hotelkette gegeneinander ausspielte«, sah vor, dass Trump das Gebäude für 10 Millionen US-Dollar kaufte und es für 1 US-Dollar wieder verkaufte, und zwar an die New York State Urban Development Corporation, die anschließend Trump das Gebäude für 99 Jahre zur Nutzung überließ und ihn weitgehend von der Immobiliensteuer befreite.[125]

Der spektakuläre, für Trump äußerst lukrative Deal, der ihm in den nächsten Jahrzehnten Dutzende, wenn nicht Hunderte von Millionen Steuern zu sparen versprach, stieß umgehend auf scharfe Kritik von Hoteliers und anderen Investoren, die eine ungerechtfertigte Begünstigung des jungen, ziemlich flamboyanten Promoters vermuteten. Gerüchte wurden laut, dass er versuche, Beamte zu bestechen, oder drohe, dank seiner Beziehungen deren Entlassung zu bewirken, falls sie nicht auf seine Bedingungen eingingen. Vor allem aber lenkte der Steuerdeal die Aufmerksamkeit der Öffentlichkeit auf diesen nun 30-jährigen Newcomer, der als Sohn des mit billigen, sozialstaatlich subventionierten Wohnungen in Brooklyn und Queens reich gewordenen, in den Machtzirkeln der Stadt bestens vernetzten und seit Jahrzehnten mit Abe Beame befreundeten

Frederick C. Trump einen betont luxuriösen und extrovertierten Lebensstil pflegte. Begleitet von einer Reporterin der *New York Times* und gekleidet in einem bordeauxfarbigen Dreiteiler, ließ Donald J. Trump sich von seinem persönlichen Chauffeur in einem silbergrauen Cadillac mit dem Autokennzeichen »DJT« – man wunderte sich allgemein, wie er ein solches hatte erhalten können – durch Manhattan fahren. Über das Autotelefon stand er dabei in ständigem Kontakt mit seiner Sekretärin, seinem Anwalt Roy Cohn und seinem Berater bei der Chase Manhattan Bank. Mittags speiste Trump in exklusiven Clubs, nachts gehörte er zu den Stammgästen des »Studio 54«, zusammen mit seiner im April 1977 geheirateten Frau Ivana, einem Fotomodell aus der Tschechoslowakei, wie aus der *NYT* zu erfahren war. Mit dem »Studio 54« verband ihn aber auch, dass es sein als Strippenzieher berüchtigter Vertrauter Roy Cohn war, der für den exklusiven Club in Midtown »als informeller Türsteher die Reichen und Berühmten an der Schlange der Wartenden vorbeilotste«.[126]

Unterwegs in Manhattan, wo Trump ständig auf der Suche nach unterbewerteten Grundstücken und Abrissliegenschaften war, gestand er der Reporterin, dass ihn das Spiel mit Geld fasziniere, die »finanzielle Kreativität«, wie er sich ausdrückte: »Es liegt eine gewisse Schönheit darin, ein Finanzierungspaket zu schnüren, das wirklich funktioniert, sei es über Steuervergünstigungen, einen Hypotheken-Deal oder eine *Leaseback*-Vereinbarung.« Oder noch etwas offenherziger: »Natürlich ist das Spielen [*gambling*] ein sehr aufregender, spannender Teil davon. Egal wie viel du gewinnst, wir sprechen von 100 Millionen Dollar-Deals, wo ein Fehler von 10 Prozent 10 Millionen Dollar ausmacht. Aber bis jetzt habe ich noch keinen schlechten Deal gemacht.«[127]

Trump spielte das Marktspiel, von dem Hayek sprach, geradezu *in extremis*, und er hielt sich dabei auch nicht unbedingt an die Regeln, wie Hayek dies allerdings als Voraussetzung funktionierender Märkte und eines zivilisierten gesellschaftlichen Miteinanders angenommen hatte. Doch was das angeht, war Trump bekanntlich nicht der Einzige – signifikant war allein, dass diese Art von aggressivem Spiel mit extrem hohen Einsätzen nun der Stadtverwaltung New Yorks als Rettung aus dem finanziellen Desaster und Modell für die Erneuerung der Stadt erscheinen wollte. Trump hatte einen unleugbaren Riecher für dieses Neue und hegte neben dem Commodore noch andere, ebenso hochfliegende Pläne. So wollte er das World Trade Center kaufen oder, realistischer, an der von der Sex-Industrie beherrschten 42nd Street ein großes Convention Center errichten.

Noch allerdings war sein Commodore-Deal nicht in trockenen Tüchern, unter anderem musste ihm auch der Konkursverwalter von Penn Central noch zustimmen. Die größte Gefahr drohte allerdings vom Demokraten Ed Koch, der den Republikaner Beame im Kampf um das Bürgermeisteramt geschlagen hatte und versprach, mit der Vetternwirtschaft und der Korruption in der Stadtverwaltung aufzuräumen. Trumps Anwälten und ihrem Gegenüber, Beames Stellvertreter Stanley Friedman, blieb nur wenig Zeit, den Commodore-Steuerdeal juristisch »schussfest« zu machen, so dass er auch von einer künftigen Stadtverwaltung unter Koch nicht mehr geändert werden könnte. In den letzten Tagen von Beames Amtszeit und den letzten Tagen des Jahres war es so weit, dass die Verträge unterschrieben werden konnten. 1977 endete für Donald J. Trump mit einem Triumph. Ihm wurde die erste Steuerbefreiung gewährt, die in New York ein privater Unternehmer je erhalten hatte.[128]

Monetarismus

Die »Vision« einer Gesellschaft, in der der Einfluss des Staates so weit wie möglich zurückgedrängt wäre, in der »soziale Gerechtigkeit« als ideologische Illusion entlarvt würde und in der sich altruistische Gefühle am Vorbild viktorianischer Wohltätigkeit und an einem konservativen Familienmodell zu orientieren hätten, war 1977 ein oppositionelles Projekt, das selbst bei der Mehrheit der britischen Tories und innerhalb der republikanischen Partei der USA noch auf Skepsis stieß. Auch Friedrich von Hayeks mikroökonomische Weltsicht repräsentierte keineswegs den Mainstream wirtschaftswissenschaftlichen Denkens, das weit mehr auf makroökonomische Modelle der Globalsteuerung ausgerichtet war. Aber die wirtschaftspolitischen Zielvorstellungen von Thatcher und Hayek – die ökonomische Freiheit der Einzelnen wieder zur obersten Maxime zu erheben, den Wettbewerb zu stärken, den Eingriff des Staates in die Wirtschaft auf die Schaffung von günstigen Rahmenbedingungen zu minimieren und ihn zu zwingen, sein Budget auszugleichen, um die Inflation in den Griff zu bekommen – konvergierten dennoch vollständig mit einem neuen makroökonomischen Trend, der für solche Ziele die technische Lösung bereitzuhalten versprach. Diese »Monetarismus« genannte Lösung fokussierte – im Gegensatz zu in den Markt intervenierenden staatlichen Transferleistungen, Krediten oder Konjunkturpaketen – allein auf die Steuerung der Geldmenge. Die monetaristische Theorie wurde seit den späten Sechzigerjahren namentlich von den Ökonomen Milton Friedman (Chicago) und Karl Brunner (Rochester und Bern) ausgearbeitet und hatte ihren ersten großen Auftritt ab 1973 in Chile unter Pinochet.

In Europa hingegen formierte sich die monetaristische Opposition gegen den keynesianischen Mainstream im Mai 1977 mit der Gründung des sogenannten Shadow European Economic Policy Committee (SEEPC), dem unter der Leitung von Karl Brunner weitere neun Ökonomen von überwiegend europäischen Universitäten angehörten. Diese »Dissidenten«, wie das Londoner Magazin *The Banker* die Gruppe bezeichnete, kündigten auf einer Pressekonferenz Ende Mai in Paris an, das SEEPC werde die europäischen Regierungen, aber auch die OECD und den Internationalen Währungsfonds (IMF), die sich immer noch an einer nachfragestimulierenden Politik orientierten, wie ein »watchdog« kritisch beobachten und kommentieren.[129] Von der von den Monetaristen vorgeschlagenen technischen Lösung des Inflationsproblems – die Steuerung des Geldmengenwachstums – war weder bei Hayek noch bei Thatcher die Rede. Aber die allgemeineren wirtschafts- und gesellschaftspolitischen Botschaften des »Policy Statement« vom 27. Mai 1977 entsprach ganz ihren Ideen.[130] Das Problem der hohen Arbeitslosigkeit erschien dem SEEPC zuerst als Folge der »veränderten Rolle der Frauen auf dem Arbeitsmarkt und der Rolle jener jungen Arbeiter, die ihre Jobs häufig wechseln« – das heißt, um mit Grégoire Chamayou zu sprechen, als Folge einer schleichenden »Unregierbarkeit« der Arbeitskräfte[131] –, zudem als Folge zu hoher Arbeitslosengelder, die den Anreiz zu arbeiten schwächten, und schließlich auch als Konsequenz von zu hohen betrieblichen Kosten bei Entlassungen, die ein flexibles Anpassen der Beschäftigtenzahl erschwere und daher die Schaffung von neuen Jobs verhindere.[132]

Über allem aber stand für die Autoren des monetaristischen »Policy Statement« das Problem des Staates, was zusammengefasst zur Maxime führte: »Um die langfristigen Ziele Wachstum und Stabilität zu erreichen, muss die Größe des öffentlichen Sektors reduziert werden.« Zuversichtlich, im demonstrativen Vertrauen auf die Wirksamkeit der von ihnen vorgeschlagenen Maßnahmen und weltanschaulich auf der Linie, der auch Hayek und Thatcher folgten, proklamierten die zehn Ökonomen daher: »Die Inflation kann beendet werden. Die Arbeitslosigkeit lässt sich reduzieren. Der Lebensstandard kann erhöht werden. Und« – das war der Flucht- und Schlusspunkt all dieser gegen den Sozialismus im Osten und den Sozialstaat im Westen gerichteten Vorschläge und Visionen – »Europa kann diese Ziele als eine Gesellschaft freier Menschen erreichen«.[133]

Egoistische Gene: Die Soziobiologie-Debatte

Am 21. Februar 1977 berichtete der *Spiegel* über »eine der heftigsten wissenschaftlichen Kontroversen«, die es »seit den Auseinandersetzungen um Darwins Abstammungslehre und um Freuds Psychoanalyse gegeben« habe. Am 1. August zog das amerikanische *Time Magazine* mit einer Titelgeschichte nach und sprach von »einer der explosivsten [*most inflammatory*] Lehren, die seit Jahrzehnten auf einem Universitätscampus entstanden sind«. Es ist, zitierte das Magazin den Harvard-Physiker Gerald Holton, »als hätte sich Sigmund Freud daran gemacht, alles von Darwin, Joyce, Einstein, Whitehead und Lenin zu vereinen«. Die Rede war vom 1975 publizierten, mit seinen über 700 Seiten nicht gerade schmalen Buch *Sociobiology. The New Synthesis* des Harvard-Zoologen und Ameisenforschers Edward O. Wilson. Im sofort nach der Publikation einsetzenden »intellektuellen Krieg« (so der *Spiegel*) um diese »neue Synthese« nicht nur von Evolutionstheorie und Genetik, sondern auch von Zoologie, Anthropologie und Soziologie, geriet Wilson zuerst heftig mit seinen Kollegen in Harvard aneinander – dem Evolutionsbiologen Stephen Jay Gould, der Biochemikerin Ruth Hubbard, dem Molekulargenetiker Jon Beckwith und dem Populationsgenetiker Richard C. Lewontin. Diese hatten ihn im November 1975, zusammen mit einer Reihe weiterer Biologinnen und Mediziner der Bostoner Sociobiology Study Group, darunter auch Studierende und Lehrerinnen, in einem in der *New York Review of Books* veröffentlichten Leserbrief in ungeahnter Härte frontal angegriffen. Sie bezichtigten Wilson des »biologischen Determinismus« in der Tradition von Herbert Spencer bis Konrad Lorenz und Robert Ardrey; vor allem aber stellten sie seine evolutionsbiologischen Theorien in eine direkte Linie mit der Eugenik und den Rasselehren der ersten Hälfte des 20. Jahrhunderts, »die zum Bau der Gaskammern in Nazi-Deutschland führten«. Der so Angegriffene reagierte entsetzt und verletzt: »Ich verbitte mir diese hässliche, unverantwortliche und völlig falsche Anschuldigung«, schrieb er ebenfalls in der *New York Review of Books*, und: »Jede wesentliche [*principal*] Behauptung in dem [Leser-]Brief ist entweder eine Falschaussage oder eine Verzerrung. Zu den wichtigsten Punkten, die von den Unterzeichnern angesprochen wurden, habe ich das Gegenteil von dem gesagt, was behauptet wird.«[134] Lewontin, der zwar daran festhielt, dass Soziobiologie »bullshit« sei, nahm den Vorwurf des Rassismus bald zurück, und auch Stephen Jay Gould bekannte, die Kritik an Wilson sei etwas harsch gewesen – ohne sie jedoch in der Sache abzuschwächen.[135]

Wilsons Gegenkritik war jedenfalls insofern verständlich, als er tatsächlich nichts über Eugenik geschrieben hatte und trotz der Rede von »Varianten« – ich komme darauf zurück – keinen Zweifel an der biologischen Einheit von Homo sapiens aufkommen ließ. Der »Gaskammer«-Vorwurf erweckte, wie sich ebenfalls noch genauer zeigen wird, daher eher den Eindruck, dass den in der Sociobiology Study Group organisierten und mit der linken Science-for-the-People-Bewegung verbundenen Kritikerinnen und Kritiker die Neuheit von Wilsons genetisch unterlegtem ethnopluralistischen Differenzdenken entging. Der »klassische«, biologisierende Rassismus war allerdings eine Vergangenheit, die nicht recht vergehen wollte. Die Sociobiology Study Group und andere Kritiker Wilsons fühlten sich bei der Lektüre seiner *Sociobiology* an die um 1970 von Arthur Jensen und anderen publizierten Studien zur IQ-Verteilung erinnert, die, ausgehend von einer nachweislich gefälschten Datenbasis, Afroamerikaner als aus »rassischen« Gründen weniger intelligent als Weiße erscheinen ließen. Wilson indes sprach nicht von »Rassen« und er hatte sich auch nicht auf diese IQ-Studien bezogen, sondern die entsprechenden Debatten großräumig umgangen.[136]

Der Vorwurf des »biologischen Determinismus« hingegen ließ sich so leicht nicht entkräften, vielmehr lag er im Zentrum der Auseinandersetzung. Im deutschen Sprachraum war die Vorstellung einer mehr oder minder weitgehenden biologischen Determinierung vom österreichischen Zoologen und »Humanethologen« Irenäus Eibl-Eibesfeldt in seinem 1973 erschienenen Buch *Der vorprogrammierte Mensch. Das Ererbte als bestimmender Faktor im menschlichen Verhalten* in populärer Form verbreitet worden.[137] Wilsons Wortwahl war vorsichtiger, aber seine Soziobiologie war gleichwohl eine Kampfansage an den linksliberalen »Environmentalismus«, das heißt die Vorstellung, dass der Mensch als sozusagen unbeschriebenes Blatt auf die Welt käme, das von der Kultur – beziehungsweise dem gesellschaftlichen »environment« – in beliebiger Weise beschrieben werden könne. Das Buch handelte zwar ganz überwiegend von tierischem Sozialverhalten; doch anders als Darwin, der in *On the Origin of Species by Means of Natural Selection, or the Preservation of Favoured Races in the Struggle for Life* von 1859 nur in der letzten Passage die knappe, vielsagende, aber nicht weiter ausgeführte Bemerkung fallen ließ, »Light will be thrown on the origin of man and his history« (»Licht wird fallen auf die Ursprünge des Menschen und seiner Geschichte«), fügte Wilson in *Sociobiology* seinen Erörterungen über Ameisen, Afrikanische Wildhunde oder Altweltaffen am Schluss noch ein ganzes Kapitel mit dem Titel »Man: From Sociobiology to Sociology« hinzu. Das war mehr als nur ein Ausblick, denn schon im Vorwort stellte er die Behauptung auf, es sei »nicht zu viel gesagt, dass die Soziologie und die anderen Sozialwissenschaften, wie auch die Geisteswissenschaften [*humanities*] die letzten Zweige der Biologie sind [sic!], die darauf warten, in die moderne Synthese« – das heißt die seit den 1930er Jahren angebahnte Verbindung von Darwin'scher Evolutionstheorie und Genetik – »einbezogen zu werden«. Ja, es sei nachgerade »eine der Funktionen der Soziobiologie, die Grundlagen der Sozialwissenschaften in einer solchen Weise zu reformulieren«; ob diese allerdings »tatsächlich biologisiert [*biologicized*] werden können«, müsse sich noch zeigen.[138]

Man konnte als Ameisenforscher, selbst als der weltweit führende, zweifellos auch etwas bescheidenere Ansprüche formulieren. Doch Wilsons ambitioniertes Ziel lag genau in einer solchen, eben »neuen« Synthese, die anders als die Darwinismus und Genetik verbindende *modern synthesis* der Vierzigerjahre über das Feld der Biologie hinausweisen und zu Aussagen über zumindest eine biologische »Basis« menschlichen Verhaltens führen sollte; er knüpfte dabei auch an der schon älteren Verhaltensforschung namentlich von Konrad Lorenz und Nikolaas Tinbergen an, argumentierte aber anders als diese weit stärker auf einer populationsgenetischen Grundlage. Im Vorwort zu David P. Barashs Buch *Sociobiology and Behavior* (1977) schrieb Wilson daher wiederum bewusst offensiv von »allgemeine[n] Prinzipien der Soziobiologie«, von denen anzunehmen sei, »dass sie unsere Einsicht in das komplexe Sozialverhalten des Menschen fördere« – und zwar genauso, wie die Genetiker die »Gesetzmäßigkeiten der Vererbung« ausgehend von ihrem Modellorganismus, »dem kleinen Bakterium *E.coli* […], auf den Menschen übertragen haben«.[139] Bedeutete dies insgesamt, wie es in einer auf der Jahreskonferenz der American Anthropological Association 1976 in Washington eingebrachten, allerdings nicht zuletzt am Einspruch von Margaret Mead gescheiterten Resolution hieß, menschliche Verhaltensweisen zu naturalisieren und »den sexistischen, rassistischen und elitären Status quo der menschlichen Gesellschaft genetisch zu rechtfertigen«?[140] Das war, trotz des Scheiterns der Resolution, ganz allgemein die Stoßrichtung der Kritik an Wilson: Die Soziobiologie sei, wie der Anthropologe Marshall Sahlins in *The Use and Abuse of Biology* (1976) schrieb, eine Rechtfertigung für »genetischen Kapitalismus«, die »in erster Linie zur endgültigen Übersetzung der natürlichen Auslese in soziale Ausbeutung beiträgt«; dementsprechend nannte die Sociobiology Study Group die Soziobiologie »eine neue Form des Sozialdarwinismus«.[141] Sie zementiere, wie auf der von feministischen Biologinnen organisierten Konferenz »Genes and Gender« am 29. Januar 1977 in New York bekräftigt wurde, durch ihre Naturalisierungsstrategien schließlich auch die »Mythen, Mysterien und Fehlinformationen«, die über die Ungleichheit der Geschlechter im Umlauf seien.[142]

Wilson erntete für sein in *Sociobiology* formuliertes Programm allerdings längst nicht nur scharfe Kritik dieser Art, sondern bekam auch breite Unterstützung. Sein anspruchsvolles, für Laien trotz des *Coffee-table*-Formats kaum nachvollziehbares Buch erhielt viele lobende Rezensionen auch jenseits der Fachpresse, Fernsehstationen luden ihn zu Talk-Sendungen ein, und er war auch in seinem Fach alles andere als isoliert. *Time* sprach im August 1977 davon, dass sich eine wachsende Zahl von rund 250 Biologinnen und Zoologen, aber auch Vertreterinnen und Vertreter der Sozialwissenschaften der Soziobiologie zurechneten. Doch das konnte nicht über die tiefen Verwerfungen in der Fachwelt und über den politischen Aufruhr hinwegtäuschen, die die Veröffentlichung von *Sociobiology* provozierte. Nicht zuletzt die beiden langen Artikel in *Time* und im *Spiegel* waren daher ein guter Indikator für die politische Bedeutung, die der Biologie in den ideologischen Auseinandersetzungen der Siebzigerjahre – und natürlich nicht zum ersten Mal – zukam, und die beiden Magazine stellten dementsprechend auch gleich die umstrittensten Thesen Wilsons in den Vordergrund: Es könnte ein Gen für Homosexualität geben, die Kernfamilie mit der geschlechtlichen Arbeitsteilung zwischen Mann und Frau sei wahrscheinlich biologisch begründet und jeder Altruismus sei in Wahrheit ein überlebenssichernder Egoismus.

Natürlich machte sich Wilson mit solchen Aussagen nicht nur Freunde. Er formulierte seine Thesen allerdings, wie die beiden Nachrichtenmagazine ausführlich zeigten, im Zusammenhang mit allgemeineren Überlegungen von sehr grundsätzlichem Zuschnitt. Wilson stellte sich, wie seit wenigen Jahren auch schon eine ganze Reihe von Evolutionsbiologen und Anthropologinnen, gegen alles, was populäre Autoren wie Desmond Morris oder Robert Ardrey, aber auch Konrad Lorenz in seinen populärwissenschaftlichen Büchern einem großen Lesepublikum als düstere biologische Wahrheit verkauften: Die in den USA als die »Killer-Ape«-Hypothese bekannte Theorie von der genuin mörderischen und aggressiv territorialen Natur des Menschen, die vor allem Robert Ardrey in mehreren Büchern vortrug, unter anderem in *Der Wolf in uns*, das 1977 auf Deutsch erschien.[143] Wilson distanzierte sich von diesem Erklärungsansatz nicht nur wegen seiner, wie er kritisierte, zweifelhaften Datenbasis, sondern stellte vielmehr – und zusammen mit anderen Soziobiologen und -biologinnen wie namentlich seinen Harvard-Kollegen Irven DeVore und Robert L. Trivers – die Frage, ob es nicht eine natürliche, genauer gesagt eine genetische Basis nicht für egoistisches, sondern für altruistisches Verhalten gäbe. Der entsprechende Aufweis würde den Altruismus zwar »biologisieren«, ihn aber auch als universelle menschliche Verhaltensweise begründen.[144] Doch falls es eine solche Grundlage geben sollte und diese, wie Wilson annahm, »in den Genen« lag: Was würde dies bedeuten? Welche Vorstellung vom Handeln von Tieren – und von Menschen – entstand bei diesen Überlegungen? Und wurde hier wiederum die Bruchlinie erkennbar, die das Allgemeine vom Einzelnen trennt?

»*Inclusive fitness*« als Investment-Strategie

Hinter der Frage Wilsons nach einer natürlichen Grundlage für altruistisches Verhalten lag ein seit langem umstrittenes evolutionsbiologisches Problem: Auf welcher Ebene, bei welcher biologischen Einheit greift die *natural selection*, die natürlich Selektion, die Darwin als das Grundprinzip der Evolution der Lebewesen beschrieben hat und die seit der *modern synthesis* auch im Licht der neuen Genetik als gesicherte, vielfach bestätigte Theorie gilt? Darwins Antwort schwankte zwar zuweilen etwas zwischen dem einzelnen Organismus und der Population, das heißt einer Gruppe von Individuen einer Spezies, die in einem halbwegs abgegrenzten Territorium leben. Im Fall von hochgradig arbeitsteilig organisierten, sogenannten eusozialen Tiergesellschaften wie insbesondere Ameisen, bei denen einzelne »Kasten« steril sind, behandelte er beispielsweise die gesamte Gruppe als eine Einheit, die gegen ähnlich organisierte Populationen in Konkurrenz stehen beziehungsweise an ihre spezifische Umwelt besser oder schlechter adaptiert sind. Im Ganzen aber lag sein Fokus in *On the Origin of Species* (dt.: *Über die Entstehung der Arten*) auf der einzelnen Pflanze, dem einzelnen Tier, die wegen ihrer individuellen Variationen zufällig etwas mehr oder etwas weniger gut mit ihren Umgebungsbedingungen zurechtkommen und die daher auch mehr – oder entsprechend weniger – Nachkommen mit den gleichen Eigenschaften hinterlassen.

Doch Darwins Nominalismus, das heißt seine Fokussierung auf das Individuum als dem einzigen Realen und Konkreten, stieß lange Zeit auf wenig Verständnis. Darwin hatte das Konzept der »Spezies« als ein allen Individuen Gemeinsames und ihr »Wesen« Bestimmendes – als »Typus« letztlich im Sinne Platons – abgelehnt; in *The Origin of Species* hatte er es ironischerweise in der verwickelten Genealogie eines eben nie feststellbaren letzten *origin* aufgelöst und zu einem rein klassifikatorischen Instrument reduziert. Doch die Ironie entging vielen; entsprechend schob sich in seiner Nachfolge hartnäckig die Ansicht in den Vordergrund, dass die natürliche Selektion oder Auslese, wie es lange hieß, vor allem, wenn nicht gar ausschließlich auf der Ebene der Spezies wirkt. Und gerade auch bei der verbreiteten Übernahme der Selektionstheorie zur Beschreibung menschlicher Gesellschaften wurde Darwins nominalistisches Konzept auf den Kopf gestellt. Der Biologiehistoriker Maurizio Meloni hat argumentiert, dass in der ersten Hälfte des 20. Jahrhunderts die Spezies beziehungsweise die »Rasse« als jenes Essentielle konzipiert wurden, an dem die Individuen gleichsam teilhaben, von dem sich ihre eigene Identität und Bestimmung ableitet – gemessen an dem sie aber auch als deviant erscheinen konnten. Die »Rasse« oder die Spezies waren es daher auch, die sich im »Daseinskampf« zu bewähren hatten, während die Variationen des einzelnen Organismus beziehungsweise Individuums dort als Gefahr für die »Rasse« oder die Spezies angesehen wurden, wo diese Varianten als »aus der Art geschlagene« oder »entartete« nicht dem vorgestellten »Typ« entsprachen. Darwins Hauptargument, dass Variation und Differenz innerhalb einer Population der produktive Ausgangspunkt für evolutionäre Veränderung darstellen, wurde unter dem politisch motivierten Begehren nach »Reinheit« und gewissermaßen substanzieller Allgemeinheit in sein Gegenteil verkehrt.[145]

Die katastrophalen Folgen eines solchen Denkens sind bekannt – zumal dort, wo es in der realen Ausgrenzung und Vernichtung der »Nichtangepassten« und »Entarteten« endete. Es war jene Geschichte, an die die linken Kritikerinnen und Kritiker Wilsons sich erinnert fühlten. Doch Wilson und die Soziobiologie bewegten sich in einem davon sehr verschiedenen, nach dem Zweiten Weltkrieg schrittweise durchgesetzten diskursiven Koordinatensystem, das mit einer Welt, in der man als Biologin oder Biologe mit Blick auf den Menschen über »Rassen« und deren eugenische »Verbesserung« sprechen konnte, nichts mehr zu tun hatte. Dazu gehörte, um nur in aller Kürze darauf hinzuweisen, erstens das UNESCO-Statement zur »Race Question«, das in der ersten Fassung von 1950 das Sprechen über »Rassen« vollständig zu delegitimieren suchte. Nach heftiger Kritik von Genetikern und Anthropologen ließ das Statement in einer zweiten Version von 1951 den Begriff »Rasse« zwar noch als biologische Klassifikation gelten und die Frage offen, ob »Rasse« auch mit sozialen und kognitiven Eigenschaften verbunden werden könne; klar war aber immerhin, dass es Anathema wurde, aus möglichen anthropologischen Befunden zu »Rasse« normative Ansprüche wie insbesondere eugenische Forderungen abzuleiten.[146]

Zweitens aber verschob sich mit der modernen Synthese von Darwinismus und Genetik in dem allerdings von Kontroversen durchfurchten, keineswegs einheitlichen Feld der Evolutionsbiologie der Schwerpunkt doch mehrheitlich wieder weg von der Spezies oder dem Typus, hin zum Individuum und allenfalls zur Gruppe als der Ebene, auf der sich die natürlichen Anpassungs- und Selektionsprozesse abspielen. Damit traten die individuellen Variationen des einzelnen Organismus erneut in den Vordergrund, was auch die nach dem Zweiten Weltkrieg noch eine ganze Weile fortlebenden eugenischen Ängste vor »degenerierten« Varianten im Genpool entscheidend zurückzudrängen half. 1970 notierte in diesem Sinne Theodosius Dobzhansky, einer der Begründer der *modern synthesis*: »Es gibt keinen ›Normaltypus‹« – jede Annahme über einen »Typus« oder über »Normalität« könne nicht mehr sein als eine mathematische Abstraktion: Real seien nur die Individuen und ihre Variationen, die sich in der Summe allein populationsstatistisch als Gruppen beschreiben ließen.[147]

Vor allem in der angelsächsischen Evolutionsbiologie dominierte diese gegen jeden Holismus oder Organizismus höherer Einheiten gewandte individualistische Sichtweise, die sich nahtlos mit der liberaldemokratischen Weltsicht der westlichen Führungsmacht im Kalten Krieg verbinden ließ. Und sie stützte sich zunehmend auf mathematische Modelle der Populationsgenetik, um die Variationsmuster von individuellen Genfrequenzen zu messen. Das war ein methodischer Ansatz, dem sowohl Edward Wilson als auch der von ihm nach Harvard geholte Richard Lewontin folgten und der mit jedem Typus-, Spezies- oder »Rasse«-Denken inkompatibel war. Lewontin allerdings – und das war gemäß Ullica Segerstråle der Kern ihres Konflikts – lehnte Wilsons Vorstellung von genetisch bedingten Unterschieden zwischen menschlichen Phänotypen grundsätzlich ab, weil sich diese nicht nur zu »Rassen« hochskalieren, sondern mit jeder Form von sozialer oder kultureller Differenz in Verbindung bringen ließen. Menschen waren für Lewontin aus Gründen einer politisch-moralischen Wahrheit als »gleich« zu klassifizieren, während Wilson auf der wissenschaftlichen Wahrheit ihrer genetischen »Ungleichheit« beharrte – ohne damit sagen zu wollen, dass sie sich in biologische »Typen« oder »Rassen« einordnen ließen.[148]

Eine solche Einteilung war geradezu das Gegenteil von dem, was Wilson und gleichgesinnte Soziobiologinnen und -biologen interessierte. Ihr methodischer Ansatz basierte, wie gesagt, abgesehen von der Gruppenselektion bei eusozialen Insekten, auf dem Darwin'schen Konzept der Selektion individueller Varianten, und sie fragten vor allem nach einer möglichen biologischen Grundlage für altruistisches Verhalten individueller Akteure. Bei ihrer Antwort spielten aber nicht nur die individuellen Gendifferenzen eine wichtige Rolle, sondern vor allem eine theoretische Innovation, die sie dem britischen Evolutionsbiologen William D. Hamilton verdankten: die Theorie der »inclusive fitness«, der Gesamtfitness, beziehungsweise der »kin selection«, der Verwandtschaftsselektion.

Hamilton war zu seinen Überlegungen ursprünglich von Robert Ardrey angeregt worden, der in *African Genesis* (1961 – das Buch lancierte die *Out-of-Africa*-These) von der grundlegend egoistischen, ja blutrünstigen Natur des Menschen gesprochen hatte. Dieses an sich alte, von Ardrey als Hollywood-Drehbuchautor aber literarisch gekonnt mit neuen paläoanthropologischen Forschungen ausgeschmückte Bild hatte Hamilton überzeugt; er suchte daher nach einer Lösung für die paradoxe Tatsache, dass sowohl Menschen als auch Tiere dennoch ganz offenkundig nicht nur *selfish* sind, sondern auch kooperieren, selbst wenn sie dabei individuelle Nachteile erleiden.

1964 publizierte Hamilton, noch als Student, das Ergebnis seines Nachdenkens: eine in ungewohnt komplexe mathematische Formulierungen und spieltheoretische Konzepte gefasste Selektionstheorie, die sich nach anfänglichen Schwierigkeiten der Rezeption bis in die Mitte der Siebzigerjahre in einer Weise durchgesetzt hatte, die einem Paradigmenwechsel gleichkam.[149] Denn nun wurde es erstmals möglich, altruistisches Verhalten als auf der Ebene der Gene »programmiert« zu konstruieren, und zwar strikt gemäß der Logik von Darwins natürlicher Selektion. Sehr vereinfacht gesagt, postulierte Hamiltons Theorie der Verwandtschaftsselektion, dass zum Beispiel Tiere, die durch Warnsignale die Aufmerksamkeit eines Räubers auf sich ziehen, damit zwar ihre »individuelle Fitness« mindern, jedoch die Überlebenschancen ihrer Verwandtengruppe steigern und auf diese Weise in sogar erhöhtem Maße die Weitergabe jener Gene sicherstellen würden, die sie mit ihren Eltern und Kindern, ihren Geschwistern, Cousins und Cousinen teilen. Das warnende Tier erhöhe, mit anderen Worten, durch sein altruistisches Verhalten seine »inklusive«, die Gene seiner Verwandten einschließende Fitness. Das lasse daher auch erwarten, dass sich dieses altruistische Verhaltensmuster als selektiver Vorteil in der Population durchsetzt und letztendlich zu einer Eigenschaft der Spezies wird. So löste Hamilton sein Paradox: Das Tier handelt altruistisch, aber die Gene sind »egoistisch«, das heißt sichern nur ihre Reproduktion und Verbreitung. Dazu war auch keine Gruppenselektion mehr nötig (die Hamilton an »Marxismus und Gewerkschaftsdenken« erinnerte): Jedes Individuum wird gemäß dieser Theorie durch ein »Biogramm« (Wilson), das heißt ein Gen-Programm, so gesteuert, dass seine individuellen Handlungen die Proliferation seiner Gene maximieren.[150]

Diese Lesart der Gene als »egoistisch« (*selfish*) wurde 1976 vom jungen britischen Verhaltensforscher und Tinbergen-Schüler Richard Dawkins in seinem sich zwischen Populärwissenschaft und eigenständigem wissenschaftlichen Entwurf bewegenden Buch *The Selfish Gen* (1976) einem breiten Lesepublikum als die neue, den Stand der biologischen Forschung repräsentierende Weltsicht bekannt gemacht (die deutsche Übersetzung war vom Springer Verlag für 1978 angekündet). Das *Time Magazine* zitierte in seinem Artikel über den Streit um die Soziobiologie Dawkins mit den Worten, dass die Gene »in riesigen Kolonien zusammenleben, sicher verborgen im Innern von gigantischen, schwerfälligen Robotern, abgeschlossen von der Außenwelt und diese per Fernsteuerung manipulierend. Sie sind in dir und mir; sie schufen uns einen Körper und einen

Geist, und ihr Überleben ist der letztendliche Grund für unsere Existenz. [...] Wir sind ihre Überlebensmaschinen« – was in der Einleitung in *The Selfish Gene* noch mit dem Zusatz ergänzt wurde »blind programmiert zur Erhaltung der selbstsüchtigen Moleküle, die Gene genannt werden«.[151]

Für die von Dawkins mit eingängigen Bildern dargestellte soziobiologische – ein Begriff allerdings, den er vollständig zugunsten von »darwinistisch« vermied – und Gen-zentrierte Sichtweise war Hamiltons *Kinselection*-Theorie grundlegend, weil sie menschliches Verhalten als »Überlebensstrategien« von Genen zu modellieren vermochte. Doch obwohl Hamiltons Theorie zumindest auf den ersten Blick nachvollziehbar klingt, war sie in Wahrheit eine komplexe spieltheoretische Kalkulation. Denn nicht nur das warnende Tier, sondern auch alle anderen Gruppenmitglieder suchen die Reproduktionschancen ihrer Gene zu maximieren. Der Kulturanthropologe Marshall Sahlins hatte in seiner 1976 vorgetragenen Kritik der Soziobiologie diese individuelle Maximierungsstrategie das eigentlich Ideologische, einen entfesselten Kapitalismus und Besitzindividualismus rechtfertigende Element der Gesamtfitness-Theorie Hamiltons genannt, die allerdings der ganzen intellektuellen Mühe gar nicht wert gewesen wäre. Denn Hamilton habe nur im Feld der Biologie nachvollzogen, was die Ökonomie und vor allem die Ökonomen aus Chicago erneut predigten. Doch im Grunde gäbe es »diese ›Modern Synthesis‹ schon seit 200 Jahren«, wie er spitz, aber mit einem immer wieder auf Marx zurückverweisenden, historisch daher nicht gerade präzisen Fokus meinte.[152]

Etwas weiter von einer marxistischen Perspektive entfernt, in ihrer Kritik aber ähnlich scharf bemerkte die Zoologin und Wissenschaftsphilosophin Donna Haraway zu der von Hamilton entworfenen inklusiven Fitnesstheorie, sie verlange von allen Mitgliedern einer Verwandtengruppe gleichsam in Echtzeit »Berechnungen von Verwandtschaftskoeffizienten« und erzeuge auf diese Weise »eine Art hypothetisches oder hyperreales Individuum«, das »aus seinen Fragmenten verstreuter Gleichheit in all den Körpern anderer zusammengesetzt wird, die ihrerseits nach ihren eigenen Maßstäben berechnen, wie sie mehr Kopien von Teilen ihrer selbst ins Spiel bringen können«. Dieses spieltheoretisch kalkulierende Individuum hatte laut Haraway nichts mehr mit einem konkreten Organismus zu tun, denn die auf das Gen fokussierte Theorie der Verwandtschaftsselektion vollzog jene fundamentale Verschiebung, von der hier schon die Rede war, in aller Konsequenz: »Spezies, Population, soziale Gruppe, Organismus, Zelle, Gen: alle diese Einheiten«, so Haraway, »verwandeln sich unter den erklärenden Lasten, die sie zu tragen haben, in Pulver. Keine Einheit, am allerwenigsten der individuelle, sich sexuell fortpflanzende Organismus, ist ein ganzes, klassisch vernünftiges, potentiell Rechte tragendes Subjekt im Reich der Natur«. Der Organismus sei vielmehr »in ständiger Gefahr, sich in nichts anderes aufzulösen als in ein nächstliegendes [*proximate*] Mittel für die strategischen Ziele seiner eigenen Gene«. Der »berühmte Tod des Subjekts« – sie spielte auf Foucault an – war in diesen soziobiologischen »Erzählungen« vollständig und endgültig.[153]

Das bedeutet allerdings nicht, dass die individuellen Akteure, die die Soziobiologie vor Augen hatte, nicht versuchen würden, ihre Reproduktionschancen zu maximieren – denn sie sind, gemäß Dawkins' häufiger Computer-Metaphorik, von ihren Genen dazu »programmiert«, sich entsprechend zu verhalten.[154] Es war, wie Marshall Sahlins beobachtete, eine der besonderen Eigenschaften der *Inclusive-fitness*-Theorie, dass sie weniger als der klassische Darwinismus auf Konflikt und bloßes Überleben fokussierte als vielmehr auf Reproduktion und die deren Erfolg maximierenden »Strategien« und »Investitionen«.[155] Das musste längst nicht nur Altruismus im Rahmen von *kin selection* implizieren. Robert Trivers argumentierte, dass mit Hamiltons Theorie auch »reziproker Altruismus« (»kratz mir meinen Rücken, dann kratz' ich deinen«) unter nichtverwandten Individuen erklärt werden könne. Denn auch diese Form von Sozialverhalten sei – wenig überraschend – letztlich nichts anderes als eine der möglichen Strategien zur Maximierung der eigenen Fitness.

Dass mit demselben methodischen Werkzeugkasten schließlich auch jenes tierische und menschliche Verhalten als genetisch begründet modelliert werden könne, das ganz auf jeden oberflächlichen Anschein von Altruismus verzichtet, versuchte die Ethologin Sarah Blaffer Hrdy zu zeigen. In ihrer bei Irven DeVore geschriebenen und 1977 publizierten, bis in den *Spiegel* hinein Aufsehen erregenden Doktorarbeit *The Langurs of Abu. Female and Male Strategies of Reproduction* untersuchte sie das Paarungsverhalten von Indischen Languren (einer Primatengattung) am Berg Abu im Bundesstaat Rajasthan (Indien). Diese ethologische Untersuchung platzierte sich mitten in den evolutionsbiologischen und ethologischen Kontroversen der Zeit. Blaffer Hrdy ging von der Beobachtung aus, dass bei den Indischen Languren ein dominantes Männchen, das eine Gruppe als Anführer übernimmt, die noch säugenden Jungtiere bis zum Alter von sechs Monaten tötet. Wie ließ sich dieses aggressive, ja mörderische Verhalten erklären, wenn doch, wie Konrad Lorenz in *Das sogenannte Böse* (1966) postuliert hatte, von seltenen Ausnahmen im Tierreich abgesehen nur der Mensch, verdorben durch Kultur, Angehörige seiner eigenen Spezies tötet? Und nahm die evolutionsbiologische Forschung mit der Gruppenselektionstheorie nicht zu Recht an, dass bei den »eigentlich« friedlichen Languren jedes Tier eine ihm zugewiesene Rolle einnimmt, damit die Gruppe als Ganzes überlebt? Lag daher der Grund für das ungewöhnlich aggressive Verhalten, wie vielfach angenommen – und von Robert Ardrey popularisiert – wurde, im Dichtestress bei Überpopulation?[156]

Sarah Blaffer Hrdy wies all diese Erklärungen mit der kühlen Bemerkung zurück, »man hat eben kaum je die Frage gestellt, ob ein solches Verhalten für das betreffende Individuum vorteilhaft sein könnte«; der Akzent der bisherigen Forschung habe auf »sozialen Pathologien« gelegen und »nicht auf den egoistischen [*selfish*] Strategien, die für jene Individuen vorteilhaft [*adaptive*] sind, die fähig sind, sie einzusetzen«.[157] Sie argumentierte im Wesentlichen, dass sowohl die Männchen als auch die Weibchen spezifische, allerdings konkurrierende Reproduktionsstrategien verfolgen, um die Weitergabe ihrer Gene zu maximieren und ihre »Investitionen« in den Nachwuchs zu optimieren: Das dominante Männchen tötet die Säuglinge, die vom ehemaligen Alpha abstammen, um die Mütter schneller wieder empfängnisbereit für *seine* Gene werden zu lassen. Die Mütter hingegen suchen ihre Jungen zu schützen, indem sie entweder dem Alpha gegenüber Empfängnisbereitschaft simulieren oder aber in promiskuitiver Weise mit mehreren Männchen verkehren (und damit in offene Konkurrenz mit anderen Weibchen treten), um das Alpha-Männchen, das nicht das Risiko eingehen möchte, seine eigenen Kinder zu töten, über die Vaterschaft von Neugeborenen zu täuschen. Mit anderen Worten, all diese egoistischen und miteinander konkurrierenden Verhaltensweisen zielten, so Blaffer Hrdy, nicht auf das gemeinsame, »soziale« Funktionieren der Tiere als Gruppe, sondern waren »Strategien« zur Durchsetzung individueller »Interessen«. Das aber, und vor allem der Mord an Angehörigen der eigenen Spezies, sei in ähnlicher Weise auch bei vielen anderen Tieren zu beobachten, etwa bei Hasen, Störchen und Löwen – und eben auch beim Menschen. Ihre »Languren-Saga« könne daher, »indem sie uns unsere falschen Wahrnehmungen von anderen Spezies erkennen lässt, die ebenso falschen Wahrnehmungen von uns selbst korrigieren«.[158]

Sehr deutlich wird an diesem Beispiel, dass die Soziobiologinnen ständig an den Menschen dachten, wenn sie von Tieren sprachen. In diesem Spiel mit zirkulierenden und sich gegenseitig spiegelnden Bedeutungen könnte man daher versucht sein, die mit Hamilton vollzogene Wende hin zur Verwandtschaftsselektion und die Suche nach einer biologischen Grundlage für Altruismus in eine vage metaphorische Beziehung etwa zu Margaret Thatchers neokonservativer Renaissance von viktorianischen *family values* mit der treusorgenden Mutter in ihrem Zentrum zu bringen. Wenn man sich in dieser Weise auf die Ebene der Metaphern begeben will, steht man allerdings vor dem Problem, dass in Bezug auf die sich konfliktreich überkreuzenden männlichen und weiblichen Reproduktionsstrategien der Indischen Languren und die entsprechenden »Dramen der Investitionen«, die das Reproduktionsgeschäft verlange, mit einem auf »weibliche Häuslichkeit und selbstlose Mütterlichkeit« zentrierten Frauenbild nichts mehr zu gewinnen war, wie Donna Haraway auf überzeugende Weise argumentiert hat. In einer Welt, in der die klassische Geschlechtererzählung und die Autonomiefiktionen des Mannes zusammengebrochen sind, so Haraway, erzähle Blaffer Hrdys Affen-Saga zwar von weiblichen Strategien, aber nicht unbedingt von feministischen. Es handle sich vielmehr um solche, die der »kulturellen Logik des Spätkapitalismus« entsprächen: Strategien, die jeden Einsatz im Geschäft der Reproduktion als »Investment« begreifen, dessen »Rendite« jeder und jede Einzelne kühl für sich selbst zu kalkulieren habe – wenn überhaupt noch klar wäre, so Haraways eigentliche Pointe, was genau unter »selbst« zu verstehen ist.[159]

In jedem Fall aber lässt sich die konzeptionelle Bewegung weg von der Gruppenselektion, hin zur Selektion von individuellen Varianten beziehungsweise der entsprechenden Gene, die 1977 selbst in großen Nachrichtenmagazinen Thema wurde, in eine zumindest auffallende Parallele zur Erosion des Allgemeinen setzen. Nicht zufällig wies Richard Dawkins, um Metaphern nie verlegen, die Theorie der Gruppenselektion unter anderem mit der Bemerkung zurück, die Verbindung von Altruismus innerhalb der Gruppe mit Egoismus zwischen Gruppen sei sowohl »eine der Grundlagen der gewerkschaftlichen Organisation« als auch Grundlage des Glaubens an die Nation, der Soldaten dazu bringe, für sie zu töten und zu sterben. Hinter der Theorie der Gruppenselektion verberge sich mithin die »Verwirrung« darüber, »auf welcher Ebene der Altruismus wünschenswert ist – Familie, Nation, Rasse, Art oder alle Lebewesen«?[160]

Dem entspreche in der Biologie die Unmöglichkeit zu entscheiden, zwischen welchen Einheiten von welcher Größe die Selektion einsetze – zwischen Gruppen, Gattungen, Arten oder Klassen? Für Dawkins kam daher als Erklärungsmodus für die Evolution der Lebewesen nur die Individual- oder Genselektion in Frage. Das implizierte für ihn aber auch, wie sich gleich zeigen wird, im Hinblick auf menschliche Gesellschaften danach zu fragen, wie angesichts von individueller Variation und Diversität ein gemeinsames Allgemeines noch zu denken wäre.

Gene, Meme und das Problem der Moral

Die moderne Synthese von Darwinismus und (Molekular-)Genetik, die sich, wie gesagt, zwischen den Dreißiger- und Fünfzigerjahren des 20. Jahrhunderts durchgesetzt hatte, erlaubte es den Genetikern, ihre neue Wissenschaft in den größeren Rahmen der Darwin'schen Theorie einzufügen; und sie erlaubte es den Evolutionsbiologen, die Prozesse der natürlichen Selektion, die Darwin in der Mitte des 19. Jahrhunderts beschrieben hatte, auf das Konzept des Gens gestützt zu modellieren. Unklar war nur, ob beide von derselben Sache sprachen, wenn sie »Gen« sagten, beziehungsweise: Es wurde immer deutlicher, dass das nicht der Fall war.

Das lässt sich exemplarisch an einem 1975 in *Science* erschienenen Artikel und seiner Rezeption zeigen. Darin hatten Mary-Claire King und Allan C. Wilson die Resultate ihrer biochemischen Studien publiziert, die zeigten, dass mehr als 99 Prozent der Gene von Menschen und Schimpansen identisch sind.[161] Robert Trivers, der 1976 zum Buch von Richard Dawkins ein emphatisches Geleitwort beisteuerte, begann dieses mit dem Hinweis auf die Studie von King und Wilson, um zu unterstreichen, mit welch guten Gründen man im gleichen Atemzug von Tieren und Menschen als Produkten der natürlichen Auslese sprechen könne. Denn diese habe »uns geformt«, weshalb wir sie »für das Begreifen unserer eigenen Identität verstehen müssen«.[162] Andere reagierten nachdenklicher. In einem Artikel in der *New York Times* vom November 1977, der davon handelte, dass die Evolutionsbiologie »den Sinn des Lebens suche«, nannte sein Autor Edward O. Wilson die Erkenntnisse von King und Allan C. Wilson »höchst verwirrend«. Denn deren Resultate und Hypothesen könnten »zu großen Veränderungen in der Konzeption des

Evolutionsprozesses führen« – sie könnten, mit anderen Worten, nicht zuletzt die Grundlagen seines eigenen Ansatzes untergraben.[163]

Die Irritation von E. O. Wilson (wie er üblicherweise genannt wurde) war verständlich. Denn Mary-Claire King und Allan Wilson hatten zwar die evolutionsbiologische Frage gestellt, wie trotz großer genetischer Übereinstimmung zwischen *Homo sapiens* und *Pan troglodytes* die eklatanten »organismischen Differenzen« erklärt werden könnten, aber sie hatten darauf eine molekulargenetische Antwort gegeben. Sie schlugen vor, anzunehmen, dass »evolutionäre Veränderungen der Anatomie und der Lebensweise häufiger auf Veränderungen in den regulatorischen Mechanismen beruhen, die die Expression von Genen steuern, als in Veränderungen der Gensequenzen, die Proteine codieren«. Sie bezogen sich damit auf die von Jacques Monod und François Jacob in den Sechzigerjahren mit ihrem sogenannten Operon-Modell etablierte Unterscheidung zwischen Strukturgenen und Regulatorgenen; Letztere bestimmen, welche DNA-Sequenzen wann in RNA transkribiert werden, um Proteine zu generieren. King und Wilson vermuteten auch, dass allein schon »die Veränderung der Anordnung einzelner Gene auf den Chromosomen« massive Effekte haben könnten. All das jedenfalls deute darauf hin, »dass Makromoleküle und anatomische oder verhaltensmäßige Eigenschaften von Organismen sich in einem voneinander unabhängigen Tempo entwickeln können«. Sie vermuteten mithin, dass die DNA beziehungsweise vor allem deren Strukturgene die Anatomie und das Verhalten von Organismen nicht zwingend und vollständig determinieren.[164]

Diese Hypothesen wurden, verständlicherweise, von François Jacob unterstützt, als er seinerseits das Thema im März 1977 in einem in Berkeley gehaltenen Vortrag aufnahm, der im Juni desselben Jahres unter dem Titel »Evolution and Tinkering« in *Science* publiziert wurde.[165] Die Evolution »bastle« – Jacob bezog sich auf das Konzept der *bricolage* von Claude Lévi-Strauss –, weil sie mit vorhandenem Ausgangsmaterial in langen Versuchen Neues entstehen lasse, das, abgesehen davon, dass es alles andere als perfekt sei, sich nicht aus seinen Ausgangsbedingungen, ihren Materialien und Gesetzen ableiten lasse und daher auch nicht von diesen bestimmt werde. Dieses »emergente« Neue könne daher immer nur von der Geschichte (*history*) seines Entstehens her verstanden werden, einer Geschichte, die neben den Rahmenbedingungen der tieferen Ebene wie physikalische und chemische Gesetze auch die kontingenten, nur historisch beschreibbaren Umgebungsbedingungen der Organismen umfasst. Dieses evolutionäre *tinkering* – Herumbasteln – erkläre daher auch, warum man bei Wirbeltieren, Primaten und Menschen immer wieder dieselben oder nur leicht veränderte Gen-Sequenzen finde. Mit Verweis auf die Arbeit von King und Wilson ging Jacob daher so weit zu postulieren, dass die Regulation der Gen-Expression von der Embryonalentwicklung an vom Organismus selbst und seiner Umgebung bedingt werde.[166]

Es war dies, mit einem Wort, nicht das »Gen«, von dem die Soziobiologinnen und -biologen sprachen (und Jacobs Ausführungen lassen sich denn auch als scharfe Kritik an der Soziobiologie lesen). Deren Gen war, so der Biologe und Wissenschaftshistoriker Scott Gilbert, eine abstrakte, materiell nicht spezifizierte, aber als unabhängig gedachte Einheit; es entsprach in etwa dem, was die Molekulargenetiker ein Strukturgen nannten, war *per definitionem* mit einer phänotypischen Differenz korreliert, die man »sehen« konnte, und es war, wie gezeigt, für die Evolutions- und Soziobiologen der Ort, an dem die *natural selection* ansetzte.[167] Entsprechend dem Postulat Darwins, dass im Wesentlichen *alle* Eigenschaften eines Organismus das Resultat der natürlichen Selektion sein müssen, unterstellten die Soziobiologen – auch auf der Basis einer schon älteren verhaltensbiologischen Forschung –, dass nicht nur jede organismische Eigenschaft mit einem durch diese Selektionsprozesse ausgewählten Gen in kausaler Verbindung stehen, sondern, weit darüber hinausgehend, eben auch alle wesentlichen Formen des Verhaltens.

In Wilsons *Sociobiology* beziehungsweise im dortigen Schlusskapitel über den Menschen lassen sich die Konsequenzen einer solchen Sichtweise sehr genau erkennen. Eine davon ist, dass »Variationen der [Verhaltens-]Regeln zwischen menschlichen Kulturen, und seien sie auch nur geringfügiger Art, Hinweise auf dahinterliegende genetische Differenzen liefern könnten«. Zwar hätten »die Gene den größten Teil ihrer Souveränität« im Bereich des menschlichen Verhaltens und der Kultur »abgegeben«; dennoch würden sie, so Wilson, immer noch »einen bestimmten Grad von Einfluss zumindest auf die Verhaltenseigenschaften [*behavioral qualities*] ausüben, die die Unterschiede zwischen Kulturen ausmachen«. Daher »könnte selbst eine geringe Zahl solcher Differenzen [...] Gesellschaften für kulturelle Differenzen prädisponieren«.[168]

Wilson befand sich hier erkennbar im Reich des Konjunktivs und der Mutmaßungen, aber seine Hypothesen waren suggestiv genug und liefen auf eine bestimmte Annahme hinaus: Es »könnte« genetische Gründe für die Unterschiede zwischen menschlichen »Kulturen« geben. Er sprach zwar nicht von »Rassen«, aber er experimentierte gedanklich mit der Idee, dass sich Kulturen doch »zu einem bestimmten Grad« auf der Ebene ihrer Gene unterscheiden. Und es ist wohl auch kein Zufall, dass Wilson die Theorie der Gruppenselektion wider Erwarten nie ganz aufgegeben hat und im Kapitel über den Menschen immer wieder in zustimmender Weise von ihr sprach. Auch wenn Wilsons persönliche Abneigung gegen Fremdenfeindlichkeit, Ethnozentrismus und gruppenspezifische Aggressivität explizit war, blieben seine Überlegungen zur genetischen Grundlage kultureller Unterschiede ausgesprochen interpretationsoffen.

Eine weitere Konsequenz aus Wilsons Sichtweise hängt damit zusammen, dass er seine mehr oder minder subtile Fraktionierung des menschlichen Allgemeinen noch mit einer weiteren, im Grundsatz zwar keineswegs neuen, aber doch neuartig begründeten Überlegung verstärkte. Es sei »die Möglichkeit zu prüfen«, ob man nicht, zumindest vorübergehend, ethische Fragen aus den Händen der Philosophen nehmen müsse, um sie zu »biologisieren«. Denn die aufklärerischen Vertragstheorien von Locke, Rousseau und Kant wie auch John Rawls' Konzept »Gerechtigkeit als [allen Menschen intuitiv zugängliche] Fairness« seien nicht kompatibel mit der Tatsache, dass »der menschliche Genotyp und das Ökosystem, in dem er sich entwickelt hat, aus extremer Unfairness entstanden sind«. Neuere entwicklungspsychologische Forschungen (er erwähnte Jean Piaget und Lawrence Kohlberg) würden daher nahelegen, dass ethische Entscheide geschlechts- und altersgruppenspezifisch gefällt werden, was kongruent mit der Annahme sei, dass die entsprechenden Verhaltensweisen die jeweilige individuelle Fitness optimieren. Dieser »eingeborene moralische Pluralismus« lasse es »selbstverständlich« werden, dass »kein einziges Set an moralischen Normen gleichermaßen auf alle menschlichen Populationen, geschweige denn auf Geschlechts- und Altersgruppen in diesen Populationen angewandt werden kann«.[169]

Dieser Vorschlag, das aufklärerische Projekt einer universalistischen Ethik zugunsten eines »moralischen Pluralismus« entlang der Differenzen zwischen »Populationen«, Geschlechtern und Altersgruppen aufzugeben, würde aber wahrscheinlich auf einer noch zu groben Kalibrierung beruhen. Denn erst wenn in Zukunft die »Black Box« des menschlichen Gehirns aufgeschlossen und dessen Funktionieren bis in die letzte Zelle verstanden sein werde, könnten künftig auch die »Eigenschaften der Emotion und des moralischen Urteils klar werden«.[170] Wilsons Schlussfolgerungen, die sich aus diesem Blick in die Zukunft ergeben, blieben unausgesprochen: Bedeutete es, dass moralische Urteile entsprechend der genetisch basierten Verschiedenheit individueller Gehirne immer nur die Urteile von Einzelnen sein können und dass daher auch deren Handeln als je singulär zu beurteilen wäre? Oder dachte Wilson Gehirne als von kulturellen Mustern mitgeprägt, so dass die von ihm angenommenen genetischen Unterschiede zwischen Kulturen auch die entsprechenden Differenzmuster moralischer Urteile hervorbrächten?

Die wissenschaftlich-methodische Kritik am letzten Kapitel von *Sociobiology* war überaus scharf: Der von Wilson behauptete Zusammenhang von Genfrequenzen, menschlichem Verhalten und kulturellen Differenzen sei bloße Spekulation, weil er gar nicht wissenschaftlich getestet werden könne – weder Menschen noch Kulturen lassen sich im Labor »reinzüchten«; daher krankten alle Behauptungen dieser Art an einem evidenten Mangel an verlässlichen Daten.[171] Ein weiterer Einwand schloss unmittelbar daran an. Menschliches Verhalten basiere auf jeden Fall – und auch von Wilson im Grunde konzediert – so sehr auf Kultur, dass selbst scheinbar schwer veränderliche, langfristig beobachtbare Verhaltensmuster und Denkweisen deutlich besser und daher überzeugender mit sozialem Lernen und kultureller Überlieferung erklärt werden könnten als mit vagen Vermutungen über entsprechende »Gene«. Auf dem Symposium »Sociobiology and Human Politics« am 11. April 1977 in Philadelphia bemerkte in diesem Sinne der Evolutionsbiologe William Etkin trocken, dass »die Fähigkeit zu lernen, wenn sie einmal ins Genom eines Tieres eingebaut ist, die Anpassung an unterschiedlichste Umstände ohne weitere genetische Veränderung erlaubt«.[172] Stephen Jay Gould ergänzte dieses Argument in der Zeitschrift *Natural History* mit dem ebenso trockenen Hinweis, »die direkte Programmierung von Verhalten« sei im Laufe der Evolution »wahrscheinlich zu einem selektorischen Nachteil [*inadaptive*]« geworden. Die Evolution des Menschen hätte zwar zur Ausbildung seines großen Gehirns geführt, determiniere damit aber dessen Verhalten nicht, sondern habe vielmehr die Möglichkeit (*potentiality*) von menschlichem Verhalten jenseits aller biologischen Vorgaben geschaffen. Es gehe, so Gould, in dieser ganzen Auseinandersetzung nicht um die Alternative *nature vs. nurture*, Natur versus Kultur, sondern um *determinism vs. potentiality*, Determinismus versus Potentialität.[173] Marshall Sahlins schließlich untermauerte diese Kritik mit dem Argument, dass Kultur als ein »symbolisches System« mit einer eigenen

Logik und Gesetzlichkeit »nicht einfach ein Ausdruck der menschlichen Natur ist«. Vielmehr sei mit dem Symbolischen, das heißt mit der Fähigkeit des Menschen, Dingen in der Welt eine »Bedeutung [*meaning*]« zu verleihen, eine »radikale Diskontinuität zwischen Kultur und Natur eingeführt worden«.[174]

All das wusste auch Richard Dawkins, der Autor von *The Selfish Gene* – und er teilte diese Auffassungen sogar, wie ein letzter Blick in sein 1976 in Großbritannien erschienenes Buch zeigt. Auch Dawkins vertrat die Ansicht, dass das Gehirn nicht direkt von »den Genen« gesteuert wird. Man müsse sich vielmehr vorstellen, es sei von ihnen wie ein Schachcomputer so »programmiert« worden, dass es seine Aufgaben selbständig und ohne direkte Anleitung für jeden einzelnen Zug auszuführen vermag: »Wie der Schachprogrammierer, müssen auch die Gene ihre Überlebensmaschinen nicht in spezifischen Fragen, sondern in den allgemeinen Strategien und Listen des Metiers Leben ›unterweisen‹.«[175]

Eine der »Strategien«, die die Gene dem menschlichen Gehirn gleichsam mit auf den Weg gegeben hätten, sei die Fähigkeit zur Simulation, das heißt zum Entwerfen möglicher Welten und fiktiver Zukünfte mit dem Ziel, die Effekte verschiedener Handlungsoptionen zu testen, ohne dabei das Risiko eingehen zu müssen, bei einem Scheitern zu sterben. Dieses Argument erachtete Dawkins als ausgesprochen weitreichend. Denn die Evolution dieser Fähigkeit scheine, wie er schrieb, »im subjektiven Bewußtsein ihren Höhepunkt erreicht zu haben«. Bewusstsein, so spekulierte er weiter, entstehe vielleicht dann, »wenn das Gehirn die Welt so vollständig simuliert, daß diese Simulation ein Modell ihrer selbst enthalten muß« (was bei elektronischen Rechenmaschinen noch nicht der Fall sei, aber in Zukunft wohl der Fall sein könnte). Der entscheidende Punkt aber sei: Bewusstsein lasse sich »als Höhepunkt eines evolutionären Trends« vorstellen, bei dem sich die »Überlebensmaschinen in ihrer Funktion als ausführende Entscheidungsträger« von »ihre[n] Meister[n], den Genen«, emanzipieren; Menschen hätten daher »sogar die Macht, gegen das Diktat der Gene zu rebellieren«. In Dawkins' Darstellung reduzierte sich der Einfluss der Gene auf das Handeln von Menschen damit auf »eine einzige umfassende taktische Anweisung«, auf eine letzte programmatische Vorgabe: »Tu das, was auch immer es sein mag, von dem du meinst, daß es für unseren Fortbestand am besten ist.«[176]

Dass Menschen letztlich versuchen, ihr Leben zu erhalten und sich mehr oder weniger häufig, in der Regel aber doch ganz überwiegend fortpflanzen, war nun eine ziemlich banale Wahrheit, die sich in ihrer vagen Richtigkeit noch weit unterhalb der Frage nach den Bestimmungsgründen konkreten menschlichen Verhaltens bewegte. Sie war, genauer gesagt, keine empirische Aussage, sondern apriorisch und pleonastisch: Was auch immer ein »Gen« sei und was auch immer man vermute, dass es tue, tut es dies, solange es nicht untergeht, weil es als das definiert ist, was sich reproduziert, um nicht unterzugehen. Eine solche Aussage hatte alle Kritik am »biologischen Determinismus« in sich aufgesogen, um letztlich doch eine Art biologischer Bestimmung zu behaupten, die gleichwohl keine sein wollte. Abgesehen davon, dass es unklar ist, warum man gegen die Gene »rebellieren« sollte, wenn sie keine erkennbar bestimmende Rolle mehr für das konkrete Verhalten von Menschen spielten, blieb die Frage nach der Kultur noch unbeantwortet, ja, ihr musste nun, nachdem Dawkins den biologischen Determinismus weitgehend zurückgewiesen hatte, ein umso größeres Gewicht zukommen. Wie also wäre »Kultur« aus der Perspektive einer Biologin oder eines Biologen zu beschreiben, das heißt, wenn dies dezidiert *nicht* im Modus der »als ›Geisteswissenschaften‹ bezeichneten Fächer« zu geschehen hätte, wie Dawkins die *humanities* mit mokanten Anführungszeichen und ironischer Distanzierung adressierte, nämlich als Wissenschaften, die »immer noch so gelehrt werden, als habe Darwin niemals gelebt«?[177]

Als Antwort auf diese Frage zog Dawkins am Schluss seines Buches eine überraschende und tatsächlich neuartige Idee aus dem Hut: Ausgehend von der überhaupt nicht neuen Ansicht, dass »Kultur« und »Lernen« für das menschliche Handeln nicht nur bestimmend geworden seien, sondern sich auch um ein Vielfaches schneller entwickelten und veränderten als Gene, schlug er vor, analog zum Genkonzept einen kulturellen »Replikator« einzuführen, den er »Mem« nannte: eine Art einfachster kultureller Einheit wie zum Beispiel das Wort »Gott«, das via Sprache »von Gehirn zu Gehirn überspring[t]« und sich so reproduziert.[178] Auch ein Mem muss »überleben« können: Nur wenn es kopiert werde, wenn es in vielen Gehirnen präsent sei, würden sich die mit ihm verbundenen Ideen verbreiten und das Handeln von Menschen anleiten. Dawkins konzipierte die Meme in direkter Analogie zu Protein codierenden Genen und in einer ausdrücklich »darwinistischen« Weise als ebenfalls codierende Einheiten, die selbst keine Bedeutung haben, sondern nur in ihrer gleichsam kulturellen »Expression« in Texten, Bildern, Liedern usw. Bedeutungen generieren. Meme würden im Gehirn »wie ein Virus«

wirken, das sich in einer Wirtszelle festsetzt und ihren genetischen Mechanismus verändere. Und wie bei Genen komme es auch bei Memen auf »Langlebigkeit, Fruchtbarkeit und Wiedergabetreue« an, würden sich Kopierfehler einschleichen und sich ständig neue Mischungen ergeben, wodurch die kulturelle Evolution vorangetrieben werde.[179]

Am Ende seines Buches war Dawkins' Mem-Argument direkt und frontal gegen die Verhaltensbiologie, aber auch gegen die Soziobiologie gerichtet: Es sei nicht mehr nötig, sich nach den »herkömmlichen biologischen Überlebenswerten von Merkmalen wie Religion, Musik und rituellem Tanz umzusehen«, selbst wenn es diese geben möge. Denn von dem Moment an, an dem die Evolution das menschliche Gehirn mit der Fähigkeit zur »Imitation« ausgestattet hätte, »übernehmen die Meme automatisch das Ruder«. Auch sie seien »unbewußte, blinde Replikatoren« und in diesem Sinne »egoistisch«, das heißt, sie folgten nicht unseren Absichten und Intentionen, sondern codierten Bedeutungen in einer Art und Weise, die jeweils als eine nicht leicht zu verändernde Vorgabe wirkt, als eine Struktur, in der sich das Sprechen und Handeln bewegt.[180]

Dawkins' Meme glichen, mit einem Wort, in auffallender Weise, aber von ihm offensichtlich unbemerkt, den Signifikanten des französischen Strukturalismus seit Claude Lévi-Strauss (was insofern kein Zufall war, als das Konzept der codierenden Gene als »Programm« mit dem Strukturalismus von Roman Jakobson und Lévi-Strauss die genealogische Herkunft aus der kybernetischen Informationstheorie der Vierzigerjahre teilte).[181] Doch im Vergleich zur strukturalistischen Theorie des Signifikanten blieb das Mem-Konzept nur eine kleine, wenig ausgearbeitete, wenn auch in ihrer Originalität bestechende Skizze. Unklar blieb vor allem, wie und warum Meme »uns« dazu verhelfen würden, gegen das »Diktat« der Gene zu »rebellieren« – und die Unklarheit zeigt sich gerade dann, wenn es darum geht, das Problem der Moral in einer anderen Weise zu lösen als Edward O. Wilson. Dawkins warnte die Leserinnen und Leser seines Buches schon in der Einleitung, dass sich aus der Theorie des »egoistischen Gens« keine Moral ableiten lasse, denn wenn man »– wie ich – eine Gesellschaft aufbauen möchte, in der die einzelnen großzügig und selbstlos zugunsten eines gemeinsamen Wohlergehens zusammenarbeiten«, dann könne man »wenig Hilfe von der biologischen Natur erwarten«.[182] Als Überlebensmaschinen egoistischer Gene seien Menschen eigentlich selbstsüchtig, und die Theorie der Gesamtfitness hatte auch in Dawkins' Augen jeden Gruppenselektionsansatz desavouiert.

Doch ließe sich Hilfe von den Memen erwarten? Dawkins sagte es nicht, es blieb offen, woher der Wunsch und die Möglichkeit stammen könnten, »großzügig und selbstlos« zusammenzuarbeiten – wenn nicht doch von einigen überlebenden Memen beziehungsweise Signifikanten, die eine solche Gemeinsamkeit zumindest denkmöglich machen.

Pop-Körper und die Praktiken der Selbstformung

Als Produkt der Evolution entstanden Körper, deren Gehirne zur »Imitation« und zur »Simulation« fähig sind, wie Richard Dawkins sagte. Es sind Gehirne, die Worte und Bilder kopieren, die sie mit anderen Gehirnen teilen und mit denen sie die Welt simulieren. In solchen zirkulierenden Worten und Bildern können Menschen auch sich und ihre Körper wiedererkennen. Sie »imitieren« diese Worte und Bilder, und sie imitieren andere Menschen, die sie mit Worten und Bildern wahrnehmen und beschreiben. Sie imitieren sich dadurch wechselseitig, um eine gemeinsame Welt zu schaffen und sich als »Gleiche« zu erkennen. In der Biologie heißt dieses Verhalten Mimikry, und man sagt, es sei evolutionär vorteilhaft gewesen, weil es kooperatives Verhalten fördere. Der Psychoanalytiker Jacques Lacan kannte die entsprechenden Forschungen; Mimikry funktioniere, weil das Tier ganz in seine Umwelt eingefügt sei. Beim Menschenwesen allerdings, so Lacan in einem 1949 in Zürich gehaltenen Vortrag, der 1977 als Teil seiner *Écrits* auch in den USA erschien, sei dieses sich im anderen »Spiegeln« im eigentlichen Sinn »imaginär«. Die Mimikry ist beim Menschen eine Simulation, um Dawkins' Ausdruck zu verwenden. Das Kleinkind »erkenne« sich zwar als »sich selbst« in der wahrgenommenen Gestalt seines Vaters oder seiner Mutter und versuche sie nachzuahmen. Aber es könne diesem Bild und der angenommenen und angestrebten Gleichheit dennoch nie entsprechen, weil das Bild eben nur eine *imago*, ein Vorgestelltes ist – notwendig zwar, um sich als Menschenwesen identifizieren zu können, aber ebenso notwendig immer das eigene Selbst verfehlend. Das imaginierte Bild von sich selbst nach dem Bild des anderen erzeuge, so Lacans Schlussfolgerung, »eine wahnhaft[e] Identität, deren starre Strukturen die ganze mentale Entwicklung des Subjekts bestimmen werden«. Der für den Menschen im Unterschied zum Tier schicksalhafte »Bruch des Kreises von der Innenwelt zur Umwelt« bringe daher »die unerschöpfliche Quadratur der Ich-Prüfungen (*récolements du moi*) hervor«, jene ständige, lebenslange Suche nach seinem wahren Ich, seinem eigentlichen Sein, seiner Authentizität und seinem von jedem Makel freien Körper.[183]

Lacans Begriff des Imaginären ist auch jenseits seiner spezifisch psychoanalytischen Theorie produktiv. Man muss sich daran erinnern, dass Bilder von Körpern ubiquitär verbreitet sind: Bilder von göttlichen oder heiligen Körpern, von Tiermenschen und menschenähnlichen Fabelwesen, von kriegerischen, heroischen und kraftvollen Körpern – und immer wieder von idealen, von schönen und verführerischen Körpern. Das Imaginäre findet, mit anderen Worten, seine Stütze in den Medien – und zwar so sehr, dass die medialen Bilder jene Schablonen bereitstellen, mit denen wir uns selbst simulieren. Und in dem Maße, wie diese Bilder von jeweils ganz bestimmten Körpern weitverbreitet, populär und attraktiv sind, liegt es nahe, von »Pop-Körpern« zu sprechen. Bis auf einige wenige, fast überzeitliche Ikonen sind Pop-Körper zwar recht volatil, ändern häufig ihre Gestalt und ihre Namen, nicht jedoch ihre Funktion. Es sind Bilder idealer Körperlichkeit, nach der man streben kann oder soll – aber auch Ikonen dessen, was man doch nicht erreicht hat und was man nie sein wird. Man weiß es wohl: Kein Christ ist so sehr vom Göttlichen durchdrungen wie Jesus am Kreuz, kein Soldat ist so heroisch wie der Feldherr auf der Reiterstatue, kein Zuschauer so ausdauernd wie die Läuferin im Stadion und keine Frau ist so schön wie die Feen auf den Covern von *Cosmopolitan* oder *Vogue*. Und doch geben diese Bilder die Richtung vor, nach der die Identifikation strebt.[184]

Körper-Ikonen

Auf dem Cover der US-amerikanischen *Vogue* erschien im April 1977 eine junge Frau mit einer langen Reihe strahlend weißer Zähne, funkelnden blaugrünen Augen und einer wogenden blonden Löwenmähne, zusammen mit der Schlagzeile »It's fun to be fit«. Die Schöne war der neue amerikanische »Superstar« Farrah Fawcett-Majors, fotografiert vom Starfotografen Richard Avedon. Zwei Jahre zuvor, im April 1975, war Fawcett noch als unbekanntes Mannequin ohne Namen auf dem Cover von *Cosmopolitan* erschienen, zudem sah man sie in unzähligen Werbespots.

Ab Herbst 1976 erfasste dann eine regelrechte Flutwelle von Farrah-Bildern auf Unterhaltungs-, Pop-, Frauen-, Lifestyle-, Sport-, Comics- und TV-Magazinen sowie Farrah-*Fanzines* nicht nur die amerikanische Medienlandschaft, sondern auch die weltweite Vierfarbenpresse von Japan über Großbritannien bis nach Brasilien. Im November 1976 erschien sie auf dem Titelbild von *Time*, allerdings nicht als einsame Fitness- und Beauty-Queen, sondern zusammen mit ihren beiden Mitstreiterinnen aus der Fernsehserie *Charlie's Angels*. Im Mai 1977 zierte Farrah Fawcett sowohl das Cover von *Harper's Bazaar* als auch das des eher szenigen Blättchens *The Wild World of Skateboarding* – das nicht auf ihr Gesicht fokussierte, sondern sie in Jeans, Nike-Turnschuhen und einem Skateboard am Fuß zeigte, welches sie offensichtlich zu bedienen wusste. Im Juni titelte das *Ladies' Home Journal* teils in Großbuchstaben: »THE FARRAH FACTOR: National survey: Why girls want to grow up like Farrah Fawcett-Majors«. Die Zeitschrift *Photoplay* verriet ebenfalls im Juni das »secret«, wie sie als »every man's fantasy femme« daran arbeite, eine »total woman« zu sein. »Amerika hat eine neue Venus«, verkündete der *Spiegel* im April 1977 dem deutschen Publikum. Ihr Tag beginne morgens um 5 Uhr 10 mit zwanzig Minuten Liegestütz und Kniebeugen, gefolgt von »Schwimmen im Ozean, Abreibungen mit Sand und Strandläufen«, zudem war sie als ambitionierte Tennisspielerin bekannt. Was also war Farrahs »Geheimnis«? Der *Spiegel* zitierte sie mit den aus amerikanischen Medien übernommenen Worten: »Verschwitzt sieht jede Frau klasse aus« und: »Schweiß ist sexy«.[185]

Im eigentlichen Sinne ikonisch aber wurde eine Fotografie, die Fawcett im Herbst 1976 aufnehmen ließ. Das nicht in einem Studio, sondern im Garten ihres Hauses in Los Angeles von Bruce McBroom aufgenommene, hochformatige Bild zeigt sie sitzend von der Seite, den Kopf dem Betrachter – der Betrachterin – zugewandt und die wilden Haare kunstvoll natürlich um ihr entspannt lachendes, scheinbar ungeschminktes Gesicht drapiert. Ihr sonnengebräunter Körper war in ihren eigenen, orangeroten Badeanzug gehüllt, der weniger Haut zeigt als ein Bikini, aber die natürlichen Konturen ihrer Brüste deutlich sichtbar werden lässt. Den Hintergrund bildet eine gestreifte Navajo-Decke. Farrah Fawcett ließ von der von ihr bis ins Detail kontrollierten Fotografie ein Poster produzieren, das allein schon bis zum April 1977 zweieinhalb Millionen Mal verkauft wurde. Als Tony Manero in *Saturday Night Fever* sich vor dem Spiegel auf den Disco-Abend vorbereitete, hing das Farrah-Poster in seinem Zimmer, neben den Porträts von Al Pacino und Bruce Lee. Im Februar 1977 posierte die Gewinnerin des »Farrah Fawcett Lookalike Contest« in Detroit selbstverständlich auch vor diesem Bild – nicht ganz zum Verwechseln ähnlich, aber immerhin.[186]

Der rasante Aufstieg Farrah Fawcetts vom namenlosen Fotomodell zum amerikanischen Superstar der späten 1970er Jahre war kein Zufall. Ihr Image repräsentierte eine durch hartes Training erworbene, aber entspannt wirkende selbstbewusste Körperlichkeit. Fawcett war nicht nur, wie der Kulturwissenschaftler Chadwick Roberts anmerkte, »anti-drug« und »pro-exercise«, sondern auch schon »post-feminist«. Sie inszenierte sich bewusst als »Männerfantasie«,[187] war aber auch als Pin-up kein Sexobjekt. Sie erschien den Zeitgenossen als neues »All-American Girl« in der Nachfolge Marilyn Monroes, und doch ganz anders als diese. Während Monroe platinblond gefärbt war und von Männern gestylt wurde, zeigte Fawcett selbstinszeniert ihre leicht dunkel getönten blonden Haare und ihre sonnengebräunte Haut; *All*-American meinte natürlich das weiße Amerika, das sich in diesem Bild mit einem kräftigen Touch »Natürlichkeit« und angedeuteter Navajo-»Spiritualität« repräsentiert fand. In diesem Sinne inszenierte Farrah Fawcett, so Roberts, am Ende der Siebzigerjahre mit überragendem Erfolg »eine neue Form idealer *whiteness*«.[188]

Dass Idole nicht ohne Makel sind, wissen sie selbst am besten, und es gehört zu ihrem idealen Bild, dies auch zu bekennen. Der Makel, den Farrah Fawcett angeblich empfand, war allerdings ein wenig merkwürdig: Sie vermisste an sich, wie der *Spiegel* sie zitierte, »einen Schuß Europa«, ja, es machte sie dem Vernehmen nach »ganz krank«, so »durch und durch amerikanisch« auszusehen. Was auch immer das bedeutet haben mag – der zweite Pop-Körper jedenfalls, der 1977 Furore machte, war in dieser Hinsicht unbelastet. Aber auch er repräsentierte einen idealen, in diesem Fall männlichen weißen Körper, der zudem ebenfalls als das Produkt harter Arbeit an sich selbst erschien. Die Rede ist von Arnold Schwarzenegger.

Der Grazer Polizistensohn war 1968 in die USA ausgewandert, mit dem erklärten Ziel, dort als Bodybuilder und Filmschauspieler berühmt zu werden.[189] *Hercules in New York* (1970) floppte zwar, doch seine medienwirksamen und wiederholten Erfolge als »Mr. Universe« und »Mr. Olympia« (der von ihm sechsmal gewonnenen höchsten Auszeichnung im Bodybuilding), sein Film *Stay Hungry* (1976; 1977 als *Mister*

Universum in den deutschen Kinos), vor allem aber die von George Butler und Robert Fiore produzierte Doku-Fiction *Pumping Iron* (1977) lösten weit über die USA hinaus einen eigentlichen Arnold-*craze* aus. Jackie Onassis nahm ihn in ihren Kreis auf, Andy Warhol porträtierte den 29-jährigen Beau auf Polaroid, führende Zeitungen des Landes brachten ausführliche, wenn auch zuweilen etwas sarkastische Betrachtungen über die »Muskelmänner« und ihren Superstar Arnold.[190] In Israel fotografierte ihn die Presse, wie er im Februar auf dem Flughafen Ben Gurion mit nacktem Oberkörper und einer auf seinem angewinkelten linken Arm sitzenden Stewardess aus dem Flugzeug stieg; das ZDF berichtete am 15. März 1977 über *Pumping Iron*, und in Cannes, wo Schwarzenegger den Film präsentierte, sah man ihn in der Mai-Sonne am Strand posieren, umringt von schönen Frauen. Im August verriet das Erotik-Magazin *Oui* die »Sex Secrets of a Bodybuilder«, im Oktober erschien er auf dem Cover des Londoner Magazins *Time Out*, zusammen mit einem fast zwei Köpfe kleineren Redakteur, der sich – ganz der britische Humor – bis auf die Unterhose nackt neben dem ordentlich bekleideten Hünen ablichten ließ. Und im November veröffentlichte das renommierte Verlagshaus Simon & Schuster Schwarzeneggers Autobiografie samt Trainingsanleitung unter einem Titel, der literarische Assoziationen wecken sollte: *Arnold: The Education of a Bodybuilder*.[191]

Warum diese plötzliche Aufregung um den stets sorgfältig gebräunten »Mr. Olympia«? Bodybuilding galt weitum als Randphänomen, eingesperrt in ein kleines Ghetto schwitzender Männer – und war keineswegs neu. Die Tradition der Gewichtheber und »starken Männer« reicht zurück bis in die zweite Hälfte des 19. Jahrhunderts, als Muskelmänner in Europa und den USA auf Unterhaltungsbühnen auftraten und als Werbeträger Geld verdienten. Daraus entwickelte sich am Ende des 19. Jahrhunderts und mit einem schwärmerischen Bezug auf das antike Griechenland Bodybuilding als eine neuartige ästhetische Praxis. 1901 organisierte der in Königsberg als Friedrich Wilhelm Müller geborene Eugene Sandow in der Londoner Royal Albert Hall den ersten großen Wettbewerb und prägte 1904 auch den Begriff »body-building«. Ab den späten Dreißigerjahren des 20. Jahrhunderts wurde Bodybuilding mit regelmäßigen Wettkämpfen und der Einrichtung spezialisierter Studios kommerzialisiert, doch bürgerliche Respektabilität blieb ihm versagt. Fotografien von besonders muskulösen jungen Männern waren vor allem in den Medien der homosexuellen Subkultur verbreitet, und noch lange wurde der vor einem Spiegel geübte »Sport« mit einem moralisch zweifelhaften männlichen Exhibitionismus und Narzissmus assoziiert.[192]

Mitte der Siebzigerjahre schien sich das zu ändern. Die Kunstkritikerin Vicki Goldberg etwa fragte im *New York Times Magazine*, ob Bodybuilding nicht doch eine Kunst sei, und im Februar 1976 posierten Arnold Schwarzenegger, Frank Zane und Ed Corney unter dem Titel »Articulate Muscle. The Body As Art« gar im Whitney Museum of American Art in New York vor einem weit über tausendköpfigen Publikum. Eine Jury aus Künstlern, Kunsthistorikern und Schriftstellern (offenbar alles Männer) beurteilte die drei Bodybuilder, so *Sports Illustrated*, »nicht nach sportlichen Kriterien, sondern als Künstler, die in ihren eigenen Schöpfungen leben«. Schwarzenegger unterstrich diesen Anspruch mit der auch in *Pumping Iron* wiederholten Bemerkung, er arbeite an der Ausbildung einzelner Muskeln »wie ein Bildhauer«, der bei einer Skulptur da und dort etwas ansetzt, bis sie perfekt ist.[193]

Allein, der Arnold-*craze* war nicht der Liebe zur Kunst geschuldet. Schwarzenegger verkörperte vielmehr Werte und Haltungen, deren Zeit gekommen zu sein schien. »Mr. Universe«- und »Mr. Olympia«-Wettbewerbe fanden zwar schon seit den Vierziger- beziehungsweise Sechzigerjahren statt, und der schwarze Bodybuilder Sergio Oliva zum Beispiel, dessen Muskeln besser »definiert« waren als die von Schwarzenegger, blieb, obwohl er als Vorgänger von Schwarzenegger ebenfalls »Mr. Olympia« wurde, im Muskelmänner-Ghetto eingeschlossen. Doch als der Bodybuilder, der am meisten internationale Titel gewonnen hatte, wurde Schwarzenegger auch jenseits dieser Grenzen zur Ikone für »Erfolg« und für den unersättlichen Willen, in jedem Wettbewerb der Beste und der Erste zu sein. Rücksichtslos gegenüber sich selbst und anderen, ordnete er alles seiner »ego satisfaction of winning, winning, winning« unter, und es war nichts anderes als der Erfolg, der ihm auch in den Augen seiner begeisterten Fans recht gab.[194]

Schwarzeneggers eigentliche Botschaft aber war, dass der Erfolg eiserne Selbstdisziplin und endlose Kasteiungen verlange. Nur durch »totale«, durch die »strikteste Form von Disziplin« habe er »vollständige Kontrolle« über »jeden individuellen Muskel« erlangt. Im Kampf gegen seinen Körper quälte er seine Muskeln mit schweren Gewichten und stundenlangen Wiederholungen so sehr, dass ihnen »wenn sie überleben wollten, nichts anderes übrig blieb als zu wachsen«.[195] Er unterschlug zwar, dass das auf diese Weise provozierte Muskelwachstum ohne anabole Steroide nicht möglich gewesen wäre, wie Franco Columbu, Zweitplatzierter beim »Mr. Olympia«-Wettbewerb 1975, bekannte.[196] Doch Schwarzenegger inszenierte seine Selbstkasteiung als Bodybuilder heroisch: Schmerz bedeute »Wachstum« und das Ausschöpfen des »vollsten Potentials« seiner selbst. Er bediente sich der Sprache des Human Potential Movement und formte sie zu einem auch weit jenseits der *counter culture* verständlichen Idiom der Selbstverwirklichung durch Disziplin, Leistung und Selbstkontrolle. Bodybuilding war dabei nur eine Metapher: In dem Maße, wie man sich durch diese Art von Training »einen anderen Körper geben kann«, so Schwarzenegger, »kannst du dieselben Prinzipien auf alles andere anwenden«. Dann könne man »alles tun« – »ich meine wirklich alles«.[197]

Diese Technik der Selbstformung durch strikte Disziplin und Leistungsbereitschaft hatte deutliche Ähnlichkeiten mit einer schon älteren, sehr amerikanischen – und auch sehr protestantischen – Tradition der Körperertüchtigung und des individuellen »Strebens nach Glück«. Und schon um 1900 hatte sich die Selbstführung, wie der Historiker Jürgen Martschukat gezeigt hat, in den USA zum ersten Mal einen postreligiösen Anstrich gegeben, um mit einem starken, trainierten und gesunden männlichen Körper den Anforderungen der liberalkapitalistischen Leistungsgesellschaft genügen zu können. Trotz des massenmedialen Aufstiegs verschiedener Sportarten zur Unterhaltung des breiten Publikums hatte sich diese Idee der individuellen Fitness und des Trainings als persönliches Bestreben allerdings in den Jahren zwischen 1930 und 1960 wieder weitgehend verflüchtigt.[198] Ein Ort, wo solche Traditionen hingegen ungebrochen fortlebten, war wie gesagt die Randkultur des Bodybuildings, das in den Siebzigerjahren dank Schwarzenegger wieder über seine kleinen Kreise hinaus attraktiv wurde. Dazu beigetragen hatte Schwarzeneggers spezifische Form von Hedonismus, der perfekt zur »Me-Decade« passte: Er posierte nicht nur mit einem entspannten, überlegenen Lächeln und wirkte überhaupt »elegant in Haltung und Form«, wie der *Boston Globe* schwärmte, sondern deutete vor allem den Schmerz, den sein exzessives Training verursachte, als »Lust«. Seine Schmerzarbeit als »pleasure trip«, als »Lustreise«, zu sich selbst war in diesem Sinn keine moderne, auf ernsthafte Arbeit, das Erfüllen einer Pflicht und den Kampf ums wirtschaftliche Überleben ausgerichtete Selbsttechnik mehr, sondern eine Art postmoderner Subjekttechnologie, die die Härte gegen sich und andere als ein Genießen inszenierte. Sie fand ihr Maß allein am idealisierten Bild des eigenen Körpers, ohne damit aber einer Norm zu entsprechen und ohne die mit ihr verbundenen Mühen auf einen konkreten Zweck zu beziehen – außer dem äußeren Anschein der Überlegenheit.[199]

Denn es gab nichts, was Schwarzenegger besser konnte als andere; es war allein seine selbstgeformte Erscheinung, die ihn in diesem speziellen historischen Moment zum »Sieger«, zum Meister der Selbstbeherrschung und zum Idealkörper der weißen Mehrheitsgesellschaft machte, die auf einen wie ihn offensichtlich gewartet hatte. Schon ließ sich beobachten, dass Studios mit den neuen Nautilus-Kraftmaschinen boomten und Krafttraining unter jungen Angestellten in Mode kam – darunter auch erstmals Frauen. Das bedeutete allerdings nicht, dass Schwarzeneggers Pop-Körper das einzig mögliche Ideal eines »fitten« Körpers war; dieser blieb trotz allem eine in ihrer konkreten Gestalt für die meisten unerreichbare Extremform. Unklar war auch, was dieser Körper, den man in *Pumping Iron* rauchen und Bier trinken sah, mit Fitness zu tun hatte (Schwarzenegger erwähnte den Begriff in *The Education* nur ein einziges Mal), das heißt mit jener Gesundheitsbewegung, über die deutsche Leitmedien wie der *Spiegel* oder die *Zeit* zwar noch lästerten, die in den USA aber schon eine neue Art von Pop-Körper hervorbrachte. Farrah Fawcett-Majors mit ihren morgendlichen Strandläufen repräsentierte diesen neuen Körper, aber sie war nur eine von vielen: Das Glamour-Magazin *People* präsentierte sie und ihren Mann im Juli 1977 unter der Schlagzeile: »Farrah & Lee & Everybody's Doing It. Stars Join the Jogging Craze«.[200]

Das lange Laufen zu sich selbst

Der *craze*, in langsamem Lauftempo längere Strecken zurückzulegen, um sich »fit« zu halten – aber nicht, um zu gewinnen, und weitgehend abseits der organisierten Leichtathletik –, hatte einen seiner Ursprünge im Umfeld der University of Oregon und der 1971 in ihrer Nähe gegründeten Firma Nike, die dafür die geeigneten Schuhe zu produzieren begann. Bald wurden in verschiedenen Städten der USA, aber auch in Europa Marathonläufe mit anfänglich noch wenigen hundert Teilnehmern – und meist nur Männern – organisiert; 1974 erreichten beim ersten »Berliner Volksmarathon« 234 Läufer und 10 Läuferinnen das Ziel; 1976 zählte man in New York schon rund 2200 Teilnehmende, im Jahr darauf, im

Oktober 1977, doppelt so viele. Doch das war nur die zahlenmäßig kaum ins Gewicht fallende Spitze der Jogging- oder *Running*-Bewegung. Man schätzte, dass 1977 schon 10 Millionen oder mehr Amerikanerinnen und Amerikaner dem neuen Trend folgten. Das war dennoch nicht »everybody«: Weder die weiße Arbeiterklasse noch die Schwarzen in den heruntergekommenen Innenstädten gingen laufen; die Bewegung erfasste praktisch ausschließlich *white collar workers* und Angehörige der weißen Mittelklasse, in der Mehrheit Frauen. Es mangelte nicht an Stimmen von Joggern, die sich der ehemaligen *counter culture* zuzählten, jetzt aber genug von Drogen hatten und »gesund leben« wollten. Im Juni 1977 spottete das *Time Magazine* über diese neue »Religion« der »jetzt 40-Jährigen, die in den Sixties keinem über 30 trauen wollten«, und nannte »Langstreckenläufer« mit ironisch-implizitem Bezug auf Alan Sillitoes bekannte Kurzgeschichte »einsam«, weil sie »unerträglich« seien in ihrer durch nichts bewiesenen Besserwisserei über Herzkreislauf-Erkrankungen und überflüssiges Körperfett.[201]

Die Fitness-Bewegung war breiter als die Jogging-Welle.[202] Schon seit 1968 propagierte der ehemalige Air-Force-Arzt Kenneth Cooper mit wachsendem Erfolg sein »Aerobics«-Trainingsprogramm; seine Bücher erschienen auch auf Deutsch, und überhaupt herrschte an vergleichbarer Ratgeberliteratur auf dem deutschen Buchmarkt kein Mangel.[203] In Europa entstand etwa gleichzeitig mit dem amerikanischen Jogging das Konzept des »Vita Parcours« oder »Trimm-dich-Pfades«, das heißt einer Laufrundstrecke durchs Gelände, die regelmäßig von Stationen mit Kraftübungen unterbrochen wird. Der erste dieser Pfade entstand 1968 in Zürich, eingerichtet von einer Lebensversicherungsgesellschaft; 1977 existierten selbst in Kalifornien schon mehrere Dutzend nach Schweizer Vorbild angelegte Fitness-Parcours. Jogging oder *running* jedoch dominierte die neue Gesundheitsbewegung; im Mai 1977 erschien auch *Newsweek* mit dem Titel »Keeping Fit« und einem Bild von zwei Joggern auf dem Cover. Niemand allerdings hatte den neuen Lauf-*craze* so wirkungsvoll propagiert wie James F. (»Jim«) Fixx mit *The Complete Book of Running*, das am 23. Oktober 1977 in New York erschien und sofort reißenden Absatz fand.[204]

Worin bestand die »subversive Natur dieses Buches«, wie sein Autor gleich schon im Titel des Vorwortes behauptete? Es war eine Subversion ganz im Stil der neuen Zeit, eine Umkehrung nicht mehr der politischen Ordnung der Dinge, sondern des eigenen Lebens. Das Buch handle davon, so Fixx an seine Leserinnen und Leser gewandt, »Ihr Leben zu ändern«. Fixx beschrieb darin seine eigene Konversion vom übergewichtigen Mittdreißiger, der pro Tag zwei Päckchen Zigaretten geraucht und schon zum Lunch zu viele Martinis getrunken habe, zum ausdauernden Langstreckenläufer, der mit dem täglichen Laufen »physiologisch und psychologisch jünger« geworden sei und sich zum ersten Mal in seinem Leben fit und gesund fühle. Es sei müßig, so Fixx, die ihrerseits meist nicht sonderlich gesund lebenden Ärzte nach einem Rezept für Gesundheit zu fragen und sich den Kopf darüber zu zerbrechen, ob gar »die Regierung dazu beitragen kann, uns fit zu erhalten«, und zwar »trotz des guten Beispiels, das in verschiedenen europäischen Ländern gegeben worden ist«. Nein, die Erfahrung lehre, dass »jeder Dollar, der zusätzlich für die medizinische Versorgung ausgegeben wird«, nur noch einen »immer kleiner werdenden marginalen Nutzen für die Gesundheit bringe«. Weder Ärzte noch die Gesundheitspolitik der Regierung seien in der Lage, »unseren Gesundheitszustand zu verbessern«. An wen sich also wenden? Für Fixx lag die Antwort auf der Hand: »Wir müssen selbst etwas tun.«[205]

Im Laufen, wie Jim Fixx es seinem Publikum vorstellte, bündelte sich alles, was man als Orientierung für das eigene Leben in einem nachmodernen Zeitalter zu brauchen schien. Das zweifelhaft gewordene Allgemeine, bei Fixx repräsentiert durch die Kunst der Ärzte und die Gesundheitspolitik der Regierung, ersetzten die Laufenden durch eigene, nicht zuletzt geldwerte gesundheitspräventive Leistungen, ganz im Sinne etwa jener Schweizer Lebensversicherungsgesellschaft, die schon am Ende der Sechzigerjahre auf die Idee gekommen war, die Lebenden zur lebensverlängernden Selbstsorge anzuregen, und ganz in der Logik auch einer Politik, die sich vom Wohlfahrtsstaat abzuwenden begann.

Vor allem aber, so Fixx, würden die Läuferinnen und Läufer, die alle für sich selbst und meist alleine laufen, eine quasireligiöse Erfahrung machen. Religion befriedige bekanntlich das »Bedürfnis, in etwas aufzugehen, das größer ist als man selbst«, das heißt, sich selbst »zu vergessen und das Ich in etwas aufzulösen, was wir für größer als uns selbst halten«. In einer ebenso paradoxen wie bezeichnenden Weise war dieses Größere für Fixx jedoch wiederum nur das gesteigerte »Bewußtsein der körperlichen Beteiligung am eigenen Tun«. Laufen sei »eine so intensive Erfahrung, daß wir alle Befangenheit ablegen und nur noch für den Augenblick leben« – was Bhagwan in Poona lehrte und Fritz Perls oder Will Schutz in Esalem, was aber auch die Tänzerinnen und Tänzer in der Disco erlebten. Das Größere, in dem das alltägliche Ich sich auflöse, war mithin nichts anderes als ein intensiviertes und verkörpertes Ich, das beim Laufen in einen Zustand des »Fließens« gerate und sich wie in einer »Meditation […] den Kopf zum Denken frei« mache. Für Fixx gingen die »Veränderungen, die sich in meinem Inneren abspielten«, sein »innere[r] Wandel«, sogar über das hinaus, was selbst die Transzendentale Meditation bewirken könne.[206]

Was Jim Fixx als *running* vorstellte, war eine ganz und gar diesseitige spirituelle Erfahrung, die einen zu sich selbst zurückführe und ermögliche, »gegen die Schablonen«, die »andere uns aufzwingen«, aufzubegehren und »nach unserem eigenen Rhythmus zu leben«. Laufen sei das Einüben einer körperlichen Praxis, die einen lehre, dass »die Wahl völlig bei uns« liegt, dass man »jegliche Entscheidung jederzeit wieder umstoßen« kann – »ganz wie es uns gefällt und unserem Körper und unserer Seele nötig erscheint«. Entsprechend sei es ganz einem selbst überlassen, wie oft, wie lange, wie weit und wie schnell man laufen soll – »ganz Ihre Angelegenheit«. Außer der übergeordneten Aufforderung, etwas für sich selbst zu tun und sich um die eigene Gesundheit zu sorgen, verband Fixx den Imperativ zu laufen weder mit einer Norm noch mit dem Bild eines Idealkörpers: »Hören Sie […] auf Ihren Körper«, empfahl er seinen Leserinnen und Lesern gleich zu Beginn, denn »jeder von uns ist verschieden«.[207] Laufen erschien so als die kürzeste Form der Reise zu sich selbst und Fitness als ihr Maßstab. Abgesehen von den beiden nackten Beinen mit Laufschuhen bot das Cover von *The Complete Book of Running* keinen Pop-Körper zur Nachahmung und Identifikation an. Die vielen Möglichkeiten des Laufens, die das Buch vorstellte, und die vielen Läuferinnen und Läufer, die es lasen, richteten sich nicht nach einem Idealkörper; sie waren vor allem nicht darauf aus, um jeden Preis und in rücksichtsloser Härte »Sieger« zu sein. Im Pulk eines Volkslaufes waren sie, wie das Combahee River Collective in Boston gesagt hätte, insgesamt »levelly human«.

In idealtypisch zugespitzter Weise repräsentierten Arnold Schwarzeneggers und Jim Fixx' Körperpraktiken zwei Modelle, sich körperlich auf sich selbst zu beziehen: mit äußerster Härte gegen sich selbst, um sich zum »Leader« zu formen, oder aber im *flow* des Laufens und bei aller Verschiedenheit dennoch letztlich als »Gleiche«. In Wirklichkeit aber verschwammen die Grenzen zwischen diesen beiden Möglichkeiten: Der im Krafttraining geformte Körper konnte sich darauf beschränken, für sich selbst ein kleines Kunstwerk zu sein, ohne andere dominieren zu wollen, und nicht nur an der Spitze des Volkslaufs wurde um den Sieg gerungen, sondern auch in den Alterskategorien, wenngleich nicht unbedingt »um jeden Preis«. Und schließlich handelte es sich bei beiden Formen, sich auf sich selbst zu beziehen, indem man trotz Schmerz und Erschöpfung gegen seine eigenen körperlichen Grenzen antrainiert, unverkennbar um Modelle dafür, sich dem neoliberalen ökonomischen Imperativ entsprechend als ein aktives und selbstverantwortliches Subjekt zu konstituieren, indem man sich zuerst um die eigene Gesundheit und Leistungsfähigkeit kümmert.

Die historische Bedeutung dieser zwei Modelle lässt sich darauf allerdings nicht reduzieren. Denn beide leiteten zur körperlichen Praxis an, nur noch Maß an sich selbst zu nehmen und alle »Schablonen« und Normen zurückzuweisen, das heißt, sich selbst als singulär zu entwerfen. Bei Jim Fixx weit mehr als bei Schwarzenegger geschah das in einer Form, die für viele Menschen leicht erreichbar war. Ein idealtypisches bürgerliches Subjekt der Moderne hatte sich schon immer als autonom gesetzt und den Anspruch erhoben, nur seinen eigenen Zielen und Vorgaben zu folgen. Gemessen daran war das Laufen eine postmoderne körperliche Praxis der Vielen, um eine zwischen prekärer Freiheit und normativem Zwang changierende »Autonomie« einzuüben und den eigenen Körper entsprechend zu formen. Diese bescheidene Technik der Selbstformung war nur eine der vielen Verschiebungen, die 1977 das Gefüge der Gegenwart zu verändern begannen. Aber sie war eine der sichtbarsten.

7.
Schluss: Eine Geschichte der Gegenwart

Am 25. Juli 1978 kam im Oldham General Hospital in der Nähe von Manchester Louise Joy Brown auf die Welt. Die Tochter von Lesley und John Brown war der erste Mensch, der nicht im Leib seiner Mutter, sondern *in vitro* (»im Glas«) in einem medizinischen Labor »empfangen« wurde. Die Idee der In-vitro-Befruchtung war an sich nichts Neues. Schon 1878 unternahm der österreichische Embryologe Samuel Schenk Befruchtungsversuche mit Eizellen von Kaninchen, und 1932 ließ Aldous Huxley in *Brave New World* Föten in *test tubes* heranwachsen. Die erste tatsächliche In-vitro-Fertilisation (IVF) einer menschlichen Eizelle gelang 1944 in einer mit der Universität Harvard assoziierten Klinik in Massachusetts, jedoch ohne dass es möglich gewesen wäre, das befruchtete Ei wieder in den Mutterleib einzupflanzen – sehr zur Enttäuschung der durch sensationelle Medienberichte geweckten Hoffnungen vieler Frauen.[1] Erst Mitte der Sechzigerjahre nahm die Forschung zur IVF wieder an Fahrt auf, und seit 1971 hatten der Gynäkologe Patrick Steptoe, der Physiologe Robert Edwards und die klinische Assistentin Jean Purdy in Oldham die wegen einer Eileiterverengung unfruchtbare Lesley Brown in Behandlung. In mehr als 100 Versuchen hatten sie ihr Oozyten entnommen, sie in einem Reagenzglas mit den Spermien ihres Mannes John befruchtet und ihr anschließend wieder eingepflanzt. Gegen Ende des Jahres 1977 erwies sich einer dieser Versuche endlich als erfolgreich: Ein im November in den Uterus von Lesley Brown transferierter mehrzelliger Embryo entwickelte sich zu einem gesunden Kind, wie Edwards der werdenden Mutter mit einem Brief vom 6. Dezember mitteilte. Bei seiner Geburt wurde das erste *Test-tube*-Baby weltweit als Sensation und medizinischer Durchbruch gefeiert, von vielen aber auch als frevelhafter Eingriff in die göttliche oder natürliche Ordnung des Lebens verurteilt.[2]

Um zu demonstrieren, dass ihr »Retorten-Baby« ein »ganz normales« Kind war, starteten die Browns noch 1978 mit dem Neugeborenen eine Tournee durch Fernsehstationen in den USA, in Kanada, Irland und Japan. Zuvor schon hatten die britischen Medien die nun zum ersten Mal beim Menschen erfolgreich angewandte IVF-Technik überwiegend als ein zwar avanciertes, aber dennoch legitimes medizinisches Verfahren dargestellt, das es verheirateten Paaren ermögliche, Kinder zu bekommen. Kurz vor dem »Winter of Discontent«, der mit schweren Arbeitskämpfen zum Sturz der Labour-Regierung unter Premier James Callaghan und zum Beginn der Ära Thatcher führte, wurde Louise Joy Browns Geburt in den britischen Medien zu einer beruhigenden Ursprungsgeschichte geformt, die nicht wenig zur schnellen Normalisierung der IVF beigetragen hat. Diese erschien dabei nicht etwa als eine Technik von »mad scientists« oder gar eines »Frankensteins« – ein Vorwurf, gegen den Patrick Steptoe sich im *Time Magazine* verteidigte –, sondern als eine medizinische Hilfestellung und Unterstützung ganz im Sinne jener traditionellen Familienwerte, die Margaret Thatcher gerade propagierte. Dass Louise Joy blond und blauäugig war und in eine durchschnittliche britische Familie geboren wurde (die sich die Fruchtbarkeitsbehandlung nur dank einer gewonnenen Sportwette leisten konnte), unterstützte dieses mediale *framing*.[3]

All das änderte zwar noch eine Weile lang nichts an den großen ethischen Bedenken von ärztlichen Standesorganisationen und staatlichen Fördergremien, so dass Steptoe und Edwards ihre 1980 gegründete Fruchtbarkeitsklinik in einem alten Herrenhaus in der Nähe von Cambridge mit privaten Stiftungsgeldern finanzieren mussten. Das »Rennen« um die IVF setzte gleichwohl weltweit ein, von Australien über die USA bis nach Indien und China.[4] In den frühen Neunzigerjahren wurde zudem die ICSI-Technik (für Intracytoplasmic Sperm Injection) entwickelt, bei der, wie eine Zürcher Furchtbarkeitsklinik auf ihrer Webseite schreibt, bei schlechter Spermienqualität »die Eizelle vom erfahrenen Biologen gezielt mit einem ausgewählten, schnellen und optisch einwandfreien Spermium befruchtet« wird.[5] Bis ins Jahr 2018 kamen mit Hilfe von reproduktionsmedizinischen Technologien – bei einer allerdings nach wie vor geringen Erfolgsquote von unter 40 Prozent – schon mehr als 8 Millionen Kinder auf die Welt.[6]

*

Der Anteil der dank *Assisted-Reproduction*-Technologien ermöglichten Geburten an der Gesamtheit aller Neugeborenen in westlichen Staaten ist mit etwa einem Prozent zwar gering. Aber die IVF und die ICSI, die immer auch Präimplantationsdiagnostik (PID oder PGD für Preimplantation Genes Diagnostics) implizieren, veränderten dennoch Grundlegendes. Je nach rechtlicher Regulierung, die in den späten Achtzigerjahren einsetzte, allerdings bis heute nicht zu einheitlichen Normen geführt hat, ist die Wahl des Geschlechts des Kindes und sind Leihmutterschaft, Eizellen- oder selbst Embryospenden möglich (bei denen »überzählige« befruchtete Eizellen von einer anderen Frau »adoptiert« und ausgetragen werden). Darüber hinaus können auch Frauen in fortgeschrittenem Alter oder gleichgeschlechtliche Paare Kinder haben, und dank hochentwickelter Gefriertechnik lassen sich Spermien, Eizellen und Embryonen auf unbestimmte Zeit für eine spätere Verwendung konservieren. Zudem sind im Labor gezüchtete Embryonen, darunter »human admixed embryos«, die auch tierisches Material enthalten, Grundlage für die Stammzellenforschung. Dazu ist – zum Beispiel in Großbritannien – dank der rasanten Entwicklung molekulargenetischer Techniken auch Forschung an menschlichen Embryonen in einem frühen Stadium bis hin zur Klonierung erlaubt. Die erste Rekombination von DNA-Abschnitten aus einem Virus und einem Bakterium, von Hans-Jörg Rheinberger und Staffan Müller-Wille als »definitiver Startpunkt der Gentechnologie« bezeichnet, gelang 1973, die erste Klonierung eines menschlichen Humanproteins 1977.[7]

Doch allein schon die Effekte der Veränderungen, die die biologische Reproduktion betreffen, sind weitreichend und liegen, kurz gesagt, auf zwei Ebenen. Erstens wurde durch die *Assisted-Reproduction*-Technologien mit dem hübschen Akronym ART das Anwendungsfeld von genetischer Diagnose und Selektion deutlich erweitert. Zusammen mit der durch Amniocentese und Chorionzottenbiopsie ermöglichten Feststellung von Chromosomenanomalien während der Schwangerschaft – vor allem Trisomie 21 (die zum Down-Syndrom führt) – schuf die PID für die Frauen beziehungsweise Paare den stummen Zwang, sich in aller Freiwilligkeit, aber dennoch unumgänglich für oder gegen Untersuchungen zu entscheiden, die eugenische Konsequenzen haben können.[8] Wenn Techniken zur Verfügung stehen, das Geschlecht des Kindes zu bestimmen oder bestimmte Krankheiten zu erkennen – und den Fötus dann gegebenenfalls abzutreiben –, kann man sich zwar dagegen entscheiden, diese Techniken anzuwenden. Aber man kann nicht mehr nicht entscheiden.

Die Geschichte von Louise Joy Brown und dem Aufstieg der AR-Technologien verweist damit auf Eingriffsmöglichkeiten in die biologische Reproduktion, die endlich zu verwirklichen scheinen, was die Eugeniker und Rassenhygieniker der vorletzten Jahrhundertwende sich erträumten, ja, was sie sich sogar schon ausdrücklich als technisch zwar noch längst nicht möglichen, aber unbedingt wünschenswerten präemptiven Eingriff auf Zellniveau vorstellten.[9] Die ART erweisen sich in dieser Hinsicht als durch und durch modern. Postmodern hingegen – ich werde auf den Begriff zurückkommen – muss die Tatsache genannt werden, dass nicht mehr ein biopolitisch regulierender, gar rassistisch motivierter Staat auf autoritär normalisierende Weise in die biologische Reproduktion seiner Bevölkerung eingreift, sondern dass es die individuellen Wünsche und Träume vom perfekten Kind zum perfekten Zeitpunkt sind, zu deren Realisierung auf dem Markt immer raffiniertere AR-Technologien zur Verfügung stehen. So gesehen, erscheint das reproduktionsmedizinisch ermöglichte Wunschkind nicht nur im weitesten Sinne als Konsumgut, sondern auch für viele, die sich auf der Reise zu sich selbst befinden, als eine gleichsam letzte Etappe kurz vor dem Ziel.

Zweitens veränderten die ART aber auch das, was man mit der Anthropologin Sarah Franklin »Technologien der Verwandtschaft« nennen kann. Zwar lässt sich, so Franklin, jede Regulierung des heterosexuellen Geschlechtsverkehrs – angefangen beim Inzesttabu über den »Frauentausch« bei den von Claude Lévi-Strauss beschriebenen Gruppen bis hin zum modernen Zivilgesetzbuch – als eine »Technologie« beschreiben, die Verwandtschaft als eine nicht aus der »Natur« abgeleitete, sondern symbolisch strukturierte gesellschaftliche Ordnung herstellt, eine Ordnung, die in der Moderne bekanntlich um das heterosexuelle Paar und seine leiblichen Kinder herum organisiert wurde.[10] Die IVF-Technologie der Siebzigerjahre hat jedoch auch in dieser Hinsicht die Tür zu etwas Neuem geöffnet, auch wenn in vielen Ländern rechtliche Sperren bislang verhindern, dass diese Tür allzu weit offen steht. Denn in dem Maße, in dem sich mit den Technologien der Ei- oder Samenspende (die eine schon etwas ältere Geschichte hat), der Embryospende oder der Leihmutterschaft bis hin zum »Drei-Eltern-Baby« (bei dem die einen Gendefekt tragende Eizelle einer Frau mit gesunden Zellteilen einer anderen Frau kombiniert werden) die »Natürlichkeit« der Abstammung tendenziell auflöst, entstehen neue Formen von Verwandtschaft, die nicht mehr auf der als naturgegeben vorgestellten Figur des heterosexuelles Paars basieren, sondern auf dem Recht des individuellen Kinderwunsches und seiner technischen Realisierbarkeit.[11]

Mit dem Aufstieg von ART beginnt daher die heteronormative gesellschaftliche Ordnung einer grundlegend neuen Strukturierung von Verwandtschaft Platz zu machen, die unter anderem als »Ehe für alle« zivilrechtlich kodifiziert wird. Nachdem schon der Beginn der ersten erfolgreichen IVF-Behandlung im Jahr 1970 zeitlich mit dem Erscheinen von Shulamith Firestones Buch *The Dialectic of Sex* und ihrer Forderung zusammenfiel, dass Frauen durch diese sich am Horizont abzeichnenden neuen Techniken von der Bürde der biologischen Reproduktion entlastet werden müssten,[12] hat sich auch die nachfolgende feministische Kritik an der auf die »Natur« bezogenen heterosexuellen Normativität seit den Achtzigerjahren parallel zum Aufstieg der IVF- und ICSI-Technologien entfaltet, obwohl Letztere zuerst nichts anderes zu sein schienen als eine Bekräftigung der traditionellen Geschlechtermatrix. Die durch diese Technologien ermöglichten Zugewinne an persönlicher Freiheit, an Diversität und Inklusion, aber auch das mit ihnen intrinsisch verbundene Verschwimmen von Technologie und Biologie bleiben jedoch bis heute umstritten – allerdings, wenn der Eindruck nicht täuscht, in abnehmendem Maß –, und die Einschätzung ihrer Bedeutung bleibt schwierig. Was heißt es, wenn Gesellschaften oder gar »der Mensch« sich in die Lage versetzen, in die biologische Reproduktion der Gattung bis hin zum Genetic Engineering einzugreifen? Ist das als die Verwirklichung der kühnsten Träume der Moderne zu verstehen – oder als Indikator für eine über die Moderne hinausweisende Epochenschwelle?

Mit Blick vor allem auf die gentechnischen Eingriffsmöglichkeiten vor oder nach einer künstlichen Befruchtung und einer sich damit abzeichnenden, am Modell der freien Konsumwahl orientierten »liberalen Eugenik« bemerkte Jürgen Habermas – um nur eine der kritischen Stimmen aus einer bis heute geführten vielfältigen und komplexen Debatte zu zitieren – im Jahr 2001, dass diese Technologien »jene physische Basis, ›die wir von Natur aus sind‹, zur Disposition stellen« würden. Denn damit ließe sich nicht mehr ausschließen, »dass die Kenntnis von einer eugenischen Programmierung der eigenen Erbanlagen die autonome Lebensgestaltung des Einzelnen einschränkt und die grundsätzlich symmetrischen Beziehungen zwischen freien und gleichen Personen unterminiert«.[13] Mit seinem Rekurs auf die menschliche »Natur« hat Habermas, wie der Bioethiker Nicolae Morar argumentiert, wohl unwillentlich, aber dennoch in irreführender Weise einen vom evolutionsbiologischen und molekulargenetischen Forschungsstand nicht gedeckten genetischen Essentialismus unterstellt, wenn nicht gar eine Art genetischen Determinismus menschlichen Selbstbewusstseins sowie der Möglichkeit, eine »freie und gleiche Person« zu sein. Weil das Genom allein, das heißt ohne die Interaktion des Organismus mit seiner Umwelt – darauf wies 1977 schon François Jacob hin –, uns in keiner Weise »ausmacht«, ja dessen »Anteil« am konkreten Phänotyp gar nicht bestimmt werden könne, gäbe es, so der von Morar zitierte Evolutionsbiologe und Genetiker Richard C. Lewontin (der auch in der Soziobiologiedebatte eine prominente Rolle spielte), keinen »Kernbestand« an Genen, die »das Menschliche« repräsentieren.[14]

Ich möchte hier aber auf einen anderen Punkt hinweisen. Habermas bezieht sich in seiner Diskussion der Humangenetik auf Ulrich Becks Begriff der »reflexiven Moderne«, wenn er davon spricht, dass die Bedenken gegen den eugenischen Eingriff ins menschliche Genom und das Festhalten an einem »gewisse[n] Maß an Kontingenz oder Naturwüchsigkeit« nicht »Ausdruck eines dumpfen antimodernistischen Widerstandes« seien. Vielmehr sei der Versuch, mit »juristischen Mitteln« gegen eine solche »liberale Eugenik« vorzugehen, »als Garantie von Erhaltungsbedingungen des praktischen Selbstverständnisses der Moderne […] selbst ein politischer Akt selbstbezüglichen moralischen Handelns«.[15] Was auch immer man genau unter diesen »Erhaltungsbedingungen« verstehen mag, so drängt sich doch die Frage auf: Was wären folglich die Freigabe dieser Eingriffe und die aktive Auflösung der »Naturwüchsigkeit« der Zeugung, der Abstammung und der Verwandtschaft? Für Habermas wäre es offensichtlich eine Entscheidung, die den Rahmen selbst einer »reflexiv« gewordenen Moderne ins Unbekannte hinaus überschreitet.

Das kann man so sehen – oder auch nicht. Ich kann hier nicht diskutieren, geschweige denn darüber urteilen, ob die ART in Verbindung mit einem möglichen Genetic Engineering die Moderne fortsetzen oder über sie hinausweisen. Ich will vielmehr im Folgenden nochmals den Begriff der »Moderne« aufgreifen, genauer gesagt die Frage, ob man diesen als normativen, als (eher) »technischen« oder als historischen fasst und was das im Zusammenhang mit den Überlegungen in diesem Buch bedeutet. Jürgen Habermas rekurrierte in der zitierten Bemerkung zur »liberalen Eugenik« auf ein normativ aufgeladenes Konzept von Moderne, die er bekanntlich 1980 in einem programmatischen Artikel in der *Zeit* ein »unvollendetes Projekt« nannte.[16] Er ging zwar im Anschluss an Max Weber von der genuin modernen Erfahrung aus, dass sich Wahrheitsansprüche, Gerechtigkeitsforderungen und Geschmacksfragen nicht mehr zur Deckung bringen ließen, wollte dieses Verdikt aber gewissermaßen nicht hinnehmen – so wie es Lyotard ein Jahr zuvor mit seiner Bemerkung getan hat, »daß diese Trauerarbeit abgeschlossen ist«.[17] Vielmehr beschwor Habermas in einem idealistischen, gar unter der Hand ans Christentum erinnernden Gestus den Glauben an eine »substanzielle Vernunft«, in der die drei erwähnten »Dimensionen« sich verbinden und »für eine vernünftige Gestaltung der Lebensverhältnisse nutzen« lassen sollten. Er war nicht der Einzige, der in diesem Sinne am »Projekt« der Moderne festhielt. Der späte Michel Foucault zum Beispiel sprach – wie Habermas von Kant ausgehend, aber auch von Charles Baudelaires Begriff der »modernité« – kurz vor seinem Tod 1984 von der Moderne als einer ethischen »Haltung«, die nicht aufgegeben werden dürfe, und er verstand darunter einen »*ethos* als eine historisch-praktische Erprobung der Grenzen, die wir überschreiten können«. Diese genuin moderne philosophische Geste war für Foucault eine »Arbeit von uns selbst an uns selbst, insofern wir freie Wesen sind«.[18]

Es gibt zweifellos keinen Grund, sowohl dieses Festhalten an der grundsätzlichen Freiheit des Menschen als auch den Anspruch auf eine vernünftige Gestaltung der Lebensverhältnisse gering zu schätzen. Allein, wer sagt einem, was »vernünftig« ist, zum Beispiel in Fragen der Reproduktionsmedizin, und welche Grenzen es sind, die wir überschreiten können sollten – oder auch nicht? Folgt man, um sich noch nach anderen Stichwortgebern umzuschauen, zum Beispiel Niklas Luhmanns kühlen Ausführungen in *Beobachtungen der Moderne*, gibt es darauf kaum eine verlässliche Antwort. Nach Luhmann erträgt die Moderne »keinen Abschlußgedanken« und »auch keine Autorität«, und das bedeute: »Sie kennt keine Positionen, von denen aus die Gesellschaft in der Gesellschaft für andere verbindlich beschrieben werden könnte.« Daher gehe es in der Moderne, so Luhmann, »nicht um Emanzipation zur Vernunft, sondern um Emanzipation von der Vernunft, und diese Emanzipation ist nicht anzustreben, sondern bereits passiert« – denn »wer immer sich für vernünftig hält und dies sagt, wird beobachtet und dekonstruiert«.[19] Konsequenterweise unterschreibt Luhmann daher auch die Darstellung der Postmoderne durch Lyotard – die Pluralisierung der Sprachspiele, das Relativwerden der Wahrheit –, bemerkte dazu aber, dass es für diese sich ständig überbietende Veränderungsdynamik und korrosive Auflösung aller überkommenen Gewissheiten keinen neuen Begriff brauche. Denn genau das und nichts anderes *sei* die Moderne. Seit den Beschleunigungserfahrungen der Französischen Revolution und der Industrialisierung, so

Luhmann, wusste »man« nicht mehr, »was der Fall ist«, und habe daher einfach nur ein »Zeitschema« zum Signum der Epoche gemacht.[20] Daher gäbe es auch keine übergreifenden semantischen Fixierungen von Moderne, die der »Beobachtung der Beobachter«, das heißt der grundsätzlichen Kritisierbarkeit, entzogen wären. Jedes denkbare Merkmal der Moderne werde daher immer auch zeitlich verflüssigt, was bedeute, dass »die Modernitätsmerkmale von heute nicht die von gestern und auch nicht die von morgen« sind – und dass »eben darin ihre Modernität liegt«.[21]

Trotz ihrer geradezu technischen Klarheit, die einer gewissen Attraktivität nicht entbehrt, ist diese systemtheoretische Bestimmung der Moderne für eine historische Analyse nur bedingt hilfreich. Das liegt primär daran, dass ein solcher Moderne-Begriff ins Tautologische kippt, wenn jede künftige Veränderung einer einmal als »modern« erkannten Gesellschaft immer nur weiter deren Modernität vorantreiben und bestätigen kann. Das wäre zwar nicht das Ende der Geschichte, aber das Ende eines Begriffs, der noch einen Inhalt hat. Dieses Problem zeigt sich indes nicht nur bei Luhmann, sondern bis in die Debatten der »multiplen«, »globalen« und »pluralen« Modernen hinein, die so vielfältig sein sollen, dass ein gemeinsamer begrifflicher Kern sich verflüchtigt.[22] Falls der Begriff der Moderne aber mehr bedeuten soll, als dass er steten Wandel meint, oder, wie der Historiker Frederick Cooper sarkastisch sagt, einfach alles bezeichnet, »was in den letzten fünfhundert Jahren geschehen ist«,[23] muss es nicht nur denkbar sein, dass die Moderne oder die verschiedenen Modernen auch zu Ende gehen können, sondern muss es in einer historischen Analyse immer um zeitlich und örtlich spezifische »Modernitätsmerkmale« gehen. Denn die Geschichte der Moderne war immer die Geschichte der Ausbildung bestimmter Eigenheiten modernen Lebens an bestimmten Orten. Der Begriff der Moderne ist so gesehen keine normative Orientierungsmarke, sondern ein Chronotopos. Die Spezifika der sich seit dem späten 18. Jahrhundert ausbildenden europäisch-amerikanischen Moderne hatten immer auch die Funktion, deren inhärenten Dekonstruktionstendenzen – zum Beispiel, dass der von Marx und Engels im *Manifest der kommunistischen Partei* (1848) beschriebene Weltmarkt »alles Stehende und Ständische verdampft« – ebenso moderne Formen der Stabilisierung entgegenzustellen. Es handelte sich dabei, in den Worten Shmuel N. Eisenstadts, um ein umfassendes »kulturelles Programm« beziehungsweise eine Reihe »unverkennbare[r] institutionelle[r] und kulturelle[r] Charakteristika« und »Interpretationsmuster«, in deren Rahmen sich zuerst die westlichen Gesellschaften als »modern« zu deuten *und* zu stabilisieren suchten.[24] Zygmunt Bauman erinnert, wie Eisenstadt, nicht ohne Grund daran, dass »eines der stärksten Motive« des modernen Drangs, »das Alte aufzulösen«, im Wunsch zu finden war, »neue Stabilitäten zu entdecken oder zu erfinden, Stabilitäten, die sich zu Abwechslung einmal als wirklich stabil erweisen sollten, auf die man sich verlassen konnte und dank derer die Welt vorhersehbar und damit steuerbar werden sollte«.[25]

Die Soziologie, die Philosophie und auch die Geschichtswissenschaft haben seit langem schon eine gut bekannte, allerdings weder unumstrittene noch abgeschlossene, ja gegenwärtig sogar richtiggehend ausfransende Reihe von »Modernitätsmerkmalen« samt der entsprechenden »Interpretationsmuster« und Institutionen zusammengetragen, angefangen bei Rationalität, Demokratie, Fortschritt, Individualismus etc. – allerdings konterkariert durch düstere Perspektiven wie Bürokratisierung oder Disziplinierung, vom *de facto* in vielerlei Hinsicht gewalttätigen Charakter moderner Gesellschaften ganz zu schweigen.[26] In meiner Darstellung scheinen solche und weitere »Modernitätsmerkmale« vor allem in den fünf kleinen Biografien auf, die als »Nekrologe« verschiedene Erfahrungen und Themen moderner Leben sowie von einzelnen, realen Leben in der Moderne exemplifizieren. Unnötig zu sagen, dass auch diese Reihe von Geschichten und Beispielen alles andere als vollständig ist. Vor allem der riesige Komplex des Kolonialismus, ohne den zumindest die europäische Moderne nicht gedacht werden kann, ist in ihrem Horizont nicht thematisch geworden.

Doch von diesem Mangel abgesehen: Ich habe in Anlehnung an Überlegungen von Andreas Reckwitz argumentiert, dass zumindest *ein* gemeinsamer Nenner vieler der in diesen Geschichten erkennbaren »Modernitätsmerkmale« in ihrer Neigung, ja sogar in ihrem Zwang zur Allgemeinheit und zum Allgemeinen zu finden sei.[27] Dieser gemeinsame Nenner ist insbesondere in dem Maße als »modern« zu verstehen, wie die Idee und Praxis eines Allgemeinen mit der »Gemeinheit«, das heißt mit der Überzeugung von der prinzipiellen Gleichheit der Menschen, nicht erst im Jenseits, sondern schon im Diesseits verbunden wird – wenn es denn wahr ist, wie Max Weber sagte, dass die moderne Erfahrung mit dem Verlust der göttlichen Ordnung des Kosmos einsetzte. Modern war, dieses Fehlen metaphysischer Absicherung durch weltliche Ordnungsmuster zu kompensieren, angefangen beim Glauben an die Universalität der Vernunft über die Idee der Gleichheit aller Menschen bis hin zu oft »zivilreligiös« genannten Formen nationalstaatlicher Gefühlsbindung.[28]

Die These, im Zentrum moderner Ordnungsmuster stehe das Allgemeine als kleinster gemeinsamer Nenner und zugleich mächtige diskursive und institutionelle Figur, hat die leicht erkennbare Schwäche, dass diese modernen Allgemeinheiten bis auf die Ausnahme der allerdings nur diffus definierten Menschenrechte nicht »alle« oder »die ganze Menschheit« umfassten oder auch nur im Sinne hatten (was nicht zuletzt den Kolonialismus ermöglichte). Sie waren also, ein wenig hegelianisch gesprochen, nie »absolut«, sondern wurden immer nur als »konkrete« Allgemeinheiten etwa der als überlegen definierten westlichen »Zivilisation«, vor allem aber in Gestalt einer Nation fassbar. Tatsächlich haben sich die modernen Allgemeinheiten immer durch Grenzziehungen gegen »außen« beziehungsweise vermittels des Ausschlusses von »Anderen« konstituiert, und nach »innen« haben sie Unterschiede und Eigenheiten zu homogenisieren gesucht oder schlicht zum Verschwinden gebracht, nicht selten unter Einsatz brutaler Gewalt.

In mehreren historischen Etappen bis in die sechziger Jahre des 20. Jahrhunderts hinein jedenfalls haben die sich formierenden Nationalstaaten jeweils einen Rahmen für »konkrete« Gemeinsamkeiten und Allgemeinheiten geschaffen, der sich, wie der Historiker Charles S. Maier sagt, zuerst und am deutlichsten sichtbar in ihrer »Territorialität« manifestierte: in der Schaffung eines einheitlichen nationalen Raums, in der Errichtung, Festigung und Kontrolle von Grenzen, in der Etablierung zentraler Regierungsformen zulasten lokaler und regionaler Gewalten und in der Schaffung einer auf »den Technologien von Kohle und Eisen« basierenden Verkehrsinfrastruktur in Verbindung mit fabrikindustrieller Massenproduktion. Diese Prozesse, die Maier in vielen Staaten weltweit auf die Jahrzehnte zwischen ungefähr 1860 und 1970 datiert, wurden seit dem Aufbau des Telegrafennetzes und internationaler Schifffahrtsrouten zwar von Anfang an von einem globalisierenden Trend begleitet, der aber an der Betonung nationaler Territorien und ihrer Grenzen bis in die Sechzigerjahre wenig änderte.[29]

Dass diese und andere damit verbundene Formen des Allgemeinen sich seit den Siebzigerjahren aufzulösen begannen, war schon um die Jahrtausendwende in der Forschung ein Gemeinplatz. Die wichtigsten Stichworte dazu waren, sowohl bei Maier wie auch bei Eisenstadt, Bauman und vielen anderen, »Globalisierung« auf der einen Seite und das Erstarken von ethnonationalistischen und identitätspolitischen Bewegungen auf der anderen, ergänzt um – selbstverständlich – den technologischen Wandel der postindustriellen Gesellschaft und die neuen Formen von Subjektivität. Einerlei, ob man nun von der »reflexiven Moderne« oder der »Zweiten Moderne«, von der »Spätmoderne«, der »Postmoderne« oder von der »Flüchtigen Moderne« spricht, so ist doch der Befund, dass der Begriff der Moderne seine definierende Kraft erschöpft habe oder auf dem Weg dahin sei, in der einschlägigen Literatur Konsens. Doch was ist damit genau gesagt? Was bedeutet das insbesondere, wenn man von jenen Haarrissen und Bruchlinien des Jahres 1977 ausgeht, die ich in diesem Buch identifiziert habe? Inwiefern kann man diese als Vorboten tiefgreifender Verschiebungen im Hinblick auf unsere Gegenwart deuten? Was lässt sich mithin lernen aus der Geschichte des Jahres 1977, das ich hier als Umschlags- oder Durchgangspunkt der verschlungenen geschichtlichen Pfade hin zur Gegenwart der zwanziger Jahre des 21. Jahrhunderts dargestellt habe?

Die vielleicht markanteste politische Verschiebung, die spätestens 1977 in der Bundesrepublik mit dem »Deutschen Herbst« augenfällig wurde, war das Ende der Hoffnung auf »die« – nötigenfalls bewaffnete – Revolution, verstanden als nächste Etappe des gesellschaftlichen Fortschritts hin zum Sozialismus, ja überhaupt die schnelle Erosion der sozialistischen Hoffnung. Dass der in der Linken so verbreitete Glaube an die »Machbarkeit der Geschichte«, aber auch, weit über die Linke hinaus, der Glaube an den Fortschritt als solchen sich seit den Siebzigerjahren verflüchtigt hat – der Bericht des Club of Rome von 1972 tat dazu das Seine –, wurde schon oft und vielfältig beschrieben; mein Kapitel über den »Herbst der Revolution« konnte das nur bestätigen. Ein ganzes Zeitalter, das im 18. Jahrhundert mit der »Doppelrevolution« in den USA und in Frankreich begonnen hatte, neigte sich dem Ende zu.[30] Die Revolution, die sich in Teheran und anderen iranischen Städten seit 1977 in Protestaktionen und Resolutionen von Ladenbesitzern, Anwälten, Studenten und Geistlichen langsam vorbereitete und 1979 als »Islamische Revolution« zum Weltereignis wurde, schrieb nicht mehr den Fortschritt auf ihre Fahnen, sondern die Rückkehr zu einer angeblich ursprünglichen Sittlichkeit.

Es ist ein merkwürdiges Detail der Geschichte, nebensächlich vielleicht, aber doch nicht ganz insignifikant, dass Michel Foucault im Sommer 1978 mit einiger Begeisterung *Das Prinzip Hoffnung* von Ernst Bloch las und, motiviert von Blochs Schilderungen der chiliastischen Bewegungen und ihren spirituellen Hoffnungen auf ein besseres Morgen, im Herbst zweimal in den Iran reiste, um dort eine revolutionäre »politische Spiritualität« und ein für ihn neuartiges Sich-auf-sich-selbst-Beziehen zu entdecken.[31] In seinen letzten Lebensjahren bis zu seinem Tod 1984 arbeitete er dann an einer Philosophie des Selbstverhältnisses und der Selbsttechniken, die er als »ersten und letzten Punkt des Widerstandes« und als eine »Praxis der Freiheit« verstand.[32] Aber es war nicht nur die iranische Revolution, die seinen Blick auf die Selbstverhältnisse lenkte; hinzu kamen Reisen nach Kalifornien und nach Japan, die dazu beitrugen, dass er zugleich zum Seismografen und zum Stichwortgeber jener Wende zum »Ich«, zur »Spiritualität« und zur »Sorge um sich« wurde, die das Zeitalter der Revolution beendete.[33]

Ich habe argumentiert, dass diese Bewegung auch eine Verschiebung hin zur Figur des oder der Einzelnen und zu Politikformen der Differenz nach sich zog, von denen die wichtigste zweifellos der Feminismus war. Darüber hinaus wollte ich deutlich machen, dass mit dem Auftauchen des Signifikanten »Identität« zur Erfassung und Beschreibung dieser Differenzen nicht nur deren Vielfalt sichtbar gemacht, deren Anerkennung gefordert und deren Inklusion in ein – womöglich erneuertes – Allgemeines angestrebt wurde. Vielmehr entstand damit auch die Tendenz, analog zu und womöglich befördert durch die Strömungen der spirituellen Ich-Suche, zu einer auch politisch verwertbaren »Authentizität« oder eben politisch gefassten »Identität« vorzudringen. Wie ambivalent die Effekte dieser *identity politics* waren und bis heute sind, ist nicht zu übersehen, und auch nicht, dass sie zu jener Schwelle gehören, die das moderne Zeitalter von einer Epoche nach der Moderne trennt. Inklusion von Diversität war, trotz der gegenteiligen Evidenz von Rassismus und Sexismus, eigentlich das Projekt der Moderne schlechthin, formalisiert im Katalog der Menschenrechte und aus diesem Grund auch eine Referenz für jemanden wie Fannie Lou Hamer. »Identität« hingegen ist das gefährlich schillernde Zauberwort einer Zeit nach der Moderne – verführerisch, weil scheinbar klar und entschieden das »ganz Eigene« ins Zentrum stellend, dabei aber doch ein reines Phantasma, das in immer neuen, niemals stabilen Gestalten das Eigene zu entdecken glaubt.

Eine solche Kritik an der Vorstellung, dass Menschen eine irgendwie feste, »einheitliche« Identität erlangen und bewahren könnten, gehörte zwar in den Neunzigerjahren zu den etablierten Denkwerkzeugen feministischer und postkolonialer Theoretikerinnen und Theoretiker. Judith Butlers Klassiker *Gender Trouble* trägt den vielsagenden Untertitel *Feminism and the Subversion of Identity*, und Stuart Hall vertrat die These, dass »moderne Identitäten ›dezentriert‹, ›zerstreut‹ und fragmentiert«, ja »hybrid« seien, und »Identität« damit ein Konzept darstelle, das offen ist für wechselnde Zugehörigkeiten, Gemeinsamkeit und Gleichheit.[34] Doch dieses gewissermaßen dekonstruktive Verständnis von »Identität« ist, wenn nicht alles täuscht, seit der Jahrtausendwende zunehmend dem Druck ihrer buchstäblichen Bedeutung erlegen und hat einem Konzept Platz gemacht, das keinerlei Ansatzpunkt mehr bietet, das Allgemeine zu denken: Die buchstäblich verstandene »Identität« kann nichts inkludieren, sondern sich immer nur im »Gleichen« finden. Gesellschaften, die sich entlang der Bruchlinien der in ihnen versammelten Identitäten spalten, sind – oder wären – daher nach jedem Verständnis des Begriffs nicht mehr modern. Es entsteht dann auch keine Hypermoderne, keine »verflüssigte« oder »verflüchtigte« Moderne; das Verdampfen von allem Ständischen und Stehenden kommt, ganz im Gegenteil, in ihnen gewissermaßen zum Stillstand, und das »Reflexiv«-Werden weicht den erneuten Gewissheiten des »Eigenen«. Zweifellos kann die Rede von der »Identität« von dem Begehren motiviert sein, von der größeren Gesellschaft – vom Allgemeinen – anerkannt zu werden; sie bleibt dann gewissermaßen noch an dieses Allgemeine zurückgebunden. Aber im Vexierbild einer buchstäblich verstandenen »Identität« zeichnet sich doch ein neues Erstarren ab, ein Aushärten nach der Logik eines nachmodernen Prinzips wesenhafter Ungleichheit und Nichtvermittelbarkeit. Identität ist nicht verhandelbar. Dieses Aufsplittern der Gesellschaft in unzählige »Singularitäten«, wie Lyotard sagte, kann den Rückzug auf Kleingruppen bedeuten, die an sich niemandem weh tun wollen – es kann aber auch den Charakter eines aggressiven Ethnonationalismus und Rassismus annehmen.

Unter heutigen Medien- und Marktbedingungen ist »Identität« jedoch zuallererst eine stumme, alltägliche Praxis der Singularisierung, errechnet als Summe von persönlicher Konsumpräferenz, Internet-Clicks und Social Media-»Likes«, die einem »87% Übereinstimmung« mit einer TV-Serie, einem Wein oder eine Dating-Partnerin bescheinigt – oder auch eine entsprechende Zustimmung zu »alternativen« Informationen und Verschwörungstheorien. Es »gefällt« einem das, was zu den eigenen Präferenzen passt, was einem »ähnlich« ist, und man findet sich, vom Algorithmus identifiziert, auf diese Weise zwar schnell unter Gleichartigen und Gleichgesinnten, wird aber auch umgehend das Ziel von persönlich zugeschnittener Werbung oder von politischen Botschaften, die spezifisch auf das hochgradig differenziert errechnete »Profil« seiner selbst abgestimmt sind. Vor allem aber produzieren die mit den elektronischen Spuren der eigenen Existenz »gefütterten« Algorithmen, die nach einer Logik des Identischen funktionieren, Abweichungen von diesem Zuordnungsmuster nur, um den Konsum anzuregen (»das könnte dir auch gefallen«). Selbst wenn die unüberschaubare Vielfalt des Internets und der Social Media-Plattformen nicht in dieser algorithmischen Steuerung aufgeht, das Informationsangebot größer ist denn je und die Informationsfreiheit meist noch gesichert bleibt, ist die Tendenz unübersehbar: Der Ausschnitt der Welt, den man auf diese Weise zu Gesicht bekommt, ist nicht nur eng, sondern auch und vor allem »singularisiert«. Er ist, wie es auf einer dieser Plattformen lakonisch heißt, »inspiriert von Ihrem Browserverlauf«.

Das ist, ganz offenkundig, eine der Erbschaften von 1977: die Kombination von »Identität«, »freier Konsumwahl« und der Technologie des Internets. Dieses Erbe wirkt korrosiv. Es löst zwar die Freiheitsversprechen der Moderne ein, schafft Diversität und die Möglichkeit, sein Leben ganz nach den eigenen Idealen, Wünschen und Vorstellungen zu leben. Doch zugleich schleift dieses Erbe von 1977 – technologie- und identitätsgetrieben – die Räume des Gemeinsamen, nicht zuletzt den politischen Raum der Nation, in Verbindung mit – als Traum allerdings nur, seit Kant – der »Weltgesellschaft«. Dieses Erbe von 1977, das die Freiheit der Konsumwahl mit dem Gefühl für das »Eigene« dann in den Neunzigerjahren auf die ebenfalls schon 1977 erfolgreich getestete technische Grundlage stellte, schafft parallele, multiple Welten bei rapide blasser werdenden Gemeinsamkeiten – wenn auch ironischerweise im Rahmen eines medientechnischen »Allgemeinen«, das die Internetkonzerne für Milliarden von Menschen gleichzeitig zur Verfügung stellen und das diesen Konzernen zu einer nie dagewesenen, den Einfluss selbst der meisten Nationalstaaten übertreffenden und zudem entschieden nichtterritorialen Machtfülle verhalf.

Die Effekte der Pluralisierung und Singularisierung in den von einigen wenigen Plattformen geschaffenen elektronischen Ökosystemen sind »disruptiv«, um es mit einer seit den Zehnerjahren sich im Deutschen geradezu explosionsartig verbreitenden Vokabel zu sagen. Zum einen verändert das »Netz« die realen Arbeits- und Produktionsverhältnisse der postindustriellen Gesellschaften tiefgreifend und bringt zum Beispiel mit der »Gig Economy« eine neue, prekäre Klasse singularisierter Dienstleistungsanbieter – »(m/w/d)« – hervor. Zum anderen aber drohen der politische Basiskonsens und mit ihm die politische Mitte zu zerfallen. Das führt dazu, dass sich die Demokratie weltweit in der Defensive befindet und vielerorts der Autoritarismus aufkeimt – sei es als populistische Reaktion auf die zerbrechenden Gemeinsamkeiten und Sehnsucht nach einer angeblich ursprünglichen Ordnung, oder sei es unverhohlen als Ausdruck einer rassistischen Identitätspolitik. Eine Mischung dieser bedrohlichen Möglichkeiten, die von Indien über die Türkei bis nach Ungarn und Polen die Demokratie aushöhlt oder sie, wie in Russland, schon ganz zum Verschwinden gebracht hat, wird selbst in den USA als das Drama einer Nation vorgeführt, die sich kaum noch versteht, weil ihre bis an die Zähne bewaffneten Bürgerinnen und Bürger sich nicht mehr auf elementare Prinzipien des Zusammenlebens, der Weltwahrnehmung und der Interpretation der eigenen Verfassung einigen können. Falls die Vereinigten Staaten immer noch ein Modell für westliche Gesellschaften abgeben, sieht die Zukunft düster aus.

Doch ist das nicht zu pessimistisch gedacht? Vielleicht geht ja Richard Dawkins' Wunsch in Erfüllung, dem zufolge die »Meme« oder die Signifikanten, die ein Gemeinsames bedeuten, nach wie vor so verbreitet sind, dass sie die Kraft haben, im Sinne dieses Gemeinsamen Mehrheiten zu mobilisieren, weil viele Menschen anders nicht leben möchten. Dafür spricht einiges. Es ist möglich, dass die Klimakrise die Einsicht in die Notwendigkeit gemeinsamen Handelns fördert. Die weltweiten Black-Lives-Matter-Proteste im Jahr 2020 waren zudem ein deutliches Signal, dass eine große Zahl von Menschen die Anerkennung und Inklusion von Differenz fordert, nicht deren Ausschluss. Es ist also möglich, dass die Schwarze Lyrikerin Amanda Gorman mit ihrem Anfang 2021 bei der Amtseinführung von Joe Biden zum 46. Präsidenten der USA vorgetragenen Gedicht »The Hill We Climb« Recht behalten wird, etwa mit den Worten:

We are striving to forge our union with purpose
To compose a country, committed to all cultures, colors, characters, and
conditions of man.
And so we lift our gaze, not to what stands between us
But what stands before us.[35]

All dies ist möglich, aber es ist nicht wahrscheinlich. Es ist nicht wahrscheinlich, weil sich – auch als ein Erbe von 1977 – im mediengestützten Sprechen etwas verändert hat, was man die »Wahrheitsregeln« nennen kann, und zwar nicht nur in den USA. Das ist der letzte Punkt, auf den ich hinweisen will. Ich habe anhand des Nekrologs von Jacques Prévert und des *cadavre exquis* der Surrealisten argumentiert, dass das Spiel mit dem Unsinn eine genuin moderne Praxis war, und zwar genauer gesagt ein Spiel mit jenem Unsinn, den Zeichen und Maschinen erzeugen. Einige poststrukturalistische, zuweilen als »postmodern« etikettierte Theoretikerinnen und Theoretiker haben diese Denkpraxis verallgemeinert und radikalisiert. So reflektierte – und beförderte – bekanntlich Jacques Derridas Projekt der Dekonstruktion den Zusammenbruch jener festen Sinngefüge, die das westliche Denken von der Metaphysik geerbt hatte, auf welche die Dekonstruktion als Kritik gleichwohl immer verwiesen blieb. Als solche war sie mithin ein spätes Echo der Destruktion jener göttlichen Ordnung, mit der die moderne Erfahrung einsetzte und konsequenterweise zur Nichtstabilität des Sinns und zur Volatilität der Zeichen führte. Das »Spiel der Zeichen« (Derrida) und die seit den Achtzigerjahren nicht zuletzt von Derrida inspirierten Extravaganzen postmoderner Architektur wie etwa Bernard Tschumis Parc de la Villette in Paris, die Bauten Frank Gehrys oder die Entwürfe Zaha Hadids waren so gesehen ein letztes, farbiges Aufleuchten einer ihre eigene Radikalität ernst nehmenden Moderne und die Bestätigung dafür, dass die Metaphysik, die der verlorenen göttlichen Ordnung entstammte, diesem »Spiel der Zeichen« endgültig unterlegen war.[36]

Das war mit anderen Worten nur post*modern*. Denn diejenige *Post*moderne, die Paul Feyerabend mit der Parole *anything goes* ankündigte, meint etwas ganz Anderes: Nicht, dass der Sinn ein bloßer Effekt des Spiels von Zeichen und der sie generierenden Maschinen sei, sondern dass viele, ja alle sich an der Sinnproduktion beteiligen können – und dass sie dafür *alle* Ressourcen nutzen sollen, welche die Kulturen der Welt zur Verfügung stellen. *Anything goes* bedeutet, dass es kein Monopol für die »richtige« Methode des Denkens gibt und schon gar keine Prärogative der westlichen Vernunft. Dagegen ist grundsätzlich nichts einzuwenden – die Welt ist vielfältiger, als sie aus westlicher Perspektive erscheint. Die ersten Theoretikerinnen und Theoretiker der postmodernen Architektur wie Robert Venturi, Denise Scott Brown oder Charles Jencks wussten das auch: Die von ihnen propagierte Pluralisierung der architektonischen Zeichen und Codes entstammte nicht der Lust am architektonischen Unsinn und der Freude an überraschenden Zeicheneffekten wie bei den Surrealisten. Auch wenn ihre Entwürfe und theoretischen Schriften das Zerbrechen *des* Sinns reflektierten, waren sie dennoch in erster Linie eine wohlüberlegte Reaktion auf die wachsende Pluralität der Weltsichten und Deutungsformen, die Venturi, Scott Brown oder Jencks in den westlichen Migrationsgesellschaften der Siebzigerjahre entdeckten, mithin ein realistisches Rechnen mit sozialer, ethnischer und kultureller Differenz. Diese Differenz erfordere es, wie Jencks sagte, über ein großes Repertoire von Zeichen und Codes zu verfügen, um Architektur für »alle« lesbar zu machen – aber eben nicht für alle in gleicher Weise.

Diese Position wurde anderswo allerdings noch viel radikaler formuliert. Wirklich *post*modern ist der »epistemologische Individualismus«, wie ihn der Religionssoziologe Roy Wallis schon 1979 diagnostizierte,[37] das heißt das Auseinanderbrechen der Sinnwelten, die Pluralisierung der Referenzenrahmen und das ganz und gar individuelle Übereinander- und Ineinanderblenden von Welt und »Bewusstsein«, wie es exemplarisch vor allem die Esoterikerinnen und Esoteriker der Siebzigerjahre vorlebten, aber auch die Neo-Sannyasin bei Bhagwan oder die Ich-Suchenden in den *growth centers* der Human-Potential-Bewegung. Unter der Herrschaft des epistemologischen Individualismus versuchen die Einzelnen, ihren je persönlichen Sinn zu finden, auszusprechen, wahr zu machen. Das *anything goes* meint nicht fröhlichen Unsinn, sondern ist die Parole einer verschärften, dabei aber »alternativen« Wahrheitssuche und des Glaubens an verborgene Sinnressourcen in Mystik und Religion, die den modernen Rationalismus über seine eigenen Grenzen und Blindstellen aufklären würden.

Vor dem Hintergrund der Erosion des Allgemeinen ermöglicht das *anything goes* mithin die Pluralisierung der Wahrheiten, aber eben nicht als bloße »Perspektivierungen« (Lyotard) oder als »Spiele der Wahrheit«, wie Michel Foucault einmal sagte. Die *post*moderne Erfahrung basiert auf der je individuellen »Gewissheit«, dass der Regentanz der Hopi *wirklich* funktioniert, dass im Innern des eigenen Bewusstseins sich *wirklich* der Kosmos spiegle und dass in der Meditation die *ganz* eigene Wahrheit gefunden werden könne. Wenn sich solche Gewissheiten ausbreiten, lässt sich kritisches Denken nicht mehr in geteilten methodischen Regeln und Grundüberzeugungen verankern. Es erscheint dann legitim, die Darwin'sche Evolutionstheorie aus der Perspektive der biblischen Schöpfungsgeschichte oder der Hymnen des Rigveda zu »kritisieren«. Schon Feyerabend hat diesem Kritik-Begriff Vorschub geleistet, indem er die Differenz zwischen Wissenschaft und Mythos eingeebnet und dem Gegensatz zwischen zwei konfligierenden wissenschaftlichen Ansichten gleichgestellt hat. Weit jenseits der Selbstverständlichkeit, dass unterschiedliche *religiöse* Ansichten respektiert werden müssen, bedeutet diese Form von »Kritik« am Ende, dass Flat-Earther mit einer Geografin »diskutieren« können sollen oder anthroposophische »Querdenkerinnen« mit Immunologen.

Es ist, um das Offensichtliche zu sagen, die Radikalität genau dieser Verschiebung der Wahrheitsregeln, die im zweiten Jahrzehnt des 21. Jahrhunderts zur sprunghaften Verbreitung von Verschwörungstheorien, zum Verlust des Vertrauens in wissenschaftliche Rationalität und zur Erschütterung eines das Politische ehemals überhaupt erst ermöglichenden Grundkonsenses führte – und *nicht* die poststrukturalistische Dekonstruktion der Metaphysik oder gar die Erosion der heterosexuellen Matrix. Das Erbe von 1977 ist in diesem Sinne von tiefer Ambivalenz geprägt. Der Gewinn an Freiheit, Diversität und Inklusion, die nicht zuletzt durch die digitale Revolution freigesetzte Pluralität der Stimmen und die im »Netz« sichtbare Vielfalt der Perspektiven können gar nicht hoch genug eingeschätzt werden. Doch für den Preis, den wir dafür bezahlen, gilt das auch.

Anmerkungen

1. Einleitung: Im Zwischenraum der Zeit

1 The Rolling Stones, »Gimme Shelter«, *Let it Bleed*, Decca 1969.
2 Greil Marcus, »The Rolling Stones: Let it bleed«, in: *Rolling Stone*, 27.12.1969 (ohne Seitenzahl online auf rollingstone.com). (So keine deutschsprachigen Quellen angegeben sind, stammen sämtliche Übersetzungen in diesem Buch von mir, phs.)
3 The Doors, »Road House Blues«, *Morrison Hotel*, Elektra 1969.
4 »Ritt auf dem Tiger«, in: *Der Spiegel*, Nr. 1, 5.1.1970, S. 34-38.
5 »Ecology, the New Mass Movement«, in: *Life*, 30.1.1970, S. 22; »The Cooling World«, in: *Newsweek*, 28.4.1975, S. 64.
6 Susan Sontag, *Ich schreibe, um herauszufinden, was ich denke. Tagebücher 1964-1980*, München 2013, Kindle Ausgabe, Pos. 8870.
7 Hans Magnus Enzensberger, *Der Untergang der Titanic. Eine Komödie*, Frankfurt/M. 1978, S. 8f.
8 Zitiert nach Gunter E. Grimm, »Die Welt als Labyrinth. Dürrenmatts Untergangsphantasie. Der Winterkrieg in Tibet«, in: *Neue Zürcher Zeitung*, 26.1.1994, S. 59. Für den Hinweis danke ich Silvia Berger (Bern).
9 Donnella und Dennis L. Meadows, *Die Grenzen des Wachstums. Bericht des Club of Rome zur Lage der Menschheit*, Stuttgart 1972, S. 15.
10 Ebd., z.B. S. 128-129.
11 Rob Sheffield, »How David Bowie Became the ›Starman‹. Revisit fabled 1972 ›Top of the Pops‹ appearance in ›On Bowie‹ excerpt«, in: *Rolling Stone*, 6.7.2016 (ohne Seitenzahl online auf rollingstone.com).
12 Peter Doggett, *The Man Who Sold the World. David Bowie and the 1970s*, London 2012, S. 141.
13 Vgl. Odd Arne Westad, *The Global Cold War. Third World Interventions and the Making of Our Times*, Cambridge 2007, S. 180, 193.
14 Vgl. Mark Philip Bradley: »Decolonization, the Global South, and the Cold War, 1919-1962«, in: Melvyn P. Leffler, Odd Arne Westad (Hg.), *The Cambridge History of the Cold War*, Bd. I: *Origins*, Cambridge 2011, S. 464-485.
15 Alvin Toffler, *Der Zukunftsschock*, Bern 1970, S. 146 u. S. 18f. (Orig.: *Future Shock*, New York 1970).
16 Ebd., S. 18f.
17 Charles Reich, *Die Welt wird jung. The Greening of America. Der gewaltlose Aufstand der neuen Generation*, Wien 1971, Klappentext sowie S. 11 u. S. 291 (Orig.: *The Greening of America*, New York 1970).
18 Ronald Inglehart, *The Silent Revolution. Changing Values and Political Styles among Western Publics*, Princeton 1977.

19 Daniel Bell, *Die nachindustrielle Gesellschaft*, Frankfurt/M. 1975, S. 43f. (Orig.: *The Coming of Post-Industrial Society*, New York 1973).
20 Marielouise Janssen-Jurreit, *Sexismus. Über die Abtreibung der Frauenfrage*, München 1976, S. 718; vgl. Ute Blaich, »Abtreibung der Frauenfrage? Mißratenes und Unmißverständliches zur Emanzipation«, in: *Die Zeit*, 5.11.1976 (ohne Seitenzahl online auf zeit.de).
21 »Ritt auf dem Tiger«, S. 36.
22 Talking Heads, »No Compassion«, '77, Sire/Philipps 1977.
23 Jürgen Habermas, »Einleitung«, in: ders. (Hg.), *Stichworte zur ›Geistigen Situation der Zeit‹*, 2 Bde., Frankfurt/M. 1979, Bd. 1, S. 7-36, hier S. 30 u. S. 33.
24 Vgl. Klaus J. Milich, *Die frühe Postmoderne. Geschichte eines europäisch-amerikanischen Kulturkonflikts*, Frankfurt/M., New York 1998.
25 Jean-François Lyotard, *Das postmoderne Wissen. Ein Bericht*, Wien 1999, S. 13, 25, 28 (Orig.: *La condition postmoderne*, Paris 1979).
26 Die Literatur zur Geschichte der Siebzigerjahre ist ausufernd und kann von mir hier nicht in fachwissenschaftlich befriedigender Weise, geschweige denn auch nur ansatzweise vollständig dargestellt werden. Als sehr guter Einstieg in die nunmehr schon ein wenig ältere Literatur ist aber immer noch zu nennen: Martin H. Geyer, »Auf der Suche nach der Gegenwart. Neue Arbeiten zur Geschichte der 1970er und 1980er Jahre«, in: *Archiv für Sozialgeschichte* 50 (2010), S. 643-669; sowie etwas neuer vor allem mit Blick auf Frankreich und Großbritannien: Sonja Levsen, »Die 1970er Jahre in Westeuropa – *un dialogue manqué*«, in: *Geschichte und Gesellschaft* 42 (2016), S. 213-242.
27 Charles S. Maier, »Two Sorts of Crisis? The ›Long‹ 1970s in the West and the East«, in: Hans Günter Hockerts (Hg.), *Koordinaten deutscher Geschichte in der Epoche des Ost-West-Konflikts*, München 2004, S. 49-62; vgl. ders. »Consigning the Twentieth Century to History. Alternative Narratives for the Modern Era«, in: *American Historical Review* 105 (2000), S. 807-831.
28 Philip Jenkins, *Decade of Nightmares: The End of the Sixties and the Making of the Eighties*, Oxford 2006.
29 Daniel T. Rodgers, *Age of Fracture*, Cambridge (Mass.), London 2011.
30 Tony Judt, *Geschichte Europas. Von 1945 bis zur Gegenwart*, München 2006, S. 540.
31 Mark Mazower, *Der dunkle Kontinent. Europa im 20. Jahrhundert*, Frankfurt/M. 2002, S. 468.
32 Eric Hobsbawm, *Das Zeitalter der Extreme. Weltgeschichte des 20. Jahrhunderts*, München 1995, S. 503.
33 Jean-François Sirinelli, »1973-1974: la fin des ›Trente Glorieuses‹, mais le cœur des ›Vingt Décisives‹, in: Bernhard Gotto u.a. (Hg.), *Nach ›Achtundsechzig‹. Krisen und Krisenbewusstsein in Deutschland und Frankreich in den 1970er Jahren*, München 2013, S. 45-51.
34 Jill Lepore, *Diese Wahrheiten. Eine Geschichte der Vereinigten Staaten von Amerika*, München 2019, Kindle Ausgabe, Pos. 14 103-14 118.

35 Konrad H. Jarausch (Hg.), »Verkannter Strukturwandel. Die siebziger Jahre als Vorgeschichte der Probleme der Gegenwart«, in: ders. (Hg.), *Das Ende der Zuversicht? Die siebziger Jahre als Geschichte*, Göttingen 2008, S. 9-26, Zitat S. 20.
36 Ian Kershaw, *Achterbahn. Europa 1950 bis heute*, München 2018, S. 12 u. S. 373f.; vgl. Mazower, *Der dunkle Kontinent*, S. 468.
37 Judt, *Geschichte Europas*, S. 509f.; vgl. dazu auch Gabriele Metzler, »Staatsversagen und Unregierbarkeit in den siebziger Jahren?«, in: Jarausch (Hg.), *Das Ende der Zuversicht?* S. 243-260.
38 Matthew Connelly, »Future Shock. The End of the World as They Knew It«, in: Niall Ferguson, Charles S. Maier (Hg.), *The Shock of the Global. The 1970s in Perspective*, Cambridge (Mass.) 2010, S. 357-350, hier S. 337.
39 Frank Bösch, *Zeitenwende 1979. Als die Welt von heute begann*, München 2019, S. 9.
40 Maier, »Two Sorts of Crisis?«, S. 60.
41 Hobsbawm, *Zeitalter der Extreme*, S. 32.
42 Ebd., S. 20.
43 Ebd., S. 25f.
44 Vgl. Jean-François Sirinelli, *Les Vingt Décisives. Le passé proche de notre avenir (1965-1985)*, Paris 2007.
45 Anselm Doering-Manteuffel, Lutz Raphael, *Nach dem Boom. Perspektiven auf die Zeitgeschichte seit 1970*, Göttingen, 2., erg. Aufl. 2010, S. 74 u. S. 108.
46 Vgl. Lutz Raphael, *Jenseits von Kohle und Stahl. Eine Gesellschaftsgeschichte Westeuropas nach dem Boom*, Berlin 2019.
47 Doering-Manteuffel, Raphael, *Nach dem Boom*, S. 118-132.
48 Ebd., S. 131.
49 Ulrich Beck, *Risikogesellschaft. Auf dem Weg in eine andere Moderne*, Frankfurt/M. 1986. (Ich zitiere nach der 12. Aufl. von 2016.)
50 Doering-Manteuffel, Raphael, *Nach dem Boom*, S. 89.
51 Beck, *Risikogesellschaft*, S. 13.
52 Andreas Reckwitz, *Die Gesellschaft der Singularitäten. Zum Strukturwandel der Moderne*, Berlin ^{4}2017, S. 15, 103f., 105; vgl. z. B. Anthony Giddens, *Kritische Theorie der Spätmoderne*, Wien 1992.
53 Reckwitz, *Gesellschaft der Singularitäten*, S. 14f. und S. 28-46.
54 Vgl. dazu exemplarisch Arnold Gehlen, *Moral und Hypermoral. Eine pluralistische Ethik*, Frankfurt/M. ^{6}2004.
55 Vgl. zur Diskussion über die »Modernität des Nationalsozialismus« den konzisen Überblick von Mark Roseman, »National Socialism and the End of Modernity«, in: *The American Historical Review* 116 (2011), S. 688-701.
56 Vgl. zur Begrifflichkeit Reckwitz, *Gesellschaft der Singularitäten*, S. 48-57.
57 Jean Baudrillard, »Der Beaubourg-Effekt. Implosion und Dissuasion« (Orig.: *L'effet beaubourg. Implosion et dissuasion*, Paris 1977), in: ders., *Kool Killer oder der Aufstand der Zeichen*, Berlin 1978, S. 59-82, S. 77 u. S. 81.
58 Vgl. u. a. Thomas Großbölting, Massimiliano Livi, Carlo Spagnolo (Hg.),

Jenseits der Moderne? Die Siebziger Jahre als Gegenstand der deutschen und der italienischen Geschichtswissenschaft, Berlin 2014; Christof Dipper, »Die deutsche Geschichtswissenschaft und die Moderne«, in: *Internationales Archiv für Sozialgeschichte der deutschen Literatur* 37 (2012), S. 37-62; Ute Schneider, Lutz Raphael (Hg.), *Dimensionen der Moderne. Festschrift für Christof Dipper*, Frankfurt/M. 2008.

59 Diese Periodisierung und Begriffe sind natürlich diskutabel; vgl. dazu Ulrich Herbert, »Europe in High Modernity. Reflections on a Theory of the 20th Century«, in: *Journal of Modern European History* 3 (2006), S. 5-21; dazu kritisch: Lutz Raphael, »Ordnungsmuster der ›Hochmoderne‹? Die Theorie der Moderne und die Geschichte der europäischen Gesellschaften im 20. Jahrhundert«, in: Schneider, Raphael (Hg.), *Dimensionen der Moderne*, S. 73-91.

60 Vgl. dazu Philipp Sarasin, »Foucaults Wende«, in: Oliver Marchart, Renate Martinsen (Hg.), *Foucault und das Politische. Transdisziplinäre Impulse für die politische Theorie der Gegenwart*, Wiesbaden 2019, S. 9-22.

61 Andreas Killen, *1973. Nervous Breakdown. Watergate, Warhol, and the Birth of the Post-Sixties America*, New York 2006.

62 Vgl. zu den Begriffen »Regelmäßigkeit«, »Diskontinuität« und »Aussage« bzw. »Aussageereignis« Michel Foucault, *Archäologie des Wissens*, Frankfurt/M. 1973 (Orig.: *L'Archéologie du savoir*, Paris 1969).

63 Vgl. dazu Philipp Sarasin, »Was ist Wissensgeschichte?«, in: *Internationales Archiv für die Sozialgeschichte der deutschen Literatur* 36 (2011), S. 159-172.

64 Nach Abschluss meines Buches wurde ich auf Jean-Marie Durands *1977. Année électrique* aus dem Jahr 2017 aufmerksam gemacht. Das Werk lohnt die Lektüre, auch zusammen mit diesem Buch, das eine ähnliche These vertritt, in Darstellung und Analyse jedoch einen anderen Weg beschreitet.

2. Herbst der Revolution

1 Walter Boehlich, »Die Farbe der Hoffnung ist rot«, in: *Vorwärts*, 11.8.1977, wieder abgedruckt in: Karola Bloch, Adalbert Reif (Hg.), *›Denken heißt Überschreiten‹. In memoriam Ernst Bloch, 1885-1977*, Frankfurt/M. 1982, S. 122-124, Zitat S. 123.

2 Oskar Negt, »Der produktivste Ketzer des Marxismus. Rede bei der Beerdigung von Ernst Bloch am 9. August 1977 in Tübingen«, in: Ebd., S. 282-283, Zitat S. 282.

3 Arno Münster, »Mitteilung an die internationale Presse zum Tod von Ernst Bloch«, in: Ebd., S. 127-128, Zitat S. 128.

4 Gérard Raulet, »Die Banalität ist die Gegenrevolution – Ernst Bloch, der Tod und die Bundesrepublik«, in: Ebd., S. 259-266, Zitate S. 264.

5 Martin Walser in: ders., Wolfgang Harich, »Ernst Bloch – nie ist ein Linker

weniger borniert gewesen [zwei Nachrufe, phs.]«, in: *konkret*, September 1977, wieder abgedruckt in: Ebd., S. 117-121, Zitat S. 117.

6 Wolfram Schütte, »Dr. Spes auf der Spurensuche in der unreinen Mischung«, in: *Frankfurter Rundschau*, 5.8.1977, wieder abgedruckt in: Ebd., S. 90-96, Zitat S. 91.

7 Beat Dietschy, »Marxismus als konkrete Utopie. Vortrag zum Gedenken an Ernst Bloch« (gehalten in Basel und Bern, 11. und 24. November 1977), in: Ebd., S. 140-158, Zitat S. 145.

8 Jürgen Habermas, »Ernst Bloch. Ein marxistischer Schelling« (1960), in: ders., *Politik, Kunst, Religion. Essays über zeitgenössische Philosophen*, Stuttgart 1978, S. 11-32, Zitat S. 18.

9 Alfred Schmidt, »Der letzte Metaphysiker des Marxismus«, in: *Frankfurter Allgemeine Zeitung*, 6.8.1977, wieder abgedruckt in: Bloch, Reif (Hg.), ›Denken heißt Überschreiten‹, S. 62-66.

10 Helmut Fahrenbach, »Ein Denker des ›Nach-vorn‹«, in: Ebd., S. 277-278, Zitat S. 277.

11 Ernst Bloch, *Das Prinzip Hoffnung*, Frankfurt/M. 1984 (3 Bde.), Bd. 3, S. 1628, das letzte Wort des Buches.

12 Vgl. Kornelia Papp, *In Zwängen verstrickt. Auswege kommunistischer Schriftsteller aus der Machtideologie in den 1950er und 1960er Jahren in Ungarn und in der DDR*, Herbolzheim 2014.

13 Wolfgang Harich in: Walser, ders., »Ernst Bloch – nie ist ein Linker weniger borniert gewesen«, S. 120.

14 Wolfgang Abendroth, »Kein Nekrolog für Ernst Bloch«, in: *Frontal*, Oktober 1977, wieder abgedruckt in: Bloch, Reif (Hg.), ›Denken heißt Überschreiten‹, S. 114-116, Zitat S. 116.

15 Ernst Bloch, »Hoffnung mit Trauerflor. Ein Gespräch mit Jürgen Rühle 1964«, in: Rainer Traub, Harald Wieser (Hg.), *Gespräche mit Ernst Bloch*, Frankfurt/M. 1977, S. 13-27, Zitat S. 21.

16 Ernst Bloch, »Schüsse sind Kurzschlüsse. Fragen zur politischen Situation. Ein Gespräch mit Adelbert Reif 1975«, in: Ebd., S. 241-259, Zitat S. 244.

17 Detlef Horster, »Phänomenologie der sozialistischen Zukunft«, in: *linkssozialistische Zeitung*, September 1977, wieder abgedruckt in: Bloch, Reif (Hg.), ›Denken heißt Überschreiten‹, S. 97-108, Zitat S. 101f.

18 Bloch, »Schüsse sind Kurzschlüsse«, S. 243.

19 Ebd., S. 242.

20 Ebd., S. 245.

21 Furio Cerutti, »Ernst Blochs Philosophie der Revolution«, in: *il manifesto*, 5.8.1977, wieder abgedruckt in: Bloch, Reif (Hg.), ›Denken heißt Überschreiten‹, S. 173-176, Zitat S. 174.

22 Rudi Dutschke, »Der subversive Philosoph«, in: Ebd., S. 284-286, Zitat S. 285.

23 Dieter Kunzelmann, zitiert in: Aribert Reimann, *Dieter Kunzelmann: Avantgardist, Protestler, Radikaler*, Göttingen 2009, S. 116.

24 Vgl. Jan Henschen, *Die RAF-Erzählung. Eine mediale Historiographie des Terrorismus*, Bielefeld 2013, S. 246-248.
25 Karl Marx an Arnold Ruge, September 1843, zitiert in: Schmidt, »Der letzte Metaphysiker des Marxismus«, S. 66.
26 Ernst Bloch, *Das Prinzip Hoffnung*, Erster Band, Frankfurt/M. 1976, S. 115.
27 Burghart Schmidt, »Zum Werk Ernst Blochs« (Vortrag im Rahmen der Gedenkveranstaltung der Stadt Ludwigshafen für ihren Ehrenbürger Ernst Bloch am 21.9.1977), in: Bloch, Reif (Hg.), ›*Denken heißt Überschreiten*‹, S. 299-307, Zitat S. 206.
28 Rolf Denker, »Hoffen aufs Reich der Freiheit«, in: *Schwäbisches Tagblatt*, 5.8.1977), wieder abgedruckt in: Ebd., S. 43-51, S. 48.
29 Vgl. Ernst Bloch, *Experimentum Mundi. Frage, Kategorien des Herausbringens, Praxis*, Frankfurt/M. 1975, S. 129.
30 Schmidt, »Der letzte Metaphysiker des Marxismus«, S. 65.
31 Reinhart Koselleck, »Historische Kriterien des neuzeitlichen Revolutionsbegriffs« (1968), in: ders., *Vergangene Zukunft. Zur Semantik geschichtlicher Zeiten*, Frankfurt/M. 1985 (1979), S. 67-86, Zitat S. 67; vgl. ders., »Revolution«, in: Otto Brunner, Werner Conze, Reinhart Koselleck (Hg.), *Geschichtliche Grundbegriffe. Historisches Lexikon zur politisch-sozialen Sprache in Deutschland*, Bd. 5, Stuttgart 1984, S. 653-788.
32 Vgl. Koselleck, »Historische Kriterien des neuzeitlichen Revolutionsbegriffs«, S. 80-86.
33 Vgl. ebd., S. 78.
34 Denker, »Hoffen aufs Reich der Freiheit«, S. 49.
35 Ebd., S. 48.
36 Ernst Bloch, zitiert in: Schmidt, »Der letzte Metaphysiker des Marxismus«, S. 64.
37 Hans Heinz Holz, »Unterwegs zum möglichen Menschen«, in: *Basler Zeitung*, 9.8.1977, wieder abgedruckt in: Bloch, Reif (Hg.), ›*Denken heißt Überschreiten*‹, S. 109-113, Zitat S. 112.
38 Schmidt, »Der letzte Metaphysiker des Marxismus«, S. 66.
39 Ernst Bloch, zitiert in: Karl Heinz Stahl, »Philosophie als Gewissen des Morgen. In memoriam Ernst Bloch«, in: *Tribüne* 63 (1977), wieder abgedruckt in: Bloch, Reif (Hg.), ›*Denken heißt Überschreiten*‹, S. 53-58, Zitat S. 53.
40 Habermas, »Ernst Bloch«, S. 31.
41 Bloch, *Prinzip Hoffnung*, letzter Satz.
42 Negt, »Der produktivste Ketzer des Marxismus«, S. 283.
43 Holz, »Unterwegs zum möglichen Menschen«, S. 112; Horster, »Phänomenologe der sozialistischen Zukunft«, S. 101f.
44 Ernst Bloch, »Experimentum Mundi. Hoffnung als Wissenschaft. Ein Gespräch mit Hans Ohly und Leonard Reinisch« (1975), in: Traub, Wieser (Hg.), *Gespräche mit Ernst Bloch*, S. 260-266.
45 Horster, »Phänomenologe der sozialistischen Zukunft«, S. 99; vgl. A. Schmidt,

»Der letzte Metaphysiker des Marxismus«, S. 66, und B. Schmidt, »Zum Werk Ernst Blochs«, S. 305.
46 Dutschke, »Der subversive Philosoph«, S. 285.
47 Vgl. Wolfgang Kraushaar, *Verena Becker und der Verfassungsschutz*, Hamburg 2010.
48 Golo Mann, »Quo usque tandem?«, in: *Die Welt*, 7.9.1977, S. 1.
49 Erich Böhme: »Mann, oh Mann«, in: *Der Spiegel*, Nr. 38, 12.9.1977, S. 18.
50 Vgl. Tagesschau-Sondersendung vom 19.10.1977, online unter ⟨https://www.youtube.com/watch?v=WMCwqxQpnBY⟩, letzter Zugriff am 20.11.2020; vgl. Tobias Wunschik, »Aufstieg und Zerfall. Die zweite Generation der RAF«, in: Wolfgang Kraushaar (Hg.), *Die RAF und der linke Terrorismus*, Hamburg 2006, S. 472-488.
51 Golo Mann, in: »Panorama«, 18.17.1977, online unter ⟨https://daserste.ndr.de/panorama/archiv/1977/panorama1659.html⟩, letzter Zugriff am 5.9.2020.
52 *radikal* 27 (1977), Titel.
53 Walter Scheel, zitiert in: *Der Spiegel*, Nr. 45, 31.10.1977.
54 Anonym [Ulrike Meinhof et al.], »Die Rote Armee aufbauen«, in: *Agit 883*, 22.5.1970, S. 2.
55 Rote Armee Fraktion, »Das Konzept Stadtguerilla«, in: *Texte und Materialien zur Geschichte der RAF*, Berlin 1997, S. 27-48, Zitat S. 28.
56 Ebd., S. 48.
57 »Hungerstreikerklärung vom 29. März 1977«, unterzeichnet mit »Die Gefangenen aus der RAF«, in: *Texte und Materialien zur Geschichte der RAF*, S. 265-267.
58 [Erklärung vom 19.10.1977], in: Ebd., S. 273.
59 Siehe »Helmut Schmidt, Rede zur Schleyer-Entführung«, online unter ⟨https://www.youtube.com/watch?v=WHMhgm3JTaY⟩, letzter Zugriff am 3.6.2020; vgl. *Die Welt*, 7.9.1977.
60 Gesellschaft für deutsche Sprache, »Wort des Jahres«, 1977 (online auf gfds.de).
61 Siehe dazu und zum Folgenden umfassend Sven Reichardt, *Authentizität und Gemeinschaft. Linksalternatives Leben in den siebziger und frühen achtziger Jahren*, Berlin 2014, insb. S. 104-140. Die Kritik am »Protestantismus« des »Sozialistischen Büros« formulierte Wolfgang Kraushaar in seinen 1977 entwickelten und 1978 publizierten »Thesen« zur Alternativbewegung: Wolfgang Kraushaar, »Thesen zum Verhältnis von Alternativ- und Fluchtbewegung. Am Beispiel der frankfurter scene«, in: ders. (Hg.), *Autonomie oder Getto? Kontroversen über die Alternativbewegung*, Frankfurt/M. 1978, S. 8-67, Zitat S. 11.
62 »Warum machen wir ›links‹? / Das Sozialistische Büro – worum geht es?«, in: Sozialistisches Büro (Hg.), *Für eine neue sozialistische Linke. Analysen, Strategien, Modelle*, Frankfurt/M. 1973, S. 9-13, Zitat S. 11.
63 Vgl. Sebastian Kasper, *Spontis. Eine Geschichte antiautoritärer Linker im ro-

ten Jahrzehnt, Münster 2019, S. 12; vgl. Geronimo [Pseudonym], *Feuer und Flamme. Zur Geschichte der Autonomen*, Berlin ⁴1995, insb. S. 49-73.
64 Vgl. Kasper, *Spontis*, S. 139-141, S. 161-165.
65 Vgl. die Beiträge in Alberto Benini u. a. (Hg.), *Indianer und P38. Italien. Ein neues 68 mit anderen Waffen*, München 1978.
66 Vgl. Kasper, *Spontis*, S. 150-154.; vgl. Silke Mende, »*Nicht rechts, nicht links, sondern vorn«. Eine Geschichte der Gründungsgrünen*, München 2011, S. 196-212.
67 Reichardt, *Authentizität und Gemeinschaft*, S. 13.
68 Vgl. Geronimo, *Feuer und Flamme*, S. 65.
69 Daniel Cohn-Bendit, *Der große Basar. Gespräche mit Michel Lévy, Jean-Marc Salmon, Maren Sell*, München 1975, S. 165.
70 »Aufruf zur Reise nach Tunix«, zitiert in: Reichardt, *Authentizität und Gemeinschaft*, S. 125 f.; vgl. Michael März, *Linker Protest nach dem Deutschen Herbst. Eine Geschichte des linken Spektrums im Schatten des ›starken Staates‹, 1977-1979*, Bielefeld 2012, S. 210-212.
71 Vgl. dazu u. a. Belinda Davis, »Jenseits von Terror und Rückzug: Die Suche nach politischem Spielraum und Strategien im Westdeutschland der siebziger Jahre«, in: Klaus Weinhauer u. a. (Hg.), *Terrorismus in der Bundesrepublik. Medien, Staat und Subkulturen in den 1970er Jahren*, Frankfurt/M. 2006, S. 154-186.
72 Vgl. Petra Terhoeven, *Deutscher Herbst in Europa. Der Linksterrorismus der siebziger Jahre als transnationales Phänomen*, München 2014, S. 241-338; Christoph Riederer, *Die RAF und die Folterdebatte der 1970er Jahre*, Wiesbaden 2014. Dazu auch als (sehr einseitige) Quelle: Hans Magnus Enzensberger, Karl Markus Michel (Hg.), *Kursbuch Nr. 32: Folter in der BRD. Zur Situation der Politischen Gefangenen*, Berlin 1973.
73 Vgl. Reichardt, *Authentizität und Gemeinschaft*, S. 12.
74 Vgl. »Hungerstreik«, in: *Pflasterstrand* 8 (1977), S. 14-20, sowie »Stammheim/Hungerstreik«, in: *Pflasterstrand* 9 (1977), S. 23-27.
75 »Trügerische Bombenstimmung«, in: *Pflasterstrand* 7 (1977), S. 12-13.
76 Frankfurter Spontis [Joschka Fischer], »Uns treibt der Hunger nach Liebe, Zärtlichkeit und Freiheit...«, in: *links* 85 (1977), S. 17-18, Zitat S. 17.
77 Ebd., S. 18.
78 Vgl. z. B. »Gewaltfreie Besetzung in Grohnde«, in: *Graswurzelrevolution* 30-31 (1977), S. 1.
79 Vgl. Karrin Hanshew, »›Sympathy for the Devil?‹ The West German Left and the Challenge of Terrorism«, in: *Contemporary European History* 21:4 (2012), S. 511-532.
80 Hajo Karbach, »Wir haben was gesagt«, in: *Graswurzelrevolution*, 32 (1977), S. 28.
81 Mescalero, »Buback – ein Nachruf«, in: Johannes Agnoli u. a. (Hg.), *›Buback – ein Nachruf‹. Eine Dokumentation*, Berlin 1977, S. 3-6, Zitat S. 3; vgl. Peter Brückner, *Die Mescalero-Affäre. Ein Lehrstück für Aufklärung und politische Kultur*, Hannover o. J. [1977].

82 Mescalero, »Buback – ein Nachruf«, S. 6.
83 »Spiegel Gespräch: ›Jeder fünfte denkt etwa so wie Mescalero‹. Berlins Wissenschaftssenator Peter Glotz über Sympathisanten und die Situation an den Hochschulen«, in: *Der Spiegel*, Nr. 41, 3.10.1977, S. 49-63.
84 »Wenn der Schleier fällt… Die BRD vor einer neuen McCarthy-Ära? Redaktionelles Vorwort zu dieser Nummer«, in: *Pflasterstrand* 16 (1977), S. 15.
85 »In dieser Lage sind wir«, in: *Pflasterstrand* 15 (1977), S. 25 f.
86 Ein Outlaw, »Zur Lage II«, in: *Pflasterstrand* 16 (1977), S. 17 f., Zitat S. 17.
87 »Fragmente aus unseren Köpfen. Sonntag, 16. Oktober. Schnelle Artikel von außerhalb und innerhalb der Redaktion«, in: *Pflasterstrand* 17 (1977), S. 27-31, Zitate S. 27, 29.
88 Ein Outlaw, »Zur Lage II«, S. 17.
89 Ebd., S. 18.
90 Ein Frankfurter Genosse, »Liebe Genossen vom sb!! (Offener Brief an das Sozialistische Büro in Offenbach)«, in: *Pflasterstrand* 16 (1977), S. 29 f., Zitat S. 30.
91 »Die Menschen sollen um des Staates willen da sein…«, in: Ebd., S. 20 f., Zitat S. 20.
92 Mescalero, »No. 3: SCHLEYER – kein Nachruf«, in: Ebd., S. 22 f.
93 »Sumpf«, in: *Pflasterstrand* 19 (1977), S. 16 f.
94 Vgl. Gilles Deleuze, Félix Guattari, *Rhizom*, Berlin 1977.
95 »Sumpf«, S. 16.
96 Viva Medusa, »Gewaltige Frauen – Unter der Oberfläche beginnt der Untergrund«, in: *Pflasterstrand* 15 (1977), S. 33 f.
97 Metropolitan Women, »Die Metropolitan Women sind keine Medusen«, in: *Pflasterstrand* 17 (1977), S. 16.
98 Metropolitan Women, »Der Himmel ist auf die Erde gefallen. Die Revolution ist nicht mehr verborgen«, in: *Autonomie* 8 (1977), S. 18-23.
99 Joschka Fischer, »Vorstoß in ›primitivere‹ Zeiten / Befreiung und Militanz / Von Mann für Mann / Plastic People«, in: *Autonomie* 5 (1977), S. 52-64, Zitat S. 65.
100 Ebd., S. 58 f.
101 »Editorial«, in: *Pflasterstrand* 17 (1977), S. 1.
102 »Hausmitteilung«, in: Ebd., S. 2.
103 Michel Foucault, »Gespräch mit Michel Foucault«, in: ders., *Microfisica del potere: Interventi politici*, hg. von Alessandro Fontana und Pasquale Pasqualino, Turin 1977, wieder abgedruckt in: Michel Foucault, *Schriften. Dits et Ecrits, Band III: 1976-1979*, hg. von Daniel Defert und François Ewald unter Mitarbeit von Jacques Lagrange, Frankfurt/M. 2003, S. 186-213, Zitat S. 204 f.
104 Jean-Paul Sartre, Philippe Gavi, Pierre Victor, *Der Intellektuelle als Revolutionär. Streitgespräche*, Reinbek 1976.
105 Jean Améry, »Ein neuer Verrat der Intellektuellen«, in: *Die Zeit*, 28.5.1976 (ohne Seitenzahl online auf zeit.de).

106 »Offener Brief an die Justizbehörden von Bund und Ländern«, in: *Pflasterstrand* 9 (1977), S. 24.
107 Rudi Dutschke, »Die Internationalisierung der ›Stammheime‹« (Rede auf dem Pfingstkongreß des ›Sozialistischen Büros‹, Juni 1976 in Frankfurt), in: *links*, dokumentarische Sondernummer 85 (1977), wieder abgedruckt in: ders., *Geschichte ist machbar. Texte über das herrschende Falsche und die Radikalität des Friedens*, Berlin 1980, S. 157-163, Zitat S. 163.
108 Hermann Lübbe, »Freiheit und Terror«, in: *Merkur* 31:9 (1977), S. 819-829.
109 Erich Fried, »Ode auf einen Abgang«, in: *Pflasterstrand* 8 (1977), S. 1.
110 Agnoli u. a. (Hg.), *›Buback – ein Nachruf‹*.
111 Alle folgenden Zitate aus Rosa Luxemburg, »Terror«, in: Ebd. (o. P.).
112 Ebd.; vgl. »Nur Anstandsregeln verletzt?«, *Spiegel*-Gespräch mit Heidi Gerstenberg, Ulrich K. Preuß und Rolf Kieper, in: *Der Spiegel*, Nr. 34, 15. 8. 1977, S. 26-31.
113 Rudi Dutschke, »Kritik am Terror muß klarer werden«, in: *Die Zeit*, 23. 9. 1977 (ohne Seitenzahl online auf zeit.de).
114 Che Guevara, *Schaffen wir zwei, drei, viele Vietnam. Brief an das Exekutivsekretariat von OSPAAL*, eingeleitet und übersetzt von Gaston Salvatore und Rudi Dutschke, Berlin 1967.
115 Brief von Prof. Dr. Helmut Gollwitzer D. D., an Sebastian Cobler, 20. 4. 1977, in: *Pflasterstrand* 9 (1977), S. 25.
116 Vgl. Jürgen Habermas, »Stumpf gewordene Waffe aus dem Arsenal der Gegenaufklärung. An Prof. Kurt Sontheimer«, in: Freimut Duve, Heinrich Böll, Klaus Staeck (Hg.), *Briefe zur Verteidigung der Republik*, Reinbek 1977, S. 54-72.
117 Oskar Negt, »Sozialistische Politik und Terrorismus«, in: Ebd., S. 117-123, Zitat S. 120.
118 »Erklärung von Hochschullehrern und wissenschaftlichen Mitarbeitern anläßlich der Entführung von Hanns Martin Schleyer«, in: Ebd., S. 180f.; »Erklärung vom 7. 9. 1977«, in: Ebd., S. 182-184.
119 Habermas, »Stumpf gewordene Waffe aus dem Arsenal der Gegenaufklärung«, S. 61.
120 Kurt Sontheimer, *Das Elend unserer Intellektuellen. Linke Theorie in der Bundesrepublik Deutschland*, Hamburg 1976; vgl. zu dieser ganzen Diskussion auch Jörg Requate, »Gefährliche Intellektuelle? Staat und Gewalt in der Debatte über die RAF«, in: Dominik Geppert, Jens Hacke (Hg.), *Streit um den Staat. Intellektuelle Debatten in der Bundesrepublik 1960-1980*, Göttingen 2008, S. 251-268, insb. S. 254-258.
121 Helmut Gollwitzer, »Sich kümmern um die Verkümmerten und Benachteiligten. An meinen Patensohn Lukas Ohnesorg«, in: Duve, Böll, Staeck (Hg.), *Briefe zur Verteidigung der Republik*, S. 50-53, Zitat S. 52.
122 Hartmut von Hentig, »Dies wäre das Ende der Meinungsfreiheit«, in: Ebd., S. 73-83.
123 Detlev Claussen, »Zum historischen Funktionswechsel des Terrors«, in: *links* 93 (1977), S. 14-19.

124 Detlev Claussen, »Rächer und Gerechte«, in: *links* 88 (1977), S. 3f., Zitat S. 3.
125 März, *Linker Protest nach dem Deutschen Herbst*, S. 111.
126 Robert Jungk, *Der Atom-Staat. Vom Fortschritt in die Unmenschlichkeit*, München 1977.
127 Claussen, »Rächer und Gerechte«, S. 3f.
128 Detlev Claussen, »Weder Kotau noch Trotzreaktion«, in: *links* 92 (1977), S. 21f., Zitat S. 22.
129 Wolfgang Kreutzberger, »Wie man einen allgemeinen Gesinnungszwang auch erreichen kann«, in: *links* 94 (1977), S. 17f., Zitat S. 17.
130 Ebd., S. 18.
131 *Der Spiegel*, Nr. 53, 26.12.1977), S. 68-73, Zitat S. 68; vgl. März, *Linker Protest nach dem Deutschen Herbst*, S. 131-133; Hans-Günther Merk, *Innere Sicherheit*, Mannheim 1977.
132 Vgl. Felix Bohr, »Flucht aus Rom. Das spektakuläre Ende des ›Falles Kappler‹ im August 1977«, in: *Vierteljahrshefte für Zeitgeschichte* 60:1 (2012), S. 111-141. Siehe dazu auch: ders., *Die Kriegsverbrecherlobby. Bundesdeutsche Hilfe für im Ausland inhaftierte NS-Täter*, Berlin 2018.
133 »Unmenschliches Deutschland?«, in: *Der Spiegel*, Nr. 48, 21.11.1977, S. 132.
134 Jean-François Lyotard, »Kleine Perspektivierung der Dekadenz und einiger minoritärer Gefechte, die hier zu führen sind«, in: ders., *Das Patchwork der Minderheiten. Für eine herrenlose Politik*, Berlin 1977, S. 17f.
135 »RAF-Anwälte: Ganz einfach«, in: *Der Spiegel*, Nr. 41, 3.10.1977, S. 21f.
136 Gilles Deleuze, Félix Guattari, »Le pire moyen de faire l'Europe«, in: *Le Monde*, 2.11.1977; dt.: »Die schlimmste Art, Europa zu schaffen«, in: Gilles Deleuze, *Schizophrenie und Gesellschaft. Texte und Gespräche 1975-1995*, Frankfurt/M. 2005, S. 141-143, Zitate S. 141f. (Übersetzung angepasst nach dem franz. Original.)
137 Michel Foucault, »Wird Klaus Croissant ausgeliefert?«, in: ders., *Schriften III*, S. 468-474, Zitate S. 469.
138 Michel Foucault, »Von nun an steht die Sicherheit über den Gesetzen«, in: ders., *Schriften III*, S. 473-477, Zitat S. 473; vgl. Didier Eribon, *Michel Foucault. Eine Biographie*, Frankfurt/M. 1991, S. 371f.
139 Foucault, »Wird Klaus Croissant ausgeliefert?«, S. 472.
140 Vgl. Philipp Felsch, *Der lange Sommer der Theorie. Geschichte einer Revolte, 1960-1990*, München 2015, S. 137-141. Die Tonband-Aufzeichnung des Gesprächs überlebte im Archiv des Merve Verlags; ich danke Philipp Felsch dafür, dass er mir eine elektronische Kopie dieser Aufzeichnung zur Verfügung gestellt hat. Alle folgenden Zitate stammen aus dieser Tonbandaufzeichnung.
141 Werbetext auf der Buchrückseite von: Gilles Deleuze, Michel Foucault, *Der Faden ist gerissen*, Berlin 1977; vgl. auch Martin Kindtner, »Strategien der Verflüssigung. Poststrukturalistischer Theoriediskurs und politische Praktiken der 1968er Jahre«, in: Anselm Doering-Manteuffel, Lutz Raphael (Hg.), *Vorgeschichte der Gegenwart. Dimensionen des Strukturbruchs nach dem Boom*, Göttingen 2016, S. 373-392, insb. S. 389-392.

142 Jean-Paul Sartre, Michel Foucault, Roland Barthes, Félix Guattari u. a., »Manifest französischer Intellektueller gegen die Repression in ITALIEN«, in: Benini, u. a. (Hg.), *Indianer und P38*, S. 134f.
143 Michel Foucault, *Überwachen und Strafen. Die Geburt des Gefängnisses*, Frankfurt/M. 1977, S. 43 (Orig.: *Surveiller et punir. La naissance de la prison*, Paris 1975).
144 Michel Foucault, »Die Sicherheit und der Staat«, in: ders., *Schriften III*, S. 495-502, insb. S. 498-501.
145 Ebd., S. 499.
146 Ebd., S. 501.
147 Foucault, »Wird Klaus Croissant ausgeliefert?«, S. 469.
148 Vgl. Michel Foucault, »Nein zum König Sex«, in: ders., *Schriften III*, S. 336-353, S. 351.
149 Foucault, *Überwachen und Strafen*, S. 279.
150 Vgl. z. B. Michel Foucault, »Das Wissen als Verbrechen«, in: ders., *Schriften III*, S. 105-115, Zitat S. 114.
151 Foucault, »Nein zum König Sex«, S. 350.
152 Foucault, »Folter ist Vernunft (Gespräch)«, in: ders., *Schriften III*, S. 505-514, Zitat 514.
153 Michel Foucault, »Mächte und Strategien (Gespräch)«, in: ders., *Schriften III*, S. 538-550, Zitat S. 546.
154 Foucault, »Mächte und Strategien (Gespräch)«, S. 550.
155 »Soviet October Revolution Parade, 1977«, online unter ⟨https://www.youtube.com/watch?v=Q5IvethuPMw&t=4s⟩, letzter Zugriff am 2.11.2020.
156 Reinhart Koselleck, »›Erfahrungsraum‹ und ›Erwartungshorizont‹ – zwei historische Kategorien« (1975/1977), in: ders., *Vergangene Zukunft*, S. 349-375.
157 Vgl. zum Folgenden Dietmar Neutatz, *Träume und Alpträume. Eine Geschichte Russlands im 20. Jahrhundert*, München 2013; Stephen Kotkin, *Armageddon Averted. The Soviet Collapse, 1970-2000*, Oxford 2008; Philip Hanson, *The Rise and Fall of the Soviet Economy. An Economic History of the USSR from 1945*, London 2003.
158 Vgl. Gerd Koenen, *Die Farbe Rot. Ursprünge und Geschichte des Kommunismus*, München 2017, S. 971-974, 982-989; Leonid Luks, »Der Zerfall des Sowjetreiches in vergleichender Perspektive«, in: *Forum für osteuropäische Ideen- und Zeitgeschichte* 13 (2009), S. 9-53, insb. S. 28; Robert W. Strayer, *Why Did the Soviet Union Collapse? Understanding Historical Change*, Armonk 1998, S. 57-60.
159 »Verfassung (Grundgesetz) der Union der Sozialistischen Sowjetrepubliken, angenommen auf der 7. Tagung des Obersten Sowjets der UdSSR in der 9. Legislaturperiode am 7. Oktober 1977«, Präambel, online unter ⟨http://www.verfassungen.net/su/verf77-i.htm⟩, letzter Zugriff am 13.11.2020.
160 Peter Borowski, »Die DDR in den siebziger Jahren«, in: Bundeszentrale für Politische Bildung (Hg.), *Informationen zur politischen Bildung*, Heft 258,

online unter ⟨https://www.bpb.de/izpb/10111/die-ddr-in-den-siebziger-jahren?p=all⟩, letzter Zugriff am 29.3.2020.
161 Autorenkollektiv, *Wir warn die stärkste der Partein. Erfahrungsberichte aus der Welt der K-Gruppen*, Berlin 1977.
162 Vgl. POCH [Progressive Organisationen Schweiz], Autorenkollektiv, *Für eine revolutionäre Generallinie. Materialien zur Diskussion der Generallinie der kommunistischen Weltbewegung*, Zürich 1974.
163 »›Der Eurokommunismus ist ein Konzept zur Eroberung, nicht aber zur Ausübung der Macht.‹ Gespräch mit Frane Barbieri, der den Ausdruck ›Eurokommunismus‹ prägte«, in: Manfred Steinkühler (Hg.), *Eurokommunismus im Widerspruch. Analyse und Dokumentation*, Köln 1977, S. 389-392, Zitat S. 389.
164 Vgl. Enrico Berlinguer, *Austerità. Occasione per trasformare l'Italia*, Rom 1977.
165 Nikolas Dörr, *Die rote Gefahr. Der italienische Eurokommunismus als sicherheitspolitische Herausforderung für die USA und Westdeutschland 1969-1979*, Köln u.a. 2017, S. 63.
166 »Kommunismus heute. Teil III: Der Eurokommunismus – seine Ideologie und seine Widersacher«, in: *Der Spiegel*, Nr. 21, 16.5.1977, S. 150-158, Zitat S. 156.
167 Vgl. Dörr, *Die rote Gefahr*, S. 93.
168 Santiago Carrillo, *Eurokommunismus und Staat*, Hamburg 1977.
169 »Die Erklärung der drei Parteien«, in: *L'Unita*, 4.3.1977; wieder abgedruckt in: Manfred Steinkühler (Hg.), *Eurokommunismus im Widerspruch. Analyse und Dokumentation*, Köln 1977, S. 282-283, Zitat S. 282f.
170 »Kommunismus heute, Teil II: Der Eurokommunismus – Herausforderung für Ost und West«, in: *Der Spiegel*, Nr. 20, 9.5.1977, S. 170-190, Zitate S. 170f.
171 David S. Bell, »French Communism's Final Struggle«, in: ders. (Hg.), *Western European Communists and the Collapse of Communism*, Oxford u.a. 1993, S. 51-68, Zitat S. 56.
172 Carrillo, *Eurokommunismus und Staat*, S. 8-10, 112f., aber auch 82f.
173 Zitiert in: »Kommunismus heute, Teil II«, S. 171.
174 So das Magazin *Europa*, zitiert in: »Kommunismus heute. Teil III«, S. 156.
175 Vgl. Dörr, *Die rote Gefahr*, S. 364-384.
176 Vgl. »Nein zur Kriminalisierung der antagonistischen Kommunikation«, in: Benini u.a. (Hg.), *Indianer und P38. Italien*, S. 126-128; »VERSAMMLUNG IN ROM: den Minotarismus schlagen, jetzt schon die Revolution vorbereiten«, in: Ebd., S. 93f.
177 »Was für ein Leben wollen sich die Genossen zurückerobern?!«, in: Ebd., S. 87-89, Zitat S. 88.
178 Louis Althusser, *Le 22ᵉ Congrès du Parti Communiste Français*, Paris 1977, zitiert nach: ders, »Die historische Bedeutung des 22. Parteitages der FKP«, in: ders., *Die Krise des Marxismus*, hg. von Peter Schöttler, Hamburg 1978, S. 18-52, Zitat S. 39.

179 Louis Althusser, »Die Krise des Marxismus«, in: ders., *Die Krise des Marxismus*, S. 53-68, Zitat S. 56.
180 Ebd., S. 60.
181 »›Das trifft den Parteiapparat ins Herz‹. Ein SED-Funktionär kritisiert den DDR-Sozialismus, in: *Der Spiegel*, Nr. 35, 23.8.1977, S. 30-32.
182 Rudolf Bahro, *Die Alternative. Zur Kritik des real existierenden Sozialismus*, Köln 1977, Zitate S. 299, 304.
183 Ebd., S. 310.
184 André Gorz, *Ökologie und Politik. Beiträge zur Wachstumskrise*, Reinbek 1977, insb. S. 8-13.
185 Bahro, *Die Alternative*, S. 300.
186 Ebd., S. 16.

3. Menschenrechte, Minderheiten und die Politik der Differenz

1 James C. Cobb, *The Most Southern Place on Earth. The Mississippi Delta and the Roots of Regional Identity*, Oxford 1992.
2 Chana Kai Lee, *For Freedom's Sake. The Life of Fannie Lou Hamer*, Urbana, Chicago 2000, S. 46.
3 Zitiert in: Howell Raines, *My Soul is Rested. Movement Days in the Deep South Remembered*, New York 1983 (EA 1977), S. 255.
4 Edward Long, *The History of Jamaica. Or, General Survey of the Antient and Modern State of that Island [...]*, London 1774; vgl. Silvia Sebastiani, »Challenging Boundaries. Apes and Savages in the Enlightenment«, in: Wulf D. Hund, Charles D. Milles, Silvia Sebastiani (Hg.), *Simianization. Apes, Gender, Class and Race*, Wien, Zürich 2015, S. 105-138, hier S. 106.
5 Zitiert in Lee, *For Freedom's Sake*, S. 80f.
6 Vgl. William T. Martin Riches, *The Civil Rights Movement. Struggle & Resistance*, London ⁴2017, S. 53.
7 Lee, *For Freedom's Sake*, S. 34.
8 Zitiert in: Ebd., S. 51.
9 Fannie Lou Hamer, »America Is a Sick Place, and Man Is on the Critical List. Speech Delivered at Loop College, Chicago, Illinois, May 27, 1970«, in: dies., *To Tell It Like It Is. The Speeches of Fannie Lou Hamer*, Jackson 2011, S. 104-120, Zitat S. 115.
10 Vgl. Riches, *The Civil Rights Movement*, S. 76.
11 Bob Dylan, »He's only a pawn in their game«, *The Times They Are A-changin*, Columbia Records, 1964.
12 Fannie Lou Hamer, »To Make Democracy a Reality. Speech Delivered at the Vietnam War Moratorium Rally, Berkeley, California, October 15, 1969«, in: dies., *To Tell It Like It Is*, S. 98-103, Zitat S. 99.
13 Hamer, »America Is a Sick Place«, S. 117.

14 Vgl. Chris Danielson, »Lily White and Hard Right«: The Mississippi Republican Party and Black Voting, 1965-1980«, in: *The Journal of Southern History* 75:1 (2009), S. 83-118, insb. S. 88.
15 Zitiert in: Chris Myers Ash, *The Senator and the Sharecropper. The Freedom Struggles of James O. Eastland and Fannie Lou Hamer*, Chapel Hill 2011, S. 203.
16 DeNeen L. Brown, »Civil rights crusader Fannie Lou Hamer defied men – and presidents – who tried to silence her«, in: *The Washington Post*, 6.10.2017 (ohne Seitenzahl online auf washingtonpost.com).
17 Fannie Lou Hamer, »Testimony Before the Credentials Committee, Democratic National Convention, Atlantic City, New Jersey, August 22, 1964« (Audio-Datei, online unter ⟨https://americanradioworks.publicradio.org/features/sayitplain/flhamer.html⟩, letzter Zugriff am 14.11.2020).
18 Vgl. Riches, *The Civil Rights Movement*, S. 77.
19 Lee, *For Freedom's Sake*, S. 170-172, Zitat S. 171.
20 Chris Myers Ash, *The Senator and the Sharecropper. The Freedom Struggles of James O. Eastland and Fannie Lou Hamer*, Chapel Hill 2011, S. 203.
21 Thomas A. Johnson, »Young Eulogizes Fannie L. Hamer, Mississippi Civil Rights Champion«, in: *The New York Times*, 21.3.1977, S. 30.
22 Zitiert in: Kay Mills, *This Little Light of Mine. The Life of Fannie Lou Hamer*, New York 1993, S. 310.
23 Thomas A. Johnson, »Fannie Lou Hamer Dies; Left Farm To Lead Struggle for Civil Rights«, in: *The New York Times*, 15.3.1977, S. 40.
24 Homes Horton, »A Memory of Fannie Lou Hamer«, in: *Ms.* 7 (1977), S. 51.
25 June Jordan, »Poem for Mrs. Fannie Lou Hamer«, 1977, online unter ⟨https://www.poetryfoundation.org/poems/48763/1977-poem-for-mrs-fannie-lou-hamer⟩, letzter Zugriff am 17.11.2020; vgl. dies., »Second Thoughts of a Black Feminist«, in: *Ms.*, 2 (1977), S. 113-115.
26 National Archives and Records Administration (Hg.), *Public Papers of the Presidents of the United States, Jimmy Carter, 1977, Book 1: January 20 to June 24, 1977*, Washington, D.C., 1999, S. 544.
27 Jimmy Carter, »Inaugural Address«, January 20, 1977, online unter ⟨https://www.presidency.ucsb.edu/documents/inaugural-address-0⟩, letzter Zugriff am 25.11.2020.
28 Juan Ganzalez Yuste, »Carter inicia su mandato con un discurso moralizante y liberal«, in: *El País*, 21.1.1977 (ohne Seitenzahl online auf elpais.com); vgl. *Frankfurter Allgemeine Zeitung*, 22.1.1977, S. 3, hier auch mit dem Zitat aus dem Berner *Bund*; James T. Wooten, »A Moralistic Speech«, in: *The New York Times*, 21.1.1977, S. 1.
29 Vgl. Samuel Moyn, *The Last Utopia. Human Rights in History*, Cambridge (Mass.) 2010, Kindle Ausgabe, Pos. 1785-1845; David F. Schmitz, Vanessa Walker, »Jimmy Carter and the Foreign Policy of Human Rights: The Development of a Post-Cold War Foreign Policy«, in: *Diplomatic History* 28:1 (2004), S. 113-143, insb. S. 113.

30 »Carter Statement to the World«, in: *The New York Times*, 21.1.1977, S. 26.
31 Vgl. Joe Renouard, *Human Rights in American Foreign Policy. From the 1960s to the Soviet Collapse*, Philadelphia 2016, S. 128-130.
32 Harry S. Trumann, »The Truman Doctrine, delivered 12 March 1947 before a Joint Session of Congress«, online unter ⟨https://www.americanrhetoric.com/speeches/harrystrumantrumandoctrine.html⟩, letzter Zugriff am 4.12.2020.
33 Vgl. Kenneth Cmiel, »The Emergence of Human Rights Politics in the United States«, in: *The Journal of American History* 86:3 (1999), S. 1231-1250, insb. S. 1235f.
34 Vgl. David F. Schmitz, Vanessa Walker, »Jimmy Carter and the Foreign Policy of Human Rights: The Development of a Post-Cold War Foreign Policy«, in: *Diplomatic History* 28:1 (2004), S. 113-143, insb. S. 117, 123-132.
35 Jimmy Carter, »Address at Commencement Exercises at the University of Notre Dame«, 22.5.1977, online unter ⟨https://www.presidency.ucsb.edu/documents/address-commencement-exercises-the-university-notre-dame⟩, letzter Zugriff am 5.5.2020; Jimmy Carter, »UNITED NATIONS – Address Before the General Assembly«, 17.3.1977, online unter ⟨https://www.presidency.ucsb.edu/documents/united-nations-address-before-the-general-assembly⟩, letzter Zugriff am 5.5.2020.
36 Scott Kaufman, *Plans Unraveled. The Foreign Policy of the Carter Administration*, DeKalb 2008, S. 13.
37 Vgl. dazu grundsätzlich Jan Eckel, *Die Ambivalenz des Guten. Menschenrechte in der internationalen Politik seit den 1940er Jahren*, Göttingen 2014.
38 Vgl. Daniel Sargent, »Oasis in the Desert? America's Human Rights Rediscovery«, in: Jan Eckel, Samuel Moyn (Hg.), *The Breakthrough. Human Rights in the 1970s*, Philadelphia 2014, S. 125-144, insb. S. 132-134, Zitat S. 139.
39 Vgl. E. F. K. Koerner, Matsuji Tsjima (Hg.), *Noam Chomsky. A Personal Bibliography, 1951-1986*, Amsterdam, Philadelphia 1986, S. 123f.
40 Vgl. Jan Eckel, »Utopie der Moral, Kalkül der Macht. Menschenrechte in der globalen Politik seit 1945«, in: *Archiv für Sozialgeschichte* 49 (2009), S. 437-484; dazu auch Stefan-Ludwig Hoffmann (Hg.), *Moralpolitik. Geschichte der Menschenrechte im 20. Jahrhundert*, Göttingen 2010, sowie ders., »Einführung: Zur Genealogie der Menschenrechte«, in: ebd., S. 7-37.
41 Vgl. Sargent, »Oasis in the desert?«, S. 126.
42 Vgl. Moyn, *Last Utopia*, Pos. 235-348, 373-38.
43 Eckel, »Utopie der Moral, Kalkül der Macht«, S. 443.
44 Vgl. Mikael Rask Madsen, »Die europäische Menschenrechtskonvention und der Kalte Krieg«, in: Hoffmann (Hg.), *Moralpolitik*, S. 169-195; Eckel, »Utopie der Moral, Kalkül der Macht«, S. 447.
45 Vgl. Fabian Klose, *Menschenrechte im Schatten kolonialer Gewalt. Die Dekolonisierungskriege in Kenia und Algerien 1945-1962*, München 2009, S. 239-290; Mark Philip Bradley, »Decolonization, the Global South, and the

Cold War, 1919-1962«, in: Melvyn P. Leffler, Odd Arne Westad (Hg.), *The Cambridge History of the Cold War*, Bd. I: *Origins*, Cambridge 2011, S. 464-485, insb. S. 472.

46 Vgl. Lasse Heerten, »The Dystopia of Postcolonial Catastrophe: Self-Determination, the Biafran War of Secession, and the 1970s Human Rights Moment«, in: Eckel, Moyn (Hg.), *The Breakthrough*, S. 15-32. Für eine insgesamt kritische Einschätzung siehe allerdings Eckel, »Utopie der Moral, Kalkül der Macht«, S. 450-458.

47 Vgl. Moyn, *Last Utopia*, Pos. 17-35.

48 »Handling Human Rights«, in: *The Times*, 11.3.1977, S. 19.

49 »Gerechtigkeit in einer sündigen Welt«, in: *Der Spiegel*, Nr. 16, 11.4.1977, S. 106-122, Zitat S. 107.

50 Zitate in: Kathleen Teltsch, »Human Rights Groups Are Riding a Wave of Popularity«, in: *The New York Times*, 28.2.1977, S. 2.

51 Vgl. Jan Eckel, »The Rebirth of Politics from the Spirit of Morality. Explaining the Human Rights Revolution of the 1970s«, in: ders., Moyn (Hg.), *The Breakthrough*, S. 226-260, insb. S. 231; Moyn, *Last Utopia*, Pos. 1787; Sargent, »Oasis in the desert?«, S. 141-144.

52 Cmiel, »The Emergence of Human Rights Politics in the United States«, S. 1236.

53 Vgl. Jan Eckel, »Humanitarisierung der internationalen Beziehungen? Menschenrechtspolitik in den 1970er Jahren«, in: *Geschichte und Gesellschaft* 38 (2012), S. 603-635; Cmiel, »The Emergence of Human Rights Politics in the United States«.

54 Vgl. Jan Eckel, »›Unter der Lupe‹. Die internationale Menschenrechtskampagne gegen Chile in den 1970er Jahren«, in: Hoffmann (Hg.), *Moralpolitik*, S. 368-396; Claudia Olejniczak, *Die Dritte-Welt-Bewegung in Deutschland. Konzeptionelle und organisatorische Strukturmerkmale einer neuen sozialen Bewegung*, Wiesbaden 1998, S. 125-129.

55 Steve Biko, *I Write What I Like*, Johannesburg 1987, Zitate z.B. S. 46, 70, 92.

56 Eckel, »Utopie der Moral, Kalkül der Macht«, S. 438.

57 Vgl. Snyder, »Human Rights and the Cold War«, S. 242f.

58 Vgl. Moyn, *Last Utopia*, Pos. 1719, 1849-1910; Snyder, »Human Rights and the Cold War«, S. 240f.; John Lewis Gaddis, *Der Kalte Krieg. Eine neue Geschichte*, München 2007, S. 233-237.

59 Zitiert in: Moyn, *Last Utopia*, Pos. 1511.

60 Vgl. dazu ausführlich Eckel, *Ambivalenz des Guten*, S. 343-434.

61 Cmiel, »The Emergence of Human Rights Politics in the United States«, S. 1235.

62 Vgl. Sargent, »Oasis in the desert?«, S. 130; Heerten, »The Dystopia of Postcolonial Catastrophe«, S. 15-32. Vgl. auch Heide Fehrenbach, Davide Rodogno (Hg.), *Humanitarian Photography. A History*, Cambridge 2015.

63 Vgl. Cmiel, »The Emergence of Human Rights Politics in the United

States«, S. 1237-1242; Barbara Keys, »Anti-Torture Politics: Amnesty International, the Greek Junta, and the Origins of the Human Rights ›Boom‹ in the United States«, in: Akira Iriye, Petra Goedde, William I. Hitchcock (Hg.), *The Human Rights Revolution. An International History*, Oxford, New York 2012, S. 201-222.
64 Eckel, »Utopie der Moral, Kalkül der Macht«, S. 463.
65 Cmiel, »The Emergence of Human Rights Politics in the United States«, S. 1248f.
66 Vgl. Eckel, »›Unter der Lupe‹«, S. 376f.
67 Vgl. Moyn, *Last Utopia*, Pos. 2518.
68 Vgl. Eckel, *Ambivalenz des Guten*, S. 644-671.
69 Vgl. Brad Simpson, »›The First Right‹: The Carter Administration, Indonesia, and the Transnational Human Rights Politics of the 1970s«, in: Iriye, Goedde, Hitchcock (Hg.), *The Human Rights Revolution*, S. 179-200.
70 Svenja Goltermann, *Opfer. Die Wahrnehmung von Krieg und Gewalt in der Moderne*, Frankfurt/M. 2017, insb. S. 171-212.
71 Vgl. ebd., S. 81-119 u. S. 155-169.
72 Vgl. ebd., S. 178-196, insb. S. 179.
73 Vgl. Ebd., S. 201-205; vgl. Wilbur J. Scott, »PTSD in DSM-III: A Case in the Politics of Diagnosis and Disease«, in: *Social Problems* 37:3 (1990), S. 294-310, insb. S. 307.
74 Peter Benenson, »The Forgotten Prisoners«, in: *Observer*, 28.5.1961, online unter ⟨https://web.archive.org/web/20110529095011/http://www.amnestyusa.org/about-us/amnesty-50-years/peter-benenson-remembered/the-forgotten-prisoners-by-peter-benenson⟩, letzter Zugriff am 3.12.2020; vgl. Moyn, *Last Utopia*, Pos. 1496-1501.
75 Eckel, »Menschenrechtspolitik in den 1970er Jahren«, S. 613.
76 Vgl. Eckel, *Ambivalenz des Guten*, S. 389-422.
77 Aase Lionæs, »Presentation Speech«, 10.12.1977, online unter ⟨https://www.nobelprize.org/prizes/peace/1977/ceremony-speech/⟩, letzter Zugriff am 15.9.2020.
78 Vgl. Iriye, Goedde, Hitchcock (Hg.), *The Human Rights Revolution*; Moyn, Eckel (Hg.), *The Breakthrough*.
79 Vgl. dazu Goltermann, *Opfer*, S. 64-80.
80 Amnesty International, *Report on Torture*, London 1973, S. 9-13.
81 Michel Foucault, »La vie des hommes infâmes«, in: *Les Cahiers du Chemin* 29 (1977), S. 12-29; ich zitiere aus der deutschen Ausgabe: Michel Foucault, »Das Leben der infamen Menschen«, in: ders., *Schriften. Dits et Ecrits, Band III: 1976-1979*, hg. von Daniel Defert und François Ewald unter Mitarbeit von Jacques Lagrange, Frankfurt/M. 2003, S. 309-332.
82 Ebd., S. 310 (Übersetzung angepasst nach der Ausgabe *Das Leben der infamen Menschen*, Berlin 2001).
83 Ebd. Das Buchprojekt verwirklichte Foucault in deutlich veränderter Form erst später und zusammen mit Arlette Farge mit der Publikation einzig der

lettres de cachet (Arlette Farge, Michel Foucault, *Le Désordre des familles. Lettres de cachet des Archives de la Bastille au XVIIIe siècle*, Paris 1982).
84 Foucault, »La vie des hommes infâmes«, S. 311.
85 Ebd., S. 313.
86 Ebd., S. 312 (Übersetzung angepasst).
87 Ebd., S. 313 (Übersetzung angepasst).
88 Ebd., S. 314f.
89 Ebd., S. 317f. (Übersetzung angepasst).
90 Ebd., S. 314.
91 Carlo Ginzburg, *Il formaggio e i vermi. Il cosmo di un mugnaio del '500*, Torino 1976 (dt.: *Der Käse und die Würmer. Die Welt eines Müllers um 1600*, Frankfurt/M. 1983).
92 Ginzburg, *Der Käse und die Würmer*, S. 12f.
93 Ebd., S. 13.
94 Vgl. Carlo Ginzburg, »Mikro-Historie. Zwei oder drei Dinge, die ich von ihr weiß«, in: *Historische Anthropologie* 1 (1993), S. 169-192, hier S. 169, 174; vgl. Michel Foucault, *Microfisica del potere: Interventi politici*, hg. von Alessandro Fontana und Pasquale Pasqualino, Turin 1977, sowie ders., *Mikrophysik der Macht. Über Strafjustiz, Psychiatrie und Medizin*, Berlin 1976.
95 Vgl. Thomas Bécard, »›Apostrophes‹ en 1977, l'émission qui rendit André Glucksmann et BHL célèbres«, online unter ⟨https://www.telerama.fr/television/apostrophes-en-1977-l-emission-qui-rendit-andre-glucksmann-et-bhl-celebres,133946.php⟩, letzter Zugriff am 5.8.2020.
96 Vgl. André Glucksmann, *La cuisinière et le mangeur d'hommes. Essai sur l'Etat, le marxisme, les camps de concentration*, Paris 1975 (dt.: *Köchin und Menschenfresser. Über die Beziehung zwischen Staat, Marxismus und Konzentrationslager*, Berlin 1976); ders., *Les maîtres penseurs*, Paris 1977 (dt.: *Die Meisterdenker*, Reinbek 1978); Bernard-Henri Lévy, *La barbarie à visage humain*, Paris 1977 (dt.: *Die Barbarei mit menschlichem Gesicht*, Reinbek 1978).
97 Lévy, *Barbarei mit menschlichem Gesicht*, S. 57.
98 Vgl. die ausführliche Dokumentation auf ⟨http://www.bernard-henri-levy.com/la-barbarie-a-visage-humain-2-1145.html⟩, letzter Zugriff am 3.1.2021.
99 Gilles Deleuze, »Über die Neuen Philosophen und ein allgemeineres Problem«, in: *Minuit* 24 (1977) sowie gekürzt unter dem Titel »Gilles Deleuze contre les nouveaux philosophes«, in: *Le Monde*, 19./20.6.1977; wieder abgedruckt in: ders., *Schizophrenie und Gesellschaft. Texte und Gespräche von 1975 bis 1995*, Frankfurt/M. 2005, S. 133-140, Zitat S. 136.
100 Pierre de Boisdeffre, »La Revue Littéraire: Les nouveaux philosophes«, in: *La Nouvelle Revue des Deux Mondes*, August 1977, S. 410-418, Zitat S. 410.
101 Glucksmann, *Die Meisterdenker*, S. 281 u. S. 44.
102 Alain de Benoist, »Les ›nouveaux‹ philosophes«, in: *Item. Revue d'opinion libre*, Dezember 1977; wieder abgedruckt in: ders., *Les idées à l'endroit*, Paris 1979, S. 195-200, insb. S. 199f.

103 Glucksmann, *Meisterdenker*, S. 63f., 70, 72, 298, 117.
104 Glucksmann, *Köchin und Menschenfresser*, S. 26.
105 Glucksmann, *Meisterdenker*, S. 298.
106 Michel Foucault, »Der große Zorn über die Tatsachen«, in: ders., *Schriften III*, S. 364-370, Zitate S. 366, 370.
107 Foucault, »Mächte und Strategien«, S. 542.
108 Lester Bangs, »Of Pop and Pies and Fun«, erstmals erschienen 1970 in *Creem Magazine*, zitiert in: James Seidler, »Lester Bangs on Fun House«, online unter ⟨http://www.jamesseidler.com/lester-bangs-on-fun-house/⟩, letzter Zugriff am 3.6.2020.
109 Johan Kugelberg, »On Punk: An Aesthetic«, in: ders., Jon Savage (Hg.), *Punk. An Aesthetic*, New York 2012, S. 43-143, insb. S. 50.
110 Steven Blush, *New York Rock. From the Rise of the Velvet Underground to the Fall of CBGB*, New York 2016, S. 122; John Savage, »A Punk Aesthetic«, in: Kugelberg, Savage (Hg.), *Punk*, S. 146-149.
111 Vgl. dazu – und überhaupt zur populären Musikkultur der 1970er Jahre – Ernst Hofacker, *Die 70er. Der Sound eines Jahrzehnts*, Stuttgart 2020, S. 223-225.
112 »Ramones – CBGB, NYC (September 15th, 1974)«, online unter ⟨https://www.youtube.com/watch?v=IwsVWZ-c8E0⟩, letzter Zugriff am 5.12.2020.
113 Vgl. zum Begriff der »Punk-Explosion« und allgemein zur Frühgeschichte des Punk Philipp Meinert, Martin Seeliger (Hg.), *Punk in Deutschland. Sozial- und kulturwissenschaftliche Perspektiven*, Bielefeld 2013, S. 15-25; vgl. Savage, »A Punk Aesthetic«.
114 Vgl. z. B. Paul Ott, Hollow Skai (Hg.), *Wir waren Helden für einen Tag. Aus deutschsprachigen Punk-Fanzines, 1977-1981*, Reinbek 1983.
115 *Sideburns* 1 (1977), S. 2, in: Kugelberg, Savage (Hg.), *Punk* [Abbildungsteil], S. 162.
116 Vgl. dazu die fotografischen Dokumentationen in: Isabelle Anscombe, Dike Blair, *Not another Punk! Book*, London 1978. Siehe auch Pietro Mattioli, *1977*, Zürich 2005.
117 »Patti Smith live at CBGB's 1977«, online unter ⟨https://www.youtube.com/watch?v=bdrcT5dWjak⟩, letzter Zugriff am 20.1.2021.
118 The Clash, »1977«, *The Clash*, CBS Records 1977. (*To be on the dole* heißt: von Sozialhilfe leben.)
119 Jon Savage, *England's Dreaming. Anarchie, Sex Pistols, Punk Rock*, Berlin 2001, 214-216.
120 Vgl. Roger Sabin, »›I won't let that dago by‹. Rethinking Punk and Racism«, in: ders. (Hg.), *Punk Rock: So What? The Cultural Legacy of Punk*, London 1999, S. 199-218.
121 Vgl. zum Folgenden Savage, *England's Dreaming*; Kugelberg, Savage (Hg.), *Punk*; Thomas Hecken, »Punk«, in: ders., Marcus S. Kleiner (Hg.), *Handbuch Popkultur*, Stuttgart 2017, S. 72-77. Siehe außerdem die sehr ausführlichen und genau dokumentierten Artikel der englisch- und deutschsprachi-

gen *Wikipedia* zu »Sex Pistols«, »Malcom McLaren« und »Never Mind the Bollocks, Here's the Sex Pistols«.
122 Vgl. die Abbildung in Kugelberg, Savage (Hg.), *Punk* [Abbildungsteil] S. 198.
123 Sex Pistols, *God Save the Queen* [Single], Virgin Records 1977.
124 Vgl. Greil Marcus, *Im faschistischen Badezimmer. Punk unter Reagan, Thatcher und Kohl, 1977-1994*, Hamburg 1994, S. 13.
125 Vgl. dazu die detaillierten Nachweise auf der Datenbank ⟨https://www.discogs.com/de/Sex-Pistols-Never-Mind-The-Bollocks-Heres-The-Sex-Pistols/release/2712692⟩, letzter Zugriff am 25.4.2020.
126 »Punk-Rock«, in: *Pflasterstrand* 15 (1977), S. 12-13.
127 Vgl. Erich Keller, »Die Plastik-Revolution. 45 RPM«, in: *Geschichte der Gegenwart*, 2.12.2018, online unter ⟨https://geschichtedergegenwart.ch/die-plastik-revolution-45-rpm/⟩, letzter Zugriff am 17.11.2020.
128 Vgl. Simon Frith, »Music for Pleasure«, in: *Screen Education* 34 (1980), wieder abgedruckt unter dem Titel »Formalism, Realism and Leisure: The Case of Punk«, in: ders., *Taking Popular Music Seriously. Selected Essays*, Aldershot 2007, S. 65-76, insb. S. 69; Mark Sinker, »Concrete, So As to Self-Destruct. The Etiquette of Punk, its Habits, Rules, Values and Dilemmas«, in: Roger Sabin (Hg.), *Punk Rock: So What? The Cultural Legacy of Punk*, London 1999, S. 120-139; »Punk-Rock«, S. 13.
129 Vgl., Sinker, »Concrete, So As to Self-Destruct«, insb. S. 125; Robert Garnett, »Too Low to Be Low. Art Pop and the Sex Pistols«, in: Sabin (Hg.), *Punk Rock, So What?*, S. 17-30, insb. S. 25f.; Savage, »A Punk Aesthetic«, S. 149.
130 Vgl. dazu auch Thomas Hecken, *Pop. Geschichte eines Konzepts, 1955-2009*, Bielefeld 2009, S. 342-344.
131 Vgl. Lucy O'Brien, »The Woman Punk Made Me«, in: Sabin (Hg.), *Punk Rock: So What?*, S. 186-198.
132 Vgl. Cyrus Shahan, »The Sounds of Terror: Punk, Post-Punk and the RAF after 1977«, in: *Popular Music and Society* 34:3 (2011), S. 369-386, insb. S. 371.
133 Patti Smith, »Gloria«, *Horses*, Arista Records 1975.
134 »Vorwort«, in: *Künstlerinnen international 1877-1977*, herausgegeben von der Arbeitsgruppe Frauen in der Kunst, Berlin 1977, S. 1-4, Zitat S. 3.
135 Silvia Bovenschen, »Über die Frage: gibt es eine ›weibliche‹ Ästhetik?«, in: *Ästhetik und Kommunikation*, 25 (1976), S. 60-75.
136 Ebd., S. 71, 74.
137 »Vorwort«, S. 2.
138 Vgl. *Künstlerinnen international 1877-1977*, S. 316.
139 »Vorwort«, S. 2.
140 »Kunstkalender«, in: *Die Zeit*, 20.5.1977 – anlässlich der nächsten Station der Ausstellung in Frankfurt am Main (ohne Seitenzahl online auf zeit.de).
141 Barbara Duden, »Die hohe und die niedrige Jagd: Künstlerinnen international«, in: *Courage* 2:5 (1977), S. 47-49.

142 Sarah Haffner, »Ausschluß von Natascha Ungeheuer«, in: *Courage* 2:3 (1977), S. 8f., Zitat S. 8.
143 Vgl. dazu ausführlich Monika Kaiser, *Neubesetzungen des Kunst-Raumes. Feministische Kunstausstellungen und ihre Räume 1972-1987*, Bielefeld 2013, S. 138-160, sowie die Fotos Nr. 5.2.1. bis 5.2.17.
144 Vgl. den Google Books Ngram Viewer zum Stichwort »Feminismus« in seinen deutschen, englischen, französischen, italienischen und spanischen Sprachvarianten.
145 Vgl. Peggy Antrobus, *The Global Women's Movement. Origins, Issues and Strategies*, New York 2005, S. 28-66; Charlotte Bunch, »Opening Doors for Feminism. UN World Conferences on Women«, in: *Journal of Women's History* 24:4 (2012), S. 213-221; Martha Alter Chen, »Engendering World Conferences. The International Women's Movement and the United Nations«, in: *Third World Quaterly* 16:3 (1995), S. 477-493, insb. S. 478f.; Barbara Finke, *Legitimation globaler Politik durch NGOs. Frauenrechte, Deliberation und Öffentlichkeit in der UNO*, Wiesbaden 2005, S. 89-110.
146 Vgl. auch Valentine M. Moghadam, »Transnational Feminist Activism and Movement Building«, in: Rawwida Baksh, Wendy Harcourt (Hg.), *The Oxford Handbook of Transnational Feminist Movements*, New York 2015, S. 53-81, insb. S. 57f.
147 Dieser ideologische Gegensatz, der nicht zuletzt von den Konfliktlinien des Kalten Krieges formatiert wurde, findet sich bis heute in der Forschung. Vgl. zum Beispiel Chiara Bonfiglioli, »The First UN World Conference on Women (1975) as a Cold War Encounter: Recovering Anti-Imperialist, Non-Aligned and Socialist Genealogies«, in: *Filozofija i društvo* 27:3 (2016), S. 521-541.
148 Vgl. Antrobus, *The Global Women's Movement*, S. 44f.
149 Vgl. Jocelyn Olcott, »Cold War Conflicts and Cheap Cabaret. Sexual Politics at the 1975 United Nations International Women's Year Conference«, in: *Gender & History* 22:3 (2010), S. 733-754; vgl. dies., »Globalizing Sisterhood. International Women's Year and the Politics of Representation«, in: Niall Ferguson, Charles S. Maier (Hg.), *The Shock of the Global. The 1970s in Perspective*, Cambridge (Mass.) 2010, S. 281-293, siehe auch Bonfiglioli, »The First UN World Conference on Women«.
150 Vgl. aus der Fülle der Literatur zur Neuen Frauenbewegung allein schon in der Bundesrepublik und Westberlin u. a. Ute Gerhard, *Unerhört. Die Geschichte der deutschen Frauenbewegung*, Reinbek 1995; Kristina Schulz, *Der lange Atem der Provokation. Die Frauenbewegung in der Bundesrepublik und in Frankreich 1968-1976*, Frankfurt/M. 2002; Gisela Notz, »Die autonomen Frauenbewegungen der Siebzigerjahre. Entstehungsgeschichte – Organisationsformen – politische Konzepte«, in: *Archiv für Sozialgeschichte* 44 (2004), S. 123-148; sowie Ilse Lenz (Hg.), *Die Neue Frauenbewegung in Deutschland. Abschied vom kleinen Unterschied – eine Quellensammlung*, Wiesbaden ²2010.

151 Vgl. »Frauen-Presse: Kampf um *Emma*«, in: *Der Spiegel,* Nr. 49, 29.11.1976, S. 219-221; vgl. Gisela Notz, »Der ›gefährliche Einfluss‹ der Frauen-Blätter. Feministische Medienkultur in Deutschland«, in: Lea Susemichel u. a. (Hg.), *Feministische Medien. Öffentlichkeiten jenseits des Malestream,* Königstein i. Ts. 2008, S. 32-42; Astrid Deuber-Mankowsky (Hg.), *Feministische Zeitschriften. Tradierung und Geschichte,* Tübingen 2005.
152 Alice Schwarzer, »Editorial«, in: *EMMA* 1 (1977), S. 3.
153 Dörtie Soldi, »Mann, wir sind hier nicht auf dem Sozialamt«, in: *Courage* 2:1 (1977), S. 10-13, Zitate S. 10.
154 Schwarzer, »Editorial« (Heft 1), S. 3.
155 Alice Schwarzer, »Editorial«, in: *EMMA* 5 (1977), S. 3.
156 Schwarzer, »Editorial« (Heft 1), S. 3.
157 Marlis Gerhardt, »Wohin geht Nora? Auf der Suche nach der verlorenen Frau«, in: *Kursbuch* 47 (1977), S. 77-89.
158 Ebd., S. 81.
159 »Das Ewig Weibliche ist eine Lüge«, in: *Der Spiegel,* Nr. 15, 5.4.1976, S. 190-201, Zitat S. 201.
160 Zitiert in Lenz (Hg.), *Die Neue Frauenbewegung,* S. 103.
161 Vgl. Luce Irigaray, *Waren, Körper, Sprache. Der ver-rückte Diskurs der Frauen,* Berlin 1976, und dies., *Unbewußtes, Frauen, Psychoanalyse,* Berlin 1977.
162 Gerhardt, »Wohin geht Nora?«, S. 86, 89.
163 Vgl. dazu insbesondere die Dokumente in Lenz (Hg.), *Neue Frauenbewegung,* S. 51-68.
164 Vgl. Kate Millett, *Sexus und Herrschaft. Die Tyrannei des Mannes in unserer Gesellschaft,* München 1971, S. 49.
165 »Das Ewig Weibliche ist eine Lüge«, S. 191.
166 Vgl. Google Books Ngram Viewer zum Stichwort »Sexismus«.
167 Alice Schwarzer, in: *EMMA* 5 (1977), S. 6-8, Zitat S. 6.
168 *Clio* 7 (1977), S. 20; für den Hinweis danke ich Livia Merz (Zürich).
169 Kenneth Turan, »Shere Hite: Taking the Utopian View on Feminism's Potential«, in: *The Washington Post,* 2.6.1977, B1, S. 1-2.
170 Vgl. Shere Hite, *Hite-Report. Das sexuelle Erleben der Frau,* München 1977.
171 »Wir Frauen haben Grund zum Feiern. Ein Interview mit Shere Hite«, in: *Courage* 2:9 (1977), S. 42f., Zitat S. 43.
172 Vgl. *Clio. Eine periodische Zeitschrift,* September 1977; vgl. auch Leena Schmitter, »›Erlebte Solidarität‹. Die Frauengesundheitsbewegung der 1970er-Jahre als imaginierte transnationale Gemeinschaft‹, in: *Traverse* 23:2 (2016), S. 75-85.
173 Jutta Lauterbach u. a., »Es geht um unseren Körper als Ganzen: Eröffnung des Frauengesundheitszentrums«, in: *Courage* 2:11 (1977), S. 13-18, zitiert in: Lenz (Hg.), *Die Neue Frauenbewegung,* S. 121-126, Zitat S. 124.
174 Diana E. H. Russell, N. Van de Ven (Hg.), *Crimes Against Women. Proceedings of the International Tribunal,* Millbrae 1976; dies. (Hg.), *Crimini Contra le Donne. Atti del Tribunal Internazionale 4-8 Marzo,* Milano 1977;

dies. (Hg.), *Misdaden Tegen de Vrouw: Tribunal Brussel 1976*, Amsterdam 1977.
175 Russell, »Introduction«, in: Russell, Van de Ven (Hg.), *Crimes Against Women* S. XV.
176 Ebd.
177 Sarah Haffner, »Die Angst ist unser schlimmster Feind«, in: *Courage* 2:4 (1977), S. 5.
178 Erin Pizzey, *Schrei leise. Mißhandlungen in der Familie*, Köln 1976 (Orig.: *Scream Quietly or the Neighbours Will Hear*, London 1974).
179 Alice Schwarzer, »Ein Tag im Haus für geschlagene Frauen«, in: *EMMA* 2 (1977), S. 6-12, Zitat S. 6.
180 Pauline Caravello, »Klitoris-Beschneidung«, in: *EMMA* 2 (1977), S. 52f., Zitat S. 52.
181 Zitiert in: Hansjakob Stehle, »Nicht Verführung, sondern Treibjagd. Der Fall Claudia Caputi«, in: *Die Zeit*, 6.5.1977 (ohne Seitenzahl online auf zeit.de); Vgl. auch Renate Chotjewitz-Häfner, *Feminismus ist kein Pazifismus. Dokumente aus der italienischen Frauenbewegung*, Frankfurt/M. 1977.
182 Der Vortrag wurde auf Französisch publiziert: Jalna Hanmer, »Violence et contrôle social des femmes«, in: *Nouvelles Questions Feministes* 1 (1977), S. 68-88, Zitate S. 68, 72, 74, 82.
183 Haffner, »Die Angst ist unser schlimmster Feind«, S. 5; Annie Cohen, »Kriegszustand«, in: *EMMA* 6 (1977), S. 23; vgl. Annie Cohen, »Le port d'armes automatiques pour nous défendre et pour vivre«, in: *Libération*, 26./27.6.1977; Pauline Delage, *Violences conjugales. Du combat féministe à la cause publique*, Paris 2017.
184 »Walpurgisnacht«, in: *Pflasterstrand* 9 (1977), S. 13.
185 Smith, »Gloria«.

4. Die Reise zu sich selbst

1 Anaïs Nin, *Die Tagebücher der Anaïs Nin, 1931-1974*, Bd. 1: *1931-1934*, München 1979, S. 80f. (die ab 1968 im Christian Wegner Verlag publizierte deutsche Erstausgabe der *Tagebücher* stand mir nicht zur Verfügung).
2 Katharina Rutschky, »Träumt sie oder wacht sie?«, *Die Zeit*, 15.4.1994 (ohne Seitenzahl online auf zeit.de).
3 Vgl. Nin, *Tagebücher 1931-1934*, S. 161.
4 Anaïs Nin, *Die Tagebücher der Anaïs Nin, 1931-1974*, Bd. 2: *1934-1939*, München 1979, S. 91, 96.
5 Nin, *Tagebücher 1931-1934*, S. 15.
6 Ebd., S. 74.
7 Anaïs Nin, *Henry, June und ich. Intimes Tagebuch*, Bern 1987, S. 190.
8 Ebd., S. 258.
9 Nin, *Tagebücher 1931-1934*, S. 69.

10 Nin, *Henry, June und ich*, S. 81.
11 Ebd., S. 183.
12 Nin, *Tagebücher 1934-1939*, S. 224.
13 Nin, *Henry, June und ich*, S. 92, 122f.
14 Ebd., S. 92, 217.
15 Zitiert in: Deirdre Bair, *Anaïs Nin. Eine Biographie*, München 1998, S. 171.
16 Nin, *Tagebücher 1931-1934*, S. 127.
17 Nin, *Tagebücher 1934-1939*, S. 204.
18 Nin, *Henry, June und ich*, S. 124f., 155.
19 Nin, *Tagebücher 1931-1934*, S. 229.
20 Zitiert in Bair, *Anaïs Nin*, S. 181; vgl. Nin, *Tagebücher 1931-1934*, S. 251.
21 Nin, *Tagebücher 1931-1934*, S. 293, 309; dies., *Tagebücher 1934-1939*, S. 207, 224.
22 Anaïs Nin, *Fire. From a Journal of Love. The Unexpurgated Diary of Anaïs Nin, 1934-1937*, New York 1995, S. 96.
23 Ebd., S. 198, 214f.
24 Nin, *Tagebücher 1931-1934*, S. 306.
25 Vgl. Bair, *Anaïs Nin*, S. 368-370.
26 Ebd., S. 479.
27 Anaïs Nin, *Delta of Venus. Erotica*, New York 1977.
28 Anaïs Nin, »Note on Feminism«, in: *The Massachusetts Review* 13:1-2 (1972), S. 25-28.
29 Alice Walker, »Anaïs Nin, 1903-1977«, in: *Ms.* 5:10 (1977), S. 46.
30 C. Gerald Fraser, »Anaïs Nin, Author Whose Diaries Depicted Intellectual Life, Dead«, in: *The New York Times*, 16.1.1977, S. 28; Martin Weil, »Anais Nin, Author, Diarist, Dies at 73«, in: *The Washington Post*, 16.1.1977 (ohne Seitenzahl online auf washingtonpost.com).
31 Bernward Vesper, *Die Reise*, Frankfurt/M. 1977.
32 Vgl. dazu ausführlich Gerd Koenen: *Vesper, Ensslin, Baader. Urszenen des deutschen Terrorismus*, Köln 2003.
33 »B.V. an März Verlag, 23.8.1969«, in: Bernward Vesper, *Die Reise. Romanessay* (Ausgabe letzter Hand), Frankfurt/M. 1981, S. 603f. Ich zitiere im Folgenden aus dieser Ausgabe.
34 Peter Mosler, »Bericht über eine verlorene Generation oder: Reise ohne Ankunft. Bernward Vespers Roman«, in: *Frankfurter Allgemeine Zeitung*, 11.10.1977, zitiert in: Christian Sieg: *Die »engagierte Literatur« und die Religion. Politische Autorschaft im literarischen Feld zwischen 1945 und 1990*, Berlin, Boston 2017, S. 454.
35 Vesper, *Die Reise*, S. 37.
36 Jörg Drews, »Selbsterfahrung und Neue Subjektivität in der Lyrik«, in: *Akzente* 1 (1977), S. 89-95.
37 Heinrich Böll, »Wohin die Reise gehen kann«, in: *konkret* 1 (1978) (erschienen am 22.12.1977), S. 34.
38 Vesper, *Die Reise*, S. 45.

39 Wilhelm Reich, *Die sexuelle Revolution. Zur charakterlichen Selbststeuerung des Menschen*, Frankfurt/M. 73.-80. Tsd. 1977.
40 Vgl. Maik Tändler, »›Psychoboom‹. Therapeutisierungsprozesse in Westdeutschland in den späten 1960er und 1970er Jahren«, in: Sabine Maasen u. a. (Hg.), *Das beratene Selbst. Zur Genealogie der Therapeutisierung in den ›langen‹ Siebzigern*, Bielefeld 2011, S. 59-94, insb. S. 72-77.
41 Horst-Eberhard Richter, *Die Gruppe. Hoffnung auf einen Weg, sich selbst und andere zu befreien*, Reinbek 1972, S. 28 f.
42 Vesper, *Die Reise*, S. 45.
43 Verena Stefan, *Häutungen*, München 1975, S. 124.
44 Drews, »Selbsterfahrung und Neue Subjektivität«, S. 91.
45 Serge Doubrovsky, *Fils*, Paris 1977, Klappentext.
46 Vesper, *Die Reise*, S. 107 (im Original alles kursiv).
47 Vgl. dazu allg. Russell Duncan, »The Summer of Love and Protest. Transatlantic Counterculture in the 1960s«, in: Grzegorz Kość u. a. (Hg.), *The Transatlantic Sixties. Europe and the United States in the Counterculture Decade*, Bielefeld 2013, S. 144-173; Jakob Tanner, »›The Times They Are A-Changin‹. Zur subkulturellen Dynamik der 68er Bewegungen«, in: Ingrid Gilcher-Holtey (Hg.), *1968 – vom Ereignis zum Mythos*, Frankfurt/M. 2008, S. 275-296.
48 Vgl. Florian Schleking, »Drogen, Selbst, Gefühl. Psychedelischer Drogenkonsum in der Bundesrepublik Deutschland um 1970«, in: Pascal Eitler, Jens Elberfeld (Hg.), *Zeitgeschichte des Selbst. Therapeutisierung, Politisierung, Emotionalisierung*, Bielefeld 2015, S. 293-326, Zitate S. 296, 321; vgl. auch die frühe kulturgeschichtliche und ethnographische Studie von Rudolf Gelpke, *Vom Rausch im Orient und Okzident*, Stuttgart 1966.
49 Timothy Leary, zitiert in: Schleking, »Drogen, Selbst, Gefühl«, S. 299 sowie S. 301, 303; vgl. ders., *The Politics of Ecstasy*, London 1970, S. 281-284 (Originalausgabe Boston 1966), vgl. auch ders., Ralph Metzner, Richard Alpert, *Psychedelische Erfahrungen. Ein Handbuch nach Weisungen des Tibetanischen Totenbuches*, Weilheim 1970.
50 »Bärglütli-Manifest«, 1972, zitiert in: Stefan Bittner, »Die romantische Wende nach 1968. Das Beispiel der Schweizer Aussteiger-Gruppierung Bärglütli«, in: Janick Marina Schaufelbuehl (Hg.), *1968-1978, ein bewegtes Jahrzehnt in der Schweiz/1968-1978, une décennie mouvementée en Suisse*, Zürich 2009, S. 237-247, Zitate S. 237 f.; vgl. Leary u. a., *Psychedelische Erfahrungen*.
51 Vgl. Jeannie Moser, »Das experimentalisierte Selbst und seine Schreibweisen«, in: Robert Feustel, Henning Schmidt-Semisch, Ulrich Bröckling (Hg.), *Handbuch Drogen in sozial- und kulturwissenschaftlicher Perspektive*, Wiesbaden 2019, S. 353-366.
52 Anaïs Nin: *Die Tagebücher der Anaïs Nin, 1931-1974*, Bd. 5: *1947-1955*, München 1978, S. 364-373; vgl. Moser, »Das experimentalisierte Selbst und seine Schreibweisen«, S. 359.
53 Das erste Briefzitat findet sich in der »Chronologie« von Foucaults Leben,

in: ders., *Schriften. Dits et Écrits, Band I: 1954-1969*, hg. von Daniel Defert und François Ewald unter Mitarbeit von Jacques Lagrange Frankfurt/M. 2001, S. 73; die Briefe an den Historiker Simenon Wade, der mit Foucault im Death Valley war, in denen Foucault die Bemerkung über die »wichtigste Erfahrung« machte, sind nicht ediert, die Stelle wird aber zitiert in Heather Dundas, »Foreword«, in: Simeon Wade, *Foucault in California [A True Story – Wherein the Great French Philosopher Drops Acid in the Valley of Death]*, Berkeley 2019, S. vii-xviii, Zitat S. xvi (Brief vom 14. Mai 1975).

54 Vgl. Schlecking, »Drogen, Selbst, Gefühl«, S. 303-31, vgl. auch Magaly Tornay, »Wechselwirkungen und Grenzziehungen zwischen halluzinogenen Drogen und psychoaktiven Medikamenten in der Nachkriegszeit«, in: Feustel u. a. (Hg.), *Handbuch Drogen*, S. 93-104.

55 Vgl. dazu auch Fred Turner, *From Counterculture to Cybercultre. Stewart Brand, the Whole Earth Network, and the Rise of Digital Utopianism*, Chicago, London 2006, S. 118-128.

56 »Heroin-Welle: Mord auf Raten«, in: *Der Spiegel*, Nr. 23, 30.5.1977, S. 184.

57 The Velvet Underground, »Heroin«, *The Velvet Underground & Nico*, Verve 1967.

58 Michael de Ridder, *Heroin. Vom Arzneimittel zur Droge*, Frankfurt/M. 2000, insb. S. 166-179.

59 Moser, »Das experimentalisierte Selbst und seine Schreibweisen«, S. 360.

60 Robert Maurin, *Die Techniken des Glücks. Autogenes Training, Biofeedback, Yoga, Gruppendynamik, Psychodrama, Wachtraum, Meditation, Zen*, München 1977, S. 43 (Orig.: *Les techniques du bonheure*, Paris 1976).

61 George R. Bach, Haja Molter, *Psychoboom. Wege und Abwege moderner Psychotherapie*, Düsseldorf 1976; Alexander Hesse, Stefan Senne, *Genealogie der Selbstführung*, Bielefeld 2019, S. 286.

62 Fritjof Capra, *Der kosmische Reigen. Physik und östliche Mystik, ein zeitgemäßes Weltbild*, München 1977, S. 7 (Orig.: *The Tao of Physics*, London 1975).

63 Leary, *The Politics of Ecstasy*, S. 278 f. (meine Übersetzung, phs).

64 Capra, *Der kosmische Reigen*, S. 8, 306.

65 Ebd., S. 303-307; vgl. Christoph Bochinger, *New Age und moderne Religion. Religionswissenschaftliche Analysen*, Gütersloh ²1995, S. 421-467.

66 V. N. Mansfield, »Rez. zu ›The ›Tao of Physics‹«, in: *Physics Today* 29 (1976), S. 56.

67 Karen De Witt, »A Physicist's ›Tao‹«, in: *The Washington Post*, 9.7.1977 (ohne Seitenzahl online auf washingtonpost.com).

68 Capra, *Der kosmische Reigen*, S. 301.

69 Vgl. dazu auch Bochinger, *New Age*, S. 430 f.

70 Vgl. als Überblick Nicholas Campion, *The New Age in the Modern West. Counterculture, Utopia and Prophecy from the Late Eighteenth Century to the Present Day*, London 2016, S. 71-120; Bochinger, »New Age und moder-

ne Religionen«, S. 105-137; Paul Heelas, *The New Age Movement. The Celebration of the Self and the Sacralization of Modernity*, Malden ⁶2005; Olaf Hammer, »The New Age«, in: Glenn Alexander Magee (Hg.), *The Cambridge Handbook of Western Mysticism and Esotericism*, New York 2016, S. 344-355; Pascal Eitler, »›Alternative‹ Religion. Subjektivierungspraktiken und Politisierungsstrategien im ›New Age‹ (Westdeutschland 1970-1990)«, in: Sven Reichardt, Detlef Siegfried (Hg.), *Das alternative Milieu. Antibürgerlicher Lebensstil und linke Politik in der Bundesrepublik Deutschland und Europa 1968-1983*, Göttingen 2010, S. 335-352.

71 David Spangler, *New Age. Die Geburt eines neuen Zeitalters*, Frankfurt/M. 1978, S. 30f. (Orig.: *Revelation. The Birth of a New Age*, Forres 1976).

72 Roy Wallis, *Salvation and Protest. Studies of Social and Religious Movements*, London 1979, S. 45.

73 Spangler, *New Age*, S. 32.

74 George Trevelyan, *A Vision of the Aquarian Age. The Emerging Spiritual World View*, 1977, online unter ⟨https://www.sirgeorgetrevelyan.org.uk/Vision.html⟩, letzter Zugriff am 23.6.2020.

75 Lama Anagarika Govinda, *Schöpferische Meditation und multidimensionales Bewußtsein*, Freiburg i. Br. 1977, S. 139.

76 Inge von Wedemeyer, *Der Pfad der Meditation im Spiegel einer universalen Kunst*, Freiburg i. Br. 1977, S. 35, 71.

77 Philip S. Rawson, *Tantra. Der indische Kult der Ekstase*, München 1974 (Orig.: *Tantra. The Indian Cult of Ecstasy*, London 1973).

78 Vgl. Hans-Peter Hasenfratz, »New Age-Religion im Zeichen des Wassermanns«, in: *Saeculum* 39 (1988), S. 369-380, insb. S. 373.

79 William I. Thompson, *Am Tor der Zukunft – Raumzeitpassagen. Eine Studie über die neue planetare Kultur*, Freiburg i. Br. 1975, S. 14, 143 (Orig.: *At the Edge of History. Speculations on the Transformation of Culture* (New York 1971).

80 George Lucas, *Star Wars*, »Episode IV: A New Hope«, Drehbuch, überarbeitete vierte Fassung vom 15.1.1976, *The Internet Movie Script Database*, online unter ⟨https://www.imsdb.com/Movie+Scripts/Star+Wars:+A+New+Hope+Script.html⟩, letzter Zugriff am 4.10.2020. Der Film kam 1977 unter dem Titel *Krieg der Sterne* in die deutschsprachigen Kinos.

81 Vgl. David Spangler, *Links With Space*, Forres 1976; Erich von Däniken, *Besucher aus dem Kosmos. Das große Jubiläumsbuch mit illustrierten Auszügen aus Erinnerungen an die Zukunft, Zurück zu den Sternen, Aussaat und Kosmos*, Düsseldorf 1975; Adolf Geigenthaler, *UFOs, außerirdische Weltraumschiffe, existieren wirklich. Fach- und Lehrbuch der Ufologie mit Einführung in Grundlagen der Superphysik und Esoterik*, Wiesbaden ²1977.

82 Vgl. Bryan Sentes, Susan J. Palmer, »Presumed Immanent. The Raëlians, UFO Religions, and the Postmodern Condition«, in: *Nova Religio: The Journal of Alternative and Emergent Religions* 4:1 (2000), S. 86-104.

83 Paul Feyerabend, *Against Method. Outline of an Anarchistic Theory of Know-*

ledge, London 1975; ich zitiere im Folgenden aus der vom Autor revidierten und erweiterten deutschen Fassung *Wider den Methodenzwang. Skizze einer anarchistischen Erkenntnistheorie*, Frankfurt/M. 1976 (7.-10. Tsd. 1977).
84 Ebd., S. 45, 79, 82, 264.
85 Cris Popenoe, *Books for Inner Development*, Washington, D. C., 1976.
86 Ebd., Umschlagrückseite; vgl. Hammer, »The New Age«, S. 346f.
87 Gerta Ital, *Meditationen aus dem Geist des Zen. Die große Umwandlung zur Selbstbefreiung*, Olten, Freiburg i. Br. 1977.
88 Johannes F. Boeckel, *Meditationspraxis. Techniken und Methoden*, München 1977, S. 10, 17; Otto Haendler, *Meditation als Lebenspraxis*, Göttingen 1977, S. 19.
89 Vgl. Campion, *The New Age in the Modern West*, S. 125.
90 Pascal Eitler, »Körper – Kosmos – Kybernetik. Transformationen der Religion im ›New Age‹ (Westdeutschland 1970-1990)«, in: *Zeithistorische Forschungen/Studies in Contemporary History* 4 (2007), S. 116-136. Zum »Weg nach innen« siehe Govinda, *Schöpferische Meditation*, S. 130.
91 Roman Bleistein, *Türen nach innen. Wege zur Meditation. Große Ausgabe mit Geschichte, Hintergrund, Dokumenten und vielen Vorschlägen für die Praxis*, München 1977, S. 11, 182-196.
92 Ital, *Meditationen aus dem Geist des Zen*, S. 96-99, 103; von Wedemeyer, *Der Pfad der Meditation*, S. 36-38; Govinda, *Schöpferische Meditation*, S. 140; Boeckel, *Meditationspraxis*, S. 64-67.
93 Eitler, »Körper – Kosmos – Kybernetik«, S. 122-124; vgl. ders., »›Selbstheilung‹. Zur Somatisierung und Sakralisierung von Selbstverhältnissen im New Age (Westdeutschland 1970-1990)«, in: Maasen u. a. (Hg.), *Das beratene Selbst*, S. 161-182
94 Vgl. Chögyam Trungpa, *Aktive Meditation*, Frankfurt/M. 1977, S. 78 (Orig.: *Meditation in Action*, London 1976); zu Trungpas einigermaßen skandalösem Wirken in den USA siehe Hugh B. Urban, »The Cult of Ecstasy. Tantrism, the New Age, and the Spiritual Logic of Late Capitalism«, in: *History of Religions* 39:3 (2000), S. 268-304, S. 281-286.
95 Lawrence LeShan, *Meditation als Lebenshilfe*, Rüschlikon – Zürich u. a. 1977, S. 42 (Orig.: *How to Meditate*, Boston, Toronto 1974); Trungpa, *Aktive Meditation*, Verlagsankündigung »Über dieses Buch«; Govinda, *Schöpferische Meditation*, S. 44.
96 Haendler, *Meditation als Lebenspraxis*, S. 17, 33, 58; Kamala Devi, *Tantra Sex. Die modernen Liebestechniken des Ostens*, München 1978, S. 42 (Orig.: *The Eastern Way of Love. Tantric Sex and Erotic Mysticism*, New York 1977); Bernhard Müller-Elmau, *Kräfte aus der Stille. Transzendentale Meditation*, Düsseldorf, Wien 1977, S. 37. Vgl. auch Torkom Saraydarian, *Innenschau. Ein Handbuch der praktischen Meditation*, Freiburg i. Br. 1977, Klappentext; Philip S. Rawson, *Tantra. Der indische Kult der Ekstase*, München 1974, S. 8 (Orig.: *Tantra. The Indian Cult of Ecstasy*, London 1973).
97 Michel Foucault, *Der Wille zum Wissen. Sexualität und Wahrheit 1*, Frank-

furt/M. 1977, S. 184-185 (Orig.: *Histoire de la sexualité*, Bd. 1: *La volonté de savoir*, Paris 1976).
98 Ebd., S. 74f.
99 Michel Foucault, »Nein zum König Sex«, in: ders., *Schriften. Dits et Ecrits, Band III: 1976-1979*, hg. von Daniel Defert und François Ewald unter Mitarbeit von Jacques Lagrange, Frankfurt/M. 2003, S. 336-353, Zitat S. 344.
100 Vgl. Foucault, »Macht und Wissen«, in: *Schriften III*, S. 515-534, hier S. 528; vgl. dann – posthum – Michel Foucault, *Die Geständnisse des Fleisches. Sexualität und Wahrheit 4*, Berlin 2019 (Orig.: *Histoire de la sexualité*, Bd. 4: *Les aveux de la chair*, Paris 2018).
101 Vgl. Uta Liebmann Schaub, »Foucault's Oriental Subtext«, in: *PMLA* 104:3 (1989), S. 306-316.
102 Foucault, »Macht und Wissen«, S. 530f.
103 Hugh B. Urban, *Zorba the Buddha. Sex, Spirituality, and Capitalism in the Global Osho Movement*, Oakland 2015, S. 5f.
104 Amanda Lucia, »Innovative Gurus: Tradition and Change in Contemporary Hinduism«, in: *International Journal of Hindu Studies* 18:2 (2014), S. 221-263, Zitate S. 221f., 234-236, 242f.; vgl. auch: Amartya Sen, »Indian Traditions and the Western Imagination«, in: *Deadalus* 126:2 (1997), S. 1-26, insb. S. 14-16; außerdem die Beiträge in: Thomas A. Forsthoefel, Cynthia Ann Humes (Hg.), *Gurus in America*, Albany 2005.
105 Vgl. *Malnak v. Yogi*, 440 F. Supp. 1284 (D.N.J. 1977; online unter ⟨https://law.justia.com/cases/federal/district-courts/FSupp/440/1284/1817490/⟩, letzter Zugriff am 20.1.2021).
106 Bach, Molter, *Psychoboom*, S. 176; vgl. Philip Goldberg, *American Veda. From Emerson and The Beatles to Yoga and Meditation. How Indian Spirituality Changed the West*, New York 2010, S. 151-175; Reinhart Hummel, »Über vierzig Jahre transzendentale Meditation«, in: Michael Bergunder (Hg.), *Westliche Formen des Hinduismus in Deutschland. Eine Übersicht*, Halle 2006, S. 107-120.
107 Acharya Rajneesh, *The Mind of Acharya Rajneesh*, hg. von Shireen Jamall, Bombay 1974, zitiert nach: Urban, *Zorba the Buddha*, S. 56f.
108 Vgl. Susan J. Palmer, »Charisma and Abdication: A Study of the Leadership of Bhagwan Shree Rajneesh«, in: *Sociological Analysis* 49:2 (1988), S. 119-135, insb. S. 125.
109 Vgl. dazu das Filmmaterial in der ersten Folge der Netflix-Dokumentarserie *Wild, Wild Country* (2018).
110 Vgl. Susan J. Palmer, »Women's ›Cocoon Work‹ in New Religious Movements: Sexual Experimentation and Feminine Rites of Passage«, in: *Journal for the Scientific Study of Religion* 32:4 (1993), S. 343-355, insb. S. 348; Urban, »The Cult of Ecstasy«, S. 287; ders., *Zorba the Buddha*, S. 70.
111 Zitiert in Urban, *Zorba the Buddha*, S. 63-65, Zitat S. 64f.; vgl. Palmer, »Charisma and Abdication«, S. 125.
112 Vgl. Linda Sargent Wood, »Contact, Encounter, and Exchange at Esalen: A

Window onto Late Twentieth-Century American Spirituality«, in: *Pacific Historical Review* 77:3 (2008), S. 453-487; Diane Johnson, »Sex, Drugs and Hot Tubs«, in *The New York Times*, 30. 4. 2007 (ohne Seitenzahl online auf nytimes.com), sowie das – unübersichtliche – Buch von Jeffrey J. Kripal, *Esalen. America and the Religion of No Religion*, Chicago, London 2007.
113 Zitiert in: Urban, *Zorba the Buddha*, S. 85.
114 William C. Schutz, *Encounter*, Hamburg 1977, S. 71f.
115 Vgl. Urban, *Zorba the Buddha*, S. 96-99; vgl. auch Maik Tändler, *Das therapeutische Jahrzehnt. Der Psychoboom in den siebziger Jahren*, Göttingen 2016, S. 349f.
116 Bhagwan Shree Rajneesh, *The Art of Dying*, Poona 1978 (»These talks were given by Bhagwan Shree Rajneesh from 11th to 20th October, 1976 at his Ashram in Poona, India«), S. 28-33.
117 Bhagwan Shree Rajneesh, *The Art of Ecstasy*, hg. von Ma Satya Bharti, New York 1976, S. 26; vgl. ders., *Meditationstechniken. Eine Auswahl von Übungen und Vorträgen*, Margarethenried 1977.
118 Vgl. Urban, *Zorba the Buddha*, S. 65-68.
119 Urban, »The Cult of Ecstasy«, S. 290.
120 Vgl. Urban, *Zorba the Buddha*, S. 78f., 85-90.
121 Bhagwan Shree Rajneesh, *Sex und Tantra. Vorträge, Gespräche, Briefe, Meditationen*, Margarethenried 1977, S. 66f., 70.
122 Bhagwan Shree Rajneesh, *Tantra. The Supreme Understanding*, Poona 1974, S. 100, zitiert in: Urban, »The Cult of Ecstasy«, S. 290.
123 Rajneesh, *The Art of Dying*, S. 28f.; vgl. Urban, »The Cult of Ecstasy«, S. 288f.; ders., *Zorba the Buddha*, S. 65-70.
124 Rajneesh, *Sex und Tantra*, Anhang; vgl. ders., *Tantra, Spirituality & Sex*, Poona 1977.
125 Vgl. dazu ausführlich Maik Tändler, »Therapeutische Vergemeinschaftung. Demokratisierung, Emanzipation und Emotionalisierung in der ›Gruppe‹, 1963-1976«, in: ders., Uffa Jensen (Hg.), *Das Selbst zwischen Anpassung und Befreiung. Psychowissen und Politik im 20. Jahrhundert*, Göttingen 2012, S. 141-167; vgl. Bach, Molter, *Psychoboom*, S. 50-55.
126 Vgl. Abraham H. Maslow, *Psychologie des Seins – ein Entwurf*, München 1973, zitiert in: Bach, Molter, *Psychoboom*, S. 28-31; vgl. ders. *Motivation und Persönlichkeit*, Olten 1977, S. 7-9. (Orig.: *Motivation and Personality*, New York 1954; überarbeitete Neuausgabe 1970).
127 Maslow, *Motivation und Persönlichkeit*, S. 233f.
128 Ebd., S. 7-9.
129 Cäsar Schwieger, *Bio-Energetik-Praxis. Bioenergetische Übungen (nach Alexander Lowen), Sufi-Gymnastik, Dynamische Meditation*, Frankfurt/M. 1977, S.1.
130 Alexander Lowen, *Bio-Energetik. Der Körper als Retter der Seele. Wie man die menschlichen Energien steigern und gegensätzlich wirkende Lebenskräfte miteinander in Einklang bringen kann*, Bern, München 1977, S. 53; Reich, *Die sexuelle Revolution*, S. 15 (»Vorwort zur dritten Auflage« [1944]).

131 Carl R. Rogers, *Encounter-Gruppen. Das Erlebnis der menschlichen Begegnung*, München 1974, S. 59 (Orig.: *Encounter-Groups*, New York 1970).
132 Schutz, *Encounter*, S. 25, 34.
133 Elizabeth De Michelis, *A History of Modern Yoga. Patañjali and Western Esotericism*, London 2005, S. 184-186; Petruska Clarkson, Jennifer Mackewn, *Fritz Perls*, London 1993, S. 18, 24-26; Duane P. Schultz, *Growth Psychology. Models of the Healthy Personality*, New York, London 1977.
134 Bach, Molter, *Psychoboom*, S. 63.
135 Vgl. Jessica Grogan, *Encountering America. Humanistic Psychology, Sixties Culture and the Shaping of the Modern Self*, New York 2013; zum westlichen Yoga-Boom siehe De Michelis, *A History of Modern Yoga*.
136 Diese Ausweitung vertrat Abraham H. Maslow im Aufsatz »Theory Z«, in: ders., *The Farther Reaches of Human Nature*, New York 1972, S. 280-295, sowie ders., »Various Meanings of Transcendence«, in: ebd., S. 269-279; vgl. Bach, Molter, *Psychoboom*, S. 36-39.
137 Vgl. Detlef Diederichsen, »Goldrausch in Kalifornien«, in: Philipp Oehmke und Johannes Waechter (Hg.), *1977. Ein Jahr und seine Songs*, München 2005, S. 7-15.
138 Jerry Rubin, *Growing (Up) at Thirty-Seven*, Lanham 1976, S. 20; vgl. ders. *Do it! Scenarios of the Revolution*, New York 1970 (dt.: *Do it! Scenarios für die Revolution*, Reinbek 1971).
139 Swami Janakananda Saraswati, *Yoga, Tantra & Meditation*, New York 1976, S. 5; vgl. auch Mercè Mur Effing, »The Origin and Development of Self-help Literature in the United States: The Concept of Success and Happiness, an Overview«, in: *Atlantis* 31:2 (2009), S. 125-141, insb. S. 135-138.
140 Frederick S. Perls, *Grundlagen der Gestalt-Therapie. Einführung und Sitzungsprotokolle*, München 1976; Arthur Janov, *Der Urschrei. Ein neuer Weg der Psychotherapie*, Frankfurt/M. 1973; Thomas A. Harris, *Ich bin o.k. Du bist o.k. Eine Einführung in die Transaktionsanalyse*, Reinbek 1973; Daniel Casriel, *Die Wiederentdeckung des Gefühls. Schreitherapie und Gruppendynamik*, München 1972.
141 Anne Kent Rush, *Getting clear. Ein Therapie-Handbuch für Frauen*, München 1977.
142 Anne Ancelin Schützenberger, *Le Corps et le Groupe. Les nouvelles therapies de groupe de la Gestalt à la Bio-Energie, aux groupes de rencontre et à la méditation*, Toulouse 1977, Zitat aus dem Klappentext.
143 Vgl. Sven Reichardt, *Authentizität und Gemeinschaft. Linksalternatives Leben in den siebziger und frühen achtziger Jahren*, Berlin 2014, S. 782-806; Tändler, *Das therapeutische Jahrzehnt*, S. 331-349; Ilse Lenz (Hg.), *Die Neue Frauenbewegung in Deutschland. Abschied vom kleinen Unterschied – eine Quellensammlung*, Wiesbaden ²2010, S. 105.
144 Jerry Rubin, »Wohin, Mr. America? Interview mit Jerry Rubin«, in: *Autonomie* 6 (1977), S. 55-67, Zitat S. 58.

145 Helmut Enke, »›Die Psychologisierung der Gesellschaft ist nicht aufzuhalten‹ (Interview)«, in: *psychologie heute* 3:11 (1976), S. 13-19.
146 Johann August Schülein, »Das neue Interesse an der Subjektivität«, in: *Leviathan* 4 (1976), S. 53-78, zitiert in: Tändler, »›Psychoboom‹«, S. 61.
147 Bach, Molter, *Psychoboom*, S. 51; vgl. Tändler, »›Psychoboom‹«, S. 68-72; vgl. ebenso Grogan, *Encountering America*, S. 275f.
148 Maslow, *Motivation und Persönlichkeit*, S. 240.
149 Otto Muehl, *Weg aus dem Sumpf*, Nürnberg 1977, S. 179; vgl. als Überblick Reichardt, *Authentizität und Gemeinschaft*, S. 686-698.
150 Vgl. Robert Fleck, *Die Mühl-Kommune – freie Sexualität und Aktionismus. Geschichte eines Experiments*, Köln 2003, S. 80.
151 Vgl. *Das AA-Modell Band 1: AAO, Aktions-Analytische Organisation bewußter Lebenspraxis*, Neusiedl/See 1976.
152 Vgl. Otto Muehl, »Die AA-Parabel« (Grafik), 1976, online unter ⟨http://www.artnet.de/k%C3%BCnstler/otto-muehl/aa-parabel-L-CryMQnG3KC6jHxFJCTcA2⟩, letzter Zugriff am 27.11.2020.
153 »Die Kinder des Väterchen Frust. SPIEGEL-Reporter Fritz Rumler über die ›AA‹-Kommune des Otto Mühl«, in: *Der Spiegel*, Nr. 20, 9.5.1977, S. 225-229; vgl. Andreas Schlothauer, *Die Herrschaft der freien Sexualität. AAO, Mühl-Kommune, Friedrichshof*, Wien 1992, insb. S. 51-63; Donatien Alphonse François Marquis de Sade, *Die Philosophie im Boudoir*, München 1972.
154 Sheldon B. Kopp, *Triffst du Buddha unterwegs ... Psychotherapie und Selbsterfahrung*, Düsseldorf, Köln 1976, S. 157.
155 Ebd., S. 22, 158.
156 Ebd., S. 23; vgl. Maslow, *Motivation und Persönlichkeit*, S. 246-262.
157 Kopp, *Triffst du Buddha unterwegs*, S. 163f., 177.
158 Rogers, *Encounter-Gruppen*, S. 58; die Zitate von Rogers zur »Entfremdung« sind entnommen: Tändler, »Therapeutische Vergemeinschaftung«, S. 162.
159 Schutz, *Encounter*, S. 24-27, 95.
160 Henry Miller, »Interview«, in: *Los Angeles Times*, 23.1.1972, zitiert in: Schutz, *Encounter*, S. 25.
161 Tom Wolfe, »The ›Me‹ Decade and the Third Great Awakening«, in: *New York*, 23.8.1976 (ohne Seitenzahl online auf nymag.com).
162 Vgl. die deutsche Ausgabe: Otto F. Kernberg, *Borderline-Störungen und pathologischer Narzißmus*, Frankfurt/M. 1975.
163 Christopher Lasch, »The Narcissist Society«, in: *The New York Review of Books*, 30.9.1976 (ohne Seitenzahl online auf nybooks.com); ders., *Haven in a Heartless World. The Family Besieged*, New York, London 1977.
164 Richard Sennett, *The Fall of Public Man*, Cambridge 1977 (dt.: *Verfall und Ende des öffentlichen Lebens. Die Tyrannei der Intimität*, Frankfurt/M. 1983).
165 Sennett, *Verfall und Ende des öffentlichen Lebens*, S. 17, 298.
166 Lasch, »The Narcissist Society«.
167 Sennett, *Verfall und Ende des öffentlichen Lebens*, S. 16f., 293.

168 Lasch, *Haven in a Heartless World*, S. 139f., und ders., »The Narcissist Society«.
169 Lasch, »The Narcissist Society«.
170 Wolfe, »The ›Me‹ Decade and the Third Great Awakening«.
171 Vgl. Sennett, *Verfall und Ende des öffentlichen Lebens*, S. 338-347.
172 Ebd., S. 300, 344f.
173 J. H. Plumb, »When Did Citizens Become Strangers? The Fall of Public Man By Richard Sennett«, in: *The New York Times*, 23.1.1977, S. 213; vgl. Gunter Barth, »Sennett Richard. The Fall of Public Man. New York: Alfred A. Knopf. 1977«, in: *The American Historical Review* 82:5 (1977), S. 1214-1215; Sheldon S. Wolin, »The Rise of The Private Man«, in: *The New York Review of Books*, 14.4.1977 (ohne Seitenzahl online auf nybooks.com); Stephen Miller, »Going private«, in: *Commentary*, April 1977 (ohne Seitenzahl online auf commentarymagazine.com).
174 Vgl. Erik H. Erikson, *Childhood and Society*, New York, London 1950 (dt.: *Kindheit und Gesellschaft*, Zürich, Stuttgart 1957); ders., *Identität und Lebenszyklus. Drei Aufsätze*; Frankfurt/M. 1966, ²1973; vgl. Rainer Döbert, Jürgen Habermas, Gertrud Nunner-Winkler (Hg.), *Entwicklung des Ichs*, Köln 1977.
175 Vgl. dazu die entsprechenden Kurven im Google Books Ngram Viewer, 1800-2000; vgl. Anaïs Nin, »Note on Feminism«, S. 25.
176 Vgl. dazu die schon klassischen Argumente bei Ernesto Laclau, Chantal Mouffe, *Hegemonie und radikale Demokratie. Zur Dekonstruktion des Marxismus*, Wien 1995 (Orig.: *Hegemony and Socialist Strategy. Towards a Radical Democratic Politcs*, London 1985).
177 Vgl. Deborah K. King, »Multiple Jeopardy, Multiple Consciousness: The Context of a Black Feminist Ideology«, in: *Signs: Journal of Women in Culture and Society* 14:1 (1988), S. 42-72.
178 Vgl. Benita Roth, »Second Wave Black Feminism in the African Diaspora: News from New Scholarship«, in: *Agenda: Empowering Women for Gender Equity* 58 (2003), S. 46-58, insb. S. 48; Becky Thompson, »Multiracial Feminism: Recasting the Chronology of Second Wave Feminism«, in: *Feminist Studies* 28:2 (2002), S. 336-360; Ula Taylor, »The Historical Evolution of Black Feminist Theory and Praxis«, in: *Journal of Black Studies* 29:2 (1998), S. 234-253.
179 Frances M. Beal, »Double Jeopardy: To Be Black and Female«, in: Toni Cade Bambara (Hg.), *The Black Woman. An Anthology*, New York 1970, S. 109-122, Zitat S. 112.
180 Ebd., S. 114-120.
181 Robin Morgan (Hg.), *Sisterhood Is Powerful. An Anthology of Writings from the Women's Liberation Movement*, New York 1970; vgl. Brain Norman, »The Consciousness-Raising Document, Feminist Anthologies, and Black Women in ›Sisterhood Is Powerful‹«, in: *Frontiers: A Journal of Women Studies* 27:3 (2006), S. 38-64.
182 Vgl. Wini Breines, »What's Love Got to Do with It? White Women, Black

Women, and Feminism in the Movement Years«, in: *Signs. Journal of Women in Culture and Society* 27:4 (2002), S. 1095-1133, insb. S. 1110-1121.
183 The Combahee River Collective, *Statement*, Boston 1977, wieder abgedruckt in: *Women's Studies Quarterly* 42:3-4 (2014), S. 271-280 (allerdings mit der falschen Angabe, dass das *Statement* 1978 veröffentlicht wurde), Zitat S. 271.
184 Ebd., S. 273f.
185 Ebd., S. 273; vgl. Roth, *Separate Roads to Feminism*, S. 124.
186 Vgl. Jürgen Martschukat, »Hegemoniale Identitätspolitik als ›entscheidende Politikform‹ in den USA. Eine Geschichte der Gegenwart«, in: *Aus Politik und Zeitgeschichte* 38-39 (2018; ohne Seitenzahl online auf bpb.de); Sarah Churchwell, »America's Original Identity Politics«, in: *The New York Review of Books*, 7.2.2019 (ohne Seitenzahl online auf nybooks.com).
187 François Châtelet (Hg.), *Politiques de la philosophie. Châtelet, Derrida, Foucault, Lyotard, Serres*, Paris 1976.
188 Vgl. Philipp Felsch, *Der lange Sommer der Theorie. Geschichte einer Revolte, 1960-1990*, München 2015, S. 102f.
189 Jean-François Lyotard, *Das Patchwork der Minderheiten. Für eine herrenlose Politik*, Berlin 1977, S. 7, 10f.
190 Ebd., S. 8.
191 Ebd., S. 38.
192 Ebd., S. 9f., 37.
193 Ebd., S. 21f., 35f.
194 Ebd., S. 21, 23.
195 Ebd., S. 36.
196 »Jean«, *Elsaß: Kolonie in Europa. Mit einem Vorwort über Occitanien, Korsika, Wales und Jura*, Berlin 1976, erweiterte Ausgabe 1977 (7.-10. Tsd.).
197 Ebd., S. 48, 63.
198 Ebd., S. 11.
199 Ebd., S. 11, 50f.
200 Feyerabend, *Wider den Methodenzwang*, S. 84, 397.
201 »Manifest der ›Indiani Metropolitani‹ von Rom«, in: Alberto Benini u.a. (Hg.), *Indianer und P38. Italien. Ein neues 68 mit anderen Waffen*, München 1978, S. 85-86, Zitate S. 85.
202 Vgl. zur Indianerschwärmerei in Deutschland seit dem 18. Jahrhundert: H. Glenn Penny, »The Quest for the Authentic Indian in German Public Culture«, in: *Comparative Studies in Society and History* 48:4 (2006), S. 798-819.
203 Dee Brown, *Begrabt mein Herz an der Biegung des Flusses*, München 182.-193. Tsd. 1977 (Orig.: *Bury My Heart at Wounded Knee*, New York 1970); *Roter Kalender 1977 gegen den grauen Alltag*, Berlin 1976, S. 60; vgl. Fredrik Hetmann, Alfred Keil, *Indianer heute. Bericht über eine Minderheit*, Weinheim 1977; Claus Biegert, *Seit 200 Jahren ohne Verfassung. 1976: Indianer im Widerstand*, Reinbek 1976.

204 Joschka Fischer, »Vorstoß in ›primitivere‹ Zeiten. Befreiung und Militanz«, in: *Autonomie. Materialien gegen die Fabrikgesellschaft* 5 (1977), S. 52-64, Zitate S. 53.
205 Jens Huhn, »Auf dem Kriegspfad der Stadtindianer«, in: *links* 94 (1977), S. 15f.
206 Vgl. dazu und im Folgenden Thomas Assheuer, Hans Sarkowicz, *Rechtsradikale in Deutschland. Die alte und die neue Rechte*, München 1990, S. 56-59.
207 Henning Eichberg, »Volkslied oder Folklore? Volksmusik zwischen imperialistischer Mode und nationaler Revolution«, in: *Neue Zeit* 6:1 (1977), S. 13-17; ders., »Keltentum und Sozialismus«, in: *Neue Zeit* 6:2 (1977), S. 8-17; beide wieder abgedruckt in: ders., *Nationale Identität. Entfremdung und nationale Frage in der Industriegesellschaft*, München 1978.
208 Vgl. Alain de Benoist, »Wider den Rassismus«, in: ders.: *Kulturrevolution von rechts. Gramsci und die Nouvelle Droite*, Sinus 1985, S. 53-68 (Orig.: »Contre tous les racismes. Entretien avec Alain de Benoist«, in: *Éléments pour la civilisation européenne* 8-9 (Nov. 1974/Feb. 1975), S. 13-23.); vgl. Assheuer, Sarkowicz, *Rechtsradikale in Deutschland*, S. 138-147.
209 Alain de Benoist, *Vu de droite. Anthologie critique des idées contemporaines*, Paris 1977, S. 19, 24, 26.
210 Henning Eichberg, »Verteidigung der Kultur oder Befreiung der Kulturen?«, in: *Junges Forum* 3 (1975), S. 3-16, zitiert nach: ders., *Nationale Identität*, S. 15-38, Zitate S. 34.
211 Eichberg, »›Entwicklungshilfe‹ – Verhaltensumformung nach europäischem Modell? Universalismus, Dualismus und Pluralismus im interkulturellen Vergleich«, in: *Zeitschrift für Wirtschafts- und Sozialwissenschaften* 93 (1973), S. 641-670, zitiert nach: ders. (Hg.), *Nationale Identität*, S. 39-86, Zitat S. 73; ders., »Verteidigung der Kultur oder Befreiung der Kulturen?«, S. 28.
212 Benoist, »Wider den Rassismus«, S. 53f.; vgl. ders., *Vu de droite*, S. 25.
213 Alain de Benoist, »Die Verwurzelung«, in: ders., *Kulturrevolution von rechts*, S. 69-80, Zitate S. 69, 72f. (Orig.: »Réflexion sur l'enracinement«, in: GRECE, *Qu'est-ce que l'enracinement?*, Paris 1975, S. 57-73.)
214 Eichberg, »Keltentum und Sozialismus«, wieder abgedruckt als »Nationalismus, Sozialismus und Internationalität«, in: ders., *Nationale Identität*, S. 131-144, Zitat S. 136; ders., »Folklore oder Volkslied«, in: ebd., S. 99-112, Zitat S. 108.
215 Ebd., S. 107, 110; ders., »Verteidigung der Kultur oder Befreiung der Kulturen?«, S. 28.
216 Eichberg, »›Entwicklungshilfe‹«, S. 64; ders., »Folklore oder Volkslied«, S. 107.
217 de Benoist, »Die Verwurzelung«, S. 76; vgl. ders., *Vu de droite*, S. 16.
218 Ebd., S. 74.
219 Eichberg, »Folklore oder Volkslied«, S. 107; de Benoist, *Vu de droite*, S. 93.
220 de Benoist, »Die Verwurzelung«, S. 71.

221 Alain de Benoist, »25 commandements de la nouvelle école«, in: *ITEM. Revue d'opinion libre* 7 (1977), S. 14-19, Zitate S. 15-18.
222 Vgl. Volker Zotz, »Zum Verhältnis von Buddhismus und Nationalsozialismus«, in: *Zeitschrift für Religionswissenschaft* 25:1 (2017), S. 6-29.
223 Max Weber, *Wirtschaft und Gesellschaft. Grundriß der verstehenden Soziologie*, Tübingen ⁵1980, S. 237.
224 Ebd., S. 242.
225 Ebd., S. 240.
226 Benedict Anderson, *Die Erfindung der Nation. Zur Karriere eines folgenreichen Konzepts*, erweiterte Ausgabe, Berlin 1998 (Orig.: *Imagined Communities. Reflections on the Origins and Spread of Nationalism*, London 1983). Vgl. Ernesto Laclau, »Why do Empty Signifiers Matter to Politics?«, in: Jeffrey Weeks (Hg.), *The Lesser Evil and the Greater Good*, London 1994, S. 167-178; vgl. auch Laclau, Mouffe, *Hegemonie und radikale Demokratie*, S. 176 ff.; Slavoj Žižek, »Jenseits der Diskursanalyse«, in: Judith Butler u. a., *Das Undarstellbare der Politik. Zur Hegemonietheorie Ernesto Laclaus*, hg. von Oliver Marchart, Wien 1998, S. 123-131.
227 Martin Luther King Jr., »I Have a Dream«, Rede, gehalten am 28.8.1963 am Lincoln Memorial, Washington, D.C., online unter ⟨https://www.americanrhetoric.com/speeches/mlkihaveadream.htm⟩, letzter Zugriff am 28.11.2020.
228 Jacques Lacan, »Die Ausrichtung der Kur und die Prinzipien ihrer Macht« (Vortrag beim Kolloquium von Royaumont 10.-13.7.1958), in: ders., *Schriften*, Bd. I, hg. von Norbert Haas, Berlin ³1991, S. 171-236, insb. S. 230 f.
229 de Benoist, »Die Verwurzelung«, S. 73.

5. Kulturmaschinen

1 Jacques Prévert, *Choses et autres*, Paris 1972, zitiert nach: ders., *Œuvres complètes*, hg. von Danièle Gasiglia-Laster und Arnaud Laster, Bd. II, Paris 1996 (Bibliothèque de la Pléiade), S. 213-384, Zitate S. 215-217.
2 Ebd., S. 218.
3 Ebd., S. 249. Der Film *The Massacre* wurde 1912 in den USA gedreht und kam noch im selben Jahr in Europa in die Kinos; die US-amerikanische Uraufführung fand jedoch erst 1914 statt.
4 Vgl. zu den folgenden biographischen Angaben Bernard Chardère, *Jacques Prévert. Inventaire d'une vie*, Paris 1997; Daniel Chocron, *Jacques Prévert. Les mots à la bouche*, Clichy 2014, sowie die »Chronologie« in: Jacques Prévert, *Œuvres complètes*, hg. von Danièle Gasiglia-Laster und Arnaud Laster, Bd. I, Paris 1991 (Bibliothèque de la Pléiade), S. XXXVII f.
5 Georges Bataille, zitiert in: Chardère, *Jacques Prévert*, S. 18.
6 Zitiert in: Uwe M. Schneede, *Die Kunst des Surrealismus. Malerei, Skulptur, Dichtung, Fotografie, Film*, München 2006, S. 29.

7 André Breton, »Le cadavre exquis« (Auszüge), in: Patrick Waldberg, *Der Surrealismus*, Köln 1975, S. 87-89.
8 Jacques Prévert, *L'Avènement de Hitler*, hg. von Jean-Paul Liégeois, Paris 2010, S. 15.
9 José Pierre (Hg.), *Recherchen im Reich der Sinne. Die zwölf Gespräche der Surrealisten über Sexualität 1928-1932*, München 1996, S. 18, 20, 71, 91.
10 »M Jacques Prévert«, in: *The Times*, 14.4.1977, S. 16.
11 »Poesie aus dem Geist und dem Witz der Pariser Vororte. Zum Tod von Jacques Prévert«, in: *Frankfurter Allgemeine Zeitung*, 13.4.1977, S. 27.
12 »Zum Tod von Jacques Prévert«, in: *Neue Zürcher Zeitung*, 13.4.1977, S. 31.
13 Jacques Prévert, *Gedichte und Chansons*. Französisch und Deutsch, Nachdichtungen von Kurt Kusenberg, Reinbek 1975 (1. Aufl. 1971, dt. Erstausgabe 1962), Klappentext (Orig.: *Paroles*, Paris 1962).
14 Ebd., z. B. S. 25, 227, 251, 255.
15 Ebd., z. B. S. 55.
16 »Zum Tod von Jacques Prévert«.
17 »Das Lied vom Blut« / »Chanson dans le sang«, in: Prévert, *Gedichte und Chansons*, S. 81.
18 »Lamartine ist nicht in Martinique geboren, Napoleon ist nicht in Waterloo gestorben, der junge Adler [Übername von Napoleon II] ist nicht der Sohn von Madame Sans-Gêne [eine Geliebte Napoleons] und Vater de Foucauld [ein Priester und Emerit, 1916 ermordet] ist nicht der Vater von Foucault«, Prévert, *Choses et autres*, S. 281.
19 »L'anar d'une époque«, in: *Le Monde*, 13.4.1977.
20 Jacques Prévert, »Tournesol«, in: ders., *Œuvres complètes*, Bd. I, S. 333.
21 Vgl. »The Rise and Fall of Smoking in Today's Rich Countries«, in: *Our World in Data*, ⟨https://ourworldindata.org/smoking#the-rise-and-fall-of-smoking-in-today-s-rich-countries⟩, letzter Zugriff am 3.1.2021.
22 Vgl. Roddey Reil, *Globalizing Tabacco Control. Anti-Smoking Campaigns in California, France and Japan*, Bloomington 2005, S. 23.
23 Vgl. Paul E. Ceruzzi, *Computing. A Concise History*, Cambridge (Mass.) 2012, Kindle Ausgabe; Manuel Castells, *Das Informationszeitalter, Teil 1: Der Aufstieg der Netzwerkgesellschaft*, Opladen 2001, S. 49.
24 David Gugerli, *Wie die Welt in den Computer kam. Zur Entstehung digitaler Wirklichkeit*, Frankfurt/M. 2018, S. 52.
25 James W. Cortada, *The Digital Hand*, Bd. 1: *How Computers Changed the Work of American Manufacturing, Transportation, and Retail Industries*, Oxford 2004, S. 11f.; zu Deutschland vgl. Annette Schuhmann, »Der Traum vom perfekten Unternehmen. Die Computerisierung der Arbeitswelt in der Bundesrepublik Deutschland (1950er- bis 1980er-Jahre«, in: *Zeithistorische Forschungen/Studies in Contemporary History* 9:2 (2012), S. 231-256, insb. S. 247-248.
26 Vgl. Robert N. Noyce, »Microelectronics«, in: *Scientific American* 237:3 (1977), S. 63-69, insb. S. 64; vgl. Matt Nicholson, *When Computing Got Per-*

sonal. A History of the Desktop Computer, Bristol 2014, Kindle Ausgabe, Pos. 233.

27 Vgl. Ceruzzi, *Computing*, Kindle Ausgabe, Pos. 1116; vgl. dazu auch ausführlich Michael Friedewald, *Der Computer als Werkzeug und Medium. Die geistigen und technischen Wurzeln des Personal Computers*, Berlin 1999 (= Aachener Beiträge zur Wissenschafts- und Technikgeschichte des 20. Jahrhunderts, Bd. 3), S. 362 f.

28 Vgl. Cortada, *The Digital Hand*, Bd. 1, S. 106-111; Andreas Boes u. a., »Von der ›großen Industrie‹ zum ›Informationsraum‹. Informatisierung und der Umbruch in den Unternehmen in historischer Perspektive«, in: Anselm Doering-Manteuffel, Lutz Raphael, Thomas Schlemmer (Hg.), *Vorgeschichte der Gegenwart. Dimensionen des Strukturbruchs nach dem Boom*, Göttingen 2016, S. 57-78.

29 Vgl. Gugerli, *Wie die Welt in den Computer kam*, S. 11, 31, 63-66.

30 Vgl. Paul N. Edwards, *The Closed world. Computers and the Politics of Discourse in Cold War America*, Cambridge (Mass.) 1996

31 Charles Reich, *Die Welt wird jung. The Greening of America. Der gewaltlose Aufstand der neuen Generation*, Wien 1971, S. 3 f.

32 Andrée Walliser, »Le rapport ›Nora-Minc‹. Histoire d'un best-seller«, in: *Vingtième Siècle. Revue d'histoire* 23 (1989), S. 35-48, insb. S. 39, 41.

33 Joseph Weizenbaum, *Die Macht des Computers und die Ohnmacht der Vernunft*, Frankfurt/M. 1977, S. 9, 54, 178 (Orig.: *Computer Power and Human Reason. From Judgment to Calculation*, San Francisco 1976).

34 Vgl. Fred Turner, *From Counterculture to Cyberculture. Stewart Brand, the Whole Earth Network, and the Rise of Digital Utopianism*, Chicago 2006, S. 11-40.

35 Joy Rankin, »Power to the People. Toward a History of Social Computing«, in: *IEEE Annals of the History of Computing* 36:2 (2014), S. 86-87; vgl. dies., *A People's History of Computing in the United States*, Cambridge (Mass.) 2018; für Hinweise danke ich Anne-Christine Schindler (Zürich).

36 Vgl. Ceruzzi, *Computing*, Pos. 1168.

37 »Project Breakthrough! World's First Minicompter Kit to Rival Commercial Models ... ›Altair 8800‹ – Save over $ 1000«, Titelstory in: *Popular Electronics* 7:1 (1975), online unter ⟨https://worldradiohistory.com/hd2/IDX-Consumer/Archive-Poptronics-IDX/IDX/70s/75/Poptronics-1975-12-OCR-Page-0029.pdf⟩, letzter Zugriff am 23.11.2020. Vgl. zu den Details dieser Geschichte Michael Swaine, Paul Freiberger, *Fire in the Valley. The Birth and Death of the Personal Computer*, Dallas ³2014, S. 40-59.

38 Vgl. Bill Gates, *The Road Ahead*, New York: Viking Penguin, S. xi, 15-19; vgl. für diese Ursprungserzählung z. B. Claus Hecking, »Bill Gates – der erste Nerd«, in: *Capital*, 20.4.2020, online unter ⟨https://twnews.it/de-news/bill-gates-der-erste-nerd⟩, letzter Zugriff 24.1.2021.

39 Vgl. dazu insbesondere die detailreiche, aber auch immer wieder mythologisierende Darstellung in Brent Schlender, Rick Tetzell, *Becoming Steve Jobs.*

The Evolution of a Reckless Upstart into a Visionary Leader, New York: 2015, sowie Walter Isaacson, *Steve Jobs*, London 2011.

40 Paul E. Ceruzzi, »From Scientific Instrument to Everyday Appliance. The Emergence of Personal Computers 1970-77«, in: *History and Technology* 13:1 (1996), S. 1-31.
41 Vgl. Nicholson, *When Computing Got Personal*, Pos. 431-459.
42 Vgl. Swaine/Freiberger, *Fire in The Valley*, S. 54.
43 Vgl. Gleb J. Albert, »Der vergessene ›Brotkasten‹. Neue Forschungen zur Sozial- und Kulturgeschichte des Heimcomputers«, in: *Archiv für Sozialgeschichte* 59 (2019), S. 495-530, insb. S. 501.
44 Vgl. Carl Helmers, »A Nybble on the Apple«, in: *BYTE* 2:4 (1977), S. 9.
45 Dass *Byte* für die Microcomputer-Szene besonders repräsentativ war, betont u. a. Arne Martin Fevolden, »The Best of Both Worlds? A History of Time-Shared Microcomputers, 1977-1983«, in: *IEEE Annals of the History of Computing*, Januar (2013), S. 23-34, insb. S. 25 f.
46 Carl (Helmers), »The Impossible Dream«, in: *BYTE* 1:1 (1975), S. 6; »Which Microprocessor for You?«, in: Ebd., S. 10-14.
47 *BYTE* 1:13 (1976), Titelbild.
48 Ted Nelson, *Computer Lib/Dream machine*, Self-published 1974. Der Teil »Computer Lib« ist abgedruckt in: Noah Wardrip-Fruin, Nick Monfort (Hg.), *The New Media Reader*, Cambridge (Mass.), London 2003, S. 301-338.
49 Ted Nelson, zitiert in: »Book Review Computer Lib/Dream Machines«, in: *BYTE* 1:2 (1975), S. 82.
50 Carl Helmers, »The Appliance Computer, Circa 1977«, in: *BYTE* 2:1 (1977), S. 9-14.
51 Ted Nelson, *The Home Computer Revolution*, published by the author, 1977.
52 Tom Munnecke, »First West Coast Computer Faire«, in: *Popular Electronics* 12:3 (1977), S. 74-75.
53 Vgl. dazu vor allem John Markoff, *What the Dormouse Said: How the 60's Counterculture Shaped the Personal Computer Industry*, New York 2005, aber auch schon Theodore Roszak, *From Satori to Silicon Valley. San Francisco and the American Counterculture*, San Francisco 1986.
54 Vgl. Turner, *From Counterculture to Cyberculture*, S. 104-118.
55 Vgl. Isaacson, *Steve Jobs*, S. 37.
56 Castells, *Das Informationszeitalter*, S. 57 (meine Hervorhebung, phs.).
57 Vgl. dazu auch Friedewald, *Der Computer als Werkzeug und Medium*, S. 355-361.
58 Vgl. Homebrew Computer Club, *Newsletter* 2:14 (1977) online unter ⟨https://searchworks.stanford.edu/view/rf776qt9955⟩, letzter Zugriff 18.6. 2020.
59 »In this BYTE«, in: *BYTE* 2:1 (1977), S. 2.
60 Vgl. Isaacson, *Steve Jobs*, S. 35-47.
61 Siehe »Introducing Apple II. The Home Computer That's Ready to Work,

Play and Grow with You«, in: *Scientific American* 237:3 (1977), S. 98f.; oder »Introducing Apple II. You've Just Run Out of Excuses for Not Owning a Personal Computer«, in: *BYTE* 2:7 (1977), S. 22f.
62 Noyce, »Microelectronics«, S. 65.
63 Vgl. ebd., S. 67f.
64 Vgl. Richard N. Langlois, W. Edward Steinmueller, »The Evolution of Competitive Advantage in the Worldwide Semiconductor Industry, 1947-1996«, in: David C. Mowery, Richard R. Nelson (Hg.), *Sources of Industrial Leadership. Studies of Seven Industries*, Cambridge 1979, S. 19-78, insb. S. 39.
65 Cortada, *The Digital Hand*, Bd. 1, S. 106-111, Zitat S. 102.
66 Vgl. Rüdiger Hachtmann, »Gewerkschaften und Rationalisierung: Die 1970er-Jahre – Ein Wendepunkt?«, in: Knud Andresen, Ursula Bitzegeio, Jürgen Mittag (Hg.), ›*Nach dem Strukturbruch*‹? *Kontinuität und Wandel von Arbeitsbeziehungen und Arbeitswelt(en) seit den 1970er-Jahren*, Bonn 2011, S. 181-209; vgl. Andreas Boes u. a., »Von der ›großen Industrie‹ zum ›Informationsraum‹. Informatisierung und der Umbruch in den Unternehmen in historischer Perspektive«, in: Anselm Doering-Manteuffel, Lutz Raphael, Thomas Schlemmer (Hg.), *Vorgeschichte der Gegenwart. Dimensionen des Strukturbruchs nach dem Boom*, Göttingen 2016, S. 57-78.
67 »Intel Update. Nine Years of Growth: Microcomputers, Memories, and a Look into the Future«, in: *Scientific American* 237:3 (1977), S. 116f.
68 Noyce, »Microelectronics«, S. 69.
69 Vgl. dazu auch Nelson, *The Home Computer Revolution*, S. 47, 57-60.
70 Vgl. Dennis Shasha, Cathy Lazere, *Out of their Minds. The Lives and Discoveries of 15 Great Computer Scientists*, New York 1995, S. 38-50.
71 Vgl. als ausführlichen technikhistorischen Überblick Friedewald, *Der Computer als Werkzeug und Medium*, S. 237-354.
72 Alan C. Kay, »Microelectronics and the Personal Computer«, in: *Scientific American* 237:3 (1977), S. 231-244, Abb. auf S. 232.
73 Alan C. Kay, Adele Goldberg, »Personal Dynamic Media«, in: *Computer* 10:3 (1977), S. 31-41, wieder abgedruckt in: Wardrip-Fruin/Monfort (Hg.), *The New Media Reader*, S. 391-404, Abb. auf S. 391.
74 Alan C. Kay, »A Personal Computer for Children of All Ages«, in: *ACM '72: Proceedings of the ACM Annual Conference*, Bd. 1, hg. von der Association for Computing Machinery, New York 1972; als Draft, ohne Paginierung (11 Seiten) online einsehbar unter ⟨https://dl.acm.org/doi/10.1145/800193.1971922⟩, letzter Zugriff am 5.12.2020.
75 Ebd., [S. 8].
76 Ebd., [S. 1f.].
77 Kay, »A Personal Computer for Children of All Ages«, [S. 2].
78 Kay, »Microelectronics and the Personal Computer«, S. 231.
79 Kay, »A Personal Computer for Children of All Ages«, [S. 5].
80 Kay, »Microelectronics and the Personal Computer«, S. 238; vgl. dazu ausführlich Friedewald, *Der Computer als Werkzeug und Medium*, S. 311-321.

81 Kay, »Microelectronics and the Personal Computer«, S. 239.
82 Kay, Goldberg, »Personal Dynamic Media«, S. 394.
83 Kay, »Microelectronics and the Personal Computer«, S. 234.
84 Vgl. Markoff, *What the Dormouse Said*, S. 170; vgl. dazu ausführlich Friedewald, *Der Computer als Werkzeug und Medium*, S. 149-218.
85 Vgl. Douglas C. Engelbart, William K. English, »A Research Center for Augmenting Human Intellect«, in: *AFIPS Conference Proceedings of the 1968 Fall Joint Computer Conference* (San Francisco, Dezember 1968), Bd. 33, S. 395-410; vgl. Friedewald, *Der Computer als Werkzeug und Medium*, S. 214-218; Turner, *From Counterculture to Cyberculture*, S. 107-110.
86 Kay, »Microelectronics and the Personal Computer«, S. 234; vgl. Noah Wardrip-Fruin, Nick Monfort, »Introduction: Personal Dynamic Media, in: dies. (Hg.), *The New Media Reader*, S. 391-392, hier S. 391; Friedewald, *Der Computer als Werkzeug und Medium*, S. 328-331.
87 Kay, »Microelectronics and the Personal Computer«, S. 244.
88 Ebd., S. 231; Kay/Goldberg, »Personal Dynamic Media«, S. 393 f.
89 Ebd., S. 395.
90 Ebd., S. 393.
91 Ebd., S. 394.
92 Vgl. Weizenbaum, *Die Macht der Computer*, S. 15-19.
93 Kay, »Microelectronics and the Personal Computer«, S. 231, 236; ders., »A Personal Computer for Children of All Ages«, [S. 1].
94 Kay, »Microelectronics and the Personal Computer«, S. 244.
95 Gugerli, *Wie die Welt in den Computer kam*, S. 146, 148.
96 Ebd., S. 149.
97 Vinton G. Cerf, Robert E. Kahn, »A Protocol for Packet Network Intercommunication«, in: *IEEE Transactions on Communications* COM-22:5 (1974), S. 637-648.
98 Paul Baran, »On Distributed Communication Networks«, in: *IEEE Transactions on Communications* COM-12:1 (1964), S. 1-9, Zitat S. 1.
99 Vgl. Cerf/Kahn, »A Protocol for Packet Network Intercommunication«, S. 647.
100 Robert M. Metcalfe, David R. Boggs, »Ethernet: Distributed Packet Switching for Local Computer Networks«, in: *Computer Systems. Communications of the ACM* 19:7 (1976), S. 395-404, Zitat S. 395 f.
101 Cerf, Kahn, »A Protocol for Packet Network Intercommunication«, S. 638.
102 Vgl. Gugerli, *Wie die Welt in den Computer kam*, S. 152-155.
103 John M. McQuillan, David C. Walden, »The ARPA Network Design Decisions«, in: *Computer Networks* 1 (1977), S. 243-289, Zitat S. 243.
104 Vinton C. Cerf, *Specification of Internet Transmission Control Program TCP (Version 2)*, März 1977, online unter ⟨https://www.rfc-editor.org/ien/ien5.pdf⟩, letzter Zugriff am 17.11.2020; hier erwähnt: Vinton G. Cerf, Stephen Edge u. a., »Final Report on the Internetwork TCP Project, ›forthcoming-1977‹«; der Bericht erschien dann unter der alleinigen Autorschaft von

Vinton G. Cerf unter dem Titel »Final Report on the Stanford University TCP Project« am 1.4.1980.

105 Vgl. das »Diagramm of Multinetwork«, online unter ⟨https://images.computerhistory.org/internethistory/multinetwork_diagram.gif⟩, letzter Zugriff am 20.5.2020; vgl. Christoph Meinel, Harald Sack, *WWW. Kommunikation, Internetworking, Web-Technologien*, Berlin 2004, S. 31.

106 Vgl. für einige Impressionen zu beiden Szenen den Dokumentarfilm von Henry Corra, *NY77: The Coolest Year in Hell*, 2007, online unter ⟨https://www.youtube.com/watch?v=pxZFGf8chg8⟩, letzter Zugriff am 12.4.2020, sowie Jonathan Mahler, *Ladies and Gentlemen, the Bronx is burning. 1977, Baseball, Politics, and the Battle for the Soul of a City*, New York 2005.

107 Anne-Lise François, »Fakin' It/Makin' It: Falsetto's Bid for Transcendence in 1970s Disco Highs«, in: *Perspectives of New Music* 33:1-2 (1995), S. 442-457, Zitat S. 445.

108 Bee Gees, »Stayin' alive«, *Saturday Night Fever. The Official Movie Sound Track*, RSO Records 1977.

109 Vgl. dazu und zum Folgenden Will Straw, »Dance Music«, in: Simon Frith, Will Straw, John Street (Hg.), *The Cambridge Companion to Rock and Pop*, Cambridge 2001, S. 158-175; Thomas Welke, »Disco«, in: Thomas Hecken, Marcus S. Kleiner (Hg.), *Handbuch Popkultur*, Stuttgart 2017, S. 67-72.

110 Vgl. Bodo Mrozek, *Jugend – Pop – Kultur. Eine transnationale Geschichte*, Berlin 2019, S. 380-383, 412-416; Mickey Weems, *The Fierce Tribe. Masculine Identity and Performance in the Circuit*, Boulder 2008, S. 171-175.

111 Vgl. dazu und zum Folgenden Alice Echols, *Hot Stuff. Disco and the Remaking of American Culture*, New York, London 2010; Diana L. Mankowski, *Gendering the Disco Inferno: Sexual Revolution, Liberation, and Popular Culture in 1970s America*, Diss., University of Michigan 2010, online unter ⟨https://deepblue.lib.umich.edu/handle/2027.42/77806⟩, letzter Zugriff am 2.4.2019.

112 Tim Lawrence, »Disco and the Queering of the Dance Floor«, in: *Cultural Studies* 25:2 (2011), S. 230-243, Zitat S. 234; Vgl. Mankowski, *Gendering the Disco Inferno*, S. 52.

113 Hofacker, *Die 70er*, S. 204.

114 Zitiert in Mankowski, *Gendering the Disco Inferno*, S. 90; vgl. Clarissa Clo, »Disco Fever: Italian and American Diasporic Journeys«, in: *The Italian American Review* 8:2 (2018), S. 119-142, insb. S. 126f.; Tim Lawrence, *Love Saves the Day. A History of American Dance Music Culture, 1970-1979*, Durham, London 2003, S. 22; Echols, *Hot Stuff*, S. 39-56; Mankowski, *Gendering the Disco Inferno*, S. 90.

115 Lawrence, »Disco and the Queering of the Dance Floor«, S. 240; vgl. Echols, *Hot Stuff*, S. 65-70.

116 Vgl. Lawrence, »Disco and the Queering of the Dance Floor«, S. 241; Clo, »Disco Fever: Italian and American Diasporic Journeys«, S. 125; Mankowski, *Gendering the Disco Inferno*, S. 139-143.

117 Vgl. dazu die farbigen Schilderungen in Hofacker, *Die 70er*, S. 254-257.
118 Vgl. Echols, *Hot Stuff*, S. 53-58; Weems, *The Fierce Tribe*, S. 173; Lawrence, *Love Saves the Day*, S. 320; Mankowski, *Gendering the Disco Inferno*, S. 60.
119 Vgl. zum Folgenden Joseph G. Ewoodzie, Jr., *Break Beats in the Bronx. Rediscovering Hip-Hop's Early Years*, Chapel Hill 2017; Justin A. Williams (Hg.), *The Cambridge Companion to HIP-HOP*, Cambridge 2015; Johan Kugelberg (Hg.), *Born in the Bronx. Die Anfänge des Hip Hop*, Hamburg 2010 (Orig.: *Born in the Bronx. A Visual Record of the Early Days of Hip Hop*, New York 2007); Jeff Chang, *Can't Stop, Won't Stop. A History of the Hip-Hop Generation*, New York 2005.
120 Vgl. Kjetil Falkenberg Hansen, »DJs and Turntablism«, in: Williams (Hg.), *The Cambridge Companion to HIP-HOP*, S. 42-55; Thom Holmes, *Electronic and Experimental Music. Technology, Music, and Culture*, London, New York ⁵2016, S. 476-478.
121 Marcella Runell Hall, *Education in a Hip-Hop Nation: Our Identity, Politics & Pedagogy*, Diss., University of Massachusetts, Amherst, 2011, online unter ⟨https://scholarworks.umass.edu/dissertations/AAI3465080/⟩, letzter Zugriff am 7.3.2020, S. 23.
122 Vgl. Imani Kai Johnson, »Hip-Hop Dance«, in: Willians (Hg.), *The Cambridge Companion to HIP-HOP*, S. 22-31; vgl. Joseph G. Schloss, *Foundation. B-Boys, B-Girls, and Hip-Hop Culture in New York*, New York 2009.
123 Vgl. Wilke, *Disco*, S. 69-70; Mankowski, *Gendering the Disco Inferno*, S. 62-64; Hofacker, *Die 70er*, S. 258-259.
124 Vgl. dazu Michael Veal, *Dub. Soundscapes and Shattered Songs in Jamaican Reggae*, Middletown 2007; »Bass Worship. The Story of DUB and SOUND System Culture«, 2020, online unter ⟨https://www.youtube.com/watch?v=UwORVKKtUwE&feature=share&fbclid=IwAR1cbJU2SqFlELrYk9b5RxHNlB-I8poJopv9XSF9yvtRUW2uRQh3Azk6wQo⟩, letzter Zugriff am 13.11.2020.
125 Vgl. Holms, *Electronic and Experimental Music*, S. 117-135, 170-189, 191-220; Tilman Baumgärtel, *Schleifen. Zur Geschichte und Ästhetik des Loops*, Berlin 2015, S. 53-112.
126 Vgl. Baumgärtel, *Schleifen*, S. 225-264, 300-307, 311.
127 Vgl. dazu sehr ausführlich Holms, *Electronic and Experimental Music*, S. 256-278, 365-484.
128 Vgl. Baumgärtel, *Schleifen*, S. 312-314; Echols, *Hot Stuff*, S. 9-11.
129 Zitiert in: Jon Savage, »How Donna Summer's I Feel Love Changed Pop«, in: *The Guardian*, 18.5.2012, online unter ⟨https://www.theguardian.com/music/musicblog/2012/may/18/donna-summer-i-feel-love⟩, letzter Zugriff am 15.12.2020.
130 Vgl. Hillegonda Rietveld, »*Trans Europa Express*. Tracing the Trance Machine«, in: Sean Albiez, David Pattie (Hg.), *Kraftwerk. Music Non-Stop*, New York, London 2011, S. 214-230, insb. S. 225; Lawrence, *Love Saves*

the Day, S. 252; vgl. auch Simon Witter, Hannes Rossacher, *Kraftwerk. Pop Art*, Arte Doku, 2020, online unter ⟨https://www.youtube.com/watch?v=jjCduxgK5dw⟩, letzter Zugriff am 3.10.2020.

131 Vgl. dazu auch Simon Reynolds, »Song from the Future: The Story of Donna Summer and Giorgio Moroder's ›I Feel Love‹«, Pitchfork, 29.6.2017, online unter ⟨https://pitchfork.com/features/article/song-from-the-future-the-story-of-donna-summer-and-giorgio-moroders-i-feel-love/⟩, letzter Zugriff am 15.12.2020.

132 Baumgärtel, *Schleifen*, S. 315.

133 Vgl. zu dieser Diskussion auch Mrozek, *Jugend – Pop – Kultur*, S. 311-317.

134 Baumgärtel, *Schleifen*, S. 332; vgl. S. 325.

135 Vgl. Tavia Nyong'o, »I Feel Love. Disco and its Discontents«, in: *Criticism* 50:1 (2008), S. 101-112, insb. S. 110; Echols, *Hot Stuff*, S. 74-79, 107-110.

136 Baumgärtel, *Schleifen*, S. 323; vgl. Richard Dyer, »In Defence of Disco« (1979), in: ders., *Only Entertainment*, Londen, New York 2002, S. 151-160; Lawrence, *Love Saves the Day*, S. 254.

137 Vgl. Baumgärtel, *Schleifen*, S. 335.

138 Vgl. Lawrence, *Love Saves the Day*, S. 183.

139 Baumgärtel, *Schleifen*, S. 340.

140 Donna Summer, »I Feel Love«, *I Remember Yesterday*, Casablanca Records 1977.

141 Doris Ettlinger, »For Many, TV Tapes Means Watching More and Loving It«, in: *The New York Times*, 27.8.1977, S. 35.

142 Vgl. dazu und zum Folgenden Michael Z. Newman, *Video Revolutions. On the History of a Medium*, New York: Columbia University Press 2014, S. 26f.; Siegfried Zielinski, *Zur Geschichte des Videorecorders*, Potsdam ^{10}2010.

143 Hans Magnus Enzensberger, »Baukasten zu einer Theorie der Medien«, in: *Kursbuch* 20 (1970), S. 159-186; vgl. Deirdre Boyle, »From Portopak to Camcorder: A Brief History of Guerilla Television«, in: *Journal of Film and Video* 44:1/2 (1992), S. 67-79; Yvonne Spielmann, *Video. Das reflexive Medium*, Frankfurt/M. 2005; Newman, *Video Revolutions*, S. 30-36; Zielinski, *Zur Geschichte des Videorecorders*, S. 269-280.

144 Vgl. dazu die Übersicht in ebd., S. 224-231.

145 Andrew C. McKevitt, *Consuming Japan. Popular Culture and the Globalizing of 1980s America*, Chapel Hill: The University of North Carolina Press 2017, S. 136; Dorotha Ostrowska, Graham Roberts, *European Cinemas in the Television Age*, Edinburgh 2007, S. 164.

146 Vgl. Michael A. Cusumano, Yiorgos Mylonadis, Richard S. Rosenbloom, »Strategic Maneuvering and Mass-Market Dynamics: The Triumph of VHS over Beta«, in: *The Business History Review* 66:1 (1992), S. 51-94, insb. S. 54-55; Didier Calcei, Zouhaïer M'Chirgui, Marc Ohana, »Sexes, Mensonges et Vidéo. Liaisons et délisaisons dans les écosystèmes d'affaires des formats de stackage vidéo«, in: *Management Prospective* 29:9 (2009),

S. 88-109, insb. S. 94; McKevitt, *Consuming Japan*, S. 142; Zielinski, *Zur Geschichte des Videorecorders*, S. 325.
147 Vgl. Newman, *Video Revolutions*, S. 38-39; McKevitt, *Consuming Japan*, S. 139, 142; Ettlinger, »For Many«.
148 Vgl. »TV Commercial for the Sony Betamax VCR (#1)«, 1977, online unter ⟨https://www.youtube.com/watch?v=ruJW56rPovE⟩, letzter Zugriff am 23.11.2020.
149 Zitiert in: Ettlinger, »For Many«.
150 Vgl. Ettlinger, »For Many«; McKevitt, *Consuming Japan*, S. 140.
151 Ettlinger, »For Many«.
152 Vgl. Jonathan Coopersmith, »Pornography, Technology and Progress«, in: *Icon* 4 (1998), S. 94-125, insb. S. 101-105; Peter Alilunas, *Smutty Little Movies. The Creation and Regulation of Adult Video*, Berkeley 2016, S. 40-83, insb. S. 66-78; Darrick Danta, »Landscapes of the San Pornando Valley«, in: *Yearbook of the Association of Pacific Coast Geographers* 71 (2009), S. 15-30, insb. S. 17; Newman, *Video Revolutions*, S. 47.
153 Vgl. Alilunas, *Smutty Little Movies*, S. 42-64.
154 Vgl. ebd., S. 40-42, 70, 72-74.
155 Vgl. Linda Williams, *hard core. Macht, Lust und die Tradition des pornographischen Films*, Basel, Frankfurt/M. 1995, S. 172-173 (Orig.: *Hard Core. Power, Pleasure, and the Frenzy of the Visible*, Berkeley, Los Angeles 1989).
156 Vgl. Sheila C. Murphy, *How Television Invented New Media*, New Brunswick 2011, S. 26f., 41-58, insb. S. 46; Newman, *Video Revolutions*, S. 29-30; Albert, »Der vergessene ›Brotkasten‹«, S. 501.
157 Vgl. Kim Phillips-Fein, *Fear City. New York's Fiscal Crisis and the Rise of Austerity Politics*, New York 2017, S. 268-282; vgl. dazu auch den Roman von Garth Risk Hallberg, *City on Fire*, New York 2015 (dt.: *City on Fire*, Frankfurt/M. 2016).
158 »Heart of Darkness«, in: *Newsweek*, 25.7.1977, S. 17; vgl. u.a. auch Lee Lescaze, Jack Egan, »Blackout Paralyzes New York City for Day«, in: *The Washington Post*, 15.7.1977 (ohne Seitenzahl online auf washingtonpost.com); »Blackout History Project Archive«, online unter ⟨http://mars.gmu.edu/handle/1920/11776⟩, letzter Zugriff am 20.1.2021.
159 Vgl. Phillips-Fein, *Fear City*, S. 5.
160 Selwyn Raab, »Felonies in New York City in 1976 Up 13.2%, Worst Rate on Record«, in: *New York Times*, 5.3.1977, S. 23.
161 »Taxi Driver Script – Dialogue Transcript«, online unter ⟨http://www.script-o-rama.com/movie_scripts/t/taxi-driver-transcript-dialogue-quotes.html⟩, letzter Zugriff am 11.9.2020.
162 Vgl. dazu ausführlich Phillips-Fein, *Fear City*, Zitat und unmittelbarer Kontext S. 184.
163 Vgl. ebd. S. 228.
164 Siehe z.B. »New York Bronx (South Bronx) in the 70's and 80's«, online unter ⟨https://www.youtube.com/watch?v=B4aX6ZE6Aj8⟩; »The Fire Next

Door«, 1977, online unter ⟨https://www.youtube.com/watch?v=RQkhD-2cWwY⟩, beide letzter Zugriff am 3.1.2021.
165 Vgl. Phillips-Fein, *Fear City*, S. 208.
166 Zitiert in: 99% Invisible, Delaney Hall, »Was the 1977 New York City Blackout a Catalyst for Hip-Hop's Growth?, in: *The Eye. Slate's Design Blog*, 16.10.2014, online unter ⟨http://www.slate.com/blogs/the_eye/2014/10/16/roman_mars_99_percent_invisible_was_the_1977_nyc_wide_blackout_a_catalyst.html?via=gdpr-consent⟩, letzter Zugriff am 19.2.2020; vgl. Robert Spuhler, »The 1977 NYC Blackout and the Hip-Hop Spark that Ignited Soon After«, in: *amNew York*, 12.7.2017, online unter ⟨https://www.amny.com/entertainment/the-1977-nyc-blackout-and-the-hip-hop-spark-that-ignited-soon-after-1-13796834/⟩, letzter Zugriff am 19.2.2020.
167 Vgl. TRACY 168, zitiert in: Dimitri Ehrlich, Gregor Ehrlich, »Graffiti in its Own Words«, in: *New York*, 22.6.2006 (ohne Seitenzahl online auf nymag.com).
168 Ewoodzie, *Break Beats in the Bronx*, S. 31.
169 Mitzi Cunliffe, »The Writing on the Wall«, in: *The New York Times*, 29.7.1973, E, S. 13.
170 Norman Mailer, »The Faith of Graffiti«, in: *Esquire. The Magazine for Men*, Mai 1974, S. 77-79, 88, 154-158, Zitat S. 78.
171 Chang, *Can't Stop, Won't Stop*, S. 118
172 Jean Baudrillard, »KOOL KILLER oder der Aufstand der Zeichen«, in: ders., *KOOL KILLER oder der Aufstand der Zeichen*, Berlin: Merve 1978, S. 19-38 (Orig.: »KOOL KILLER ou l'insurrection par les signes«, in: *Interférences* 3 [1975]); die Übersetzung von »l'insurrection *par* les signes« als »Aufstand *der* Zeichen« ist falsch.
173 Ebd., S. 26-30.
174 Ebd., S. 38.
175 Vgl. dazu programmatisch Le Corbusier, *Ausblick auf eine Architektur*, Berlin, Frankfurt/M., Wien 1963 (Orig.: Le Corbusier-Saugnier, *Vers une architecture*, Paris 1923).
176 Vgl. als Beispiel für diese Kritik Brent C. Brolin, *The Failure of Modern Architecture*, London, New York 1976, u.a. S. 13, 70.
177 Peter Blake, *Form Follows Fiasco. Why Modern Architecture Hasn't Worked*, Boston, Toronto: Little, Brown and Company, S. 11.
178 Ebd., S. 150, 163.
179 Robert Venturi, *Complexity and Contradiction in Architecture*, New York 1966, ²1977, S. 16 (die deutsche Ausgabe *Komplexität und Widerspruch in der Architektur*, Braunschweig 1978, stand mir nicht zur Verfügung).
180 Venturi, *Complexity and Contradiction in Architecture*, S. 16-17, 104; vgl. Heinrich Klotz, *Moderne und Postmoderne. Architektur der Gegenwart 1960-1980*, Braunschweig, Wiesbaden ³1987, 147-148.
181 Vgl. Martino Stierli, »Las Vegas and the Mobilized Gaze«, in: Stanislaus von

Moos, Martino Stierli (Hg.), *Eyes That Saw. Architecture after Las Vegas*, New Haven, Zürich 2020, S. 129-173; Mary McLeod, »Wrestling with Meaning in Architecture: Learning from Las Vegas«, in: ebd., S. 67-92.
182 Vgl. Klotz, *Moderne und Postmoderne*, S. 160-176.
183 Robert Venturi, Denise Scott Brown, Steven Izenour, *Learning from Las Vegas. The Forgotten Symbolism of Architectural Form*, Cambridge (Mass.), London 1977; vgl. zur Publikationsgeschichte Valéry Didelon, »The Revolution is Dead, Long Live the Revolution«, und dies., »The Learning from Las Vegas Case (1968-1979)«, in: von Moos, Stierli (Hg.), *Eyes That Saw*, S. 93-105, 106-125; McLeod, »Wrestling with Meaning in Architecture«, S. 67-70.
184 Stanislaus von Moos, »Zweierlei Realismus«, in: *werk-archithese* 64:7-8 (1977), S. 58-62, Zitat S. 58.
185 Venturi, Scott Brown, Izenour, *Learning from Las Vegas*, S. 13, 18; vgl. McLeod, »Wrestling with Meaning in Architecture«, S. 79, 91.
186 Le Corbusier, *Ausblick auf eine Architektur*, S. 22; Robert Venturi, Denise Scott Brown, »Funktionalismus ja, aber ...«, in: *werk-archithese* 64:3 (1977), S. 33-35, Zitat S. 34.
187 Venturi, Scott Brown, Izenour, *Learning from Las Vegas*, S. 3, 129, vgl. S. 131-134; vgl. von Moos, »Zweierlei Realismus«, S. 60; Klotz, *Moderne und Postmoderne*, S. 166.
188 Charles Jencks, »The Rise of Post-Modern Architecture«, *Architectural Association Quaterly* 7, 1975, H. 4, S. 3-14; ders., *The Language of Post-Modern Architecture*, London 1977.
189 Vgl. ebd., S. 9; vgl. dazu auch Blake, *Form Follows Fiasco*, S. 154-155.
190 Jencks, »The Rise of Post-Modern Architecture«, S. 5.
191 Ebd., S. 6; ders., *Language of Post-Modern Architecture*, S. 7, 37.
192 Ebd., S. 58.
193 Jencks, »The Rise of Post-Modern Architecture«, S. 8; ders., *Language of Post-Modern Architecture*, S. 90.
194 Jencks, »The Rise of Post-Modern Architecture«, S. 9, 12; vgl. ders., *Language of Post-Modern Architecture*, S. 72.
195 Vgl. Alexander Tzonis, Liane Lefaivre, »Im Namen des Volkes. Die Entwicklung der heutigen populistischen Bewegungen in der Architektur«, in: *Bauwelt* 1/2 (1975), S. 10-17, Zitate S. 12, 13, 17.
196 Vgl. Wolfgang Ehrlinger u. a., »Editorial: Tendenzwende?«, in: *ARCH+* 75 (1975), S. 1-10; »Austrittserklärung der Redaktionsmitglieder Klaus Brake, Helga Fassbinder und Renate Petzinger aus der Redaktion«, Beilage in: *ARCH+* 34 (1977), S. 3.
197 Vgl. Klotz, *Moderne und Postmoderne*, S. 315-319, insb. S. 318; vgl. Le Corbusier, *Ausblick auf eine Architektur*, S. 24.
198 Vgl. Klotz, *Moderne und Postmoderne*, S. 325.
199 Vgl. ebd., S. 326-327.
200 Vgl. ebd., S. 211-314.
201 Vgl. Aldo Rossi, *L'architettura della città*, Padua: Marsilio 1966. Zu Rossis

Architekturtheorie siehe vor allem Angelika Schell, *Aldo Rossis Konstruktion des Wirklichen. Eine Architekturtheorie mit Widersprüchen*, Gütersloh, Berlin, Basel 2019; Ákos Moravánszky, Judith Hopfengärtner (Hg.), *Aldo Rossi und die Schweiz. Architektonische Wechselwirkungen*, Zürich 2011.

202 Aldo Rossi, »Realismus als Erziehung«, in: *werk-archithese* 64: 7-8 (1977), S. 27f., Zitat S. 28; vgl. Wilfried Kuehn, »ALDOLOGIEN. Rossi, die Schweiz und wir«, in: *ARCH+* 229 (2017), S. 46-53; Schnell, *Aldo Rossis Konstruktion des Wirklichen*, S. 243f.

203 Aldo Rossi, »Das Konzept des Typus«, Vortrag in Venedig, 1965, zitiert in: *ARCH+* 37 (1978), S. 39f., Zitat S. 39.

204 Vgl. Schnell, *Aldo Rossis Konstruktion des Wirklichen*, S. 278-286; vgl. Aldo Rossi, *The Architecture of the City*, Cambridge (Mass.) 1984, S. 40.

205 C.G. Jung, »Brief an Sigmund Freud«, 3. März 1910, zitiert in: Schnell, *Aldo Rossis Konstruktion des Wirklichen*, S. 328; vgl. auch ebd., S. 316-327; vgl. das Zitat bei Rossi, z.B. in »An Analogical Architecture«, in: *Architecture and Urbanism* 56 (1976), S. 74-76.

206 Rossi, »An Analogical Architecture«, S. 75; vgl. Ákos Moravánszky, »Analogien und Attitüden. Analoge Architektur aus Sicht des Theoretikers«, in: *Espazium*, 2015, online unter ⟨https://www.espazium.ch/de/aktuelles/analogien-und-attitueden⟩, letzter Zugriff am 3.12.2020; Carsten Ruhl, »Im Kopf des Architekten: Aldo Rossis *La città analoga*«, in: *Zeitschrift für Kunstgeschichte* 69:1 (2006), S. 67-98.

207 Vgl. zu diesem Argument immer noch Max Horkheimer, »Materialismus und Metaphysik«, in: *Zeitschrift für Sozialforschung* 2 (1933), S. 1-45.

208 Rossi, »Das Konzept des Typus«, S. 40; vgl. Schnell, *Aldo Rossis Konstruktion des Wirklichen*, S. 329.

209 Aldo Rossi, *Die Architektur der Stadt. Skizze einer grundlegenden Theorie des Urbanen*, Düsseldorf: Bertelsmann 1973, zitiert in: Schnell, *Aldo Rossis Konstruktion des Wirklichen*, S. 9.

210 Aldo Rossi, »Die rationale Architektur als Architektur der Tendenz«, zuerst in ders., *Scritti scelti sul architettura è la città* (1975), deutsch in: ders. et al., *Die venedischen Städte*, ETH Zürich, Lehrstuhl für Geschichte des Städtebaus, Prof. Dr. Paul Hofer/Lehrauftrag Aldo Rossi, Hektographie, Zürich 1978, S. 43-44, Zitat S. 48.

211 Vgl. von Moos, »Zweierlei Realismus«, S. 60; vgl. auch Schnell, *Aldo Rossis Konstruktion des Wirklichen*, S. 283.

212 Klotz, *Moderne und Postmoderne*, S. 244.

213 »Das ›DING‹ im Bauch von Paris«, in: *Bauwelt* 68 (1977); Jean Baudrillard, *L'effet Beaubourg. Implosion et dissuasion*, Paris 1977, zitiert nach: ders., »Der Beaubourg-Effekt. Implosion und Dissuasion«, in: ders., *Kool Killer*, S. 59-82; Hermann Bortfeldt, »Schau doch mal nach Beaubourg«, in: *Merkur* 31:355 (1977), S. 1220-1223; Ralph Rumney, »Pompidou's Multi-coloured Dream-machine: Or how They Opened the £ 125 m. Art Refinery«, in: *ART monthly* 4 (1977), S. 1-4.

214 »Das ›DING‹ im Bauch von Paris«, S. 316.
215 John Partridge, »Pompidou Cannot be Perceived as Anything but a Monument«, in: *Architectural Review*, 11.5.1977 (ohne Seitenzahl online auf architectural-review.com); Bortfeldt, »Schau doch mal nach Beaubourg«, S. 1221.
216 Renzo Piano, Richard Rogers, »L'histoire du projet«, in: *L'Architecture d'Aujourd'hui* 189 (1977), S. 54-57, Zitat S. 54.
217 Piano, Rogers, zitiert in: Jochen Bub, Wim Messing, »Eine Baubeschreibung«, in: *Bauwelt* 68 (1977), S. 316; vgl. Mary Blume, »The Cultural Colossus of Beaubourg«, in: *ARTnews*, März 1977, S. 36-39, Zitat S. 37.
218 Bortfeldt, »Schau doch mal nach Beaubourg«, S. 1221.
219 Rumney, »Pompidou's Multi-coloured Dream-machine«, S. 1; F. Barré, »Fascination et banalisation. Le rêve et la fonction«, in: *L'Architecture d'Aujourd'hui* 189, 1. Februar 1977, S. 50-51; Alan Colquhoun, »Plateau Beaubourg«, in: *Architectural Design* 47:2 (1977), wieder abgedruckt in ders., *Essays in Architectural Criticism: Modern Architecture and Historical Change*, Cambridge (Mass.), London 1981, S. 110-119, Zitat S. 119; Heiner Stachelhaus, »Centre Beaubourg – ein Salut«, in: *KUNSTmagazin* 17:1 (1977), S. 22.
220 Peter Erni, »Frankreichs neues Haus der Künste und Kultur«, in: *Tages-Anzeiger Magazin* 12 (1977), S. 6-12, Zitat S. 9.
221 »Physical mise-en-scène: Centre Pompidou. Future past«, in: *Progressive Architecture* 5 (1977), S. 84-89, Zitat S. 84.
222 Vgl. z. B. Paul Chemetov, »L'opéra pompidou«, in: *Techniques & Architecture* 317 (1977), S. 62f.; Evelyn Weiss, »Das ›Pompidoulianum‹, in: *KUNSTmagazin* 17:1 (1977), S. 20f.
223 Nathan Silver, »Le Tour Babel. A Review of the Centre Pompidou«, in: *Harper's Magazine* 254 (1977), S. 90f., Zitat S. 91.
224 Alfred Roth, »Eine kulturfördernde Begegnungsstätte?«, in: *werk-Archithese* 64:9 (1977), S. 27f., Zitat S. 28; Colquhoun, »Plateau Beaubourg«, S. 116-119.
225 Richard Rogers, zitiert in: »Un Evenement Architectural aussi important que la tour Eiffel?«, in: *Galerie-Jardin des arts* 166 (1977), S. 27-32, Zitat S. 31.
226 Maurice Besset, »Beaubourg«, in: *werk-Archithese* 64:9 (1977), S. 13-16, Zitat S. 14.
227 Colquhoun, »Plateau Beaubourg«, S. 112.
228 Vgl. »Découvert du Centre«, in: *Le Centre national d'art et de culture Georges Pompidou*, Sondernummer von *CREE* 46 (1977), S. 87-103.
229 Jean Miller, »Le Centre national de tous les français«, in: *Connaissance des Arts* 305 (1977), S. 51.
230 »Physical mise-en-scène«, S. 84, 88; Weiss, »Das ›Pompidoulianum‹, S. 20; vgl. auch Chemetov, »L'opéra pompidou«, S. 63.
231 Baudrillard, »Der Beaubourg-Effekt«, S. 70, 63, 67, 69.
232 Ebd., S. 66f., 69.

233 Ebd., S. 70.
234 Ebd., S. 71.
235 Ebd., S. 76f., 81 (Übersetzung angepasst).

6. Im Schatten der Natur

1 Vgl. Volker R. Berghahn, »Ludwig Erhard, die Freiburger Schule und das ›Amerikanische Jahrhundert‹«, *Freiburger Diskussionspapiere zur Ordnungsökonomik*, Nr. 10:1, Albert-Ludwigs-Universität Freiburg, Institut für Allgemeine Wirtschaftsforschung, Freiburg i. Br. 2010, S. 7.
2 Vgl. Karl-Heinz Roth, »Das Ende eines Mythos. Ludwig Erhard und der Übergang der deutschen Wirtschaft von der Annexions- zur Nachkriegsplanung (1939 bis 1945), 1. Teil: 1939-bis 1943«, in: *1999. Zeitschrift für Sozialgeschichte des 20. und 21. Jahrhunderts* 10:4 (1995), S. 53-93, insb. S. 56f.; vgl. Alfred C. Mierzejewski, *Ludwig Erhard. A Biography*, Chapel Hill, London 2004, S. 11-13.
3 Vgl. Mierzejewski, *Ludwig Erhard*, S. 13.
4 Vgl. Werner Abelshauser, *Deutsche Wirtschaftsgeschichte seit 1945*, München 2004, S. 96.
5 Ludwig Erhard, »Marktverbände als Förderer des Qualitätsgedankens«, in: *Deutsche Handels-Warte* 24:4 (1936), S. 97-104, sowie ders., »Organischer Aufbau der deutschen Wirtschaft«, in: *Die deutsche Fertigware* 1 (1934), Teil A, S. 3-5, beide zitiert in: Roth, »Das Ende eines Mythos«, S. 57.
6 Ludwig Erhard, »Nationalwirtschaft«, in: *Die Deutsche Fertigware* 2 (1933), Teil A, S. 17-22, insb. S. 19f., zitiert in Ralf Ptak, *Vom Ordoliberalismus zur Sozialen Marktwirtschaft. Stationen des Neoliberalismus in Deutschland*, Opladen 2004, S. 77; vgl. Abelshauser, *Deutsche Wirtschaftsgeschichte seit 1945*, S. 98.
7 Ptak, *Vom Ordoliberalismus zur Sozialen Marktwirtschaft*, S. 78; Christian Gerlach, »Ludwig Erhard und die ›Wirtschaft des neuen deutschen Ostraums‹. Ein Gutachten aus dem Jahre 1941 und Erhards Beratertätigkeit bei der deutschen Annexionspolitik 1938-43«, in: Matthias Hamann, Hans Asbeck (Hg.), *Halbierte Vernunft und totale Medizin*, Berlin 1997, S. 241-276, Zitat S. 242.
8 Ptak, *Vom Ordoliberalismus zur Sozialen Marktwirtschaft*, S. 79.
9 Roth, »Das Ende eines Mythos«, S. 61.
10 Vgl. Gerlach, »Ludwig Erhard und die ›Wirtschaft des neuen deutschen Ostraums‹«, S. 243; vgl. Roth, »Das Ende eines Mythos«, S. 58f.
11 Zitate Erhard in Gerlach, »Ludwig Erhard und die ›Wirtschaft des neuen deutschen Ostraums‹«, S. 244-245, S. 249-250; vgl. auch Ptak, »Neoliberalism in Germany«, S. 118.
12 Erhard, zitiert in Gerlach, »Ludwig Erhard und die ›Wirtschaft des neuen deutschen Ostraums‹«, S. 245.

13 Vgl. Karl Heinz Roth, »Das Ende eines Mythos. Ludwig Erhard und der Übergang der deutschen Wirtschaft von der Annexions- zur Nachkriegsplanung (1939 bis 1945). Teil II: 1943 bis 1945«, in: *1999. Zeitschrift für Sozialgeschichte des 20. und 21. Jahrhunderts* 13:1 (1998), S. 92-124, insb. S. 92f.; Ptak, *Vom Ordoliberalismus zur Sozialen Marktwirtschaft*, S. 145-147; Patricia Commun, »Ludwig Erhard et les querelles économiques sous le national-socialisme«, in: Valérie Robert (Hg.), *Intellectuels et polémiques dans l'espace germanophone*, Paris 2003, S. 85-97.

14 Vgl. Gerlach, »Ludwig Erhard und die ›Wirtschaft des neuen deutschen Ostraums‹«, S. 267, Anm. 4.

15 Vgl. Roth, »Das Ende eines Mythos«, S. 93-97, sowie Gerlach, »Ludwig Erhard und die ›Wirtschaft des neuen deutschen Ostraums‹«, S. 243; vgl. Ptak, *Vom Ordoliberalismus zur Sozialen Marktwirtschaft*, S. 138. Das Memorandum wurde 1977 erstmals veröffentlicht; vgl. Ludolf Herbst, »Krisenüberwindung und Wirtschaftsneuordnung. Ludwig Erhards Beteiligung an den Nachkriegsplanungen am Ende des Zweiten Weltkrieges«, in: *Vierteljahrshefte für Zeitgeschichte* 25:3 (1977), S. 305-340, insb. S. 306; Mierzejewski, *Ludwig Erhard*, S. 22.

16 Vgl. »West Germany's Erhard Dies at 80«, in: *Los Angeles Times*, 5.5.1977, S. A6, A30; »Dr. Ludwig Erhard. Man who worked a micale«, in: *The Guardian*, 6.5.1977, S. 8; »Bonn's economic wizard dies«, in: *South China Morning Post*, 6.5.1977, S. 3.

17 »Der Deutsche Bundestag trauert um sein ältestes Mitglied. ›Ein mutiger Mann und ein großer Redner‹. Würdigung im Plenum des Parlaments / Carstens' Ansprache im Wortlaut«, in: *Frankfurter Allgemeine Zeitung*, 6.5.1977, S. 2.

18 So mit direktem Bezug auf die angeblich verweigerte DAF-Mitgliedschaft in einer Sendung des ZDF am 10. April 1963, vgl. Herbst, »Krisenüberwindung und Wirtschaftserneuerung«, S. 522, Fn. 80.

19 »Dr. Ludwig Erhard. Man who worked a micale«, in: *The Guardian*, 6.5.1977, S. 8; vgl. Eugen Gerstenmaier, »Der Mann des deutschen Wunders«, in: *Die Zeit*, 13.5.1977, S. 4.

20 Vgl. Abelshauser, *Deutsche Wirtschaftsgeschichte seit 1945*, S. 75-84, insb. S. 82; Adam Tooze, *Ökonomie der Zerstörung. Die Geschichte der Wirtschaft im Nationalsozialismus*, München 2007, S. 770-778 (Orig.: *Wages of Destruction. The Making and Breaking of the Nazi Economy*. London, New York 2006).

21 Abelshauser, *Deutsche Wirtschaftsgeschichte*, S. 127.

22 Vgl. Abelshauser, *Deutsche Wirtschaftsgeschichte*, S. 120-130; vgl. auch Uwe Fuhrmann, *Die Entstehung der »Sozialen Marktwirtschaft« 1948/49. Eine historische Dispositivanalyse*, Konstanz, München 2017, S. 129-165; Mierzejewski, *Ludwig Erhard*, S. 69.

23 Hans Herbert Götz, »Vom Weißwarenladen ins Bundeskanzleramt. Das Leben Ludwig Erhards«, in: *Frankfurter Allgemeine Zeitung*, 6.5.1977, S. 3.

24 Vgl. Mierzejewski, *Ludwig Erhard*, S. 72.
25 Dieser Slogan wurde dann zum Titel seines Buches *Wohlstand für alle*, Düsseldorf 1957.
26 Vgl. Ralf Ptak, »Neoliberalism in Germany: Revisiting the Ordoliberal Foundations of the Social Market Econmy«, in: Philip Mirowski und Dieter Plehwe (Hg.), *The Road from Mont Pèlerin. The Making of the Neoliberal Thought Collective*, Cambridge (Mass.), New York 2009, S. 119-122; Fuhrmann, *Die Entstehung der »Sozialen Marktwirtschaft«*, S. 165-230; Mierzejewski, *Ludwig Erhard*, S. 44-48; Volker R. Berghahn, »Ordoliberalism, Ludwig Erhard, and West Germany's ›Economic Basic Law‹«, in: *European Review of International Studies* 2:3 (2015), S. 37-47, insb. S. 45 f.
27 Vgl. Abelshauser, *Deutsche Wirtschaftsgeschichte*, S. 154 f.
28 Vgl. Ptak, *Vom Ordoliberalismus zur Sozialen Marktwirtschaft*, S. 203-205.
29 Vgl. Ptak, »Neoliberalism in Germany«, S. 101 f., 110-114, 117-119; ders., *Vom Ordoliberalismus zur Sozialen Marktwirtschaft*, S. 82-89; Abelshauser, *Deutsche Wirtschaftspolitik*, S. 94-99.
30 Ludwig Erhard, »Die deutsche Wirtschaftspolitik im Blickfeld europäischer Politik« (Vortrag in der Aula der Universität Zürich vor dem Schweizerischen Institut für Auslandforschung am 6. Februar 1952), in: *Schweizer Monatshefte: Zeitschrift für Politik, Wirtschaft, Kultur* 32:2 (1952), S. 11-32, Zitat S. 11.
31 Erhard, »Die deutsche Wirtschaftspolitik«, S. 13.
32 Erhard, *Wohlstand für alle*, zitiert hier nach der 8. Auflage 1964 im Reprint, Köln 2009, S. 22 f.
33 Ebd., S. 203.
34 Ludwig Erhard, »Konjunkturpolitik« (Vortrag am 20. März 1956 in der Aula der Universität Zürich vor dem Schweizerischen Institut für Auslandsforschung, Abteilung für Volkswirtschaftliche Studien), in: *Schweizer Monatshefte: Zeitschrift für Politik, Wirtschaft, Kultur* 36:3 (1956), S. 156-178, Zitat S. 157.
35 Vgl. Erhard, »Die deutsche Wirtschaftspolitik«, S. 30; ders. »Konjunkturpolitik«, S. 164.
36 Vgl. Ptak, *Vom Ordoliberalismus zur Sozialen Marktwirtschaft*, S. 207 f.
37 Zitiert in ebd., S. 209.
38 Erhard, *Wohlstand für alle*, S. 18 f., 200-204, 251-256, 283, 290; ders., »Die deutsche Wirtschaftspolitik«, S. 13, 22; ders. »Konjunkturpolitik«, S. 165, 177.
39 Vgl. Mierzejewski, *Ludwig Erhard*, S. 91-96.
40 Ludwig Erhard, »Rede vor dem Plenum des 13. Bundesparteitags der CDU vom 31. März 1965«, zitiert in: Deutscher Bundestag, Wissenschaftliche Dienste, *Das Konzept der ›Formierten Gesellschaft‹ nach Ludwig Erhard*, Berlin: Deutscher Bundestag 2019 (Aktenzeichen WD 1-3000-016/19, online unter ⟨https://www.bundestag.de/resource/blob/666920/2386572122a1e0a76f.74191bac16107a/WD-1-016-19-pdf-data.pdf⟩, letzter Zugriff am 23.11.2020), S. 10.

41 »LUDWIG ERHARD †«, in: *Der Spiegel*, Nr. 20, 9.5.1977, S. 38.
42 Der Besuch Hayeks in Chile hat in der Forschung einige Aufmerksamkeit gefunden und wurde meist scharf kritisiert, zuletzt besonders polemisch durch Grégoire Chamayou in *Die unregierbare Gesellschaft. Eine Genealogie des autoritären Liberalismus*, Berlin 2019, S. 280-293. Siehe hingegen die archivgestützten Untersuchungen von Bruce Caldwell und Leonidas Montes, »Friedrich Hayek and his Visits to Chile«, in: *The Austrian Review of Economics* 28:3 (2014), S. 261-309, und von Andrew Farrant, Edward McPhail und Sebastian Berger, »Preventing the ›Abuses‹ of Democracy: Hayek, the ›Military Usurper‹ and Transitional Dictatorship in Chile?«, in: *The American Journal of Economics and Sociology* 71:3 (2012), S. 513-538.
43 Zur Biografie Hayeks siehe Alan Ebenstein, *Friedrich Hayek. A Biography*, New York 2001; Hans Jörg Hennecke, *Friedrich August von Hayek zur Einführung*, Hamburg 2008, S. 13-43.
44 Die Originalausgabe erschien 1944 bei Chicago University Press, die deutsche Erstausgabe erschien 1945 unter dem Titel *Der Weg zur Knechtschaft* im Verlag Eugen Rentsch.
45 Vgl. dazu und generell zur Geschichte des Neoliberalismus Quinn Slobodian, *Globalisten. Das Ende der Imperien und die Geburt des Neoliberalimus*, Berlin 2019, S. 112-127 (Orig.: *Globalists. The End of Empire and the Birth of Neoliberalism*, Cambridge (Mass.), London 2018; Thomas Biebricher, *Neoliberalismus zur Einführung*, Hamburg 2012; vgl. Ben Jackson, »At the Origins of Neo-Liberalism: The Free Economy and the Strong State, 1930-1947«, in: *The Historical Journal* 53:1 (2010), S. 129-151.
46 Vgl. z.B. Friedrich August von Hayek, »Choice in Currency: A Way to stop Inflation« (1975), in: ders., *Economic Freedom. IEA Masters of Modern Economics*, Oxford 1991, S. 245-259; ders., »Economics, Politics and Freedom. An Interview with F.A. Hayek«, in: *Reason* 6 (1975), S. 4-12; ders., »Die Erhaltung des liberalen Gedankengutes«, in: Friedrich A. Lutz (Hg.), *Der Streit um die Gesellschaftsordnung*, Zürich 1975, S. 23-29; ders., »Eine sich selbst bildende Ordnung für die Gesellschaft« (1966), in: ders., *Die Anmaßung von Wissen*, Tübingen 1996, S. 262-266; vgl. als guten Überblick über Hayeks Theorien Biebricher, *Neoliberalismus zur Einführung*, S. 58-69.
47 Friedrich A. von Hayek, »Wohin steuert die Demokratie?«, in: *Frankfurter Allgemeine Zeitung*, 8.1.1977, S. 11; ders, »Soziale Gerechtigkeit – eine Fata Morgana«, in: ebd., 16.4.1977, S. 13; ders., »Das totalitäre Gesicht des Sozialismus. Alle wissenschaftlichen Rechtfertigungsversuche sind zusammengebrochen«, in: ebd., 11.6.1977, S. 13; ders., *Drei Vorlesungen über Demokratie, Gerechtigkeit und Sozialismus*, Tübingen 1977 (= Walter Eucken Institut [Hg.], *Vorträge und Aufsätze*, Bd. 63); vgl. ders.; »Die Botschaft des Nationalökonomen Adam Smith«, in: *Frankfurter Allgemeine Zeitung*, 5.3.1976, S. 14; ders., »Die Illusion der sozialen Gerechtigkeit« (1976), in: ders., *Die Anmaßung von Wissen*, S. 193-203; ders., »Sozialismus und Wissenschaft« (1976), in: ebd., S. 149-165; ders., *Die Illusion der sozialen Gerechtigkeit*

(= *Recht, Gesetzgebung und Freiheit*, Bd. 2), Landsberg am Lech 1981 (Orig.: *The Mirage of Social Justice*, Milton Park 1976).

48 Hayek, »Soziale Gerechtigkeit – eine Fata Morgana«, S. 13; vgl. dazu grundsätzlich Jessica White, *The Morals of the Market. Human Rights and the Rise of Neoliberalism*, London, New York 2019, insb. S. 8-22.

49 Friedrich A. von Hayek, »Wohin zielt die Demokratie?«, in: ders., *Drei Vorlesungen*, S. 7-22, Zitate S. 9 u. 11.

50 Hayek, »Wohin zielt die Demokratie?«, S. 9, vgl. S. 16.

51 Hayek, *Die Illusion der sozialen Gerechtigkeit*, S. 43.

52 Vgl. zu dieser Spannung in Hayeks Denken auch Chandran Kukathas, »Hayek and Liberalism«, in: Edward Feser (Hg.), *The Cambridge Companion to Hayek*, Cambridge u.a. 2006, S. 182-207, und Roger Scruton, »Hayek and Conservatism«, in: ebd., S. 208-231.

53 Vgl. Kukathas, »Hayek and Liberalism«, S. 186-188.

54 Vgl. White, *The Morals of the Market*, S. 81-84.

55 Vgl. Scruton, »Hayek and conservatism«, S. 208.

56 Friedrich A. von Hayek, »Sozialismus und Wissenschaft«, in: ders., *Drei Vorlesungen*, S. 39-58, S. 43, 45, 52.

57 Hayek, »Wohin steuert die Demokratie?«, S. 11.

58 Ebd., S. 8f.; vgl. ders., »Wohin steuert die Demokratie?«, S. 11; vgl. White, *The Morals of the Market*, S. 156-160.

59 Friedrich A. von Hayek, »Der Atavismus ›soziale Gerechtigkeit‹«, in: ders., *Drei Vorlesungen*, S. 23-38, Zitate S. 25f.

60 Vgl. dazu ausführlich Naomi Beck, *Hayek and the Evolution of Capitalism*, Chicago, London 2018.

61 Hayek, »Der Atavismus ›soziale Gerechtigkeit‹«, S. 29.

62 Vgl. Hayek, »Sozialismus und Wissenschaft«, S. 45; ders., *Die Illusion der sozialen Gerechtigkeit*, S. 198.

63 Hayek, »Der Atavismus ›soziale Gerechtigkeit‹«, S. 27, 29; vgl. Kukathas, »Hayek and Liberalism«, S. 197.

64 Vgl. Andrew Gamble, »Hayek on Knowledge, Economics, and Society«, in: Feser (Hg.), *The Cambridge Companion to Hayek*, S. 111-131.

65 Hayek, »Der Atavismus ›soziale Gerechtigkeit‹«, S. 28, 30.

66 Vgl. Slobodian, *Globalisten*, S. 316-317.

67 Hayek, »Sozialismus und Wissenschaft«, S. 51; vgl. Gamble, »Hayek on Knowledge, Economics, and Society«, S. 128.

68 Slobodian, *Globalisten*, S. 324-331, Zitate S. 328 und 331; vgl. Hayek, »Der Atavismus ›soziale Gerechtigkeit‹«, S. 30, 32.

69 Ebd., S. 38; vgl. Scruton, »Hayek and Conservatism«, S. 209.

70 Vgl. dazu das abschließende Urteil von Beck, *Hayek and the Evolution of Capitalism*, S. 158.

71 Vgl. White, *The Morals of the Market*, S. 57-60.

72 Hayek, »Der Atavismus ›soziale Gerechtigkeit‹«, S. 32f., 35, 37; vgl. Scruton, »Hayek and Conservatism«, S. 210-212.

73 Vgl. Hayek, »Der Atavismus ›soziale Gerechtigkeit‹«, S. 32.
74 Hayek, »Sozialismus und Wissenschaft«, S. 55.
75 Vgl. Kukathas, »Hayek and Liberalism«, S. 201.
76 Hayek, »Sozialismus und Wissenschaft«, S. 43-45.
77 Vgl. ebd., S. 46-48, 55f., Zitat S. 48; vgl. Kukathas, »Hayek and Liberalism«, S. 184.
78 Vgl. Slobodian, *Globalisten*, S. 13-16; vgl. Gamble, »Hayek on Knowledge, Economics, and Society«, S. 122-129.
79 Hayek, »Sozialismus und Wissenschaft«, S. 57; ders., »Der Atavismus ›soziale Gerechtigkeit‹«, S. 30.
80 Vgl. dazu auch Scruton, »Hayek and Conservatism«, S. 223-226.
81 Vgl. Gamble, »Hayek on Knowledge, Economics, and Society«, S. 129.
82 Hayek, »Der Atavismus ›soziale Gerechtigkeit‹«, S. 26.
83 Helmut Schmidt, »The 1977 Alastair Buchan Memorial Lecture«, 28.10.1977, publiziert in: *Survival. The Journal of the International Institute of Strategic Studies* 20:1 (1978), S. 2-10. In der gedruckten Fassung fehlt der explizite Hinweise auf die SS-20; Schmidt spricht hier nur verklausuliert von einem entstehenden strategischen Ungleichgewicht in Europa.
84 Vgl. George B. Kistiakowsky, »The Arms Race: Is Paranoia Necessary for Security?«, in: *The New York Times*, 27.11.1977, S. 54, 77.
85 Ronald Reagan, zitiert in: Jon Nordheimer, »Reagan, in Direct Attack, Assails Ford on Defense«, in: *The New York Times*, 5.3.1976, S. 64, und in »Transcript of Reagan's Remarks to the Convention«, in: ebd., 28.8.1976, S. 12.
86 Vgl. dazu sehr ausführlich Dominik Geppert, *Thatchers konservative Revolution. Der Richtungswandel der britischen Tories 1975-1978*, München 2002, S. 27-40.
87 Margaret Thatcher, »Britain Awake«, in: dies., *Let Our Children Grow Tall. Selected Speeches 1975-1977*, London 1977, S. 41-48, Zitate S. 41-44, 48.
88 Ebd., S. 41, 47, vgl. auch S. 44.
89 Vgl. Geppert, *Thatchers konservative Revolution*, S. 61; vgl. Meredith Veldman, *Margaret Thatcher. Shaping the New Conservatism*, Oxford, New York 2016, S. 81f.
90 Vgl. »›Welfare Queen‹ Becomes Issue in Reagan Campaign«, in: *The New York Times*, 15.2.1976, S. 51; David E. Rosenbaum, »How Ronald Reagan Would Run the Economy«, in: ebd., 9.5.1976, S. 99, 107; vgl. Ronald Reagan, »To Restore America«, Fernsehansprache am 31.3.1976, online unter ⟨https://www.reaganlibrary.gov/archives/speech/restore-america⟩, letzter Zugriff am 3.12.2020.
91 Vgl. Garry Wills, *Reagan's America. Innocents at Home*, New York 1987, S. 409-430.
92 Friedrich von Hayek in: *Firing Line*, November 1977 (aufgezeichnete TV-Sendung, archiviert von der Hoover Institution, Stanford University, online unter ⟨https://www.youtube.com/watch?v=p6FJRoTf-Us⟩, letzter Zu-

griff am 3.1.2021); vgl. Angus Burgin, *The Great Persuasion. Reinventing Free Markets since the Depression*, Cambridge (Mass.), London 2012, S. 138-140.

93 Erving Kristol, »On Corporate Philanthropy«, in: *Wall Street Journal*, 21.3.1977; ich zitiere aus dem als kleine Broschüre vom American Enterprise Institute herausgegebenen Text (New York 1977), Zitate S. 2-5; vgl. Jason Stahl, *Right Moves. The Conservative Think Tank in American Political Culture Since 1945*, Chapel Hill 2016, S. 92f.

94 Vgl. Stahl, *Right Moves*, S. 52-67, 83-85.

95 Vgl. ebd., S. 91; Daniel Bessner, »Murray Rothbard, Political Strategy, and the Making of Modern Libertarianism«, in: *Intellectual History Review* 24:4 (2014), S. 441-456, insb. S. 448; vgl. dazu auch aus Insiderperspektive Brian Doherty, *Radicals for Capitalism. A Freewheeling History of the Modern American Libertarian Movement*, New York 2007, S. 410-413; *Cato25. 25 years at the Cato Institute, The 2001 Annual Report*, San Francisco [o.J.], S. 10-13.

96 Vgl. Bessner, »Murray Rothbard, Political Strategy, and the Making of Modern Libertarianism«, S. 442f.

97 »Inquiries« (Editorial), in: *Inquiry* 1 (1977), S. 2.

98 Ivan Illich, »The Age of the Disabling Professions«, in: *Inquiry* 1 (1977), S. 17-21, Zitat S. 17.

99 *Reason. Free Minds and Free Markets* 6 (1977) (Inhaltsverzeichnis online ohne Paginierung unter ⟨https://reason.com/issue/june-1977/⟩, letzter Zugriff am 5.1.2021).

100 Vgl. Andrew Denham, Mark Garnett, *British Think-Tanks and the Climate of Opinion*, London 1998, S. 115-132, insb. S. 115-117, 122, 127; Richard Heffernan, »›Blueprint for a Revolution‹? The Politics of the Adam Smith Institute, in: *Contemporary British History* 10:1 (1996), S. 73-87, insb. S. 76.

101 Vgl. Geppert, *Thatchers konservative Revolution*, S. 262-272.

102 Vgl. Denham, Garnett, *British Think-Tanks*, S. 89-114, insb. S. 89; vgl. dies., »Influence without Responsibility? Think-Tanks in Britain«, in: *Parliamentary Affairs* 52:1 (1999), S. 46-57.

103 Vgl. Geppert, *Thatchers konservative Revolution*, S. 276-281, 287-289.

104 Margaret Thatcher, Keith Joseph, *The Centre for Policy Studies. Objectives and Styles*, London 1975, online ohne Paginierung unter ⟨https://www.margaretthatcher.org/document/114770⟩, letzter Zugriff am 20.1.2021, Zitat S. [1f.].

105 Ebd., S. [2].

106 Zitiert in Denham, Garnett, *British Think-Tanks*, S. 91, vgl. ebd., S. 97-100.

107 Vgl. James Cooper, »The Foreign Politics of Opposition: Margaret Thatcher and the Transatlantic Relationship before Power«, in: *Contemporary British History* 24:1 (2010), S. 23-42.

108 Thatcher, *Let Our Children Grow Tall*.

109 Irving Kristol, »Socialism: Obituary for an Idea«, in: Robert Emmett Tyrrell (Hg.), *The Future That Doesn't Work. Social Democracy's Failures in Bri-*

tain, New York 1977; vgl. Margaret Thatcher, »The New Renaissance«, in: dies., *Let Our Children Grow Tall*, S. 93-101, insb. S. 101.

110 Vgl. für den Kontext Scott Newton, *The Reinvention of Britain 1960-2016. A Political and Economic History*, Milton Park, New York 2018, S. 223-226.

111 Margaret Thatcher, »Let me Give you my Vision«, in: dies., *Let Our Children Grow Tall*, S. 29-40.

112 Ludwig Erhard, *Prosperity through Competition*, London 1958 (= engl. Ausgabe von *Wohlstand für alle*); vgl. Margaret Thatcher, »Short Term Expediency: Long Term Ruin?«, in: dies., *Let Our Children Grow Tall*, S. 67-72, insb. S. 72.

113 Margaret Thatcher, »The Path to Profitability«, in: dies., *Let Our Children Grow Tall*, S. 51-60, Zitat S. 53, und dies., »Dimensions of Conservatism«, ebd., S. 103-114, Zitat S. 108.

114 Thatcher, »Let me Give you my Vision«, S. 34; dies., »The Wealth of this Nation«, in: dies., *Let Our Children Grow Tall*, S. 87-92, Zitat S. 88; dies., »The New Renaissance«, S. 96; vgl. dies, »The Path to Profitability«, S. 58; dies., »The Mixed Economy«, in: dies., *Let Our Children Grow Tall*, S. 73-80, insb. S. 77.

115 Margaret Thatcher, »The Healthy Society«, in: dies., *Let Our Children Grow Tall*, S. 81-86, Zitat S. 81.

116 Vgl. Thatcher, »The Healthy Society«, S. 84-86; dies., »The New Renaissance«, S. 97; dies., »Dimensions of Conservatism«, S. 110.

117 Thatcher, »The New Renaissance«, S. 96; dies., »Dimensions of Conservatism«, S. 105, 108.

118 Thatcher, »Let me Give you my Vision«, S. 35.

119 Thatcher, »The New Renaissance«, S. 93 f., 98.

120 »Zürcher Vortrag der britischen Oppositionsführerin«, in: *Neue Zürcher Zeitung*, 16.3.1977, S. 2.

121 Thatcher, »The New Renaissance«, S. 99.

122 Phillips-Fein, *Fear City*, S. 178.

123 Robert E. Tomasson, »DEAL NEGOTIATED FOR COMMODORE«, in: *The New York Times*, 4.5.1975, S. 41.

124 Vgl. Phillips-Fein, *Fear City*, S. 264-266.

125 Carter B. Horsley, »Commodore Plan is Key to the City's Tax-Aid Strategy«, in: *The New York Times*, 28.3.1976, S. 224; vgl. Edward Ranzal, »Talks Slated on Commodore Hotel Deal«, in: ebd., 23.4.1976, S. 39; Michael Kranish, Marc Fisher, *Die Wahrheit über Trump. Die Biografie des 45. Präsidenten*, Kulmbach 2019, S. 114 (Orig.: *Trump Revealed. An American Journey of Ambition, Ego, Money, and Power*, New York 2016); Phillips-Fein, *Fear City*, S. 257-259.

126 Kranish, Fischer, *Die Wahrheit über Trump*, S. 121; vgl. Sarah Kenzidor, *Hiding in Plain Sight. The Invention of Donald Trump and the Erosion of America*, New York 2020, S. 52-53. Siehe zum Studio 54 auch oben, Kap. 5.

127 Judy Klemesrud, »Donald Trump, Real Estate Promoter, Builds Image as He Buys Buildings«, in: *The New York Times*, 1.11.1976, S. 41.
128 Vgl. Kranish, Fischer, *Die Wahrheit über Trump*, S. 118; es waren die letzten Tage, nicht die letzten Wochen von Beams Amtszeit, dazu präziser dies., *Trump Revealed*, S. 78.
129 »The Dissenters«/»The Watchdog of Paris«, in: *The Banker*, Juli 1977, S. 1 u. S. 31; »Monetarist Watchdogs for Europe«, in: *The Herald Tribune*, 2.6.1977, S. 1.
130 Vgl. Shadow European Economic Policy Committee (SEEPC), »Policy Statement and Position Papers«, Rochester: Graduate School of Management, Center for Research in Government Policy and Business, University of Rochester 1977 (Hektografie), S. 1-4.
131 Chamayou, *Die unregierbare Gesellschaft*, z. B. 19-26.
132 SEEPC, »Policy Statement«, S. 3.
133 Ebd., S. 2-4.
134 Wilhelm Bittorf, »›Die Darwinistische Revolution vollenden‹«, in: *Der Spiegel*, 21.2.1977, Nr. 9, S. 154-164, Zitate S. 154; »Why you do what you do. Sociobiology: A New Theory of Behavior«, in: *Time Magazine*, 1.8.1977, S. 54-63, Zitat S. 54; Edward O. Wilson, *Sociobiology. The New Synthesis*, Cambridge (Mass.), London 1975; Elizabeth Allen, Barbara Beckwitz u. a., »Against ›Sociobiology‹«, in: *The New York Review of Books*, 13.11.1975 (ohne Seitenzahl online auf nybooks.com); Edward O. Wilson, »For Sociobiology«, in: ebd., 11.12.1975 (ohne Seitenzahl online auf nybooks.com).
135 Vgl. »Why you do what you do«, S. 54, 58; für eine umfassende und kritische Darstellung der gesamten Soziobiologie-Kontrovers siehe Ullica Segerstråle, *Defenders of the Truth. The Battle for Science in the Sociobiology Debate and Beyond*, Oxford 2000, zur unmittelbaren Geschichte der Kontroverse insb. S. 13-34.
136 Vgl. Miriam D. Rosenthal, »Sociobiology: Laying the Foundation For a Racist Synthesis«, in: *The Harvard Crimson*, 7.2.1977 (ohne Seitenzahl online auf thecrimson.com); Segerstråle, *Defenders of the Truth*, S. 27; die Daten stammten vom britischen Psychologen Cyril Burt, vgl. Thomas P. Weber, *Soziobiologie*, Frankfurt/M. 2015, Kindle Ausgabe, Pos. 51.
137 Vgl. dazu die Dissertation von Jakob Odenwald, *Vorprogrammiertes Verhalten: Die bundesdeutsche Verhaltensbiologie und die Suche nach der menschlichen Natur (ca. 1950-1990)* (im Erscheinen).
138 Wilson, *Sociobiology*; ich zitiere aus der Ausgabe *Sociobiology. The Abridged Edition*, Cambridge (Mass.), London 1980, S. 4 (Wilson betont, dass er das 26. Kapitel über den Menschen vollständig aus der Ausgabe von 1975 übernommen habe – nachgeführt wurden nur die Literaturverweise, dasselbe gilt für das hier zitierte erste Kapitel).
139 Edward O. Wilson, in: David P. Barash, *Sociobiology and Behavior*, New York 1977, ich zitiere aus der deutschen Übersetzung: *Soziobiologie und Verhalten*, Berlin, Hamburg 1980, S. 7.

140 Bittorf, »›Die Darwinistische Revolution vollenden‹«, S. 155.
141 Marshall Sahlins, *The Use and Abuse of Biology. An Anthropological Critique of Sociobiology*, Ann Arbor 1976, S. 72f.; The Ann Arbor Science for the People Editorial Collective, *Biology as a Social Weapon*, Minneapolis 1977, S. 131.
142 Die Konferenzbeiträge wurden publiziert in: Ethel Tobach, Betty Rosoff (Hg.), *Genes and Gender: 1*, New York 1978, S. 13.
143 Vgl. Erika Lorraine Milam, *Creatures of Cain. The Hunt for Human Nature in Cold War America*, Princeton, Oxford 2019, S. 230-234; Nadine Weidman, »Popularizing the Ancestry of Man. Robert Ardrey and the Killer Instinct«, in: *ISIS* 102 (2011), S. 269-299; Robert Ardrey, *Der Wolf in uns. Die Jagd als Urmotiv menschlichen Verhaltens*, Frankfurt/M. 1977 (Orig.: *The Hunting Hypothesis. A Personal Conclusion Concerning the Evolutionary Nature of Man*, London 1976).
144 Vgl. Wilson, *Sociobiology*, S. 275; Segerstråle, *Defenders of the Truth*, S. 28.
145 Vgl. Maurizio Meloni, *Political Biology. Science and Social Values in Human Heredity from Eugenics to Epigentics*, New York, Basingstoke 2016, S. 159-180.
146 Vgl. Nadine Weidman, »An Anthropologist on TV: Ashley Montagu and the Biological Basis of Human Nature, 1945-1960«, in: Mark Solovey, Hamilton Cravens (Hg.), *Cold War Social Science. Knowledge Production, Liberal Democracy, and Human Nature*, New York 2009, S. 215-232, insb. S. 218-221; vgl. Meloni, *Political Biology*, S. 153-155.
147 Zitiert in: Meloni, *Political Biology*, S. 164, vgl. S. 166f.
148 Vgl. Segerstråle, *Defenders of the Truth*, S. 36-40, 45-48, 95.
149 Vgl. Milam, *Creatures of Cain*, S. 236; Segerstråle, *Defenders of the Truth*, S. 54, 57-64, 83; zu Ardrey vgl. Weidman, »Popularizing the Ancestry of Man«, insb. S. 280-286.
150 Vgl. Wilson, *Sociobiology*, S. 55-58, insb. S. 56, sowie S. 274; Milam, *Creatures of Cain*, S. 236-237.
151 Richard Dawkins, zitiert in: »Why you do what you do«, S. 54; ders., *The Selfish Gene*, Oxford 1976; ich zitiere aus der deutschen Erstausgabe: *Das egoistische Gen*, Berlin, Heidelberg etc. 1978, S. VIII.
152 Sahlins, *The Use and Abuse of Biology*, S. 22, vgl. S. 101-107.
153 Donna Haraway, *Primate Visions. Gender, Race, and Nature in the World of Modern Science*, New York, London 1989, S. 353.
154 Dawkins, *Das egoistische Gen*, S. 57-58, 79, vgl. S. 68-78.
155 Vgl. Sahlins, *The Use and Abuse of Biology*, S. 77-83; vgl. auch Barash, *Soziobiologie und Verhalten*, z. B. 176f.
156 Vgl. Robert Ardrey, *Der Gesellschaftsvertrag. Das Naturgesetz von der Ungleichheit der Menschen*, München 1971 (Orig.: *The Social Contract. A Personal Inquiry into the Evolutionary Sources of Order and Disorder*, London 1970), Kap. »Das Individuum und sein Lebensraum«, S. 243-284.
157 Blaffer-Hrdy, *The Langurs of Abu*, S. 7-9.
158 Ebd., S. 11.

159 Haraway, *Primate Visions*, S. 350-353, vgl. 228.
160 Dawkins, *Das egoistische Gen*, S. 10-12.
161 Vgl. Mary-Claire King, Allan C. Wilson, »Evolution at Two Levels in Humans and Chimpanzees«, in: *Science* 188 (1975), S. 107-116.
162 Robert Trivers, »Geleitwort«, in: Dawkins, *Das egoistische Gen*, S.V.
163 Edward O. Wilson, »Evolutionary Biology Seeks The Meaning Of Life Itself«, in: *The New York Times*, 27.11.1977, S. E16.
164 King, Wilson, »Evolution at Two Levels in Humans and Chimpanzees«, S. 107, 115; zum Operon-Modell von Monod und Jacob – und generell zur Geschichte des Gens – vgl. insb. Hans-Jörg Rheinberger, Staffan Müller Wille, Art. »Gene«, in: *Stanford Encyclopedia of Philosophy*, 2004, erweitert und revidiert 2015 (online ohne Paginierung unter ⟨https://plato.stanford.edu/entries/gene/⟩, letzter Zugriff am 14.1.2021).
165 François Jacob, »Evolution and Tinkering«, in: *Science* (1977), S. 1161-1166.
166 Ebd., S. 1165.
167 Vgl. Scott Gilbert, »Genes Classical and Genes Developmental. The Different Use of Genes in Evolutionary Syntheses«, in: Peter Beurton, Raphael Falk, Hans-Jörg Rheinberger (Hg.), *The Concept of the Gene in Development and Evolution. Historical and Epistemological Perspectives*, Cambridge 2000, S. 178-192.
168 Wilson, *Sociobiology*, S. 274
169 Ebd., S. 287f.
170 Ebd., S. 287, 300.
171 Sociobiology Study Group, »Sociobiology: A New Biological Determinism«, in: The Ann Arbor Science for the People Editorial Collective, *Biology as a Social Weapon*, S. 131-149, insb. S. 141-143.
172 Die Konferenz-Beiträge wurden in erweiterter Form erst 1981 publiziert, ich zitiere hier daher nur aus den einleitenden Bemerkungen von William Etkin, »A Biological Critique of Sociobiological Theory«, in: Elliott White (Hg.), *Sociobiology and Human Politics*, Lexington (Mass.), Toronto 1981, S. 45-97, Zitat S. 45.
173 Stephen Jay Gould, »Biological Potentiality vs. Biological Determinism«, in: *Natural History* 85:5 (1976), wieder abgedruckt in: ders., *Ever Since Darwin. Reflections in Natural History*, New York 1977, S. 251-259, Zitat S. 257.
174 Sahlins, *The Use and Abuse of Biology*, S. 12f.
175 Dawkins, *Das egoistische Gen*, S. 63-65, Zitat S. 65.
176 Ebd., S. 70f.
177 Ebd., S. 1.
178 Ebd., S. 227.
179 Ebd., S. 227-230.
180 Ebd., S. 236-237.
181 Vgl. Lily E. Kay, *Das Buch des Lebens. Wer schrieb den genetischen Code?*, München 2001, Kap. 5-7 (Orig.: *Who Wrote the Book of Life? A History of the Genetic Code*, Stanford 2000).

182 Dawkins, *Das egoistische Gen*, S. 3.
183 Jacques Lacan, »Das Spiegelstadium als Bildner der Ichfunktion, wie sie uns in der psychoanalytischen Erfahrung erscheint« (franz. Orig. 1949), in: ders.: *Schriften*, Bd. I, Weinheim, Berlin 1986, S. 61-70, Zitat S. 67.
184 Vgl. zu diesem Argument Philipp Sarasin, »Der öffentlich sichtbare Körper. Vom Spektakel der Anatomie zu den ›curiosités physiologiques‹«, in: ders., Jakob Tanner (Hg.), *Physiologie und industrielle Gesellschaft. Studien zur Verwissenschaftlichung des Körpers im 19. und 20. Jahrhundert*, Frankfurt/M. 1998, S. 419-452.
185 Die Dokumentation all dieser Farrah-Fawcett-Cover findet sich unter dem Titel »Farrah Everywhere: The Countless Farrah Fawcett Magazine Covers of 1976 to 1980« online unter ⟨https://flashbak.com/farrah-everywhere-the-countless-farrah-fawcett-magazine-covers-of-1976-to-1980-382556/⟩, letzter Zugriff am 14.1.2021. »Ganz krank«, in: *Der Spiegel*, 11.4.1977, Nr. 16, S. 215.
186 Vgl. *Detroit Free Press*, 2.2.1977 (ohne Seitenzahl online unter ⟨http://www.weirduniverse.net/blog/comments/farrah_fawcett_lookalike_contest_winners⟩, letzter Zugriff am 14.1.2021).
187 Um hier einen Begriff zu verwenden, der 1977 vom deutschen Literaturwissenschaftler Klaus Theweleit lanciert wurde; vgl. Klaus Theweleit, *Männerphantasien*, Bd. 1: *Frauen, Fluten, Körper, Geschichte*, Frankfurt/M. 1977.
188 Chadwick Roberts, »The Politics of Farrah's Body. The Female Icon as Cultural Embodiment«, in: *The Journal of Popular Culture* 37:1 (2003), S. 83-104, Zitate S. 87f.
189 Zur Biographie siehe Jörg Scheller, *Arnold Schwarzenegger, oder Die Kunst, ein Leben zu stemmen*, Stuttgart 2012.
190 Vgl. Gary Arnold, »A Whitty Psych-Out«, in: *The Washington Post*, 19.2. 1977 (ohne Seitenzahl online auf washingtonpost.com); Desmond Ryan, »Muscle and bluster in ›Pumping Iron‹, in: *Philadelphian Inquirer*, 6.6. 1977, S. 14; Richard Eder, »Film: Muscles Galore. Bulging Mystique«, in: *The New York Times*, 19.1.1977, S. 62; Margaret Roach, »Bodybuilders Labor to Develop an Image«, in: *The New York Times*, 20.3.1977, S. 1, 4; »Movies: ›Pumping Iron‹ strikes imposing show of men behind the muscles, in: *Chicago Tribune*, 18.3.1977, S. 19; Barton Keese, »Kennedy Net Draws Stars and Idolaters«, in: *The New York Times*, 28.8.1977, S. 164.
191 Vgl. *Oui Magazine*, 1.8.1977; *Time Out Magazine* 392 (1977), Cover; Arnold Schwarzenegger, *Arnold. The Education of a Bodybuilder*, New York 1977.
192 Vgl. Dimitris Liokaftos, *A Genealogy of Male Bodybuilding. From Classical to Freaky*, New York, London 2017; Charles Heiko Stocking, »Greek Ideal as Hyperreal: Greco-Roman Sculpture and the Athletic Male Body«, in: *Arion. A Journal of Humanities and the Classics* 21:3 (2014), S. 45-74; David L. Champman und Brett Josef Grubisic, *American Hunks. The Muscular Male Body in Popular Culture, 1860-1970*, Vancouver 2009; Jesper Andreasson,

Thomas Johansson, »The Fitness Revolution. Historical Transformations in the Global Gym and Fitness Culture«, in: *Sport Science Review* 23:3/4 (2014), S. 91-112.
193 Vicki Goldberg, »Bodybuilding. Is it an art, a sport or sheer exhibitionism?«, in: *The New York Times*, 30.11.1975, S. 48, 52, 54, 58; Katharine Lowry, »The Show of Muscles at the Whitney was vitiated by academic flabbiness«, in: *Sports Illustrated*, 7.6.1976 (ohne Seitenzahl online auf vault.si.com); Schwarzenegger, *Education of a Bodybuilder*, S. 19.
194 Ebd., S. 12, 16, 26f., 66, 84f., 120f.
195 Ebd., S. 26-28, 85, 116f.
196 Vgl. Abe Peck, »Arnold Schwarzenegger: The Hero of Perfected Mass«, in: *Rolling Stone*, 3.6.1976 (ohne Seitenzahl online auf rollingstone.com).
197 Schwarzenegger, *Education of a Bodybuilder*, S. 27, 125-128, 176, 269; vgl. Liokaftos, *A Genealogy of Male Bodybuilding*, S. 88.
198 Vgl. Jürgen Martschukat, »The Pursuit of Fitness: Von Freiheit und Leistungsfähigkeit in der Geschichte der USA«, in: *Geschichte und Gesellschaft* 42:3 (2016), S. 409-440; ders., *Das Zeitalter der Fitness. Wie der Körper zum Zeichen für Erfolg und Leistung wurde*, Frankfurt/M. 2019; S. 84-93.
199 Schwarzenegger, *Education of a Bodybuilder*, S. 86; Diane White, »›Iron‹ more than brawn«, in: *The Boston Globe*, 18.2.1977, S. 34.
200 Vgl. Barry Glassner, »Fitness and the Postmodern Self«, in: *Journal of Health and Social Behavior* 30:2 (1989), S. 180-191, insb. S. 183-185; Marc Stern, »The Fitness Movement and the Fitness Center Industry, 1960-2000«, in: *Business and Economic History On-Line*, 2008, online unter ⟨https://thebhc.org/sites/default/files/stern_0.pdf⟩, letzter Zugriff am 15.1.2021.
201 »Ready, Set … Sweat!«, in: *Time*, 6.6.1977, S. 82f., 85f., 90, Zitate 83, 85; vgl. Stern, »The Fitness Movement«, S. 8; Natalia Mehlman Petrzela, »Jogging Has Always Excluded Black People«, in: *The New York Times*, 12.5.2020 (ohne Seitenzahl online auf nytimes.com); vgl. Martschukat, *Zeitalter der Fitness*, S. 47.
202 Vgl. ebd., z. B. S. 44f.
203 Vgl. z. B. Friedhelm Kreiss, *Er, Sie, Es: Familien treiben Sport*, Frankfurt/M. 1977; Manfred Blödorn, Paul Schmidt, *Trablaufen. Ein Ausdauersport für Herz und Kreislauf*, Reinbek 1977; Alistair Murray, *Modernes Krafttraining. Gewichtheben für Fitness und Leistungssport*, Berlin (West) 1977.
204 James F. Fixx, *The Complete Book of Running*, New York 1977; ich zitiere aus der deutschen Erstausgabe: *Das komplette Buch vom Laufen*, Frankfurt/M. 1979.
205 Ebd., S. 15, 18, 29f.
206 Ebd., S. 19-22, 52f.
207 Ebd., S. 20f., 53.

7. Schluss: Eine Geschichte der Gegenwart

1 Vgl. Margaret Marsh, Wanda Ronner, *The Pursuit of Parenthood. Reproductive Technology from Test-Tube Babies to Uterus Transplants*, Baltimore 2019, S. 34-44.
2 Vgl. Patrick C. Steptoe, Robert G. Edwards, »Birth after Reimplantation of a Human Embryo« [Letters to the Editor], in: *The Lancet* 312:8085 (1978), S. 366; dies., *A Matter of Life. The Story of a Medical Breakthrough*, New York 1980; Kay Elder, Martin Johnson, »The Oldham Notebooks: An Analysis of the Development of IVF 1969-1978. II. The Treatment Cycles and Their Outcomes«, in: *Reproductive Biomedicine and Society Online* (2015), online unter ⟨https://www.rbmsociety.com/article/S2405-6618(15)00004-0/fulltext⟩, letzter Zugriff am 24.1.2021; als populärwissenschaftlich erzählte »Geschichte« vgl. Robin Marantz Henig, *Pandora's Baby. How the First Test Tube Babies Sparked the Reproductive Revolution*, Boston 2004.
3 Vgl. Katharine Dow, »›Now She's Just an Ordinary Baby‹: The Birth of IVF in the British Press«, in: *Sociology* 53:2 (2019), S. 314-329, insb. S. 316f.; dies., »Looking into the Test Tube: The Birth of IVF on British Television«; in: *Medical History* 63:2 (2019), S. 189-208; dies., »›The Men who Made the Breakthrough‹: How the British Press represented Patrick Steptoe and Robert Edwards in 1978«; in: *Reproductive Biomedicine and Society Online* 4 (2017), online unter ⟨https://www.rbmsociety.com/article/S2405-6618(17)30019-9/fulltext⟩, letzter Zugriff am 24.1.2021.
4 Vgl. Peter Brinsden, »Thirty Years of IVF: The Legacy of Patrick Steptoe and Robert Edwards«; in: *Human Fertility* 12 (2009), S. 137-143.
5 Hirslanden. Swiss Hospital Group, »ICSI – Künstliche Befruchtung in der Schweiz«, online unter ⟨https://www.hirslanden.com/de/international/fokusgebiete/kinderwunsch/icsi.html⟩, letzter Zugriff am 25.1.2021.
6 Vgl. »More than 8 million babies born from IVF since the world's first in 1978«, in: *ScienceDaily*, 3.7.2018, online unter ⟨https://www.sciencedaily.com/releases/2018/07/180703084127.htm⟩, letzter Zugriff am 25.1.2021.
7 Hans-Jörg Rheinberger, Staffan Müller-Wille, *Vererbung. Geschichte und Kultur eines biologischen Konzepts*, Frankfurt/M. 2009, S. 243, 251.
8 Vgl. Brinsden, »Thirty Years of IVF«, S. 141; Universitätsspital Zürich, Klinik für Geburtshilfe, »Amniocentese und Chorionzottenbiopsie. Frequently Asked Questions«, online unter ⟨http://www.geburtshilfe.usz.ch/fachwissen/sprechstunden/diagnostik/Seiten/Amniocentese-und-Chorionzottenbiopsie.aspx?⟩, letzter Zugriff am 25.1.2021.
9 Vgl. aus einer sehr breiten Quellen- und Literaturlage zu diesem Themenkomplex exemplarisch nur Alfred Ploetz, *Die Tüchtigkeit unserer Rasse und der Schutz der Schwachen. Ein Versuch über Rassenhygiene und ihr Verhältniss zu den humanen Idealen, besonders zum Socialismus*, Berlin 1895; sowie Michael Schwartz, *Sozialistische Eugenik. Eugenische Sozialtechnologien in Debatten und Politik der deutschen Sozialdemokratie 1890-1933*, Bonn 1995.

10 Vgl. Sarah Franklin, *Biological Relatives. IVF, Stem Cells, and the Future of Kinship*, Durham, London 2013, S. 151-184.
11 Ebd., S. 73-77.
12 Shulamith Firestone, *The Dialectic of Sex. The Case for Feminist Revolution*, New York 1970 (dt.: *Frauenbefreiung und sexuelle Revolution*, Frankfurt/M. 1975).
13 Jürgen Habermas, *Die Zukunft der menschlichen Natur. Auf dem Weg zu einer liberalen Eugenik?* Frankfurt/M. 2001, S. 45, 53.
14 Vgl. dazu ausführlich Nicolae Morar, »An Empirically Informed Critique of Habermas' Argument from Human Nature«, in: *Science and Engineering Ethics* 21 (2015), S. 95-113, insb. S. 106-109.
15 Habermas, *Die Zukunft der menschlichen Natur*, S. 49f.
16 Jürgen Habermas, »Die Moderne – ein unvollendetes Projekt«, in: *Die Zeit*, 19.9.1980, S. 47-48.
17 Jean-François Lyotard, *Das postmoderne Wissen. Ein Bericht*, Wien 1986, S. 122 (Orig.: *La condition postmoderne*, Paris 1979).
18 Habermas, »Die Moderne – ein unvollendetes Projekt«, S. 47; Michel Foucault, »Was ist Aufklärung?«, in: ders., *Schriften. Dits et Ecrits, Band IV: 1980-1988*, hg. von Daniel Defert und François Ewald unter Mitarbeit von Jacques Lagrange, Frankfurt/M. 2005, S. 687-707, Zitat S. 703f.
19 Niklas Luhmann, *Beobachtungen der Moderne*, Wiesbaden ²2006, S. 42.
20 Ebd., S. 14, 45.
21 Ebd., S. 15.
22 Vgl. dazu zugleich informativ und symptomatisch Thomas Schwinn, »Aspekte und Probleme eines pluralen Moderne-Verständnisses«, in: *Österreichische Zeitschrift für Soziologie* 38 (2013), S. 333-354; vgl. auch die skeptischen Überlegungen von Thomas Mergel, »Modernisierung«, in: *Europäische Geschichte Online*, 2011, online unter ⟨http://ieg-ego.eu/de/threads/modelle-und-stereotypen/modernisierung/thomas-mergel-modernisierung⟩, letzter Zugriff am 3.2.2021.
23 Frederick Cooper, »Modernity«, in: ders., *Colonialism in Question*, 2005, zitiert in: »AHR Roundtable: Historians and the Question of ›Modernity‹, Introduction«, in: *The American Historical Review* 116:3 (2011), S. 631-637, Zitat S. 635.
24 Shmuel N. Eisenstadt, »Multiple Modernen im Zeitalter der Globalisierung«, in: Thomas Schwinn (Hg.), *Die Vielfalt und Einheit der Moderne. Kultur- und strukturvergleichende Analysen*, Wiesbaden 2006, Zitat S. 37 (Orig. in: *Deadalus* 129:1 [2000], S. 1-29); ders., »Die Vielfalt der Moderne. Ein Blick zurück auf die ersten Überlegungen zu den ›multiple modernities‹«, in: Rüdiger Hohls, Iris Schröder, Hannes Siegrist (Hg.), *Europa und die Europäer*, Wiesbaden 2005, S. 169-173, Zitat S. 170.
25 Zygmunt Bauman, *Flüchtige Moderne*, Frankfurt/M. 2003, S. 10 (Orig.: *Liquid Modernity*, Cambridge 2000).
26 Vgl. als Überblick aus der Perspektive der Geschichtswissenschaft Christof

Dipper, »Moderne«, Version 2.0, in: *Docupedia-Zeitgeschichte*, 17.1.2018, online auf ⟨https://docupedia.de/zg/Dipper_moderne_v2_de_2018⟩, letzter Zugriff am 27.1.2021. Und auf die Gefahr hin, Eulen nach Athen zu tragen, siehe auch: Max Weber, *Die protestantische Ethik und der Geist des Kapitalismus* (1904/05), Tübingen 1988; Max Horkheimer, Theodor W. Adorno, *Dialektik der Aufklärung. Philosophische Fragmente* (1947), Frankfurt/M. 1969; Michel Foucault, *Surveiller et punir. La naissance de la prison*, Paris 1975 (dt.: *Überwachen und Strafen. Die Geburt des Gefängnisses*, Frankfurt/M. 1976); Giorgio Agamben, *Homo Sacer. Il potere sovrano e la nuda vita*, Torino 1995 (dt.: *Homo sacer. Die souveräne Macht und das nackte Leben*, Frankfurt/M. 2002).

27 Vgl. Andreas Reckwitz, *Die Gesellschaft der Singularitäten. Zum Strukturwandel der Moderne*, Berlin ⁴2017, S. 28-46.

28 Vgl. Eisenstadt, »Multiple Modernen im Zeitalter der Globalisierung«, S. 38.

29 Charles S. Maier, »Consigning the Twentieth Century to Modernity«, in: *American Historical Review* 105:3 (2000), S. 807-831, Zitat S. 814.

30 Vgl. dazu immer noch Reinhart Koselleck, »Historische Kriterien des neuzeitlichen Revolutionsbegriffs«, zuerst erschienen unter dem Titel »Der neuzeitliche Revolutionsbegriff als geschichtliche Kategorie«, in: *Studium Generale* 22 (1969), S. 825-838, wieder abgedruckt in: ders., *Vergangene Zukunft. Zur Semantik geschichtlicher Zeiten*, Frankfurt/M. 1985, S. 67-86.

31 Vgl. Farès Sassine, »Entretiens inédit avec Michel Foucault«, online auf ⟨http://fares-sassine.blogspot.com/2014/08/entretien-inedit-avec-michel-foucault.html⟩, letzter Zugriff am 22.2.2021.

32 Michel Foucault, »Die Ethik der Sorge um sich als Praxis der Freiheit«, in, ders., *Schriften. Dits et Écrits, Band I: 1954-1969*, hg. von Daniel Defert und François Ewald unter Mitarbeit von Jacques Lagrange Frankfurt/M. 2001, S. 875-902; ders., *Hermeneutik des Subjekts. Vorlesungen am Collège de France 1981/82*, Frankfurt/M. 2004, S. 313.

33 Zum Begriff der Spiritualität bei Foucault vgl. *L'Herméneutique du sujet. Cours au Collège de France (1981-1982)*, Paris 2001 (in der deutschen Ausgabe ist der Begriff falsch übersetzt).

34 Stuart Hall, »Die Frage der kulturellen Identität«, in: ders., *Rassismus und kulturelle Identität. Ausgewählte Schriften 2*, Berlin 1992, S. 180-222, Zitate S. 180, 218. Ich danke Svenja Goltermann für ihr Insistieren auf diesem Punkt.

35 Amanda Gorman, »The Hill We Climb«, online auf ⟨https://www.youtube.com/watch?v=Wz4YuEvJ3y4⟩, letzter Zugriff am 4.3.2021, vgl. Amanda Gorman, *The Hill We Climb. Den Hügel hinauf*, Hamburg 2021, S. 5-8, Zitat S. 5.

36 Vgl. Jacques Derrida, »Die Struktur, das Zeichen und das Spiel im Diskurs der Wissenschaft vom Menschen«, in: ders., *Die Schrift und die Differenz*, Frankfurt/M. 1972, S. 422-442.

37 Roy Wallis, *Salvation and Protest. Studies of Social and Religious Movements*, London 1979, S. 45.

Namenregister

A

Abendroth, Wolfgang 43
Abramović, Marina 151
Adenauer, Konrad 341, 343
Adorno, Theodor W. 56, 78f., 84, 299, 301
Afrika Bambaataa (Lance Taylor) 295f., 298, 309
Aletti, Vince 298
Allen, Paul 267f.
Allende, Salvador 123, 350
Allendy, René 174-177
Althusser, Louis 51, 99f., 136
Améry, Carl 76
Améry, Jean 71
Amin, Idi 128f.
Andersen, Hans-Christian 254
Appadurai, Arjun 203
Aragon, Louis 256
Ardrey, Robert 242, 374, 378, 381, 385
Aron, Raymond 136
Artaud, Antonin 176
Avedon, Richard 396

B

Baader, Andreas 52-56, 72, 81, 83, 86, 88, 91, 156
Bach, George R. 217
Bael, Frances M. 229
Baez, Joan 214
Bahro, Rudolf 100-103
Bair, Deirdre 175
Baran, Paul 285
Barash, David P. 376
Barbieri, Frane 94
Bardot, Brigitte 46
Barthes, Roland 85, 184
Bataille, Georges 256
Baudrillard, Jean 31, 311, 324, 329-331

Bauman, Zygmunt 417-419
Baumgärtel, Tilman 299-301
Beame, Abraham (»Abe«) 307, 369-372
Beauvoir, Simone de 67, 153, 158f.
Becher, Johannes R. 43
Beck, Ulrich 27f., 414
Beckwith, Jon 374
Belafonte, Harry 112
Bell, Daniel 19f.
Bellotte, Pete 290
Benenson, Peter 130f.
Benoist, Alain de 139, 240-244, 248, 349
Berkowitz, David 143
Berlinguer, Enrico 94-97, 101
Bertelé, René 258
Besset, Maurice 327
Bhagwan Shree Rajneesh 205-210, 218, 220, 404, 425
Biden, Joseph R. (»Joe«) 423
Biko, Steve 124
Blaffer Hrdy, Sarah 384-386
Blake, Peter 313, 317
Blake, William 192
Blavatsky, Helena 203
Bloch, Ernst 22, 32, 41-52, 59, 72, 84, 101, 103, 419f.
Bloch, Karola 41
Böhm, Franz 340f.
Böhme, Erich 53
Böll, Heinrich 67, 76, 182
Bonaparte, Napoleon 48, 260
Bond, Julian 111
Bösch, Frank 25f., 34
Boserup, Ester 153
Bourgeois, Louise 151
Bovenschen, Silvia 151, 157f.
Bowie, David 16f., 292, 298

Brâncuși, Constantin 177
Brand, Stewart 271, 318
Brandt, Willy 81, 344, 357
Branson, Richard 147
Brassens, Georges 260
Brecht, Bertolt 43, 155
Breschnew, Leonid 11, 91f., 94, 141
Breton, André 175, 177, 256f., 323, 325
Brown, Dee 239
Brown, James 124
Brown, John 409
Brown, Lesley 409
Brown, Louise Joy 409-411
Brownmiller, Susan 164f.
Bruner, Jerome 279
Brunner, Karl 373
Brzeziński, Zbigniew 357
Buback, Siegfried 52, 60, 63-66, 72-76, 79
Buckley, William F. Jr. 360f.
Buffalo Bill (William Frederick Cody) 254
Burroughs, William S. 192
Butler, George 399
Butler, Judith 421

C

Callaghan, James 410
Capote, Truman 293
Capra, Fritjof 189-191, 196
Caputi, Claudia 165
Carmichael, Stokely 115f.
Carné, Marcel Albert 258
Carrillo, Santiago 95-97
Carter, Jimmy 11, 96, 114-120, 122f., 127-129, 137, 357, 362, 365
Casriel, Daniel (»Dan«) Harold 211, 215
Castaneda, Carlos 197
Castro, Fidel 97, 118, 137
Cerf, Vinton G. 285-287
Cerutti, Furio 45
Ceruzzi, Paul E. 267f., 271, 274

Chagall, Marc 260
Chamayou, Grégoire 373
Chandra Mohan Jain *siehe* Bhagwan
Chang, Jeff 311
Chaplin, Charles (»Charlie«) 11
Châtelet, François 232
Chicago, Judy 151
Chirico, Giorgio de 323
Chomsky, Noam 120
Chruschtschow, Nikita 92, 95
Churchill, Winston 368f.
Cixous, Hélène 84
Claussen, Detlev 78f.
Clinton, George 298
Cohen, Annie 166f.
Cohen, Roberta 123, 128
Cohn-Bendit, Daniel 58, 61
Cohn, Roy 371
Colquhoun, Alan 316, 327f.
Columbu, Francesco (»Franco«) 400f.
Connelly, Matthew 25
Conrad, Joseph 306
Cooper, Alice (Vincent Damon Furnier) 14
Cooper, Frederick 416
Cooper, Kenneth 403
Coppola, Francis Ford 14
Corney, Ed 400
Crane, Edward H. 362
Croissant, Klaus 81-83, 88
Crowley, Aleister 192, 208
Cunliffe, Mitzi 310f.

D

Dahijb, Gazelle 255
Däniken, Erich von 195
Dante Alighieri 219
Darwin, Charles 345, 374, 376, 378f., 381f., 387, 389, 393, 425
Dawkins, Richard 382-384, 386f., 392-395, 423
De Gaulle, Charles 12f.
De Niro, Robert 307

Deleuze, Gilles 67f., 71, 82, 84, 138, 299
Demiéville, Paul 203
Deng Xiaoping 89
Derian, Patricia 128
Derrida, Jacques 71, 232, 424
DeVore, Irven 378, 384
Dienne, Simone 255
Dietschy, Beat 42
Döbert, Rainer 227
Dobzhansky, Theodosius 380
Doering-Manteuffel, Anselm 27f.
Dönhoff, Marion Gräfin 76
Doubrovsky, Serge 184
Drews, Jörg 182-184
Dubček, Alexander 357
Duchamp, Marcel 177, 328
Ducrocq, Jeannette 255
Duden, Barbara 152
Duhamel, Marcel 255-257
Durrell, Lawrence 282
Dürrenmatt, Friedrich 16
Dutschke, Rudi 12, 45f., 50f., 72, 74f., 78
Duve, Freimut 76
Dyer, Richard 300f.
Dylan, Bob 111f., 214, 268

E

Eastwood, Clint 204
Eckel, Jan 127
Edwards, Robert 409f.
Eibl-Eibesfeldt, Irenäus 375
Eichberg, Henning 240-243, 245, 248, 349
Einstein, Albert 374
Eisenman, Peter 320
Eisenstadt, Shmuel N. 416-419
Eisler, Hanns 43
Eitler, Pascal 198f.
Eker, Ayse Semra 132
Engelbart, Douglas C. 281
Engels, Friedrich 103, 274, 416
Enke, Helmut 216

Eno, Brian 298
Ensslin, Gudrun 52-56, 156f., 181
Enzensberger, Hans Magnus 15f., 302
Enzensberger, Ulrich 46
Erhard, Augusta 335
Erhard, Ludwig 33, 335-344, 347, 365-367
Erhard, Wilhelm Philipp 335
Etkin, William 391
Ettlinger, Doris 304
Eucken, Walter 340f., 347
Evers, Medgar 111
Evola, Julius 244
Export, Valie 151

F

Fahrenbach, Helmuth 43
Farrow, Mia 204
Fawcett-Majors, Farrah 396-398, 402
Feng, Gia-Fu 207
Ferguson, Niall 25
Fest, Joachim 81
Feyerabend, Paul 196f., 234, 238f., 424, 426
Fichte, Johann Gottlieb 138
Fiore, Robert 399
Firestone, Shulamith 413
Fischer, Joseph (»Joschka«) 61f., 68f., 240
Fisher, Marc 370
Fixx, James (»Jim«) F. 403-406
Flechtheim, Ossip 72
Ford, Gerald 117, 307f., 358, 369
Foucauld, Charles de 260
Foucault, Michel 22, 33f., 36f., 51, 70f., 80, 82-91, 100, 133-136, 140-142, 150, 180, 187, 199-203, 232, 242, 260, 384, 415, 419, 425
Fourastié, Jean 27
Franco, Francisco 95
François, Anne-Lise 289
Franklin, Sarah 412
Freud, Sigmund 28, 176, 374

Fried, Erich 72
Friedan, Betty 115, 154
Friedman, Milton 345, 374, 361, 373
Friedman, Stanley 372
Fuller, Richard Buckminster 192

G

Gates, Bill 267f.
Gehry, Frank 424
Gente, Peter 83-85
George, Stefan 244
Gerhardt, Marlis 157-159
Gershuni, Vladimir Lvovich 132
Giacometti, Alberto 260
Gibb, Barry 289
Gilbert, Scott 389
Ginsberg, Allen 192
Ginzburg, Carlo 135f.
Giscard d'Estaing, Valéry 11, 82, 141, 266
Glotz, Peter 64
Glucksmann, André 22, 136-141, 232
Göbel, Wolfgang 52
Goebbels, Joseph 81
Goerdeler, Carl Friedrich 337-339
Goldberg, Adele J. 276f., 280-282
Goldberg, Vicki 400
Goldwater, Barry 360
Gollwitzer, Helmut 75-77
Goltermann, Svenja 129f.
Goodman, Paul 213
Gorman, Amanda 423
Gorz, André 102
Gould, Stephen Jay 374f., 391
Govinda, Lama Anagarika 194
Grand Wizard Theodore (Theodore Livingston) 295
Grandmaster Caz (Curtis Fisher) 309
Grandmaster Flash (Joseph Saddler) 298
Graves, Michael 320
Gréco, Juliette 260
Greil, Marcus 14
Griffith, David Wark 255

Gropius, Walter 312
Guattari, Félix 72, 82, 84
Guevara, Ernesto (»Che«) 75
Gugerli, David 264, 284f.
Guiler, Hugh Park (»Hugo«) 172, 178
Gurdjieff, Georges I. 208

H

Habermas, Jürgen 22, 42, 49, 76f., 84, 227, 413-415
Hadid, Zaha 424
Haendler, Otto 200
Haffner, Sarah 163-166
Halbwachs, Maurice 321
Haley, Bill 148
Hamer, Fannie Lou 33, 107-116, 128, 154, 228, 420
Hamer, Perry »Pap« 108
Hamilton, William D. 381-384, 386
Hanmer, Jalma 165f.
Haraway, Donna 383f., 386
Harich, Wolfgang 43
Harris, Thomas Anthony 215
Harrison, George 214
Hasumi, Shigehiko 202f.
Hayek, Friedrich August von 341, 345-356, 359, 361, 364, 366f., 371-273
Heath, Edward 358, 364-366
Hefner, Hugh 137
Hegel, Georg Wilhelm Friedrich 51, 102, 138, 141
Heidegger, Martin 71
Heisenberg, Werner Karl 190
Helmers, Carl 269f.
Hendrix, Jimi 143, 185
Hentig, Hartmut von 77
Heraklit von Ephesos 208
Herrigel, Eugen 203, 244
Hite, Shere 181
Hitler, Adolf 81, 184f., 337f.
Hobsbawm, Eric 23, 26f., 32
Höch, Hannah 151

Holton, Gerald 374
Holz, Hans Heinz 49
Honecker, Erich 93
Horkheimer, Max 56, 211
Hubbard, Ruth 374
Huxley, Aldous 185f., 409

I

Iggy Pop (James Newell Osterberg) 142
Illich, Ivan 363
Inglehart, Ronald 19
Irigaray, Luce 158
Isherwood, Christopher 179
Ital, Gerta 199
Izenour, Steven 316f., 319

J

Jacob, François 388f., 414
Jacobs, Jane 312
Jagger, Bianca 293
Jagger, Mick 13, 20, 204, 293
Jakobson, Roman 394
Janov, Arthur 215
Janssen-Jurreit, Marielouise 20, 160
Jarausch, Konrad 25
Jarre, Jean-Michel 289f., 298
Jencks, Charles 36, 317-322, 424f.
Jenkins, Philip 23
Jens, Walter 76
Jobs, Steve 268-270, 272f.
Johannes Paul II. 25
Johnny Rotten (John Lydon) 146
Johnson, Lyndon B. 113f., 343, 360
Jordan, June 116
Joseph, Keith 364
Joyce, James 177, 374
Judt, Tony 23, 25
Jung, Carl Gustav 192, 322f.
Jünger, Ernst 71
Jungk, Robert 79

K

Kafka, Franz 219

Kahn, Hermann 214
Kahn, Robert E. 285-287
Kaljajew, Iwan Platonowitsch 74
Kant, Immanuel 340, 390, 415, 422
Kappler, Herbert 80f.
Kay, Alan C. 276-284, 300, 323
Kennedy, John F. 111-113
Kennedy, Robert 111
Kernberg, Otto F. 222
Kerouac, Jack 192, 207
Kershaw, Ian 25
Keynes, John Maynard 346
Kiesinger, Kurt-Georg 344
Killen, Andreas 34
King Tubby (Osbourne Ruddock) 296
King, Martin Luther Jr. 12, 112-114, 128, 228, 246
King, Mary-Claire 387f.
Kissinger, Henry 96, 358
Klotz, Heinrich 319f., 324
Koch, Charles G. 362
Koch, Edward Irving (»Ed«) 372
Koenen, Gerd 35
Kohlberg, Lawrence 390
Kollwitz, Käthe 151
Kool Herc (Clive Campbell) 294, 296
Kopp, Sheldon B. 219, 247
Koselleck, Reinhart 47f., 84, 91
Kranish, Michael 370
Kreutzberger, Wolfgang 79
Kristeva, Julia 184
Kristol, Irving 361, 366
Kunzelmann, Dieter 46, 58

L

La Rock, Coco (»Coke«) 296
Lacan, Jacques 137, 147, 395f.
Lasch, Christopher 222-225
Lawrence, David Herbert 172
Lawrence, Tim 292
Le Corbusier (Charles-Édouard Jeanneret-Gris) 312, 314, 316f., 320

Leary, Timothy 186, 189
Lee, Bruce 398
Lefaivre, Liane 319
Leiris, Michel 256
Lenin, Wladimir Iljitsch 49, 91, 99
Leontief, Wassily 352
Lepore, Jill 24 f.
Lévi-Strauss, Claude 316, 388, 394, 412
Levi, Giovanni 136
Lévy, Bernard-Henri 22, 89, 136-138, 232
Lewontin, Richard C. 374 f., 381, 414
Licklider, Joseph (»Lick«) 284
Lifton, Robert Jay 130
Linji Yixuan 203
Lionæs, Aase 131
Lippmann, Walter 346
Locke, John 390
Long, Edward 109
Lorenz, Konrad 374, 376, 378, 385
Lowen, Alexander 212, 215
Lübbe, Hermann 71 f.
Lucas, George 195
Lucia, Amanda 203 f.
Luhmann, Niklas 415 f.
Luxemburg, Rosa 74
Lyotard, Jean-François 22, 31, 82, 84, 232-236, 246, 280, 415, 421, 425

M

MacArthur, Douglas 358
Madame Sans-Gêne (Catherine Lefèbvre) 260
Maharishi Mahesh Yogi 204 f., 220
Maier, Charles S. 23, 25 f., 418
Mailer, Norman 310
Majors, Lee 402
Malcolm X (Malcolm Little) 112, 298
Malle, Louis 46
Mancuso, David 291
Mann, Golo 52-54
Manson, Charles 13
Mao Tse-tung 25, 89, 243
Marchais, Georges 95-97
Marcuse, Herbert 72, 182
Marlow, William D. 108
Marquart, Odo 71
Martschukat, Jürgen 401
Marx, Karl 44-48, 50 f., 75, 99, 101-103, 137-139, 383, 416
Maslow, Abraham Harold 207, 211 f., 214 f., 217, 220, 244
May, Karl 63
Mazower, Mark 23, 25
McBroom, Bruce 397
McCormack, Ed 292
McLaren, Malcolm 146 f.
McLuhan, Marshall 281
McWhirter, Ross 363 f.
Mead, Margaret 377
Meadows, Denis 16
Meadows, Donnella 16
Meier, Richard 320
Meins, Holger 60
Meloni, Maurizio 379
Mendras, Henri 27
Menocchino (Domenico Scandella) 135
Mescalero (Klaus Hülbrock) 63 f., 66, 73, 75, 85, 89, 240
Metcalfe, Robert 285 f.
Metzger, Hans-Joachim 83
Miksch, Leonhard 340 f.
Miller, Henry 172-174, 176 f., 179, 214, 221
Miller, Jean 328
Miller, June 173
Minc, Alain 266
Minnelli, Liza 293
Miró, Joan 255 f., 260
Mises, Ludwig von 341, 347, 353, 362
Mitscherlich, Alexander 76, 312
Mitscherlich, Margarete 76
Modersohn-Becker, Paula 151
Mohnhaupt, Brigitte 61
Möller, Irmgard 52-55
Molter, Hajo 217

Monod, Jacques 388
Monroe, Marilyn 398
Montand, Yves 260
Montessori, Maria 279
Moore, Gordon E. 264f.
Morar, Nicolae 413f.
Moré, Gonzalo 177
Moreau, Jeanne 46
Moroder, Giorgio 290, 300
Morris, Desmond 378
Morrison, Jim 15
Morrison, Van 168
Morus, Thomas 48
Moyn, Samuel 116, 121, 127f.
Moynihan, Daniel P. 120
Muehl, Otto 217-219
Müller-Armack, Alfred 341f., 344
Müller-Wille, Staffan 311
Mumonkan 219
Münster, Arno 42

N
Nauman, Bruce 302
Negt, Oskar 41, 50, 76
Nehru, Jawaharlal 205
Nelson, Ted 269f.
Nietzsche, Friedrich 28, 71, 138, 206, 208, 234, 248
Nin, Anaïs (Angela Anaïs Juana Antolina Rosa Edelmira Nin y Culmell) 33, 171-180, 186, 192, 221, 227, 253
Nin, Joaquín 171
Nixon, Richard 13, 17, 21, 360
Nora, Simon 266
Norsigian, Judy 161
Noyce, Robert N. 275f.
Nozick, Robert 362
Nunner-Winkler, Gertrud 227
Nyong'o, Tavia 300

O
Ohlendorf, Otto 338f.
Ohnesorg, Benno 77
Ohnesorg, Lukas 77
Oliva, Sergio 400
Onassis, Jacqueline (»Jackie«) 399
Oppenheim, Meret 151
Oppenheimer, Franz 335f.

P
Pacino, Alfredo James (»Al«) 398
Paik, Nam June 302
Papert, Seymour 279
Paris, Heidi 83
Pasqualino, Pasquale 83
Perls, Fritz 213, 215, 404
Perls, Laura 213
Perry, Lee 296
Piaf, Édith 260
Piaget, Jean 279, 390
Piano, Renzo 325-327
Picasso, Pablo 260
Pinochet, Augusto 345, 373
Pivot, Bernard 136
Pizzey, Erin 164
Platon 379
Podhoretz, Norman 361
Pole, Rupert 178
Ponto, Jürgen 52, 54f., 68, 72
Popper, Karl R. 196, 349
Presley, Elvis 145, 148
Prévert, André 254
Prévert, Jacques 33, 253-262, 301, 424
Prévert, Janine Fernande 260, 262
Prévert, Pierre 255
Price, Richard (»Dick«) 207f.
Proust, Marcel 173, 175, 179
Ptak, Ralph 337
Purdy, Jean 409

Q
Queneau, Raymond 257
Quincy, Quatremère de 323

R
Ramone, Joey (Jeffrey Hyman) 144
Rancière, Jacques 90f., 141

Rand, Ayn 360
Rank, Otto 176f.
Ranke-Graves, Robert von 68
Ranking, Joy 266
Raphael, Lutz 27f.
Raspe, Jan-Carl 52-55, 156f.
Rauch, John 314
Rawls, John 362, 390
Read, Jamie 147
Reagan, Ronald 21, 358, 360
Reckwitz, Andreas 28f., 30f., 417
Reed, Lou 188
Reich, Charles 19, 266
Reich, Wilhelm 183, 201, 208-210, 212-217
Reid, Jamie 146
Rheinberger, Hans-Jörg 411
Richter, Gerhard 328
Richter, Horst-Eberhard 183, 211
Riley, Terry 298
Rimbaud, Arthur 175, 256
Ritter, Joachim 71
Roberts, Chadwick 398
Rodgers, Daniel T. 23
Rogers, Carl 213, 215, 220f., 283
Rogers, Richard 325-327
Roggerone de Greco, Maria Dina 133
Romanow, Sergei 74
Röpke, Wilhelm 340f., 346, 353
Rosenbach, Ulrike 151
Rossi, Aldo 320-324
Roth, Karl-Heinz 337
Rothbard, Murray 362
Rousseau, Jean-Jacques 351, 390
Rubin, Jerry 214-216, 222
Rumsfeld, Donald 369
Rush, Anne Kent 215
Russell, Diane E. H. 162f.

S

Sacharow, Andrei 125
Sade, Donatien Alphonse François Marquis de 218f.
Sahlins, Marshall 377, 383f., 391
Sanchez, Eduardo 173f., 177
Sandow, Eugene 399
Sartre, Jean-Paul 67, 70, 72, 85, 208, 261
Schaeffer, Pierre 297f., 301
Scheel, Walter 55
Schelling, Friedrich Wilhelm Joseph 42
Schenk, Samuel 409
Schleyer, Hanns Martin 51f., 54-56, 61, 64f., 67-69, 76, 78f., 85, 100
Schloss, Joseph G. 309
Schmidt, Alfred 43, 46f., 49
Schmidt, Helmut 53, 57, 67, 81, 357
Schmitt, Carl 71, 84, 341
Schnell, Angelika 322
Schülein, Johann August 217
Schumann, Jürgen 53
Schuster, Luise 335
Schütte, Wolfram 42
Schutz, William (»Will«) 207f., 213, 215, 220f., 404
Schützenberger, Anne Ancelin 215f.
Schwarzenegger, Arnold 398-402, 405f.
Schwarzer, Alice 155-160, 164
Scorsese, Martin 307
Scott Brown, Denise 314-321, 424f.
Segerstråle, Ullica 381
Seitter, Walter 83, 85
Sennett, Richard 222-226, 230f., 245
Serres, Michel 232
Shatan, Chaim F. 130
Sillitoe, Alan 403
Simone, Nina 112
Sirinelli, Jean-François 24, 27
Slobodian, Quinn 352
Smith, Barbara 230
Smith, Patti 144, 150, 168, 289
Sölle, Dorothee 76
Solschenizyn, Alexander 125, 137, 358
Sontag, Susan 15, 214
Sontheimer, Kurt 77
Spangler, David 193, 247

Spencer, Herbert 374
Spielberg, Steven 195
Spriano, Paolo 94
Staeck, Klaus 76
Stalin, Josef Wissarionowitsch 43f., 92
Stefan, Verena 157f., 183
Steinem, Gloria 155
Steiner, Rudolf 198
Steptoe, Patrick 409f.
Stockhausen, Karlheinz 297
Strauß, Franz Josef 44, 53
Strummer, Joe 149
Sulzberger, Arthur 304
Summer, Donna 290, 298-301
Suzuki, Daisetsu 203
Suzuki, Roshi 273

T
Tanguy, Yves 255f.
Tate Polanski, Sharon 13
Thatcher, Margaret 21, 26, 346, 358f., 364-369, 372-374, 386, 410
Theis, Adolf 42
Thompson, William I. 194f.
Tinbergen, Nikolaas 376, 382
Tito, Josip Broz 97
Toffler, Alvin 18f.
Toffler, Heidi 18f.
Togliatti, Palmiro 95
Tolkien, John Ronald Reuel 192
Touzard, Juan Antoine 134
Travolta, John 288
Trevelyan, George 193f.
Trivers, Robert L. 378, 384, 387
Truman, Harry S. 118
Trump, Donald J. 370-372
Trump, Frederick C. 371
Trump, Ivana 371
Trungpa, Chöngyam 199f., 203, 273
Truth, Sojourner 228
Tschumi, Bernard 424
Tubman, Harriet 230
Turner, Fred 266, 271

Tzara, Tristan 175
Tzonis, Alexander 319

U
Ulbricht, Walter 43

V
Van der Rohe, Mies 312, 314
Venner, Dominique 241
Venturi, Robert 314-322, 424f.
Vershofen, Wilhelm 336
Vesper, Bernward 181-185, 187, 204
Viola, Bill 302
Von Moos, Stanislaus 316, 323
Vorilhon, Claude 195

W
Walker, Alice 179
Wallis, Roy 193, 425
Walser, Martin 42, 76
Warhol, Andy 34, 293, 328f., 399
Watts, Alan 203, 207, 213
Weber, Max 245, 414, 417
Wedemeyer, Inge von 194
Weizenbaum, Joseph 266, 283
Westwood, Vivienne 146
White, Barry 292
White, Jessica 253
Whitehead, Alfred North 374
Whorf, Benjamin L. 242
Wilson, Allan C. 387-389
Wilson, Edward O. 374-378, 380-382, 387-391, 394
Wilson, Graham 198
Wilson, Harold 145
Wolfe, Tom 222-225
Wolff, Karl Dietrich (»KD«) 181, 185
Wozniak, Steve 268f., 272f.
Wurster, Georg 52

Y
Yogananda, Paramahansa 273
Young, Andrew 115, 128
Young, Marguerite 179

Z

Zane, Frank 400

Ziplow, Steven 304
Zweig, Arnold 43

Ausführliches Inhaltsverzeichnis

Vorwort 7

1. Einleitung: Im Zwischenraum der Zeit 9

   Ein Jahrzehnt der Verunsicherung 12
   Pop und Apokalypse 14
   Globale Erschütterungen 17
   Die Siebzigerjahre im Blick der Geschichtswissenschaft
   (und der Soziologie) 23
   Fünf Nekrologe. Zu Methode und Aufbau des Buches 32

2. Herbst der Revolution 39

   Ernst Bloch († 4.8.) und der »Weltprozess« 41
   Die RAF, die *scene* und die Intellektuellen 52
   Die RAF 54
   Die *scene* 57
   Die Intellektuellen 69
   Zu Besuch bei Michel Foucault 80
   Zwischen Deutschland und Frankreich 81
   Das Recht der »Regierten« 86
   Der Rote Oktober verblasst 91
   Eurocommunismo 92
   Die Krise des Marxismus 99

3. Menschenrechte, Minderheiten und die Politik der Differenz . . 105

   Fannie Lou Hamer († 14.3.) und das Recht 107
   Der »Durchbruch« der Menschenrechte 117
   Jimmy Carters doppelte Botschaft 117
   Politik der Menschenrechte 121
   Amnesty International und die humanitäre Doublette 126
   »Infame Menschen« 133
   Die politische Philosophie des Einzelnen 133
   »I wanna be me« 142

Die feministische Wende 150
»Feminismus« 152
Autonomie und »weibliche Erfahrung« 154
Die Politisierung des Privaten 159
Gewalt gegen Frauen 162
»... but not mine« 167

4. Die Reise zu sich selbst 169

Anaïs Nin († 14.1.), Sexualität und Wahrheit 171
Vexierbilder des Ich 181
  Die »Reise« 181
  Trips 185
Esoterik, spirituelle Globalisierung und der Psychoboom 189
  Quantenphysik und New-Age-Spiritualität 190
  Der »Weg nach innen« 197
  »Ars erotica« und spirituelle Globalisierung 201
  Bhagwan 205
  Der Psychoboom 211
  Die Singularität des Ich 219
Identitätspolitik 222
  »Tyrannei der Intimität« 223
  Black Feminism 227
  Das Patchwork der Minderheiten 232
  »Indianer« 236
  Die »Neue Rechte« 240
  Gemeinschaftsfiktionen 245

5. Kulturmaschinen 251

Jacques Prévert († 11.4.), Kino, Poesie und Zigaretten 253
Der Computer als Medium 263
  Mainframes, Mikroelektronik und das »Erscheinen« des
    Personal Computers 263
  Die Computer-Gegenkultur 269
  »Die Chips sind überall« 275
  Kinder, Mäuse, Medien. Die Simulationsmaschinen von
    Palo Alto 277
  internetworking 284

Tanzmusik und bewegte Bilder 287
  Plattenspieler 288
  Videorekorder 302
Die Stadt, die Zeichen und die Architektur der Postmoderne . 305
  Die Krise der Stadt und die Zeichen an der Wand 306
  Die Architektur der Postmoderne (und ihre Gegner) 312
  Das »Ding« 324
  Der »Beaubourg-Effekt« 327

6. Im Schatten der Natur 333
  Ludwig Erhard († 5.5.) und der Wettbewerb 335
  Die Kunstnatur des Marktes und die Politik der »Freiheit« . . . 345
    Der Neoliberalismus eines modernen Konservativen 346
    Das gefährliche *supplément* des Politischen 353
    Die »Eiserne Lady«, der transatlantische Neokonservatismus
      und die Utopie der »freien Märkte« 357
    »Viktorianische Werte« 364
    Exkurs: Der Spieler 369
    Monetarismus 372
  Egoistische Gene: Die Soziobiologie-Debatte 374
    Inclusive fitness als Investment-Strategie 378
    Gene, Meme und das Problem der Moral 387
  Pop-Körper und die Praktiken der Selbstformung 395
    Körper-Ikonen 396
    Das lange Laufen zu sich selbst 402

7. Schluss: Eine Geschichte der Gegenwart 407

Anmerkungen 427
Namenregister 493
Ausführliches Inhaltsverzeichnis 503